Klaus Harpprecht

Schräges Licht

Erinnerungen ans
 Überleben und Leben

S. FISCHER

Bildnachweise

Abb. 11 Evangelische Kirchengemeinde Oberlenningen
Abb. 13 BBC London
Abb. 16, 17 Bundesregierung
Abb. 19 Star Staff Photo / Owen Duvall
Abb. 24 Reiner Zensen, Berlin
Abb. 26 Antonina Gern für Brigitte Woman / Picture Press

Sämtliche anderen Abbildungen stammen aus Privatbesitz.

Der Autor und der S. Fischer Verlag danken allen Rechteinhabern für die freundliche Abdruckgenehmigung. Sollten darüber hinaus noch Rechtsansprüche bestehen, so bitten wir die Inhaber der Rechte, ihre Rechtsansprüche dem Verlag mitzuteilen.

Erschienen bei S. FISCHER

© S. Fischer Verlag GmbH, Frankfurt am Main 2014

Satz: Dörlemann Satz, Lemförde
Druck und Bindung: CPI books GmbH, Leck
Printed in Germany
ISBN 978-3-10-030067-6

Dieses Buch gehört – wie das Leben –
Renate Lasker-Harpprecht.

Und der Dank unserer Freundin,
die es mir abgefordert hat:
Iris Berben.

Inhalt

Vorwort 9

Teil I

Schräges Licht – oder *Briefe an Iris* 13
Kindheit in »Führers Reich« 27
Pfarrerssöhnchen 46
Schoss kein deutsches Flugzeug ab 59
Hitler dead 71
Lagerstudien 89
Keine Stunde null 100
Schule des Lebens 115
Liebe, Hunger – und eine Vision 130
Gitta – und kein Muff der fünfziger Jahre 144
Die erste Italienreise – und die Memoiren eines Geheimdienstchefs 162

Teil II

Bonn – und die Schule der Werbung 185
Die gescheiterte Revolution – Beginn der Ostpolitik 203
RIAS 212
Nein, Bonn war nicht Weimar 230
Das welthistorische Signal von Budapest 245
In Polen, 1956 259
Ferner Naher Osten 275
Amerika – und die Begegnung mit einem Genie 294

Ein Kontinent erobert mich 312
Die Rosenfrau und das Lob der Freundschaft 324

Teil III

Renate, das Leben 347
Deutsche Gespenster – und atlantische Heimsuchungen 370
Washington, das neue Rom 384
Die Carters und die Schmidts 410
Short Cuts – Fernseharbeit 433
Rückkehr nach Deutschland 451
Wahltriumph 1972. Neue Mitte. Israel am Abgrund 468
Willy Brandt: die Arbeit, die Freundschaft, der Abschied 488
Bilder aus alten und neuen Welten 508
Kinder 529

Dank 550
Personenregister 551

VORWORT

Dies ist keine Autobiographie. Kein Quellenwerk, das zur kritischen Untersuchung durch die Historiker einlädt. Kein Zeugnis der Zeitgenossenschaft, das die Ereignisse und die Gestalten des 20. Jahrhunderts in ein neues Licht rückt. Ich befand mich kaum je im Zentrum dessen, was man wohl die geschehende Geschichte nennt; auch in der Ära des Kanzlers Brandt hinterließ ich nur ein paar Spuren im Wort, setzte vielleicht ein paar Akzente, mehr nicht (aber das ist schon viel für eine Journalisten-, Fernseh-, und Autoren-Existenz). Doch ich arbeitete viel, und ich schlug, nur halb im Scherz, für mich den Epitaph vor: ... wenigstens war er fleißig. Was ich am Zustand der Welt bemerkenswert fand, habe ich in tausend Artikeln, weiß nicht wie vielen TV-Filmen und Live shows, in Büchern über Amerika, Frankreich, Deutschland, Österreich, selbst Japan unter die Leute zu bringen versucht. Das auch nur in der Essenz zu wiederholen, wäre langweilig, vor allem für den Autor.

Dies ist eine Lebenserzählung. Der Bericht über ein eher bewegtes Leben, aufgescheucht von der Zeitgeschichte, aber auch von der eigenen Neugier, der Lust an der Freiheit, dem Vergnügen an der Grenzüberschreitung, dem Sog der Fremde. Die Arbeit nahm ich ernst, die sogenannten öffentlichen Pflichten zählten viel – aber nicht weniger wichtig, oft wichtiger war mir das persönliche, das private Leben: Es waren und sind die Menschen, die es bestimmten: die Freunde, die Freundinnen, die Lieben und die Liebe – und mehr als alles andere Renate, die Lebensliebe, die Partnerin seit fünfeinhalb Jahrzehnten.

Wenn die Deutschen von sich selber reden, dann meist von ihren Funktionen, ihren Urteilen über Gott und die Welt, von ihrer öffentlichen Existenz (die sie so oft überschätzen). Vielleicht ein unseliges

Erbe Preußens, in dem es geradezu genant war, auch privat zu existieren, und geradezu staatsfeindlich, »ich« zu sagen (selbst der ich-besessene Wilhelm zwo zog sich am liebsten auf das »wir« des Pluralis Majestatis zurück). Man sprach davon, dass wir Deutschen das Leben gering achteten. Das traf in dieser Pauschalität niemals zu. Aber man darf dennoch sagen, dass die Deutschen nach der totalen Katastrophe des lebensfeindlichen Nazireiches das Leben erst recht so zu lieben lernten, zuerst in der Bundesrepublik, hernach auch in der Ex-DDR. Ich liebte das Leben (und liebe es, vom Alter eingeengt, noch immer). Ich liebte die Liebe, die Essenz des Lebens, und ich liebe sie noch. Das Private beansprucht darum in meinen Erinnerungen den gleichen Raum wie der Beruf und die sogenannte Zeitgeschichte. So will es meine Lebensliebe. Sie hat hier das erste und das letzte Wort.

La Croix-Valmer, im August 2014

TEIL I

Schräges Licht – oder *Briefe an Iris*

Liebe Iris, die klarsten Spuren meiner Erinnerung finden sich in meinen Briefen an Dich. Du hast, zu meinem Glück, Deine so vitale und so sensible (und unerschöpfliche) Lebensneugier gelegentlich auf mich und vor allem auf Renate übertragen. Es blieb mir, es ist ein paar Jahre her, gar nichts anderes, als in einer Art Trance mehr als siebzig Briefe mit Geschichten von meinem, von unserem Weg durch das vergangene Jahrhundert zu schreiben. Ich korrigiere mich: Es sind in Wahrheit doch meist meine Geschichten. Renates Geschicke kann ich nur andeuten. Es wäre eine Anmaßung, wenn ich mehr versuchte.

Du weißt, wie sehr ich mich zunächst dagegen sträubte, die eigenen Erinnerungen aus Thomas Manns »tiefem Brunnen der Vergangenheit« zu fischen. Ich lebte (und lebe, soweit es angeht) so viel lieber im Heute – und ich denke nicht daran, nach den Stichworten und Stichdaten meiner Wanderung durch die Zeiten in den abertausend Manuskripten und Korrespondenzen zu wühlen (die in den Kellern eines Berliner Archivs sorgsam verwahrt werden, für irgendjemanden, der eines Tages auf den Einfall gerät, nach einer Nuance, einer Farbe, einer Stimmung der Zeitgeschichte zu fahnden).

Dies ist keine ordentliche Autobiographie, hieb- und stichfest, streng realitätsgetreu – weiß man denn, was die Wirklichkeit war? –, womöglich mit einem Anflug von Feierlichkeit geschrieben. Überdies fürchte ich, vermutlich zu Recht, jene trippelnde Alterseitelkeit, die zu beobachten die schiere Peinlichkeit ist. Sie lässt sich leicht erklären: je mehr wir (biologisch) an die Grenze des Lebens rücken, umso größer die Versuchung, uns rückblickend ins Zentrum der Ereignisse zu drängen, in dem wir in Wahrheit selten anzutreffen waren. Ein Kollege, der zuweilen als der »letzte Preuße« gefeiert wurde, schrieb mir vor geraumer Zeit, wir seien »nun unversehens Figuren der Zeitgeschichte« geworden, nicht länger nur Zeugen. Sind wir das? Natürlich nicht. Wir waren in der Regel weniger wichtig, als wir es gern gewesen wären. So verließ ich mich bei der Niederschrift meiner Erinnerungen ganz darauf, liebe Freundin, dass Du mit der höflichen Ironie, über die Du verfügst, den Zeigefinger heben würdest, wenn ich das Maul zu voll nähme. Außerdem gibt es die Lektorin, deren scharfem Geist nichts entgeht, was Du übersehen hast. Oder meine Lebenslektorin R. Dir Dank für die Ermutigung. Ich gehe die Arbeit nicht ohne Herzklopfen an.

Suche nach einer Heimat. Gegen vier Uhr fällt der Schatten über das Tal, doch über dem Weinfeld, das sich zum Meer dehnt, liegt noch eine Weile das volle Licht. Es wandelt sich langsam vom flirrenden Weiß ins weichere dunklere Gelb des Abends – dieses mediterrane Licht, das die Maler des 19. und frühen 20. Jahrhunderts süchtig machte. Das Wunderlicht der Provence, das man niemals mehr missen möchte. Das Licht, das Depressionen heilen kann (wenn es auch nicht alle Melancholien vertreibt). Das Licht, das uns – Renate und mich – vor vier Jahrzehnten bestimmt hat, hier unsere Heimat zu suchen. Hier und nicht im Gewinkel von Tübingen, aus dem die väterliche Familie stammt, nicht auf einem Hügel überm Neckar, an dem die schwäbische Landschaft an den schönsten (allzu seltenen) Sommertagen hellenisch überglänzt ist (wie Hölderlin sie wahrnahm). Nicht in Berlin oder an einem der idyllischen Seen seiner Umgebung, von denen es nicht weit ist zum Spreewald, in dem die sorbische Sippe der Mutter beheimatet war – und Leute der fernen Verwandtschaft noch immer die Sprache jener Minorität sprechen, dem Polnischen verwandt. Polen ist so nahe gerückt, und wir lernen erst jetzt, dass es ein Nachbar ist. Nahe gerückt auch Breslau, wo R. aufwuchs, zuletzt mit dem gelben Stern, der sie und ihre Schwester für Auschwitz bestimmt hatte. Es war ihr beim Wiedersehen fremd geworden, nicht allein weil dort nun die Generation polnischer Bürger heranwächst, deren Großeltern – auch sie Vertriebene – die zertrümmerte Stadt sorgsam wieder aufgebaut haben. Längst ist es den Enkeln eine Heimat geworden, deren deutsche, österreichisch-preußische Geschichte sie nicht leugnen, sondern als die ihre akzeptieren. Nicht die Polen, sondern die nazistischen Behörden hatten R. das Bürgerrecht entzogen. Die deutschen Nachbarn blickten damals gleichgültig beiseite, manche vielleicht beschämt, während der braune Pöbel johlte, als die Eltern vom Sammelplatz zum Deportationszug getrieben wurden. Damals ging R. die Heimat zugrunde.

Und Amerika, wo wir mehr als eineinhalb Jahrzehnte gelebt und gearbeitet haben? Ein Hauch von Fern- und zugleich von Heimweh wird bleiben. Süd-Virginia, dachte ich lange, wäre die Erfüllung einer Sehnsucht, die ich durch die Lektüre junger Jahre, durch die großen Filme, durch die Dramen von Tennessee Williams und durch Eindrücke einer frühen Reise schon im Herzen getragen hatte, als wir uns dort niederließen. Das satte Grün der Hügel über dem Potomac River im Frühjahr, die schweren Sommernächte, die leuchtenden Wälder im Herbst, die noch so viel Wildheit verbergen; die trägen kleinen Städte, die Plantagenhäuser in ihrem matten Weiß, drinnen der Geruch des alten Holzes, über dem Aufgang die rührend-stolzen Säulen. Jefferson-Land. Ein Hauch von Klassizismus, der sich so merkwürdig und so attraktiv mit den Passionen und Traurigkeiten des Südens verbindet. Der humane Reichtum, der sich erst ganz zu erkennen gibt, seit die Töchter und Söhne der Sklaven frei sind, Bürger gleichen Rechts (freilich die meisten immer noch arm); die Vitalität, die sich offenbarte, seit die University of Virginia, architektonisch die schönste der Vereinigten Staaten (von Jefferson entworfen), zu einem Viertel oder Drittel schwarze Studenten zählte, bis heute zur Nachbarschaft mit den dumpfen weißen Fundamentalisten verurteilt, unter denen die hässlichen Auswüchse der religiösen Talente des Landes nach wie vor wuchern. Auch damit müsste man dort leben. Ein bleicher Kerl mit flackerndem Blick hatte mich einst in einem der Nester herrisch zur Rede gestellt: »Do you believe in our Lord Jesus Christ?« Antwortete kühl, trotz einer Regung des Zorns: »That's not your business.« »Are you Jewish or what?«, insistierte er. In seinen Augen der blanke Hass – auch das der Süden des Sehnsuchtslandes. Dennoch: In einem der alten Plantagenhäuser die

Bibliothek aufstellen, draußen hinter den weißen Zäunen ein paar Pferde ...

Vielleicht hätte man jünger sein müssen, um Amerikaner zu werden. Überdies hatte sich die Hauptstadt und mit ihr das halbe Land dem schlichten Geist Ronald Reagans gebeugt, gerade als wir uns fragten, ob wir bleiben sollten oder nicht. Europa, dachten wir, hat es hinter sich (wenigstens fürs Erste), als später unter Bush junior und seinem autoritären Vizepräsidenten Dick Cheney die folternden Geheimdienste freie Bahn hatten, als wir die Ausbrüche der Soldateska registrierten, als wir zur Kenntnis nahmen, dass die Armee vielfache Mörder ungeschoren lässt, als sich die Generalität und ihre politischen Chefs aufzuführen begannen, als hätte es niemals einen Nürnberger Gerichtshof und die Urteile von Landsberg gegeben.

Wir waren auf einer Ferienreise ins Licht des *midi* geraten. Es ist so anders nicht als das Licht des amerikanischen Südens, das nach dem verhangenen Himmel der schwülen Sommer im Herbst metallisch brilliert, das die Luft so klar werden lässt und den Himmel so hoch wie nirgendwo sonst auf der Welt. Aber hier der Zauber der mediterranen Winter. Die Stille, die dem Land wiedergeschenkt ist, wenn sich die Touristen davongemacht haben. Das Rascheln des Windes im braunen Weinlaub.

In den Schatten des späten Nachmittags lösen sich manche Konturen auf. Andere glänzen plötzlich im schrägen Licht des zögernden Abends. Das Château mit seinem schlanken Turm über dem kleinen Städtchen landeinwärts. Es leuchtet mitsamt den alten Dächern, als habe es sich aus einem italienischen Gemälde des Übergangs der Gotik zur Renaissance gelöst, als die Maler anfingen, die Madonnen und die Heiligen nicht länger auf Goldgrund, sondern vor idealen Landschaften mit ihren sachten Farben zu feiern.

Das schräge Licht des späten Nachmittags – es kann auch mitten im Kurvenschwung auf die Augen treffen. In der Blindheit lässt sich nur hart auf die Bremse treten und per Stoßgebet flehen, dass nicht just in diesem Augenblick ein Auto aus der Gegenrichtung unser schmales Sträßchen heraufklettern möge. Das schräge Licht kann scharfe Schlagschatten werfen, zumal in den alten Alleen der Departementstraßen. Man erzählt in der »Bar du Sport«, einst habe ein von den Schattenschlägen zermürbter Chauffeur die Kontrolle über sich selbst verloren, jäh gestoppt und der Beifahrerin in einer Aufwallung so heftig auf den Kopf geschlagen, dass sie sofort tot war. Indes, die Richter hätten dem Mann eine vorübergehende Unzurechnungsfähigkeit zugebilligt, vielleicht durch eigene Erfahrungen gewitzt: drei Jahre mit Bewährung. Sie kassierten nicht einmal den Führerschein.

Das schräge Licht des Abends verändert – im Rückblick – die Landschaft des eigenen Lebens. Was uns im weißen Licht der Mittagsjahre wichtig war, scheint nun in den Schatten der Dämmerung zu geraten. Anderes, das wir einst übersehen haben, gewinnt plötzlich Kontur und Farbe. Das Gedächtnis steht nicht still. Es formt sich an jedem Tag, mehr noch in den Nächten unablässig um. So lange wir atmen, ändern wir – ohne es recht wahrzunehmen – unsere Biographie. Nichts ist wahrer als das Urwort, das Heraklit zugeschrieben wird: *panta rhei* – alles fließt.

Vor mehr als dreißig Jahren rettete ich mich aus einer professionellen und persönlichen Krise in eine Arbeit, die keinen langen Anlauf brauchte, ich schrieb dreihundert Seiten einer Art Autobiographie, dann beförderte uns eine neue Aufgabe zurück nach Amerika. Das Manuskript verschwand unter Stapeln von neuen Büchern und Korrespondenzen. Hatte es fast vergessen. Als meine Papiere in einem Möbelwagen nach Berlin ins Archiv der Akademie abtransportiert wurden, zog ich den Ordner mit den biographischen Aufzeichnungen aus dem Gebirge der Arbeits- und Lebenszeugnisse, stellte ihn ins Regal – und schlug ihn niemals auf.

Erst jetzt, im Anlauf zu diesem neuen Versuch, blätterte ich in den Seiten. Es war kein Fremder, der mir bei der Lektüre begegnete, doch ein anderer; nicht völlig identisch mit dem, der ich heute zu sein glaube. »Kein schweres Leben«, sollte das Buch damals heißen, nein, ursprünglich sogar (mit einer Prise Ironie, versteht sich) »Ein leichtes Leben« – doch diesen Titel hatte Robert Neumann, der Erzähler und große Parodist, für seine Lebensbeschreibung okkupiert. (Jener Neumann, dessen wichtigsten Roman, *Die Kinder von Wien*, ich für die »Andere Bibliothek«

wieder ausgrub, jener Neumann, der seinen Todfeind – der sich gleichfalls am Lago di Como niedergelassen hatte – mit roher Bosheit bedichtete: »Es stinkt der See / Die Luft ist rein / Hans Habe muss ertrunken sein«.) Was mich vor drei Jahrzehnten zu interessieren schien, geht es mich heute noch etwas an? Die Machtspiele in den ersten Redaktionen, denen ich angehörte? Was haben sie bewegt, außer einem kleinen Aufruhr des Selbstgefühls der Beteiligten, unter denen ich der jüngste war? Nicht viel. *Christ und Welt*, das protestantische Wochenblatt (das damals eine höhere Auflage hatte als *Die Zeit*), wurde lange nach meinem Abschied von der Redaktion in einem ziemlich ausgemergelten Zustand an den *Rheinischen Merkur* verkauft, die Zeitung der katholischen Bischöfe. »Christ und Welt« wurde nur noch beiläufig im Untertitel erwähnt. Ein Vierteljahrhundert später wurde es unversehens aus seinem Schattendasein geweckt, wiederum durch den Holtzbrinck-Konzern (inzwischen Eigner der *Zeit*), der sich nun des altersschwachen *Rheinischen Merkur* erbarmte und seinen Ruinenverwaltern ein Dach unter ihrem Hamburger Paradeblatt gewährte. Den *Merkur*-Abonnenten bot der Verlag eine Beilage an, für die man sich des lange dahingeschiedenen Protestantenblattes *Christ und Welt* entsann. Nun prangt der Titel (ökumenisch verstanden) in großen Lettern über den sechs oder acht munteren Seiten, die von zwei oder drei agilen Christen redigiert werden. Die tüchtigen jungen Kollegen scheinen nicht zu ahnen, dass der älteste Hausautor der *Zeit* das letzte überlebende Mitglied der Gründungsredaktion von *Christ und Welt* ist. Warum sollten sie es auch? Diese Fügung ist nicht mehr als eine Fußnote zur Frühgeschichte der Bundesrepublik, eine halb verwehte Spur, kaum noch erkennbar.

Worüber redeten wir uns damals die Köpfe heiß, vor mehr als sechs Jahrzehnten? Lohnte es sich, die kontroversen Stücke von damals, zum Beispiel über die Lockung der gesamtdeutschen Neutralität (der Martin Niemöller, Hitlers »persönlicher Gefangener« in Sachsenhausen und in Dachau, mit deutschnationaler Leidenschaft das Wort redete), über die Vorzüge von Adenauers Westbindung, über den theologischen Radikalismus von Karl Barth, in den alten Bänden aufzublättern? Vielleicht für spezialisierte Historiker. Lebhafter als die gescheiten Redakteure ist mir der Hausmeister im Gedächtnis, der in der verwitternden Flakbaracke, die uns als Unterkunft diente, für Ordnung sorgte; ein eher kleinwüchsiger, hagerer Mann an die fünfzig, mit harten, prüfenden Augen, den schiefen Mund oft zu einem maliziösen Lächeln verzogen. Er stemmte am Feierabend, wenn wir uns auf den Weg zur Straßenbahn machten, gern die Fäuste in die Hüften und bellte uns in deftigem Schwäbisch nach, ob wir den Tag damit vertan hätten, unseren kapitalistischen Unsinn zu schreiben – he? Es komme anders, er wisse es, er sei Kommunist, und er werde bestimmen, wer von uns zuerst an die Wand gestellt werde. Dann lachte er heiser. Seinen Namen habe ich vergessen. Aber nicht, dass der rote Schreier mir manchmal ein Stück Brot mit Speck zusteckte (weiß der Teufel, woher er den hatte).

Das war ungefähr in der Neige des Jahres 1947. Jedenfalls vor der Währungsreform, die über Nacht Brötchen und Brezeln in die Schaufenster der Bäcker und ein Dutzend Wurstsorten in die Auslagen der Metzger beförderte. Vor der D-Mark, von der keiner ahnte, dass sie ein deutscher Mythos werden könnte. Mehr als ein halbes Jahrhundert vor der Etablierung einer europäischen Währung, an die damals keine Seele zu denken wagte – noch lange nicht nach Winston Churchills Vision vom vereinten Europa, das er auf das Fundament der deutsch-französischen Versöhnung gebaut sehen wollte. Der alte Magier hatte im September 1946 den Zusammenschluss der westeuropäischen Staaten und die deutsch-französische Kooperation in seiner tollkühnen und hellsichtigen Rede an der Universität von Zürich zur Pflicht für die Sieger und die Besiegten des Zweiten Weltkriegs gemacht – als die einzige Chance, dem totalitären Koloss jenseits des Eisernen Vorhangs zu widerstehen. Für mich – und viele andere – war Churchills Rede das erste Signal einer Hoffnung, der ich zeit meiner Tage nachzuleben versuchte, der Leitgedanke meines politischen Engagements, der wichtigste Wegweiser bis heute. Immerhin, das europäische Fundament ist gebaut – es muss gefestigt werden, das gewiss, damit es niemals mehr von den Sprengversuchen nationalistischer Menschenfeinde erschüttert werden kann.

Hätte mir damals jemand einzureden versucht, ich würde an der Seite einer wunderbaren Frau deutsch-jüdischer Herkunft auf einem Flecken

Erde im Süden Frankreichs die Heimat für den Rest der Tage finden, ich hätte dem offenkundig Verrückten den Weg zum nächstgelegenen Irrenhaus gezeigt (an denen im Schwabenland kein Mangel war). Dieses Leben: ein Mirakel, dem anders als mit Dankbarkeit zu begegnen ein Zeugnis ordinärer Dummheit wäre. Ich hätte auch knapp und wahrhaftig schreiben können: »Dieses Leben – ein Glücksfall«. Im Vorwort jenes Buches, mit dem ich vor drei Jahrzehnten begonnen hatte, pries ich den Winkel, der uns zur Heimat wurde, auf meiner klappernden alten Olympia-Reiseschreibmaschine, die wenigstens vier Kilo wog – die erste große Anschaffung des jungen Bonner Korrespondenten von *Christ und Welt*. Heute schreibe ich schwerelos auf dem Laptop. Die Technik hat sich radikal, die Empfindungen haben sich nur in Nuancen gewandelt.

Als wir uns auf diesem Stück Land eine halbe Stunde südwestlich von St. Tropez ansiedelten, fand ich im Gestrüpp eine Schildkröte, zwanzig Zentimeter lang, gut zwei Pfund schwer. Ich nahm sie auf, betrachtete den gelb-schwarzen Panzer, setzte sie nieder und wartete, bis sie es wagte, die Lage zu erkunden. Sie schaute nicht unfreundlich aus dem uralten Gesicht. Ein Geschöpf der Vorzeit, das meine Gegenwart gelassen zur Kenntnis nahm. Kein Fluchtversuch. Die Echse verharrte still. Mir gefiel die Beharrung, die (wie es schien) angstlose Sicherheit, die Abwesenheit jeder panischen Regung. Ich empfand die Anwesenheit der Echse als ein Zeichen, dass wir auf diesem Stück Erde Glück haben könnten. Seitdem sah ich selten ein Tier in der Wildnis ums Haus; gelegentlich ein Karnickel, ein paar Eidechsen, einmal eine wintermüde Viper, die ich am Leben ließ – und die Wildsäue, die in den Winternächten R.s Garten umgraben (es werden immer mehr, und die großmäuligen Jäger werden der Plage nicht Herr). Weiter unten am Bach im Bambusgebüsch müssen Frösche hausen. Aus der Senke des Tals erklingt im frühen Sommer der Gesang der Nachtigallen; sie respondieren, wenn ich die Musik laut aus den geöffneten Türen wehen lasse. Sie begrüßen die Klarinette im Quintett von Brahms wie eine verwandte Stimme.

Das Tal ist von Weinfeldern gefüllt, die in sanftem Schwung die Hänge mit den Pinienwäldern, dem Gestrüpp, den Gärten und Villen erreichen. In der Mitte die alten braunen Mauern eines Gutshofes, dessen Haupthaus ein angenehmes Hotel geworden ist (keineswegs billig). Dort schlagen nachts die Hunde an. Über dem Weinfeld ein unbefestigter Weg, Korkeichen mit ihren silbergrauen Blättern, ein riesenhafter Eukalyptusbaum (wie der Bambus ein Geschenk der kolonialen Vergangenheit Frankreichs), grünes und rotes Weinlaub, ein paar Margeriten, rissige Erde zwischen den Steinen. Ein Stück vollkommener Ländlichkeit. Wenn die Mittagsluft zitternd über dem Rain steht, weiß ich, dass einer der Vorimpressionisten hier ein Bild gemalt hätte. Spuren menschlicher Arbeit und Erde wuchsen zu einer anspruchslosen Einheit zusammen. Sie ist das, was der amerikanisch-französische Mikrobiologe René Dubos die zweite Natur genannt hat, die Europa in zwei Jahrtausenden der Bestellung seiner Landschaften schuf.

Unten mündet die Ausfahrt vom Hotel schnurgerade in eine Palmenallee, an die bis zum Meer hin links und rechts wiederum Weinfelder grenzen. Das Wort Allee übertreibt; tatsächlich säumen die gedrungenen schweren Stämme nur einen Feldweg, auf dem alte Äste herumliegen, von denen ich nicht weiß, ob sie im Winde brachen oder von einem Palmenbeschneider (ein gut bezahlter Beruf) abgesägt wurden. Es sind keine Königspalmen. Die Krone wächst aus den Wülsten kurzer, mächtiger Stämme, die ihre Jahresringe außen auf der rissigen Haut wie Narben tragen. Parasiten wuchern über den dicken Rinden. Wenn der Wind nur leicht geht, machen die Blätter ein trockenes Geräusch. Der Ton wird manchmal flüsternd und vermengt sich schwerelos mit dem eiligen Spiel von Licht und Schatten. Das Braune des Weges, das Graue der Stämme wird im Dickicht links und rechts von wechselnden Nuancen des Grüns aufgesogen. Wenn die Mimosen- oder die Ginsterbäume blühen, münden alle Farben in ein glorioses Gelb. Eine Brombeerhecke, in der Bienenschwärme schwirren. Ein Feigenbaum mit satten, fleischigen Blättern. Oleander. Irgendein Gesträuch mit roten Beeren. Die Farben schweben. Das Licht im Grün, die Ahnung von Feuchtigkeit, der matte Geruch von Gewächs und Erde, Früchten und Holz – dies wahrzunehmen ist eine Art Glück. Man hat es in den Gärten der Kindheit erfahren. Man fand es in den Bildern von Monet oder Pissarro. Man erlebte es, wenn man mit einer Frau durch eine sommerliche Landschaft ging.

Das ist keine Schönheit, die überwältigt. Es findet keine Verzauberung statt. Keine Feenhand winkt. Kein Mythos setzt sich rauschhaft in Bewegung. Kein Pan hockt im Blattwerk. Diese Natur ist menschengemacht und für Menschen hergerichtet. Die Schönheit folgte einem ordnenden Willen. Die Palmenallee verdankte ihre Entstehung dem ästhetischen Vergnügen oder der Prahlsucht eines Gutsherrn. Sie ist überdies nützlich, schenkt Schatten auf dem Weg durch die Felder und zur See hin. Das andere ergab sich. Die Harmonie dieser »gestalteten Landschaft« ist nicht überschwänglich, ihre Anmut nicht einmal betörend.

Als wir uns hier niederließen, warnte der schwäbische Verleger Klett, die allzu offene Schönheit des Südens tauge nicht für Leute meiner Sorte; die brauchten die herberen Prüfungen des Nordens, seine Spröde, seine Kargheit. Der Mahner, gescheiter als die meisten seiner Autoren, vergaß die Strenge des Südens, die nicht nur eine Folge von Trockenheit und Verkarstung, sondern auch ein Produkt menschlicher Wirtschaft ist: höchste Nutzung dürftiger Böden, Mühsal der Beackerung, Geduld von Jahrhunderten. Der Süden kennt die aufschäumende, verwirrende Fülle des nordischen Frühlings nicht, auch nicht das Leuchten des Herbstes, das den Geruch von Fäulnis und die Traurigkeit des Verwelkens überstrahlt. Das Rauschen und Raunen, die verzauberten Wälder, die streifenden Geister, die geflüsterten Märchen, das übermächtige Glück und der Sturz in bodenlose und manchmal liederliche Depressionen: das ist gefährliches Nordland. Traumland. Zauberland. Todesland.

Der Süden zwingt zur Gefasstheit. Er diszipliniert. Die Luft ist weicher, aber sie erzwingt eine harte Zeichnung der Konturen. Die Temperamente mögen lebhafter sein, doch der Geist ist nüchterner. Man muss früh aufstehen, um noch die sanften Schleier des Nebels zu sehen, aus dem ernst die Schirme der Pinien herausragen, als seien sie auf japanisches Seidenpapier getuscht. Die Sonne bringt hernach eine Klarheit, die erbarmungslos sein kann. Die Härte hebt sich erst wieder auf, wenn die Bergketten ihre Schatten von Grün und Grau über Blautöne zum Lila in den Abendhimmel staffeln. Die Grausamkeit des Mittags aber schafft ihre eigenen Melancholien. Man zieht sich in den Schatten zurück. Man wartet. Man lässt geschehen. Und man fährt mit der Arbeit fort, wenn die Mittagslähmung gebrochen wird, am Nachmittag, wenn der Wind aufkommt. Man hat gewartet. Man war geduldig. Haltlosigkeit war nicht erlaubt. Nun schreitet man freier aus.

Ich bin nicht sicher, ob der Süden heiter genannt werden kann. Er hat sich in Jahrtausenden geübt, Schwere aufzuheben, das wohl. Doch hinter dem Lachen wohnt oft ein Ernst, der keine Verzweiflung erlaubt und deshalb tapferer ist als der depressive Grimm des Nordens. Man ist der Erde, die man so lange und so intensiv kultiviert hat, näher als es die Beschwörer von Blut und Boden jenseits des Gebirges jemals waren. Der Sinn für Ordnung ist in archaischer Erfahrung gebunden, und er ist stark genug, das Unordentliche gewähren zu lassen. Die soziale Disziplin, so gründlich gelernt, braucht nicht jene Überorganisation des Nordens, die nichts anderes ist als angstvolle Selbstbewachung und stete Abwehr eines chaotischen Anarchismus. Der Süden stürzt sich nicht in den Schmerz, doch er scheint leidensfähiger zu sein. Er setzt nicht zu viel Vertrauen in die Veränderbarkeit des Menschengeschicks, sondern überlässt sich lieber einem grundsätzlichen Fatalismus und in den täglichen Dingen der robusten Vernunft.

Der Süden ist Melancholie und Maß. Aus der Ergebung stammt jenes »Leichte«, das nur der flüchtige Gast als blöde Fröhlichkeit verkennt. Sie wächst aus einer Vermengung von Résistance und Resignation, von Demut und Tapferkeit, Formbewusstsein und Toleranz.

Das »Leichte« wird so zur Tugend, wie das Griechenland der Antike die Schönheit als tugendhaft verstand. Das »Heitere« erweist sich als Respekt vor dem Lebensernst, den man nicht im Aperitif-Geplauder oder im Bürogeschwätz verschleißt. Es hält die Passionen zuverlässiger in Schach, als dies die Reglementierung der Daseinsregung im Norden vermag. Es schützt nicht immer den Menschen vor sich selber. Es bewacht die Abgründe, die man schließlich zu sehr fürchtet, um in ihnen mit Tiefsinn herumzubohren. Es gibt sie, doch es ist besser, über sie hinwegzusehen. Sie heben sich dadurch nicht auf, man lebt mit ihnen auf verschwiegene Weise. So wie es das Heilige gibt, das ohne die belustigte Profanierung unerträglich würde. So wie es den Tod gibt, der auf den Friedhöfen eingemauert ist in feste Häuser: ein Nachbar, von dem man sich lieber fernhält. Zugleich wird seine Anwesenheit durch einschüchternde Mausoleen bestätigt. Das ist etwas anderes als die schwelgende Gartenpracht der nordischen Gottesäcker, in denen der Prozess der Verwesung frühlingshaft gefeiert und winterlich beweint wird. So einfach schenkt der Süden ein geformtes Menschenleben der Natur nicht zurück.

Auf dem Friedhof unseres Dorfes ist der Raum knapp geworden. Indessen bot uns eine Freundin an, unsere Reste in der Grabkammer ihres Hingeschiedenen unterbringen zu lassen. Es ist ein ansehnliches Gehäuse mit genügend Platz für uns alle. Ich weiß nicht, wie oft ich bis dahin den Weg durch die Palmenallee noch machen werde. Er ist eine gute Einübung. Am Ende steht linkerhand hinter Fichten und Gebüsch das elegante Sommerhaus, das einst dem Verleger Gallimard gehörte. Rechts ein breiter Saum von Bambus, der das Weinfeld vor den Winden schützt. Eine kleine Düne und die Öffnung zum Meer. Am liebsten schwimme ich, ehe der Mittagswind aufkommt. Ich mag die sanfte, seidene Glätte des Wassers. Ich schätze es, wenn sich der Grund – bewachsen oder sandhell – ahnen lässt. Ich bin ein langsamer Schwimmer.

In meiner Kindheit gingen unglückliche junge Menschen noch ins Wasser. (Auch meine Mutter drohte mit diesem Tod.) Manchmal zogen die Fischer – es gab sie noch – die Leiche eines schwangeren Mädchens oder eines liebeskranken Seminaristen aus dem Fluss. Im Städtchen wurde dann viel geraunt. Die Farbe des Neckars war selten hell. Er strömte meist grau oder bräunlich. An den Ufern ragte Wurzelwerk ins Wasser. Der Boden war schlammig. Man wagte sich trotzdem in die Nähe des Damenbads, schlich an Land und äugte in die Kabinen. Man sah fast nichts und ahnte viel. Dann schwamm man, von doppelter Unheimlichkeit beschwert, zurück zum Herrenbad. Vor ein paar Jahren bemerkte ich zu einer jungen Frau, an einem der Alsterkanäle in Hamburg, es sei wohl eine Folge der Verschmutzung, dass niemand mehr ins Wasser gehe. Sie sagte nichts. Ein paar Wochen später kam die Nachricht aus Athen, dass sie sich ertränkt habe.

Das Wasser habe ich erst am Meer lieben gelernt. Ich gewöhnte mich daran, mit leichten Bewegungen zu treiben und zu schweben, mich den sachten Wellen zu überlassen. Ich freute mich daran, auf dem Rücken liegend, unser Haus über den Weinfeldern zu erkennen. Dazu musste man bis zu den äußeren Bojen schwimmen. Wenn es nicht zu kalt und die See nicht zu aufgeregt war, machte mir diese Entfernung keine Mühe. Ich brauchte mich an keiner Boje festzuhalten, um Atem zu holen. Doch manchmal, ohne Anlass, überkam mich eine Furcht vor der Tiefe. Das Ufer, sogar die nächste Boje wirkten fern. Ich glaubte, von einer untergründigen Strömung fortgeschwemmt zu werden. Draußen nichts. Die Inseln, so nahe sie, schlechtes Wetter ankündigend, auch gerückt sein mochten, waren weiter weg als der Tod. Ich bewegte mich hastiger, die Stöße der Beine wurden kürzer, das Rudern der Arme aufgeregt. Ich bemerkte die unüberwindbare Schwere der Glieder. Glaubte nicht mehr, dass Wasser trägt. Ich begriff, dass ein Menschenkörper schwerer ist als Wasser. Atmete schneller, kam nicht voran. Ich sagte mir, dass mein Rufen niemand hören werde. Sekunden der Panik. Zugleich war mir deutlich, dass Hektik der Untergang wäre. Befahl mir Ruhe. Die Bewegungen ordneten sich. Neue Energie strömte in die Nerven. Ich legte mich wieder vertrauensvoll in die Wellen. Die Tiefe hob sich auf. Man muss sich leicht machen. So kommt man voran. Vernunft und Natur gestatten es durch eine schwebende Übereinkunft. Man steigt ans Ufer. Die Sonne trocknet die Furcht.

Für Sekunden oder Minuten hatte man das Unendliche berührt, das überall im Endlichen verborgen ist. Das kann ein Schock sein. Aber auch eine kleine Offenbarung. Wir nehmen für einen Augenblick den Reichtum der vielen Existenzen in uns und um uns wahr. Wir ahnen die tausendfachen Verwebungen des kleinen Ich in die Leben, in das Leben ringsum. Wir fangen an zu verstehen, was Menschengeschichte ist. Wir sind Geschöpfe des Zeitlichen, zu einem Ende bestimmt. So können wir Leben nur als Geschehendes und als Geschichte verstehen. Jedes Leben hat seine Geschichte. Jedes trägt ein Quäntchen zur Geschichte der Menschen bei. Und manche mehr als ein Quant: die Höhlenmaler, die sich als die Ersten ein Bild vom Leben und seinen Geschöpfen machten, Bilder, die überdauern sollten; oder die Geduldigen, die zum ersten Mal Weizen ausgesät haben. Wir zehren nach Jahrtausenden noch immer von den Wundern ihrer Existenz und ihrer Leistung, wie die Menschheit auf unabsehbare Zeit von den Psalmen oder der Musik Johann Sebastian Bachs oder vom Denken Isaac Newtons zehren wird. Ihr Werk wird leben, wenn Bonaparte oder Bismarck oder die anderen Mächtigen vergessen sein werden.

Wenn es eine Gnade des Fortschritts gibt, dann ist es die Expansion des Bewusstseins, in dem die Zerstörer keinen dauerhaften Platz zu finden scheinen, weil sie nichts mit dem Reichtum zu schaffen haben, der sich uns öffnet: Sie wollten vielmehr die schreckliche Vereinfachung, ja die Verarmung der menschlichen Landschaft. Sie liebten das Leben nicht. Sie überzogen die Menschen mit ihrer Krankheit zum Tod.

Clemenceau, der grimmige Retter Frankreichs im Ersten Weltkrieg, sagte den Deutschen nach, sie liebten das Leben nicht. Er täuschte sich darin nicht völlig. Sie überließen sich zu rasch dem Sog der Tiefe, der Verzweiflung, oder warfen sich allzu entschlossen ins Tüchtige, Überordentliche. Kraft und Zeit zur Lebensliebe blieben selten.

Darum wohl war der Widerstand gegen den Geist der Vernichtung so beschämend gering. Indes, die bösen Geister verloren ihre Macht – wenigstens in unseren Bereichen des Erdkreises (wir dürfen freilich nicht zu sicher sein, dass dies immer so bleibt). Die Wandlung ist Realität.

Am Strand hinter der Palmenallee sehe ich oft junge Familien, auch deutsche. Die Mütter und Väter gehen anders mit den Kindern um, als wir es gewohnt waren. Sie erziehen weniger. Sie lachen mehr. Sie reglementieren kaum. Sie spielen. Ihr Gang und ihr Blick hat manche Schwere verloren. Die jungen Mütter und Väter sind leichter geworden. Man sieht ihnen an, dass sie das Leben lieben. Man sieht es vor allem den Kindern an. Die Lebensliebe schenkt uns vielleicht die Ehrfurcht vor dem Leben, die uns der große Albert Schweitzer lehrte, der Elsässer, Deutsch-Franzose, Theologe, Urwaldarzt, der Orgelspieler, der Biograph Johann Sebastian Bachs. Der Wegweiser. Ach Iris, es gelang gewiss nicht immer, ihm zu folgen. Wir haben es versucht.

Kindheit in »Führers Reich«

Man nimmt vermutlich seine Kindheit zu wichtig. Die ersten Bilder verlieren sich in einem Erinnerungsnebel, der nicht immer rosafarben ist, und in einer Geräuschwolke, die wohl nicht immer Sphärenmusik war. Das Ende meiner Kindheit ist freilich klar markiert, obwohl ich das erst später begriff. Ich zählte zwölf Jahre und sechs Monate. Seit vier Wochen herrschte Krieg. Davor die Tage angespannten Wartens. Die Mehrzahl der Deutschen hoffte (wie alle Europäer) im August 1939 noch immer auf eine Rettung des Friedens. Die Eltern hatten sich endlich entschlossen, ein Radio zu kaufen, einen »Volksempfänger« versteht sich, das billigste Gerät auf dem Markt. Sie hatten den Rundfunk (was für ein angestrengtes Wort) beharrlich von uns ferngehalten, weil er angeblich von allem Schönen, Wahren und Guten ablenkte: von der Lektüre, vom Klavierüben, von den Hausaufgaben, von Spielen, von Gesprächen, nachdenklichen Spaziergängen, vom Reiten, vom Genuss der Natur.

War am ersten September noch schulfrei? Ich sehe uns im Salon um den Wunderkasten versammelt, die Eltern, meine Schwester, die Köchin, das Dienstmädchen (das gab es alles noch im Nürtinger Dekanat). Fasziniert und angstvoll lauschten wir der bellenden Rede des »Führers« im Reichstag: »... Seit 5 Uhr 45 wird zurückgeschossen.«

Kein zweites »München«, mit dem sich die Westmächte dem Willen des deutschen Diktators unterworfen hatten. Kein zweites »Bad Godesberg«, als der britische Premierminister mit *bowler hat* und Regenschirm zum »Führer« geeilt war. *Peace for our time*, hatte er nach München seinen erleichtert jubelnden Landsleuten verkündet. Am dritten September, nach der vergeblichen Forderung, die Wehrmacht möge sich unverzüglich aus Polen zurückziehen, erklärte er Großdeutschland den Krieg, wie

Frankreich auch. Den Krieg, den nur der »Führer« gewollt hat und mit ihm die herrschende Clique in Berlin, die braunen Schreihälse in der Provinz, und ein paar Dutzend dümmlicher Generäle, die auf Ruhm, Orden, eine steile Karriere setzten. Das war der Krieg, den mein Vater im Jahre 1935 in einem Brief an seinen jungen Freund Eugen Gerstenmaier vorausgesagt hatte. Der Krieg, der nicht »ausgebrochen«, wie man gern von Kriegen sagte, sondern planvoll in Gang gesetzt worden war.

Kein Jubel wie im August 1914, als die Bürger, die Studenten samt den Professoren und Dichtern dem kollektiven Patrioten-Rausch verfielen, die deutschen nicht anders als die französischen. Ernste, ja bedrückte Gesichter. Zu nahe die Erinnerung an die Millionen Toten, den Anblick von Abertausenden, die zu Krüppeln geschossen waren, an den Hunger, den Rübenfraß (von dem die Älteren so oft erzählt hatten), das Elend des Nachkriegs. Erst mit den Siegessondermeldungen, die mit Trompetengeschmetter und aufgepeitschten Propagandastimmen im Radio verkündet wurden, hellte die Stimmung auf.

Der älteste Bruder Hans-Martin, im August zwanzig Jahre alt geworden und fast gleichzeitig zum Leutnant befördert, marschierte mit einer der ersten Divisionen in Polen ein. Seine kargen Briefe, die zunächst rasch zu uns fanden, versuchten die Sorgen der Eltern zu zerstreuen, siegesgewiss, wohl auch stolz. Nach dem 20. September blieben die Briefe aus. Beunruhigung. Am letzten Sonntag des Monats, es mag schon Oktober gewesen sein, war die Familie im Begriff, zum Gottesdienst aufzubrechen. Der Vater schien sich, wie fast immer, zu verspäten. Ich war als Erster unten an dem mächtigen alten Tor. Im Kasten – es wurde am Sonntag Post ausgetragen – fand ich einen Feldpostbrief, die Adresse mit fremder Schrift geschrieben, der Name des Absenders unbekannt. Ich riss den Umschlag an, stockte nach einer Sekunde. Ungutes Gefühl. Dachte, es sei besser, meinem Vater den Brief erst nach der Predigt zu geben. Steckte das blaugraue Kuvert in die Tasche.

Die Kirche war voll, wie fast immer seit Beginn des Krieges. Von der Predigt behielt ich nichts, erinnere mich auch an keinen der Choräle, die gesungen wurden, nicht an das Gebet für die Soldaten – und die Weisheit der »Führung«, die im Gottesdienst üblich war. Weiß nicht, ob ich danach den Brief selber dem Vater gab oder meine Schwester darum bat, die sechs Jahre älter war und immer mutiger als die Brüder. Ein paar Minuten Stille. Dann droben aus der Studierstube des Vaters der heisere Ruf nach der Mutter. Ihr Aufschrei. Wir fanden zwei im Sinn des Wortes erschütterte Menschen, die sich aneinander festzuhalten versuchten. Sie fielen auseinander, die Mutter zur Erde, der Vater in seinen Schreibtischsessel. Beide von einer übermächtigen Woge des Schmerzes gefällt. Ich weiß nicht, wie lange sie sich hilflos unter ihr krümmten. Auch uns, meine Schwester und mich, überkam die Trauer wie ein Schwindel. Wir hielten uns. Aber in den Eltern, zumal im Vater, war etwas zerbrochen. Später las ich den Brief, von Hand so ordentlich geschrieben, wie es dem Pflichtbewusstsein des Vorgesetzten entsprach. Das Schreiben besagte nüchtern, der Leutnant H. sei auf seinem Posten als »vorgeschobener Beobachter« (der aus der ersten Linie der Infanterie das Feuer seiner Batterie via Feldtelefon zu lenken hatte) von einem getarnten Scharfschützen tödlich getroffen worden. Im Vorfeld der Stadt Radom. Der Sohn habe nicht gelitten.

Das schrieben sie immer. Später ein kleines Foto vom Grab, irgendwo draußen in freier Erde ein Holzkreuz, auf einer schwarzen Blechtafel mit dem Eisernen Kreuz der Name, der Rang, Geburtstag und Todestag (der 18. September 1939). Der Bruder war der erste Kriegstote in unserer kleinen Stadt. Das schützte den Vater fürs Erste gegen die Drohungen des Kreisleiters; Eugen Wahler hieß der fette Mensch, der den Vater in öffentlicher Versammlung mehr als einmal einen »Volks- und Vaterlandsverräter« genannt hatte. Das wagte er eine Weile nicht mehr.

Hans-Martin, acht Jahre älter als ich, trug seinen zweiten Namen zum Andenken an einen Bruder meines Vaters, der im Ersten Weltkrieg das Leben verloren hatte. »Hans« aber war eine Reverenz an den Familiengründer Johannes H., Weingärtnerkind aus Walheim am Neckar, früh verwaist, vom Pfarrer in die Lateinschule geschickt, hernach Jura-Professor und lange Jahre Rektor der Universität Tübingen, nach einem Stich aus der Zeit ein Herr mit mächtigem Vollbart und starken Augen, Autor dicker lateinischer Pandekten (eine besitze ich, die Handschrift

29

der Widmung ist beinahe unverblasst). Johannes heiratete eine Tochter von Jacob Andreä, einem prominenten Theologen; dessen Enkel Johann Valentin, der Verfasser der visionären Schrift *Christianopolis*, in der er die Utopie eines christlichen Idealstaats entwarf. Tiefer und länger wirkte seine Legende *Chymische Hochzeit Christiani Rosencreutz*: die Gründungsschrift des Geheimordens der »Rosenkreutzer«, der auf der Nachtseite der Aufklärung sein gottestrunkenes, magisches, alchimistisches Wesen trieb. Später wurde ich gewahr, dass der alte Johannes H. am 18. September 1639, exakt dreihundert Jahre vor Hans-Martin, gestorben war. War das bedeutungsvoll? Es fügte sich zum Ahnenkult, der in der Sippe betrieben wurde, vermutlich um den Abstieg aus den hohen akademischen Rängen, der bei dem einen oder anderen mit einem Adels-, ja dem Freiherrn-Titel garniert wurde, in die Normalität bürgerlicher Berufe (Pfarrer, Amtsräte, Ärzte) zu überspielen – eine Familie der sogenannten schwäbischen Ehrbarkeit, jener Bürgerelite, in der jeder mit jedem verwandt war, die bürgerlichen Standesvertreter im Herzogtum einflussreicher als der Adel, da sie im 16. Jahrhundert vom klammen Landesherrn das Weisungsrecht über die Steuern erpresst hatten.

Keine Seele hätte in Hans-Martin meinen Bruder vermutet – der Einzige von uns vier Geschwistern, der nach der Mutter kam, mit seinen schwarzen Augen, seinem schwarzen Haar, seinem olivfarbenen Teint, eher klein und schmalgliedrig. Ich wusste damals nicht, dass die Familie der Mutter (sie selber war in Berlin aufgewachsen) einer sorbischen Sippe entstammte, im Spreewald zu Haus, der Vater völlig »germanisiert« (sonst wäre er kaum als Seelsorger in der Kadettenanstalt von Berlin-Lichterfelde akzeptiert worden), sein Bruder, auch er Theologe (Superintendent in Cottbus), ein leidenschaftlicher Anwalt der unterdrückten slawischen Minderheit. Im Jahrzehnt nach der »Wende« fand ich in den Dörfern des Spreewaldes entfernte Cousins und Cousinen, die im Alltag Sorbisch sprachen, eine hübsche Tochter nicht ausgenommen, die eben ihr Abitur am sorbisch-deutschen Gymnasium bestanden hatte. Übrigens drückten sich die zweisprachigen Mitglieder der Familie im Deutschen sensibler und grammatikalisch exakter aus als die einsprachige Verwandtschaft, zum Beispiel der Betreiber des »Getränke-Stützpunktes Bronisch« mit seinem wilhelminischen Feldwebelbart.

Die Mutter hatte die slawische Herkunft beharrlich verschwiegen, die für den deutschen »Zeitgeist« minderwertig war. Umso häufiger ihre betont beiläufigen Hinweise auf die blaublütige Verwandtschaft, die in der Tat existierte, weil die Pastoren in den preußischen Provinzen – gerade noch »gesellschaftsfähig« und gelegentlich im Schloss zu Tisch gebeten, freilich ans Ende der Tafel platziert – dann und wann die sitzengebliebenen Töchter der Patronatsherrschaften zum Altar führen durften.

In Hans-Martins Zügen gab sich – vermutlich durch die Sorben vermittelt – ein mongolisches Gen zu erkennen: hochgesetzte Wangenknochen, leicht geschlitzte Augen, die ihm in der Schule den Spottnamen »Japs« eintrugen. Er hatte es bei den Eltern schwer, ein miserabler Schüler, vor allem in den humanistischen Fächern, die beim Vater zählten (Latein, Geschichte, Deutsch), besser in Physik, Chemie, Mathematik und am besten im Sport. Seine technischen Talente galten nichts. Eingeschworene Humanisten nannten die Absolventen der naturwissenschaftlichen Gymnasien damals voller Verachtung die »Realrindviecher«.

Hans-Martins ganze Leidenschaft galt – neben den Mädchen – dem Segelflug. Er schloss sich der Hitlerjugend-Gruppe an, die den Zugang zu jenem Sport eröffnete (der mehr als ein Sport war). Zu den Regeln gehörte, dass man sich die Flüge durch Stunden in der Werkstatt verdienen musste. Also schlich er nächtens aus dem Pfarrhaus, wann immer es ging, um sein Konto an Arbeitsstunden zu mehren. Natürlich erschien er übernächtigt zum Frühstück. Natürlich schlief er in den öden Lateinstunden regelmäßig ein. Natürlich zeigte er keinen Funken Enthusiasmus für das Pathos von Uhlands Balladen oder die Waldinnigkeit der Verse Eichendorffs. Natürlich wurde der Vater regelmäßig zu den Klassenlehrern oder Rektoren bestellt, die ihm mitteilten, dass sein Sohn kaum in die nächste Klasse versetzt werden könne. Natürlich gab es danach die schrecklichsten Kräche, bis in mein Kinderzimmer dringend der lautstarke Zorn des Vaters, die hysterischen Erregungen der Mutter, die manchmal – von aggressiven Depressionen getrieben – mitten in der Nacht damit drohte, sich in den Neckar zu werfen, und hinaus in die

Dunkelheit rannte, der Vater hinterher, allemal von der Angst getrieben. Er brachte sie in der Regel nach einer Stunde oder nach zweien wieder heim. Die Schwermut der Mutter, aus der sie die herzliche Liebe meines Vaters nicht zu befreien vermochte (oder doch nur für kurze Fristen), war der Schatten über der Kindheit. Mit dem man leben lernte. Auch mit den Szenen, die sich verschärften, als sich Nachbarn über die Hartnäckigkeit zu beschweren begannen, mit der Hans-Martin ihren Töchtern nachstellte. Doch als er glückstrahlend von seinen ersten Alleinflügen zurückkehrte, waren sie ein bisschen stolz. Wir, die jüngeren Geschwister, waren es erst recht, als er eines Vormittags (er hatte die Schule geschwänzt) seinen luftigen Apparat aus Sperrholz, Segeltuch und Leim mitten im Schulhof aufsetzte. Für eine Woche war er der Held des Städtchens.

Als er eines Abends mit dem Fahrrad unterwegs war, fuhr ihn ein Auto an. Beim Sturz platzte ein Trommelfell. Damit war sein Traum, Pilot bei der Lufthansa oder bei der Luftwaffe zu werden, für immer dahin. Nach dem Abitur – er hätte ohnedies einen zweijährigen Militärdienst leisten müssen – meldete er sich als Offiziersanwärter bei der Artillerie, zu jenem Regiment, bei dem es die älteren Vettern schon zum Rittmeister und zum Oberleutnant gebracht hatten. Dem Vater war es recht. Es waren nicht allzu viele Berufe geblieben, die ohne das Parteibuch der NSDAP eine Chance des Aufstiegs boten. Hitlerjugend war Staatspflicht. Doch eine Mitgliedschaft in »der Partei« war undenkbar. Also Offizier. Der Vater hatte im Ersten Weltkrieg als Reserveleutnant vor Verdun gekämpft. Er war (wie man sich damals ausdrückte) »mit Leib und Seele« Soldat gewesen, vom Friedensgebot seines Glaubens nicht beirrt (das waren weder die Katholiken noch die Protestanten, nur die Quäker und die »Ernsten Bibelforscher«). Er schien, auch später, die Gewissenlosigkeit der Kriegführung nach 1914 nicht wahrzunehmen, die Hunderttausende von Menschenleben opferte, weil sie den »Durchbruch« bis nach Paris erhoffte, was eine blanke Illusion war, weil den Herren nichts anderes mehr einfiel, als den Gegner »weißbluten« zu lassen. War der Vater Militarist? Auf seine Weise schon, obwohl er hellsichtig vor dem Krieg gewarnt hatte.

Die Uniform stand – wir fanden es alle – dem Bruder gut. Ich mochte ihn gern, vielleicht weil er (nicht nur in seiner Erscheinung) so anders war, so viel älter und trotzdem dem Kleinen mehr zugewandt als der zweite Bruder, der mir nur drei Jahre voraus war, ein hübscher Junge mit klaren Zügen, großgewachsen, dunkelblond, immer beherrscht (wie es schien), in allen Schulfächern gleichmäßig gut bis glänzend. Ein Vorbild. Das war Hans-Martin nicht. Wollte es nicht sein. Aber er spielte mit mir. Lachte mich nicht aus – und verpetzte mich nicht, als er mich mit dem gleichaltrigen Töchterchen des anderen Pfarrhauses beim »Doktorspielen« erwischte. Er trieb sich gelegentlich mit uns in den unterirdischen Gängen herum, die wir durch Zufall unter dem Pfarrhaus – vor 1934 noch in Kirchheim unter Teck – entdeckt hatten. Lachte laut auf, als ein hinkender Stadtstreicher, der aus rätselhaften Gründen »Gigalon« gerufen wurde, hinter mir her war, mit einem Eisenstock drohend, und ich, voller Furcht, unter den Talar meines Vaters flüchtete, der just in diesem Augenblick an der Spitze eines Beerdigungszuges den »Schwarzen Berg« hinab zum Friedhof schritt. (Dem Vater war die Szene peinlich, obwohl auch er sich, als sie beim Abendbrot aufgetischt wurde, der Komik nicht entziehen konnte.) Hans-Martin lachte hell auf, als ihm zugetragen wurde, ich hätte mich, vom Kirchplatz die Treppe heraufstürmend, vor dem Kindermädchen aufgestellt und ihm freudestrahlend verkündet »Ich will dich vögeln«, worauf mir die junge Frau eine Ohrfeige auf die Backe knallte, die es in sich hatte. Sie war sechzehn oder siebzehn, eine Tochter der frommen Familie des Schreinermeisters Gerstenmaier, mit der die Eltern enge Verbindung hielten. Der ältere Bruder Eugen war im Begriff, seine kaufmännische Lehre in einer Textilfabrik abzuschließen und, von meinem Vater unterstützt, das Abitur nachzuholen, damit er Theologie studieren könne. (Er absolvierte die versäumten Klassen am Stuttgarter Eberhard-Ludwig-Gymnasium, das auch die Schule des Grafen Stauffenberg war, dem er sich im Widerstand anschloss.) Mädi nannte sich die etwas stämmige Schwester, die unter den Pfarrerskindern für Ordnung sorgen sollte. Sie klärte mich natürlich nicht darüber auf, was es mit dem Wort auf sich habe, das mir die Backpfeife eingetragen hatte. Doch ich verstand, dass es reizvoll wäre, hinter

33

das Geheimnis zu kommen. Vielleicht steckte mir Lilli, meine Schwester, ein erstes Licht auf.

Gewiss nicht der vorbildliche Frimut, der mich als ein Objekt seiner pädagogischen Neigungen zu betrachten schien, die er mitunter robust praktizierte. Ich war nicht wasserscheu, aber ich weigerte mich merkwürdig lange, schwimmen zu lernen. Eines Sommers, ich mag sieben gewesen sein, warf er mich aus einem Neckarkahn kurzerhand ins Wasser. Natürlich strampelte ich zum Ufer, von seinem Johlen angefeuert – und lernte schwimmen. Später, als ich ihn in seinem Seminar im Kloster Blaubeuren besuchte (eine Radtour quer über die Schwäbische Alb), stachelte er meinen Ehrgeiz so hartnäckig an, dass mir keine Wahl blieb, als ohne Sicherung eine der steilen Felsnadeln zu erklimmen, hoch überm Blautopf. Einen Sturz über zwanzig Meter hätte ich wohl nur als Krüppel überlebt. Die Mutprobe bestand ich. (Sie war mir hernach nützlich, als ich in den Alpen beträchtliche Klettereien mit und ohne Seil wagte.) Doch der erzieherische Impuls verstörte mich. Frimut trieb mich auch an, mit einem Sonnenschirm in der Hand von der zehn Meter hohen Mauer zu springen, die das Gärtchen an der Rückfront des Dekanats begrenzte. Statt auf dem Vorplatz der Nachbarn sacht zu landen, fiel der Schirm in sich zusammen, und ich prallte hart auf. Keine sichtbaren Verletzungen. Doch anderntags, bei einer Wanderung, brüllte ich vor Schmerzen auf. Ich konnte nicht mehr gehen. Prellung der Hoden. Wurde mit einem Taxi ins Krankenhaus geschafft, blieb dort drei langweilige Wochen. In der Schule fragte mich der Lateinlehrer, was mein Leiden gewesen sei – »eine Unterleibsentzündung«, das war die Formel, die ich von den Ärzten gehört hatte. »So, so«, lautete die spöttische Reaktion des Paukers. »Nun, wir wollen dir eine genauere Erklärung ersparen.«

Frimut, mein Erzieher, war der Favorit der Mutter, und es schien, als könne er nichts falsch machen. Der ausgefallen nordische Namen erinnerte an ihre eigentliche Liebe, einen jungen Mann, von dem wir nur wussten, dass er im Ersten Weltkrieg zu Tode gekommen war. Mein Vater, den sie durch die Studentenverbindung ihres Bruders kennengelernt hatte, war die zweite Wahl.

Hans-Martin glänzte auf der Dresdener Kriegsschule vor allem durch sportliche Leistungen. In seiner größten Stunde durfte er einmal gegen Rudolf Harbig antreten, den Weltrekordhalter und Olympiasieger über achthundert Meter, und es minderte seinen Ruhm nicht, dass er ehrenvoll verlor. Einige Wochen nach seinem Tod erreichte den Vater ein Beileidsbrief, an den Herrn Oberst von H. gerichtet, geschrieben von der Frau eines Vorgesetzten, der Hans-Martin offensichtlich mit kindischer Hochstapelei hatte imponieren wollen. Es hätte die Flunkerei nicht gebraucht. Sie versicherte den Eltern bei einem kurzen Besuch, wie sehr sie den Bruder geliebt habe, Ehe hin oder her, obschon er ein Stück jünger war als sie. Die schöne Dame liebte seine Passion, auch seine Melancholie, vermutlich seinen jungen Körper. Er sprach, wie sie berichtete, von der Ahnung eines frühen Todes. Vielleicht weckte dies bei meiner Schwester und mir den Verdacht, dass er den Tod gesucht haben könnte, da dieser Liebe keine Dauer beschieden gewesen wäre. (Später, als ich selber Soldat war, wurde mir das Gerücht zugetragen, er sei in Wahrheit keinen raschen Tod gestorben, sondern in Gefangenschaft geraten und massakriert worden.) Mein Vater, der seine Entrüstung über den Ehestand der Dame zu bezähmen vermochte (immerhin war ihm Ähnliches widerfahren, wie ich später erfuhr), korrespondierte gewissenhaft und »seelsorgerisch« mit ihr. In seinem Nachlass fanden sich ihre Briefe nicht. Vermutlich hat die Mutter sie vernichtet.

Krieg. Wir machten uns im Rathaus bei der Ausgabe der Lebensmittel- und Textil-Karten nützlich (die so neu nicht waren, denn schon seit dem frühen Sommer waren einige kostbare Nahrungsmittel wie Butter rationiert). Halfen einer Kleinbäuerin, deren Mann einberufen war, ihre Äcker umzutreiben, für die zwei Kühe im Stall, die Schweine und das Federvieh zu sorgen (wofür wir in Naturalien entlohnt wurden). Ich lernte melken, mehr schlecht als recht, den Ochsen vor den Karren zu spannen, halbwegs geradlinig zu pflügen, die Säue zu füttern und vor allem den Stall sauber zu halten. Nicht die schlechteste Lehre jenseits der Kindheit, die vielleicht schon früher beschädigt worden war, ein knappes Jahr vor dem Krieg.

Buß- und Bettag im November 1938. Wir saßen beim Abendbrot – karg belegte Schnittchen und Kakao, wie es der Regel entsprach. Im Flur läutete das Telefon. Der Vater nahm ab. Ich sah, dass sein Gesicht erstarrte. Dann brüllte er los: »Wo war die Polizei? Das ist Landfriedensbruch! Hausfriedensbruch! Ich werde Klage erheben! Wo ist der Pfarrer von Jan? Im Krankenhaus? Im Gefängnis?« Er rief den Landrat an, den ich als einen langen, dürren Mann erinnere, der im Sommer gern in Lederhosen durch die Stadt lief, das Parteiabzeichen am Hosenträger. Der wusste von nichts. Erregt berichtete ihm der Vater, was vorgefallen sei. Wo? In Oberlenningen? Das Dorf lag außerhalb seines Kreises. Da könne er nichts machen (was von ihm ohnedies nicht zu erwarten war). Der Vater rief die Polizei an: nicht zuständig. Die Herren vom Oberkirchenrat in Stuttgart: Sonntagabend. Sie könnten nichts unternehmen, würden am Montag versuchen, sich ein Bild der Lage zu verschaffen.

Dies war geschehen (nach der Erzählung meines Vaters und der Zeugen, die ihn alarmiert hatten): Am Buß- und Bettag war der Pfarrer Julius von Jan, Sohn der ältesten Schwester meines Vaters, nach der Eröffnung des Gottesdienstes am Altar bleichen Gesichts auf die Kanzel gestiegen. Sieben Tage zuvor, in der sogenannten Reichskristallnacht (die hernach präziser als »Reichspogromnacht« bezeichnet wurde), waren fast sämtliche Synagogen in Deutschland in Brand gesteckt, Hunderte jüdischer Menschen totgeschlagen, Hunderttausende in die Konzentrationslager verschleppt worden; den Vorwand bot der Mord an einem deutschen Diplomaten in der Pariser Botschaft, von einem jungen Mann verübt, der gegen die monströse Drangsalisierung der Juden in Deutschland revoltierte und ein Zeichen setzen wollte.

Der Vetter von Jan, den ich von Familientagen und gelegentlichen Besuchen bei den Eltern flüchtig kannte, war ein hagerer, in sich gekehrter Mann, freundlich zu uns Kindern. Von einem politischen Engagement wussten wir nichts. Niemand hätte vermutet, dass dieser wortkarge und bescheidene Pfarrer wenige Tage nach der organisierten Demonstration des Judenhasses das barbarische Unrecht in aller Öffentlichkeit beim Namen nennen würde. Nach dem Krieg beschaffte ich mir – in der Mitschrift eines Gemeindemitglieds – den Wortlaut der Predigt nach einem Wort des Jesaja: »O Land«, rief er, »liebes Heimatland, höre des Herrn Wort! In diesen Tagen geht durch unser Volk ein Fragen: Wo ist in Deutschland der Prophet, der in des Königs Haus geschickt wird, um des Herrn Wort zu sagen? Wo ist der Mann, der im Namen Gottes und der Gerechtigkeit ruft, wie Jesaja gerufen hat: Haltet Recht und Gerechtigkeit, errettet den Beraubten von des Frevlers Hand! Schindet nicht die Fremdlinge, Waisen und Witwen und tut niemand Gewalt und vergießt nicht unschuldig Blut! ... Gott hat uns solche Männer gesandt! Sie sind heute entweder im Konzentrationslager oder mundtot gemacht. Die aber, die in der Fürsten Häuser kommen und dort noch heilige Handlungen vollziehen können, sind Lügenprediger wie die nationalen Schwärmer zu Jesajas Zeiten und können nur Heil und Sieg rufen ...« (Er sprach von den nazi-hörigen »Deutschen Christen«.) Todesmutig fuhr er fort: »Wenn nun die einen schweigen müssen und die anderen nicht reden wollen, dann haben wir wahrlich allen Grund, einen Bußtag zu halten, einen Tag der Trauer über unsere und des Volkes Sünden. Ein Verbrechen ist geschehen in Paris. Der Mörder wird seine gerechte Strafe empfangen ... Wir trauern mit unserem Volk um das Opfer der verbrecherischen Tat. Aber wer hätte gedacht, dass dieses eine Verbrechen in Paris bei uns in Deutschland so viele Verbrechen zur Folge haben könnte? ... Die Leidenschaften sind entfesselt, die Gebote Gottes werden missachtet, Gotteshäuser, die anderen heilig waren, sind ungestraft niedergebrannt worden, das Eigentum der Fremden geraubt oder zerstört. Männer, die unserm deutschen Volk treu gedient haben und ihre Pflicht gewissenhaft erfüllt haben, wurden ins KZ geworfen, bloß weil sie einer anderen Rasse angehörten! Mag das Unrecht auch von oben nicht zugegeben werden – das gesunde Volksempfinden fühlt es deutlich, auch wo man nicht darüber zu sprechen wagt. Und wir als Christen sehen, wie dieses Unrecht unser Volk vor Gott belastet und seine Strafen über Deutschland herbeiziehen muss ... Wenn wir so reden von Gottes Gerichten, so wissen wir wohl, dass manche im Stillen denken: Wie kann man auch heute von Gottes Gerichten und Strafen reden, wo es so sichtbar aufwärts geht und in diesem Jahr 10 Millionen Deutsche mit dem

Reich vereinigt worden sind!« (Der Pfarrer sprach vom »Anschluss« Österreichs und des Sudetenlandes.) »Da sieht man doch Gottes Segen über unserem Volk. Ja, es waltet eine erstaunliche Geduld und Gnade Gottes über uns. Aber gerade deshalb gilt es: O Land, Land, Land, höre des Herrn Wort! Höre jetzt endlich!«

Der Pfarrer Julius von Jan schloss seine Predigt wie ein Mensch, der wusste, dass er zur Richtstätte geführt wird: »Wenn wir heute mit unserm Volk in der Buße vor Gericht gestanden sind, so ist dies Bekennen der Schuld, von der man nicht sprechen zu dürfen glaubte, wenigstens für mich auch heute gewesen wie das Abwerfen einer großen Last. Gottlob! Es ist herausgesprochen vor Gott und in Gottes Namen. Nun mag die Welt mit uns tun, was sie will. Wir stehen in unseres Herrn Hand! Gott ist getreu. Du aber, o Land, Land, Land, höre des Herrn Wort.«

Ich gestehe, dass ich dieses Zeugnis eines Mannes, der seinem Gott mehr gehorchte als den Menschen, nicht ohne Bewegung lesen kann. Was für ein Mut. Welche Bereitschaft zum Opfer, ohne die Spur einer Heldenpose, vielmehr von der Angst gezeichnet. Wären nur eintausend, zweitausend, fünftausend Menschen im Reich aufgestanden, um das Unrecht beim Namen zu nennen – vielleicht (heute können wir behutsam fragen) wäre Europa, wäre Deutschland der millionenfache Mord und das Massensterben auf den Schlachtfeldern (die zu Recht so heißen) erspart geblieben.

Die Partei ließ sich elf Tage Zeit mit ihrer Rache. Am Sonntag, dem 27. November, rollten Lastwagen mit stämmigen SA-Männern aus unserem Nürtingen und aus Kirchheim unter Teck nach Oberlenningen, angeführt vom fetten Kreisleiter und vom Oberbannführer Riegraf. Der Pfarrer von Jan wurde, als er vom Nachmittagsgottesdienst in einer Filialgemeinde heimwärts fuhr, von seinem Fahrrad gerissen und in ein Auto gezerrt. Am Ortseingang von Oberlenningen hieß man ihn aussteigen. Er wurde durch ein Spalier von SA-Schlägern getrieben, die mit ihren Koppelschlössern, wohl auch mit Stöcken auf ihn einprügelten. Blutüberströmt versuchte er, sich am Pfarrhaus auf das Vordach eines Brennholzverschlages zu retten. Man zog ihn herab und drosch weiter auf ihn ein. Vermutlich wurde er ohnmächtig. Man trug ihn schließlich ins Haus. Nach einer Viertelstunde erschien der Kreisleiter am Fenster und schrie: »Das Schwein ist nicht tot.«

Irgendwann – die Schläger hatten sich davongemacht – kam die Polizei. Pfarrer Jan wurde zunächst auf die Krankenstation des Gefängnisses in Kirchheim eingeliefert. Einige Tage später fanden sich einige Dutzend Frauen aus seiner Gemeinde vor der Haftanstalt ein und sangen – hoffend, ihr Pfarrer werde es hören – einige Choräle, um seine Seele zu stärken: ein seltenes Zeugnis solidarischen Mutes. Die Polizei scheuchte sie davon.

Dem Dossier im Archiv des Stuttgarter Oberkirchenrates ist zu entnehmen, dass seine geistlichen Vorgesetzten ihm zusetzten, während er auf seinen Prozess wartete, er möge revozieren. Er weigerte sich, vor dieses Kreuz (vielmehr: das Hakenkreuz) zu kriechen. Zunächst wurde er samt Familie – ein seltsamer Rückgriff auf ein Strafmittel aus Zeiten der deutschen Föderation – aus dem Land Württemberg-Hohenzollern ausgewiesen. In Bayern fanden die Jans Unterkunft. Doch wenig später holte ihn die Gestapo nach Stuttgart zurück. Angeklagt wurde er schließlich des Verstoßes gegen das sogenannte Heimtückegesetz – eine Erbschaft aus dem Bismarck'schen Reich, als der Erzkanzler in seinem »Kulturkampf« gegen die aufsässigen katholischen Priester zu Felde zog und ihnen kurzerhand jede politische Äußerung auf der Kanzel verbot. Julius von Jan wurde von einem gutartigen Gericht zu einer Gefängnisstrafe verurteilt. Ein Freispruch hätte es der Gestapo erlaubt, wie es in jenen Jahren üblich war, den Unschuldigen sofort in »Schutzhaft« zu nehmen und in ein Konzentrationslager zu werfen.

In der kirchenamtlichen Akte fand sich freilich ein Vermerk des Inhalts: Da der Herr Pfarrer von Jan nun rechtskräftig verurteilt sei, habe er seinen Status als beamteter Geistlicher verloren. Zu Deutsch: seine Gehalts- und Pensionsansprüche. Der Herr Landesbischof aber habe auf dem Gnadenwege verfügt, dass der Frau Pfarrer von Jan die Hälfte des Gehalts bis auf weiteres gewährt werde. Dies sei der Frau Pfarrer jedoch erst nach Weihnachten mitzuteilen. (Welch geistliche Feinfühligkeit gab sich hier zu erkennen.) Der Vetter büßte seine Strafe in der Haftanstalt von Landsberg am Lech ab – just dort, wo der »Führer« nach dem

Staatsstreich vom 9. November 1923 unter komfortableren Umständen seine »Festungshaft« verbüßte (und Rudolf Hess *Mein Kampf* diktierte). Gegen Kriegsende wurde Pfarrer von Jan, obwohl schon fast fünfzig Jahre alt, einberufen und nach Russland geschickt. Er überlebte, trotz Typhus. In seinem Dorf – in dem sich niemand an dem Totschlagversuch vom November 1938 beteiligt hatte – wollte er nach der Entlassung aus der Gefangenschaft nicht bleiben. Er übernahm, mit eindrucksvoller Konsequenz, eine Gemeinde mitten im zerstörten Stuttgart und starb nicht lange nach seiner Pensionierung.

Der Beginn seines Martyriums – eine brutale Konfrontation mit der Realität des Dritten Reiches – prägte sich scharf ins Gedächtnis des Elfjährigen ein, der dennoch seinen Pimpfendienst mit einigem Enthusiasmus versah. Die sogenannten Heimabende, an denen der quasi-liturgische Text des Lebenslaufes unseres »Führers« auswendig gelernt und immer die gleichen Landsknechtslieder geschmettert werden mussten, langweilten mich rasch. Auch das Exerzieren, bei dem ich bald als Jungenschafts- und als Jungzugführer Kommandos krähen durfte, verschaffte mir kein rechtes Hochgefühl. Ich begriff freilich auch nicht die Absurdität der infantilen Soldatenspielerei. Doch als wir im Paradeschritt am Kreisleiter vorbei zu marschieren hatten, regte sich der Lachreiz, wenn ich wie gebannt auf die fetten Oberschenkel in den kurzen Hosen des Fähnleinführers Robert Blickle starrte, weil die Speckwülste einschließlich des dicken Hinterns bei jedem knallenden Tritt aufs Pflaster gewaltig schwappten, links rechts, rechts links. Mich überkam dann wenigstens eine Ahnung, wie grotesk unser Anblick sein musste. Freilich gab es auch die »Geländespiele«, eine Mischung von Cowboy- und Indianerkriegen (gelernt bei Karl May) und militärischen Feldübungen, bei denen wir gern die Feldflaschen als Handgranatenersatz dem »Gegner« an die Rübe warfen, wenn wir seine Festung auf dem Hügel stürmten. Auch die Ferienlager, bei denen wir in Zelten hausten (was bei kaltem Regenwetter recht ungemütlich war), hatten einen Hauch von Romantik – wie ich ihn von einer evangelischen »Freizeit« in Bayern erhofft hatte, aus der leider nichts wurde, da uns die Gestapo schon am zweiten Tag nach Hause schickte: Die Zusammenkunft, ordnungsgemäß angemeldet, wurde dennoch als illegale Versammlung aufgelöst.

Höhepunkt meiner Pimpfenkarriere war ohne Zweifel die feierliche Versammlung vor dem Rathaus (aus welchem Anlass auch immer), bei der ich die patriotischen Hymnen Hölderlins vortragen durfte, die damals auf und nieder zitiert wurden: »Umsonst zu sterben, lieb' ich nicht, doch / Lieb' ich zu fallen am Opferhügel ... Lebe droben, o Vaterland, / Und zähle nicht die Toten! Dir ist, / Liebes, nicht Einer zuviel gefallen.« Den Mund hätte ich halten sollen, an den Tod des Bruders denkend (und der vielen, die ihm folgten). Aber ich war eitel-stolz, ausersehen zu sein, die Verse Hölderlins vorzutragen, der fast ein Sohn Nürtingens war, denn die Mutter lebte als Witwe lange im späteren Schulhaus, und der hehre Sohn kam oft zu Besuch.

Die Pimpfenglorie fand ein Ende, als mir der Jungbannführer sagte, ich könne nicht – wie es fällig gewesen wäre – zum Fähnleinführer befördert werden: »Da hättest du dir einen anderen Vater aussuchen müssen.« Ich blieb fortan dem Dienst fern, was die Oberen hinnahmen. Chef der Hitlerjugend war der Oberbannführer Riegraf, Mitorganisator des Überfalls auf den Pfarrer von Jan, einstiger Theologiestudent (womöglich aus dem Tübinger Stift), was seinen Hass auf die Bekennende Kirche nur anzufachen schien. Sein Weg: Nach der »Frontbewährung« wurde er der Gauleitung in Stuttgart zugeteilt. Er sollte sich um die Aufräumarbeiten nach den Bombenangriffen kümmern, die auch die schwäbische Metropole verwüsteten. Frau und Kinder schickte er, als die amerikanischen und französischen Armeen näher rückten, von Nürtingen in ein abgelegenes Dorf auf der Schwäbischen Alb. Er selbst übernahm das Kommando eines Volkssturm-Haufens, dieses letzten Aufgebots aus älteren, längst nicht mehr »wehrdienstfähigen« Männern und dazu Rotten von Hitlerjungen, die sogar für den Einsatz als Flakhelfer noch zu jung waren – die armselige Truppe mit einigen Karabinern und Panzerfäusten, die Anführer mit Maschinenpistolen bewaffnet. Als Riegraf mit seiner Kohorte jenes Albdorf erreichte, in dem er seine Familie einquartiert hatte, sah er, dass am Ortseingang, am Rathaus und an einem Gasthof große Leintücher als weiße Flaggen gehisst waren, um dem Feind den Verzicht auf jeden Widerstand anzuzeigen. Riegraf knallte den Wirt in rasender Wut über den Haufen. Den Bürgermeister ließ er durch ein »Schnellgericht« – bestehend aus ihm und zwei seiner Volksstürmer – zum Tode verurteilen. Die Hinrichtung vollzog er selbst. Dann machte er sich davon, wich den vorrückenden Franzosen aus, gab sich den Amerikanern gefangen. Monate später ordnete ein französisches Okkupationskommando ein Kriegsgerichtsverfahren gegen Riegraf an, der in einem Internierungslager der Amis einsaß. Dem Mörder wurde zugetragen, dass er an die Franzosen ausgeliefert werden solle. Er floh und tauchte irgendwo im deutschen Westen unter. Ein Jahr danach brachte er es – mit falschen Papieren und ein bisschen Geld versorgt – ohne Schwierigkeiten zuwege, nach Kanada auszureisen: auf der Nordschiene der Nazi-Emigration (während auf der Südschiene manche höheren Nazi-Funktionäre, vor allem Kriegsverbrecher vom Schlage des Auschwitz-Doktors Mengele, nach Argentinien oder Bolivien gelangten, nicht wenige mit vatikanischen Papieren versehen). Jahrzehnte später stellte ich bei Rotweingesprächen mit Nürtinger Handwerkern fest, dass sie über das Geschick des Oberbannführers informiert waren. Die Frau hatte sich von Riegraf scheiden (oder ihn für tot erklären) lassen. Sie und die Kinder erlangten die Einwanderung nach Kanada. Drüben heiratete sie den Exmann unter der falschen Identität, die er sich zugelegt hatte. Seine Nürtinger Spezis berichteten, dass er sich als Buchhalter mühselig durchschlage und unter Heimweh leide. Eine Rückkehr war ausgeschlossen, da Mord, wie es sein muss, nicht mehr verjährt. Er liegt wohl längst unter der Erde. Ob er seine Verbrechen bereut hat, wusste mir in Nürtingen niemand zu sagen.

Gab es noch jüdische Bürger in Nürtingen, als mein Vater im Jahre 1934 dort zum Dekan ernannt wurde? Mir ist keiner begegnet. Später, nach dem Krieg, war von Vieh- und Getreidehändlern die Rede, die nicht lange nach der »Machtergreifung« ausgewandert seien. Wurde bei Tisch vor der Reichspogromnacht vom »Judenproblem« und der Entrechtung durch die Nazis geredet? Vielleicht. Womöglich im Zusammenhang mit den (allzu zagen) Protesten der »Bekennenden Kirche«, deren Probleme die Gespräche beherrschten. Ich bin auch nicht sicher, ob meine Eltern völlig frei von jenem bürgerlichen Antisemitismus waren, der angeblich halbwegs »zivilisiert« war – und dennoch die Saat des Urbösen in sich trug. Doch ich erinnere mich präzise, dass ich eines Nachmittags nebenan beim Friseur hockte und auf den fälligen Schnitt zur vorgeschriebenen Streichholzlänge wartete. Um mir die Langeweile zu vertreiben, griff ich nach einer Zeitung, die am Eingang aushing. Ich hatte das Blatt kaum in der Hand, als mein Vater – der mich durchs Schaufenster gesehen hatte – die Ladentür aufriss, mir eine knallende Ohrfeige verpasste, die Zeitung wegriss und brüllte: »Dieses Schweineblatt liest mein Sohn nicht!« Es war der »Stürmer« des antisemitischen Pornographen Julius Streicher. Der Friseur und die Kunden sahen dem Herrn Dekan sprachlos nach. Ich halte nichts von körperlicher Züchtigung (zumal ich in der Grundschule oft genug vom Klassenlehrer Schwemmer vermöbelt wurde, der ein pathologischer Schläger war): Doch für diese Ohrfeige bin ich dem Vater dankbar, bis auf den heutigen Tag.

Ob die Szene dem lokalen Gestapo-Kommissar hinterbracht wurde? Der war ein langer, hagerer Mann, das Gesicht unter dem schwarzen Stoppelhaar eher versonnen als hart, oft genug sah ich ihn, von der Empore der Stadtkirche, beim Sonntagsgottesdienst hinter einer der kräftigen gotischen Säulen sitzen, die Stirn vom angestrengten Horchen zerfurcht. Dann und wann schrieb er einen Satz oder ein Stichwort aus der Predigt des Vaters in sein kleines Notizbuch. Gelegentlich schaute er beim Vater herein, um ihn zu warnen. Eines Tages sagte er: »Herr Dekan, es wird Zeit, dass Sie's Köfferle packet.« Das war eine klare Drohung (mit dem KZ), vielleicht auch eine letzte Warnung. Der Kommissar war keiner der Schlimmen in seinem finstren Beruf. Er erwies dem Herrn Dekan stets einen gewissen Respekt. Mein Vater, Reserveleutnant aus dem Ersten Weltkrieg, zog es in dieser Lage vor, sich dank seiner Beziehungen zu höheren Militärs trotz seiner 54 Jahre einberufen zu lassen, um für eine Weile von der Bildfläche zu verschwinden. In einer Kaserne von Reutlingen oder Tübingen versah er Büroarbeiten. (Genaues darüber weiß ich nicht, weil ich damals selber schon ein Soldätchen und in den seltenen Telefonaten nur verdeckt vom Dienst des Vaters die Rede war – hernach sprach er wenig davon.)

In den ersten der finsteren Jahre des Krieges in der Sowjetunion suchten immer wieder Soldaten während ihrer Urlaubstage den Herrn Dekan auf, um sich die grauenhaften Ereignisse, deren Zeugen sie im Hinterland der Ostfront geworden waren, von der Seele zu reden – man mochte es auch eine Beichte nennen (die in der protestantischen Kirche möglich, freilich keine Pflicht ist). Der Vater vergrub die Berichte von den Massenmorden an den osteuropäischen Juden nicht in seinem Herzen, sondern deutete sie einigen Vertrauten in Stichworten an, auch mir. (Natürlich ohne die Namen der Soldaten zu nennen.) Ich behielt das Gehörte nicht für mich, sondern erzählte es den engsten Freunden in der Schule weiter. (Nach dem Krieg schien ein epidemischer Gedächtnisschwund die Kenntnis der unsagbaren Gräuel auszulöschen.)

Wenig zuvor hatte man uns – die Teilnahme war Pflicht – den Film *Jud Süß* vorgeführt: ein bösartiges Propaganda-Produkt, das von einer partiell exzellenten Regie und hohem schauspielerischem Können zeugte. In unserem Umkreis hatte das infame Stück eine Wirkung, die der Hetzminister Doktor Joseph Goebbels kaum bedacht hatte: In der Schule wurde es damals seltsame Mode zu »jiddeln«, durchaus nicht verachtungsvoll, sondern eher mit einer gewissen Sympathie. Und die Mädchen verschossen sich scharenweise in das südländisch-prächtige Mannsbild Ferdinand Marian, der den eleganten Schurken Süß spielte (so auch meine Schwester).

Überdies betraf die Schauergeschichte unsere Familie (Marta Feuchtwanger würde einmal bei unserer ersten Begegnung darauf anspielen). Zwei Vorfahren, beide hohe Juristen, hatten an dem Verfahren gegen den Steuereintreiber des verschwendungssüchtigen Herzogs Karl Alexander von Württemberg mitgewirkt. Vielleicht kannte mein Vater den Roman Lion Feuchtwangers, in dem unseren Ahnen die Rolle der »anständigen Christen« zugewiesen wurde. (Ihm trug das eine höhnische Bemerkung im SS-Blatt *Das Schwarze Korps* ein.) Dass ihr Verhalten keineswegs so blütenrein war, wie es Feuchtwanger geschildert hatte, ergaben – leider – genauere Studien, die nach dem Krieg angestellt wurden.

Ein Herbstnachmittag 1942 in Stuttgart, an dem ich mich durch die Straßen treiben ließ, bis sich um 18.00 Uhr die Tore der Oper öffneten. Starrte die Fotos im Schaukasten eines Nachtclubs an, auf denen wohlgewachsene Damen ihre nackten Brüste zeigten. Hörte schlurfende Schritte, schaute mich um: Eine alte Frau in abgetragenen Kleidern, das Elend im Gesicht, suchte voller Angst meinen Blick. Sie trug den gelben Stern. Ich nickte verlegen. Sie schlurfte davon.

Pfarrerssöhnchen

Überschätzte Kindheit, ich erwähnte es schon – so oft von einem Schleier freundlicher Verlogenheiten umhüllt. Gab es denn je dies übersonnte Idyll, von dem einst die bürgerlichen Romantiker schwärmten, heute die politisch korrekten Tugendwächter (zumal die feministischen), die den künstlich umfriedeten Bezirk immer weiter expandieren lassen wollen, obwohl der Prozess der biologischen Reife früher und früher zu beginnen scheint? Entsprach der Traum von der seligen, unbeschädigten, wahrhaft glücklichen Kindheit jemals der Realität meiner infantilen Erfahrungen? Doch, ich erinnere mich an eine Szene, die dem Ideal nahekommt: Ferien in den bayerischen Voralpen. Meine Schwester und ich laufen Hand in Hand über eine taunasse Wiese – barfuß, versteht sich – auf das Bauernhaus zu, in dem wir untergebracht sind. Kannte ich schon das Dichterwort: »... verweile doch, du bist so schön ...«? Vermutlich nicht. Aber ich wünschte mir in jenen Augenblicken vor der sanften Dämmerung so sehnlich, dass die Zeit stillstehen, dass es immer so bleiben möge: ein warmer Sommerabend, leichte Luft, die Sonne, die sich noch an den Gipfeln festhielt ...

Sonst? Die »behütete Kindheit« voller Wärme und Licht, von mütterlicher Milde überstrahlt, von väterlicher Strenge wohl geordnet – sie war immer eine bürgerliche Legende aus dem 19. Jahrhundert, die mit der Realität der bäuerlichen Welt und erst recht mit der des Proletariats in den jungen Industriestädten wenig zu schaffen hatte. Kinderarbeit, die wir heute entsetzt in Bangladesch oder Ecuador begaffen, war die Regel, auch wenn sie von den Kleinen selten mit solch erbarmungsloser Härte wie heute in jenen Regionen gefordert wurde. Kindersoldaten, die uns nun aus tausend Reportagen anstarren, eher stumpf als verzweifelt, manchmal mit dummem Stolz ihre Maschinenpistolen schwenkend (man glaubt ihnen sofort, dass sie getötet haben – besser als selber massakriert zu werden): Diese erniedrigende Erfahrung blieb den Generationen der Urgroßväter erspart.

Oder? Ehe wir den fortschreitenden Verfall der Humanität dort draußen konstatieren, sollten wir vielleicht unser historisches Gedächtnis schärfen. Begegneten wir in den Berichten über das Ende des Zweiten Weltkrieges nicht den Fotos aus den Untergangstagen von Berlin, wie unser gebeugter »Führer« mit einem verlegenen Lächeln den Kindersoldaten (vierzehn oder fünfzehn Jahre alt), mit dem eben verliehenen Eisernen Kreuz geschmückt, die kindlichen Wangen tätschelt; Überlebende der Hitlerjugend-Bataillone, die als »letzte Reserve« in den »Endkampf« geworfen wurden, um das Leben ihres »Führers« und seiner Vasallen um ein paar Tage, vielleicht ein paar Wochen zu verlängern, von skrupellosen SS-Leuten, Parteifunktionären oder Wehrmachtsoffizieren rekrutiert, die sich selber so rasch wie möglich aus dem Staube machten, als die sowjetischen Panzer heranrollten – hernach niemals eines Verbrechens angeklagt.

Keiner dieser Schurken hätte gezögert, sich mit der Behauptung herauszureden, die Bürschchen hätten sich mit glühender Begeisterung in die Schlacht geworfen (bis sie in einem Trümmerfeld elend verreckten oder heulend in einer Ruine hockten, darauf hoffend, dass ihnen ein gutmütiger Soldat einen Schluck Wasser oder ein Stück Brot gäbe). Aus ganz so freien Stücken hatten sich die Kerlchen meist nicht ins Gefecht gestürzt.

Der »Führer« – was empfand er im Angesicht der Kinder, die bereit waren, für ihn zu sterben (ohne recht zu wissen, was das hieß) oder zu Krüppeln geschossen zu werden? Nichts empfand der »Führer«, vermutlich gar nichts. Was ihn als Persönlichkeit ausmachen mochte, war längst ausgebrannt. Man zögert heute, im Blick zurück aus weiter Ferne, von einer »Person« nach klassisch-humanistischem Verständnis zu reden, das Europa seit der Renaissance und der Reformation geprägt hat. Wir fragen uns, ob es diese »Person« Hitler überhaupt gab. Hinter der Übermensch-Protzerei verbarg sich wohl seit seiner eigenen Kindheit eine fatale Ich-Schwäche, deren Sog mächtig genug war, Deutschland und Europa in den Abgrund zu reißen. Millionen mussten schließlich sterben, um ihm die eigene Existenz zu beweisen. Dies nicht nebenbei. Er war ein Produkt des neunzehnten Jahrhunderts. Doch der Geist des Bürgertums hatte ihn kaum berührt, ein Fremder in seiner Zeit. Kann man ihn als ein Kind denken (was für die Bürgerseelen so wichtig war)? Kaum.

Das immerhin galt noch für uns, eine Generation, zwei Generationen später, in unserem kleinen Nürtingen, halbwegs zwischen Tübingen und Stuttgart: Die jungprotestantischen Konfirmanden und die jüngeren katholischen Kommunionsknaben in ihren ersten Anzügen, die evangelischen Mädchen in eher dunklen keuschen Kleidchen, die katholischen in jungfräulichem Weiß und womöglich mit Schleier, feierten den Übergang ins Dasein erwachsener Christen nach bürgerlich-kleinbürgerlicher oder auch bäuerlicher Tradition. Die frommen Gesichter sollten von religiöser Ergriffenheit zeugen. Im Zweifelsfall dachten sie an den Fußball, auf den sie an diesem Sonntag verzichten mussten, oder – die Mädchen – an modischen Firlefanz. Die geistliche Erhöhung der Kinder war für die gesamte Verwandtschaft – bei beiden Konfessionen – vor allem der Anlass zu gewaltigen Fressereien, bei denen Bier und Apfelwein, bei den Bessergestellten auch der Wein oder gar der Sekt reichlich flossen (von den Schnäpsen dazwischen nicht zu reden), mehr noch bei Hochzeiten und großen Geburtstagen. Man zeigte, was man hatte ... Natürlich nicht im Pfarrhaus, wo es nüchterner zuging.

So bestimmten veritable Besäufnisse, wenn nicht wüste Schlägereien oft das Ende der »unschuldigen Kindheit«, die es nicht gab. Vielleicht ertränkten die Erwachsenen in ihren Räuschen Erinnerungen an die frühen Begegnungen mit der eigenen Sexualität, die sich spätestens in jenem Alter zugetragen hatten. Nach mir hatte meine Mutter noch zwei Kinder auf die Welt gebracht: Volker hieß – dem nordisch gedrillten Zeitgeschmack gemäß – das erste Baby, rotblond wie ich, mit einer angeborenen Herzschwäche, an der das Kerlchen nach ein paar Monaten starb; Rüdiger, das zweite, dunkel wie die Mutter und der älteste Bruder, starb an einer Blutvergiftung, die vermutlich nicht sachgemäß behandelt worden war. Dazu die Fehlgeburten, von denen niemand sprach. Das war die Wahrheit eines schweren Frauenlebens – die härtesten Erfahrungen tabuisiert, auch für den nächsten Angehörigen kaum zu bemerken.

Aber warum die Aufregung unter Lehrern, Psychologen, Pastoren, Literaten und (fortschrittlichen) Gattinnen vor gut hundert Jahren, als Sigmund Freud die Gesellschaft mit seiner Entdeckung der kindlichen Sexualität konfrontierte? Weil man nicht darüber sprach? Wussten sie es nicht alle? Hatte es nicht jeder und jede auf diese und andere Weise an sich selber erfahren? Hatte ich mich nicht, zwei oder drei Jahre alt, flach auf den Boden gelegt, um der Mutter beim Anziehen unter den Rock zu gucken? Sie verwehrte mir den Blick mit einem kleinen verlegenen und nicht ganz ungeschmeichelten Lachen, das mich immerhin belehrte, dass ich mich einer Zone des Verbotenen genähert hatte. Die mütterliche Sexualität interessierte mich hernach nicht mehr. Nicht einmal das Liebesgetöse regte mich auf, das – selten – aus dem Schlafzimmer der Eltern ins Treppenhaus drang (wenn ich mich aus dem Hause oder zurück in mein Zimmer schlich). Auch nicht die seltsam baumelnden Brüste des Kindermädchens, in deren Zimmer ich zeitweise schlief. Jene betulich fromme Person, die immerzu mit mir beten wollte, wurde gottlob abgelöst von einer madonnenhaften Schönheit, in die ich mich unsterblich verliebte, ja, die ich – damals war ich fünf oder sechs Jahre alt – die erste große Liebe meines Lebens nennen darf. Ich weigerte mich, ohne ihren Gutenachtkuss einzuschlafen, nicht auf die Stirn oder spaßeshalber auf die Nase, nein, auf den Mund. Meiner Mutter behagte die frühe Passion nicht. Sie entließ das Mädchen unter irgendeinem Vorwand. Eifersucht? Bedrohung ihrer Autorität? Idiotische Furcht, ich könne »verdorben« werden?

An die viel realeren Gefahren im Zeltlager der Pimpfe (einer unserer »Führer« war nicht frei von pädophilen Neigungen), das fragwürdige Interesse mancher der Herren Vikare, die im Hause des Vaters ihre theologische Praktikantenzeit abdienten, für den widerborstigen Knaben: Diese Gefährdungen im Alltag nahm sie nicht wahr (und der Vater wollte von ihnen nichts wissen). Aber als ich nach dem Krieg – vermutlich war ich neunzehn – eine Nacht »draußen« geblieben war, bei einer gleichaltrigen Schauspielschülerin, mit der mich nicht nur literarische Interessen verbanden, und erst morgens zurückkehrte, warf sie sich in einem Schreikrampf zu Boden, von der bösen Phantasie geschüttelt, ich könnte in jener Nacht meine »Unschuld« verloren haben (nach zwei Jahren Militär!). Heulend bekannte sie, einer ihrer Brüder (von dessen Existenz ich nichts geahnt hatte), sei bei einem seiner Berliner Abenteuer mit Syphilis angesteckt worden, an der er elend zugrunde ging. Es tröstete sie kaum, als ich ihr nüchtern (und mit einem Gran von Grausamkeit) deutlich machte, mit ihrem Entsetzen über den Verlust meiner Tugend habe sie sich um wenigstens drei Jahre verspätet. Ich sagte ihr nicht, dass ich unter ihrem Pfarrhausdach vor meiner Einberufung zur Flak mit einem quirligen, schwarzlockigen und ein wenig zigeunerhaften Mädchen geschlafen hatte, das sich in der Liebe besser auskannte als ich. Sagte ihr natürlich auch nicht, dass ich damals bei einer fast gleichaltrigen Cousine die Spannung ihres jungen Körpers mit einer Heftigkeit wahrnahm, die ich heute noch spüre.

Die Freundlichkeiten solcher Sommerabende waren oft von Musik begleitet, die durch die offenen Fenster ins Haus drang; der Stadtkapellmeister Paul Greis, unser Nachbar in der Marktstraße, gab Unterricht auf der Ziehharmonika und sang die Texte mit brüchiger, alkoholversehrter Stimme. Die Terzen und die leeren Quinten der »Volksmusik« haben für mich ihren sentimentalen und ein bisschen billigen Reiz bis heute nicht völlig verloren.

Jungchristen-Skrupel fochten mich bei den ersten erotischen Unternehmungen nicht einen Augenblick lang an. Als ich unter den Broschüren im Bücherschrank des Vaters ein schreiend gelbes Heft mit einer Giftschlange auf dem Umschlag fand – eine Aufklärungsschrift über venerische Krankheiten, in Europa damals eine Seuche, die weitaus mehr Opfer forderte als Aids –, überkam mich keine Furcht. Tag für Tag demonstrierten die Felder der Todesanzeigen in den Zeitungen, mit oder ohne Eisernes Kreuz: Die Möglichkeit, in einem russischen Minenfeld (oder einem Lager) zu verrecken, war ungleich größer.

Am ergiebigsten die »verbotenen Bücher«, die der Vater eines Freundes sorgsam unter Verschluss hielt (und zu denen wir dennoch Zugang fanden). Dekadenz, freie Liebe, Inzest, physisch (auch psychisch) bedrängend nahe Passionen. Die Republik von Weimar, die »Systemzeit«, das »verruchte« Berlin der (angeblich »goldenen«) zwanziger Jahre – die »schwarzen Listen« der Nazis versprachen ja geradezu ein Paradies, das sich eines Tages wieder auftun würde. In der Kunst war biblische Nacktheit geduldet (vor allem die feurigen Julien und Salomes der Italiener, die abgeschnittenen Häupter des Samson oder des Johannes in sündigperversem Triumph präsentierend) ... Die Parade nordischer Nacktheit im Münchener Haus der Deutschen Kunst (das ich einmal besuchte) beeindruckte mich nicht allzu sehr, mit seinem mythischen Bombast zum einen, dem Hyper-Realismus zum anderen. Die rotblonden Mädchen des Reformationsmalers Cranach waren reizvoller – Geschöpfe einer noch verborgenen, doch intensiven Erotik, der die Detailbesessenheit von Goebbels' Lieblingsmaler Adolf Ziegler nicht gewachsen war, des Aktspezialisten, der den Spott-Titel »Reichsschamhaar-Meister« sein Lebtag lang nicht mehr los wurde (was seine Preise nach dem Krieg kaum minderte).

Immerhin hatten die Nazis ein großes Erbe der Jugendbewegung bewahrt, der sie in manchen Bereichen genau so hörig blieben wie die Jung-Kommunisten (die Sozialdemokraten ohnedies): die Befreiung des Körpers. Sie wurde, auch das ist wahr, vom konservativ gestimmten Bürgertum und vor allem von einer ranzigen Geistlichkeit voller Misstrauen beobachtet, zumal die Sonderformation des »Bundes Deutscher Mädel«, das die hochgewachsenen blonden jungen Frauen in ihren Kultgruppen unter dem Kitsch-Titel »Glaube und Schönheit« zur abendlichen Keulenschwingerei zusammenrief, unter den gierigen Augen der Pimpfe und erst recht der fetten »Goldfasanen«, wie die betressten Funktionäre genannt wurden. Im Münchener Haus der Deutschen Kunst waren auch die Riesenskulpturen von Josef Thorak und Arno Breker zu besichtigen, deren Germanenleiber bei der Pariser Weltausstellung vor dem Deutschen Pavillon hoch aufgeragt hatten, von den Pariserinnen dank der eindrucksvollen Gemächte intensiv bestaunt.

Ein merkwürdiges Mosaik der Aufklärung. Als ich elf war, fand meine

Schwester, es sei an der Zeit, mich ins Bild zu setzen. Sie selber hatte sich schon ein wenig in der Welt umgeschaut (zumal in ihrem Pflichtjahr, das sie im Bonner Haus eines Theologie-Professors abdiente). Wir saßen auf der Couch im Wohnzimmer, die Eltern waren »dienstlich unterwegs«, und sie erklärte ruhig, wo was zu suchen und was Sache sei. Dafür bin ich ihr bis heute dankbar. Sie hatte eine hübsche Freundin, die ihrem Vater – er war Witwer und hatte im Ersten Weltkrieg ein Bein verloren – den Haushalt führte; zugleich arbeitete sie als Friseuse in einem Damensalon. Dank ihrem lockenden Lächeln und ihrer sichtbaren Weltfröhlichkeit stand sie im Ruf, leichter als die jungen Damen ihres Alters zu sein, am Ende sogar zugänglich. In Federico Fellinis genialem Film über seine Jugend in der faschistischen Gesellschaft (*Amarcord*) lernte ich später, dass jede Kleinstadt eine hübsche Coiffeuse hat, die beim Corso die gierigen Blicke der jungen Männer auf sich zieht mit ihrem koketten Lächeln, ihrem entspannt schlendernden Gang ... Rimini und Nürtingen schienen bis zu einem gewissen Grad austauschbar zu sein.

Einige Monate nach dem Aufklärungsgespräch mit meiner Schwester (von dem er nichts ahnte), meinte auch mein Vater, es sei Zeit, mir ein paar Lichter aufzustecken (natürlich bei einem Spaziergang am Sonntagnachmittag). Er begann bei den Blümchen und Bienchen. Ich wand mich vor Peinlichkeit. Erinnere mich nicht, wie ich mich schließlich der Unterhaltung entzog. Vielleicht sagte ich ihm, dass ich längst Bescheid wisse. Die »facts of life«, das schien er zu verstehen, teilten sich uns in jenen Jahren rascher und härter mit, zumal im Krieg. Ein älterer Schulkamerad erzählte mir während seines ersten Urlaubs von der Ostfront, in einem Puff für die ordinäre Truppe sei es der größte Spaß für die Soldaten, den Mädchen beizubringen, Münzen, die über den Tisch rollten, mit der Vagina aufzufangen – und manchmal hätten die Landser die Markstücke zuvor auf der Ofenplatte angeheizt, die Dreckskerle. Die Mädchen hätten gebrüllt vor Schmerz. Das schlimmste: Der Knabe aus sogenannt gutem Hause – wenngleich nicht der hellste – zerbiss sich nicht lieber die Zunge, statt (noch immer belustigt) von der Tortur der Mädchen zu berichten, der er eine primitive Komik abzugewinnen schien. Die sauberen Seelen unserer wehrhaften Jugend! Spätestens in jener

Unterhaltung begriff ich die Verrohung durch den Krieg, die es wohl immer gegeben hat, doch selten in jener Enthemmtheit wie im Vernichtungskrieg in Osteuropa, in dem auch der letzte Rest des Respekts vor der Menschenwürde – das Wort klingt hier wie der schiere Hohn – in der Person des »Untermenschen« auf der anderen Seite ausgebrannt wurde. Drei Millionen sowjetischer Kriegsgefangener ließ die Führung der Wehrmacht, die mit dem »blanken Ehrenschild«, an Hunger und Seuchen und durch Genickschuss verrecken, was sich bis ins Dekanat und gewiss auch in manche Nürtinger Wohnstube herumsprach.

Kindheit. Es gab sie dennoch (bis zum Krieg). Geburtstage. Lieblingsessen (Bratwurst und Kartoffelsalat). Selten Kuchenorgien am Sonntagnachmittag samt der Zuckerbesoffenheit der Kinder. Eisenbahn-Aufbau zu Weihnachten. Fahrrad zur Konfirmation. Aufgeschürfte Knie, blaurot, auch im Winter mit den unverwüstlichen Matrosenanzügen der Firma Bleyle ausgerüstet, an deren grobem Wollgewebe sich die Beine wund scheuerten. Das erste Bilderbuch (neben der Kinderbibel): *Die Schule im Walde*, ein Geschenk meines schönen Patenvetters Fritz, der in der deutschen Olympia-Mannschaft 1936 ritt. (Ich verging fast vor Stolz, wie gab ich mit ihm an!) Später der vom Vater nicht allzu geschätzte Karl May, mit der Taschenlampe unter der Bettdecke gelesen – die heißen Tränen, die ich für Tecumseh vergoss, den schönen indianischen Ritter ohne Fehl und Tadel (in dem ich natürlich die exotische Frau witterte).

Sonderaktionen, ohne die das Dritte Reich nicht denkbar war – Altmaterial-Sammlung, begleitet vom stereotypen Sprechgesang: »Lumpen, Flaschen, Socken und Papier, ausgeschlagene Zähne sammeln wir, ja, wir sammeln ...« Kartoffelkäfer-Jagd (wie hernach in der DDR), Büchsenklappern fürs »Winterhilfswerk«. Das Reich, die Partei, die Hitlerjugend bestimmten die Kindheit mit.

Nachdem mich die Geschwister zur Sonnwendfeier – vermutlich schon im Sommer dreiunddreißig – mitgeschleppt hatten, verfolgten mich die Bilder der Schatten, die übers offene Feuer sprangen, bis in meine Träume; brüllend vor Angst wachte ich im Hexensabbat auf. Ich war wohl, was man ein zartes und sensibles Kind nennt (das blieb nicht so). Mein rotblondes Haar, durch das die alten Damen so gern ihre zu dünnen oder zu fetten Finger gleiten ließen, musste ich halblang als »Bubikopf« tragen. Als mich meine Mutter in diesem Aufzug in den Kindergarten schickte, machte ich angesichts der kreischenden Horde auf dem Absatz kehrt. Rote Haare, Sommersprossen, Pfarrerssöhnchen – das war zu viel. Lieber lernte ich schon vor der Schule lesen und schreiben und besuchte sogar die weißhaarigen Pfarrerswitwen im Damenstift, von denen eine – ein Wunder, das ich immer von neuem bestaunte – ein elektrisches Klavier besaß, an dem ich mich nicht satthören konnte, so falsch es auch gestimmt war. Im Umgang mit den Straßenkindern im Kern von Kirchheim / Teck (wo mein Vater damals noch amtierte) härtete ich mich ab. Der Jungkönig des Reviers war der Drogistensohn Croissant, der uns die Mutprobe abzwang, aus den »Kandeln« zu saufen, in denen damals noch die Abwässer zwischen Trottoir und Straße davonrieselten. Wir alle hätten sterbenskrank werden müssen. Wurden wir nicht.

Ein Jahr Grundschule in Kirchheim. Den Lehrer habe ich als einen freundlich gelassenen Mann in Erinnerung, der gern mit uns gesungen hat. Es brauchte nicht viel, meine Lust an der Musik zu wecken. Die Melodien der Choräle fanden früh Einlass in die Seele, wohl zu gleicher Zeit wie die Kinderlieder, auch die kraftvolle Schönheit der Texte, obwohl viele Jahre ins Land gingen, bis ich gewahr wurde, dass manche der Choral-Dichter zu den großen deutschen Poeten gehören, Paul Gerhardt allen voraus. Im Krieg lernte ich Andreas Gryphius lieben und verehren, der die äußeren und inneren Verwüstungen des Dreißigjährigen Krieges mit einer fast gewalttätig großen Sprache beschrieben hatte: Dichtungen von einer – in den Kriegs- und Nachkriegsjahren – fast unerträglichen Aktualität.

Kein Geburtstag ohne den Choral vor dem Frühstück, den mein Vater – der vor allem Geiger war – mit mächtigen Akkorden am Klavier begleitet hat. Manchmal schickte er eines der Bach'schen Vorspiele voraus. Die Choräle und die grundmusikalische Sprache Martin Luthers verstärkten einander: nicht so sehr zur moralischen Erhebung des kindlichen Gemütes, sondern um das Verlangen nach vitaler Schönheit immer von neuem zu wecken. Die Fragwürdigkeiten der Persönlichkeit des eifernden Reformators blieben mir nicht lange verborgen, doch ich war –

bin es vielleicht in strengeren Grenzen noch heute – am Ende geneigt, ihm für die Genialität der Psalmen-Übertragung vieles zu verzeihen (wenngleich nicht den Judenhass): Er hat unsere Sprache geschaffen – eine Kulturtat, wie sie die Geschichte selten vorzuweisen hat, ja, er stieß damit die letzte große Kulturbewegung der europäisch-westlichen Welt an (zugleich, wenn auch nicht unmittelbar, die barocken Schöpfungen der Gegenreformation), in der Sprache und Musik sich zu einem Strom vereinten. Der Reformator ebnete durch die Konfrontation der einzelnen, unverwechselbaren Seele des Menschen mit Gott (ohne jede Mittlerschaft von Kirche und Priesterschaft) den Weg zur Befreiung des Individuums, im Guten wie im Bösen: der Ursprung der Aufklärung, deren Kinder wir alle sind.

Die Musik und das Wort schlossen für mich die Welt auf. Die Musikalität und die Sprache des Vaters waren das große Geschenk meiner Kindheit. Erst sehr viel später wurde ich des (fragwürdigen und doch so reichen) Glücks gewahr, in die Tradition des Evangelischen Pfarrhauses hineingeboren zu sein, in eine seit Generationen – in der väterlichen, aber auch der mütterlichen Familie – fast ungebrochene Überlieferung. Durch sie sprangen viele Türen auf. Sie war überdies die Schutzmacht, die mich ohne unheilbare seelische und moralische Schäden über den Krieg und die Herrschaft des Verbrechens geleitet hat. Ich kann es anders sagen: Es war der große Glücksfall meines Lebens (und kein Verdienst), dass mein Vater kein Nazi war.

Umzug nach Nürtingen am Neckar, wo der deutsch-nationale Landesbischof Wurm, der an die Freiheit der Kirche nicht rühren lassen wollte, einen Mann seines Vertrauens ins Dekanat versetzte und ihm auftrug, die nazihörigen »Deutschen Christen« im Zaum zu halten: meinen Vater. Der düsterere Bau der Grundschule, in dem wohl Hölderlins Mutter lange Jahre gelebt hatte, war der passende Rahmen für meinen neuen Lehrer: ein schmaler, grobgesichtiger Mensch, die böse Kraft seiner dunklen Augen durch die randlose Brille nicht gemildert, erst recht nicht durch den kleinen Schnurrbart, so grau wie seine Bürstenfrisur. Schwemmer hieß er, ein treuer Kirchenmann, wie der Vater versicherte. In Wahrheit ein Prügler. Er hegte eine Abneigung – weiß nicht warum –

gegen den nicht allzu hellen Sohn des Forstmeisters, dessen Vater ein Nazi der milderen Sorte war. Ich durfte bei ihm reiten lernen (er war Chef der Reiter-SA), und manchmal nahm er uns mit in den Wald, ja, er erlaubte uns, in seiner komfortablen Hütte dort draußen zu nächtigen – das schönste Abenteuer, das wir uns wünschen konnten. Er hatte ein Auto, mit dem er uns morgens zurückholte. Außerdem war die dazugehörige Mutter, eine Österreicherin, eine schöne Dame, in die ich mich ohne Zögern verliebte (mal wieder). Sie hatte ein Grammophon mit schrägen Platten – den Schlagern jener Jahre. Doch wenn mich der Lehrer Schwemmer am Nachmittag mit dem Sohn des Forstmeisters in der Stadt gesehen hatte, begann der nächste Tag mit zehn oder zwanzig Stockstreichen auf den Hintern. Es war mir gleichgültig, dass er fast jeden Sonntag in der Kirche hockte; das machte seine Prügel nicht besser.

Als wir aus der Grundschule entlassen wurden, im Begriff, ins Realgymnasium zu wechseln, krochen wir mit unseren Luftgewehren gegenüber der Schule unters Gebüsch, und wann immer der Schwemmer in seinem weißen Schulmeisterkittel droben im vierten Stock hinterm Fenster erschien, ballerten wir auf die Scheibe. Allemal erschrak er ein wenig, doch er konnte die Ursache der Störung nicht ausmachen. Das Spiel wurde schließlich langweilig, und wir ließen ihn in Ruhe. Er starb zwei Jahre später. Ich weigerte mich, trotz der dringenden Bitte des Vaters, an seiner Beerdigung teilzunehmen. Ich war froh, dass der Kerl tot war.

Klavier-Unterricht bei zwei pädagogisch nicht allzu begabten Damen, deren Spielfertigkeit Grenzen hatte. Für die üblichen Etüden (die ich zu Unrecht verachtete) reichte es allemal. Mein Interesse wurde hellwach, als ich die langsamen und getragenen Sätze aus den Suiten Händels und Bachs zu meistern lernte, dann auch die schnelleren, lebhafteren Stücke mit den tückischen Trillern. Das »Notenbüchlein der Anna Magdalena Bach« wurde ein innig geliebter Schatz. Irgendwann lud mich der Vater ein, ihn bei einer Corelli-Sonate zu begleiten, hernach auch bei den leichteren Mozart-Sonaten, von denen keine wirklich »leicht« ist, wie ich rasch verstand. Beethoven hatte ich noch nicht entdeckt. Wenn mein Vater zu Kammermusik-Abenden einlud, durften wir die Tür angelehnt lassen, bis wir einschliefen. In den Pausen wurden – wie damals die

Regel – Tee und belegte Brötchen gereicht, das klassische Abendessen in den ordentlichen Bürgerhäusern. (Die Hauptmahlzeiten wurden zu Mittag aufgetischt.)

Meine technischen Möglichkeiten beim Klavierspiel waren begrenzt: Sehnenverkürzung des kleinen Fingers der rechten Hand (vermutlich von Geburt an), die mir als Jungsoldat mehr als einen Anschiss auf offener Straße eintrug, weil ich mit dem Krüppelfinger nicht imstande war, »ordnungsgemäß zu grüßen«. Konnte kaum eine Oktave greifen. Eine Pianisten-Karriere, von der ich kurze Zeit träumte, schloss sich aus. Also Dirigent! Ich durchpflügte sämtliche Bibliotheken, um die Musikgeschichte in mich aufzunehmen. Mein Interesse am historischen Detail, das sich eine Zeit lang – der Preußenstolz der Mutter, die Militarisierung der Knabenphantasie? – an die Figur Friedrichs des II. verloren hatte, wandte sich nun ganz der Musikgeschichte zu. Las Biographien, Werkanalysen (als erste Albert Schweitzers Gesamtdarstellung des Schaffens von Bach), Bücher über die Entwicklung der Stile (die ich nur halb verstand). Der Augenöffner: ein Reclamheft mit einem Essay des Heidelberger Kulturhistorikers Richard Benz über Goethe und Beethoven. Durch ihn begriff ich, dass die Bewegungen der Kunst- und der Geistesgeschichte immer als Einheit gesehen werden sollten. Dass – dies das Wichtigste – die Musik ein Element der Geistesgeschichte ist, mithin das produktivste, ganz in sie verwoben (was Benz nach dem Krieg in seinen großen Büchern über das Zeitalter des Barock und die Romantik in einer schönen Sprache belegte – Werke, mit denen er weit über die etwas volkstümelnde *Stunde der deutschen Musik* seiner Anfänge hinauswuchs). Dies war eine Erkenntnis von fast revolutionärer Weitsicht – bis dahin hatten die Geisteswissenschaftler (vermutlich mangels musikalischer Bildung) die Musik immer als einen »Sonderweg« der Kulturgeschichte betrachtet, wenn nicht als minderen Appendix, soweit sie überhaupt zur Kenntnis genommen wurde. Nietzsche war wohl der erste, der die Isolierung durchbrach.

Meine wichtigste Gesprächspartnerin jener Tage, bei der ich mir die Offenbarungen der Lektüre von der Seele reden konnte: Gabriele P., zwei Jahre älter als ich, dunkle Haare, Haselnuss-Augen, gut gewachsen,

Tennisspielerin, vor allem aber eine passionierte Klavierspielerin, in ihrem Können mir weit voraus. Heute würde man sie mit einer Prise Ironie als den Idealfall einer höheren Tochter bezeichnen. Aber das würde ihren Talenten nicht gerecht. Weder mein Vater noch ich stießen uns daran, dass ihr Onkel, dem die örtliche Buchhandlung gehörte, sich gern den Anschein eines scharfen Parteigläubigen gab. Wenn er den Hitlergruß entbot, schnellte seine Rechte mit einer Entschlossenheit vor, als wollte er sein Gegenüber durchbohren.

Gabi und ich hörten und sahen in der Stuttgarter Oper vor ihrer vom Krieg befohlenen Schließung die großen romantischen Werke Wagners (gottlob auch Mozart und Gluck), den *Fliegenden Holländer* (dessen Elan unwiderstehlich war), *Tannhäuser* (wobei mich der Venusberg mehr anzog als die fromme Welt der Elisabeth), *Lohengrin* (der mich ziemlich kalt ließ) und schließlich den *Tristan*: das einzige Wagner-Werk, das eine Spur in mir hinterließ. Durch die Dunkelheit rennend, erreichten wir den letzten Zug, drängten uns aufgewühlt in einer Ecke des Abteils aneinander, unfähig, auch nur einen Satz zu sagen. Oft blieb der Zug, kaum war er aus dem Bahnhof gerollt, auf offener Strecke stehen. Eine halbe Stunde, eine ganze oder länger (es konnte nicht lang genug sein). Luftangriff (wir hatten die Sirenen nicht gehört). Draußen am Himmel die tastenden Arme der Scheinwerfer. Das Gehüstel und Gebell der Flakgeschütze. Manchmal Explosionen. Wir drängten uns enger aneinander. Küssten uns und vergingen vor Verlangen. Jugendliebe.

Schoss kein deutsches Flugzeug ab

Gottlob vergessen, welcher eselhafte Angeber es war, der mir eines Tages einredete, man brauche das »absolute Gehör«, um Dirigent zu werden, jeder Leiter eines Orchesters von Bedeutung habe es. Müsse es haben. Ich war vor Traurigkeit erstarrt. Der Traum von einem Leben mit der Musik war zerronnen. Warum glaubte ich dem Esel (der mir vermutlich nicht einmal Böses wollte und sich nur wichtig machte)? Es fiel mir nicht ein, meinen Vater zu fragen, wie es sich damit verhielt, und der besaß das absolute Gehör, das heißt, die Fähigkeit, jede Tonfolge, jeden Ton dem harmonischen Umfeld und der Tonart, denen sie zugehören, mit völliger Sicherheit zuordnen und zugleich unfehlbar die Reinheit des Tones wahrnehmen zu können – eine seltene Gabe. Ein kundiger und wohlwollender Geist klärte mich nicht lange danach auf, dass durch Übung und Gewöhnung eine gewisse Annäherung möglich sei; nur wenige Dirigenten besäßen dieses Talent und konnten dennoch Musiker von Rang werden.

Zu spät. Ich warf mich, nachdem ich mich mit dem Verlust halbwegs abgefunden hatte, entschlossen auf die zweite berufliche Lockung, die mehr als einen langweiligen Brot- und Büroberuf zu versprechen schien. Anwalt oder Arzt oder gar Pfarrer zu werden, erwog ich nicht einen Augenblick. Ich wollte schreiben. Was? Wie? Wo? Darüber dachte ich zunächst nur beiläufig nach. Gedichte natürlich. Ich hatte irgendwann entdeckt, dass man auch mit Worten Musik machen kann. Es war Mörike, der mir die Ohren und die Augen dafür öffnete, dass es einen Wohlklang der Sprache, eine Harmonie der Worte, dass es Sonaten und Symphonien gab, die aus Buchstaben komponiert waren – und klangen, als seien sie von Haydn oder Schumann oder Richard Strauss erdacht worden. (Weiter reichten meine musikalischen Erfahrungen nicht.) Nein, es war nicht, was nahe gelegen hätte, die graziöse und zugleich ein wenig verquere Erzählung *Mozart auf der Reise nach Prag*, sondern es waren Verse wie dieser: »Gelassen stieg die Nacht an's Land, / Lehnt träumend an der Berge Wand«. Es gibt größere Geister in der deutschen Literatur als diesen Landpfarrer, der voller Lebensangst und vor allem faul war; lange Jahre zu bequem und zu furchtsam für die Ehe, frühpensioniert, eine Weile unlustiger Lehrer an einem Mädchengymnasium – doch es gibt wohl keinen und keine anderen, die das Deutsche mit solcher Musikalität zu durchdringen und zu solchem Wohllaut zu steigern vermochten.

Ich schrieb nun Gedichte im Dutzend. Erinnere mich an kein einziges, doch ich bin sicher, dass es in den Versen nur so rilkte, hesselte, stormte, dehmelte und schillerte. Immerhin versuchte ich mich niemals als Jünger Stefan Georges, dessen hoheitliche Sprache, priesterliche Gebärde und die auf poetischen Adel gedrillten Züge mir von Beginn an suspekt, ja unsympathisch waren. Kein einziges meiner Gedichte hat überlebt. Wie sie mir und der Welt abhanden kamen, werde ich später erzählen. Ich weinte ihnen keine Träne nach. Wichtiger: Als ich vierzehn oder fünfzehn war, brachte der Bruder meiner Klavierlehrerin, der lange in Paris gelebt hatte, meinem Vater eine kostbare Flasche Rotwein, mir aber die Übersetzung von Stendhals *Le Rouge et le Noir* und einen Band Balzac mit. Ich entdeckte Frankreich, das ich bis dahin vor allem durch unsere miserablen Geschichtsbücher und die Wochenschaubilder von himmelwärts strebenden Kathedralen, voranstürmenden Panzern, Flüchtlingstrecks und später von eleganten Damen auf den Champs-Elysées zu kennen glaubte. Auch durch die Erzählungen meines Vaters aus dem Ersten Weltkrieg, der entgegen dem stereotypen teutonischen Geschwätz immer voller Respekt von der Tapferkeit der französischen Soldaten sprach.

Stendhal, Balzac – die erste Berührung mit dem, was Goethe die »Weltliteratur« genannt hat (die ersten Werke der beiden hatte er mit Bewunderung gelesen). Dass die Möglichkeiten des Schreibens in den Jahren der »Reichsschrifttumskammer«, der gleichgeschalteten Zeitungen, der Regentschaft eines allmächtigen Propagandaministers sehr rasch an Grenzen stoßen würden, machte mir keine zu großen Kopfschmerzen. Nach dem Krieg, dachte ich, wird alles anders sein. »Nach dem Krieg«, sagten stets die Offiziere aus der Verwandtschaft (manche hohen Ranges), »nach dem Krieg räumen wir auf«. (Sie schienen nicht für möglich zu halten, dass zuvor mit ihnen »aufgeräumt« werden könnte.) Es würde nicht mehr allzu lange dauern.

An jenem Morgen, an dem der Einfall der Wehrmacht in die Sowjetunion gemeldet wurde, dachte ich (und verbarg es nicht): Das ist der Anfang vom Ende. Sagte es der Freundesfamilie in dem kleinen benachbarten Schlösschen, zu dem ich auf dem Fahrrad unterwegs war: Damit ist der Krieg verloren. Er nähere sich dem Ende, sagte ich und fügte frech hinzu, ich wisse das von unserem »Führer« persönlich. Nichts anderes schreibe er in *Mein Kampf* über den Ersten Weltkrieg (sein biographisches Bekenntnisbuch, das jeder weithin sichtbar in die Bibliothek stellte und kaum einer je gelesen hat, leider, denn es sagte mit brutaler Wahrhaftigkeit den Krieg und die geplanten Verbrechen voraus). Ich hatte mich gerade, mit elender Mühe, wenigstens durch einige Kapitel gequält. Immerhin war die Lektüre informativer als Goebbels' halbexpressionistische Kapriolen in seinem Romänchen *Michael*, das sich keineswegs in Massenauflagen aufdrängte. *Mein Kampf*, so krude es geschrieben war (vom Sekretär Rudolf Hess) – es wirkte um eine Spur lesbarer als Alfred Rosenbergs wirrköpfig-verblasener *Mythos des 20. Jahrhunderts*, das zweite Grundbuch des Nazismus, das den ideologischen Rahmen abstecken sollte (um es anspruchsvoll zu sagen).

Der Hausherr im Schlösschen hörte meine großmäuligen Behauptungen über den Anfang vom Ende des Tausendjährigen Reiches an, und sagte gar nichts. Er schwieg fast immer und vermutlich tat er gut daran, weil er nicht allzu viel zu sagen hatte. Anders als die Baronin mit ihrem lebhaften Temperament, dem flinken Geist, der Neugier und dem Spott in den Augen, die ein wenig geschlitzt waren (obwohl sie nicht aus dem Osten, sondern aus dem französisch angehauchten Baden stammte): Ihre Miene blieb bedrückt. Sie dachte vermutlich daran, dass ihr einziger Sohn (noch in der Ausbildung) bald an die russische Front geworfen würde.

Der Hausfreund, Chef eines Kavallerie-Regiments (dessen Soldaten sich vor allem auf dem Fahrrad bewegten), zog skeptisch die Mundwinkel nach unten. Vorsicht, sagte er, die Russen verstehen sich auf lange Kriege. Sie lassen sich auch mit dem Siegen Zeit.

Der Kavallerie-Oberst mit den militärisch markanten und zugleich so seltsam »durchgeistigten« Zügen (beides vermutlich lange geübt), er war der Bildungspfeiler der Ménage-à-trois. Es gab ein Büchlein aus seiner Feder: Preußische Legenden oder ähnlich – Geschichten, die allesamt davon handelten, wie in den jeweiligen Kriegen ein pommerscher Grenadier den letzten seines altadeligen Geschlechtes pflichtschuldig aus tödlicher Gefahr errettete. Er zeigte mir die Bibliothek, die in einem kleinen, aber stattlichen Rundbau um 1840 in den Park gestellt worden war. Welche Schätze! Vermutlich warf nur der Hausfreund jemals einen Blick auf die Erst- und Prachtausgaben. Über dem Aufgang aber stand in steinernen Lettern: »Wissen ist Macht«. (Er avancierte nach dem Krieg zum Zeremonienmeister des Hauses Hohenzollern, zumal für die Veranstaltungen auf der nahegelegenen Burg von Hechingen, wo der Kronprätendent Louis Ferdinand gern seine eher mediokren Kompositionen aufführen ließ.) Der schweigsame Baron starb zuerst. Der Hausfreund, der auf mein Bildchen im Gästebuch eine rote Krawatte gemalt hatte, folgte ihm nicht viel später. Die Baronin sah ich noch einmal, am Ende der achtziger Jahre. Einem spontanen Verlangen folgend bog ich bei W. von der Autobahn ab. Das Schlosstor stand offen. Ich ging ums Haus – und hinten auf der Terrasse fand ich die Baronin in einem Liegestuhl, in Decken gehüllt, lesend. Ich räusperte mich. Sie schaute auf: »Der Klaus« sagte sie nur, als hätten wir uns nicht vor langen Jahrzehnten, sondern an Ostern oder Pfingsten zum letzten Mal gesehen. Sie klingelte das Mädchen herbei (das wenigstens gab es noch). Wir tranken Tee, und ich gestand ihr, dass ich damals sehr verliebt in sie gewesen sei. Sie schickte noch ein paar Briefe. Sie waren allemal »Deine alte Liebe« unterzeichnet.

Meine unbedachte Heiterkeit zu Beginn des sogenannten Russland-Feldzuges, im Juni 1941, wurde mir rasch ausgetrieben. Die »Sondermeldungen«, angekündigt von dem wilden Reitersignal aus Franz Liszts

Sinfonischer Dichtung *Mazeppa*, versuchten uns darauf einzustimmen, dass die Kapitulation des Sowjetreiches nur noch eine Frage von wenigen Wochen, vielleicht auch von Tagen sein konnte. Millionen Gefangener. Man fragte sich, woher Stalin noch seine Soldaten nehme. Dann der Einbruch des Winters. Der deutsche Siegeszug erstarrte vierzig Kilometer vor Moskau. Die Soldaten waren nicht für den Winter gerüstet. Sie erfroren tausendweise. Jener Division, die vor Moskau zum Rückzug gezwungen wurde, gehörte später mein zweiter Bruder an, und mit ihr ging er zugrunde. Die Todesanzeigen in den Zeitungen häuften sich.

Wir hockten derweil in der Schule und lernten nicht viel. Die besten Lehrer waren an der Front. Es blieben die Alten, zum Teil aus dem Ruhestand zurückgeholt, unter ihnen der Mathematik-Lehrer, ein fetter Polterer, unfähig, die Zusammenhänge oder die Schlüsselbegriffe der fortgeschrittenen Rechenkunst zu erklären; ich begriff nichts, und bald wollte ich nichts mehr begreifen. Da uns der Großpädagoge auch die Physik beibringen sollte, blieb ich ein mathematischer und naturwissenschaftlicher Analphabet. Latein langweilte mich, trotz der humanistischen Tradition der Familie, auf die ich vom Vater (der noch Lateinisch debattieren konnte) wieder und wieder rügend hingewiesen wurde. Als wir schließlich mit Englisch begannen, weckte die hochblonde und nahezu schöne Fabrikantentochter, die in der Not als Aushilfe engagiert worden war, einiges Interesse an dem Idiom unserer angeblichen Feinde, für deren Mentalität die faire junge Frau, die in London studiert hatte, mit bemerkenswertem Mut um Verständnis warb.

Also Deutsch. Irgendwann übernahm eine gescheite und strenge Dame aus Norddeutschland – Tochter eines evangelischen Bischofs, wie man zu wissen glaubte – die Aufgabe, uns mit den wichtigsten Epochen der deutschen Literatur vertraut zu machen (was die Mehrheit meiner Klassenkameraden keinen Deut interessierte). Eine bemühte Lehrerin, doch sie verfügte, spindeldürr und mit eher herben Zügen versehen, über keinen Funken von Charme. Indes, sie war gebildet, formulierte genau, bot überraschende Perspektiven auf das Ethos der Geistesgeschichte, regte zum Denken an. In der Wahl der Aufsatzthemen hielt sie sich nicht ängstlich an die Vorschriften. Ich schrieb, so meine ich mich zu erinnern, worüber ich Lust hatte, schrieb schnell und lang. Ein Film mit dem dicken (und so sensiblen) Theater-Genie Heinrich George über Calderóns *Richter von Zalamea* gab mir den Anlass, wenigstens zwanzig Seiten, ein ganzes Schulheft voll, über das Verhältnis von Theater und Film zu schreiben – eine Frechheit, denn ich hatte in meinem jungen Leben vielleicht zwanzig oder dreißig Filme dieser und jener Art und höchstens zehn Theaterstücke gesehen. Die arme Lehrerin gab mir aus schierer Ratlosigkeit eine Eins, Belohnung für die Quantität, die keineswegs in Qualität umschlug. Weil ich Geschichtszahlen im Schlaf herunterleiern konnte, genoß ich bei dem cholerischen Fachlehrer, der zugleich Rektor der Schule war, hohes Ansehen, was sich nur mit seinem leichten Schwachsinn erklären ließ. Musik sowieso eine Eins. Das glich meine miserable Vorstellung in Sachen Kunst wieder aus, die uns ein lokaler Maler und Bildhauer mit Namen Ochsenwadel nahebringen wollte. Alles in allem lernte ich in den fünf Jahren Realgymnasium so gut wie nichts. Das Interesse schwand fast völlig, als sich herumsprach, dass wir in wenigen Wochen oder Monaten als Flakhelfer rekrutiert würden.

Zuvor war eine Gefahr abzuwenden. Die Werber der Waffen-SS fingen damals an, in die Schulen auszuschwärmen, um »Freiwillige« zu gewinnen. Dabei übten sie beträchtlichen Druck aus, auch durch Drohungen gegen die Eltern. Für den Vater, für die Mutter, für mich war kein Kompromiss denkbar: niemals SS. Die SS hieß Konzentrationslager, hieß Willkür, Tortur, Exekutiv-Truppe der Gestapo, hieß Reichsführer Heinrich Himmler, der Antichrist als finsterer Chefbürokrat (nach dessen Weisungen wir – nicht die schlimmste seiner Versündigungen – die *Edda* als Kernstück seiner germanischen Ersatzreligion lernen sollten, was Anlass unablässigen Spottes war, zumal die »Weltenesche Yggdrasil«, die wir in Hymnen bedichteten).

Gegen die Rekrutierung durch die SS gab es einen unfehlbaren Schutz, man musste sich als »Reserveoffiziersanwärter« beim Heer bewerben. Das tat ich. Nach wenigen Wochen der Bescheid, dass ich angenommen und registriert sei. Eine Art von Ausweis bestätigte meinen Status offiziell. Als die Werber kamen, und ich ihnen mein »ROB«-Kärtchen präsentierte, ließen sie sofort von mir ab. Ich war nicht der Einzige. (Wenn man diesen Trick in dem Nest Nürtingen am Neckar kannte, dann gewiss auch in Günter Grass' Heimatstadt Danzig.)

Bei der Flak sollte der Unterricht fortgesetzt werden. Ein- oder zweimal erschien tatsächlich ein Studienrat in unserer Baracke. Das war alles. Grundausbildung in einem Lager bei Chieming. Von der Lieblichkeit der Voralpenlandschaft teilte sich uns wenig mit. Das Kommando hatte der »Spieß« – auf Deutsch: der Batterie-Wachtmeister –, ein untersetzter, stotzbeiniger Österreicher (aus der Wiener Neustadt, wenn ich mich recht entsinne) mit primitiv-brutalen Zügen, in seinem Gebrüll zu konkurrenzlosen Phonstärken fähig. Seine Spezialität: uns nach dem Morgenappell zu einer frisch gedünkten Wiese marschieren zu lassen, wo wir die Reaktion auf Angriffe durch Nahkampfjäger üben sollten – ein Pfiff, ein Schrei, und wir schmissen uns in die Scheiße. Kaum aufgerappelt lagen wir schon wieder in der Gülle. Wenn wir nicht schnell genug reagierten, gab's eine halbe Stunde Strafexerzieren. Volle Deckung – Weiterlaufen – Volle Deckung ... ohne Pause. Antreten. Wir stanken wie eine Lagerkloake, die man drei Wochen nicht ausgepumpt hatte. Zurück in die Baracke (mit Gesang), in einer Stunde Kleiderappell. Wir wuschen unsere Drillichanzüge mit einer Handvoll Waschpulver so gut es ging, versuchten, die harten Stoffe auszuwringen, zwängten uns zwei Minuten vor dem Appell in die nassen Klamotten. Natürlich stanken wir noch immer. Nach einer Unterweisungsstunde über die Heeresdienstvorschrift, in der wir alle schliefen, ging der Zirkus weiter, bis zum Abend, an dem wir Socken stopfen sollten und schließlich erschöpft auf unsere verwanzten Strohsäcke sanken. Die vernünftigeren Vorgesetzten wollten uns einreden, wir würden allein durch den Stumpfsinn lernen, bei Gefahr automatisch »volle Deckung« zu suchen. Unsinn. Ich habe während des ganzen Krieges niemanden gesehen, der sich unter Beschuss nicht am Boden verkroch. Man wollte unseren Willen brechen, indem wir an den Rand der Erschöpfung getrieben und gedemütigt wurden. So wollte es das System. Der Grundschullehrer Schwemmer unterschied sich darin nicht im Geringsten vom Wachtmeister Gruber.

Weiß nicht, wie lange sich Gruber noch an uns austobte. (»Werd euch Chorknaben schon noch zu Männern machen!«) Sonntags erst um sieben Uhr Wecken. Wir hatten uns den Schlaf noch nicht aus den Augen gerieben, draußen ein wilder Schrei. Gruber. Er brüllte, als sei er, der starke Mann, unversehens in Panik geraten. Wir lugten vorsichtig durch die Tür. Am Ende des Ganges die Stube des Wachtmeisters. Als der Allgewaltige des Lagers verfügte er über einen »Burschen« (was unter normalen Umständen nur einem Offizier zustand). Er stellte am Abend die Knobelbecher vor die Tür, um sie am Morgen blitzblank gewienert wiederzufinden. Nun aber hatte er, schäumend vor Wut, die Stiefel gegen die Barackenwand gefeuert – und dort blieben sie liegen. Durch Geflüster von Tür zu Tür hörten wir, was passiert war. Als der Wachtmeister in den rechten Stiefel fuhr, quirlte ihm eine feuchtwarme weiche Masse das Bein hoch. Sie stank. Irgendein rachsüchtiger Kamerad hatte ihm in die Stiefel geschissen.

Natürlich ließ sich der »Spieß« rasch ein anderes Paar Stiefel beschaffen. Appell. Drohungen. Der Schuldige werde ermittelt, so oder so. Der sei gut beraten, sich lieber freiwillig zu melden. Sonst würden die Kameraden für ihn büßen. Nichts rührte sich. Wir büßten in der Tat mit unablässigem Strafexerzieren, Freizeit- und Schlafentzug. Seine Vorgesetzten schaltete der Gruber nicht ein, er hätte sich noch lächerlicher gemacht, als er es längst war, denn der Skandal hatte sich rasch unter den Offizieren herumgesprochen, und die bogen sich vor Lachen.

In den Exerzierpausen lernten wir, wofür wir Soldat spielen sollten und was es mit der 3,7-Flak auf sich hatte. Russische Beutegeschütze, die immerhin zehn oder zwölf Granaten pro Minute auszuspucken in der Lage waren. Vorausgesetzt, die Geschütze funktionierten, worauf kein Verlass war. Manchmal hatten wir den Eindruck, es seien bei der Fertigung Saboteure am Werk gewesen, die ahnten, dass ihre Kanonen in die Hände des Feindes fallen würden. Ich maß einen Meter und achtzig, groß für jene Zeit (heute schierer Durchschnitt) – also wurde ich zum Richtkanonier ernannt. Ich sollte blitzschnell die Flugbahn bei indirektem Beschuss berechnen (wozu ich keineswegs in der Lage war), vor allem fiel es mir zu, bei Stellungswechsel die beiden Geschützholme auf meine Schultern zu laden. (Wahrscheinlich habe ich damit meinen Rücken ein für allemal verdorben.)

Wir bezogen schließlich Stellung am Verschiebebahnhof von Kornwestheim bei Stuttgart, der unweigerlich ein Angriffsziel werden musste. Wochenendurlaub in Salzburg. Ich kleiner Idiot hatte, um der Genehmigung sicher zu sein, als Grund einen Besuch beim Kommandierenden General des Wehrkreises angegeben, dem Schwiegervater von Patenvetter Fritz. Bei der Abmeldung wurde ich von Gruber und Konsorten ein ums andere Mal zurückgeschickt, da angeblich mein Anzug nicht in Ordnung war, so könne ich keinem General gegenübertreten, spotteten sie. Ich verlor so viel Zeit – das hatten die Hunde genau berechnet –, dass ich den Bus nach Traunstein nicht erreichte. Lief die zehn Kilometer zum Bahnhof im Geschwindschritt, kam noch gerade rechtzeitig für den Abendzug, langte nach zehn Uhr an und wagte es nicht, zu dieser Stunde beim General anzurufen. Fand ein Bett im Soldatenheim des Roten Kreuzes. Der Vollmond lockte mich vor die Tür. Da – wie überall – Verdunklung herrschte, offenbarten sich mir die barocken Fassaden der Kirchen, der Schlösschen und Patrizierhäuser im gleißenden Mondlicht. Auch das Geburtshaus von Mozart in der Getreidegasse. Eine schönere Begegnung mit der Heimat meines Hausgottes konnte ich mir nicht erträumen. Hörte sehr früh eine Haydn-Messe im Dom. Karges Frühstück im Café Tomaselli (nicht wissend, dass es berühmt war). Dann zum General, der gnädig gestimmt war. Überwältigend die Herzlichkeit der schönen jungen Frau von Vetter Fritz. Ich solle mir von den Unteroffizieren nichts gefallen lassen, sagte der General mit väterlichem Wohlwollen. Der hat gut reden, dachte ich. Es kam mir auf das Abschiedsküsschen von Waltraut an, die mich am Abend zum Bahnhof begleitete. Mein Herz zehrte lange davon.

Irgendwann Abkommandierung nach Hinterpommern, zu einem Spezialkurs, weiß nicht worüber. Der Nachtzug nach Berlin zum Bersten überfüllt (wie damals üblich). Eroberte, weil ich früh auf dem Bahnsteig war, einen Sitzplatz in der Fensterecke. Später drängten sich an die zwanzig Menschen in dem Abteil, das für acht Passagiere Platz bot, fast alles Landser, drei Nachrichtenhelferinnen. Die Luft zum Schneiden dick. Alle rauchten. Das Fenster ließ sich nicht öffnen, wegen der Verdunkelung. Manchmal blitzte eine Taschenlampe auf. Eine Schnapsflasche kreiste. Auch die jungen Frauen schluckten kräftig. Nach zwei Stunden war fast die gesamte Besetzung besoffen. Die Frauen glucksten, lachten, quietschten, kreischten, manche der Männer atmeten schwer. Eines der Mädchen rettete sich auf meinen Schoß, knöpfte die Bluse zurecht, schlief ein. Schlief bis zur Ankunft in Berlin. Ich reckte die halblahmen, schmerzenden Glieder. Sie bedankte sich mit einem freundlichen Lächeln. Ich sei doch ein anständiges Kerlchen oder so.

Bahnhof Friedrichstraße. Alarm am helllichten Nachmittag. Ließ mich mit dem Strom der Menschen in den riesenhaften Bunker treiben. Auf einer Bank neben einer Frau, die dreißig sein mochte, vielleicht auch älter. Schwatzten ein wenig. Sie kam von der Arbeit, war auf dem Weg nach Hause. Das erste Krachen der Bomben. Man zuckte zusammen, rührte dann, apathisch, ziemlich lange keine Glieder mehr. Döste. Schreckte auf, als schwere Luftminen auf dem Dach des Bunkers zu explodieren schienen. Die meterdicken Mauern wankten, als stürzten sie im nächsten Augenblick in sich zusammen. Das Licht erlosch, Kinder heulten, Panikschreie. Rufe nach dem Ausgang. Rüde Luftschutzwarte stemmten sich gegen die Horde, die zur Tür drängte. Die Frau neben mir krallte ihre Hände in meinen Arm. Ich ängstigte mich nicht weniger als sie. Uns beiden zum Trost nahm ich sie in die Arme. Sie fragte sich schluchzend, ob es ihre Wohnung noch gab, schien davon überzeugt, dass sie lichterloh brenne. Die Lampen flackerten schließlich wundersam wieder auf. Nach drei Stunden Entwarnung. Wir torkelten über die Betontreppe nach oben, an die Luft. Ob ich sie bis zu ihrem Haus begleiten könne, sie fürchte sich, allein vor den Trümmern zu stehen. Ich hatte weiß Gott nichts Besseres zu tun. Der Bruder meiner Mutter, der mit seiner Familie im »Schleiermacher-Haus« an der Taubenstraße gewohnt hatte (Prediger an der Dreifaltigkeitskirche, die es nicht mehr gibt), war zwei Jahre zuvor nach Königsberg versetzt worden. An eine Weiterreise war nicht zu denken, der Bahnhof ein qualmender Schuttberg (obwohl die Wände der Eingangshalle standgehalten hatten).

Wir schleppten uns mitsamt Rucksack und Koffer durch die verwüsteten Straßen, an brennenden Häusern vorbei. Das ihre stand noch.

Sie nahm mich mit in die Wohnung, wir fegten das zersplitterte Glas zusammen, schoben das Mobiliar an seinen Platz. Sie briet ein paar Eier, schnitt einige Kanten Brot, holte eine Flasche Wein aus dem Schrank. Zwei Fenster in ihrem Schlafzimmer mit dem großen Bett waren heil geblieben. Sie trug Decken zusammen. Der Mann war an wer weiß welcher Front. Keine Kinder. Wir liebten uns, als dürften wir das wiedergeschenkte Leben feiern – oder als sei es zum letzten Mal. Stolperte am Morgen zum Bahnhof und ließ mir auf meinem »Marschbefehl« bescheinigen, dass der Bahnverkehr für die nächsten vierundzwanzig Stunden unterbrochen bleibe. Sie ließ sich auf der Polizeiwache bestätigen, dass sie nicht zur Arbeit (bei Siemens) erscheinen könne, da sie ihre Wohnung wieder bewohnbar machen müsse. Am nächsten Morgen die gleiche Auskunft am Bahnhof. Doch mir wurde bedeutet, dass die Züge Richtung Stettin anderntags von einem Vorortbahnhof abführen. Wir liebten uns, wann immer wir die Kraft fanden (nachdem sie irgendetwas Essbares, dazu Wein oder Bier aufgetrieben hatte). Zwei Tage, drei Nächte in einem beschädigten Paradies. Weinten beide ein bisschen, als ich in grauer Frühe aus dem Haus ging. Schrieb ihr zwei- oder dreimal. Keine Antwort. Vielleicht war sie aus Berlin geflüchtet. Es war gut, wie es war. Ich empfand zärtliche Dankbarkeit. Sie ist mir geblieben.

Hinterpommern. Öde. Lange Strände, viel Wald. Die paar Kneipen immer voll. Schnaps gab es offensichtlich genug. Ein Kasernengelände weit hinter Anklam. Wir schossen von den Uferbefestigungen aus auf riesige Holzscheiben, die Schnellboote draußen im Meer hinter sich herzogen. Beobachtete auf dem Exerziergelände neben dem unseren – es gehörte der Waffen-SS –, wie sich Soldaten zu gewissen Stunden auf die Knie warfen, Gesichter und Leiber nach Süden gerichtet, manchmal die Arme weit ausgebreitet. Fragte einen Kameraden, was es damit auf sich habe: eine muslimische SS-Brigade, antwortete er, vom Mufti von Jerusalem rekrutiert. (Die Soldaten stammten aus Bosnien, aber ein halbes Jahrhundert danach, während des Balkankrieges, wurden sie nie erwähnt.)

Bald nach der Rückkehr der erwartete Großangriff auf den Verschiebebahnhof. Das eherne Dröhnen der »Fliegenden Festungen«, es mussten Hunderte sein. Dazwischen die jaulenden Motoren kleinerer Maschinen. Deutsche Nachtjäger. Der Batteriechef hatte »Feuer frei!« kommandiert. Im Licht der Scheinwerfer sah ich ein Flugzeug direkt auf unsere Stellung zurasen (den Typ konnte ich in den wenigen Sekunden nicht ausmachen). Drückte auf den Schusshebel, sah die Leuchtspurgeschosse, doch nach drei oder vier Granaten stockte das Geschütz. Hatte nicht getroffen. Sah, als die Maschine direkt über uns war, die Balkenkreuze auf den Tragflächen: ein deutscher Nachtjäger. »Was ist los?«, brüllte der Obergefreite Jablonski aus dem Kohlenpott, unser Zugführer (der krummbeinigste, der sich je in Wehrmachtsstiefel gezwängt hat). »Ladehemmung!«, schrie ich zurück und versuchte, die Erleichterung in meiner Stimme wegzudrücken. Und ich dankte wortlos den russischen Saboteuren, die es mir erspart hatten, ein deutsches Flugzeug vom Himmel zu holen, wie man so sagte. Später, als sich die Panne zum Batteriechef herumgesprochen hatte, ließ er mich kommen und den »Vorgang« im Detail schildern. »Glück gehabt«, sagte er trocken. Das wäre ohne Kriegsgericht nicht abgegangen (nicht für mich, aber auch nicht für ihn). Es war und bleibt meine bedeutendste militärische Leistung, vermutlich meine einzige: Ich hatte ein deutsches Flugzeug *nicht* abgeschossen.

Hitler dead

Mein Jahrgangsgenosse Günter Grass meinte (ein halbes Jahrhundert später), nur Ort und Zeit habe sein Einberufungsbefehl unmissverständlich genannt, nicht aber die Truppe, bei der er sich zu melden hatte. Ich wies darauf hin, er täusche sich (oder uns). Mir prägten sich die Weisungen meiner Gestellungsorder völlig klar ein (vielleicht weil sie bestätigten, dass ich der SS entgangen war): Ich hatte mich am soundsovielten September 1944 bis spätestens 20.00 Uhr bei der Ersatzabteilung des Artillerie-Regimentes 35 in der Ludendorff-Kaserne von Neu-Ulm einzufinden.

Aus undurchschaubaren Gründen wurde ich verpflichtet, davor noch einen Monat für den »Führer« zu schaufeln, beim Reichsarbeitsdienst in Weil am Rhein. Mir war der Aufschub, der sich nur durch Kompetenzkonflikte der Militärbürokratie erklären ließ, nicht unlieb. Meine Jugendliebe, die Herzens- und Musikfreundin Gabriele, war unterdessen zum Arbeitsdienst auf die Insel Reichenau im Bodensee geschickt worden (einen der lieblichsten Orte Deutschlands). Also wählte ich für die Reise nach Weil (gegenüber von Basel) den Umweg über Konstanz; der Mann am Bahnschalter schrieb meine Fahrkarte umstandslos aus. Ich schickte G. eine kurze Nachricht. Schloss mein Gepäck am Bahnhof in Konstanz ein, fuhr weiter mit der Kleinbahn zur Reichenau. Das Wiedersehen schmerzlich und bewegend, weil es die Trennung nur für ein paar Stunden unterbrach. Das war der Krieg: unablässige Abschiede, manche für immer (wir wussten es, und sprachen es niemals aus).

Hatte eine Flasche Wein besorgt, sie brachte belegte Brote. Wir hockten am Seeufer und schauten in den fallenden Abend. Drüben die Lichter der Schweiz. In der wachsenden Dunkelheit rückten sie immer näher.

Wir flüsterten, welch ein Glück es wäre, wenn sie plötzlich, nach einem Sprung übers schwarze Wasser bei uns wären und uns umhüllten. Gegen elf Uhr brachte sie mich zum Bahnhof. Tränen. Kaum mehr ein Wort. Sagte, dass ich frühmorgens, wenn ich im Zug sei, winken werde. Setzte mich gegen Mitternacht in den Wartesaal des Konstanzer Bahnhofs. Wenig später Kontrolle durch die Feldjäger (die gefürchteten Kameraden mit dem großen Blechschild vor der Brust). Sie prüften meinen Marschbefehl. Fragten barsch, was ich in Konstanz zu suchen hätte. Dies sei nicht die direkte Verbindung nach Lörrach (vor Weil). Ich wusste es wohl. Befehl, ihnen auf die Wache zu folgen. Erklärte dort, dass ich den Umweg genommen hätte, um meine Freundin zu sehen, die beim Arbeitsdienst auf der Reichenau stationiert sei. Wie sie heiße? Ich buchstabierte den Namen. Einer der Männer rief im Lager an – ja, es gebe eine »Arbeitsmaid«, die so heiße. Ob die ans Telefon kommen könne. Man müsse sie wecken, das dauere eine Weile. Der Chef der Wache wartete geduldig. Als sie sich endlich meldete, verlangte er eine Bestätigung, dass ich bei ihr gewesen sei, fragte, was wir getrieben hätten (er sagte es in dümmlicher Unschuld), seit wann wir uns kennten, ob wir über Pläne gesprochen hätten. Nein? Dann sei alles in Ordnung. Mich sperrten sie (»für alle Fälle«) in eine Arrestzelle mit einer Pritsche, auf der ich einschlief. Sie weckten mich um fünf, eskortierten mich zum Zug, sperrten mich in ein Abteil, das sie sorgsam verriegelten. (Natürlich war auch das Fenster verschlossen.) Als wir an der Reichenau vorüber ratterten, winkte ich wie verabredet. Da ich nichts anderes großes Weißes fand, zog ich eine lange Unterhose aus meinem Rucksack und wedelte wie ein Verrückter. G. schrieb mir hernach, sie habe etwas Weißes hinter einer Scheibe wahrgenommen.

Im »Reichsarbeitsdienst«-Lager wurde uns eine Art von Uniform verpasst. Dann eine strenge Belehrung: Wir sollten uns, bei Ausgang, unterstehen, uns der Grenze zu nähern. Ein Abstand von einem Kilometer sei unbedingt einzuhalten. Erst im vergangenen Monat sei ein Arbeitsmann, der sich vermutlich vor dem Krieg habe drücken wollen, an der Grenze erschossen worden. Verstanden? Jawoll!

Wir schippten ein bisschen am »Westwall« herum, der nach der Landung der Alliierten in der Normandie verstärkt werden sollte. Am Abend ließ ich mir beim Bauern die Feldflasche mit Wein füllen (was zwei oder drei Reichsmark kostete) und stieg auf eine der letzten Anhöhen des Schwarzwaldes überm Rheintal, schaute zur Grenze und wartete, bis drüben die Lichter angingen. In der Dämmerung setzte sich ein Elsässer neben mich, ein Arbeiter, vielleicht sechzig Jahre alt. Nun seien in einigen Monaten die Franzosen wieder da, sagte er in seinem singenden Alemannisch. Dann müssten sie noch einmal umlernen. Er habe sein Französisch gottlob nicht vergessen, wie manche der Jüngeren. Es werde wohl auch wieder nach »Verrätern« gesucht werden. Er habe nichts dagegen, wenn man die schlimmsten Nazis für eine Weile in Ausnüchterungszellen sperre oder zu nützlichen öffentlichen Arbeiten zwinge. Aber es sei immer dasselbe. Für die ganz Alten der dritte Wechsel der Nation. Können sie uns nicht endlich in Ruhe lassen, fragte er nach einer Pause. Er sprach ohne Furcht. Sie seien Elsässer. Nicht Deutsche. Auch keine Franzosen. Zu welchem Staat sie gehörten, das entschieden die Mächtigen, die Kaiser, die Führer, die Generäle, die Minister, die das Volk noch nie gefragt hätten. Können die dort oben uns nicht endlich unser Leben leben lassen? »Pass auf dich auf«, sagte er noch. Dann schlurfte er fort.

In der Artillerie-Kaserne von Neu-Ulm das übliche Empfangsgebrüll. Beim »Kleiderfassen« eine Überraschung: Den Offiziersanwärtern wurden Reithosen mit einem Lederarsch verpasst, Reitstiefel statt der Knobelbecher. Die erste Reitstunde unter dem Kommando und funkelnden Blaublick eines langen dürren Rittmeisters mit einer Donnerstimme, die mich bis in den Traum verfolgte; langgezogener Schädel, das Gesicht rot, in der Wut dunkelrot, so oder so von Arroganz und Dummheit geprägt – eine *Simplicissimus*-Karikatur. Für den Frontdienst zu alt. Er fragte bellend, wer schon einmal auf einem Pferd gesessen habe. Ich war töricht genug, die Hand zu heben. Immerhin waren die müden Kasernenklepper schon gesattelt und gezäumt. Ich suchte mir ein Tier aus, das halbwegs wach zu sein schien. Aufsitzen (für die Anfänger mühsam genug). Ein paar Runden im Schritt um die Halle. Dann befahl der alte Schnauzer: Bügel hoch, ein paar Minuten später: Zügel knoten, Hände hoch. Daraufhin setzte er den Klepper mit der Peitsche in einen kleinen Galopp. Kosakengalopp nennt man die Reitart, die auch für geübte Pferdemenschen anstrengend ist – man hält sich nur mit den Knien fest. Die erschreckten Jungreiter gingen zu Boden, einer nach dem anderen (nichts anderes hatte der Rittmeister im Sinn). Drei blieben oben, darunter ich. Er ließ ein Hindernis in die Bahn stellen. Einer purzelte. Der Alte ließ die Latte höher legen. Es erwischte den nächsten. Noch eins drauf. Als ich anritt, knallte er meinem Pferd im Sprungansatz die Peitsche an den Bauch. Das Tier scheute, und ich flog solo über die Barriere. Der Unmensch war zufrieden. Das Kommiss-Prinzip war erfüllt: den Soldaten klein machen. Erniedrigen, im Wortsinn. Ihn durch den Dreck kriechen lassen.

Da ich mich halbwegs gut gehalten hatte, wurde mir das Pferd des Kommandeurs zur Pflege anvertraut. Auf diese Auszeichnung hätte ich gern verzichtet. Denn es ließ sich, wenn der inspizierende Unteroffizier schlechter Laune war, immer noch eine Spur von Staub aus dem Fell striegeln. Die Strafe: Die nächste Reitstunde wurde zu Fuß absolviert. Mit schweren Stiefeln stampfte man, bald genug japsend, hinter der Kolonne her.

Der intensive Umgang mit Pferden hatte seinen Grund, wir wurden wieder das, was das Regiment bis 1938 oder 1939 war: bespannte Artillerie. Zu viele der Motorschlepper waren im russischen Schnee oder im Schlamm versackt. Außerdem war der Sprit knapp. So wurde das Pferd wiederentdeckt. Wir übten, wie eine 10,5 cm Haubitze mit Pferden in Stellung gebracht wurde, fünf Gäule pro Geschütz, allesamt hysterisch und kaum zur Ruhe zu bringen. Es gab freundlichere Aufgaben – selbst im Soldatenleben.

Bei Winteranfang Scharfschießen auf dem Truppenübungsplatz Münsingen, dem man nicht zu Unrecht nachsagte, er liege in Schwäbisch-Sibirien. Mein Vater hatte mir geschrieben, wenn ich die Zeit fände, dann möge ich die Baronin T. anrufen, die auf einem Gut ganz in der Nähe wohne. Sie sei in Hochdorf (seinem ersten Pfarrort) seine Nachbarin gewesen. Sie war liebenswürdig, als sie am Telefon meinen Namen hörte, und lud mich zum Abendessen ein. Der Ausgang wurde genehmigt.

Vier Kilometer durch den Schnee. Hinter der Schlosstür eine andere Welt. Licht. Wärme. Ahnenbilder links und rechts der breiten Treppe, im Salon manche tief dekolletierten Rokoko-Damen mit kecken Hütchen auf dem weißgepuderten Haar. Ein hübsch gedeckter Tisch, Bratenduft, eine Flasche Rotwein. Ein bejahrtes Mädchen (mit weißer Schürze, doch ohne Häubchen) bediente. Nach ein paar Gläsern erzählte mir die Gastgeberin von meinem Vater. Sie sei, als sie ihn kennenlernte, in tiefer Trauer gewesen, denn ihr Mann sei durch einen Jagdunfall ums Leben gekommen. Sein allerjüngster Bruder, noch keine vierzehn Jahre alt, habe mit der Büchse herumgefuchtelt, dabei löste sich ein Schuss. Dem Armen sei nicht mehr zu helfen gewesen. Sie habe des seelsorgerischen Trostes sehr bedurft, und mein Vater sei seiner Hirtenpflicht höchst gewissenhaft nachgekommen. So habe er eines Sonntagnachmittags bei ihr den Tee genommen – Schloss und Pfarrhaus lagen Garten an Garten, vielmehr Park an Garten. Im ernsten Gespräch habe der Pfarrer vergessen, dass für 17 Uhr, wie damals noch üblich, der zweite Gottesdienst festgelegt war. Auch sie habe nicht daran gedacht.

Später berichtete man, die kleine Gemeinde habe geduldig gewartet, der Organist schließlich einen Choral mit vielen Strophen angestimmt, derweil sei der Mesmer (wie der Küster im Schwabenland heißt) zum Pfarrhaus gelaufen, um den Vater zu suchen, dann weiter durch den Ort, ob er vielleicht durch eine Nottaufe oder einen Sterbefall aufgehalten wurde. Keine Spur vom Pfarrer. Die Gemeinde plärrte den zweiten Choral. Der Mesmer warf schließlich, erneut beim Pfarrhaus, einen Blick über die Mauer zum Schlosspark – und siehe da, in trauter Eintracht die Frau Baronin und der Herr Pfarrer auf einer Bank, in ihre Unterhaltung versunken. Vom Kirchendiener alarmiert, stürzte mein Vater zu seinem Gotteshaus. Talar und Bäffchen lagen in der Sakristei parat. Er sprach die Gebete, las das Evangelium eher heiser und improvisierte eine Predigt, die kurz und eindringlich gewesen sein soll. Entschuldigte sich am Ende bei der Gemeinde »mit seelsorgerischen Abhaltungen«.

Leider, seufzte meine Gastgeberin, habe er sich das Malheur so sehr zu Herzen genommen, dass er nur noch selten bei ihr angeklopft habe.

Ein kleines, ein wenig melancholisches Lächeln. Ich konnte meinen Vater verstehen, nur allzu gut, denn die Dame hatte, obwohl mehr als zwei Jahrzehnte ins Land gegangen waren, nichts von ihrem Charme und ihrer Attraktivität verloren. Mit Vergnügen hätte ich ihr Angebot angenommen, über Nacht zu bleiben, doch bis null Uhr hatte ich mich bei der Wache zurückzumelden. Leichten Sinnes und zugleich ein wenig betrübt lief ich durch die eiskalte Nacht. Dachte darüber nach, wie ich dem Vater berichten könne, dass mir sein frühes Pastoral-Abenteuer erzählt worden sei, ohne ihn (und vor allem die Mutter) zu beunruhigen.

Die Baronin sah ich nur einmal wieder. Zweieinhalb Jahrzehnte später wurde ich bei einem Fest im Hochdorfer Schloss der reizenden alten Dame als Tischherr zugewiesen.

Am Weihnachtsabend Einladung im Haus des Obersten D., verheiratet mit einer sehr viel älteren Cousine von mir, mit der er neun oder zehn Kinder zeugte. In Russland hatte der Held das Ritterkreuz erworben und ein Bein verloren. Nun übte er das eher dekorative Amt eines Stadtkommandanten aus. Als er mich einigen Offizieren hohen Ranges vorstellte, die mir freundlich die Hand reichten, widerfuhr es mir, dass ich – im Grunde meines Herzen ganz und gar Zivilist – eine kleine artige Verbeugung machte. Der Kommandant fuhr mich an, dass diese Geste Offizieren vorbehalten sei. Ich nahm es zur Kenntnis, ging ohne Aufsehen in den Flur, griff Mantel und Mütze und lief zurück in die Kaserne. Ein paar Zeilen seiner warmherzigen Frau versöhnten mich. Also fand ich mich einige Tage später zum Abendessen ein. Wir hatten uns kaum zu Tisch gesetzt: Sirenen. Im Radio wurde der Anflug eines amerikanischen Geschwaders gemeldet. Als die Flakgeschütze zu bellen begannen, floh die Familie im Laufschritt in den Bunker der alten Kaserne. Da der einbeinige Oberst nicht hätte Schritt halten können, bat mich meine Cousine, bei ihm zu bleiben. Wir stolperten in den kleinen Keller unterm Häuschen. Wenig später die Leuchtschirme, die den Piloten den Weg zum Ziel wiesen. Die Schläge schwerer Bomben, die das Haus erzittern ließen. Sie waren kaum verhallt, als mich der Obrist anwies, draußen die Fallschirm-Tücher der Leuchtzeichen – auch »Christbäume« genannt – einzusammeln, ehe sich die anderen auf den Weg machten. Fallschirmseide war begehrt. Ich fand schließlich ein Tuch, faltete es zusammen, tappte zurück, half bei der Entwarnung dem hohen Herrn Vetter über die Treppe nach oben, nahm meine Sachen und marschierte zur Donaubrücke, die gottlob noch heil war.

Wenige Nächte später der große Angriff. Die Innenstadt um das Münster brannte lichterloh. (Die mächtige Kathedrale blieb fast unbeschädigt.) Wir wurden zum Löschen geschickt. Es gab Feuerwehrschläuche genug, auch der Wasserdruck versagte wunderbarerweise nicht. Wir richteten nicht viel aus. Doch wenn wir Stimmen aus den Kellern zu hören glaubten, brachen wir mit jedem nur erreichbaren Werkzeug den Zugang frei. Schleppten die Halberstickten nach oben. Manchmal stellten wir fest, dass die Atemgeräusche, die wir zu hören glaubten, nur ein Röcheln waren, das sich in den Lungen gestaut hatte. Kinder brachten wir zu den Rot-Kreuz-Schwestern, die nicht weit entfernt ihre Gerätschaften für die erste und zweite Hilfe parat hatten. Die Brandhitze, der Rauch, der knappe Sauerstoff, der rasende Durst ließen uns würgen. In den Kellern lagen Weinflaschen, wir köpften sie, ob weiß oder rot, schütteten uns den Hals voll, köpften die nächsten. Vermutlich waren wir stockbesoffen. Haus für Haus arbeiteten wir uns Richtung Münster vor, Tote oder im Glücksfall noch Lebende bergend. Plötzlich stand ein Goldfasan vor uns, ein hoher Parteifunktionär, und brüllte uns Befehle zu. Wir verstanden nichts. Er brüllte lauter. Führte sich auf wie ein Feldherr in der Schlacht. In einem unbezähmbaren Anfall von Wut richtete ich den Feuerwehrschlauch auf den Kerl, die Mütze flog zuerst davon, dann mähte ihn der Wasserdruck nieder, er rappelte sich auf, wir spritzen ihn wieder zu Boden; von allen Kameraden jubelnd unterstützt, jagten wir den Kerl vor uns her, bis sich der Schlauch nicht weiter ziehen ließ. Der Parteigeneral (was immer er gewesen sein mag) schleppte sich davon. Gegen fünf Uhr morgens gab es kein Wasser mehr. Wir waren erschöpft und liefen langsam in die Kaserne zurück. (Wie kamen wir über die Brücke? Ich weiß es nicht mehr.)

Gegen Mittag Appell für die gesamte Abteilung. Kurze Ansprache des Kommandeurs. Er dankte uns für unseren »Einsatz« (wie man damals unweigerlich sagte). Dann: Einige Soldaten, vermutlich aus dieser Abteilung, hätten in der Nacht einen hohen Parteifunktionär angegriffen, bedroht und beleidigt. Dieses Verbrechen müsse unverzüglich bestraft werden. Die Schuldigen – »Wehe ihnen!« – sollten vortreten. Niemand rührte sich. Der Ton ließ kein Missverständnis zu. »Wir werden die schon kriegen! Weggetreten!«

Gerüchte schwirrten durch die Stuben, wir würden in den nächsten Tagen zur Front abkommandiert. Vorher verpassten uns die militärischen Erzieher eine Lektion der besonderen Art. Wurden um vier Uhr früh – es war noch stockdunkel – von den Pritschen gescheucht, auf LKWs verladen und zu einer der Anhöhen hinter den alten Ulmer Kasernen gefahren. Stapften die letzten zwei- oder dreihundert Meter zu Fuß bis zu einer großen Lichtung, auf der eine Kompanie von Infanteristen wartete, in U-Formation angetreten. In der Mitte ein mannshoher Baumstumpf, die Rinde abgeschält, Stricke baumelten zu beiden Seiten. Wir wurden dem linken Flügel des Hufeisens zugeordnet. Ich hatte begriffen, dass wir nicht dem Schießkommando zugeteilt waren (man hatte es uns so lange wie möglich verheimlicht). Ich atmete auf, wie die anderen auch. Trotzdem wäre mir jedes Wort in der Kehle stecken geblieben, hätte mich jemand angesprochen. Ich hatte schon viele Tote gesehen, auch Sterbende. Dies war anders: Ein Mensch sollte vorsätzlich und bei vollem Bewusstsein vom Leben zum Tod gebracht werden. Die Landser von der Infanterie quälten offensichtlich keine Ängste. Sie langweilten sich. Klopften dumme Sprüche. Einer hängte sich, Grimassen schneidend, in die Stricke am Hinrichtungspfahl. Als der Delinquent endlich eintraf, von einem Priester und dem Wachsoldaten eher geschleppt und getragen, da er nicht mehr in der Lage zu sein schien, sich auf eigenen Beinen zu halten, wachsbleich, vor Furcht schon halb gestorben, ordneten sich die Formationen nach einigen scharfen Befehlen. Der Verurteilte wurde festgebunden. Mit zwei Handgriffen die Augenbinde angelegt. Er hing wie ein knochenloses Geschöpf in den Seilen. Das Hinrichtungskommando trat zehn Meter vor dem Delinquenten an, nahm die Gewehre entgegen (eines wohl, wie es der Ritus wollte, mit einer Platzpatrone geladen). Der Priester entfernte sich langsam, noch immer Gebete murmelnd. Der Kommandeur verlas kurz und zackig das Urteil. Ich verstand »Fahnenflucht«, »Verrat an Führer und Vaterland« und »zum Tode verurteilt«. Dann: »Legt an«, und schließlich: »Feuer!« Ich zwang mich, nicht die Augen zu schließen, sah die Einschläge, die die Brust zersiebten, den niederstürzenden Kopf, die letzte Bewegung, die dem Körper entzuckte. Plötzlich stand der einfache Sarg da.

Uns wurde der Abmarsch befohlen. Wir trotteten wortlos den Hang hinab. Unten hielt ein vergitterter Wagen, ein Pfarrer und zwei Wachsoldaten zogen den zweiten Delinquenten heraus. Auch er kaum mehr fähig, sich aufrecht zu halten, das Gesicht erloschen, als sei er den nahen Tod schon vorausgestorben. Der kommandierende Leutnant befahl uns: »Im Gleichschritt: Marsch! Rührt euch! Ein Lied!« Dann gab er selber vor, was wir zu singen hatten: »Das Leben ist ein Würfelspiel«, das Landsknechtslied, das zum militärischen Standard-Repertoire gehörte. Nur die Stimme des Leutnants, ein stämmiger, blonder Kerl, war klar. Ich dachte, »das Schwein«. War er sich seiner Gemeinheit bewusst? Es kommt nicht darauf an. Ein Schwein, so oder so. (Im Zweiten Weltkrieg wurden nach heutigem Stand um die 23 000 Todesurteile an Deserteuren vollstreckt. Die Zahl der hingerichteten Soldaten mag das Doppelte betragen haben, die Zahl der Deserteure betrug das Zwanzigfache.)

Am Abend, als wir auf der Stube unsere Stullen aus klatschnassem Brot, ein paar Gramm Margarine und einigen Schnitten merkwürdiger Wurst kauten (die Rationen waren karg, schon lange), kamen plötzlich die Unteroffiziere durch die Tür, Schnapsflaschen in der Hand. Wir würden uns in ein paar Tagen auf den Weg zur Front machen, sagte einer, also sei es Zeit, unsere Kameradschaft zu begießen. Sie füllten die klobigen Tassen, die herumstanden, mit ihrem Fusel, nahmen sich selber welche, schoben uns die anderen zu, ließen sie prostend aneinander klirren, sagten ihre Vornamen und: »von jetzt an nicht mehr ›Herr Unteroffizier‹, sondern ›Christian und du!‹«. Wir schluckten das Gesöff. Sie gossen nach. Einer von uns, auch er ein etwas störrischer Pfarrerssohn, wollte nicht mehr. Er wies die Tasse zurück. Als einer der Unteroffizierskameraden sie ihm zu heftig aufzudrängen begann, nahm er die Tasse und schüttete den Fusel dem so ungewohnt leutseligen Wachtmeister ins Gesicht. Wir alle erstarrten. Das übliche Gebrüll blieb aus. Die Unteroffiziere lachten, ein bisschen verkrampft. Der begossene Wachtmeister wischte sich das Gesicht ab, grinste und sagte dem rebellierenden Kameraden, er werde den Vorfall vergessen. Dann zogen sie davon, zur nächsten Stube. Schnaps genug hatten sie ja.

Das vorsorgliche Gutwetter-Ritual war nicht vom »Kameradschaftsgeist« diktiert. Mich hatte ein fronterfahrener Wachtmeister aufgeklärt. Unbeliebten Offizieren und Unteroffizieren, die als Leuteschinder galten oder – noch schlimmer – das Leben ihrer Soldaten durch sinnlos-bravouröse Aktionen aufs Spiel setzten, um dem Ritterkreuz oder wenigstens dem Deutschen Kreuz oder einer Beförderung näher zu kommen, konnte es widerfahren, dass sie in unübersichtlichen Situationen »von hinten fielen«, wie die gängige Formel lautete, zumal bei Rückzugsmanövern, bei denen sich nicht mehr feststellen ließ, von welcher Seite der tödliche Schuss abgefeuert worden war, ob von vorn oder von hinten. Mord, durch das alltägliche Sterben an der Front getarnt. In den Gräueln und Barbareien des Vernichtungskrieges hatten sich die Reste der moralischen Ordnung aufgelöst, welche einst zum Soldatenberuf gehört haben mochten (und der so viel beschworenen »Soldatenehre« entsprach). Man wird die Zahl der Männer, die durch eigenes Feuer das Leben verloren, niemals ermitteln können. Es können Tausende, vielleicht Zehntausende gewesen sein, die Opfer eines Kameradenmordes wurden. Der Krieg war auch das moralische Fiasko der Wehrmacht, nicht nur, aber auch durch die Beteiligung regulärer Truppen an den Massenexekutionen unter der jüdischen und der partisanen-verdächtigen Bevölkerung in Osteuropa. Der Vernichtungsgeist und die Verachtung des Menschenlebens hat schließlich die eigene Truppe »zersetzt« (um den Nazi-Jargon zu zitieren). Überdies scheint jeder Krieg einige der Beteiligten zu kriminalisieren – siehe die Mordaktionen der amerikanischen Truppen in Vietnam, im Irak, in Afghanistan, die in der Regel ungesühnt blieben (obwohl es die amerikanische Militärjustiz war, die in Nürnberg Rechtsgeschichte geschrieben hat), von der russischen Kriegsführung in Tschetschenien und anderswo nicht zu reden.

Am Tag nach der unfreiwilligen Verbrüderung die Typhus-Impfung. Bei mir löste sie eine Art von Typhusanfall aus (was nicht ungewöhnlich ist). Ich kotzte und schiss mir die Seele aus dem Leib, schleppte mich mit hohem Fieber zum Revier, wo man mir eine Handvoll Aspirin gab und mir dringend riet, auf den Arzt zu warten, der mich »transportunfähig« schreiben werde. Ich lief zu meiner Stube zurück, nein, ich wollte mich zu dieser späten Stunde des Krieges nicht von den Kameraden trennen lassen. Die Rote Armee war im Begriff, Ostpreußen zu erobern und nach Schlesien vorzudringen. Die Amerikaner hatten einen guten Teil der linksrheinischen Gebiete besetzt. Der deutsche Widerstand würde in ein paar Wochen, ein paar Monaten zusammenbrechen. Einige Kameraden hatten verabredet, dass wir im unvermeidlichen Chaos versuchen wollten, irgendwo in den Alpen Schutz zu suchen (ganz gewiss nicht in der »Alpenfestung«, die nur als Mythos existierte), uns Zivilkleidung zu besorgen und auf den Weg nach Hause zu machen (auch das eine blanke Illusion).

So stieg ich mit zitternden Knien in einen der Lastwagen, mit denen wir zum Verschiebebahnhof rollten, suchte mir auf den Strohschütten im bereitstehenden Güterzug eine Ecke. In jedem der Viehwaggons ein Kanonenofen, der mit Petroleum geheizt werden sollte (und auf dem wir unser nasses Klatschbrot rösten konnten). Ich döste vor mich hin, noch immer vom Fieber geschwächt. Wir warteten. Weiß der Himmel, wann sich der Zug in Bewegung setzen würde – und in welche Richtung. Plötzlich hörte ich meinen Namen. Ein Kamerad rief in den Waggon, ich würde gesucht, von einem SS-Offizier und einer jungen Frau. Ich ahnte Böses. Die junge Frau war meine Schwester. Sie nannte den Namen des Offiziers, der ihr Freund sei. Ich hatte ihn nie gesehen und nie von ihm gehört. Mit seiner Hilfe habe sie mich gefunden, in der Kaserne habe man ihr gesagt, dass mein Transport vielleicht noch auf dem Verschiebebahnhof stehe. Tränen liefen ihr übers Gesicht. Sie müsse mir sagen, dass unser Bruder Frimut vermisst gemeldet sei. Ich verstand sofort, dass er tot war. Sie wusste es auch. (Nur meine Eltern klammerten sich noch lange Jahre an eine absurde Hoffnung.) Frimut, gerade einundzwanzig geworden, Oberleutnant, Adjutant des Regimentes, zu dem unsere Einheit gehörte. (Er hatte mich, was ich erst sehr viel später erfuhr, für seine Truppe angefordert, um mich im Auge zu behalten, denn er war davon überzeugt – so berichtete mir die Schwester seines engsten Freundes, der selber sein Leben verlor –, dass er durchkommen werde, doch ich, der kleine Bruder, sei gefährdet. Die Anforderung war irgendwo versackt. Wäre sie es nicht, würden diese Zeilen nicht geschrieben.)

Wir wurden in die Waggons zurückgescheucht. Meine Schwester flüsterte mir noch zu, ich müsse heil wiederkommen, ich sei der letzte. Als der Zug zu rattern begann, fragte ich mich, wie sie an diesen SS-Offizier geraten war – ein gut aussehender, fast schöner Mann, ruhig, seine Stimme von einem bayerischen Akzent gefärbt. Ausgerechnet Lilli, die von uns allen das frechste Mundwerk hatte, was das Regime anging, das sie hasste. Sie hatte Fremdarbeiter bei sich in ihrem Stuttgarter Gartenhäuschen versteckt, besorgte ihnen einen der wenigen Anwälte, die bereit waren, Leute gegen die NS-Gerichte zu verteidigen (unter ihnen der spätere Stuttgarter Bürgermeister Klett). Sie wurde nach dem 20. Juli, wie ich hernach erfuhr, von der Gestapo scharf ins Verhör genommen, weil sie in einer Bosch-Fabrik, in der sie arbeiten musste, lauthals geäußert hatte, dass es besser gewesen wäre, hätte der »Führer« das Attentat nicht überlebt. Ihre Kolleginnen sagten aus, die junge Frau sei plemplem und wisse nicht immer, was sie sage. Eine beschränkte Zurechnungsfähigkeit bescheinigte wohl auch der Betriebsarzt, der zum Umkreis des alten, grundliberalen Bosch gehört hatte. Die Gestapo ließ sie schließlich laufen. War sie dem SS-Offizier bei dieser Affäre begegnet? Nein, in der Eisenbahn Richtung Tübingen, da hockten sie nebeneinander, wie ich später erfuhr. Ich kannte ihre Schwäche für sehr männliche Männer, die nicht auf den Kopf gefallen waren.

Auf der Strohschütte dachte ich an den Bruder, der vermutlich in einem Massengrab in Polen lag. Der Zug hatte Tempo gewonnen. Die Räder schlugen hart gegen die Schienen. Mir war, als folgten sie dem Takt der Chorfuge in Bachs Johannespassion: »Wir haben ein Gesetz, und nach diesem Gesetz muss er sterben ... Wir ha-ben ein Ge-setz und nach dem Ge-setz muss er ster-ben«. Ein harter, unerbittlicher Takt. An den Stationsschildern, die wir passierten, ließ sich ablesen, dass wir nach Osten rollten.

Nach zwei oder drei Tagen konnten wir aussteigen. Die Schilder am Güterbahnhof besagten, dass wir in Brünn angekommen waren, der tschechisch-deutschen Stadt im sogenannten Reichsprotektorat. Müder Marsch zu einer Kaserne. Die Gesichter der Leute auf den Trottoirs verschlossen, die Blicke abweisend, oft feindselig. Was sollten wir dort? Auch die Offiziere wussten es nicht. Keine Geschütze standen parat, die wir übernehmen konnten, keine Motorschlepper, keine Pferde.

Nach einer Nacht auf verwanzten Strohsäcken wurde den Offiziersanwärtern befohlen, auf dem Hof anzutreten »mit allen Sachen«. Dies bedeutete eine erneute »Verlegung«, irgendwohin. Zurück zur Bahnstation. Wir würden einer »Offiziersnachwuchsabteilung« zugewiesen. »Wo?« Der Kommandierende wusste es nicht. Zwei Güterwagen, an andere Züge angehängt. Irgendwo wurden wir ausgeladen. Die Amerikaner rollten von Würzburg her auf Nürnberg zu. Unseren bunten Haufen befehligte der Hauptmann Beck, ein kleiner drahtiger Mann mit schneidender Stimme; man sagte, er sei ein Neffe des Generalobersten Ludwig Beck, den Stauffenberg nach dem Attentat als Staatsoberhaupt hatte einsetzen wollen. (Der Generaloberst nahm sich nach dem fehlgeschlagenen 20. Juli im Oberkommando des Heeres das Leben.)

Wir liefen den amerikanischen Truppen noch in halbwegs geordneter Formation voraus, ohne ernste Gefechte. (Dafür kontrollierte Beck, offensichtlich ein Pingelpreuße, ob wir uns ordentlich rasiert hatten.) Luftangriff, nicht weit von der Stadt. Wir drängten uns in einen kleinen Keller, in dem man zu ersticken drohte. Als es ruhiger zu sein schien, kletterte ich auf der steilen, schmalen Treppe zum Ausgang hoch. Hinter mir ein fetter Verwaltungsoffizier. Ehe er sich an mir vorbeizwängen konnte, nahebei die Explosion einer Luftmine. Der gewaltige Druck warf uns nach unten, der fette Etappen-Bulle stürzte noch vor mir, ich hinterdrein. Unten fing er mit seiner Masse meinen Fall auf. Er schrie vor Schmerz. Ich rappelte eilends meine Glieder zusammen, murmelte »Tut mir sehr leid«, denn er hatte mich ganz unfreiwillig vor weiß der Teufel welchen Knochenbrüchen bewahrt. Wie er sich befand, kümmerte mich nicht weiter, seine Fettmassen mochten ihm Schlimmes erspart haben. Ich kroch erneut über die Treppe nach oben und kauerte bis zur Entwarnung hinter einer Mauer.

Zwei Tage später, im unmittelbaren Vorfeld der Stadt, raunte der Hauptmann Beck einigen Kameraden und mir zu, wir sollten uns auf den Weg nach Westen machen, an Nürnberg vorbei. Die Verteidigung dieses Trümmerhaufens sei sinnlos. Aber: »Behaltet eure Waffen! Sie könnten euch das Leben retten.« (Er wusste, wovon er sprach.) Wir stiefelten los, so unauffällig wie möglich. Verabredeten, bei einer Kontrolle zu behaupten, wir seien versprengt und auf der Suche nach unserer Einheit. In Nürnberg am Reichsparteitagsgelände vorbei. Die baumelnden Jünglinge in der Uniform der Hitlerjugend. Wir dachten an den Rat des Hauptmanns B. (der, wie ich später auf Umwegen erfuhr, wenige Minuten nach unserem Abmarsch von einer Granate zerrissen worden sein soll). Ich schleppte sogar noch die schwere Panzerfaust einige Stunden weiter, trotz der schmerzenden Schulter. Schmiss das Ding, das zu nichts nutze sein konnte, schließlich in einen Graben. Behielt die handliche Maschinenpistole und einige Gurt Munition. Stießen gegen Abend auf eine größere Gruppe, die den Weisungen eines Fähnrichs der Luftwaffe gehorchte. Lagen während der Nacht im Wald. Aus Vorsicht kein Feuer. Zogen am Morgen weiter gen Süden, auf kleinen Straßen, nach den Motorengeräuschen zu schließen, den amerikanischen Panzern immer zwei oder drei Kilometer voraus.

Als der Hunger zu schmerzend wurde, packten wir die »Eisernen Rationen« aus, die jeder Soldat bei sich haben musste. Keine Erinnerung, was sie enthielten. Genug, um den Magen bis zum nächsten Morgen halbwegs zu beruhigen. Dann allerdings klopfte ich an einem Bauernhof an und bat um Brot und, wenn möglich, ein Stück Speck. Der Bauer weigerte sich. Vermutlich dachte er, die Amerikaner ließen ihn dafür büßen, wenn er deutschen Soldaten helfe. Wurde wütend, zeigte die MP vor (wofür ich mich bis heute schäme). Nach fünf Minuten hatte er alles, was der Bauch begehrte, in eine große Tasche gepackt. Wir aßen und trotteten weiter. Am nächsten Tag sagte uns ein alter Bauer, der auf dem Felde arbeitete, nicht weit von hier werde ein Verpflegungslager der Wehrmacht geräumt, und er beschrieb den Weg. Frauen marschierten mit Handkarren in die gleiche Richtung. Ehe wir auch nur eine Hartwurst am Zipfel fassten, war das Lager von Waffen-SS umstellt. Gottlob konnten wir unsere Waffen vorweisen. Der Luftwaffenfähnrich erklärte, wie verabredet, wir seien Versprengte, die ihre regulären Einheiten suchten. Ein Waffen-SS-Offizier erklärte barsch, wir seien nun seinem Kommando unterstellt, und er werde jeden als Deserteur erschießen, der sich in die Büsche zu schleichen versuche.

Wir waren in eine Falle der »Kampfbrigade Dirlewanger« geraten: ein gefürchteter Haufen, für den Kriminelle aus den Zuchthäusern und Halbgenesene in den Lazaretten rekrutiert wurden, aber auch Wachpersonal von Konzentrationslagern, die geräumt werden mussten – jeder Trupp von hartgedienten SS-Soldaten kontrolliert. Wir wurden auch am gleichen Tag noch ins Feuer geschickt. Gegen die Übermacht der anrollenden Panzer, in ihrem Schutz die Schwärme der Infanterie, war keine Stellung (die es nicht gab) zu halten. Von den SS-Offizieren ward nichts mehr gesehen. Das Kommando zum Rückzug übernahm allemal ein degradierter Hauptmann des regulären Heeres. Wenigstens gab es Verpflegung, Brot und irgendetwas, manchmal eine heiße dünne Suppe aus der Gulaschkanone. Biwak. Schnaps. Wilde Geschichten. Am Morgen ein paar Stücke Brot. Schützenlöcher graben. In der Stellung auf die Amerikaner warten. Wenn sie anrückten – keine Chance. Als ein Mann im Schützenloch neben mir von einem Kopfschuss getroffen wurde, spritzte die Gehirnmasse bis zu mir herüber. In unkontrollierbarer Wut verschoss ich mein Magazin auf die näher rückende Truppe. Dann machten wir uns aus dem Staube.

Man fragt zu Recht, warum wir nicht einfach in unseren Löchern hocken blieben und uns gefangen nehmen ließen. Goebbels und seine Clique hatten das Gerücht ausstreuen lassen, die Amis würden ihre Gefangenen den Russen übergeben. Die Parole wirkte: alles, nur das nicht. Also ging das mörderische Spiel weiter. Am anderen Morgen – es muss um den 20. April gewesen sein, »Führers« Geburtstag (meinen achtzehnten am elften April hatte ich vergessen) – wurden wir vom SS-Chef der Einheit angewiesen, uns an einem Bach in der Sohle zwischen zwei weitgeschwungenen Äckern, unsere Schützenlöcher zu graben. Eine hirnrissige Ortswahl. Oben auf der Kuppe hätten wir das bessere Schussfeld und die Chance gehabt, beim notwendigen Rückzug rasch zu entkommen. Vielleicht wollte er genau das: uns wie die Kaninchen abknallen lassen.

Es kam, wie es kommen musste. Die Sherman-Panzer und die begleitende Infanterie rückten – aus allen Rohren schießend – talwärts auf uns zu. In kurzen Sprüngen versuchten wir, der schützenden Kuppe des langgestreckten Ackers näherzukommen. Die Deckung war dürftig. Ein Schuss fuhr durch den abstehenden Lederarsch meiner Reithose (vielleicht zwei Zentimeter vom Fleisch entfernt), ein anderer durch meinen Rucksack mit Zahnbürste, Notizheften und Stiften, der Lyrikanthologie von Reclam und einer gelben Mappe, darin die Briefe von G., die ich wieder und wieder gelesen hatte, und meine Gedichte. Im nächsten Sprung warf ich den Rucksack fort. Kein schneidender Schmerz. Keine schwarze Trauer über das vermutliche Ende eines deutschen Dichters auf einem ordinären Kartoffelacker über der Donau. (In der Tat schrieb ich hinterher keine Verse mehr – oder nur ein paar parodistische.) Mein prosaisches Leben war mir wichtiger. Nach drei oder vier Sprüngen müsste ich die Höhe erreicht haben, dachte ich. Beim nächsten ein barbarischer Schlag auf die rechte Schulter, als träfe mich der dickste aller Schmiedehämmer. Die Wucht des Aufpralls warf mich in die Furche. Vermutlich schrie ich. Blut. Ich wusste nicht weiter. Würden meine Beine gehorchen? Plötzlich neben mir ein Soldat, Unteroffizier. Das Gesicht, das ich mir heute zurechtdenke, gehörte zu einem Dreißig-, Fünfunddreißigjährigen. Runde Brille unterm Stahlhelm. Er half mir auf. Die Beine trugen. Sprang mit mir, drei oder vier Meter. Ein Wunder: Nur wenige Geschosse zischten vorbei. Ein zweiter Sprung. Ein dritter: Wir hatten es geschafft. Rollten ein paar Meter auf der geschützten Seite des Hanges hinab. Der Mann gab mir Schnaps aus seiner Feldflasche. Ich kotzte. Er bestand auf weiteren Schlucken, und ich begann, Leben zu fühlen. Der Mann riss meine Jacke auf und versuchte, die Einschusswunde mit seinem Taschentuch zu stopfen. Er murmelte, dass dort unten am Donauufer gewiss eine Sanitätsstation sei. War vom Blutverlust geschwächt. Er legte meinen heilen Arm um seinen Hals, zur Stütze, und so humpelten wir talwärts. Der Mann ließ keine zu langen Pausen zu, weil ich zuviel Blut verlöre. Unten tatsächlich einige Sanitäter, die – weiß der Himmel wie – das Blut zu stillen vermochten und die Schulter dick verbanden.

Der Mann, mein Helfer, aber war verschwunden. Ich wollte ihm danke sagen. Er hat mein Leben gerettet. Und das seine dafür riskiert. Warum? Warum? Aus Menschenliebe? Aus Mitleid mit dem Bürschchen, das ihn vielleicht an jemanden erinnerte? War er ein Christ? War er einfach das, was man damals einen »anständigen Kerl« nannte? Ich hätte ihn, jenseits meiner Benommenheit, so viel fragen mögen. Ich kannte nicht einmal seinen Namen. Behielt auch keinen Akzent in Erinnerung, der einen Hinweis gegeben hätte, wo ich ihn suchen konnte. Aber ich sehe noch sein Gesicht – oder ein Gesicht, an das ich mich zu erinnern glaube. Er war der ruhige Schatten, der mein Leben begleitete.

Kauerte unten an der Straßenböschung. Als ein deutscher Jeep – »Kübelwagen« hieß das – heranrollte, besetzt mit drei SS-Offizieren, wurde der Fahrer von den Landsern mit vorgehaltenen Karabinern und schussbereiten Maschinenpistolen zum Halt gezwungen. Sie verlangten von den Herren (die keine waren), dass sie mich ohne Aufenthalt ins nächste Lazarett zu bringen hätten. Die versprachen es. Halfen mir sogar auf den Sitz. Wir fuhren über die Donaubrücke, nahm ich in meinem Dämmerzustand wahr. Im nächsten Dorf befahlen sie energisch, dass ich aussteigen müsse. Man werde mir schon weiterhelfen. Eine Bauersfrau nahm mich ins Haus. Ich sah ein weiß bezogenes Bett. Bemerkte noch, dass sie es mit bunten Handtüchern abdeckte. Ihr Mann trat ein, zog mir die Stiefel aus. Danach erinnere ich mich an nichts mehr.

Als ich zu mir kam, lag ich in einer Lazarettstube, operiert, den rechten Arm festgebunden. Fragte den Bettnachbarn – es kostete einige Anstrengung –, wo ich sei. In der Schule, sagte er grinsend. Im Gymnasium von Neuburg an der Donau. Ob ich aufstehen könne? Er half mir aus dem Bett. Führte mich zum Fenster. Unten, von einem riesigen Sonnenschirm vor dem Regen geschützt, zwei amerikanische Soldaten, auf ihren

Fersen hockend, die Maschinenpistolen auf den Schenkeln liegend, den Helm zurückgeschoben, Zigarette im Mundwinkel. Sie lachten herauf. Einer deutete mit dem Daumen nach hinten auf die dunkelrote Ziegelwand in ihrem Rücken. Auf der stand mit weißer Kreide geschrieben »Hitler dead«. Ich dachte, nun bist du frei. Und dachte zugleich, nun bist du Gefangener.

Lagerstudien

Als ich den Unterhaltungen der anderen im großen Lazarettsaal (mit gut zwanzig Betten) zuzuhören begann, bemerkte ich, dass der Ton der Männer entspannt, manchmal vergnügt, ja übermütig war. Einige der Landser fingen an, Zoten zu reißen, und sie konnten sich nicht zurückhalten, den Rot-Kreuz-Schwestern in die (nicht mehr allzu prallen) Hintern zu kneifen, was in der Regel mit einem Patscher und einem »Hände weg!« nachsichtig bestraft wurde – sie schienen diese Art von Belästigungen gewohnt zu sein. Die sexbesessenen Sprüche aber waren ein untrügliches Zeichen dafür, dass die Ernährung im Hospital gut war. Einige Tage Hunger, wo auch immer, und von keinem Soldaten war ein obszöner Witz oder auch nur eine sexuelle Anspielung zu hören. Wenn sie von ihren Frauen oder von den Liebsten zu Hause sprachen, dann gaben sie mit ungenierter Sentimentalität ihr Verlangen nach Geborgenheit, nach weiblicher Weichheit, womöglich nach »Mutti« zu erkennen. So einfach (und komplex) ist der Mensch konstruiert.

In der Tat war die Verpflegung im Lazarett vorzüglich. Berge von Butter gab es, Käse, Eier, etwas Schinken, gutes Brot. Das System der Ablieferung bäuerlicher Produkte funktionierte nach der Kapitulation noch geraume Zeit nicht. Also wurden nicht die Städte, wo die Überlebenden hungerten, sondern die Hospitäler beliefert.

Die Besiegelung der Niederlage am 8. Mai 1945 nahmen wir ohne Gemütsbewegung zur Kenntnis. Der Krieg war für uns mit der Einlieferung ins Lazarett ohnehin beendet. Der völlige Zusammenbruch des Reiches schien keinen der Männer tiefer zu berühren. (Nur einer rief zynisch, als uns die Nachricht verkündet wurde: »Zum letzten Mal und lauthals: Heil Hitler!«) Wir hatten überlebt. Also ging das Leben weiter.

Meine Wunde – Durchschuss, das Schulterblatt nur am Rande beschädigt, einige Sehnen zertrennt – begann ordnungsgemäß zu heilen. Ich würde den Arm (damit auch die rechte Hand), so sagten die Ärzte, erst nach sechs Wochen wieder ohne Behinderung bewegen können. Keine Bücher im Hospital. Schreiben konnte ich nicht. Gespräche mit den Nachbarn: Arbeiter, kleine Angestellte, deren Welt sich mir zum ersten Mal öffnete. Ich »tat Einblicke«, wie Thomas Mann den Prinzen Klaus Heinrich in *Königliche Hoheit* sagen lässt (aber das las ich erst später).

Irgendwann lief ein amerikanischer Arzt in Offiziersuniform durch die Reihen. Nicht lange danach wurden nahezu alle Verwundeten – einige schwere Fälle ausgenommen – in ein Sammellazarett nach Augsburg verlegt (vermutlich auf Armytrucks, ich weiß es nicht mehr). Ein großes Kasernengelände. Massenbetrieb. Die Verpflegung vergleichsweise dürftig. Die Mauern mit Stacheldraht bewehrt. Nachts strich Scheinwerferlicht übers Gelände.

Mit einem gleichaltrigen Schwaben freundete ich mich ein wenig an. Wir wollten beide nach Hause, so rasch wie möglich. Die Gerüchte über eine Auslieferung an die Sowjets waren verstummt. Doch es wurde gemunkelt, wir würden den Franzosen zur Arbeit in den Bergwerken übergeben. Keine Hinweise auf eine Entlassung. Also beschlossen der schwäbische Landsmann und ich, stiften zu gehen. Der Kamerad traute sich die Flucht zu, obwohl seine faustgroße Rückenwunde noch nicht völlig verheilt war. Wir legten uns, wie wir's in Abenteuer-Romanen gelesen hatten, des Nachts auf die Lauer, registrierten, in welchen Abständen die Patrouillen den Mauerabschnitt kontrollierten, der uns am ehesten passierbar zu sein schien. Auch die zweite Sperre sah nicht unüberwindbar aus, dann die Straße, die mit ein paar Sprüngen überquert werden konnte. Dann Wiese und Gesträuch, in dem wir Deckung fänden. Wir warteten auf eine mondlose Nacht.

Nach einer Woche war es so weit. Bis auf die wandernden Scheinwerfer blieb alles finster. Wir stopften das Notwendige in die Taschen – Soldbuch, einige aufgesparte Brotstücke, viel war es nicht. Gegen drei Uhr morgens schlichen wir davon. Alles ging wie geplant. Wir kletterten über die erste Mauer: Der Stacheldraht ließ sich biegen. Auch die zweite

Stacheldrahtsperre war überwindbar, ein paar Risse in der Hose. Die Straße mit fünf oder sechs Sprüngen überquert. Die Wiese. Wir robbten ins Gebüsch. Atmeten auf. Flüsterten erleichtert, dass wir es geschafft hatten. Nach ein paar Minuten tappten wir vorsichtig voran. Standen plötzlich im Licht einer starken Lampe. Eine Maschinenpistole auf uns gerichtet. »Hands up! Don't move!« Ein junger GI. Er zitterte am ganzen Leibe. Es war deutlich, er hatte genauso viel Angst wie wir. Doch er hatte eine Maschinenpistole. Damit hatten wir nicht gerechnet, dass die Amis schlau genug waren, Wachen auf dem Gelände hinter der Straße zu postieren. Mit brüchiger Stimme – nicht viel älter als wir – kommandierte er uns zur Straße zurück. Seine Kameraden kamen aus ihren Verstecken. Mit heftigem Geschrei – wir verstanden kein Wort mehr – eskortierten sie uns zur Hauptwache am Kasernentor. Suchten uns mit groben Griffen nach verborgenen Waffen, vielleicht auch Giftampullen ab. Sie hießen uns Jacke und Hemd ablegen, leuchteten die Achselhöhle und die Unterseite der Oberarme ab, ob wir das Blutgruppen-Zeichen trugen, das den Soldaten der Waffen-SS eintätowiert war. Prüften sorgfältig, ob kleine Narben verrieten, dass wir das verräterische Kennzeichen hatten wegschneiden lassen. Nichts.

Der Chef – Sergeant oder so, bullig, rotgesichtig, böse funkelnde Augen – trieb uns brüllend aus der Wachstube, stellte uns draußen an eine Mauer, Gesicht zur Wand, Arme gespreizt, Hände flach an der Mauer. Er brüllte und brüllte. Ich spürte, dass er fast hautnah hinter uns stand. Immer wieder: »SS!« (Fast der einzige Laut, den ich klar verstand.) Fuchtelte mit der MP hinter unseren Köpfen. Schrie (auch das verstand ich): »I'll kill you«. Dann feuerte er die Waffe jeweils etwa zehn Zentimeter hinter unseren Köpfen ab. Das Hinrichtungsspiel wiederholte er ungezählte Male. Wenn er schoss, zuckte ich erschrocken zusammen. Doch es gelang mir – ich weiß nicht wie –, die Angst halbwegs zu bezähmen. Soweit ich mich erinnere, gab ich keinen Laut von mir. (Auch der Kamerad nicht.) Vermutlich signalisierte mir ein Instinkt, dass der Kerl nicht Ernst machen werde. Nicht ein Amerikaner. (Die späteren Kriege in Vietnam und im Mittleren Osten bewiesen freilich, dass ich mich hätte täuschen können.) Nach einer Stunde, vielleicht auch früher, brach der Kerl das Exekutionsspiel ab. Es war an der Zeit. Viel länger hätten mich meine Beine nicht getragen.

Wir mussten uns zum Exerzierplatz schleppen. Man drückte uns Schaufeln in die Hand. Er zeichnete in den Sand ein Viereck ein, zwei Meter lang, einen Meter breit. Die Wachen wiederholten es oft genug, bis wir begriffen: Wir sollten ein Grab ausheben, für einen Gefangenen, der angeblich bei einem Fluchtversuch erschossen worden war. Wir schaufelten, von barschen Befehlen angetrieben. Als wir gut einen Meter Tiefe erreicht hatten, winkten die GIs ab. (Die Leiche des Gefangenen sahen wir nie – wenn es sie denn gab.) Wurden zur Hauptwache zurück eskortiert. Drei oder vier ältere Offiziere erwarteten uns (darunter ein Feldgeistlicher). Einer sprach leidlich Deutsch. Fragte uns über die Flucht aus. Warum? Er schien zu verstehen, dass wir nach Hause wollten, sonst nichts. Ließ sich versichern, dass wir keine Waffen hatten. Wollte wissen, zu welcher Truppe wir gehört hätten. Erkundigte sich nach unseren Verwundungen. Schaute kurz den verbundenen Rücken des Kameraden an. Ich begriff endlich, dass er und die anderen Offiziere ein Gericht bildeten. Wir mussten warten. Die Herren tagten in der Wache. Nach einer Viertelstunde forderte uns der Deutsch sprechende Offizier auf, Haltung anzunehmen, dann verkündete er das Urteil. Nach den Vorschriften der Genfer Konvention werde ein Fluchtversuch ohne Gewaltanwendung mit sechs Wochen Haft bestraft. Mein Landsmann wurde, weil seine Wunde nicht völlig verheilt war, für nicht haftfähig erklärt. Ich hingegen müsse die Strafe verbüßen.

Wir durften abtreten. Danach warfen uns die GIs Pakete mit den doppelten Frühstücksrationen zu. Sie versorgten uns mit Wasser und Kaffee. Selten in meinem Leben habe ich mit solchem Heißhunger gegessen. Dann wurden wir getrennt. Rascher Abschied. Ein Händedruck war erlaubt. Der Fluchtkamerad lief unter Eskorte zum Lazarett zurück. Wir sahen uns nie wieder. Seinen Namen hatte ich nirgendwo notieren können, und ich vergaß ihn, vermutlich weil ich die Heimsuchung jener Nacht lange aus dem Gedächtnis gedrängt habe. (Was zählte sie gegen die Erfahrungen meiner Frau in Auschwitz und Bergen-Belsen – und die so vieler anderer, ob Juden oder nicht? Eine dunkle Episode, mehr nicht, die bei mir kein Ressentiment gegen die Amerikaner hinterließ.)

Wurde auf einen Truck mit fünf oder sechs GIs verladen, die mich bewachen sollten. Sie hatten den Auftrag, mich in einem Gefängnis abzuliefern. Die Männer waren nicht unfreundlich. Der Anblick des Bürschchens in seiner dreckigen Uniform zwischen den schwerbewaffneten Amis muß dennoch mitleiderregend gewesen sein. Die Mädchen auf der Straße winkten mir verstohlen zu. Ich winkte fröhlich zurück. Auch die GIs winkten (vielleicht weil sie dachten, was nur zu verständlich gewesen wäre, dass die Zeichen der Sympathie ihnen galten, den schmucken Siegern). Mir ging es gut. Die Amis gaben mir die gleichen Rationen, die ihnen für die Reise zugeteilt waren – für mich eine paradiesische Verwöhnung.

Sämtliche Gefängnisse in halb Bayern waren überfüllt. Keine Unterkunft für mich. Am Abend telefonierten meine Hüter mit ihren Vorgesetzten. Wir fuhren weiter. Zwei Stunden später passierten wir das Tor der Ludendorff-Kaserne in Neu-Ulm. Ich dachte, vermutlich mit einem kleinen Grinsen, dass ich meine gloriose militärische Karriere wohl dort beenden würde, wo ich sie begonnen hatte.

Der einstige Übungsplatz: Tausende von Menschen. Das Gefangenenlager. Ich wurde registriert und einem Geviert zugewiesen. Erdlöcher. Drei Männer in einer größeren Höhle mussten Platz für mich schaffen. Sie fluchten, aber sie rückten beiseite. Ob ich etwas zu essen hätte. Ich zog einige Schnitten des flaumigen amerikanischen Army-Brotes aus der Tasche. Sie stürzten sich gierig auf die dürftigen Bissen. Damit war ich in Gnaden aufgenommen. Schlief, halbtot vor Müdigkeit, auf der nackten Erde wie in einem Luxusbett des feinsten Hotels. Essensausgabe. Ein halber Liter Suppe, in der ein bißchen Gemüse, ein paar Kartoffelstücke, ein Fetzen Fleisch schwammen. Dazu ein halbes Pfund Brot, nass und sauer, wie wir es gewohnt waren. Setzten uns auf eine Böschung. Löffelten die Suppe. Die anderen drei sparten sich einen Teil für den Mittag auf. Sie rieten mir, mein Brot sorgsam einzuteilen. Bis zum Abend gebe es nichts mehr (und dann exakt das Gleiche).

So ging es Tag um Tag. Wir hungerten. Wir wussten wohl, daß die offiziellen Rationen draußen nicht viel besser waren. Sechshundert, siebenhundert Kalorien (für Schwerarbeiter das doppelte). Einer der Mitbewohner unseres Erdlochs, ein kommunistischer Arbeiter aus einer kleinen schwäbischen Industriestadt, sagte trocken, die Wehrmacht habe es sich einfacher gemacht, sie habe Millionen russischer Kriegsgefangener gar nichts zu fressen gegeben und sie am Hunger und an Seuchen verrecken lassen. Einige der Landser fuhren ihn an, das sei Moskauer Gräuelpropaganda und sonst nichts. Der Erdlochgenosse entgegnete ruhig: Ihr werdet's schon herausfinden, wenn ihr lange genug lebt. Die meisten schwiegen. Ein anderer, den ich nicht kannte, wagte den Hinweis, er habe Häftlingskolonnen gesehen, als die Konzentrationslager geräumt wurden, die Gefangenen seien Haut und Knochen gewesen, allesamt, und sie hätten sich, schwach wie sie waren, nur mühsam fortschleppen können, aufeinander gestützt. Wer liegen blieb, sei kurzerhand erschossen worden. Nun bestraften die Amis halt uns. Die Latrinen – Pissrinnen, Sitzstangen über den Scheißgruben – waren trotz der langen Schlangen erstaunlich sauber. Es gab Duschen, unter denen wir uns, unsere Unterhosen und die zerschlissenen Hemden waschen konnten. Fürs Trocknen sorgte die beinahe Tag um Tag strahlende Sonne. Die Amis, von Seuchenangst besessen, ließen die Aborte regelmäßig mit weißem Pulver bestreuen (und die Wartenden in den Schlangen dazu). Vermutlich DDT (dessen schädliche Nebeneffekte man damals noch nicht kannte). Jeder Typhus- oder Ruhr-Verdächtige wurde sofort in Quarantäne gesteckt. Die sorgsame hygienische Überwachung erklärt, warum die zehntausend Gefangenen niemals von einer Epidemie bedroht waren.

Was die miserable Ernährung und die primitiven Schlaflöcher anging, beschwerte sich niemand heftiger als eine Gruppe von Wienern, die im Nachbarloch hauste: die Deutschen hätten es nicht besser verdient – aber sie, die Österreicher? Sie seien schließlich die Ersten gewesen, die Hitler unterjocht habe. Sie zeigten auf uns: »Ihr habt den Krieg verloren, nicht wir.« Wenn ich sie erinnerte, dass ich noch den Jubel aus dem Radio oder der Wochenschau bei der »Befreiung der Ostmark« im Ohr hätte, winkten sie ab. Das sei eine Minderheit von gut abgerichteten

Nazis gewesen, nicht das österreichische Volk. Die Amerikaner scherte das freilich nicht. (Ein Jahrzehnt später, Österreich war dank des Staatsvertrags in die Selbständigkeit entlassen worden, forderte der österreichische Außenminister Figl in einer Rede von den Deutschen Reparationen. Der alte Adenauer, Kanzler der Bundesrepublik, bemerkte mit einem kleinen Lächeln: »Reparationen? Die können sie haben. Wir schicken ihnen die Knochen ihres Landsmannes Adolf Hitler.«)

Zu den Kumpanen in meiner Unterkunft gehörte ein Matrose aus Danzig, ein ruhiger und freundlicher Mensch Anfang vierzig, der selten den Mund aufmachte. Er hatte Bilder von seiner Familie, die er immer wieder anschaute. Ihn bewegte vor allem die Frage, ob er sie wohl wiederfinden werde, ob ihnen die Flucht aus der alten Heimat gelungen sei und wohin sie sich gerettet hätten, die Frau und drei Kinder. Verwandte im Westen gebe es nicht. Er hoffte auf das Rote Kreuz. Der vierte Höhlenkumpan war ein Wirt aus dem Glottertal im badischen Schwarzwald. Er konnte es nicht lassen: Abend für Abend, wenn wir einzuschlafen versuchten, schwatzte er von seiner Speisekarte daher und schilderte mit entnervender Genauigkeit die Menüs, die er bei Hochzeiten und anderen Anlässen vor dem Krieg aufgetischt habe. Nichts stachelte den Hunger schärfer auf, der ohnedies schmerzhaft an die Magenwände pochte. Wir drohten ihm, wenn er das Maul nicht halte, schlügen wir ihn kaputt, oder er werde aus dem Loch geworfen. Dann schwieg er endlich.

Wenn es ausnahmsweise regnete, konnten wir unser Loch nur mit einer Zeltplane abdecken. Natürlich drang die Nässe trotzdem durch, und es brauchte Tage, bis die Erde in unserer Höhle wieder trocken war. Lange Tage. Vier Bücher gab es in unserem Geviert, in dem wohl einige hundert Männer hausten, die übliche Lyrik-Anthologie, eine lateinische Grammatik (wer die wohl mitgeschleppt hatte?), ein Neues Testament, einen zerlesenen Band *Buddenbrooks* von Thomas Mann – das verbotene Buch, das ein Mythos war, auch unter uns Jungen, die es niemals in der Hand gehabt hatten. Eine Art Schulmeister verwaltete die Schätze. Ich trug mich in seine Liste ein, um wie jeder andere eines der Bücher für zwanzig Minuten pro Tag zugeteilt zu bekommen – so groß war die Entbehrung. Wir hungerten nach gedruckten Worten wie unsere Eingeweide nach Brot. (Die lateinische Grammatik durfte man für eine halbe Stunde ausleihen, sogar das war ein Geschenk.) Am begehrtesten natürlich die *Buddenbrooks*. Die Lektüre hatte Folgen in meinem Leben, aber die traten erst ein halbes Jahrhundert später zutage.

Bei kurzen Streifzügen durchs Revier stieß ich da und dort auf kleine Gruppen: Männer, die andächtig einem Sprecher in ihrer Mitte lauschten oder heftig diskutierten. Ich setzte mich zu einem der Kreise. Ein magerer Mensch mit ausgemergeltem und dennoch merkwürdig leuchtendem Gesicht sprach von Kant, von dessen monotonem Leben im fernen Königsberg, in dem nun die Russen hockten, vom Reichtum seines Denkens, von den Kernsätzen seiner Moral, seiner Bedeutung für die Aufklärung, die dank dieses kleinen, schrulligen Gelehrten die deutschen Gemüter zu durchdringen begann, auf der Höhe der europäischen Denker jener Epoche, nein, über sie hinausragend. Ein glänzender Philosophie-Kurs. Fortsetzung mit Hegel. Ein anderer der Lagerprofessoren sprach über Shakespeares Dramen, und es war erstaunlich, wie viele Passagen der Texte er auswendig kannte. Zwei Schauspieler, die sich dem Kreis zugesellt hatten, entwickelten ganze Szenen aus ihrem Gedächtnis, und sie versprachen, uns nach einigen Tagen der Vorbereitung diese und jene Auftritte vorzuspielen. Und die Frauenrollen? Kein Problem. Auch die ließen sich mimen. Natürlich schwiegen die Theologen nicht. Manche wagten interkonfessionelle Diskurse. (Es fanden auch Gebetsstunden statt.) Anderswo wurde höhere Mathematik oder Quantenphysik gelehrt. Ohne Buch. Ohne Tafel und Kreide. Allein aus dem Kopf. Nicht meine Welt. Lieber lauschte ich den kleinen Chören, die sich spontan gebildet hatten.

Auf die natürlichste Weise – um die Langeweile und mit ihr die Hungergefühle und vor allem die Depressionen zu unterdrücken – hatte sich eine Lagerhochschule gebildet, partiell von beträchtlichem Niveau. Es fand sich ein Organisator, dem die Lagerverwalter Papier und Bleistift zugesteckt hatten, der über die Seminare Buch führte. Bei ihm konnte man erfahren, wer wo über welches Thema reden werde. Daraus ergab sich ein kleiner Stundenplan. Die langen Tage, die nur Öde versprachen, gewannen Struktur, boten Abwechslung, verlangten zeitweise hohe Konzentration. In den Pausen das Studium von Gesichtern, deren man niemals müde wurde. Die Unterschiedlichkeit der Züge – das interessanteste, das unterhaltsamste Element der Schöpfung.

Täglich wenigstens einmal hinüber zum Lagerzaun. Draußen stets ein paar Dutzend Frauen, Kinder, ältere Männer. Drinnen der Sohn, der Vater, der Mann. Im Lager schien das Benachrichtigungssystem (das niemand organisiert hatte), trotz der etwa zehntausend Gefangenen, vorzüglich zu funktionieren. Die Posten sorgten für eine Distanz von zehn Metern vom Zaun, hüben wie drüben. Immer wieder versuchten die Frauen, einen halben Laib Brot oder eine Büchse mit Wurst herüberzuwerfen. Das war, es versteht sich, streng verboten. Die meisten GIs – vor allem die weißer Hautfarbe – warfen das Brot und die Büchsen und die mit Steinen beschwerten Nachrichten zurück und schickten barsche Worte hinterher. Die schwarzen Wachen wandten sich in der Regel ab. Sie wollten nichts gesehen, nichts gehört haben. Und sie lächelten ein bisschen. Lachten den Kindern zu. Zeigten ihr Mitgefühl. Sympathie von *underdog* zu *underdog*, wie ich später lernte. Die Menschlichkeit der Schwarzen beeindruckte mich. (Auch das hatte Folgen in späteren Jahren.)

Ein Gespräch über den Zaun war nicht möglich. Nur Rufe. Stichworte. Liebesworte. Sehnsuchtsworte. Einem Zuruf entnahm ich, dass Bauern und Arbeiter in der Landwirtschaft zuerst entlassen würden, wegen der beginnenden Ernte. Die deutschen Behörden – sofern es sie noch oder schon wieder gab – und die amerikanischen Administratoren von der Militärregierung machten sich offensichtlich Sorgen wegen der bedrohlichen Lage der Ernährung (auch für die Millionen Flüchtlinge und Vertriebenen, die Zuflucht im Westen gesucht hatten und noch immer täglich zu Tausenden ins Land kamen). Ich lief zur Lagerverwaltung und erbettelte ein Stück Papier und einen Bleistift. Schrieb in Druckbuchstaben die Adresse meiner Eltern (samt Telefonnummer für den Fall, dass Telefonieren schon wieder möglich war). Schilderte knapp den Sachverhalt. Riet, sie sollten von den Freunden im Schloss Wendlingen eine Bescheinigung auf Deutsch und Englisch erbitten, dass ich dringend zur Ernte gebraucht werde. Abgestempelt vom Bürgermeister. Am

Zaun fand ich eine leere Büchse, stopfte das kleine Stück Papier hinein, sorgsam gefaltet, beschwerte die Büchse mit einem Stein und warf sie – der schwarze Posten schaute zur Seite – über den Zaun, einer der Frauen zu, die sie sofort in ihrem Kinderwagen verbarg und mir ermutigend zulächelte. Ich hielt die Chance, dass die Nachricht meine Eltern erreichte, dennoch für gering. Es gab noch keine Post.

Etwa eine Woche später wurde ich gegen Nachmittag von einem der freiwilligen Lagermelder zum Zaun gerufen. Draußen stand – ich wollte es nicht glauben – mein Vater, an sein Fahrrad gelehnt. Mein Vater. Er winkte, mit Tränen in den Augen. Wie hatte er die gut achtzig Kilometer von Nürtingen nach Neu-Ulm über den beträchtlichen Anstieg der Schwäbischen Alb geschafft? Immerhin ein Mann von fast sechzig Jahren, sein Herz nicht das beste. Er hielt ein weißes Papier. Die Frauen draußen halfen mit Büchse und Stein. Sie rieten wohl auch zu warten, bis der – gottlob schwarze – GI zur Seite schaute. Der Vater warf gut. Die Büchse landete fast vor meinen Füßen. Ich nahm sie ungesehen an mich, holte die Papiere heraus und vergrub sie, so rasch ich konnte, in meiner Uniformtasche. Noch ein paar Zurufe. Winken. Dann stieg der Vater aufs Rad und fuhr davon.

Wohl noch am selben Tag lief ich zur Lagerkommandantur, die in einer Baracke untergebracht war. Verlangte den diensthabenden Offizier zu sprechen, ich müsse ihm ein wichtiges Papier übergeben. Man ließ mich vor zum Captain (inzwischen hatten wir gelernt, die Rangabzeichen zu unterscheiden), ein Mann Anfang Dreißig, blond, sommersprossig – ein Bilderbuch-Amerikaner. Ich hatte mir alles in meinem dürftigen Schulenglisch so gut ich konnte zurechtgelegt. Der Captain verzog ein wenig den Mund, doch schien er meine Bemühung zu schätzen. Er las die Bescheinungen vom Schlossgut auf Englisch und, laut übend, auf Deutsch. Verlangte mein Soldbuch. Blätterte es durch. Es entging ihm nicht, dass als Beruf »Schüler« eingetragen war. Wieder lächelte er ein bisschen, sagte dann gedehnt, oookay ... Rief einen Schreiber, wies ihn an, das Papier auszufüllen, das er aus einer Schublade zog (die sonst offensichtlich verschlossen war); ich sei als »farm laborer« angefordert worden. Schickte mich aus dem Zimmer, deutete auf einen Stuhl. Ich wartete. Nicht länger als eine Viertelstunde. Dann wurde ich zu ihm zurückbeordert; er sagte, ein wenig Arbeit auf der Farm könne mir nicht schaden. »Behave!«, sagte er noch, als er das Papier unterschrieb und grinste. Ein Wink, ich konnte abtreten. Draußen ließ man mich wissen, um sieben Uhr würden die Transportzeiten bekannt gegeben. Ich schaute mir das Papier an: »Worker in agriculture, forestry and fishing«. Ich nannte die drei Begriffe noch lange als meine Berufe.

Versuchte, meine Freude im Zaum zu halten. Gab den Erdlochgenossen erst kurz vor dem Einschlafen Bescheid. »Hast du ein Schwein«, murmelte der Kommunist, und der Wirt meinte, er sei Vater von drei Kindern. Warum die Amis nicht daran dächten. »Schön für dich und deine Familie«, sagte der Danziger Matrose nur und gab mir am Morgen zum Abschied ein Passbild, das ich noch immer besitze.

Der Truck Richtung Stuttgart passierte gegen zehn Uhr das Tor, an dem die Entlassungspapiere noch einmal sorgsam geprüft wurden. Zwei Stunden später wurde ich in einem Dorf, sechs Kilometer vor Nürtingen abgeladen. Der Fahrer sparte sich den Umweg. Gegen drei Uhr sah ich den dicken Kirchturm von Nürtingen mit dem primitiv barocken Helm. Eine halbe Stunde, dann schellte ich am Dekanat. Zu meiner Überraschung öffnete mir mein Berliner Vetter Detlev, Neffe meiner Mutter. Er sprach ein wenig verzerrt: Folgen eines Mundschusses, wie er sofort erklärte. Er trug meine Lederhosen. »Du kriegst sie wieder«, sagte er. Meine Mutter briet drei Eier, die sie für diesen Augenblick versteckt hatte.

Keine Stunde null

Nein, keine Stunde null. Das Leben ging weiter (für die, die lebten): chaotisch, anarchisch, paradox, voller Widersprüche. Auch in unserer Familie. Die Heimkehr war eine gemischte Erfahrung. Natürlich das Glück des Wiedersehens, mit den Eltern, der Schwester, auch mit dem Überraschungsgast Vetter Detlev. Mit der Jugendliebe. Ein paar Freunden. Doch der Tod warf schwere Schatten aufs Überleben. Wenige Monate zuvor die Meldung, dass der zweite Bruder vermisst sei (was für mich einer Todesnachricht gleichkam). Das Ende des ältesten Bruders der Mutter im Gestapo-Gefängnis von Königsberg. Der Suizid seiner verzweifelten Frau, die den Gedanken an ein weiteres Verhör nicht aushielt. Und nun hatte, wie ich fast gleichzeitig erfuhr, eine harte Krise sehr anderer Art ausgerechnet meinen Vater, den Herrn Dekan, dem Verdacht der Nazi-Sympathien ausgesetzt. Das Leben ging weiter, in der Tat. Aber es war aus den Fugen.

Natürlich wollte ich wissen, wie mein Berliner Vetter in meine abgewetzten Lederhosen geraten war. Simple Erklärung: Er kam in seiner zerschlissenen Uniform bei meinen Eltern an (die seine war besser als die meine, er war immerhin Oberleutnant) und hatte nichts anderes, das er hätte anziehen können. Vermutlich war er zu scheu, die Frau Tante nach den Kleidern des vermissten Sohnes zu fragen (die ihm halbwegs passten, wie wir später feststellten). Weil er des Mundschusses wegen zunächst kaum des Sprechens fähig und wegen des Kniedurchschusses auf Krücken angewiesen war, hatten ihn die Russen entlassen. Für Krüppel hatten sie keine Verwendung. Das Haus meiner Eltern war die einzige Adresse im Westen, die er kannte. In der sowjetisch besetzten Zone, wo es ein paar Verwandte geben mochte, wollte er nicht bleiben. Weiß der Himmel, wie er sich bis zu uns, in das Städtchen am Neckar, durchschlagen konnte.

Sein Vater (der älteste Bruder meiner Mutter), zuletzt Domprobst in Königsberg, war im Juli 1944 verhaftet worden, zusammen mit seiner Schwester Ilse und anderen Mitgliedern eines oppositionellen Kreises um eine der Gräfinnen Lehndorff (ich bekam niemals eine zuverlässige Auskunft, welche es gewesen sein mochte). Nach einigen Wochen teilte die Gestapo mit, der Probst Dr. Bronisch-Holtze habe sich das Leben genommen. Seine Frau, unsere geliebte Tante Thora, glaubte es keinen Augenblick. Wie denn? Ein Mann, der mehr als einen Meter neunzig maß (und in der Zelle kaum aufrecht stehen konnte), sich draußen mühsam am – gewiss konfiszierten – Stock bewegte (durchschossener Knöchel im Ersten Weltkrieg), dem man wie allen Häftlingen die Schuhbändel und den Gürtel, wohl auch die Hosenträger, abgenommen hatte – wie sollte der sich erhängen? Sollte er sich selbst erwürgen? Das ist schwieriger, als man denken mag. Außerdem entschließt sich ein gläubiger Christ so rasch nicht zum Selbstmord, der von den Theologen beider Konfessionen damals noch als Ungehorsam gegen den Willen Gottes verurteilt wurde. Mitgefangene, die entkommen waren, hielten es für wahrscheinlich, dass man ihn »abgespritzt« hatte, weil man den Auftritt eines Mannes von solcher Beredsamkeit in einem Prozess scheute. (Sein Herz war in keinem guten Zustand.) Tante Thora, durch drei oder vier Gestapo-Verhöre zermürbt, sprang aus dem vierten Stock des Hauses. Der ältere ihrer beiden Söhne hatte als Soldat in einem Strafbataillon (wie von den Nazibütteln vorgesehen) das Leben verloren. Den jüngeren, Vetter Detlev, damals mit einer Verwundung im Lazarett, ließ man ungeschoren. Die Großmutter wiederum starb am Ende ihrer Flucht in Celle, vermutlich war sie verhungert.

Im Herbst 1944 fand der Prozess in Königsberg statt. Meine Mutter hatte sich auf den beschwerlichen Weg in die schon damals gefährdete Provinz gemacht, um ihrer Schwester Ilse beizustehen, die eine kleine, zarte, fast zerbrechliche Person war, intellektuell hoch begabt und fast zum Fürchten gebildet. Darum durfte sie studieren, was vor dem Ersten Weltkrieg für Frauen noch immer die große Ausnahme war. (Meine

Mutter, leider nicht so hoch talentiert, wurde in eine Haushaltsschule geschickt, weswegen sie sich zeitlebens zurückgesetzt fühlte.) Tante Ilse studierte umso ausführlicher: Neuphilologie, dann Altphilologie, evangelische Theologie und nach ihrer Konversion katholische Theologie. Im Dritten Reich wurde sie, weil sie ihre Ablehnung des Nazismus offen zeigte, in Ungnaden aus dem höheren Schuldienst entlassen. Die Königsberger Staatsanwaltschaft beschuldigte sie, »Feindsender« abgehört und deren Nachrichten im Kreise ihrer Bekannten ausgestreut zu haben. Indes, es lag nur die Denunziation eines Hausmädchens vor, es gab keine handfesten Beweise. Sie wurde – fast ein Wunder – freigesprochen. Meine Mutter jedoch war gewarnt. Sie wusste, dass die Gestapo sich nicht im Geringsten um die Urteile der Gerichte kümmerte und die Entlasteten kurzerhand in ein KZ abtransportierte. Also marschierte sie ohne Aufenthalt zum Gefängnis und teilte der Direktion mit, sie sei gekommen, um ihre Schwester abzuholen. Man bedeutete ihr, die Prozedur der Entlassung brauche einige Tage. Sie möge sich gedulden. Das werde sie nicht tun, erklärte sie kategorisch. Sie bleibe, bis ihre Schwester freigelassen werde. Wenn das nicht sofort geschehe, müsse man auch sie einsperren. Nach einer internen Beratung entschieden die Verantwortlichen, der Fall sei den Ärger nicht wert – und sie entließen Ilse Bronisch ohne weitere Umstände. Die beiden Frauen zwängten sich in den nächsten Zug Richtung Westen. Nach zwei, drei Tagen kamen sie in Nürtingen an. Im Kreis der Freunde begegnete man der Frau Dekan von nun an mit mehr als nur höflichem Respekt. Einige Wochen vertrugen sich die Schwestern. Dann regte sich in meiner Mutter der lebenslange Neid. Tante Ilse fand eine Unterkunft in Tübingen. (Hernach war sie wissenschaftliche Assistentin des Bischofs von Mainz, und sie bereitete die erste um Verständnis und Gerechtigkeit bemühte Luther-Biographie eines katholischen Theologen vor.)

Das war gestern, die Antinazi-Krise. Nun also, es war grotesk, die Nazi-Krise. Der Waffen-SS-Freund meiner Schwester Lilli hatte sich vor der Besetzung des Städtchens durch amerikanische Truppen im Haus der Eltern versteckt. Mein Vater nahm den Fremden auf, nachdem er sich von ihm und seiner Tochter hatte versichern lassen, dass er, der illegale Hausgast, an keinen Verbrechen der SS beteiligt gewesen war und sich auch in seiner Gesinnung von der Nazi-Ideologie entfernt habe. Beides traf wohl zu. Nach einer schweren Verwundung, die keine Rückkehr an die Front erlaubte, war er in Angleichung an seinen zivilen Beamtenrang zum Gerichtsoffizier ernannt worden, zuständig für Disziplinar-Vergehen innerhalb der Truppe. (Seine laschen Urteile trugen ihm, wie er sagte, eine Rüge des Reichsführers SS ein.) Er stammte aus einer kleinbürgerlich bayerischen Familie, die sein Studium nicht bezahlen konnte. Die SS gewährte ihm ein Stipendium. So wurde er halt Mitglied. Ein Märzveilchen, wie man die Gesinnungs- und Parteigenossen nannte, die nach der sogenannten Machtergreifung opportunistisch oder in einer Notlage in den braunen oder schwarzen Rock geschlüpft waren. (Der schwarze der SS galt als feiner, der braune der SA als proletig.) Der künftige Schwager war talentiert und ehrgeizig. Kein starker Charakter. Wohl aus Bequemlichkeit hatte er in Tübingen die *filia hospitalis* geheiratet, die Tochter seiner Wirtsleute, vermutlich als das erste Kind unterwegs war.

Mein Vater war über den Mitbewohner gewiss nicht beglückt. Doch er fühlte sich als Christenmensch verpflichtet, Personen in Not zu helfen. Er hatte im Krieg manchen evangelischen Bruder aufgenommen, der in Berlin gefährdet war (freilich schickte man ihm, soweit ich es weiß, nur einmal einen bedrohten Christen jüdischer Herkunft). Es kam, wie es kommen musste. Der Aufenthalt eines SS-Offiziers im Dekanat wurde den Amerikanern hinterbracht, und die rückten mit einer hochgerüsteten Truppe an, um den Nazi zu verhaften. Auch mein Vater wurde zum Verhör geschleppt. Die Amerikaner glaubten ihm die Lauterkeit seiner Motive und ließen ihn nach ein paar Stunden ziehen. Ob meine Schwester ihm gestanden hatte, dass ihr Freund verheiratet war, und dessen Frau mit drei oder vier Kindern in Tübingen auf ihn wartete, weiß ich nicht. Wohl aber wussten es die Boten, die sofort den Weg nach Stuttgart fanden, um den Oberkirchenrat von dem Nürtinger Skandal zu informieren. Hörten die Kirchenregenten meinen Vater an, ehe sie ihr strenges Urteil fällten? Vermutlich nicht. Der Herr Dekan wurde, weil er dem Repräsentanten einer kirchenfeindlichen Organisation illegalen

Unterschlupf gewährt hatte, einem Mann, der überdies – obschon verheiratet – ein Liebesverhältnis zu seiner Tochter unterhielt, mit sofortiger Wirkung seines Amtes enthoben und nach Stuttgart auf eine Stelle als Krankenhaus-Seelsorger strafversetzt. Der Titel Dekan wurde ihm aberkannt. Er hatte sich in den Augen der konsistorialen Tugendwächter vermutlich auch der Kuppelei schuldig gemacht. In Nürtingen wurde geraunt, dass der Denunziant ein »Amtsbruder« war. Mein Vater wollte nichts davon hören.

Die Kränkung traf ihn tief. Seine Reputation als Antinazi konnte von niemandem ernsthaft in Frage gestellt werden. Die Strafe jedoch wurde ausgerechnet von den Herren verfügt, die sich – wie ich eines Tages durch Einsicht etwa ins Dossier des Märtyrers Pfarrer von Jan feststellen konnte – zu mehr als faulen Kompromissen mit dem Regime bereit gezeigt hatten. Es gelang mir später, dem amtierenden Bischof in Stuttgart deutlich zu machen, dass dem Dekan H. Unrecht widerfahren war. Der hohe geistliche Herr bekannte in einem Brief und wohl auch in einem internen Vermerk, dass der damalige Beschluss der Kirchenbehörde falsch gewesen sei, dass er zurückgenommen und meinem Vater der Titel Dekan wieder zuerkannt werde. Ich zweifle freilich daran, ob jene Revision möglich gewesen wäre, wenn ich mir zu jener Zeit nicht schon ein bisschen Bekanntheit erschrieben und überdies angedeutet hätte, mich über die Affäre auch öffentlich äußern zu wollen. (Ein Freund, der in jungen Jahren ein Auto besaß, meint sich zu erinnern, dass ich bei einer Fahrt an der geistlichen Behörde vorbei auf einen Fußgänger gezeigt und gebrüllt hätte: »Gib Gas! Ein Oberkirchenrat!« Mein herbes Vorurteil minderte sich erst nach Jahrzehnten, als mein Neffe und Adoptivsohn ausgerechnet unter jenem Titel zu amtieren begann.)

Der künftige Schwager verschwand in einem Internierungslager. Meine Schwester, die den neuen Oberbürgermeister von Stuttgart, Arnulf Klett, im Krieg schätzen gelernt hatte (weil er bereit war, sogenannte Fremdarbeiter, die sich bei ihr verbargen, vor den Nazi-Gerichten zu verteidigen), fand sofort Hilfe bei dem tapferen Mann. Er verschaffte unseren Eltern die notwendige Zuzugserlaubnis und vermittelte wohl auch die Miete eines kleinen Hauses im idyllischen Vorort Degerloch (in der

Nähe des Stadtwaldes, was sich als höchst hilfreich erweisen sollte). Die Innenstadt war ein Ruinenfeld und blieb es noch lange. Stuttgart hatte 67 Prozent seines Wohnraums verloren (und 75 Prozent seiner industriellen Anlagen). Der Umzug in jenen chaotischen Tagen war ein Abenteuer. Meine Schwester fand Helfer. Sie selber konnte sich rasch in einem Job etablieren, wurde Leiterin der Buchabteilung in einem Warenhaus. Viel hatte sie den Kunden nicht anzubieten, aber manchmal war ein Tausch möglich, wenn zum Beispiel dem Chef der Porzellan- und Glaswarenabteilung zwölf Rosenthal-Teller aus alten Beständen zugeteilt wurden und die Schwester einer verarmten alten Dame eine Serie von Insel-Büchern abgekauft hatte. Geschäfte dieser Art führten zu Weiterungen. Davon später.

Was aber konnte ein achtzehnjähriger Kriegsveteran in dem noch immer gelähmten Land unternehmen (außer lesen, lesen, lesen und Flirts)? Nicht viel. Trümmersteine forträumen. Nur widerstrebend beugte ich mich der Einsicht, dass der sogenannte Reifevermerk, der uns am Ende des Flakdienstes nachgeschmissen wurde, wohl kaum als Abitur-Ersatz genügen werde. Noch einmal auf die Schulbank? Eine elende Vorstellung. Mit vierzehn hatte ich, auf den Spuren des zweiten Bruders, das sogenannte Landesexamen bestanden (was erstaunlich genug war), das die Tür zu einem der Evangelisch-theologischen Seminare der württembergischen Kirche öffnete – altehrwürdige Traditionsschulen, während der Reformation gegründet, in der Nachfolge der katholischen Klosterschulen, zunächst auch von konvertierten Mönchen geleitet: Maulbronn und Blaubeuren, Urach und später, nach der Auflösung der geistlichen Fürstentümer in der napoleonischen Epoche, auch das Kloster Schönthal an der Jagst. In diesen Schulen erfuhr der geistliche Nachwuchs der Evangelischen Kirche seine erste Wegweisung, die im Tübinger Stift – diesem schlichten Monument der deutschen Kulturgeschichte – zum Ziele führte. Aufnahme und Aufenthalt im Internat waren kostenlos, es sei denn, man würde dem württembergischen Klerus den Rücken kehren, dann musste man sich mit einer bescheidenen Nachzahlung auslösen. Das heißt, die Seminare boten begabten Kindern aus allen Schichten eine Chance des Aufstiegs ins Bildungsbürgertum.

Ich hatte 1941 freilich nicht, wie vorgesehen, ins idyllische Kloster Blaubeuren übersiedeln können, weil die Seminare durch die Nazibehörden geschlossen und in Adolf-Hitler-Schulen oder Napolas (»Nationalpolitische Erziehungsanstalten«) umgewandelt worden waren. (Nebenbei bemerkt hatte ich auch damals nicht die geringste Absicht, Theologie zu studieren.) Irgendwoher erfuhr ich, dass die Seminare im Herbst 1945 wieder beginnen sollten. In einem Jahr könnten wir das Abitur erreichen, den »Konkurs«, wie die Prüfung in alten Seminarzeiten hieß.

Zunächst bezogen wir ein Ausweichquartier, weil im Kloster Blaubeuren noch eine amerikanische Garnison einquartiert war. Zwei oder drei Dutzend junge Männer, mehr waren wir wohl nicht, suchten sich im Herrenhaus des Gutshofes Kleinengstingen ein Lager. Das Anwesen gehörte dem Bruder des Freiherrn von Neurath, Hitlers erstem Außenminister, später pro forma Chef des »Protektorats Böhmen und Mähren«, das in Wahrheit von seinem Vertreter Reinhard Heydrich regiert wurde. Der Bruder war keine Schranze des »Führers«. Er betrieb sein Gut an der Seite einer unerschrockenen Frau, die man die »rote Baronin« nannte, weil ihre Sympathien in der Republik von Weimar den Sozialdemokraten gegolten hatten und weil sie heimlich den ausgehungerten Häftlingen in einem nicht weit entfernten Arbeits-KZ Brot und Kartoffeln zukommen ließ. Die freiherrliche Familie hatte sich ins Haus des Verwalters zurückgezogen. In Erinnerung blieb mir vor allem die schöne Tochter Wendelgard, ihr helles Lachen, die lebhaften Züge, ihre Lust an der Diskussion und ihre langen, braungebrannten Beine. Ich würde ihr später wieder begegnen. (Als sie in der bundesdeutschen Vertretung in Washington ihr erstes diplomatisches Amt versah, später zusammen mit ihrem Mann, dem Botschafter Bernd von Staden, die Deutschen drüben repräsentierte. Wendy fügte sich ganz und gar nicht in die Salon-Rolle der »Gattin«, sondern zog diskutierend durchs Land, gewann vor allem an den Universitäten und in Washington das Interesse und die Sympathien progressiver Frauen für die Bundesrepublik und ihren ersten sozialdemokratischen Kanzler. Botschafter von Staden, hernach Staatssekretär im Auswärtigen Amt, war ein entschiedener Mitdenker und Verfechter der »Ostpolitik« des Außenministers und Kanzlers WB – was man nicht allen seinen Kollegen nachsagen konnte. Auch das prägte für mich eine Freundschaft, die bis heute wach ist.)

Nach wenigen Wochen zogen die Amerikaner aus Blaubeuren ab. Der schöne Klosterhof mit seinem Brunnen, das Haupthaus mit dem Refektorium zu ebener Erde und dem hochgewölbten Dormitorium im ersten Stock, das die nicht zu kleinen Zellen zur Linken und zur Rechten einschloss, wies kaum Schäden auf. Das Städtchen – eine Insel des Friedens und der Stille im verheerten Land. Immerhin hatte die Leitung des Seminars die amerikanische *Neue Zeitung* abonniert, eines der besten Blätter, die jemals in Deutschland gedruckt wurden, danach auch die *Stuttgarter Zeitung*, damals noch ein dürftiges Blättchen, für das ein liberaler, ein sozialdemokratischer und (nicht allzu lange) auch ein kommunistischer »Lizenzträger« verantwortlich zeichneten. Der eine oder andere der Seminaristen hatte ein Radio mitgebracht. So waren wir über die Entwicklung der »Weltlage« und die ersten Schritte zum Aufbau einer deutschen Administration und bescheidener demokratischer Institutionen halbwegs informiert. Doch wirkten die Nachrichten in unserem weltentlegenen Winkel merkwürdig blass und entrückt.

Das galt auch – oder erst recht – für die schrecklichen Wahrheiten über die Verbrechen des Nazi-Regimes. Die Lehrer, zum guten Teil geflüchtete Professoren aus Straßburg oder Prag oder Breslau, zeigten nicht die geringste Neigung, über das gescheiterte Regime und seine Gräuel zu reden. Gelegentlich flammten Debatten unter uns Seminaristen auf. Doch es war, als sei die Realität von gestern durch eine Glaswand abgetrennt. (Sie trat uns, bei der Rückkehr in den Alltag der Ruinenstädte, umso härter entgegen.) Im Kloster waren Berge von Unrat fortzuräumen. Und das Essen war karg, Kartoffeln zu Mittag und zu Abend, doch davon wenigstens genug. Die Mahlzeiten wurden in der sogenannten Bundeslade von vier Seminaristen von der Küche über den Hof ins Refektorium getragen.

Kloster und Städtchen waren von Kriegshandlungen verschont geblieben. Der spätgotische Hochaltar – von den schützenden Verkleidungen befreit – glänzte in seiner alten Pracht. Für mich fast eindrucksvoller: die geschnitzten Charakterköpfe, die das Chorgestühl säumten, die

Äbte, Mönche, Bürger (wen auch immer sie darstellten); sie waren Zeugen der realistischen Menschenkenntnis eines unbekannten Meisters aus dem Übergang von der Gotik zur Renaissance. Bei den Andachten, an denen teilzunehmen an Wochenenden Pflicht war, suchte ich mir einen Platz neben einer der Figuren, die sich während der Predigt intensiv studieren ließen – auch mit den Händen, die vorsichtig, ja in der Tat voller Andacht, über die Züge der Porträts gleiten konnten. Das Refektorium im Erdgeschoss hatte sich seit den Zeiten der Mönche wohl kaum verändert, und das Dormitorium unter dem hohen, gotischen Gewölbe betrat man niemals ohne eine gewisse Ehrfurcht, zumal wenn ein paar Sonnenstrahlen den Raum aus dem Halbdunkel heraushoben, in dem fast immer der Hall einiger Akkorde aus den angrenzenden Musikzimmern widerklang (und es wurde stets musiziert, vom frühen Morgen bis zum offiziellen Tagesschluss um zehn Uhr).

Zu viert – mein Freund Werner aus Nürtingen, der rothaarige Kampfgenosse und Konkurrent bei der Jugendliebe (dem ich mit einigem Glück einen Platz im Seminar sichern konnte) sowie ein elegischer, langer und dürrer Arztsohn aus Stuttgart und dessen Freund (auch ein Werner), der sich, ein wenig skurril, als Monarchist bekannte – waren wir angewiesen worden, die Bibliothek, die man auf den Dachboden ausgelagert hatte, wieder nach unten in den angestammten Saal zu schaffen und dabei zu ordnen, so gut wir es vermochten. Für mich ein wunderbarer Auftrag! Schon an einem der ersten Tage fand ich sämtliche Jahrgänge der S.-Fischer-Zeitschrift *Die neue Rundschau*, die im Jahre 1890 zunächst als das Wochenblatt *Freie Bühne* zur Welt gekommen war und mit dem Abdruck von Gerhart Hauptmanns naturalistischem Meisterwerk *Vor Sonnenaufgang* eine revolutionäre Wende im deutschen Theaterwesen, ja in der deutschen Literatur ankündigt hatte, vom hellhörigen alten Fontane begrüßt. 1894 wurde das Blatt vom jungen Verleger Samuel Fischer (der aus Ungarn zugewandert war) in die Monatsschrift *Neue deutsche Rundschau* umgeformt. Erst 1904 fand sie ihren endgültigen Titel. Die Zeitschrift gewann für die moderne deutsche Literatur eine ähnliche Bedeutung wie ein paar Jahre später die *Nouvelle Revue Française*, die 1909 von André Gide und

Jean Schlumberger (beide Protestanten) im Hause Gallimard gegründet wurde.

Die Hefte der *Rundschau* nahm ich nach und nach mit in meine Klosterzelle, um sie im Gang der Monate in der Reihenfolge ihres Erscheinens zu lesen: So erlebte ich die Geburt und die Wandlungen der deutschen Literatur im Halbjahrhundert bis zum Zweiten Weltkrieg fast wie ein Zeitgenosse. Diesem und jenem der Dichter war ich zu Haus schon begegnet – den meisten nicht. So waren die Hefte fast immer Offenbarungen, von denen man im väterlichen Dekanat nichts geahnt hatte, und ich las oft aufgeregt wie ein Jüngling um die Jahrhundertwende, las meist bis tief in die Nacht. Es war nicht nur die deutsche Literatur, die mich bewegte. Der S. Fischer Verlag hatte das Tor weit geöffnet für die großen Skandinavier, für Ibsen natürlich, für den nervöseren Strindberg. Von den Russen standen Tolstoi und Dostojewski schon zu Hause im Bücherschrank. Aber oft lenkte die *Rundschau* den Blick auch gen Westen, zu Zola, Flaubert, Maupassant, danach zu Verlaine und Rimbaud.

Von den Naturalisten gewann, neben Gerhart Hauptmann und ein wenig seinem Bruder Carl, nur der sprachmächtige Arno Holz mein intensives Interesse, vor allem, das versteht sich, seine Parodien auf die Lust-Poesie des 18. Jahrhunderts (die ich mir hernach antiquarisch beschaffte – für fast kein Geld, das ich ohnehin nicht besaß). Seine »Revolution der Lyrik« verstand ich nur langsam als das Tor zur expressionistischen Dichtung (zum Beispiel der frühen Verse Franz Werfels). Eine Offenbarung: die Wiener Moderne. Hugo von Hofmannsthal war mir über Richard Strauss ein Begriff. (Man raunte sich in den Nazijahren zu, dass er jüdischer, zumindest halbjüdischer Herkunft gewesen sei.) Mein verehrter, ganz unheldischer Held wurde freilich Arthur Schnitzler, dieses Genie der Nunaciertheit der großen Charakterzeichnungen in den Dramen, der sensible Erzähler, der (anders als Thomas Mann) niemals zu viele Worte machte – für mich, neben Robert Musil, der bedeutendste Dichter deutscher Sprache im 20. Jahrhundert; dessen Notizen in den Tagebüchern so tief von seiner Bescheidenheit und von seinen Zweifeln geprägt sind (sehr anders als bei Thomas Mann); für mich bis heute die anregendste und liebenswerteste Gestalt der sogenannten klassischen

Moderne, auch wenn er uns nicht das eine monumentale Werk wie die *Buddenbrooks* oder *Die Blechtrommel* geschenkt hat; seine Dramen, die ihn zum Weltdichter machten, gleichen das aus. Auf seinen Spuren die Begegnung mit Richard Beer-Hofmann und Peter Altenberg. Auch die Musikalität der Sprache Hofmannsthals erschloss sich mir erst jetzt, die Verse des Gymnasiasten Loris – gleichsam von der Anmut des Schnitzler'schen *Anatol*: »Frühgereift und zart und traurig« ... Von sich selber schrieb Hofmannsthal: »Wir sind aus solchem Zeug wie das zu Träumen, / Und Träume schlagen so die Augen auf«. ... Mich bezauberte seine Wortmusik, die alle Rationalität entbehren konnte: »Den Erben laß verschwenden / An Adler, Lamm und Pfau / Das Salböl aus den Händen / Der toten alten Frau!« Den klugen Essayisten entdeckte ich erst später.

Bei den Expressionisten ließ sich ahnen, wie sich die »Urkatastrophe« (George F. Kennan) des Ersten Weltkriegs in den Seelen vorbereitete – bei Georg Heym, Georg Trakl, Theodor Däubler, Else Lasker-Schüler, dem Elsässer (nein, dem Franco-Allemand oder Deutsch-Franzosen) René Schickele, natürlich auch bei Jakob van Hoddis, der dem Bürger den Hut vom »Spitzen Kopf« fliegen ließ (er wurde in Auschwitz ermordet). Das priesterliche Pathos Stefan Georges und seiner Schüler blieb mir fremd (ich sagte es schon).

Hier soll nicht die Literaturgeschichte des 20. Jahrhunderts aufgesagt werden. Doch einige Namen zeigen an, wie mir in der Klosterzelle von Blaubeuren der funkelnde, der begeisternde und manchmal so düstere Geist der modernen deutschen Dichtung aufzugehen begann. Anderes, Besseres lernte ich in den Monaten der Abgeschiedenheit im südlichen Winkel der Schwäbischen Alb kaum. *Die neue Rundschau* bis zum letzten Heft, das im Dritten Reich unter der Verantwortung von Peter Suhrkamp erschien – sie war der große Glücksfall meines Aufenthalts im Seminar. Und die Musik. Kapp hieß der verantwortliche Professor, der das Wunder zuwege brachte, innerhalb von wenigen Monaten ein kleines Orchester zu formen, das sich durchaus hören lassen konnte, als es vor Weihnachten die Bürger des Städtchens zu einem Konzert im Dormitorium (mit seiner himmlischen Akustik) einlud. Er brachte es auch zuwege, mein Klavierspiel – trotz des kleinen Krüppelfingers – in der Formung der Stücke so zu steigern, dass ich mich bei Bach, Mozart und auch Beethoven nicht abgrundtief zu schämen brauchte (immerhin tief genug, um in den folgenden Jahren, in denen mir kein Instrument zur Verfügung stand, dem Klavier zu entsagen und mich umso mehr an den Interpretationen der Meister via Plattenspieler zu freuen – die erste teure Anschaffung neben der Schreibmaschine).

Und der Schulunterricht? Ich interessierte mich für das Altgriechische, von dem uns ein freundlicher alter Professor immerhin soviel beibrachte, dass wir Herodot lesen konnten. In der Geschichte zogen wir uns vermutlich – ich bin dessen nicht sicher – in die Antike zurück, bei Deutsch in die unangefochtene Klassik. Die naturwissenschaftlichen Fächer weckten manchmal meine Neugier, vor allem wenn es bei chemischen und physikalischen Experimenten knallte. Aber ich gab mir nicht die geringste Mühe, die Mathematik (gehobenen Niveaus) zu verstehen. Es wäre vergebens gewesen. Bei der Abitur-Prüfung lieferte ich ein leeres Blatt ab, und im »Mündlichen« erklärte ich den Examinatoren, sie sollten sich und mir das Elend völligen Versagens ersparen, ein Wunsch, dem sie sich kopfschüttelnd beugten. (Sie waren vermutlich einer solchen Weigerung noch nie begegnet.) Auch damals galt die Regel, dass man mit einer Sechs in einem Hauptfach die Prüfung nicht bestehen konnte. Mich rettete der deutsche Aufsatz.

Eines der Wahlthemen: »Poscimur« – wir sind gefordert / man verlangt nach uns – »auch in Form einer Abitursrede zu behandeln«. Ich legte mich ins Zeug. Wetterte über die Gewissenlosigkeit der Generationen, die in der Unterwerfung vor den Nazis, ja ihrer bewussten Unterstützung, jedes Gebot der Vernunft und der schlichtesten Moral preisgegeben hatten, auch und gerade im Schulwesen. Sprach heftig von der Last dieser Versündigungen, die in langen Jahrzehnten nicht abgeschüttelt werden könnten, von der Epoche des Elends, die uns erwarte, von der Bedrohung durch das andere totalitäre System, das wir selber ins Land geholt hätten, von der Zerstörung der Nation. Wahrscheinlich würde mich das Pathos peinlich berühren, wenn ich die Arbeit wieder läse (was mir hoffentlich erspart bleibt). Sie wurde an das Kulturministerium in Stuttgart geschickt, das mit dem Segen der Amerikaner inzwischen wieder erstanden war. Vermutlich befanden die Herren, dass man einem Ankläger von solcher Härte nicht das »Reifezeugnis« verweigern könne, trotz seines Versagens in Mathematik, weil man sich damit den Vorwurf der Heuchelei an den Hals holen konnte. Und ein schlechtes Gewissen hatte insgeheim jeder.

Ich fiel nicht durch. Im schieren Übermut feierte ich das erpresste Glück durch ein Bad im eiskalten Blautopf – dem zweiten, denn am Abend vor der Abreise in die Weihnachtsferien hatte ich mich dem alten Ritual gebeugt und war durch das Gewässer geschwommen, bei einer Temperatur von acht Grad, im Schein der Fackeln, die von den »Kompromotionalen« (wie die Klassenkameraden hießen) weiß der Henker wo aufgetrieben worden waren. Schlotternd, aber wohlbehalten kletterte ich ans Ufer. Die schöne Lau hatte mich verschmäht und mich nicht durch die unterirdischen Seen und Flüsse in ihr Reich an der Mündung der Donau ins Schwarze Meer verschleppt. Vermutlich war ich ihr nicht hübsch genug. Gottlob hielten damals die Seminaristen Decken und eine Schnapsflasche bereit. Ich trabte, so schnell ich konnte, ins Kloster zurück, die blöde Sitte verfluchend, die ich damals nur auf mich nahm, weil mein vermisster Bruder der letzte war, der das idiotische Abenteuer vor seiner Einberufung gewagt hatte.

Vor der Entlassung mit dem Abiturschein rief der überaus fromme Mathematik-Professor – ausgerechnet der! – die Promotion zusammen. »Ich kann euch nicht so ins Leben gehen lassen«, hob er schüchtern an. Ich ahnte, was kommen werde. Der Tugendbold hatte offensichtlich nicht zur Kenntnis genommen, dass die Hälfte der jungen Männer, die er aufzuklären gedachte, ein oder zwei Jahre Kriegsdienst hinter sich hatte, ja, dass zwei junge Familienväter unter uns weilten, die ihre Kinder kaum im Zustand der Bewusstlosigkeit gezeugt hatten. Ich ertrug die Peinlichkeit nicht, schützte Übelkeit vor und entfernte mich. Am Tag danach bat der Direktor – der Ephoros, wie er mit dem ehrwürdig-altgriechischen Titel im Seminar genannt wurde – zu einem Abschiedsgespräch in sein Amtszimmer. »Ich höre«, sagte er, den Kopf schief gelegt, »Sie wollen Journalist werden.« Das sei so, antwortete ich. Er schwieg eine Weile, hüstelte und beugte sich mit besorgtem Blick vor: »Wollen Sie sich das nicht noch einmal in Ruhe überlegen? Sie hätten doch auch die Chance, sich durchs Studium auf einen ordentlichen Beruf vorzubereiten.« Ich war perplex. Der Chef einer der angesehenen Schulen des Landes, Theologe versteht sich, lebte so weit von der Welt entfernt, noch immer. Ich bemerkte knapp, dass er durch meinen Abituraufsatz wohl wisse, wie wichtig mir die politische und kulturelle Verantwortung für die Entwicklung einer besseren Gesellschaft sei. Dann sagte ich rasch adieu.

Schon einige Wochen vor diesem seelsorgerischen Gespräch hatte ich in der *Neuen Zeitung* gelesen, dass in München eine Journalisten-Schule eröffnet wurde. Da ich als jüngerer Jahrgang zunächst ohnehin keine Chance auf einen Studienplatz hatte (außerhalb des Tübinger Stiftes), bewarb ich mich unverzüglich und erhielt den Bescheid, ich möge mich im September 1946 zu einer Aufnahmeprüfung einfinden. In München, das noch böser zugerichtet war als Stuttgart, gewährte mir ein Kriegskamerad für einige Tage Unterkunft (im feinen Bogenhausen, wo ich die halb zerstörte Villa von Thomas Mann entdeckte). Die Prüfung bestand ich. Sie war nicht zu hart. Einer der freundlichen Examinatoren war Erich Kästner, damals Feuilletonchef der *Neuen Zeitung*, von dem ich – es war erstaunlich – eine Ausgabe mit seinen zärtlich-zynischen Versen noch aus den dreißiger Jahren gefunden hatte (vermutlich *Herz auf Taille*).

Nun suchte ich etwas zur Miete. Mit Geld und guten Worten war in ganz München kein Zimmer zu finden, obwohl ich all meine Phantasie aufbot, um wenigstens eine Kammer zu entdecken, in der ich mein Haupt niederlegen konnte. Ich nutzte jede Verbindung, folgte jedem Wink, auch zweifelhaften Charakters. Ein Plätzchen hätte sich vielleicht in den Quartieren der Sünde aufspüren lassen. Aber diese Unterkünfte waren zu teuer (es war ohnedies nur eine höchst bescheidene Summe, die mein Vater von seinem knappen Gehalt als Krankenhauspfarrer hätte opfern können). Und ich war nicht abgefeimt genug, Verdienstmöglichkeiten im Sündenmilieu zu wittern; so schnell hätte sich auch keine Nische im Schwarzmarkt-Revier aufgetan. Mir blieb nichts anderes, als mich schweren Herzens bei der Journalistenschule abzumelden. Damit versäumte ich, die schon damals schöne Sibylle, das intelligent-sensible Gewächs einer bayerischen Kleinstadt, kennenzulernen, die zum ersten Jahrgang der Jungjournalisten-Clans zählte – die hernach so berühmte Kollegin, die ihre frechen, weltläufig-witzigen und manchmal poetischen Kolumnen für den *Stern* schrieb. (Ich hätte ohnedies kaum Glück bei ihr gehabt. Sie unternahm Klügeres, heiratete den Gründer der Schule und Chefredakteur der *Süddeutschen Zeitung*, die in der Nachfolge der *Münchner Neuesten Nachrichten* erschien.)

Melancholisch kehrte ich nach Stuttgart zurück. Setzte mich im Hauptbahnhof zunächst in eine Ecke des großen Wartesaals, in dem sich Hunderte, wenn nicht Tausende von bettelarmen Flüchtlingen aus aller Herren Länder zusammendrängten. Droben am Gewölbe fand ich die verblassten goldenen Lettern mit dem Schiller-Vers: »Brüder – überm Sternenzelt / Muß ein lieber Vater wohnen.« Meinem Vater empfahl ich eine Ortsbesichtigung und die schönen Worte für seine nächste Predigt.

Schule des Lebens

Stuttgart. Um eine Volontärsstelle zu finden, lief ich mir die durchgewetzten Schuhsohlen völlig ab, ob bei den Zeitungen und Zeitschriften, die nur so aus dem Boden schossen, oder bei Verlagen – ohne Erfolg. Durch die engste Freundin meiner Schwester – Chefsekretärin des Deutschen Fachverlags, der im Begriff war, seine Produktion zu beginnen – bot sich überraschend die Chance, eine Probe-Reportage über die erste Modenschau in der Stadt zu schreiben. Was für eine schöne Aufregung vor dem Ereignis, das freilich keines war. Vielmehr ein dürftiges Experiment, dem Jahre 1947 angemessen. Kein Hauch von »großer Welt« (die im grundbürgerlichen Stuttgart ohnedies niemals zu Hause war, so wenig wie in München). Mühsam überspielter Nachkriegsmuff, genauso spießig, wie es vermutlich der Vorkriegsmuff seit dem Ende von Weimar gewesen war. Nur brauchten die »Mannequins« (wie die »Models« damals noch hießen) nicht auf ihre »Linie« zu achten, dafür sorgte der Hunger, der sich mit den offiziell zugeteilten Kalorien – um die tausend – nicht vertreiben ließ. (Das deckte etwa die Hälfte des sogenannten Bedarfs, in Realien: zwölf bis fünfzehn Kilo Kartoffeln im Monat, 200 Gramm Brot pro Tag, außerdem monatlich 300 Gramm Fett, 125 Gramm Käse, 400 bis 500 Gramm Fleisch, Zucker nur sporadisch.) Kaum einer der Deutschen, die sich mürrisch beschweren, weil sie die Knappheit als reine Schikane ansahen, schien zu wissen oder zu bedenken, dass die Rationen im Siegerland Frankreich bis 1949 nicht sehr viel höher ausfielen, ja dass in einer einstmals so reichen Stadt wie Lyon kurz nach dem Krieg Hungerrevolten ausbrachen, deren Organisatoren höhnisch an die (ein bisschen) bessere Versorgung während der deutschen Besatzung erinnerten.

Die Mädchen bei der Stuttgarter Modenschau waren – nach meiner Erinnerung – fast allesamt hübsch, ein wenig zu grell geschminkt, die Kleider anmutig und brav, vermutlich aus Kunstseide und billigen Baumwollstoffen gefertigt. Kündigte sich im Schnitt nicht schon der Glockenrock an? Mein lauwarmer Spott war in jenem Probestück – die Arbeit einer durchwachten Nacht – nicht so recht angebracht. Der Verleger gab mir zwar wohlwollend zu verstehen, dass er sich über manche Formulierungen amüsiert habe. Doch verbarg er auch nicht, dass die Reportage seinen Erwartungen nicht gerecht wurde: »Die jungen Damen haben Sie bildhaft und voller Sympathie beschrieben, und ich zweifle nicht an Ihrem feuilletonistischen Talent. Aber dass Kleider nicht nur Trägerinnen, sondern auch Preise haben, dass sie von konkurrierenden Firmen der (noch) brachliegenden Industrie eines Tages auf den Markt geworfen werden sollen, dass sich die Designer bereits einen Namen gemacht haben (oder sich einen machen wollen): Das haben Sie leider übersehen. Der Wirtschaftsjournalismus ist wohl nicht Ihr Metier.« Da hatte er recht. Außerdem ahnte ich nicht, dass seine Gattin eine Textilfirma betrieb, die zu erwähnen keine Todsünde gewesen wäre. Das erfuhr ich erst später von der Freundin meiner Schwester, die sich nicht dem Verdacht hatte aussetzen wollen, sie habe mir Tipps gegeben – ein geübter Rechercheur hätte die Wahrheit allein durch die sorgsame Lektüre der Teilnehmerliste zutage gefördert. Zum Trost goss der Verleger sich und mir eine gute Portion Whisky in die Gläser. Woher er den hatte? Das klärte sich später auf. Er verfügte über einen gewissen Vorrat an kostbaren Stoffen – Vorkriegsware –, die sich Vorzugskunden dieses und jenes kosten ließen. Das schöne Wort »betucht« gewann hier seine ursprüngliche Bedeutung zurück.

Meine Schwester reservierte mir in der Buchabteilung des Kaufhauses jede Ausgabe der Zeitschrift mit dem seltsamen Titel *Das Goldene Tor*, die Alfred Döblin seit 1946 im Auftrag der französischen Militär-Regierung herausgab. Natürlich war sein Roman *Berlin Alexanderplatz* aus dem Jahr 1929 eines der wichtigsten Werke, mit denen sich mir – mit nazibedingter Verspätung – eine der großen Epochen deutscher Literatur erschloss. Mit dem Glück der Unschuld gesegnet, hatte ich in den Antiquariaten

Erstausgaben aufgestöbert, zu Preisen, die selbst für mich nicht unerschwinglich waren (und sich nur damit erklärten, dass die Händler nicht die geringste Ahnung hatten, welche Kostbarkeiten in den zweiten oder dritten Reihen ihrer Regale versteckt waren). Nach den *Buddenbrooks* im Kriegsgefangenenlager entdeckte ich nun den *Zauberberg* in einem verstaubten Winkel, irgendwo unter Bergen von Schund (vor allem aus dem Dritten Reich), Döblins *Alexanderplatz* und schließlich den ersten Band von Robert Musils *Mann ohne Eigenschaften*, den ich wie eine Stilfibel studierte, manche Formulierungen mit Rotstift markierend (vermutlich ein Sakrileg, aber die Attraktion der Sprache war stärker als die Rücksicht auf den potentiellen Wert der Erstausgabe, von dem ich keine Ahnung hatte). Autor und Buch waren mir nicht ganz fremd, weil ich zuvor in einem der kurzlebigen Literatur-Magazine ein Kapitel aus dem *Mann ohne Eigenschaften* gelesen hatte. Die Lektüre elektrisierte mich, und ich behauptete fortan, meines fröhlichen Urteils sicher (wie es bei jungen Maulaufreißern üblich ist), dass im zwanzigsten Jahrhundert niemals ein präziseres, glanzvolleres, schärfer durchdachtes, letztlich auch musikalischeres Deutsch geschrieben worden sei (von Hofmannsthals Wortmusik abgesehen).

Man wünschte sich, Alfred Döblin wäre nach dem Krieg jemals so viel Aufmerksamkeit zuteil geworden wie Musil (durch das Verdienst des bedeutenden Autors und Lektors Adolf Frisé) oder gar Thomas Mann. Vermutlich rettete nur der eine große Roman *Berlin Alexanderplatz* die Erinnerung, auch der von seinem Sprachverwandten Günter Grass gestiftete Preis und natürlich die Filmserie Fassbinders (das beste, was der genialisch-launenhafte Regisseur jemals gedreht hat). Es ist leider wahr, im Vergleich zu der geradezu triumphalen Deutschlandreise Thomas Manns im Goethe-Jahr 1949 war Döblins Heimkehr nach Europa kaum bemerkt worden. Er hatte 1945 die erste sich bietende Möglichkeit genutzt, Kalifornien zu entfliehen und in sein geliebtes Frankreich zurückzukehren. Natürlich war er im Jahre 1940 von Herzen dankbar gewesen, dass er mit Hilfe des amerikanischen *Rescue-Committee* am letzten Geltungstag seines Ausreisevisums über die spanische Pyrenäen-Grenze und dann weiter mit der *Nea Hellas* ab Lissabon in die Vereinigten Staaten einreisen konnte. Dort drüben versank er jedoch nahezu im Nichts. Niemand kannte seinen Namen. Keines seiner Werke war übersetzt worden (und kein Verlag kümmerte sich während des Exils um seine Bücher). Für ein Jahr war er – aus karitativen Gründen – von einer der großen Filmfirmen als Drehbuchautor engagiert worden, um trübe in einem der Büros herumzusitzen. Döblin war der Landessprache unkundig (und lernte sie auch nicht). Kein College bot ihm Vorlesungen oder auch nur ein Seminar an, das er zur Not auf Französisch hätte bestreiten können, keine katholische Institution kümmerte sich um den Konvertiten, dessen Abkehr vom Judentum manche Schicksalsgenossen mit Befremden zur Kenntnis nahmen. Seinen Beruf als Psychiater konnte er nicht ausüben, weil ihm die amerikanischen Diplome fehlten. Kaum ein anderer unter den Schriftstellern und Dichtern deutscher Sprache hat das Elend des Exils so bitter erlitten wie Döblin.

Den Franzosen war er willkommen. Man versuchte, den belastenden Komplex, von den Deutschen als späte »Mitsieger« betrachtet zu werden, vom Beginn der Besatzungszeit an durch eine anregende und freizügige Kulturpolitik auszugleichen. Die französischen Soldaten waren eben in die Kasernen eingezogen – und wenige Wochen später traten die ersten Theater-Ensembles aus Paris auf, mit Stücken von Anouilh oder Giraudoux, von Camus und Sartre oder Claudel, die keine Seele in Deutschland kannte. Eine literarische Zeitschrift passte der Militärregierung gut ins Programm, und Döblin schien ein idealer Chefredakteur zu sein: Katholik und immer noch links genug, um von den Kommunisten geduldet zu werden. Man verlieh ihm den Rang eines Offiziers, wies ihm Redaktion und Residenz im Hotel Stephanie in Baden-Baden zu.

Dorthin schrieb ich ihm – ein literarisch interessierter junger Deutscher, der glücklich wäre, wenn ihn der Dichter für eine Stunde empfangen wolle, denn er habe viele Fragen auf dem Herzen. Zu meiner großen Überraschung antwortete Döblin wenige Tage später und schlug einen Besuch schon in der folgenden Woche vor. Der alte Herr, dessen Uniform ein wenig um den schmalen Körper schlotterte, empfing mich mit großer Freundlichkeit. Er schien nicht allzu oft Gelegenheit zu finden, mit jungen Deutschen zu reden. Ich konnte ihm versichern, dass die

Leute meines Freundeskreises höchst engagiert über den Nazismus und seine Verbrechen diskutierten; es sei aber auch wahr, dass sich viele Ältere mit einem beharrlichen Schweigen abzuschirmen versuchten. Wir Jüngeren schauten eher skeptisch in die Zukunft. Es werde wohl Jahrzehnte dauern, bis das ruinierte Land die schlimmsten Schäden beiseite geräumt und sich halbwegs normalisiert habe. Die Hoffnung, an die wir uns klammerten, sei die Vision eines Vereinten Europa. Doch das werde ein weiter Weg sein.

Bei dem Stichwort von der Vereinigung Europas funkelten Döblins Augen hell auf hinter der Brille (mit der er zur Welt gekommen zu sein schien). Was aber meine Pläne angehe – bei einer Monatsschrift könne ich nicht viel lernen. Die wichtigen Manuskripte müsse er selber lesen und redigieren. Die Lektüre der unverlangt eingereichten Arbeiten werde mich rasch langweilen – und noch mehr die höflich-verlogenen, stereotypen Formulierungen der Absage. Ich hatte mir freilich keine Illusionen gemacht, dass ich bei Döblin eine Lehrstelle finden würde. Trotzdem stimmte mich die Begegnung getrost, ja fast heiter. Was für eine Ermutigung, von diesem großen Dichter im Gespräch halbwegs ernst genommen zu werden!

Kurz danach erreichte mich die Nachricht, dass im Städtchen Schorndorf (der »Metropole« des schwäbischen Wein-Paradieses Remstal) ein Verlag aufmachen werde. Ich setzte mich sofort in die Bahn, fand auch die Adresse des kleinen Unternehmens, geführt von einem kräftigen, blonden Mannsbild zwischen dreißig und vierzig Jahren, das einen zackigen Ton am Leibe hatte (der Ex-Offizier ließ sich nicht verleugnen). Er engagierte mich ohne lange Diskussion für 200 Reichsmark (der Gegenwert von etwa zwanzig amerikanischen Zigaretten, die man die »Aktiven« nannte). Rasch fand ich eine Unterkunft bei zwei betagten Pfarrerswitwen, denen es nicht an Häkeldeckchen mangelte. Immerhin gab's einen Schreibtisch und zwei Stühle. Mir schwante, dass ich mich dort fühlen werde wie einst der Herr Vikar im Pfarrhaus. Immerhin boten die Witwen an, mir ein bescheidenes Nachtmahl zu servieren (gegen Lebensmittelmarken), sie fragten nur besorgt, ob ich »Blaukreuzler« sei. Ich hatte keine Ahnung, wovon sie sprachen. Sie wollten wissen, ob ich strikter Antialkoholiker sei oder mir abends ein Fläschchen vom miserablen Nachkriegsbier genehmigte. Ich konnte sie beruhigen. Sie fügten mit sanftem Lächeln hinzu, Besuch nach 22 Uhr könne nicht geduldet werden, zumal nicht von Damen. Ach, seufzte ich, Schorndorf werde mich schon nicht in Versuchung führen – und dachte melancholisch an die einsamen Abende, die ich mit der Lektüre von langweiligen Manuskripten dahinbringen würde.

Die erste Aufgabe war jedoch überraschend interessant. Ich sollte das nachgelassene Tagebuch von Friedrich Percyval Reck-Malleczewen redigieren, der, wie ich lernte, einer vermutlich recht wohlhabenden ostpreußischen Grundbesitzer-Familie entstammte, die inmitten des altpreußischen Adels unter ihrem bürgerlichen Namen litt (anders war der verschmockte Vorname nicht zu erklären). Reck war Arzt, doch nach dem Ersten Weltkrieg ließ er sich auf einem bayerischen Bauernhof nieder und schrieb Bücher meist unterhaltender Natur, darunter *Bomben auf Monte Carlo*, das auch als Film ein großer Erfolg wurde. Seine wichtigste Publikation war freilich 1937 der historische Roman *Bockelson*, der den Wahn und den Terror der Wiedertäufer von Münster eindrucksvoll inszenierte. Es konnte keinen Zweifel geben, wen der Autor dabei im Auge hatte, nämlich den »Rohkost essenden Dschingis-Khan«, wie er den »Führer« im August 1936 im Tagebuch karikierte, den »abstinenten Alexander«, den »Napoleon ohne Weiber«. Das Buch wurde verboten.

Reck hatte vor der Machtübernahme dreimal Gelegenheit gehabt, den Hysteriker Hitler aus der Nähe zu beobachten (in Restaurants und im Hotel). Sein konservatives Lebensgefühl schrieb die nazistische Revolution nicht den Proletariern zu, sondern dem kleinen Beamtentum, der Elementarlehrerschaft, den mittleren Postbeamten, dem Aufstand der Briefträger und Volksschulmeister, jener »infernalischen Mittelschicht«, deren Absturz durch die Inflation und das Spar- und Verarmungsprogramm des Kanzlers Brüning er nur am Rande zur Kenntnis nahm. »Dieses Volk ist geisteskrank«, schrieb er im April 1939 ohne Nachsicht – und in der Tat, anders ist der Marsch in den Untergang nicht zu begreifen.

Von den Preußen ließ er nur Friedrich II. gelten, und er sah klar genug, dass Bismarck mit der Gründung des Zweiten Reiches (als vermeintlichen Nationalstaat der Deutschen) Preußen in den Orkus befördert hatte. Ich gebe zu, dass mich der Preußen-Hass des Wahlbayern ein wenig irritierte, zumal seine Schmährede gegen die aristokratischen Offiziere des Zwanzigsten Juli. (Er übersah, dass die Stauffenbergs keine Preußen, sondern Schwaben waren.) Es schien mir eine merkwürdige Flucht aus der Wirklichkeit zu sein, dass er sich als ein Diener des Hauses Wittelsbach betrachtete, der vom Kronprinzen Ruprecht nur als dem »Hohen Herrn« schrieb und sprach. Wilhelm II., den er im holländischen Exil besucht hatte, bedachte ihn nicht mit dem hohenzollerschen Hausorden, mit dem er gerechnet hatte, sondern mit dem ironischen Geschenk eines eigenhändig vom Imperator a. D. geschlagenen und gesägten Holzscheits. Sein später Monarchismus berührte mich seltsam. Umso eindrucksvoller sein Vorausblick auf den Zweiten Weltkrieg. Als es so weit war, vermerkte er mit Entsetzen die Massenexekutionen an Juden in Polen und Russland; beim Aufenthalt an einem Bahnhof erkannte er einen Transport russischer Kriegsgefangener am barbarischen Gestank, der aus den Waggons drang, Exkremente und Verwesungsgeruch ...

Schon im Oktober 1940 sah er den Nationalismus, so laut er sich auch gebärde, in Agonie, er werde morgen hinter uns liegen wie »ein hässlicher schweißiger Traum«. Ein selbständiges, vom König repräsentiertes Bayern in der Europäischen Union – das wäre die Erfüllung seiner Träume gewesen. An Silvester 1944 wurde er, Opfer einer Denunziation, verhaftet und nach Dachau verschleppt, wo er angeblich im Februar 1945 an Typhus starb, in Wirklichkeit wohl exekutiert wurde.

Als ich nun, bei der Niederschrift dieser Erinnerung, nach dem zerfledderten Nachkriegsbändchen suchte und es auch fand – graues Papier, das langsam zerfällt –, stieß ich auf eine Neuauflage aus dem Jahre 1966, die ich völlig vergessen hatte, auch mein Vorwort, in dem ich manches strenge Urteil, das ich bei der ersten Lektüre nicht unterdrücken konnte, offeneren Gemütes revidierte (ohne die früheren Vorbehalte zu verschweigen); der Hass gegen die Nazis überdeckte, wie mir nun deutlich wurde, auch den elitären Hochmut eines erzkonservativen Sonderlings. Den Verleger wies ich damals auf die Fragwürdigkeit des Urteils über die Verschwörer des Zwanzigsten Juli hin, aber statt zu antworten, brüllte mich dieser seltsame Buchproduzent an. Bedenken oder Widerworte duldete er nicht. Als ich ihm sagte, seit dem Kasernenhofdienst habe niemand mehr in diesem Kommisston mit mir geredet, hörte er kaum hin. Schließlich verbot er mir das Rauchen am Schreibtisch, obschon ich in meinem Bürozimmerchen allein saß und niemanden belästigte; ich packte daraufhin meine Papiere zusammen und verschwand ohne ein Wort, zahlte den entsetzten Pfarrerswitwen die schuldige Miete und sagte dem hübschen Schorndorf ohne Herzeleid adieu.

Zurück in Stuttgart, am Rande des kleinen Parks Karlshöhe, schloss ich erleichtert die Tür zu meinem Gartenhäuschen auf, in dem ich geraume Zeit zuvor eine Zuflucht gefunden hatte (es steht noch immer hinter seinem Zaun, halb zerfallen, Notunterkunft von Heimatlosen vieler Völker, von Illegalen, armen Tropfen, Alkoholikern, denen das Leben keine Chance mehr zu bieten scheint). Das Gartenhaus, damals noch bewohnbar, hatte ich durch schieren Zufall gefunden. Es gehörte den Besitzern einer Konzertagentur, die zweihundert Meter weiter unten am Berg wohnten. Die Einrichtung im Häuschen war bescheiden. Ein Tisch, ein paar Stühle, ein kleiner Schrank, ein Regal für die Papiere und Bücher, hinter einem Vorhang ein doppelstöckiges Militärbett, die Matratzen ziemlich durchgelegen, fließendes Wasser (das im Winter regelmäßig einfror, dann mussten schwere Eimer den Berg heraufgeschleppt werden) – vor allem aber ein Kanonenofen, auf dem ich Suppe kochen konnte. Er wärmte die Bude ein wenig auf, vorausgesetzt, ich hatte irgendwo ein paar Briketts aufgeklaubt oder im Wald ein Bäumchen gefällt, worin ich es mit meiner Schwester zu einer gewissen Fertigkeit gebracht hatte; der arme Vater musste Schmiere stehen, schlechten Gewissens, denn er versöhnte sich nicht mit unserer Nachkriegsmoral, die besagte, dass der Staat, der uns um unsere Jugend betrogen hatte, den Notdiebstahl ertragen müsse. Als er, der gesetzestreue Pastor, rebellierte, fragte ich ihn kühl, ob er es riskieren wolle, dass seine Frau an einer Lungenentzündung sterbe. Da schwieg er. (Für die kältesten Nächte hatte er unten im Olga-Hospital eine Bleibe, die auch seiner Frau Unterkunft bot, wenn die Kälte zu arg wurde – und manchmal auch mir, doch nur heimlich.)

Nein, das Gartenhäuschen war nicht bequem, aber ich fühlte mich wohl, sonst hätte ich es in dem Verschlag nicht vier Jahre ausgehalten. Die Unterkunft hatte den unschätzbaren Vorteil, dass ich allein war und das Doppelstock-Bett teilen konnte, wenn ich, wenn die Freundin Lust dazu hatten. Manchmal konnte ich für ein paar Tage anderen jungen Leuten helfen, die keine Bleibe hatten, nicht länger, denn ich wollte für mich sein. Der Blick über Stuttgart von der Terrasse versprach eine goldene Freiheit, auch wenn die Stadt noch immer ein Trümmerhaufen war. Ich konnte tun und lassen, was ich wollte. Nur einmal drang die Beschwerde von Nachbarn unten am Berg zu mir – im Sommer kam es vor, dass sich Freundinnen draußen auf der Terrasse duschten (wie auch ich es mir angewöhnt hatte). Ich kümmerte mich nicht weiter darum und sagte meinen Vermietern, wer den Anblick nicht ertrage, könne ja wegschauen. Das meinten die Konzertunternehmer auch. Sie waren keine Spießer und rechneten sich dem Künstlervolk zu, was nur bedingt zutraf.

Eines Sonntagnachmittags keuchten die Eigentümer durch den Garten herauf, gefolgt von einem illustren Gast: Johannes Heesters, der vergnügte Holländer, der seine Karriere erst kürzlich – über hundert Jahre alt – beendete. Meine Vermieter hatten für ihn ein Konzert in der Stadt arrangiert (und waren ein bisschen beleidigt, dass ich nicht um eine Freikarte bat). Ich konnte dem heiter gestimmten Herrn nur eine Tasse Tee anbieten, den ich auf dem Öfchen präparierte. Er belohnte die bescheidene Gastlichkeit durch eine Gratis-Darbietung: »Dein ist mein ganzes Herz« schmetterte er übers Tal, mit einer erstaunlichen Stimmkraft, von der damals keine Seele ahnte, wie lange sie sich behaupten werde, vor allem seine holländischen Landsleute nicht, die ihm die Auftritte im Dritten Reich nie verziehen, obschon sie wussten, dass die Kollaboration in ihrem Land ausgeprägter war als in jeder anderen okkupierten Region.

Das Gartenhäuschen war eine ideale Zuflucht für die Liebe, auch fürs Schreiben, mit dem ich unverdrossen fortfuhr, obwohl noch nirgendwo auch nur eine Zeile gedruckt worden war; und es diente schließlich auch als Stützpunkt für den Nebenberuf, von dem ich mich (und nicht nur mich) im Wesentlichen ernährte: den Schwarzhandel. Meine Schwester hatte für ihre Schwarzmarkt-Operationen einen eindrucksvollen Organisator gefunden, Matuschek oder so ähnlich hieß er, der – sein größter Vorzug – einen Wagen besaß, einen Opel P4, das populärste deutsche Auto vor dem Krieg. Der Wagen musste einiges hinter sich haben, denn er sah recht lädiert aus. Doch der Besitzer trieb für jede unumgängliche Reparatur die notwendigen Ersatzteile auf (was einem Wunder glich) und einen Mechaniker, der die Kiste wieder in Gang brachte (mit Naturalien gut bezahlt). Ein permanentes Problem war die Benzin-Beschaffung. Die offizielle Zuteilung, die Matuschek gewährt wurde (unter welchem Vorwand auch immer), war rasch verbraucht. Unsere Notlösung: Wir fuhren mit den Damen, die zu unserer *gang* zählten – zu meiner Schwester und ihrer Freundin hatte sich eine attraktive Dame gesellt, die (offiziell oder auch nicht) als die Braut meines Bruders Frimut galt –, auf die Autobahn Richtung Karlsruhe oder auch Richtung München, hielten auf dem Standstreifen an, möglichst nahe an einem Buschwerk. Die Frauen blieben beim Auto und winkten lebhaft, ja mit verzweifelten Mienen, wenn sich ein Army-Truck näherte. Sie erklärten den GIs in etwas stockendem Englisch, dass ihnen das Benzin ausgegangen sei. Ob die Soldaten wohl aushelfen könnten? Die gutmütigen Besatzer füllten den Tank des Opels und stellten obendrein einen großen Kanister in den Kofferraum. Danach begannen die Sieger in der Regel ein Schwätzchen mit den »Frolleins«, zweifellos in der Erwartung, diese würden ihre Dankesschuld mit der begehrten (aber auch einzigen) Währung entrichten, über die sie verfügten. Wenn die Gesten etwas zu eindeutig wurden, krochen wir – als hätten wir die Rast zu einem Schläfchen genutzt – aus dem Buschwerk. Die GIs wollten keinen Ärger, vermöbelten uns nicht (was sie leicht hätten tun können), sondern stiegen mit einem sauren Grinsen in ihren Truck und fuhren davon. Der Trick war nicht fein, aber er funktionierte.

Matuschek brachte eines Tages einen gutaussehenden, fast schönen jungen Mann mit (dunkle Locken, stahlblaue Augen), der unsere Damen beeindruckte. Doch dafür war er nicht engagiert worden. Vielmehr fuhren wir mit ihm in die amerikanischen Wohnviertel, lange genug nach Dienstbeginn am Morgen, parkten irgendwo am Rand. Unbefangen klingelte der junge Mann an den Wohnungstüren und bat die öffnende Hausfrau – er sprach ein halbwegs routiniertes Englisch – bescheiden um die milde Gabe einiger Zigaretten-Päckchen. Hier und da wurde er hereingebeten und mit einem ganzen Karton erfreut. Dann dauerte sein Aufenthalt etwas länger. Gelegentlich brachte er es vor zwölf Uhr auf drei Kartons, und er wirkte danach, zu unserem Erstaunen, nicht einmal sonderlich erschöpft. Bei so reicher Beute gehörte ihm ein ganzer Karton als Anteil, ein kleines Vermögen. Er lachte, wenn wir ihn – in Entsprechung zum »Frollein« – das »Herrlein« nannten. Wiederum war unsere Unternehmung nicht fein zu nennen.

Viele der jungen Frauen traten damals in Aktion, um den Hunger ihrer Kinder zu stillen, der jüngeren Geschwister, der erschöpften Eltern, vielleicht auch des deutschen Freundes oder gar des Mannes. Nicht wenige heirateten ihren GI, was ein Jahr nach der Kapitulation erlaubt wurde – zumal es sich erwiesen hatte, dass die »nonfraternisation« nicht einen Tag (oder eine Nacht) lang durchzuhalten war. Die »Kriegsbräute«, aber auch die freien Fräulein trugen vermutlich mehr zur Versöhnung mit den Feinden von gestern bei als der gesamte Verein der deutschen Politiker, denen die Militärregierungen wichtige Positionen in den neu gebildeten Ländern anvertrauten. (Mehr als einmal schlug ich öffentlich vor, auf dem Rasen vor dem Reichstag – einem der hässlichsten Staatsbauten in Ost und West – ein schlicht-graziöses Denkmal zu errichten, auf dem nur die Worte stehen sollten: »Dem deutschen Fräulein«. Vielleicht finden sich eines Tages Abgeordnete und Minister freien Geistes, die zu dieser einfachen Geste der Dankbarkeit bereit sind – allzu viele Hoffnungen mache ich mir nicht.)

Eines Tages war Matuschek verschwunden, ohne Abschied, doch natürlich mit dem Opel, der uns allen so gute Dienste geleistet hatte. Die unansehnliche Kiste hatte uns nicht zuletzt erlaubt, an der Schweizer Grenze einen Zentner-Sack mit grünem Kaffee abzuholen. Wären die Bohnen geröstet gewesen, hätte sie der Zoll oder die Grenzwacht, in Deutschland die kontrollierende Polizei, leicht erschnuppern können, von abgerichteten Hunden nicht zu reden. Schwarzröster gab es genug – ein glänzendes Geschäft. Meine Schwester, die von Matuscheks Gangster-

Charme und seiner wachen Intelligenz nicht unbeeindruckt geblieben war, versuchte vergeblich, von seinen Schwarzmarkt-Kunden zu erfahren, warum er sich davon gemacht hatte. Niemand schien Genaues zu wissen. Manche glaubten, er habe in der sowjetisch besetzten Zone ein neues Betätigungsfeld gesucht. Vielleicht.

Nur selten kam er mir noch in den Sinn. Doch nach mehr als vier Jahrzehnten bin ich seinem Schatten wieder begegnet. An einem Herbsttag 1987 oder 1988 saß ich in einem Taxi auf dem Weg zum La Guardia Airport, Manhattan gegenüber. Ich wollte nach Washington fliegen. Plötzlich ein Gewitter und es brach sofort, wie in New York immer, der Verkehr zusammen. Wir standen auf der Triborough Bridge im Stau. Der Fahrer deutete auf eine hell erleuchtete Betonburg am Ufer des East River, die oberen Stockwerke auf Höhe der Brücke. »Das ist die staatliche Klapsmühle«, sagte er mit starkem osteuropäischen Akzent. Kenne ich, erwiderte ich beiläufig. Er schaute für einen Augenblick misstrauisch in den Rückspiegel. »Nein, nein, nicht als ›Kunde‹.« Ich hatte auf Wards Island, wie das Gelände hieß, zehn Jahre zuvor einen kleinen Fernsehfilm gedreht, dabei im Park die seltsamsten Kunstwerke gefunden – Autowracks, von einer Schrottpresse auf die Hälfte geschrumpft, mit grellen Farben bemalt. Angeblich hatte der Künstler für jede dieser ungewöhnlichen Skulpturen mehr als zehntausend Dollar kassiert. Hübsches Honorar! – Ob diese Kunst der Heilung gedient habe, fragte der Chauffeur. Wie sollte man das wissen. »Woher kommen Sie?«, erkundigte er sich. Aus Deutschland, antwortete ich, so selbstverständlich, wie es anging. »Wo dort?« Stuttgart. »Kenne ich – habe in der Stadt einige Jahre gelebt. Bis ich mein amerikanisches Visum bekam.« »Wo haben Sie gewohnt?« »Wird Ihnen wenig sagen: Reinsburg- und Silberburgstraße«. Ich war überrascht. Zuckte vielleicht ein wenig zusammen. (So wie es Art Spiegelman später berichtete, der einen Deutschen unvermittelt fragte: »Sind Sie Patriot? – »Bin ich bitte was?« Der Erfinder von *Maus* stellte trocken fest: »Ich glaube, ein Deutscher kann das Wort nicht sagen, ohne zu stottern.«)

Nein, er war nicht unser Matuschek, der Taxi-Fahrer. Aber es war ein ähnlicher Akzent, und zum ersten Mal seit Jahren fiel mir der Name wieder ein. »Erinnern Sie sich an die kleine Kneipe an der Ecke Silberburgstraße?«, fragte er. »Ja. Trank dort manchmal ein Bier, mit einem Freund – sind Sie je einem Herrn Matuschek begegnet?« »Dem? Den kannte dort jeder, in unserem Ghetto.« »Wo lebt er jetzt?« »Ich glaube in Florida. Oder in Kalifornien.« Plötzlich sah ich sie alle vor mir, meine Partner in unseren kleinen Transaktionen. Die dicke Kaplanowa mit den weichen Zügen im gut gepolsterten Gesicht. Sie sei nach der Befreiung vom amerikanischen Weißbrot und der hellen Schokolade, vielleicht auch vom Bier so aufgeschwemmt worden, erzählte sie damals, deutete auf ihr Töchterchen. »So schlank wie die Kleine war ich einst.« Eine freundliche Frau. »Die Kaplanowa!«, rief der Fahrer. »Die habe ich erst letztes Jahr in Israel besucht. Deren Tochter ist schon geschieden.« Ja, der Sauseschritt der Zeit. »Sie wiegt heute übrigens kein Pfund zuviel, die Mutter, und sie ist fast wieder so hübsch, wie sie es wohl war, ehe sie die Nazis ins KZ verschleppten ... die Kaplanowa«. Man merkte seiner Stimme an, dass er sie ins Herz geschlossen hatte. Namen, die mir längst entfallen waren, sagte ich nun vor mich hin. »Wissen Sie, was aus den Brüdern Zuckermann geworden ist?« – »Die Zuckermanns? Die wohnen keine zehn Meilen von hier. Machen noch ein bisschen Geschäfte. Nicht viel. Sind meistens in der Schul« (das sagte er auf Jiddisch), »fromm waren sie immer«. Das konnte ich bestätigen.

Irgendwann hatte ich erwähnt, dass mein Vater Pfarrer sei, Pastor, so etwas wie ein Rabbiner, ein Theologe. Das interessierte die beiden. Ob er auch ihr Gottesbuch kenne, für die Christen das Alte Testament? Ja, natürlich. Auch ich sei, trotz der Nazis, mit den biblischen Geschichten aus dem Buch der Bücher aufgewachsen. Ob sie sich mit dem Vater unterhalten könnten? Gewiss doch. Ich müsse ihn fragen, wann er Zeit habe. Wenige Tage später begleitete ich die beiden zu dem Vorort, in dem die Eltern ihr bescheiden-gemütliches Häuschen bewohnten. Die Brüder reichten mir nur zu den Schultern, aber sie schritten schnell aus, bewegten sich voller Temperament, redeten rasch, aus dem Hochdeutschen immer wieder ins Jiddische fallend.

Der eine der beiden war nach dem Einmarsch der Deutschen auf die sowjetisch besetzte Seite Polens geflohen. Die Russen transportierten ihn sofort nach Sibirien weiter, in ein Arbeitslager, das er mit Glück überlebte. Der andere wurde nach einigen Monaten im Versteck in ein deutsches KZ verschleppt, kein Vernichtungslager, gottlob, sondern ein Industrielager, in dem er halb verhungert für die Rüstung schuftete, offensichtlich mit solcher Fertigkeit, dass ihn die SS-Schergen nicht weiterverschickten – bis ihm, nicht lang vor dem Abzug der Wehrmacht, die Flucht gelang. Die Brüder hatten erst ein Jahr nach Kriegsende in Deutschland wieder zusammengefunden: »Displaced Persons«. Mein Vater trat vor die Haustür, um sie zu begrüßen. Er bat sie herein, doch sie blieben draußen stehen. Zuerst möge er eine Frage beantworten, sagte einer der beiden, mit dem Finger vor Vaters Nase fuchtelnd: »Hast du Antisemitismus gepredigt?« Nein, das habe er nicht, sagte der Herr Pfarrer ruhig. Aber, fügte er hinzu, er habe auch nicht mutig genug gegen den Antisemitismus der Nazis gepredigt. Nur in Andeutungen, aus Angst vor der Gestapo. Sie meinten, er könne nicht solche Angst gehabt haben wie sie. Doch sie kamen ins Haus. Meine Mutter, die einen hübschen Tisch gedeckt hatte und Ersatz-Kaffee und eine Art Kuchen servierte, wollte ihnen die Hand geben. Das dürften sie nach orthodoxer Sitte nicht, erklärte der Ältere. Es sei nicht böse und nicht persönlich gemeint. Als der Vater die Schönheit der Psalmen-Übersetzung Martin Luthers pries, wurden sie unwillig. Der sei ein mörderischer Antisemit gewesen. Vater musste es einräumen. Versuchte eine Erklärung. Luther sei keinem Rassenhass erlegen, sondern über die Weigerung der Juden, Protestanten zu werden, tief enttäuscht gewesen. Trotzdem, sein religiöser Hass habe böse Früchte getragen. Mein Vater wies auch auf das Schuldbekenntnis der Kirche aus dem Jahre 1945 hin. Als der Abend kam, verabschiedeten sich die Brüder freundlich und legten als Geschenk ein Päckchen »echten« Tee auf den Tisch.

Wir, der Taxi-Chauffeur und ich, entdeckten noch andere Partner, denen wir im Gewoge des Schwarzen Marktes begegnet waren. Am Ende tauschten wir unsere Karten aus. Aber weder rief er bei mir an, noch ich bei ihm. Vermutlich wollten wir es beide bei der einen, der seltsamen Fügung belassen.

Wäre ich damals den Weisungen der Vernunft gefolgt, wäre ich nicht viel später als die Zuckermanns nach Amerika gelangt. Bei meinen Eltern hatte sich 1947 eine Dame aus der Militärregierung gemeldet, die den Familiennamen der Mutter meiner Mutter trug, eine Ms Metzenthin. Die Urenkelin eines Großonkels, der gegen Ende des 19. Jahrhunderts ausgewandert war, zuvor Pastor in Brandenburg. Die Dame in Uniform (sonst eher farblos) muss eine einflussreiche Position besetzt haben, denn sie bot bei der ersten Begegnung an, mir drüben einen Studienplatz zu besorgen. Die Unkosten könne sie mir vorstrecken, bis ich dann einen Job gefunden hätte, der mich über Wasser hielte, das sei nicht allzu schwierig. Ich erbat mir Bedenkzeit – und sagte ab. Mitten im Hungerjahr 1947. Idiotisch. Vielleicht. Ich hatte Gründe.

Liebe, Hunger – und eine Vision

Ich war verliebt. Dass ich im Elendsjahr 1947 das Angebot Amerika ausschlug, sozusagen das Paradies (durch Zweifel nicht angefochten, weder damals noch später), zeigte in Wahrheit eine Liebe an, die bis heute in meinem Herzen wach ist. Sie gehörte einer dunklen Frau (bei genauem Hinsehen fanden sich ein paar graue Strähnen, nicht von ungefähr, in der braun-schwarzen Haarpracht); eine zierliche Person, klares Gesicht, starke, prüfende Augen, die voller Trauer waren und dennoch unversehens aufleuchten konnten, die Stimme von einem freundlichen alemannischen Akzent geprägt. Ich begegnete ihr im Hörsaal, vermutlich in einer literaturgeschichtlichen Vorlesung. Sie wohnte weit über der Karlshöhe auf einem der westlichen Hügel über dem Stuttgarter Talkessel. Ich begleitete sie heim mit der Straßenbahn an der (einst) ultramodernen Bauhaus-Siedlung (oder was von ihr übrig war), am späteren Messegelände vorbei, das letzte Stück zu Fuß bergauf. Wir unterhielten uns angeregt. Tranken wir irgendwo einen Ersatz-Kaffee oder ein »Heißgetränk« (wie damals die Tees unerfindlicher Herkunft hießen)? Ich weiß es nicht mehr.

Sie erzählte mir ihre Lebensgeschichte (oder doch Fragmente). Der Vater jüdischer Herkunft, protestantisch getauft. Er hatte in Südbaden eine Metallwarenfabrik aufgebaut, die Bremsbeläge, Stahlwolle und andere nützliche Dinge fertigte, verheiratet mit einer herzlichen und attraktiven Dame, die einer christlichen Großbürgerfamilie entstammte. In der Neige der zwanziger Jahre wurde er zum Vorsitzenden des Unternehmer-Kreises seiner Branche gewählt. Umzug nach Berlin, in einen Neubau an der Heerstraße (nicht weit vom klassizistisch geordneten und trotzdem gigantischen Olympia-Stadion, das ein knappes Jahrzehnt später entstand). Ilo, die älteste der drei Töchter, genoss die Freiheit der Großstadt. Die mittlere Schwester, bildschön und ziemlich blond, wurde Tänzerin am Metropol-Theater. Die Direktion verschwieg ihre Herkunft, was bedeutete, dass sie während des nazistischen Regimes tanzen konnte, sich freilich auch keiner Einladung des Reichspropaganda-Ministers zu entziehen vermochte, der gern die Damen aus Film und Theater um sich scharte. Sie prangte noch mitten im Krieg, als arischer Star, auf den Titelseiten der Frontillustrierten.

Der Vater entkam mit der jüngsten Tochter nach England (wo er am Tag der Kapitulation, schon für die Rückkehr gerüstet, einem Herzinfarkt erlag). Ilo gelang 1938 ein Besuch in London, samt ihrem Verlobten, einem jungen Manager, den sie hier (den Nürnberger Gesetzen zuwider) heiraten konnte, obschon nach damaligem Recht noch nicht »volljährig« (sie wusste hernach selbst nicht mehr, wie sie das zuwege gebracht hatte). Das Paar reiste nach Deutschland zurück. Ihr Partner wollte es so, weil er bezweifelte, dass er in England ein Auskommen finden werde. Er wurde Soldat (trotz der halbjüdischen Frau), 1943 oder 1944 vermisst gemeldet – also war er, obwohl es nie offiziell bestätigt wurde, zu Tode gekommen. Sie kam darüber nicht hinweg und heiratete kein zweites Mal, obwohl sie – attraktiv, sensuell, gebildet, lebenstüchtig – die Männer anzog, in Deutschland wie in Israel, wo sie sich zeitweilig ansiedelte (bei Verwandten in einem sozialistischen Kibbuz). Sie hätte gern Kinder zur Welt gebracht. (Noch während diese Zeilen geschrieben wurden, lag sie – bis sie im Sommer 2014 im Alter von 94 Jahren entschlief – in einem Pflegeheim, in dem sie sich geborgen fühlte. Sie konnte nicht mehr lesen, kaum noch hören, war seit langem des Lebens satt, wie die Bibel sagt, doch noch immer aufstrahlend, wenn ihr Grüße von alten Freunden zugerufen wurden.)

Die Fabrik in Südbaden war längst enteignet, als sie damals aus London zurückkehrte; ein brauner Lump hatte sie sich unter den Nagel gerissen. Ilo und, nach der Schließung der Theater, auch die Schwester wurden zur Industriearbeit bei Siemens gezwungen. Als die Sowjetarmeen Berlin eroberten, kümmerten sich die Iwans einen Dreck um die jüdische Herkunft der jungen Frauen, die sie so gern als Befreier begrüßt hätten. Ilo opferte sich, die schöne Schwester schützend, die sich zur alten Frau geschminkt und in Lumpen gehüllt hatte. Im frühen Sommer 1945, als das Schlimmste überstanden war, schlugen sich die beiden auf Fahrrädern nach Süddeutschland durch. Ilo erkämpfte die Rückgabe der Fabrik, und unverzüglich begann sie mit Hilfe der Vorarbeiter und Meister, die zu alt für den Krieg oder früh nach Hause gelangt waren, mit der Produktion der begehrten Küchenwaren, die sie auf den Dörfern gegen Lebensmittel für die Belegschaft eintauschen ließen. Ohne Vorwarnung besetzten eines Morgens französische Militärs das Werk. Es wurde geschlossen. Grund: Der diebische Nazi-Chef hatte während des Kriegs in Frankreich Maschinen requiriert. Ilo, die davon nichts wusste, gab das Raubgut sofort heraus, doch es gelang ihr erst in zähen Verhandlungen mit den einschlägigen Pariser Ministerien – zum Glück sprach sie Französisch –, die Freigabe des Betriebes zu erreichen. Als sie einen halbwegs zuverlässigen Geschäftsführer gefunden zu haben glaubte, sagte sie sich, dass sie einen Urlaub verdiene – und nutzte ihn, um zu studieren (was ihr während des Dritten Reiches versagt war). So fanden wir zusammen. Am Abend gingen wir ins Kino, ins Theater oder in die unversehrten Kirchen, um alte und neue Musik zu hören, meist gespielt vom Stuttgarter Kammerorchester, das unter Karl Münchinger verdienten Ruhm gewann. Furtwängler wollte ihm die Nachfolge bei den Berliner Philharmonikern anvertrauen, doch das Orchester mochte ihn nicht, es hatte sich für Karajan entschieden und spielte darum Münchinger in einem Probekonzert zu Boden. (Ich schrieb darüber ein Stück mit dem Titel »Orchester ohne Pauken und Trompeten«, eines meiner wenigen, die von Musik handeln; eine Aufgabe, an der die Autoren fast immer scheitern. Entweder der Versuch versinkt in subjektivem Sentiment oder er gerät zu Expertengeschwätz – »Pollini phrasierte diese Passage härter und klarer, als es dem bemühten jungen Solisten trotz des perlenden Anschlags gelang« ...)

Ilo und ich erlebten die amerikanischen, die englischen, die französischen Theaterstücke mit einer Intensität, die uns hernach, wenn wir nebeneinander lagen, bis zum Morgen wachhielt. Die Inszenierungen auf den provisorisch instand gesetzten Bühnen hatten ein hohes Niveau, trotz der ärmlichen Ausstattung, die nicht mit der langweiligen Kargheit zu verwechseln war, in der das sogenannte Regietheater später sein eigenes Pathos produzierte. Damals war die Knappheit an Material und Mitteln ein Appell an die Phantasie der Regisseure, der Bühnenbildner, vor allem der Schauspieler, von denen viele vordem an Berliner oder Dresdener Theatern gewirkt hatten; unter ihnen der kleingewachsene und so große Erich Ponto, den wir im *Hauptmann von Köpenick* bejubelten, dem Glanzstück von Carl Zuckmayer; oder die sensible und so kraftvolle Christine Kayßler aus der traditionsreichen Schauspielerdynastie (die mein Vater auf dem Weg zur Straßenbahn kennengelernt hatte und sich prompt in sie verliebte, was sie leider nicht zur Kenntnis nahm); oder der gescheite Paul Hoffmann, ein intellektueller Darsteller des Gründgens-Typus, hernach länger als ein Jahrzehnt Chef des Wiener Burgtheaters (den stadteigenen Intrigen mit seiner gepanzerten Gelassenheit genauso gewachsen wie später der großmäulige Peymann).

Ilo gehorchend, die einen pragmatischen Verstand hatte, lernte ich mit und neben ihr in einer schäbigen Fortbildungsschule Schreibmaschine und Steno, zwei Fertigkeiten, die mir im Journalistenberuf nützlich sein sollten. Hätte ich sie denn wirklich gelernt. Neben Ilo, die *allegro troppo* vor sich hin hämmerte, gelang mir die Koordination der Klotzfinger nicht. Genervt gab ich auf – schreibe bis heute mit vier Fingern, zwei links, zwei rechts, manchmal nur mit dreien, manchmal mit fünfen, doch dies ziemlich flott, zumal nach der Gewöhnung an den Laptop, der so viel leiser, sensibler ist, als es die Reisemaschine war, die ich durch die halbe Welt schleppte. Der Stenographie war ich gleich gar nicht gewachsen.

Das Glück der Stuttgarter Gemeinsamkeit hatte ein jähes Ende. Ilo wurde dringend nach Hause bestellt. Der Geschäftsführer hatte sich als eine Niete erwiesen, das Geschick des Unternehmens stand auf der Kippe. Seufzend kehrte sie in die Leitung des Betriebs zurück. Wir blieben in Verbindung, so gut es ging. Ich hatte in meiner Hütte kein Telefon – wie auch? Gelegentlich rief sie in der Redaktion an, in der ich ein Plätzchen gewonnen hatte, aber die Liebe verhandelte sich nicht gut vor den gespitzten Ohren der Sekretärinnen und Kollegen.

In der Tat hatte ich endlich eine Stelle als Volontär gefunden – in der Gründungsredaktion der Wochenzeitung *Christ und Welt*, die Eugen Gerstenmaier, der Chef des damals mächtigen, weil überlebenswichtigen Evangelischen Hilfswerks in Stuttgart etablierte, um der Botschaft einer modernen, christlich geprägten Politik ein Forum zu schaffen. Da mein Vater den Widerstandsmann aus Kirchheim unter Teck noch vor Beginn seines Theologie- und Philosophie-Studiums gefördert hatte, wurde meine Bewerbung wohlwollend aufgenommen.

Die *Christ und Welt*-Redaktion war in einer alten Flakbaracke am Steingrübenweg untergebracht, nur ein paar Schritte von der Zentrale des Evangelischen Hilfswerks (in der Stafflenbergstraße) entfernt. Dort durften wir uns jeden Mittag zu einer Mahlzeit einfinden, die einfach, aber nahrhaft war: die christliche Milchsuppe, wie wir spotteten, obschon wir in jener Hungerzeit für diese Vergünstigung dankbar waren.

Es brauchte fast ein Jahr, bis die redaktionellen und verlegerischen Vorbereitungen für das Erscheinen der Zeitung getroffen waren. Bis dahin waren wir frei, in anderen Blättern zu publizieren. So kam es, dass mein erster Artikel im Feuilleton eines Wirtschaftsblattes erschien, eine Schilderung des Geschicks meiner Freundin Ilo. Durch ihr Leid und mein, im Gefühl der Nähe, fast physisches Nacherleben verstand ich erst in aller Radikalität, was die Geisteskrankheit des Rassismus und sein Vernichtungswille den Menschen, den Einzelnen, aber damit der Menschheit angetan hatten. Eines Nachts schrieb ich ein halbwegs diskretes Porträt, das mein Entsetzen, meinen Respekt und meine Bewegung deutlich machte – und das Stück wurde gedruckt. Die ersten Zeilen schwarz auf weiß. Ich war selig – und zugleich erschrak ich. Ich hatte mir das Glück der journalistischen Premiere mit einem Bericht über das Unglück eines anderen Menschen erschrieben. Ein Grunddilemma unseres Berufes.

Schon gar bei einer Zeitung mit dem volltönenden Namen *Christ und Welt* und seinem moralischen Anspruch; das Pathos des Titels lud zu Scherzen ein (»Halbchrist und Halbwelt«). Einer der jüngeren Redakteure – Richard von Frankenberg, der später mit schweren Motorrädern, dann mit Porsches Luxuskarren Rennen fuhr – wollte eine Reportage über den sogenannten Kahlschlag der Franzosen im Schwarzwald schreiben. Er meldete sich telefonisch beim Forstmeister von Lörrach an. »Für welches Blatt?«, fragte der Alte. »*Christ und Welt*«, rief Frankenberg. »*Wild und Hund*? Da sind Sie bei mir richtig!« Damit war die interne Titelfrage geklärt: »Christ und Hund«. (Das Witzchen hat den späteren Verkauf an den *Rheinischen Merkur*, das Blatt der katholischen Bischöfe, vermutlich nicht überstanden.)

Die Redakteure hatten mit der Kirche wenig zu schaffen. Der erste Chef war Ernst A. Hepp, vor dem Krieg Presseattaché an der deutschen Botschaft in Washington, dem man später nachsagte, er habe antijüdische Demonstrationen amerikanischer Nazis aus der Reichskasse bezahlt. Davon ahnten wir nichts. Ein langer Schlacks, immer gut aufgelegt. Dank seiner amerikanischen Frau und ihres Zugangs zu den PX-Läden der Besatzung mit allem versorgt, was man sich damals wünschen konnte. Mir schenkte er einen braungestreiften Nylonanzug, der zwar um meine mageren Knochen schlotterte und mich im Sommer schwitzen ließ (das hatte Nylon, der Wunderstoff aus Plastik, so an sich), doch das unverwüstliche Kostüm nahm sich zivilisierter aus als die durchgescheuerten Uniformjacken und Wehrmachtshosen, die ich »auftrug«. Hepp blieb nicht lange. In undurchsichtige Geschäfte verwickelt, zog er sich nach Chile zurück.

Sein Nachfolger wurde Klaus Mehnert, ein alerter und zu jeder Tages- und Nachtstunde wie geölt funktionierender Journalist der ersten Rangreihe: gescheit, gebildet, wahrhaft ein Mann von Welt, auch er mit einer Amerikanerin verheiratet, einer schönen, warmherzigen Frau, die jene Liebenswürdigkeit ausstrahlte, die man ihm, dem Präzisionsarbeiter, nicht nachsagen konnte – obschon er wie auf Knopfdruck auch einen jungenhaften Charme an den Tag legen konnte, mit einem Teil seines Wesens ein Wandervogel und ewig Jugendbewegter, der womöglich auch die Gitarre spielte und den Zupfgeigenhansel auswendig kannte. Es musste seine Gründe haben, warum die Frauen scharenweise in seine Vorträge liefen, nachdem er sich mit Radiokommentaren und flott geschriebenen Büchern über die Sowjetunion und über China einen Namen gemacht hatte – ein Vorläufer des Bestsellerautors Scholl-Latour. Mich schüchterte er ein. Als ich ihn mit einem Problem heimsuchen wollte, hieß er mich – nach korrekter Anmeldung – freundlich willkommen, und wies auf einen Stuhl. »Schießen Sie los. Ich habe« – ein Blick auf die Uhr – »sieben Minuten Zeit«. Prompt vergaß ich, was ich von ihm wollte und stammelte dummes Zeug, bevor ich mich eilig zurückzog. Zum ersten (und letzten) Mal versackte ich für lange Monate in einer Schreibhemmung, die ich nur mit Hilfe der Freundin (die auf Ilo folgte) zu überwinden vermochte, ehe mir Mehnert die Kündigung schickte.

Im Gegensatz zu seiner einschüchternden Arbeitsorganisation durfte man Mehnerts Vita abenteuerlich nennen. Er gehörte, wie viele Rechtsintellektuelle der Weimarer Republik, zum weiteren Kreis um die Zeitschrift *Die Tat* (der auch Ernst Jünger nahestand), die unter der Chefredaktion des jungen Hans Zehrer Anfang der dreißiger Jahre eine Auflage von mehr als 20 000 verkauften Exemplaren erreichte. Ein Rekord für eine intellektuelle Zeitschrift, den hernach erst der *Monat* brach.

Zehrer wurde nach dem Krieg der Vertraute Axel Springers, und er leitete das *Sonntagsblatt*, das Hans Lilje, der Bischof von Hannover, als Konkurrenz zu *Christ und Welt* gegründet hatte. Seine geschichtliche Stunde (die in Wirklichkeit denn doch keine war) schien 1932 im Niedergang der Republik zu schlagen, während der kurzen Reichskanzlerschaft des Generals von Schleicher, als er versuchte, die gemäßigten Gewerkschaften unter der Führung des Sozialdemokraten Leipert und die – partiell – gegen Hitler opponierenden Nationalsozialisten im Umkreis des Reichsorganisationsleiters Gregor Strasser zusammenzuführen, um einen Durchbruch des Einpeitschers aus Braunau an die Macht zu verhindern, dabei gestützt auf die Reichswehr, die ein Präsidialregime befürwortete. (Zehrer war in jener Epoche zugleich Chefredakteur der Berliner *Täglichen Rundschau*, deren Kurs – wie immer die Besitzverhältnisse gewesen sein mögen – von General von Schleicher bestimmt wurde. Der Titel des Blattes wurde nach dem Zweiten Weltkrieg, wohl nicht ohne Bedacht, von der sowjetischen Militärregierung für ihr Hausorgan übernommen.)

Die Köpfe des *Tat*-Kreises, die eine neue, revolutionäre, partiell von sozialistischen Ideen bestimmte, intellektuell-elitär geprägte Gesellschaft aus dem Chaos der Gegenwart formen wollten (daher galten sie als »konservative Revolutionäre« oder gar als »Salonbolschewisten«), sind hernach, ein wenig vereinfachend, Wegbereiter des Nazismus genannt worden, obwohl ihnen auch Erzlinke wie Ernst Niekisch nahestanden. Es traf zu, dass sie Feinde der parlamentarischen Demokratie waren, einen absolutistischen Staat, eine »Volksgemeinschaft«, vor allem aber eine Führungselite wollten, nationalistisch, partiell auch antisemitisch gestimmt (was für Zehrer nicht zutraf) – wie Ernst Jünger in jener Epoche, wie der ruchlos-brillante Carl Schmitt, der in den Anfängen als Kronjurist des Dritten Reiches und des Führer-Regimes gelten konnte, wie der Welten-Schauer Oswald Spengler (mit seinem Essay »Preußentum und Sozialismus«), der sich einige Jahre lang von den Braunen die Rettung seines Abendlandes erhofft hatte. Zu jener rechten Elite zählte auch Giselher Wirsing, der eine mehr als fragwürdige Karriere im Dritten Reich gemacht hatte (mit einem hohen SS-Ehrenrang versehen), vermutlich sehr früh in engem Kontakt mit Walter Schellenberg, dem Chef des Auslandsnachrichten-Dienstes im »Reichssicherheitshauptamt«.

Hans Zehrer verkroch sich während des Dritten Reiches in seinem Haus auf Sylt, das ihm seine Frau aus einer großen jüdischen Verlegerfamilie vor ihrer Emigration (vielleicht mit einem Batzen Geld dazu) überlassen hatte. Er vergrub sich in der selbstgewählten Einsamkeit, die er gelegentlich durch die Publikation unanstößiger Unterhaltungsromane durchbrach. Vielleicht war er dem jungen Axel Springer damals auf Sylt begegnet. Die beiden teilten – neben der Passion für schöne Damen – eine Religiosität, in der sich mystisch-esoterische Neigungen mit einer gefühlvollen Christlichkeit zusammenfanden. Zehrer liebte die bedächtigen, melancholisch gestimmten Gespräche am späten Nachmittag, wenn draußen das Licht fiel. Es währte lange, bis er bereit war, eine Lampe anzuknipsen. Wir nannten ihn gern den »Magus des Nordens« (nach dem Religionsphilosophen Johann Georg Hamann, mit dem er in Wahrheit wenig gemein hatte, außer der Distanz zur Aufklärung, dem Misstrauen gegen die Vernunft und der Neigung zur »Intuition«).

Das Bündnis, mit dem Zehrer 1932 den Durchbruch Hitlers zur Macht im letzten Augenblick zu verhindern hoffte, war rasch gescheitert. Die

Sozialdemokraten pfiffen den Gewerkschaftschef zurück, der eine Allianz mit der Reichswehr und mit dem linken Flügel der Nazis für denkbar gehalten hatte. Es scheiterte auch an der Unberechenbarkeit des Generals von Schleicher, an seiner mangelnden Entschlusskraft und an der Schwäche von Hitlers Stellvertreter in der NSDAP-Führung: Strasser legte überraschend alle Parteiämter nieder. Goebbels, der Gauleiter von Berlin, schrieb in sein Tagebuch (so berichtet es der Historiker Heinrich August Winkler), Strasser sei isoliert und »ein toter Mann«. (Das war er im Zuge der Juni-Morde 1934 in der Tat, samt dem General von Schleicher, dessen Exekution von der Reichswehrführung ohne Protest gegen den brutalen Rechtsbruch und die Infamie des Verbrechens hingenommen wurde – im Interesse des Machterhalts, in Wahrheit den eigenen Untergang besiegelnd.)

Klaus Mehnert, der dem Strasser-Flügel der Partei zugehörte, wurde, dank des Einflusses von Giselher Wirsing, 1934 Chefredakteur der *Münchner Neuesten Nachrichten* als Korrespondent nach Moskau geschickt (was ihm vermutlich den Hals rettete). Er kannte die russische Hauptstadt von Kind auf. Sein Großvater war Gründer der größten Schokoladenfabrik des Landes, die nach der Revolution unter dem Namen »Roter Oktober« produzierte (für die Nomenklatura, versteht sich, nicht für das Volk). Mit Glück gelangte Mehnert, im Dritten Reich mit Schreibverbot belegt, 1936 in die Vereinigten Staaten und brachte es zum Professor für Neuere Geschichte an der Universität Honolulu. Kurz vor dem Angriff der Japaner reiste er – von wem auch immer gewarnt – mit seiner Frau via Tokio nach Shanghai, wo er die englische Fassung von Wirsings Zeitschrift *Das 20. Jahrhundert* herausgab. Unter den bettelarmen deutschen Juden der Exilkolonie genoss er kein Ansehen. Michael Blumenthal, der damals als blutjunger Hafenarbeiter seine Familie am Leben hielt – hernach unter Jimmy Carter Finanzminister der Vereinigten Staaten, nun Leiter des Jüdischen Museums in Berlin –, diesem ruhig-bedächtigen Mann schwillt noch immer der Hals vor Zorn, wenn der Name Mehnert fällt.

Sein Bruder, der Bildhauer Frank Mehnert, gehörte mit den Brüdern Stauffenberg zum inneren Kreis der Stefan-George-Jünger. Er fertigte

Anfang der vierziger Jahre eine schöne Büste des Attentäters, die von einer Tante der Mehnerts in Ostberlin versteckt wurde. Klaus Mehnert, mein Chefredakteur, gab mir Anfang der fünfziger Jahre den Auftrag, den Bronze-Kopf nach West-Berlin herüber zu holen. Wir, die ältere Dame und ich, verbargen das schwere Exponat in einem Wäschekorb, den wir über und über mit Blumen füllten, transportierten es auf einem Handwagen zur S-Bahn und erwarteten unschuldigen Gesichtes die Kontrolle der Volkspolizei. Sie kam. Einer der Genossen blickte voller Misstrauen auf den Blumenkorb. Was wir damit anfangen wollten? Wir seien gebeten worden, die Hochzeit von Verwandten in West-Berlin auszurichten, wo Blumen ein Vermögen kosteten, sagte die Dame mit völliger Gelassenheit. Der Polizist nickte und verzichtete darauf, die Hand durch den Korb gleiten zu lassen. Am Bahnhof schleppten wir unseren Schatz in die nächste Kneipe und erholten uns bei einem Glas Wein. Hätte der Vopo die Büste gefunden, wären uns ein paar Jahre Zuchthaus sicher gewesen – nicht so sehr Stauffenbergs wegen, der in der Zone kaum bekannt war (doch von der SED als Repräsentant einer reaktionären Adelsclique damals scharf abgelehnt wurde), sondern weil auf die illegale Verschiebung des kostbaren »Buntmetalls« schwere Strafen standen. (Klaus Mehnert schien das Risiko nicht zur Kenntnis genommen zu haben, vielleicht war es ihm auch egal.) Die Tante Mehnerts war ohnedies gefährdet. In ihrem Pass stand ursprünglich als Geburtsort »Moskau«. Mit Hilfe eines bestechlichen Standesbeamten konnte sie den Eintrag in »Muskau« ändern lassen, einer Art Vorort von Leipzig, prominent geworden durch den geistreichen, literarisch hoch talentierten und ziemlich verluderten Prinzen Pückler-Muskau.

Die enge Freundschaft des Bildhauers Frank Mehnert (1943 in Russland gefallen) mit den Stauffenbergs wies seinem Bruder Klaus den Weg zu Gerstenmaier und damit in die Chefredaktion von *Christ und Welt*, damals die auflagenstärkste der Wochenzeitungen, der *Zeit* weit voraus. Der Unterschied zwischen den Blättern: Der Kurs von *Christ und Welt* wurde von bekehrten Nazis, jener der *Zeit* von unbekehrten Deutschnationalen bestimmt (bis die Gräfin Dönhoff die Leitung des politischen Ressorts und schließlich die Chefredaktion übernahm).

Die Redaktion von *Christ und Welt* war eine Ansammlung von kuriosen Köpfen. Mein eigentlicher Lehrer war der stellvertretende Chef Wolfgang Höpker (Vater des großen Fotografen Thomas Höpker, des ersten deutschen Mitglieds der Magnum-Genossenschaft, zu Zeiten auch ihr Vorsitzender, mit meiner Freundin Eva Windmöller, der bedeutenden *Stern*-Autorin, verheiratet). Vater Höpker war ein etwas kauziger Herr, der leicht mit der Zunge anstieß, was uns veranlasste, ihm die Formel »Chriszt und Welt, eine ZSeitung neuezsten Ttypzs« in einen Vortragstext zu schreiben. Der Arme hatte, von der Gleichschaltung der *Münchner Neuesten Nachrichten* an, Material über die Erstickungsstrategie der Pressepolitik von Propagandaminister Goebbels zusammengetragen, das bei einem der letzten Luftangriffe auf München verbrannte. Mit dem Rest seiner Sammlung und aus dem Gedächtnis schrieb er die Studie »Massenmensch und Massenwahn«, die ausgerechnet in den Tagen der Währungsunion erschien und darum von keiner Seele zur Kenntnis genommen wurde.

Höpker war ein sorgsamer und gebildeter Handwerker, der meine Manuskripte mit unbeirrbarer Aufmerksamkeit korrigierte. Ich verdanke ihm viel, fast mehr noch seiner lebhaften Frau, einer geborenen von Klösterlein (den Namen verzeichnete Stendhal, Besatzungsoffizier der napoleonischen Armee in Deutschland, in einer Liste seiner Geliebten). Sissy nahm mich sozusagen in die kleine Familie auf, die unversehens in eine Krise geriet, als sich eine – wie man so sagt – junge und bildhübsche Sekretärin der Redaktion zugesellte, ein Kind des Saarlandes, nicht nur dem Namen und dem Typus nach eine halbe Französin: Yvonne Duchêne hieß sie, wenn mich mein Gedächtnis nicht trügt. Ein Zauberwesen, in welches sich Wolfgang Höpker Hals über Kopf verliebte. Sie erwiderte die Neigung des stellvertretenden Redaktionschefs. Sissy setzte sich über die Affäre ins Bild, mit welchen Mitteln auch immer – und auf Wolfgang fuhr die Hölle nieder (obschon seine Frau auch nicht immer ein Kind von Traurigkeit war). Sie bestellte die Kleine zu sich, um ihr ins Gewissen zu reden – die sich wiederum bei mir in meinem Gartenhaus ausweinte. Sie wollte fort. Aber wohin? Sie musste Geld verdienen. Also rief ich den Wirtschaftsverleger an, bei dessen Modenschau ich so schmählich versagt hatte (unterdessen war er ein guter Freund geworden) und sagte forsch: »Wilhelm, du brauchst eine Sekretärin, und zwar sofort.« »Wieso, ich habe die beste der Welt!« »Ich weiß, aber die hat eine kleine Entlastung verdient, ein junges Ding, die Manuskripte abschreibt, Routine-Briefe tippt und so weiter.« »Aber wir können uns solchen Luxus nicht leisten!« »Doch, du kannst, und du kannst es vor allem nicht verantworten, dass *Christ und Welt* eingeht, weil der Redaktionsfriede zusammenbricht.« »Ich verstehe«, sagte der weltkundige Verleger, der inzwischen in Frankfurt residierte. »Dann schick sie halt her.« Natürlich wurde Yvonne engagiert.

Das Zeitungsgeschäft war mühsam. Und dies waren dramatische Jahre, die uns in Atem hielten, die abgebrühten Alten und erst recht einen Anfänger wie mich. Der Kalte Krieg. Die Berliner Blockade – der erste Triumph des Westens, den wir bejubelten, sein Held der nüchterne und zugleich so couragierte General Lucius D. Clay, die tapferen Piloten zum andern, die kaltblütig im Minutenabstand über dem Friedhof von Tempelhof auf die knapp bemessene Landebahn herabschwenkten. Die Etablierung der Länder. Die Formung der Parteien, von denen ich mir ein Bild zu machen versuchte. Wann immer es anging, mengte ich mich bei Versammlungen unter die Anhänger und das neugierige Volk, überall freundlich aufgenommen. Nicht bei den Kommunisten, die in dem jungen Mann den Klassenfeind witterten – und mir Prügel anboten, weil ich nicht aufstand, als die Internationale intoniert wurde. Dass die rote Hymne eine andere Würde hatte als »Die Fahne hoch« begriff ich damals noch nicht. Ich war von Kurt Schumacher beeindruckt, dem Märtyrer, der sich nur mühsam ans Rednerpult schleppte. Amputierter Veteran des Ersten Weltkriegs. Zehn Jahre KZ. Ich verstand seine schneidende Distanzierung von den Befehlsempfängern Stalins. Verstand auch seine Kritik an den Torheiten der westlichen Besatzungsmächte (einer musste es sagen), doch ich stieß mich an dem nationalen Pathos, mit dem er sich für die Besiegten in die Bresche warf. Der Ton war zu schrill. Das Pathos zu donnernd. Die Kritik zu unversöhnlich. Da redete einer, der zehn Handgranaten unterm Bett parat hielt, die er jederzeit zünden konnte. Ich glaubte, seine Strategie zu ahnen, dass er die »nationale

Sache« nie wieder der Rechten überlassen wollte. Aber ich war das Nationale leid, und jede Andeutung von Nationalismus entsetzte mich. (Darum wählte ich Schumacher nicht.) Bei der Besonnenheit Adenauers war mir wohler. Seine Sprache war arm, aber klar. Ich fand es beruhigend, dass dieser hoch aufgerichtete alte Herr bei den Massen mit Sätzen wie diesen Beifall fand: Es sei »immer der Fehler der Deutschen gewesen, dass sie zuviel und zu schnell, ja das Unmögliche wollten und am Ende gar nichts kriegten!« Den applaudierenden Bürgern, die bei diesem Bekenntnis der Mäßigung so ehrlich dreinschauten, traute man nicht zu, dass sie sich nur wenig früher bei den nationalistischen und rassistischen Hasstiraden der braunen Einpeitscher die Kehle wund geschrien hatten. Sie schienen ihre Lektion gelernt zu haben.

Auch die Redakteure von *Christ und Welt*. Da wir durch das Evangelische Hilfswerk alle ausländischen Zeitungen beziehen konnten, war es uns ein Leichtes, bei der Berichterstattung »aus aller Welt« aus zwölf Artikeln der schweizerischen, der britischen, der französischen Presse den dreizehnten zusammenzubasteln. Mehnert lieferte seine Leitartikel, meist ein wenig schulmeisterlich, mit einem entwaffnenden Selbstbewusstsein verfasst (»Wie ich vor vier Wochen so richtig schrieb ...«). Mit den amerikanischen Quellen waren wir vorsichtiger, die schöpften vor allem die Kollegen von der *Neuen Zeitung* ab, dem Blatt der Militärregierung, meine favorisierte Lektüre. In der *Neuen Zeitung* hatte ich einen Bericht über die große Rede Winston Churchills an der Züricher Universität gelesen (ich sprach davon), in der dieser überragende Staatsmann des Zweiten Weltkriegs voller Courage rief, dass unser gequälter Kontinent nur überleben könne, wenn er sich zu den »Vereinigten Staaten von Europa« zusammenschließe. Die Voraussetzung dafür sei die Versöhnung Frankreichs mit den Deutschen. Er sei sich wohl bewusst, wie schwer es sei, was er von Frankreich verlange. Es gehe nicht anders. Was für eine Vision! Im September 1946, ein Jahr und vier Monate nach der Kapitulation!

Für mich war diese Rede eine Offenbarung. Die Weisung eines Ziels, für das sich – neben der Liebe – das Überleben und Leben lohnte, die tägliche Arbeit, auch mögliche Opfer, vor allem aber ein leidenschaftliches Engagement, von dem ich niemals abgelassen habe, auch nicht in unserer (glücklichen) amerikanischen Zeit. (Übrigens ergab sich bei einer genauen Prüfung des Textes, dass Churchill – damals Führer der Opposition – Großbritannien nicht als Mitglied der Vereinigten Staaten Europas sah, ihm waren als Führungsnation des Commonwealth andere Aufgaben zugewiesen.) Die Züricher Rede Churchills hat mein Leben bestimmt. Das Echo in Paris war damals eher dürftig. Man war betreten, ein bisschen peinlich berührt. (Die Europa-Pläne von Jean Monnet und Robert Schuman wurden noch sorgsam in verschlossenen Schubladen verwahrt.) Dies änderte sich erst, als Charles de Gaulle den deutschen Kanzler brüderlich umarmte.

Als die Amerikaner die *Neue Zeitung* nach einem knappen Jahrzehnt einstellten, war ich traurig – das vielleicht beste Blatt in deutscher Sprache seit 1933 ging dahin. Damit verschwand eine der großen Schulen des neuen deutschen Journalismus. Die *Neue Zeitung* hat neben der *Welt*, dem Nordwestdeutschen Rundfunk unter der Leitung des großen Hugh Carleton Greene (dem Bruder des genialen Romanciers) und dem Deutschen Dienst der BBC eine ganze Generation unseres Gewerbes geprägt. Dennoch, es war klug, die *Neue Zeitung* keinem deutschen Verlag zu übergeben. Die Briten waren wohl nicht immer allzu glücklich mit ihrer Entscheidung, *Die Welt* 1952 dem aufsteigenden Springer-Konzern zu überlassen. Hans Zehrer freilich, der als leitender Redakteur des Blattes 1946 noch am Misstrauen der Briten gescheitert war, sah sich am Ziel. Er wurde Chef.

Gitta – und kein Muff der fünfziger Jahre

Lange Jahre war sie im Eck eines Fotos zu sehen, das der zwölfjährige Thomas Höpker mit seiner ersten gebrauchten Leica vom Autor dieser Zeilen aufgenommen hat. Auf jenem Bild sitze ich am Tisch in meinem Gartenhäuschen, habe sogar eine Krawatte um den Hals geschlungen, schreibe oder blicke versonnen aufs Papier, kein Gran Fett am Leibe, das Gesicht schmal, die Nase umso spitzer, was den Hauch von Vergeistigung betont, den der talentierte Knabe dem jungen Autor zuerkennen wollte, ohne recht zu wissen, was das sein könnte.

Das Porträt von Gitta – ein Bild im Bild – stand oben links im Bücherregal hinter mir. Wie oft wurde ich gefragt, wer diese schöne Frau sei. Sie war wirklich schön. Die Aufnahme ein wenig stilisiert. Nicht nur der Fotograf, auch sie selber wusste, wie sich eine Frau in Szene setzt. Die linke Hand an die Schläfe gestützt. Die rechte, zart gegliedert, über die linke gelegt, dunkel lackierte Nägel. Das Haar locker um eine Art Scheitel geordnet, dunkelbraun, vorn einige helle Strähnen (wie sie erst sehr viel später Mode wurden), sehr hohe Stirn, die dunklen Augen nicht auf den Betrachter gerichtet, sondern ein wenig seitab, eher skeptisch auf irgendetwas oder ins Nichts schauend, eine gerade, feine Nase, ein voller, sinnlicher, musikalisch geschwungener Mund, rundes Kinn; auf dem Samtkleid ließ der Fotograf diskret ein paar Lichter spielen. Im Gesicht deutete sich, kaum wahrnehmbar, ein exotischer Zug an. Und in der Tat, ihre mütterliche Familie stammte aus Holland, und einer der Vorfahren hatte in den Kolonien mit einer Indonesierin Kinder gezeugt, darunter ihre Großmutter. Ich empfand das asiatische Element keinen Augenblick lang als fremd. Hernach, als ich in jenen Regionen reiste, vermittelten mir die Menschen (selbst in der Masse) fast immer das Gefühl einer gewissen Vertrautheit – vermutlich sind es die sorbisch-slawisch-mongolischen Gene meiner Mutter.

Gitta war mir weit überlegen, in fast allem: fünfzehn Jahre älter als ich, erotisch erfahrener, gesellschaftlich unendlich versierter, mir an Menschenkenntnis voraus, sicherer im Urteil über meine professionellen Probleme und Chancen als ich selber, auch in der Kritik meiner Texte, der Reportagen und kleinen Essays (obwohl sie selbst, wie ich rasch gewahr wurde, keine brillante Stilistin war). Begegnete auch ihr im Hörsaal. Fritz Martini, der Literaturhistoriker, füllte das große Auditorium, denn er trug seine Beobachtungen zur Aufklärung mit einem schönen, fast poetischen Elan vor. Der schmächtige Mann mit dem dunklen Schopf lehrte mit Leidenschaft. Nicht alles war neu für mich, aber sein Feuer brachte es sozusagen von neuem zur Welt. (Hernach wurde festgestellt, dass auch er sich auf faule Kompromisse mit den Nazis eingelassen hatte. Wer hatte das nicht? Die seinen waren nicht unverzeihlich. Eine Narbe im guten Gesicht.)

G. nahm ich in der ersten Vorlesung wahr. Sie saß am anderen Ende des Amphitheaters. Trug einen hellen Trenchcoat. Darüber die dunklen Locken, die ihr ins Gesicht fielen, wenn sie schrieb. Es gab nicht viele Frauen im Hörsaal. Aber auch, wenn er nur von Frauen besetzt gewesen wäre, hätte ich sie bemerkt. Sie hatte eine Ausstrahlung, die quer durch den Saal bis zu mir herüber fühlbar war. Mehr als Sex-Appeal (aber den hatte sie auch). Wandte den Blick selten von ihr ab. Spürte sie meine Aufmerksamkeit? Die Blicke begegneten sich nur kurz. Zur dritten Vorlesung fand ich mich sehr früh ein. Setzte mich auf ihren Platz, die einzige Möglichkeit, sie kennenzulernen. Sie kam und schaute überrascht. Das sei eigentlich ihr Platz. Ich sprang auf und murmelte eine Entschuldigung. Der Saal hatte sich gefüllt. Rundherum nichts frei. Ach, sagte sie, bleiben Sie da. Die Bank reicht für uns beide. So blieb ich. Das Kolleg begann. In der Enge fühlte ich sie durch die vielen Hüllen hindurch. Meine nervösen Hände schienen die Spannung zu annoncieren. Unvermittelt legte sie ihre Hand auf die meine. Sie wollte mich nicht nur zum Stillhalten überreden. Die Geste empfand ich als ein Versprechen. Am Ende der Vorlesung blieben wir wie selbstverständlich zusammen, hockten in irgendeinem verrauchten Café. Sie hatte ein paar »Aktive«, die sie mit mir teilte. (Das nächste Mal brachte ich welche mit, vom Schwarzmarkt, auf dem ich noch immer kleine Geschäfte machte, um Butter, Speck, eine halbe Salami oder ein Brot zu beschaffen.) Sie war verheiratet, trug auch einen Ring. Der Mann noch im Lager. Fragte nicht, warum. Irgendwann würde sie es erzählen. In der Tat: Er hatte einen hohen Verwaltungsposten in einem der Ministerien innegehabt, vermutlich der Justiz. Natürlich Mitglied der Partei. Besondere Versündigungen? Nicht anzunehmen. Ich wollte es in Wahrheit nicht wissen. Er war ein weicher, in sich gekehrter Mensch mit einem Hang zum Esoterischen, vor allem zum Buddhismus. Passte nicht zu einem Nazi.

G. hatte für Heinz Ledig gearbeitet, als der versuchte, zunächst in Stuttgart, den Rowohlt Verlag wieder aufzubauen. Er fing mit den berühmten Romanen im Zeitungsdruck an, Rowohlts Rotations-Romane. Indes zog er mit seinem engsten Stab bald nach Hamburg, wo sein Vater Ernst Rowohlt mit einer englischen Lizenz operierte. G. war in Stuttgart geblieben, wohl vor allem, weil sie dort ein großes bequemes Zimmer gefunden hatte, das zwei Menschen Platz bot, Badbenutzung, Toilette auf dem Flur und Kochnische gehörten dazu – das alles keineswegs selbstverständlich in jenen Zeiten. Brachte sie an jenem ersten Abend bis vor die Tür der alten Villa, irgendwo oben auf den Hügeln. Wir küssten uns, und es war einer der Küsse, aus denen man sich nicht zu lösen vermag – doch sie wagte es nicht, mich mit in ihr Zimmer zu nehmen. Wir waren ungeduldig, wollten ganz beieinander sein. Das Gartenhaus war noch nicht frei. Mir fiel ein, dass es hinter dem Dienstzimmer meines Vaters im Olga-Krankenhaus ein kleines Schlafzimmer gab. Ich stahl ihm am Sonntag, als er von der Predigt nach Haus kam, den Schlüssel. Seine kleine Amtswohnung lag genau gegenüber der Pforte mit den eher grimmigen Diakonissinnen. Also warteten wir – wie andere Besucher – vor dem Eingang, bis die Schwestern mit einer Aufnahme beschäftigt waren. Ich schloss rasch auf, G. huschte hinterher. Die extrem weltliche Nutzung der geistlichen Amtsstube belastete mein Gewissen nicht. Wenn der Vater, für einen Notfall herbeigerufen, plötzlich an die Tür pochen würde? Den Krach riskierte ich ohne Skrupel – hoffend, dass seine Position, die ohnedies eine Art Strafversetzung war, nicht gefährdet sein würde. Die Diakonissinnen mochten ihn gern.

Ungleich freier fühlten wir uns schließlich bei G. Sie hatte festgestellt, dass ihre Vermieterin schwerhörig war – oder so tat. Hier mussten wir unsere Stimmen nicht zu sehr dämpfen, wenn wir über die Theaterstücke sprachen, die wir gesehen, die Bücher, die wir gelesen, die Musik, die wir gehört hatten – oder über meine Schreibereien, über Politik, über Albert Camus, der für uns der wichtigste zeitgenössische Autor war, über Sartre, die Existentialisten, über die Welt, selten über Gott. Sie hatte philosophisches Talent, die Wanderungen entlang der abstrakten Begriffe wurden ihr nicht schwer. Ich blieb lieber bei der irdischen Realität der Menschen, dem Schlüssel zu ihrer Individualität. Heidegger zum Beispiel interessierte mich nicht im Geringsten. Fand ihn unlesbar, mich ärgerte sein pseudo-hölderlinsches Pathos. Außerdem verzieh ich ihm seinen Opportunismus nicht. Mir blieb es unbegreiflich, dass sich Hannah Arendt niemals ganz von dieser Liebe lossagte. Mein verehrter Lektüre-Lehrer war Karl Jaspers, der im Nazi-Reich nicht bereit war, sich von seiner jüdischen Frau zu trennen, und darum alle Ämter samt seinem Publikationsrecht verlor (ich begegnete ihm später).

Es war schön, neben G. zu liegen und die Gedanken in die Welt zu schicken. Manchmal kamen sie mit überraschenden Einsichten zurück. Schöner noch, sie zu betrachten, sie zu berühren. Sie hatte einen schmalen Körper, fast knabenhaft. Sie liebte ihren Körper, und sie unternahm alles, was damals möglich war, um ihn jung zu erhalten. Oft schien unsere Harmonie vollkommen zu sein. Wir waren glücklich, trotz der unguten Zeiten (die in Wahrheit so schlecht nicht waren, die Entbehrungen ließen sich ertragen, denn in tastenden Schritten bereitete sich dank der westlichen Okkupationsmächte – ohne dass es die Deutschen so recht bemerkten – die Demokratie vor).

Mehr als vier Jahre blieben wir zusammen. Dann schickte sie mich – meiner beruflichen Chancen wegen wie sie sagte – fort nach Bonn. Länger als zwei Jahrzehnte wusste ich nichts von ihr. Sie war nach meiner Heirat zu scheu, um sich noch einmal zu melden. Wir siedelten uns in

Amerika an, hernach in Frankreich. Wir verloren uns aus den Augen, nicht aus der Seele.

Durch das deutsche Konsulat von Teneriffa wurde ich, es mag acht Jahre her sein, von Gittas Tod informiert. In der Trauer stellte ich das Porträt auf den Ecktisch in meinem Schlaf- und Arbeitszimmer, auf dem vor allem Bilder von Renate (von der Kindheit bis ins Alter), aber auch der Eltern, der beiden gefallenen Brüder, meiner Schwester, Bilder von Willy Brandt und ein gewidmetes Foto vom alten Adenauer ihren Platz fanden, darüber einige der Ahnherrn mit ihren mächtigen (vermutlich verlausten) Allongeperücken, zeitgenössische Stiche aus dem 16., 17. und 18. Jahrhundert, die mir von Lesern oder Zuschauern geschenkt wurden. Ich hätte mir die Stiche kaum gekauft. Für unsere Vorfahren können wir nichts, dachte ich. Doch als ich in der Library of Congress in Washington die Liste meiner Bücher ausdrucken ließ – aus schierer Eitelkeit – wurde ich doch ein wenig kleinlaut, als vor meinen Produkten die lange Reihe der Werke jener Alten präsentiert wurde. Die erste jener juristischen Abhandlungen wurde Anfang des 16. Jahrhunderts gedruckt, die Handschrift der Widmung war kaum verblasst.

Den Stuttgarter Architekten Hans Kammerer, dessen Ferienhaus in La Croix Valmer nur einen Sprung weit von uns entfernt war, fragte ich irgendwann bei unseren kleinen Wanderungen im Hinterland, wo man sein Atelier in der Schwabenstadt finde. Ach, sagte er, in einer kleinen Straße bergauf Richtung Degerloch oder Sindelfingen, überm Zentrum. Hinter der Landesbibliothek? Ungefähr. In der Eugenstraße? Ja. Welche Nummer? Er besann sich. Nummer sechzehn? fragte ich, ein wenig zaghaft. Richtig, sagte er und wischte sich den Seehundsbart. Wie ich darauf käme? Ob er dort Gitta P. gekannt habe? Interessante Person. Er habe ihr die Wohnung abgekauft, da sie mit ihrem Mann nach Teneriffa umsiedeln wollte. Ich sagte nichts weiter. Er schaute mich von der Seite an. Murmelte, so geht's im Leben halt zu ...

Am Abend suchte ich das schwarzgebundene Buch, das sie nach unserer letzten Nacht auf meinen Lesetisch am Bett der Kölner Wohnung gelegt hatte. Ihr Tagebuch unserer Liebe. Ich hatte es nicht gelesen. Eine merkwürdige Scheu hielt mich davon ab. Brachte es nicht über mich, in die innerste, die privateste Welt dieser Frau einzudringen, die in den vielen gemeinsamen Jahren immer eine leise Distanz zu bewahren schien. Vielleicht fürchtete ich auch, mir selbst bei der Lektüre des Tagebuches zu begegnen.

In jener Nacht las ich ihre Aufzeichnungen, die 1947 begannen. Überraschung, die ich noch immer nicht begreife. Das Tagebuch dieser reifen Frau war – in der Verfremdung der elenden Nachkriegsjahre mit ihrer alltäglichen Not – das Tagebuch eines romantischen Mädchens, das zum ersten Mal und ohne alle Gebrochenheit die Liebe erlebte, voller Erwartung, voller Jubel, voller Traurigkeiten, in gewisser Weise naiv, als hätte sie, diese so erfahrene, so lebenssichere Person, nun endlich verstanden, was und wie dies ist: zu lieben und geliebt zu werden, mit jedem Nerv ihres Körpers, mit jeder Regung ihrer Seele. Das bestimmte die Intensität unserer Bindung.

Die Innigkeit bestätigte sich auf die schönste und fatale Weise. Sie sagte mir eines Tages, dass sie schwanger sei. Sie habe sich immer Kinder gewünscht, aber sie habe gründlich nachgedacht. Dieses – sie deutete auf den Bauch, der nichts zu erkennen gab, noch nicht – könne sie nicht haben. Dürfe sie nicht haben. Das wäre zuviel für ihren Mann, obwohl der ziemlich tolerant sei. Ich sagte, vermutlich stotternd, dass ich bereit sei, mehr als bereit, sie zu heiraten. Sie küsste mich auf schwesterliche Art, das sei lieb, und es tue ihr gut, dies zu wissen. Doch es sei wohl keine sehr praktische Idee. Ich möge zwanzig Jahre weiterdenken, dann gehe sie auf die Sechzig zu. Sie weinte. Ich weinte auch. Wir hörten uns, so diskret es anging, nach Ärzten um, die den Eingriff wagen würden (was damals unter schwerer Strafe stand und doch täglich tausendfach passierte). Schließlich wurde ihr der Name einer ukrainischen Ärztin genannt, die in einem Augsburger Quartier für »Displaced Persons« lebte und praktizierte. Telefonische Anmeldung war nicht möglich. Nahm mir frei. Wir fuhren mit der überfüllten, verdreckten Bahn gute drei Stunden. Fanden unter der Adresse eine Kaserne (wohl nicht jene, in der ich 1945 meine Verwundung ausheilte). Die Ärztin schloss selber auf, maß uns mit misstrauischen Augen. G. sagte, sie suche medizinischen Rat. »Kommen Sie rein.« Die schwere Frau mit dem rauen Akzent erkundigte sich zuerst, woher wir ihren Namen hätten. Sie war halbwegs beruhigt, dass wir aus Stuttgart und nicht aus Augsburg kamen. Sie untersuchte G. in einem Nebengelass, nickte, als sie zurückkehrten. G. hatte eben den zweiten Monat hinter sich. In einer Woche sollten wir wiederkommen. G. bat sie inständig, den Eingriff, wenn es denn irgend möglich sei, gleich vorzunehmen. Die Fahrt sei so schwierig, und es gebe keine Unterkunft. (Das Geld – es waren dreitausend Mark, mindestens – hatte sie bei sich.) Ließ sich die Ärztin darauf ein? Es muß so gewesen sein, ich entsinne mich nicht, dass wir ein zweites Mal nach A. fuhren.

Operation am späteren Vormittag. G. wollte, dass ich bei ihr bliebe. Der Ärztin passte das nicht. Sie wies mir kurzerhand die Tür; in einer Stunde möge ich wiederkommen. Draußen lief ich nervös durchs Viertel, schaute verängstigt immer wieder zu den Fenstern hoch, hinter denen die ukrainische Frau operierte, vielleicht würde sie mir ein Zeichen geben, wenn G. es hinter sich gebracht hätte. Nichts. Nach einer Stunde klopfte ich. Es war getan, G. bleich, erschöpft. Sie sei sehr tapfer gewesen, sagte die Doktorin, die Stimme etwas weicher. Wir sollten in Zukunft vorsichtiger lieben. In einem Jahr werde sie in Amerika sein. Oder in Australien. Wie wir zum Bahnhof gelangten, weiß ich nicht. G. hatte viel Blut verloren. Sie war schwach. Sie hatte Schmerzen. Gottlob hatte ihr die Ärztin wenigstens ein paar Pillen mitgegeben. Im Zug, überfüllt wie stets, räumte ein freundlicher Mensch seinen Platz, als ich erklärte, die Frau müsse sich unbedingt setzen, sie leide an den Folgen eines Unfalls. Hielt ihre Hand, manchmal ihren Kopf. Das minderte ihre Schmerzen nicht. Wie kamen wir, drei oder vier Stunden später, in Stuttgart nach Hause? Gelang es, einen der Fahrer zu bestechen, die manchmal am Bahnhof herumlungerten, auf besondere Kunden wartend? Vielleicht. Blieb die Nacht über bei ihr, obwohl sie, der Hausbesitzerin wegen, beunruhigt war. Versuchte, eine Suppe zu kochen. Sie schlief endlich aus schierer Erschöpfung. Am nächsten Tag fand sich eine Freundin ein. Ich kaufte Stärkendes auf dem Schwarzmarkt, soweit mein Geld reichte. Die dicke Kaplanowa, der ich berichtete, warum ich Butter und Speck so dringend brauchte, schenkte mir einige dieser Kostbarkeiten.

Es vergingen wenigstens vier Wochen, bis G. wieder sie selber war, mehr Zeit, bis sie wieder lachte. Mein Ja zum Recht auf Abtreibung hatte und hat sich durch diese Heimsuchung nicht geändert (auch, was wichtiger war, für G. nicht). Aber ich vergaß nie, wie schwer es für sie war, und wie schwer es immer sein wird, trotz aller medizinischen Fortschritte. Vergaß auch nicht, dass man es sich mit der Entscheidung schwer machen muss, die Frau sowieso, die das Leid physisch auszustehen hat, doch gleichermaßen der Quasi-Vater, auf dessen Mitverantwortung die Frau beharren sollte. Auch dies habe ich durch G. gelernt.

Irgendwann – er hatte seine Entlassung angekündigt – kam ihr Mann zurück. G. entschied, sie werde bei ihm bleiben. Sie müsse ihm ins normale Leben helfen, und ich müsse mich damit abfinden. Sie sagte auch, dass sie seit langem, vor seiner Internierung, schon nicht mehr miteinander schliefen. (Sie hatte, kein Zweifel, andere Liebhaber vor mir.) Ich fand mich mit der Lage ab. Irgendwann lud sie mich zum Tee ein und stellte mich ihm vor. Ein gescheiter, weitläufig gebildeter Mann (Musik ausgenommen), reserviert, eher weiche Züge, zu denen der Studentenschmiss auf einer der Wangen nicht passte. Nicht unsympathisch, doch fremd. Ich denke, er ahnte meine Beziehung zu G. Sie sprach nicht darüber, und ich fragte nicht. Von nun an trafen wir uns im Gartenhaus. Doch irgendwann ergab sich eine Ausnahme – sie war wohl ein wenig erkältet und scheute mein zugiges Häuschen. Der Mann wurde nicht vor sechs Uhr aus dem Anwaltsbüro zurück erwartet, in dem er Arbeit gefunden hatte. Plötzlich hörten wir den Schlüssel in der Tür. Wir konnten noch eine Decke über uns werfen. Er schaute irritiert, drehte sich um und ging wieder fort. Nach einer halben Minute lastenden Schweigens kündigte ich an, mich auf den Weg zu machen. Nein, sagte sie, du bleibst. Ich werde uns ein Abendbrot vorbereiten, und wir werden wie zivilisierte Menschen zusammen essen. Wir zogen uns an, brachten das Bett in Ordnung, sprachen über dieses und jenes, jedenfalls nicht über die merkwürdige Situation. Nach einer guten Stunde kam er zurück, klopfte höflich an der Tür, bevor er eintrat. Als wir uns zu Tisch setzten, G. in der Mitte, unterhielten wir uns, fast normal, über Politisches, ein wenig gedämpfter als sonst, manchmal auch stockend. G. überbrückte jede Pause, die zu lang wurde. Nach einer Tasse Tee verabschiedete ich mich. G. begleitete mich bis zur Haustür. Es bleibt alles, wie es ist, sagte sie ruhig. Übermorgen im Häuschen. Wir küssten uns. Ich ging zu Fuß zu meiner Hütte.

Fragte mich, warum der Mann das wortlos ertrug. Er war nicht der Typ, mir in die Fresse zu hauen. Keinesfalls in ihrer Anwesenheit. Aber warum duldete er mich als »Hausfreund«, falls der Begriff angebracht war. Er brauchte sie, um lebensfähig zu sein. So beugte er sich G.s ungewöhnlicher Autorität (die keine Herrschsucht war) – und ich tat es auch. Dachte freilich oft darüber nach, warum sie darauf bestanden hatte, dass wir uns gemeinsam zu Tisch setzten. Ich glaubte, sie schließlich zu verstehen: Sie war es ihrer Würde schuldig. Ich durfte nicht wie ein windiger Hund davonschleichen und sie gleichsam als ertappte Sünderin zurücklassen. Ich bewunderte, ein anderes Mal, ihre Souveränität.

Die chaotische Freiheit der Nachkriegsepoche – bis weit in die angeblich verklemmten, »muffigen« fünfziger Jahre – wirbelte die Geschicke rücksichtslos, oft auch auf reizvolle Weise durcheinander. Zwei überaus liebenswürdige Frauen, die sich als Verlobte meines offiziell vermissten Bruders Frimut fühlten, ließen sich jeweils für ein paar Tage in meiner Hütte nieder, weil sie wissen wollten, wie es sei, neben einem H. zu schlafen – und sie zogen friedlich-heiter auch wieder davon. Sippenhaft, sagte ich mir gut gelaunt und ohne Anstoß daran, dass ich lediglich Ersatz für den Bruder war, den man in der Tat, anders als den spirrigen Schreiber, als einen gut aussehenden jungen Mann bezeichnen durfte. Unter meinen Gästen bei schlichten »Partys« (wie man neuerdings sagte) befand sich manchmal eine große blonde Frau, Ende Dreißig, die ich durch einen begabten jungen Maler kennengelernt hatte, der mir auf fast lächerliche Art ähnlich sah. Sie war bisexuell, wie sie beiläufig bekannte, und lebte mit einer Offizierin der Militärregierung zusammen, von der sie mit extremer Eifersucht bewacht wurde; sie konnte nur ausgehen, wenn die Chefin zu Dienstreisen abkommandiert war oder Heimaturlaub hatte. Die Blonde war die Frau eines damals renommierten Theater- und Literaturkritikers, hatte zwei oder drei Kinder, war von der Familie fortgelaufen, weil sie die Tyrannei des erzkatholischen Ehemanns nicht länger ertrug. Mit dem Maler, der die reizenden, vielleicht zu rokokohaft verspielten Illustrationen lieferte, fertigte sie ein erotisches Buch, das, auf gutem Papier gedruckt und schön gebunden, für teures Geld unter dem Ladentisch verkauft werden sollte (die Gesetze waren noch die alten). Ihre Texte waren leider – im Gegensatz zu ihrer gelebten Existenz – zu blumig, zu herzig, zu symbolbefrachtet. (Freilich ist nichts schwieriger als erotische Literatur.)

Eines Tages meldete sich Vetter Detlev bei mir, der mir ein guter Freund geworden, seine schöne und herzliche Frau eine vertraute Freundin, Detlev drängte: er müsse mich dringend sprechen. Als wir uns trafen, herrschte er mich an, so weit könne auch ich es nicht treiben, schon gar nicht in einem Spießernest wie Stuttgart. Ich schaute verwirrt. Was war los? Er zog diverse, recht realistische Fotos aus der Tasche, die ein Paar beim Liebesspiel zeigten. Ich lachte laut auf: Es war der Maler mit seiner tschechischen Frau. Von der Kunst allein konnten die beiden nicht leben. Und er sah mir in der Tat zum Verwechseln ähnlich (rothaarig, doch kleiner als ich). Detlev begriff die Komik der Szene. Doch mein Chefredakteur würde sie kaum mit demselben Amüsement betrachten. Also suchte ich den Künstler auf. Natürlich hatte ihn die schiere Not gezwungen, sich auf das Angebot eines befreundeten Fotografen einzulassen (der einen guten Namen hatte). Er schwor hoch und heilig, keines der Bilder mehr aus der Hand zu geben (und hielt sich wohl auch daran). Den Fotografen nahm sich Vetter Detlev vor (der inzwischen Anwalt geworden war). Ein Skandal unterblieb. Die große blonde Freundin des Malers wiederum, die ohne Zweifel gern posiert hätte – sie war eines Tages verschwunden. Hörte hernach, sie habe ihre Uniformfrau verlassen und sei mit einem jüngeren Dirigenten in die Welt gereist. In späteren Jahren erreichte mich von Zeit zu Zeit ein Briefchen oder eine Postkarte: aus Lima, wo der Partner ein Symphonie-Orchester aufzubauen versuchte, aus Caracas, aus Asunción. Das letzte Lebenszeichen kam aus Saudi-Arabien, was mich erstaunte, da ich nicht vermutet hatte, dass die dortige Population europäisch-klassische Musik hören wolle. (Das Barenboim'sche West-Eastern Divan Orchestra bewies später das Gegenteil.)

Und meine Arbeit? Sie gedieh. Bastelte nicht nur zwölf Artikel aus der Weltpresse über Juan Perón, den argentinischen Diktator, und seine charismatische Frau zu einem dreizehnten zusammen. Schrieb gelegentlich sogar einen Leitartikel, in dem ich mich von den Schulmeistereien meines Chefredakteurs Mehnert so weit wie möglich fern hielt, schrieb Buchkritiken, manchmal ein Feuilleton, darunter freilich kein Meisterwerk wie das des älteren Kollegen Paul Gerhardt, der aus guten Gründen fragte: »Müssen Christen hässlich sein?« Gerhardt, einst Sendeleiter in Königsberg, fand bald ein hohes Amt beim Süddeutschen Rundfunk. Doch leider stellten die Amerikaner fest, dass er seinen Fragebogen kräftig gefälscht hatte. Weiß nicht, ob er einsitzen musste. Mehnert stellte ihn nicht wieder ein. Er brachte es schließlich zum Gymnasiallehrer für Deutsch und Geschichte. Ich trauerte dem begabten Schreiber nach, auch seinem skurrilen ostpreußischen Witz.

Dann und wann durfte ich für eine Reportage über Land reisen. Zum Beispiel nach Espelkamp, einem einstigen Munitionslager in den norddeutschen Wäldern, eine Ansammlung von Betonbunkern und Blockhütten, nicht weit von einer winzigen alten Siedlung. Vertriebene vor allem aus den Sudetengebieten hatten hier Notunterkünfte gefunden. Und just dort planten zwei Pfarrer, das Munitionslager in eine Vertriebenenstadt zu verwandeln – der Initiator, der schwedische Pfarrer Birger Forell, und Karl Pawlowski vom Evangelischen Hilfswerk Westfalen, ein Abgesandter Eugen Gerstenmaiers. Das wichtigste, die Schienen für einen Bahnanschluss, waren im Krieg gelegt worden. Auch zum Mittelland-Kanal war es nicht weit. Die beiden Theologen brachten es zuwege, kleine Industrien in den einstigen Munitionsfabriken anzusiedeln, Elektrobetriebe, Maschinenbau- und Kunststoffanlagen, Möbelfertigungen, Werkstätten für medizinische Geräte und anderes. Facharbeiter gab es, weitere wurden ausgebildet oder herbeigeholt. Aus den Blockhäusern wurden Einfamilienhäuser, aus den Bunkern Werkstätten, oder sie dienten als Fundamente für Großbauten; das Verwaltungsgebäude verwandelte sich in ein stattliches Rathaus. Allerdings vergingen zwei Jahrzehnte, bis eine moderne protestantische Kirche geweiht werden konnte. Als ich dort Beobachtungen für meine Reportage sammelte, hausten in

Baracken und Bunkern ein paar tausend Menschen, heute zählt Espelkamp rund 25 000 – eine Stadt aus dem Nichts geschaffen.

Ich hatte bei *Christ und Welt* auch die praktischen Aufgaben des Berufes gelernt, natürlich nach Altväter-Sitte mit Bleisatz hantierend, lange vor dem elektronischen Satz und dem Umbruch am Computer. Wenn die Pflichten des Umbruchredakteurs auf mich fielen, hielt ich mich von früh bis spät in der Setzerei auf. Manchmal von den Setzern, die man zu Recht als die Elite der Arbeiterschaft respektierte, an die Maschine gerufen und eher ruppig aufgefordert, mir einige Formulierungen anzuschauen, in denen der Setzer grammatikalische Fehler erkannte. Politische Aussagen, die ihnen nicht passten – sie waren ausnahmslos Sozialdemokraten – kommentierten sie mit Spott, selten mit Wutanfällen, geändert wurde nichts; das wäre ein Verstoß gegen die Gebote ihres Berufs gewesen. Das Kürzen von Artikeln am Umbruchtisch blieb meine Sache. In schwierigen Fällen rief ich einen Kollegen in der Redaktion an, um seinen Rat zu erbitten. An mir war es auch, die Titel so zu formulieren, dass sie sich in den Umbruch fügten. Die Größe der Überschriften und die Platzierung des Stückes, auch der Fotos, bestimmte der Umbruchredakteur, und er nahm damit ohne Zweifel auf die inhaltliche Wertung Einfluss. Er entschied, welche Stücke (leider, leider) liegen blieben und womöglich von Ausgabe zu Ausgabe geschoben wurden. Die Fahnenabzüge und die umbrochenen Seiten wurden von den Korrektoren in ihren Kabuffs sorgsam gelesen. Man sagte von den Herren – meist in den mittleren Jahren oder an der Schwelle zur Pensionierung –, dass sie in der Regel gestrauchelte Lehrer oder gefallene Priester seien. Arme Hunde, denen man ansah, dass sie lieber selber geschrieben hätten, und die Bitterkeit der Mienen drückte aus, dass sie es nach ihrer festen Überzeugung auch besser gemacht hätten. Übrigens lernte ich nebenbei den Handsatz der Überschriften, holte die Buchstaben mit einer Pinzette aus dem Schriftkasten. Ich war nicht schnell, doch manchmal war meine bescheidene Aushilfe erwünscht. Noch heute steigt mir in nostalgischen Augenblicken der besondere Geruch der Druckerschwärze in die Nase (der vermutlich nicht gerade gut für die Lungen war, zumal wir alle rauchten wie die Schlote).

Der Chefredakteur hielt es eines Tages für seine pädagogische Pflicht, dass ich den Betrieb einer Tageszeitung kennenlernen müsse. Er vermittelte mich für ein Vierteljahr als eine Art Leihredakteur an ein Blatt in Hamburg (das es längst nicht mehr gibt). In der böse zerstörten Hafenstadt, in der nicht viele Steine aufeinander geblieben waren, die meisten Kirchen und das Rathaus ausgenommen, war kein Zimmer für mich zu finden, obwohl der Verlag Hilfe angeboten hatte und auch eine Annonce ins Blatt setzte. Vergebens. In der Not bat ich schließlich eine Dame aus der Stuttgarter Gesellschaft, die mir das Tanzen beigebracht hatte, um vorübergehende Unterkunft. Sie hatte, von meinem Vater getraut, einen älteren Vetter aus der Hamburger Kaufmannsaristokratie geheiratet (und ich durfte, ein nicht unübliches Ehrenamt für Verflossene, Trauzeuge spielen). Die beiden verfügten über eine geräumige Wohnung an der Bellevue, dort, wo sich der Bogen der Außenalster schließt – mithin eine der besseren Adressen in der Hansestadt. Bei den Gastgebern herrschte kein Mangel, so durfte ich, wenn es mein Dienst erlaubte, am Tische sitzen. Der Hausherr – ein Importmagnat, zumal von Kaffee (er besaß ausgedehnte Plantagen in Mexiko) – war ein langer, magerer Mensch mit einem hageren Schädel und einer langen schiefen Nase, durch welche er ein unverkennbares Hamburgisch sprach. Eines Abends wandte er sich an mich: Sagen Sie, Klaus – Vorname und Sie, in Hamburg schon damals –, was verdient wohl der Herr Springer an einem Exemplar seines *Abendblatts*? Die Zeitung kostete damals zwanzig Pfennig im Straßenverkauf. Einen Pfennig, denke ich, vielleicht auch zwei oder drei. Ich werde mich erkundigen. – Und er druckt 300 000? – Mindestens. – In den Zügen des Kaufmanns arbeitete es. Und da hat der Herr Springer doch diese Radio-Illustrierte, *Hör zu*. Auflage über eine halbe Million? – Vielleicht noch mehr. Vom Verkaufspreis (fünfzig oder sechzig Pfennige?) kommen ihm gewiss zehn Prozent zu. – In dem Gesicht arbeitete es stärker. Schließlich beugte er sich seiner Frau Gemahlin zu: Marion, meinst du denn nicht, dass wir den Herrn Springer mal zum Abendbrot bitten sollten? So nahm ich erste Einblicke in das hanseatische Innenleben. Später kaufte das stattliche Paar ein wilhelminisch-barockes Schlösschen an der Elbchaussee, das es freilich an Rudolf

Augstein weiterreichte, als sich die beiden nach Vaduz verzogen. (Auch der *Spiegel*-Chef behielt es nicht lange.)

Die Lokalredaktion schickte mich zur Wiedereröffnung eines traditionellen Juwelenladens am Jungfernstieg, vermutlich um mir durch den Sekt, der reichlich ausgeschenkt werden würde, und die köstlichen Appetithappen freundliche Stunden zu bescheren. Mehr als das Geschmeide und der Sekt interessierte mich die Pressedame, die das Fest vorbereitet hatte: hochgewachsen und hochblond, wie es sich in Hamburg gehörte. Ich wartete geduldig, bis die Veranstaltung ihr Ende fand, um ihr in einem kleinen, gemütlichen Lokal nicht zuletzt meine Wohnungsnot zu klagen. Sie könne mich nicht aufnehmen, sagte sie herzlich, da sie – ihr Mann vermisst – wieder bei ihren Eltern wohne; die eigene Unterkunft war ein Opfer der Bomben geworden. Vielleicht habe ihre Sekretärin Platz, die allerdings weit draußen lebe. In der Tat, deren Häuschen war zehn oder fünfzehn Kilometer hinter Blankenese in Wedel, nur mit dem Zug zu erreichen. Das hieß, früh aus den Federn, was nie meine Lust war. Der letzte Zug ging um zehn. Oft versäumte ich ihn, da der Abend um diese Zeit sozusagen erst angefangen hatte. Zur Not konnte ich mich in eine Minikabine auf einem Schiffshotel für nicht allzu viel Geld retten. Oder ich holte die Sekretärin des Chefredakteurs (wenn sie nicht ohnedies mit mir unterwegs war) aus dem Bett, was sie gutartig geschehen ließ. Sie besaß einen Schlüssel zum Redaktionsgebäude am Rathausmarkt und vor allem zum Zimmer des Chefs, in dem eine alte Ledercouch stand. Auf der nächtigten wir meist alle beide. Um sieben Uhr mussten wir das Feld räumen, weil das Geschwader der Putzfrauen anrückte (der Chef kam nie vor neun).

Immerhin, ich lernte dieses und jenes. Das Blatt hatte eine liberalkonservative Tradition, die nicht zu aufreizend war, der Chef selber war krachkonservativ und deutschnational. Seine Artikel und Glossen waren aggressiv, doch voller Witz. Er selber hatte während des Krieges im Auswärtigen Amt gedient, was ihn nicht davon abhielt, über »die Herren vom AA« zu spotten, »die zwölf Jahre gegen Hitler gefrühstückt haben.«

Wohl fühlte ich mich im Feuilleton, das Adolf Frisé leitete. Sein hohes intellektuelles Niveau, seine immense Bildung, seine Offenheit und vor allem seine unbeirrbare Höflichkeit bestimmten das Klima. Er war damals im Begriff, seine große Musil-Ausgabe bei Rowohlt vorzubereiten. Ich berichtete ihm, wie ich Musil für mich entdeckt hatte, und es ermutigte ihn, dass auch junge Leute Zugang zu dem großen Österreicher fanden. Mich versah er mit interessanten Aufträgen, Theater-Kritiken, Porträts durchreisender Kulturstars, Skizzen über historische Ereignisse. Meine Manuskripte redigierte er mit Wohlwollen und großer Sachlichkeit. Es versteht sich, dass er – ein schöner Mann – ein wenig eitel war, doch er verfügte auch über eine Portion Selbstironie (nicht in gleichem Maße wie Friedrich Sieburg, der ihn freilich auch an eitler Selbstverehrung weit übertraf). Freute mich immer, wenn ich später die hoch aufragende Gestalt von Adolf Frisé im Gewusel der Verlagsempfänge bei der Frankfurter Messe entdeckte, die meisten Gäste um einen Kopf überragend, stets an seinen schlohweißen Locken erkennbar, bis in sein neunzigstes Jahr – ein wahrhaft schöner Greis.

Gegen Ende meines Hamburger Gastspiels wurde ich dem Polizeiressort zugeteilt. Für einige Nächte bezog ich den Horch- und Guckposten an der Davidswache, dem Revier auf der Reeperbahn, das immer etwas zu bieten hatte. Zu den Routinepflichten gehörte der unterirdische Streifengang: Im Krieg hatte man die Trennmauern zwischen den Kellern durchbrochen, um die Flucht bei einem Brand zu erleichtern. Nun hausten dort unten links und rechts des Ganges Hunderte, wenn nicht Tausende von Menschen, auf Strohschütten, die vermutlich verwanzt waren, den armseligen Besitz, ein Rucksack oder ein Köfferchen unterm Kopf, Frauen und Männer, Kinder, Greise, alle heimatlos, Deutsche, Osteuropäer, Quislinge aus den nordischen Ländern, aus Belgien und Frankreich, die deutsche Uniformen getragen hatten, ganz gewiss auch lichtscheues Gesindel darunter – Gorkis Nachtasyl, überdimensional. Wie lange mag es das unterirdische Hamburg noch gegeben haben?

Streifengänge zum Hafen. Ankunft eines britischen Frachters morgens gegen zwei Uhr. Am Quai drei, vier Dutzend weibliche Leichtmatrosen, die sich fast in Sekundenschnelle ihre Kunden schnappten, als die Besatzung von Bord kam. Nach wenigen Minuten war das Gelände leergefegt. Unter den Stricherinnen fiel mir eine Zwergin auf, deren Gesicht wahrlich nicht reizvoll zu nennen war. Was will die denn hier, fragte ich einen der Männer von der Sittenpolizei. Sie werden lachen, sagte der: Sie hat bei weitem die besten Umsätze auf dem Kiez. Natürlich gehörte die Inspektion der Puffs zum nächtlichen Programm. Die Unterkünfte waren, nach den Zeitverhältnissen, zum großen Teil recht gemütlich à la gute Stube eingerichtet; es gab sogar erste Versuche, verruchte Eleganz zu demonstrieren. Die Herren von der Sipo – eine Frau zählte nicht zu der Truppe – schienen mit den Puffmüttern das beste Einvernehmen gefunden zu haben. Vermutlich durften sie umsonst, am Nachmittag oder nach Dienstschluss. Sie duzten sich alle mit den Chefinnen, mit den Mädchen sowieso. Eine Rothaarige, ganz hübsch, intelligent, ein paar Sommersprossen auf der Nase, weißhäutig, ein bisschen mollig, sprach mich an. Du bist Journalist? Ich nickte. Machte ihr ein Kompliment zum roten Schopf. Der ist echt, sagte sie. Willst du sehen? Dann stellte ich die üblichen naiv-dummen Fragen, die unsereinem so einfallen. Wie sie zum Gewerbe gekommen sei. Wie lange sie den Job schon mache. Sie gab die Antworten, die man hören wollte: Familie auf der Flucht verloren, Hunger, keine Bleibe, ein Lude, den sie nicht durchschaute und der sie schließlich an dieses Haus verscherbelt habe. Gott sei Dank habe er sich aus dem Staube gemacht. Nun arbeite sie für eigene Kasse. Bis sie genug Geld für einen kleinen Laden oder einen Kiosk zusammen habe … Sie schaute mir plötzlich fragend ins Gesicht. Magst du Musik, ich meine klassische? Du siehst so aus. – Ja, natürlich. Früher hätte ich ganz nett Klavier gespielt, Mozart und so. Die Rote ging fürs Leben gern in die Oper. Wenigstens einmal in der Woche. Aber es sei so blöd, dort allein im Festkleid an der Bar zu stehen, in den Pausen durch die Gänge zu laufen. Oder mit niemandem begeistert klatschen zu können. Sie suche schon lange einen, der sie begleite. Sie bezahle die Eintrittskarte und die Getränke. Ob ich Lust hätte?

Ich Idiot murmelte, das Angebot sei sehr schmeichelhaft, doch ich sei leider nur zu Gast in Hamburg, führe in ein paar Tagen wieder zurück nach Stuttgart. Schade, sagte sie. Wir hätten uns wahrscheinlich ganz gut vertragen. Und wir hätten 'ne Menge auf die Beine stellen können. Weil wir ein bisschen intelligenter seien als die andern. Bist du verheiratet? Nein? Dann lass dir Zeit. Sie verabschiedete mich mit einem Küsschen. Gegen Morgen dachte ich, du Blödmann, hättest in Hamburg bleiben können. Dein Leben hätte eine andere, vielleicht ein bisschen abenteuerliche Wendung genommen. (Kaum eine gute im Territorialkonflikt mit Russen und Albanern, wie mir ein Ortskenner jüngst erklärte.)

Weiß nicht mehr warum, aber ich hatte es mir in den Kopf gesetzt, mir vor der Heimreise Sylt anzuschauen (das damals noch keineswegs ein fragwürdiger deutscher Mythos war). Fuhr im Herbst mit der Kleinbahn zur Insel. Über den Hindenburgdamm, der noch immer so heißt, obwohl uns der halb debile Greis und die Clique um seinen Sohn Oskar den »Führer« beschert haben. (Bei uns im Dekanat erzählte man, er habe am Abend des 30. Januar 1933 auf dem Balkon die Parade der SA-Marschierer abgenommen und sich ein wenig verwirrt an seinen Adjutanten gewandt: Wo kommen denn plötzlich die vielen russischen Kriegsgefangenen her? Er schien für immer und ewig die Schlacht von Tannenberg zu schlagen.)

An der Endstation Westerland, erst recht in den Sträßchen der Fischerdörfer kaum eine Regung von Leben. Doch bei einer meiner Wanderungen in den mächtigen Dünen schaute ich von einem der Sandberge plötzlich hinab auf eine Ansammlung von Baracken: Kinder zwischen den militär- und altersgrauen Gebäuden, Erwachsene, die sich gegen den Wind stemmten. Ich stolperte ins Tal hinunter, sprach die Leute an, Heimatvertriebene oder Flüchtlinge, die seit dem Jahre 1945 in den einstigen Unterkünften der Küstenverteidigung (Marine-Artillerie und Flak) hausten. Auf dem Festland nirgendwo Platz für sie. Und auf der Insel schien man sie vergessen zu haben. Es gab keine Arbeit. Nur wenigen der Männer und Väter war es gelungen, in Wilhelmshaven oder Bremen, vielleicht auch Hamburg einen Job zu finden. Wochenenden kannte man nicht, am Samstagvormittag wurde in der Regel gearbeitet. Wenn sie es denn schafften, herüberzukommen, um die Frau und die Kinder in den Barackensiedlungen zu sehen, blieben die Männer selten länger als zwölf Stunden. Sie erzählten den Kleinen, was sich drüben auf dem Festland so alles biete. Märchenland. Wunderland. Die Gören hatten noch nie eine

Kuh gesehen. Ein paar Pferde brauchte man als Transportmittel. Schafe und Ziegen zupften das karge Gras, das zwischen den Dünen wuchs. Um die Häuschen unscheinbare Gärtchen, in denen ein paar Blumen und ein bisschen Gemüse gediehen; die Erde hatte man von den wenigen, halbwegs fruchtbaren Landflecken hinter den Ufern gegenüber dem Kontinent herbeigekarrt. Schulunterricht für die Anfänger in einer der Baracken, für die Älteren im Städtchen. Zu jener Zeit kein Fernsehen, ein paar Radioapparate. In Westerland manchmal Kino. Keine Unterhaltung. Keine Abwechslung, zumal im Winter. Graue Tage, Monat um Monat. Wenig Spielzeug für die Kinder. Es fehlten Bücher. Es fehlte wetterfeste Kleidung (der Friesennerz war noch nicht erfunden, außerdem hätte ihn sich niemand leisten können).

Notierte alles sorgsam. Beschrieb die Resignation, die Hoffnungslosigkeit, die kaum verborgene Verzweiflung. Die Reportage in *Christ und Welt* fand ein unerwartetes Echo. Menschen, die selber noch nicht lange der Not entgangen waren, schickten Pakete mit Wäsche, warmer Kleidung, Wetterschuhen (für Erwachsene und Kinder), schickten Spielzeug, Bücher für die Kinder und für die Großen, haltbares Naschwerk, Schokolade, was weiß ich. Vor Weihnachten machten sich hochbeladene Lastwagen auf den Weg nach Westerland. Es entwickelte sich eine Art Patenschaft zwischen den Flüchtlingen in den Dünen von Sylt und den Lesern von *Christ und Welt*. Ich begriff, dass Journalismus mehr sein kann als Information, belehrende Leitartikel, Kritik, freischwebendes Feuilleton. Im Glücksfall konnte Journalismus der Menschlichkeit ein wenig auf die Sprünge helfen. Gitta übrigens schickte ein paar hübsche Kleidchen für die jungen Dinger, die in der Dünenwüste aufwuchsen – falls sie irgendwann einmal tanzen gehen konnten.

Die erste Italienreise – und die Memoiren eines Geheimdienstchefs

Weiß der Himmel, wie sie es zuwege gebracht hatte: Im Frühjahr nach der Währungsreform und vor der Geburt der Bundesrepublik lud mich Gitta zu einer mehrwöchigen Italienreise ein. Wie kam sie an das Geld? Der Mann verdiente gewiss nur bescheiden, sie selber so gut wie gar nichts, ich als frischgebackener Redakteur vielleicht 500 D-Mark. Konnte sie ein Stück des Familienbesitzes verscherbeln, den sie geerbt hatte? Sie sprach nicht darüber, ich fragte nicht. Statt eines Passes erstanden wir bei der Militärregierung eine Ausreise-Genehmigung, auf DIN-A4-Blättern gedruckt, die uns das Recht gab, schweizerische und italienische Visa zu erbitten. Wir schlossen uns für die ersten Etappen einer Reisegruppe an, von der wir uns spätestens in Rom trennen wollten. Abreise am Vormittag. Ich fand mich früh ein, um mir einen Sitz in einem der vorderen Waggons zu sichern, weit genug von dem für uns gebuchten entfernt, denn Gitta würde, das verstand sich, von ihrem Mann an den Bahnsteig gebracht werden. So war es denn auch.

Einige Minuten nach der Abfahrt, als der Zug durch die Tunnels Richtung Süden ratterte, schleppte ich meinen Koffer zu dem Sitz neben Gitta. Leises Herzklopfen, weil wir bald die Grenze zu der noch vor wenigen Jahren verschlossenen Welt der Lichter passieren würden, zu der ich als kleiner Soldat so sehnsuchtsvoll hinübergestarrt hatte, die Grenze, hinter der die Freiheit, der Friede, vermutlich das Glück wohnten. Die Vorfreude wurde ein wenig gedämpft, als ein eidgenössischer Bürger lauthals und krächzend zu einem Vortrag anhob, der uns über das kriminelle Wesen der Nazis, über Hitlers vom Zaun gebrochenen Krieg, über den Antisemitismus, die Konzentrationslager, die Verbrechen aufklärte, über den Jubel, mit dem der Führer so inbrünstig gefeiert worden sei, über den geduckten Gehorsam, über die widerstandslose Ergebenheit, abgesehen vom Attentat der adligen Offiziere, deren Gewissen sich erst geregt habe, als es keinen Zweifel mehr gab, dass der Krieg verloren sei. Er habe sich damals aus beruflichen Gründen ein paarmal in Deutschland aufgehalten und alles mit eigenen Augen gesehen. (Er vergaß zu erwähnen, dass er im Reich vermutlich in Geschäften unterwegs war.) Auch die Bombenangriffe habe er erlebt, die hätten wir selber verschuldet, samt dem Elend der Nachkriegsjahre. Die Schweiz aber habe der Führer nicht anzugreifen gewagt, denn seine Landsleute seien entschlossen gewesen, sich bis zur letzten Patrone und bis zum letzten Bunker im Reduit, der Alpenfestung, zu verteidigen.

Er hörte und hörte nicht auf, unentwegt mit dem Zeigefinger fuchtelnd. Es gab, dachte ich, also noch andere, die zur Weltschulmeisterei neigten. Einmal bemerkte ich zaghaft, das wüssten wir schon. Was? Jede Beiz sei heute noch voll von alten und neuen Nazis, die nicht das Geringste gelernt hätten. Er ließ sich nicht beirren, sondern predigte weiter, sich manchmal mit einem Lächeln zurücklehnend, mit dem er sich selber beglückwünschte. Irgendjemand warf in einer der kleinen Pausen ein, die Schweiz habe sich nicht gerade vorbildlich verhalten, als sie ihre Grenzen für die Verfolgten hermetisch verriegelte. Das wischte der Eidgenosse fort, man möge nicht versuchen, die Schuld auf andere abzuwälzen. Das Boot sei voll gewesen. So krächzte er fort und fort. Erst bei den Grenz- und Zollkontrollen, die umständlich und pedantisch waren, hielt er den Mund. Die Schweizer Grenzhüter prüften den Pass-Ersatz der Militärregierung ein wenig befremdet. Das seltsame Papier schien ihnen nicht zu oft unter die Augen gekommen zu sein.

Blick nach draußen, als wir weiterrollten – das war wohl das, was man »blühende Landschaften« nennt. Zürich. Vom Glanz der Auslagen geblendet, seufzte Gitta (vielleicht war es auch ich), so könnte Stuttgart aussehen, hätten wir Frieden gehalten. Die beiden Städte hatten in der Tat ähnliche Strukturen. Der See machte den großen Unterschied. Das Mondlicht überm Wasser, die Liebespaare am Ufer – ein Augenblick, als habe das Fernweh hier sein Ziel gefunden (der Augenblick glitt vorüber).

Wir blieben nur die eine Nacht in einem kleinen Hotel in der Nähe der Bahnhofstraße. Getrennte Zimmer, wie immer, während wir mit der Gruppe reisten (von der ich kein Gesicht in Erinnerung behielt). Litt unter der Separation. Trotz aller Vorsicht – die Gefahr, miteinander überrascht zu werden, holte uns dennoch ein. Als wir (später auf der Reise) in Florenz über den Ponte Vecchio schlenderten, flüsterte mir Gitta alarmiert zu, Freunde ihres Mannes kämen uns entgegen. Ich wich mit ein paar Schritten zur Seite, beschleunigte meinen Gang, während sie sich in die Auslagen der kleinen Händler vertiefte, und lief an einem Paar vorbei, das deutsch sein konnte, wartete hinter der nächsten Ecke. Brauchte Geduld. Die beiden hatten Gitta erkannt und voller Erstaunen angesprochen. Lachen (wie ich sah, als ich zurückschaute). Sie ließen sie so rasch nicht ziehen. Wie sie nach Florenz geraten sei? Sie luden sie zum Essen ein (wie sie mir hernach erzählte), was sie dankend ablehnte, sie sei schon verabredet; ob man nicht hinterher einen Kaffee trinken könne oder ... Nein, auch das nicht, sie reise am Nachmittag nach Mailand weiter. Aber was für ein Zufall! Die Welt sei eben doch klein. Schade, dass man die Fügung nicht feiern könne. Leider, leider. Nach zehn Minuten – oder waren es fünfzehn, jedenfalls eine Ewigkeit – kam sie endlich des Wegs. Ich folgte ihr mit einigem Abstand, falls die beiden umkehrten oder zurückschauten. Sie schienen nichts bemerkt zu haben oder gaben sich arglos. Von da an hängte sich Gitta selten in meinen Arm. Gottlob gab es nur in den Hotelhallen zugängliche Telefone (nicht in den Zimmern), keine Handys, Auslandsgespräche waren umständlich, man wartete viele Stunden, und sie waren sündhaft teuer. Das erlaubte keine Kommunikation mit Deutschland. Gitta schickte dann und wann eine Postkarte. Das schien zu genügen.

Im *Tessin* der Vorgeschmack, die Vorgerüche, die Vorgestimmtheit von Italien. Land der Sehnsucht für jeden Nordländer, ein Klischee, aber es traf damals noch völlig zu. Vorstufe des Paradieses, in dem der Krieg so gar nichts verloren hatte. Nicht der deutsche Krieg. Keine mörderischen Schlachten wie am Monte Cassino. Das vertrug sich nicht mit dem Traum. Überdies hielt ich den Frontenwechsel nach dem Sturz Mussolinis für völlig angebracht. Warum sollten sich die Italiener dem deutschen Marsch in den Untergang nicht verweigern? Schlimm genug, dass sie dafür so barbarisch bestraft wurden. Sie waren keine »Verräter«. Ihnen war das Geschick der eigenen Familie wichtiger als das des Duce und seiner deutschen Achsenpartner. Übrigens hatte ich schon einmal, Ziel einer langen Radtour, am Brenner an der Grenze gestanden, vermutlich 1941, und voll Verlangen auf die andere Seite geschaut. Auch den Kindern der Achsen-Macht blieb sie verschlossen. (Offen nur für die nach Süden abkommandierten Armeen, wie Rommels Afrika-Corps.)

Bellinzona. Das andere Licht: heller, kraftvoller, am Abend wohltuend weich, nuanciert mit den Schatten spielend. Die Luft satt von Gerüchen. Am Bahnsteig (ein langer Aufenthalt zur Prüfung der Papiere) die durchdringenden Knabenstimmen: Gelato, gelato – von Ruf zu Ruf die werbende Intonierung wechselnd. Am Abend *Genua*. Es blieb keine Zeit, das labyrinthische Gewinkel der engen Gassen zu erkunden, die vom Umkreis der Berge steil dem Meere zustrebten. Wir wurden, wie vorgesehen, an Bord eines alten Passagierschiffes getrieben, bezogen unsere kleinen Kabinen (dritter Klasse), gabelten einen Teller Spaghetti, tranken ein paar Gläser dicken Rotwein (kein Vergleich mit dem dünnen, fast roséfarbenen Trollinger in Schwaben). Der bejahrte Kahn, der uns nach Neapel brachte, legte erst um Mitternacht ab. Wenig Schlaf. Kabine zum Ersticken eng. Das Stampfen der Maschinen. Irgendwann stand ich auf, fand mühsam, über ein Gewirr von Treppen den Weg aufs Deck. Schaute, bis die Sonne aufging, über das im Mondlicht gleißende Wasser, spürte den Sog der Unendlichkeit, der ein Verlangen zurückließ, das sich erst viel später bei den Schiffsreisen über den Atlantik ein wenig stillte.

Neapel. Das quirlende, ja manchmal brandende, lärmende Leben in den tunnelartig engen Gassen, über denen kaum ein Stück Himmel sichtbar war – und dort, wo er sich andeutete, meist von Wäsche an den Leinen zwischen den Häusern verhängt. Armut, die niemandem das Lachen zu nehmen schien, dann und wann eine Schöne, die sich ihren Weg durch die keifenden Weiber bahnte und hinter einer Haustür verschwand. Die hübschen Kinder rudelweise, die alle wussten, wie man den Fremden die Hundert-Lire-Scheine abluchste. Die Mitreisenden hätten sich gern die Taschen zugenäht, wie fast alle Deutschen, wenn sie sich in südliche Gefilde wagten, stets vom Verdacht getrieben, man wolle an ihr Geld, sie würden auf Schritt und Tritt bestohlen und betrogen. (Aber waren es nicht die Deutschen, die Europa ausgeraubt, die ihre jüdischen Nachbarn in völliger Schamlosigkeit beklaut hatten, bevor sie sie deportierten? Daran schien keiner der Landsleute zu denken.)

Exkursionen nach *Sorrento* und *Positano*, an den Berg gewürfelte Städtchen, die Steilküsten von dramatischer Schönheit, die Häfen gehörten noch den Fischerbooten und nicht den millionenschweren Yachten altreicher Briten, milliardenreicher Amerikaner oder einiger neureicher Deutscher. Natürlich *Pompeji*. Bewunderung für das erotische Lebensgefühl der Römer, das die blassen Fresken ahnen ließen (der Anblick war den Kindern und – damals noch – den Frauen verwehrt, worüber sich Gitta lauthals erzürnte). *Capri*: die blaue Grotte und das übliche. Schließlich *Ischia*, nur eine Handvoll Touristen. Still und entspannt. Wir trennten uns wohl hier schon von der Gruppe, um eine Woche in einem kleinen, angenehmen Hotel zu verbringen. Bestiegen pflichtgemäß auf Maultierrücken den Epomeo, die höchste Erhebung der Insel, hatten den kleinen Strand fast für uns allein, Schwimmen im Meer – ein nie gekanntes Wohlgefühl. Leider quälte mich bald der für Rothaarige, Hellhäutige, Sommersprossenübersäte fast unvermeidliche Sonnenbrand. Lag im Zimmer, mopste mich, während sich Gitta allein am Strand amüsierte, auf der Terrasse mit dem hübschen Kellner flirtete, in italienischen, deutschen, englischen oder französischen Wortbrocken. Bemühte mich, meine Anfälle von Eifersucht zu überspielen, was mir nur unvollkommen gelang, zumal der Sonnenbrand den Appetit erlöschen ließ. Nicht den Weindurst. Der Kellner schenkte G. beflissen nach, mir ein wenig zögernder. Bettschwer waren wir schließlich beide.

Zurück nach Neapel. Weiter mit der Eisenbahn nach *Rom*. Bewunderte die kühnen Viadukte, die ich später in André Gides *Die Verliese des Vatikans* wiedererkannte. Sein schöner, junger und ein wenig schillernder Held Lafcadio Wluiki teilt das Abteil mit einem Frömmler, der ausführlich an einem prominenten Pickel unter der Nase herumfingert. Als ihm der Anblick unerträglich wird, packt er ihn, während der Zug über einen der Viadukte rollt, an der Soutane, öffnet die Tür und wirft ihn be-

166

denkenlos in den Abgrund – ein ästhetischer Amoralist, der einen der absurdesten und überzeugendsten Morde der Literaturgeschichte begeht. Damals kannte ich André Gides brillantes Werk noch nicht. (1950 sah ich ihn auf der Weltjugendkonferenz in München, wo er sich als Ehrengast einer Versammlung gutwilliger junger Menschen wohlzufühlen schien.)

Was könnte über Rom gesagt werden, das nicht tausendmal geschrieben wurde? (Der Zauber des sinkenden Abends auf dem Forum Romanum, wenn das sägende Gezirp der Grillen nicht vom Lärm des Verkehrs übertönt wird ...) Oder über die überwältigende Schönheit von *Florenz* – bis heute für mich die anziehendste Stadt der Welt, in der Renate und ich unlängst unsere Goldene Hochzeit feierten? (R. auf der Suche nach jenem Internat halb auf dem Lande, in dem sie ein Jahr lang bleiben konnte, weil ein amerikanischer Onkel für das Schulgeld aufkam. Bei der Rückreise wurde ihr an der Grenze der Pass abgenommen. Von nun an war sie im feindseligen Reich der Nazis gefangen. Dank eines intelligenten Taxi-Chauffeurs fanden wir die Schule tatsächlich: ein idyllisches Landhaus in einem gottlob nicht allzu ordentlichen Park. Von der Treppe ein freier Blick auf das magische Florenz im Dunst des späten Nachmittags. R. war still. So war ich es auch.)

Anstelle Venedigs ein Exkurs nach *Triest*, damals eine internationale Zone, von Amerikanern und Briten besetzt, weil die Ansprüche von Italien und Jugoslawien bedrohlich aufeinander prallten. Jugoslawien, immer noch eine barbarische Diktatur, hatte mit Titos Rebellion gegen Stalin die angstvollen Blicke der Welt auf sich gelenkt. Würde der Rote Zar im Kreml eine Invasion in dem südosteuropäischen Land wagen? Es wäre vermutlich ein langer, blutiger Krieg geworden – an den Widerstand der Partisanen Titos gegen die Nazis zu denken. Davor scheute Stalin zurück – oder hatten ihn die Amerikaner diskret an ihre atomare Übermacht erinnert? Sie und die Briten versorgten ihre Truppen in Österreich und Süddeutschland zum guten Teil via Triest.

Im Hafen lebhafter Betrieb, partiell auf Kosten Venedigs. Die Architektur unverkennbar vom Habsburger Imperium geprägt, für das Triest den einzigen Zugang zum Meer bot. Das Volk der Triestiner, in dem sich italienische und slawische, auch deutsche Elemente mischten, zählt zu den schönsten, denen ich je in Europa begegnete; überwältigend die vielen gutaussehenden Menschen, auch viele der jungen Männer, auf die ich wenig achtete, umso mehr auf die Mädchen und Frauen – nicht immer elegant (die Stadt war arm, sie lebte vor allem von der Besatzung), so doch von seltener Grazie in ihren Gesten und Bewegungen. Konnte Stunden auf einer Café-Terrasse hocken, nur gaffend, während Gitta ungeduldig ihrer eigenen Wege ging, um die Stadt zu erkunden.

Zusammen stiegen wir hinauf in den Karst, über den die kalte Bora (der gefürchtete Nordwind) fegte, um den kleinen, schmucklosen, kahlen Friedhof der Namenlosen zu sehen, auf dem mehr als ein halbes Hundert Menschen lagen, die beim Fluchtversuch aus Jugoslawien erschossen worden waren; viele der Opfer von Rot-Kreuz-Trupps der Amerikaner und Briten aus dem Niemandsland geborgen. Ohne Papiere. Sie hatten ihre Ausweise versteckt oder vernichtet, vermutlich um ihre Familien vor Repressalien zu schützen. Wir waren im Krieg und nach dem Krieg vielen bitteren Geschicken begegnet. Der Anblick des Friedhofs im Karst griff ans Herz. Eine Warnung vor der Unmenschlichkeit der Grenzen, die von den Nationalismen oder dem Separationswillen totalitärer Ideologien durch die Völker, die Kulturen, die Kontinente, durchs Leben geschnitten wurden. Gibt es den Friedhof noch? Haben manche der Toten ihre Namen, ihre Identitäten wiedergefunden? Dachte an meine Brüder.

Rund drei Jahre nach der ersten Reise ein anderes Mal Italien, für knapp drei Monate und auf einen kleinen Umkreis beschränkt: Pallanza am Westufer des Lago Maggiore, nicht weit hinter der Schweizer Grenze. Ein Schweizer Verlag hatte bei mir angeklopft, ob ich willig sei, ein Erinnerungsbuch von Walter Schellenberg – mit dreißig Jahren jüngster SS-Standartenführer, bis zum Mai 1945 Chef des Auslandsnachrichtendienstes im Reichssicherheitshauptamt, seit der Verhaftung von Admiral Canaris (1944) auch Chef der militärischen Abwehr – in ein lesbares Deutsch und Ordnung in den Wust seiner Niederschrift zu bringen. Ich erkundigte mich, was er auf dem Kerbholz hatte. Fand im Archiv, dass er in Nürnberg am Rande des sogenannten Wilhelmstraßen-Prozesses im April 1949 zu sechs Jahren Zuchthaus verurteilt worden war, schuldig gesprochen in zwei von acht Punkten der Anklage: der Mitgliedschaft in einer verbrecherischen Organisation (dem SD) und der Verantwortung für die Exekution russischer Kriegsgefangener, die von seinem Amt im »Unternehmen Zeppelin« zur Spionage- und Sabotagearbeit hinter den Linien der Roten Armee rekrutiert worden waren. Mildernd angerechnet wurden ihm seine Anstrengungen, KZ-Gefangenen in der letzten Phase des Krieges zu helfen. Die konkrete Belastung konnte ich nicht abwägen. Angesichts der Monsterverbrechen im Dritten Reich schien sie mir relativ gering zu sein, auch wenn sie von Skrupel-, ja Gewissenlosigkeit zeugte (wie sie das Regime und der Krieg, zumal im Osten, Stunde für Stunde abertausendfach an den Tag brachten). Die Rettung von Menschen aus den Lagern fiel in meinen Augen mehr ins Gewicht.

Mein Gesprächspartner beim Scherz Verlag in Bern klärte mich darüber auf, dass Sch. aus Gesundheitsgründen von den Amerikanern schon nach kurzer Frist entlassen worden sei, in die Schweiz einreisen konnte (zweifellos dank der Intervention seiner eidgenössischen Ex-Kollegen), einen Vertrag mit Scherz abgeschlossen und in einer nicht zu teuren Unterkunft zu schreiben begonnen habe. Nach einigen Monaten wurde er jedoch ausgewiesen. So hatte er sich in Italien niedergelassen, und zwar so nahe wie möglich an der Schweizer Grenze.

Sprach mit Gitta, die meinte, dass ich wohl niemals mehr eine solche Chance bekäme, der Zeitgeschichte derart nahe zu rücken und ihre deutsche Personage durch einen Zeugen ersten Ranges kennenzulernen, der überdies einem abenteuerlichen Gewerbe gedient hatte. Große Lockung. Stellte einige Bedingungen: dass ich eine Assistentin mitbringen könne, die gesondert honoriert werde (umso rascher würde die Arbeit getan sein). Reise und Aufenthalt für beide bezahlt. Das Recht, sich von dem Unternehmen zurückzuziehen, wenn es eine Richtung einschlüge, die wir nicht billigen könnten. Der Verlag akzeptierte.

Dieses Mal ließ sich G.s lange Abwesenheit halbwegs triftig begründen, doch ob sie unsere Zusammenarbeit gestand, weiß ich nicht (eher nicht). Bis Zürich reisten wir getrennt. Dort übergab uns ein Lektor das

Paket mit den Kopien der bisherigen handschriftlichen Aufzeichnungen. Wir schworen Eide, dass es in keine anderen Hände gelangen werde und wir uns bis zum Erscheinen völlige Diskretion auferlegten. Der erste Lektüreeindruck noch während der Reise: ein unbeschreibliches Chaos. Fragten uns, wie ein Mann bar jeder intellektuellen Disziplin einer so komplexen Aufgabe wie der Führung eines riesenhaften Agenten- und Nachrichtenbetriebes auch nur halbwegs gerecht werden konnte. Die Antwort vorweg: Er stand, dank seiner Kunst der schmeichlerischen Appelle an Himmlers Ego, so hoch und fest in der Gunst des Reichsführers, dass er sich sozusagen fast alles leisten konnte, auch krasse Fehleinschätzungen und Fehlschläge – trotz der Anfeindungen seiner mächtigen Kollegen und Vorgesetzten, zum Beispiel Heydrichs, des Cheforganisators der Vernichtung, und seines Nachfolgers Kaltenbrunner, vor allem aber des Gestapo-Chefs Heinrich Müller, der (wie Sch. behauptete) im letzten Berliner Akt zu den Sowjets übergelaufen sei, für die er schon lange in aller Heimlichkeit gearbeitet habe (vermutlich barer Unsinn, doch in der Tat blieb Müller seit den Tagen des Untergangs spurlos verschwunden). Die schützende Hand bewahrte Sch. letztlich vor der sogenannten Charakterprobe: der Versetzung zu einer »Einsatzgruppe« von SS- und Polizei-Soldaten, die im Rücken der Armee den tausend- und schließlich millionenfachen Mord vollzogen, von den Chefkriminellen des Dritten Reiches als die »Endlösung der Judenfrage« bezeichnet. Dies blieb nahezu keiner der hohen SS-Chargen erspart, so weit sie nicht freiwillig nach dem entsetzlichen Auftrag drängten, der von Himmler eine heroische Pflicht genannt wurde. Otto Ohlendorf, talentiert, einer der Amtschefs im RSHA, der über einen schärferen Intellekt verfügte als Sch., diente ein Jahr lang in Russland als Chef der »Einsatzgruppe D«. Er war nach eigenem Geständnis für den Mord an mehr als 90 000 Männern, Frauen, Kindern verantwortlich und wurde in Nürnberg mit dem Tode bestraft. Vor Kriegsende hatte er Sch. vorgeworfen, kein »echter und entschlossener Nationalsozialist« zu sein. Darin täuschte er sich nicht. Sch. war nicht von Überzeugungen und Prinzipien geprägt. Er war Sch. und sonst gar nichts. Er lebte und handelte nach seinen opportunistischen Instinkten, die ihm flüsterten, es gelte sich so weit wie möglich nach oben durchzuwieseln – und oben zu bleiben. Es ist nicht erstaunlich, dass er im Gefängnis zum katholischen Glauben zurückfand und, nach unserer Beobachtung, an keinem Sonntag die Messe versäumte. Fürchte, dies wiederentdeckte Christentum war für ihn auch nur ein Ersatz für die Ersatzreligion.

Am kleinen Bahnhof von Pallanza erwartete uns ein Mensch mit »tadellosen Manieren« (wie man in seinen Kreisen sagte), geübt in der unverbindlichen Konversation. Er brachte uns in seinem Grand Hotel zu unseren Zimmern, meines neben dem seinen im obersten Stock gelegen. Ein gut aussehender Mann knapp über vierzig, mit regelmäßigen Zügen, deren Harmonie nur von den Säbelnarben aus seinen Studentencorps-Tagen gestört wurde, groß, schlank, das Haar glatt zurückgekämmt, mit schlichter Eleganz gekleidet, eher unauffällig, wie es in seinem Gewerbe angebracht war. Gewiss nicht ein brillanter Intellektueller, das ergab sich aus seinem Manuskript, manchmal ein aufmerksamer Beobachter, manchmal der Blick von den gängigen Vorurteilen verstellt, in seiner Weltsicht oft von einer Naivität, die kaum zu fassen war, zum anderen schlau, in allen Lagen anpassungsfähig und zu einer Gerissenheit fähig, die (neben der Gunst des finsteren »Reichsführers«) sein Überleben und seinen beharrlichen Aufstieg inmitten von Intrigen und Machtkämpfen des RSHA erklären mochte. Ein frappantes Beispiel seiner Naivität waren die tölpelhaften Annäherungsversuche an Churchill durch die Vermittlung von Coco Chanel, die seit Jahr und Tag mit einem deutschen Abwehroffizier liiert war. Sie schien Beziehungen nicht nur zum abgedankten König Edward VIII. und seiner amerikanischen Frau, sondern auch (vor dem Krieg) zum Lebenskreis des Premierministers zu unterhalten. Dennoch: Wie verfiel der junge SS-Mann darauf, ernsthaft zu glauben, er könne diese flüchtigen, von Coco vermutlich überschätzten Berührungen für einen Einfluss auf die Kriegführung nutzen? So weltfremd durfte niemand sein, der für seriös gehalten werden wollte.

Gitta und ich redigierten, ordneten die Kapitel neu, übersetzten das holpernde Deutsch in eine korrekte Sprache, die dennoch Sch.s Persönlichkeit, so gebrochen sie war, nicht in den Hintergrund drängte.

G. übertrug die fertigen Teile in die Schreibmaschine. Spaziergänge im Park nutzten wir, Sch. zu Klärungen und Ergänzungen zu überreden. Setzten uns dann irgendwann auf eine Bank, um uns die Niederschrift von Stichworten oder Daten zu erleichtern. Es konnte geschehen, dass Sch. abrupt stockte und schwieg. Wir schauten uns um: nichts Verdächtiges. Eine alte Gärtnerin, die vorüberschlurfte, den Rechen über der Schulter. Sowie sie sich entfernt hatte, flüsterte er: »Die Franzosen haben immer mit alten Frauen gearbeitet.« Das war uns neu. Mit jungen – ja, natürlich, oder mit mondänen Damen, die ihre etwas fortgeschritteneren Jahre durch Charme, Esprit, Verführungskünste vergessen ließen. Mit einer alten Gärtnerin? Vermutlich barer Unsinn.

Wie nahezu jeder Spionage-Chef wurde auch Sch. ein Opfer seines Berufs. In jedem Kellner, jedem Chauffeur, jeder Masseurin witterte er Agenten und Spitzel, erst recht im Zustand der Bedeutungslosigkeit, zu der er sich verurteilt sah – er wollte und konnte sie nicht akzeptieren.

Wir fanden keine Anzeichen, dass er von den italienischen Behörden überwacht wurde oder sich die amerikanischen, die britischen, die französischen Dienste um ihn kümmerten. Sie hatten längst erfragt, was sie von ihm wissen wollten. Die Amerikaner scheinen nie versucht zu haben, ihn in ihre Dienste zu nehmen – anders als den General Gehlen und seinen Apparat der »Feinderkundung« in der OKW-Abteilung »Fremde Heere Ost«, deren Unabhängigkeit die Wehrmachtsführung zu behaupten vermochte, von ihrem Chef vor dem Ende des Nazi-Reiches in aller Stille darauf vorbereitet, künftig den Amerikanern zu dienen. (Der Konflikt der Großmächte ließ sich voraussehen.) Wenn Sch. Gehlen erwähnte, dann stets mit einem Unterton von Eifersucht. Er wusste vermutlich, dass Gehlen einigen seiner wichtigeren Gehilfen Unterschlupf gewährt hatte (SS-Chargen, die von den Sowjets leicht zu erpressen waren, wofür Dutzende, vielleicht Hunderte von Gehlens Spähern in der Sowjetunion und den Satelliten-Staaten mit dem Leben büßten.)

Nur einmal prominenter Besuch: sein einstiger Schweizer Kollege – Masson hieß er – kam für einen Tag herüber. Mit Roger Masson hatte Sch. die Dokumente fertigen lassen, mit denen er Himmler und dem

Führerhauptquartier eine (übertriebene) Darstellung der militärischen Stärke der Eidgenossenschaft vorlegte, die beweisen sollte, dass die Eroberung der Alpenrepublik bis zu einer Million Tote kosten könnte. Das schien die Vernichtung der Barriere, die einen Teil der Wege nach Italien sperrte, denn doch nicht wert zu sein.

Der Schutz der Schweiz gehörte zu den Verdiensten von Schellenberg, doch mehr noch die geduldige Überredung des »Reichsführers«, kurz vor Kriegsende an die zwanzigtausend skandinavische KZ-Häftlinge, in der Mehrzahl jüdische Bürger Norwegens, freizulassen. Damit rettete er Menschenleben vor den irrsinnigen Mordaktionen der SS in letzter Stunde. Durch die Zusammenarbeit mit dem schwedischen Vertreter des Roten Kreuzes, dem Grafen Folke Bernadotte, schien Himmler eine Chance zu wittern, mit einer Kapitulation im Westen werde er seine Führungsposition und damit sein Überleben sichern – eine absurde Illusion, die Sch. im ureigenen Interesse, vielleicht auch aus Gründen der Menschlichkeit, genährt hatte. Nicht lange danach machte sich der »Reichsführer« SS, in britische Gefangenschaft geraten, durch Selbstmord mit einer Zyankalikapsel davon.

Dann und wann reiste Sch. nach Mailand, weil er dort, wie er geheimnisvoll andeutete, eine wichtige Persönlichkeit traf. Einmal ließ er durchblicken, es sei der Großmufti von Jerusalem, der eine Zeit lang im Nazireich Zuflucht gesucht hatte, weil er sich von den Deutschen Hilfe bei seinem Kampf gegen die Briten versprach, in Wirklichkeit vor allem gegen die Zuwanderung jüdischer Siedler. (Damit erklärte sich die Existenz jener islamischen SS-Brigade, die ich in Hinterpommern bei der Ausbildung beobachtet hatte.) Der Großmufti in Mailand? Eher unwahrscheinlich. Am Abend oder am nächsten Tag kehrte Sch. zurück, die Taschen voller Bündel mit den riesenhaften Zehn- oder Fünfzigtausend-Lire-Scheinen, die erst Jahre später, bei der italienischen Währungsreform, aus dem Alltag verschwanden. Wir nahmen an, dass er vor dem Ende ein kleines Vermögen an einen sicheren Ort geschafft hatte – an Mitteln und Wegen wird es ihm in seiner Position kaum gemangelt haben. Ein andermal behauptete er, er sei für ein paar Tage in Madrid bei Skorzeny gewesen, dem SS-Haudegen, der Mussolini in einer verwegenen Aktion aus der Gefangenschaft auf dem Gran Sasso befreite, dem Hochplateau in den Abruzzen, wo ihn sein Nachfolger Badoglio festgesetzt hatte. Nun lebte Skorzeny im spanischen Exil, die Zentralfigur einer Nazi-Emigration, die unter dem Schutz des Diktators Franco Zuflucht in der Hauptstadt oder in Barcelona gefunden hatte.

Eines Nachts schreckte ich durch einen donnernden Lärm und einen Schrei aus dem Nebenzimmer auf. Nun ist doch der Gestapo-Müller gekommen, fuhr es mir durch den Kopf. Ich lauschte. Nichts rührte sich. Rief nach Sch. Nichts. Klopfte zunächst an die Wand, dann vom Gang aus an die Tür. Schließlich eine verschlafene Stimme: wer? Rief meinen Namen, er schloss endlich auf, schaute verwirrt. Auf den Lärm hatte er mit einem Schreckensschrei reagiert, ohne zu erwachen. Ich öffnete die Tür zum Balkon. Auf dem Blechboden ein Schuttgebirge von Gips und Ziegeln, das aus der Überdachung gestürzt war. Es hatte den ganzen Tag und auch die Nacht über geschüttet. Offenbar war die Gipsdecke des Balkondaches mit Feuchtigkeit so vollgesogen, dass sie die eigene Last nicht mehr tragen konnte.

Gitta und ich hatten irgendwann von den Störungen genug. Sch. klopfte täglich drei-, vier- oder fünfmal an unsere Türen und hielt uns, womöglich weil er sich langweilte, von der Arbeit ab. Wir wollten vorankommen. Auf der Isola dei Pescatori, nicht fern von uns im See gelegen, gebe es einen freundlichen Gasthof, ließen wir uns sagen, der auch geöffnet habe. Wir bestellten zwei Zimmer, baten Sch. um Verständnis, transportierten unsere Siebensachen samt all den Papieren und der Schreibmaschine zu einem Motorboot und quartierten uns auf der kleinen Insel ein. Der Gasthof, ein Dutzend Fischerhäuschen, eine alte Kapelle, das war alles. Unsere Arbeit schritt nun voran. Wenn Sch. etwas von uns wollte, dann musste er sich herüberrudern lassen – und wir stiegen in ein geliehenes Boot, wenn uns am Abend nach einer Abwechslung zumute war, die wir in Stresa fanden, dem einst so mondänen Kurort, der flüchtig von der Geschichte berührt wurde – dort durchbrachen die junge Sowjetunion und die Weimarer Republik in geheimen Gesprächen ihre Isolation.

Vielleicht begannen dort auch ein wenig später die ultrageheimen Absprachen mit der Roten Armee unter dem Marschall Tuchatschewski, die es den Deutschen erlaubten (entgegen dem strikten Verbot durch den Versailler Vertrag), Piloten an Militärflugzeugen und künftige Panzer-Besatzungen an sowjetischen Tanks zu drillen (irgendwo weit hinten in Sibirien); eine Praxis, die hernach Stalin den Vorwand lieferte, den Marschall Tuchatschewski und mit ihm fast die gesamte Führung der Roten Armee liquidieren zu lassen. In Locarno aber mündete dann der wahrhaftige Verständigungswille der beiden Außenminister Gustav Stresemann und Aristide Briand in den Abschluss eines Vertrages, mit dem Deutschland die Grenzen im Westen anerkannte und sich endlich zu dem Zugeständnis bereit zeigte, die Grenzen Polens und der Tschechoslowakei nicht mit Gewalt korrigieren zu wollen – eine Verpflichtung, die Hitler nicht einen Moment lang zu respektieren gedachte (trotz des Tarnvertrages, den er 1934 mit Polen schloss). Sch., der kleine Saarländer, der unter französischer Besatzung aufwuchs, Sohn eines bankrotten Klavierfabrikanten, hatte als junger Mensch das Friedenswerk der Republik niemals gebilligt. Er studierte in Bonn, lief 1933 zu den Nazis über und ließ sich schon ein Jahr später vom SD (dem Sicherheitsdienst der SS) anheuern, vielleicht auch des lockenden Geldes wegen.

Manchmal brauchte ich frische Luft und umrundete die Insel, wofür eine halbe Stunde genügte, setzte mich auf eine Bank am Ufer und schaute den Enten zu, die sich im Wasser stets zu einem kleinen Geschwader formierten, an der Spitze der bunt geschmückte Enterich, der mit seiner eitlen Autorität stets für Ordnung unter seinen farblosen Frauen sorgte, von denen er die eine oder andere flügelschlagend bestieg. Die Disziplin, die wache Umsicht, die Schlauheit, auch die natürliche Komik dieser Geschöpfe, wenn sie an Land watschelten, unterhielt mich aufs liebenswürdigste – wenn nicht die hübsche Kellnerin aus Modena des Weges kam, mit der mir, über alle Sprachbarrieren hinweg, ein unbeholfener Flirt gelang, der dennoch mein Gemüt erhellte.

Denn G. begegnete mir seit geraumer Zeit mit einer merkwürdigen Reserve, die ich mir nicht erklären konnte. Vielleicht wollte sie sich entwöhnen, denn sie mahnte immer drängender, es sei an der Zeit, dass ich mich in der Welt umschaute. Stuttgart sei zu eng. Da hatte sie recht. Der

Chefredakteur ließ sich, mit einiger Mühe, davon überzeugen, dass ich als Korrespondent in Bonn, der kleinen Hauptstadt der jungen Bundesrepublik, am produktivsten dienen könnte; allerdings mochte er mir (geiziger Schwabe, der er war) nur die Hälfte des Gehaltes garantieren, das ich inzwischen bezog. Mit 350 Mark hätte ich auszukommen (das gelang nicht, Bonn war teuer). Wenn ich mein Soll von einem größeren und einem kleineren Artikel pro Ausgabe erfüllt hätte, versprach er, würde mir jede zusätzliche Zeile mit zehn Pfennigen entlohnt. Die Übersiedlung sollte rasch nach unserer Rückkehr geschehen.

Indessen werkten wir weiter an den Memoiren. Eines Morgens rief Sch. an und berichtete, er müsse ins Krankenhaus und wisse nicht, für wie lange. Am besten wäre es, wenn wir die Arbeit unterbrechen würden. Er werde uns Nachricht geben, wenn er wieder auf den Beinen sei. Angeschlagen war er schon lange, man spürte es und sah es ihm an. In der Tat hatte sich sein Gesundheitszustand rapide verschlechtert. Ich erinnere mich nicht, ob wir ihm adieu sagen konnten.

Wir packten unsere Koffer, bedankten uns bei den Wirten, der Kellnerin aus Modena und der Insel überhaupt, die uns eine freundliche Zuflucht geboten hatte. Drüben in Pallanza hinterlegten wir die Materialien und das Manuskript, soweit es fertig war (wir näherten uns dem Kriegsende, wenn ich mich recht entsinne), in Sch.s Zimmer, das fest verriegelt bleiben werde, wie uns der Chefportier versicherte. Wir nahmen den nächsten Zug nach Zürich. Blieben wir dort über Nacht? Keine Erinnerung. Wenige Tage nach unserer Rückkehr (Ende März 1952) hörten wir vom Lektor des Scherz Verlags am Telefon, Schellenberg sei in Turin während einer Leberoperation gestorben. Keine Träne. (Unser Honorar wurde dennoch bezahlt, wenn wohl auch nur zum größeren Teil, unsere Auslagen pünktlich ersetzt.)

Sch. verschwand so schnell nicht aus meiner Existenz. In Bonn suchte ich, von Neugier getrieben, seine erste Frau, und fand sie auch – als Gehilfin in einer Wäscherei. Sie war müde, verbraucht und verbittert. Von Sch. sprach sie voller Ressentiments (das ließ sich verstehen). Sie war, wie ich vermutet hatte, die *filia hospitalis* des Studenten, hatte ihn durchgefüttert. Weil sie ein Kind erwartete (das nicht zur Welt kam), vielleicht sogar aus Dankbarkeit, führte er sie vor den Altar. Katholische Trauung. Als er in Berlin seinen Dienst begann, nahm er sie nicht mit und ließ sich in dem Rheinstädtchen nur noch selten blicken. Als er seine zweite Frau kennenlernte, eine schöne und elegante, natürlich hochblonde Dame, das Musterbild eines »arischen« Geschöpfes (wenngleich halb polnischer Herkunft, was die SS-Vorgesetzten missbilligten), drängte er auf Scheidung. Sie weigerte sich. Für seine erste Frau, eine strenge Katholikin, war die Ehe unauflöslich. Er erhöhte den Druck mit mysteriösen Drohungen. Sie beugte sich nicht. Dann habe er, so berichtete sie, mit Hilfe des Psychiatrie-Professors de Crinis versucht, sie für geisteskrank erklären und in eine Anstalt sperren zu lassen. (Für jeden Richter wäre die Krankheit ein triftiger Scheidungsgrund gewesen.) Oder drohte er nur damit? Möglich war alles – ein Herzchen war er schon. Zermürbt gab sie nach. Sie überlebte ihn, wenn ich recht weiß, nicht allzu lange.

Die zweite Frau, mit der er rasch zwei Kinder gezeugt hatte, entdeckte ich in Düsseldorf (woher sie stammen mochte). Sie lebte in beengten, doch nicht ärmlichen Verhältnissen. Vermutlich wurde sie von Ex-Kameraden ihres Mannes unterstützt. Eine sympathische, nach wie vor schöne Dame, reserviert, voller Skepsis in die Welt schauend. (Die Tochter fand den Weg in den Kunsthandel, Kennerin der modernen Malerei.) Als ich sie fragte, ob sie wisse, wo das Manuskript der Memoiren geblieben sei, verneinte sie. Der Scherz Verlag habe nichts mehr von sich hören lassen.

Später las ich in dem Vorwort, das der britische Historiker Alan Bullock für die englische Ausgabe schrieb, dass sie nicht lange nach Schellenbergs Tod nach Pallanza gereist war, das Manuskript samt der handschriftlichen Urfassung von gut tausend Seiten und den übrig gebliebenen Materialien an sich genommen und nach Düsseldorf geschleppt hatte. Wie der Papierberg an die Sensationsillustrierte *Quick* gelangte, konnte auch Bullock nicht mehr ausmachen. Er nahm an, dies sei durch Werner Bests Vermittlung geschehen, den hochrangigen Kollegen aus dem RSHA, der einst den Machtkampf um die Führung der Organisation gegen den robusteren Heydrich verloren hatte. (Das ersparte ihm die

Mitverantwortung für die monströsen Verbrechen, deren sich Himmlers Exekutiv-Apparat schuldig machte.) Der promovierte Jurist Best war halbwegs gebildet, doch sein Kopf von einer verblasenen Ideologie verdreht. Als Statthalter des Reiches in Dänemark bewies er Mäßigung, schließlich war das kleine Land mit seiner reichen Agrarwirtschaft für die Versorgung der Wehrmacht unentbehrlich; Grund genug, die Dänen nicht allzu schlecht zu behandeln (wie auch die Menschen im »Reichsprotektorat Böhmen und Mähren« der hoch entwickelten Industrie wegen – bis zum Attentat auf den stellvertretenden »Reichsprotektor« Heydrich, für das sich die SS brutal gerächt hat). Den dänischen König, der im Lande geblieben war, ließ man gewähren, auch als er sich den gelben Stern ans Revers heftete, um seine Solidarität mit den jüdischen Bürgern zu demonstrieren. Es mag sogar sein, dass Best über die Nacht- und Nebelaktion zur Rettung der dänischen Juden, die vor der befohlenen Verschleppung mit sämtlichen verfügbaren Booten nach Schweden und damit in Sicherheit gebracht wurden, diskret informiert worden war. Die Dänen hatten ihn später nach kurzer Haft wieder freigelassen. Ein Nazi blieb er dennoch. Er lebte in Düsseldorf und arbeitete in der Anwaltskanzlei des FDP-Bundestagsabgeordneten Achenbach, der während des Krieges im Auswärtigen Amt gedient hatte und unter dessen Fittichen sich seine Partei in Nordrhein-Westfalen immer offener in eine Hochburg der Alt- und Neonazis verwandelte, in Wirklichkeit kontrolliert von Werner Naumann, dem einstigen Staatssekretär in Goebbels' Propaganda-Ministerium. Die Briten – noch immer galt das Besatzungsstatut – beobachteten die gefährliche Entwicklung bis zum Januar 1953. Dann schlugen sie zu und verhafteten die nazistische Kernmannschaft. Sie wurde rasch den bundesdeutschen Behörden übergeben, die auf ihrer Rechtshoheit bestanden. Und die befanden – es war eine peinliche juristische Farce –, dass die Belastungen für eine Anklage nicht ausreichten. Man ließ die Bande frei. Immerhin merkten die Nazis, wie rasch sie an Grenzen stoßen würden, und hielten sich künftig sorgsamer bedeckt. So war die letzte Intervention der westlichen Besatzungsmächte denn doch nicht wirkungslos verpufft.

Die Memoiren Schellenbergs wurden von der *Quick*-Redaktion nur dürftig genutzt. Sie bastelte eine kleine Sensations-Serie unter dem Titel »Die große Mörder GmbH« zusammen, ohne den Autor Sch. zu nennen, und schrieb die Erinnerungen einem »SS-Obersten Z.« zu. Vielleicht fürchteten die Herrschaften (so vermutete Bullock), dass der Scherz Verlag Ansprüche geltend machen könnte. Wie der André Deutsch Verlag in London von der Existenz des Manuskriptes erfuhr, schilderte Bullock nicht. Deutsch kaufte den Papierberg, und eines Tages rief er an und bat mich, die Echtheit des Manuskriptes zu verifizieren. Eine Woche lang hielt ich mich in London auf, im ungeheizten Hotel (eine Heizung wurde damals unter Briten als schierer, verweichlichender Luxus betrachtet). Ich prüfte die Materialien gründlich: Kein Zweifel, das war Schellenbergs Material und unsere Fassung des Buches. Ich hatte wohl schon damals ein Porträt von Sch. geschrieben, aus dem Alan Bullock in seiner Einleitung zur englischen Edition 1956 ausführlich zitierte (was ich als eine Ehre empfand).

In ganzer Länge wurde es erst in der deutschen Ausgabe beim Verlag für Politik und Wirtschaft (ein Ableger von Kiepenheuer & Witsch) 1959 gedruckt, für den wiederum Gitta Petersen die Herausgabe übernommen hatte. Sie ergänzte Sch.s Erinnerungen durch zeitgenössische Dokumente, die den Lebensbericht in die größeren Zusammenhänge stellten. Ihre eigene Einleitung vermittelte den Eindruck, sie allein sei damals mit Sch. am Werk gewesen. Vielleicht diktierte ihr die Rücksicht auf den Mann diese merkwürdige Einengung (auch ich hatte sie in meinem Vorwort aus Gründen der Diskretion nicht genannt).

Wieder eineinhalb Jahrzehnte später sah ich mich auf überraschende Weise mit dem Namen Schellenberg konfrontiert. Auf meinem Schreibtisch im Bonner Palais Schaumburg – während der Dienstzeit bei Bundeskanzler Willy Brandt – lag eines Morgens ein Brief aus Ostberlin. Der Absender bezeichnete sich als Historiker (was sein Doktortitel bekräftigte). Er plane eine Schellenberg-Biographie, kenne mein Vorwort, wisse von meiner Kooperation mit dem Autor bei der Niederschrift der Memoiren. Ob ich bereit sei, ihm einige Fragen zu diesem und jenem Ereignis und zu dieser und jener Person aus dem Lebens- und Arbeitskreis Sch.s zu beantworten. Ich schrieb ihm höflich, dass ich bereit sei, ihm zu helfen, soweit ich es könne, doch alles Wesentliche, was ich über Sch. wisse, stehe in dem Vorwort. Wenn ich mich recht entsinne, fragte der Historiker – »Dr. Hagen« nannte er sich – in seinem nächsten Brief nach dem Geschick einiger Mitarbeiter von Sch.; bei den meisten hatte ich keine Ahnung, was aus ihnen geworden war. Das folgende Schreiben führte die Namen einiger Persönlichkeiten an, die man aus Politik und Publizistik kannte; sie sollten Sch. nahegestanden haben, wie der Forscher aus Ostberlin andeutete. Ich wurde hellhörig und antwortete ausweichend. Von der Korrespondenz hatte ich, aus Gründen der Vorsicht, Kopien ans Büro des Staatssekretärs im Kanzleramt geschickt, der Chef der Behörde war. Nun rief er an, um mir zu sagen, dass mein Historiker nach allen Anhaltspunkten zur Stasi gehöre und Sch. nur der Vorwand sei, mich auszuhorchen und, wenn möglich, für eine Mitarbeit zu gewinnen. Schrieb dem Dr. Hagen knapp, dass ich ihm nicht weiter helfen könne und mich auf meine Arbeit konzentrieren müsse. Danach hörte ich nichts mehr aus Ostberlin, auch kein Wort des Dankes, das sich gehört hätte. Vermutlich schloss der Historiker aus meinen dürren Worten, dass wir ihm auf die Schliche gekommen waren.

Einige Monate danach Anruf des Bonner Korrespondenten einer Moskauer Publikation. Mit rollendem russischen Akzent stellte er sich vor. Er habe schon lange den Wunsch, mich kennenzulernen, nun biete sich ein konkreter Anlass, miteinander zu reden: Er sei Zeithistoriker und Schriftsteller, habe ein Buch über das »Unternehmen Barbarossa« geschrieben (die Tarnbezeichnung für den Überfall auf die Sowjetunion), das auch in deutscher Übersetzung vorliege. Nun plane er eine Biographie Schellenbergs, den ich doch gut gekannt hätte, mein Vorwort habe er gelesen. Ach, sagte ich, welch eine Koinzidenz! Ob er wisse, dass ein Kollege in Ostberlin an just diesem Projekt arbeite? Dr. Hagen heiße er, mein Sekretariat könne ihm die Adresse geben. Der Genosse lachte dröhnend. Was für ein Zufall! Wie gut, dass ich ihn darauf hinwiese. Er werde sein Buchvorhaben dennoch nicht aufgeben. Wann er mich besuchen könne? Wahrheitsgemäß antwortete ich ihm, ich flöge am nächsten Tag nach New York. Er könne sich in zwei Wochen wieder melden. Woraufhin er drängte: Eine Frage könne ich aber schon jetzt am Telefon beantworten – nämlich ob Sch. so hoch intelligent gewesen sei, wie man sich von ihm erzähle. Besann mich einen Augenblick. Dann sagte ich, einmal im Leben halbwegs geistesgegenwärtig, Sch. sei so intelligent und so dumm gewesen, wie es Geheimdienstagenten in der Regel seien. Mein Partner brach in ein russisches Grundlachen aus, und wollte sich gar nicht mehr fassen. Schließlich wünschte er mir gute Reise, er werde sich melden.

Über den Anruf schrieb ich ein kleines Memo für den Staatssekretär, mich selber zitierend. Bei einer seiner Visiten im Amt steckte der Chef des BND, Gerhard Wessel, den Kopf durch die Tür – das sei ja nett, dass er endlich erfahren habe, was ich von ihm und seiner Kollegenschaft halte. Er bestätigte, dass der angebliche Korrespondent ein wichtiger Mitarbeiter des KGB war. Auch der ließ fortan nichts mehr von sich hören.

# TEIL II

Bonn – und die Schule der Werbung

Der Weg nach Bonn hatte sich mir auf seltsame Weise durch zwei Menschen geebnet. Mein wunderbarer Freund Fritz René Allemann war der eine (von dem ich später erzählen werde) und Eugen Gerstenmaier – als Chef des Evangelischen Hilfswerks und Gründer unseres Blattes mein eigentlicher Boss – der andere. Gerstenmaier hatte sich im Sommer 1949 nach langem Zögern entschlossen, für den ersten Bundestag zu kandidieren. Er entsprach niemals dem blassen, weltfernen, apolitischen Typus des evangelischen Theologen. Der Kirchenkampf hatte ihn Politik gelehrt. Als Student, im Jahre 1934, war er zum ersten Mal von den Nazis verhaftet worden. Später arbeitete er – da ihm der Zugang zu einer Universitätsprofessur durch das Regime versagt wurde – im Außenamt der Evangelischen Kirchen. Dort gewann er Kontakt mit dem Weltrat in Genf, vor allem mit den schwedischen Bischöfen, die für die so wichtigen Verbindungen des deutschen Widerstands zu dem englischen Bischof von Chichester sorgten. Im Kreisauer Kreis um den Grafen Moltke wurde – bei der Planung des deutschen und europäischen Geschicks nach dem Krieg – vor allem über den politisch-moralischen Auftrag der Deutschen nach der voraussehbaren Katastrophe gesprochen. Gerstenmaier verstand seine Kandidatur für den Bundestag als eine Verpflichtung gegenüber den Freunden, die ihr Leben im Widerstand geopfert hatten. Und als eine Fortsetzung seines sozialen Engagements auf einer anderen Ebene. Wenn ich recht weiß, hatten auch die Sozialdemokraten um ihn geworben. Er entschied sich für die CDU.

Gern kam ich im Sommer 1949 seiner Bitte nach, im Wahlkampf zu helfen (mir war es dabei gleichgültig, für welche der großen Parteien er ein Mandat gewinnen wollte). Ihm wurde der Wahlkreis Backnang-

Schwäbisch Hall zugewiesen, eine eher bäuerliche Region. Sein Evangelisches Hilfswerk interessierte in den kuscheligen Dörfern vor allem die Flüchtlinge und Vertriebenen, womöglich auch einige Bürger in den kleinen Städten. Den Bauern aber war jene Welt fremd. Mir wurde aufgetragen, mich um die Pressearbeit zu kümmern. Mag sein, dass ich kleine Artikel in den Lokalzeitungen platzierte (die unter der Lizenz der Amerikaner gediehen und blühten – und ihre Lizenzträger reich werden ließen), vielleicht sogar Notizen in der stattlichen *Stuttgarter Zeitung* oder den *Stuttgarter Nachrichten*. Doch es erwies sich als die dringendere Notwendigkeit, mich zum Vorauskommando zu gesellen, das bei den Wahlversammlungen die Leute zu überreden versuchte, geduldig auszuharren, bis der Kandidat eintraf – nämlich immer verspätet, wie damals schon bei den Politikern üblich, die stets die vorgesehene Redezeit überschritten oder sich durch notleidende, manchmal auch nur nörgelnde oder aufgeblasene Interventen aufhalten ließen. Wir spielten flotte Musik, meist Märsche, von denen das Publikum nicht genug hören konnte. Wenn die Wartenden unruhig wurden, wagte ich mich zum Rednerpult.

Meine ersten öffentlichen Auftritte. Keine Ahnung, was ich den Leuten erzählte, immerhin war es laut genug. Vermutlich sprach ich darüber, wie wichtig die Formung eines demokratischen Staates sei. Vielleicht berichtete ich auch von den Leistungen des Hilfswerks in den schlimmsten Jahren der Not. Oder vom Widerstand des Kandidaten (was damals keineswegs immer begeisterte Zustimmung fand). Gelegentlich hörte Gerstenmaier bei den finalen Sätzen zu, ehe ich auf ihn überleiten konnte. Einmal bemerkte er grinsend: Fast der junge Goebbels ... Später entschuldigte er sich für die mäßig witzige Flegelei. In Bonn, wo er rasch an Prominenz gewann – neben dem Oberkirchenrat und Parlamentspräsidenten Hermann Ehlers der herausragende Protestant in der majoritär katholisch bestimmten CDU (obschon er erst nach ein oder zwei Jahren in die Partei eintrat) –, konnte er mir manche Tür öffnen. Ich machte davon nicht allzu viel Gebrauch. Das war besser so.

Wichtiger die herzliche Aufnahme durch Fritz René Allemann, den Korrespondenten der Schweizer Tageszeitung *Die Tat*, die zum Reich des genossenschaftlich orientierten Kapitalisten Duttweiler gehörte und von mir mit der größten Aufmerksamkeit gelesen wurde, weil sie die Berichte und Essays einer Elite von Autoren druckte; aus Paris schrieb François Bondy, der belesenste und vermutlich gebildetste Mensch, dem ich je begegnete, ein wahrer Polyhistor (Vater des großen Theaterregisseurs Luc Bondy, der von François auch die Gabe des geschriebenen Wortes – in Deutsch und Französisch – geerbt hat). Neben ihm Herbert Lüthy, der Historiker, der sein gewaltiges wissenschaftliches Werk über die protestantische Finanzwelt Frankreichs auf Französisch verfasst hatte. Als mir später in Paris das Vergnügen zuteil wurde, die Bondys – Lillian, die Frau, eine attraktive und quirlige Dame voller Esprit – in ihrer schönen Wohnung am Trocadéro zu besuchen, traf ich Lüthy, melancholisch auf einer Treppe zur Terrasse hockend. Seine beiden Bände über die »Banque protestante« waren eben erschienen. Wie geht's, fragte ich. Er blickte traurig auf: Na, wie soll's einem gehen, wenn man mit vierzig sein Lebenswerk abgeschlossen hat, sagte er mit schwerem Schweizer Akzent. Ganz so verhielt es sich nicht. Er schrieb die große Analyse *Frankreichs Uhren gehen anders* – die von Friedrich Sieburgs *Gott in Frankreich* den geradezu mythischen Rang zu erben schien. Als ich eines Sonntags in einem Berliner Restaurant mit Lüthy und Allemann zu Mittag aß, erschien plötzlich Sieburg. Ich fragte Lüthy, ob ich ihn mit S. bekannt machen solle, den er voller Neugier musterte, die Augen hinter dicken Brillengläsern versteckt. Ach nein, lieber nicht, sagte er scheu. (Sieburg wiederum, dem ich von der verfehlten Begegnung schrieb, bedauerte es, dass ihm die schöne Chance entgangen war, denn er bewunderte den jüngeren Konkurrenten sehr, zumal – in seinen Essay-Bänden – den großen Stilisten, der Lüthy wahrhaftig war.) Später übernahm Lüthy in Basel den Lehrstuhl Jacob Burckhardts, des Klassikers unter den Schweizer Historikern, der als Autor der *Weltgeschichtlichen Betrachtungen* ein europäisches Idol geworden war. Lüthys Schwermut wuchs sich im Fortgang der Jahre zu tiefen Depressionen aus, die sich für die damalige Psychiatrie als unheilbar erwiesen. Sie zwangen ihn, sich nach immer längeren Pausen von der Universität zurückzuziehen, und sie lähmten auch sein Schreiben. Er starb früh – einer der eindrucksvollsten und sympathischsten Menschen, die kennenzulernen ich das Glück hatte.

In der *Tat* las man aus Amerika Robert Jungk, der durch sein Buch über die Atombombe *Heller als tausend Sonnen* in aller Welt berühmt und überdies der Urvater der Anti-Atom-Bewegung wurde. Und immer wieder Peter Schmid, den genialen Reporter, der sich auf allen Kontinenten herumtrieb. Einst Dramaturg im Berner Stadttheater, wurde er plötzlich vom Fernweh übermannt, packte ein Köfferchen mit dem Allernotwendigsten und fuhr davon, vergaß das Anhalten, doch er schrieb seine Beobachtungen auf, die durch *Die Tat* ihr Publikum fanden. Einmal im Jahr kam er des Wegs, in Bonn, in Berlin, in Washington. Immer begleitete ihn das abgeschabte Köfferchen, die wichtigsten Toiletten-Sachen, ein leichter Anzug, ein Hemd, Wäsche zum Wechseln, Notizhefte, vielleicht ein Buch, das war alles. Das und die Reiseschreibmaschine. Irgendwann, nach Jahrzehnten, hielt er schließlich an, zog sich in ein Landhäuschen zurück (wohl in England), starb bald danach und wurde vergessen. Journalistenleben.

Erstaunlich, diese Sammlung einer geistigen Elite um die *Tat*, die damals der *Neuen Zürcher Zeitung* den Rang als die erste Adresse des Schweizerischen Pressewesens abzulaufen drohte. Ähnliches ließ sich von der *Weltwoche* sagen, einem eher links-liberalen Blatt, das nur in seinen Anfängen sehr kurz mit dem nationalsozialistischen Regime in Deutschland geflirtet hatte, danach aber eine Zuflucht der politischen, journalistischen und literarischen Emigranten aus dem Dritten Reich wurde (in dem die guten Geister um ihr Leben fürchten mussten). Ich empfand es als eine Auszeichnung, für dieses Blatt während vieler Jahrzehnte schreiben zu können. Aber das gilt längst nicht mehr. In den letzten Jahren ist die *Weltwoche* leider, auch durch einen undurchsichtigen Wechsel der Besitzverhältnisse, zu einem rechten Sektenblatt verkommen.

Wie rasch die Schweiz nach 1933 zu einer Oase des freien Wortes und der freien Geister deutscher Sprache geworden war, wie fast über Nacht eine Fülle an journalistischen und literarischen Talenten aufblühte, während ringsum, zumal im Krieg, der europäische Geist erstarrt und verstummt war (ausgenommen die freien Stimmen im besetzten wie im unbesetzten Frankreich, die von der deutschen Zensur geduldet, ja heimlich gefördert wurden) – über dieses Mirakel ist der große Essay, den es verdient, noch nicht geschrieben.

René Allemann, ein lebhafter Geist, rundum gebildet, grundmusikalisch und ein großmütig-geselliger Mensch, hatte ich zwei Jahre zuvor in Stuttgart kennengelernt, kurz nach dem Spektakel »Maier contra Maier«, das damals nicht nur die politisch engagierten Schwaben in Atem hielt. Franz Karl Maier, Lizenzträger, Herausgeber und prägender Kopf der *Stuttgarter Zeitung*, eine Weile auch Ankläger in den »Entnazifizierungsverfahren«, ging im Jahre 1947 mit dem Ministerpräsidenten Reinhold Maier, Chef der württembergisch-badischen Freidemokraten, mit dem Kultusminister Wilhelm Simpfendörfer, dem Mitbegründer des »Christlich-Sozialen Volksdienstes« in den späten Jahren von Weimar (ein enger Freund meines Vaters, der durch ihn zum Demokraten geworden war), aber auch mit dem künftigen Bundespräsidenten Theodor Heuss scharf ins Gericht, weil alle drei im März 1933 dem Ermächtigungsgesetz im Reichstag zugestimmt hatten, das die Diktatur Hitlers sozusagen *de iure* etablierte. Heuss hatte den Herausgeber Maier, der sich keiner Verdienste im Widerstand rühmen konnte, in einer Radio-Debatte mit polemischem Witz als den »Robespierre von Ochsenhausen« charakterisiert (nach dem Nest, aus dem der Zeitungsmann stammte). Er warf ihm vor, die Motive der liberalen Reichstagsabgeordneten nicht zur Kenntnis genommen und auch kein Wort darüber verloren zu haben, wie sie sich durchs Dritte Reich geschlagen hatten. (Reinhold Maier fand für seine jüdische Frau und seine Kinder in der Schweiz eine sichere Unterkunft, er selber kehrte nach Stuttgart zurück und verteidigte als Anwalt auch Gegner des Regimes. Aus Schutzgründen hatte er sich scheiden lassen, seine Frau kehrte gleich 1945 zu ihm zurück. Heuss wiederum, der aus seiner Professur an der Berliner Hochschule für Politik vertrieben wurde, überlebte dank der Bosch-Stiftung, die ihn mit der Niederschrift einer Biographie des Gründers beauftragte, der gewiss eine der faszinierendsten Persönlichkeiten des deutschen Unternehmertums war, vor allem durch sein ungewöhnliches soziales Engagement.)

Über den Konflikt Maier contra Maier (der ausging wie das Hornberger Schießen) hatte ich ein langes Stück in *Christ und Welt* geschrieben.

Und zu meiner Überraschung fand ich einige Passagen meines Artikels in einem Bericht Allemanns für *Die Tat* wieder (worauf ich ein bisschen stolz war, obwohl der große Kollege bei der Nennung der Quelle exakter hätte sein können). An einem Sommernachmittag des Jahres 1948, an dem ich allein in unserer Redaktionsbaracke hockte, erschienen zwei Herren an der Tür, die den stellvertretenden Chef Wolfgang Höpker sprechen wollten. Ich sagte bedauernd, der sei auf Reisen; ich sei der Redakteur KH – ob ich helfen könne? »Wie gut, dass ich Sie treffe«, rief der eine, stellte sich vor und bekannte sofort, dass er sich kräftig bei mir bedient habe, doch er finde, dass gelungene Artikel Allgemeingut seien und soweit wie nur möglich verbreitet werden müssten. Natürlich stimmte ich ihm lauthals zu. Allemanns Begleiter, ein großer, etwas schwerer Mann, vielleicht Mitte dreißig, mit melancholischen Augen, war Alain Clément, der Korrespondent von *Le Monde* (mir sehr wohl ein Begriff). Beide luden mich zum Abendessen in einen amerikanischen Club ein, zu dem sie – als Nicht-Deutsche – Zugang hatten.

Wir speisten gut, tranken schwäbische Weine, die Allemann genau genug zu kennen schien, unterhielten uns angeregt über Gott und die Welt, dank Clément, der mit seinem dicken Akzent ein geläufiges, ja elegantes Deutsch sprach, auch über Tübingen, das ihm kostbar war, und vor allem über Hölderlin, dessen Werk er liebte, über das »Stift«, das er dank der Vorlesungen Robert Minders, des elsässischen Literatur-Professors am Pariser Collège de France, sehr wohl und selbst über die theologischen Seminare in Maulbronn und Blaubeuren, ohne die Schwabens Dichterwelt kaum denkbar war.

In Bonn wurde allzu rasch deutlich, dass ich mit den mir vom Chefredakteur Mehnert zugestandenen 350 Mark nicht auskommen würde, obwohl ich ein Zimmer in der Beethovenstraße, nicht weit vom Bahnhof, beziehen konnte, ohne Miete zu zahlen: Der Deutsche Fachverlag meines Freundes Wilhelm Lorch hatte auf Verdacht einen Raum belegt, falls es sich als notwendig erwiese, in der Hauptstadt präsent zu sein. Das Zimmer zu ebener Erde war groß, doch dürftig möbliert; Klo und Dusche nur über eine düstere Treppe im Souterrain zu erreichen. Nicht schlimm, verwöhnt war damals kaum jemand. (Dafür gab es keine Aufseher im Haus.) Einige Grundanschaffungen aber kosteten Geld, zuallererst ein Bett samt Matratze und Bettwäsche, eine Schreibmaschine (beides auf Abzahlung). Suchte mir eine Olympia-Reisemaschine aus, die damals als besonders handlich galt. Sie war schwer genug – ich schleppte sie trotzdem um den halben Erdkreis (und sie wäre vermutlich noch jetzt brauchbar, wenn ich neue Farbbänder fände). Der gutmütige Chef des Edeka-Ladens gegenüber ließ mich anschreiben und nahm auch Briefmarken, wenn ich keine Mark mehr in der Tasche hatte, um Brot zu kaufen. Mit einiger Regelmäßigkeit musste ich dennoch in der zweiten Monatshälfte René Allemann anpumpen, dessen karge Frau – aus einem Basler Patrizierhaus stammend – die Rettungsaktion manchmal mit dünnlippigem, wenn auch nicht unerbittlichem Einspruch zu verhindern trachtete (geizig, weil durch Herkunft reich). Es blieb mir nichts anderes übrig, als Tag für Tag einen Artikel zu schreiben, um mein Soll bei *Christ und Welt* zu überschreiten, denn nach dem Pflichtprogramm wurde ich (es wurde erwähnt) mit zehn Pfennigen pro Zeile entlohnt (wovon ich zwei Brötchen kaufen konnte, was heute, für das Zeilenhonorar der großen Tageszeitungen, nicht mehr möglich ist). Manchmal füllte ich ein Viertel des Heimatblattes. Darüber hinaus bediente ich jeden Abnehmer, der sich finden ließ, und sei es *Der Trierische Volksfreund*, der für einen Leitartikel 20 Mark bezahlte. Schrieb auch für die skandalgeneigte Hamburger *Morgenpost*, die mit Springers *Bild* zu konkurrieren versuchte (in Bonn von meinem Freunde Gerd Schröers vertreten, einem Sozialdemokraten aus solider Arbeiterfamilie, der leider sehr früh nach dem Rückzug aus dem Journalismus an einem Aneurysma verblutete).

Als es gar nicht mehr anders ging, heuerte ich für drei Tage in der Woche – wiederum durch Wilhelm Lorchs Vermittlung – bei einer Frankfurter Werbefirma an. Der Job brachte gutes Geld, von dem ich zuallererst die Fahrten von Bonn und zurück und die Miete für ein möbliertes Zimmer in einer Seitenstraße des Westends begleichen musste. Dennoch, es blieb genug, um mich durch die Tage zu bringen und meine Anschaffungen rascher abzuzahlen, zu denen die in Bonn notwendigen Gewänder gehörten: Man trug – eine verständliche Reaktion auf das graue Elend der abgeschabten und umgefärbten Uniformjacken – eher neubürgerlich, legte sich sogar Hut und Krawatten zu (siehe bekannte Fotos von den Tagungen der »Gruppe 47«, auf denen jene vermeintlich wilden und aufbegehrenden Autoren niemals ohne Schlips zu sehen waren). Hinter der jung-bürgerlichen Fassade ging es, gottlob, noch lange unordentlich genug zu, vor allem in erotischer Hinsicht. Tatsächlich verlor man sich weniger im Maulhurentum als die in Wahrheit oft so gehemmt-prüden Künder der »sexuellen Revolution«.

Also warb ich in Schlips und Kragen für die dreirädrigen Tempo-Lieferwagen, für Maggi-Suppen und -Gewürze, für »Blendax«-Zahnpasta, für Papiertaschentücher und was sonst noch. Ich produzierte sogar ein Schifffahrtshandbuch für die Firma Shell. Dies alles unter der strengen Kontrolle des Besitzers der Werbefirma, Laux – ein nicht sehr sympathischer Zeitgenosse und ein bemerkenswert schlechtgelaunter Chef, von dem ich rasch genug in Erfahrung brachte, dass er als Vertreter von Heinrich Hoffmann, dem Leibfotografen des »Führers«, fungiert hatte. Da Hoffmann oft zu besoffen war, um die großen Ereignisse wahrzunehmen, sprang Laux in die Bresche, wurde mit einem höheren SS-Rang ausgestattet, verwahrte die Negative seiner Bilder bei sich zu Hause und versteckte sie umsichtig, als die Alliierten die deutschen Grenzen überschritten, in einem gottverlassenen Winkel in der späteren amerikanischen Zone. Er verdiente, als er sie wieder ausgrub, in der ersten »Enthüllungsphase«, als die illustrierten Blätter Serien über das Dritte Reich publizierten, schweres Geld.

Trotzdem, die Amis hatten ihn, des SS-Ranges wegen, in das Internierungslager Darmstadt gesperrt. Als sie erfuhren, dass er ein berühmter Fotograf sei, stahlen sie ihm eine Ausrüstung zusammen und richteten ein kleines Atelier ein, wo er seine Bewacher für die Bräute und Moms zu Hause in New Jersey oder Alabama ablichten durfte, großzügig retuschierend, wenn es erwünscht war. Entlohnt wurde er in Zigaretten, der eigentlichen Landeswährung, die er sorgsam stapelte. Als er schließlich entlassen wurde, schleppte er bergeweise die Kartons von Pall Mall oder Lucky Strike mit sich – ein prächtiges Anfangskapital, das ihm nicht nur die Miete in Frankfurt, reiche Ernährung durch den Schwarzmarkt, sondern auch den Aufbau einer Werbefirma erlaubte, bei dem ihm die im

Lager gewonnenen Verbindungen zu amerikanischen Firmen und zu deutschen Industriellen überaus nützlich waren. Ich lernte in seinem Laden – das A und O aller kommerziellen Texte – knapp zu formulieren und runde, möglichst schlichte Kennworte zu kreieren, die den Weg ins Alltagsdeutsch finden sollten. Der Aufenthalt in Frankfurt wurde durch eine heitere Clique von Anwälten und ihren Damen halbwegs amüsant. Als Liebesnest bot sich – ausgerechnet – das Bunkerhotel an. (Ach, die muffigen 50er Jahre!) Doch irgendwann ertrug ich den Hausterror in der Firma nicht länger und sagte brüsk adieu. Ein wenig Geld hatte ich gespart, und ich begann, für *Christ und Welt* auch aus Berlin unter dem Namen Stefan Brant zu berichten.

Gleich zu Beginn meines Bonner Aufenthalts hatte mich René Allemann mit völliger Selbstverständlichkeit in den Kreis seiner Freunde einbezogen. So wurde ich mit ihm zum Abendessen ins Haus von Richard Löwenthal geladen (auf keinen Fall zu verwechseln mit dem späteren Rechtsausleger des ZDF Gerhard Löwenthal). Rix, wie Richard von aller Welt genannt wurde, war damals Deutschland-Korrespondent des liberalen *Observer*, verlegt von dem liebenswert aufgeklärten Lord Astor, der das zuvor ziemlich altbackene und schrullig konservative Wochenblatt in eine brillante Zeitung verwandelt hatte, in Konkurrenz mit der konservativen *Sunday Times*. (Übrigens war Astor ein enger Freund der jungen Gräfin Dönhoff, die in seiner Zeitung für ein paar Monate Zuflucht gesucht hatte, als sie die reaktionäre deutschnationale Atmosphäre in dem Hamburger Blatt unter Richard Tüngel nicht mehr ertrug.)

Es war damals geradezu Pflicht, am Sonntag zum Bahnhofskiosk zu pilgern, um die Londoner Sonntagsblätter zu kaufen, für uns Junge waren sie das Ideal des anspruchsvollen, modernen Journalismus. (Das blieb leider nicht so.) Im *Observer* las ich selbst die Garten-Kolumne von Vita Sackville-West, der Frau des schreibenden Diplomaten Harold Nicolson, engste Freundin und Geliebte von Virginia Woolf, selber eine Autorin von hohem Talent. Ich las im Immobilien-Anhang mit wachsender Wonne die Annoncen eines Londoner Agenten, die allemal poetisch-ironische Feuilletons von merkwürdigem Charme waren (in denen trotzdem das Wesentliche über die angepriesenen Objekte stand).

Rix, man darf es sagen, war nach allgemeinem Urteil ein eher hässlicher Vogel. Die weit auseinander stehenden Basedow-Augen schielten nach außen, was seinem Blick etwas Umfassendes gab, dazu der eher bittere Mund, das Zahnwerk dahinter nicht allzu erfreulich, klein von Statur, eher nachlässig gekleidet (stets Essensreste auf dem Jackett). Aber was für ein faszinierender Kopf! Stets messerscharf argumentierend, wenn er sich nicht seinem berüchtigten Witz hingab, Erfinder der schlimmsten Kalauer (für die besonders peinlichen musste er eine Mark Bußgeld in die Gemeindekasse der Freundesclique zahlen). Wenn er freilich eine Idee entwickelte, ob politisch, ob philosophisch – stets in einem druckreifen Deutsch oder Englisch –, dann gewann sein Gesicht eine Art Schönheit, die ich hellenisch nannte. Später übernahm er einen Lehrstuhl für Soziologie an der Freien Universität Berlin. Seine Studenten schienen den großen Geist, dem sie zuhören durften, kaum zu würdigen, in der Rebellion von 1968 nicht einmal mehr zu respektieren. Sie betrachteten ihn als Feind, weil er ein entschiedener Antikommunist war, und sie suchten ihn, den vielleicht besten Kenner des Werkes von Karl Marx in Deutschland, mit ihren pseudo-marxistischen Schwätzereien heim, ja sie terrorisierten ihn, wie er es aus seiner Studentenzeit nur allzu gut kannte, als die SA-Horden die jüdischen und die linken Professoren in den Hörsälen niederbrüllten. Der teutonische Fanatismus nervte ihn, und er zog sich, nach der Gründung der allzu konservativen Professorengruppe zum »Schutz der Freiheit der Wissenschaften«, resigniert zurück und starb, von Demenz zerrüttet, in der Pflege seiner ersten und dritten Frau Charlotte (die zweite, wandervogelhaft-herzliche, hieß nur Lotte).

Rix Löwenthal und René Allemann kannten sich aus Weimarer Tagen. Rix war damals Vorsitzender des Verbandes kommunistischer Studenten; auch René zählte sich zu den Erzlinken, allerdings war er Mitglied der antistalinistischen KPO, der kleinen kommunistischen Partei-Opposition, die von Willy Brandts »Sozialistischer Arbeiterpartei« (SAP) nicht weit entfernt war. Auch Löwenthal, dem genial Begabten, kam nach der Flucht aus dem Nazi-Reich die materielle Unterstützung der Basler Patriziertochter zu, die schließlich Frau Allemann wurde. Er löste sich, zunächst in Frankreich hausend, unter dem Eindruck der fatalen stalinistischen »Säuberungen« ganz vom Kommunismus, wechselte nach England, wo er sich dem linken Labour-Flügel anschloss, fand Arbeit beim Nachrichtendienst Reuters, der ihn nicht lange nach der Kapitulation nach Deutschland schickte, wo er sich rasch der wieder erwachten Sozialdemokratie als eine Art Berater zugesellte. Unter dem Pseudonym Paul Sering schrieb er das wegweisende Theorie-Buch für den auferstanden freien Sozialismus. Schließlich wurde er, dank seiner präzisen Analysen, vom *Observer* engagiert, bei dem er sich als außenpolitischer Redakteur mit Sebastian Haffner ablöste.

An jenem ersten Abend bei Rix Löwenthal begegnete ich Willy Brandt, damals einer der Abgeordneten aus West-Berlin, deren Stimmen bei Entscheidungen des Bundestages nicht mitgezählt werden durften, da West-Berlin dank des geltenden Viermächtestatus kein Bundesland wie die anderen sein konnte. Brandt, der sich zunächst eher reserviert gab, gewann mit seinen offenen klaren Zügen und starken Augen sofort Sympathien – ein gut aussehender Mann mit einem guten Kopf und einem freien Lächeln; er übte, das ließ sich rasch erkennen, eine besondere Anziehung auf die Genossinnen und auch auf eher bürgerliche Damen aus. Seine zweite Frau Rut, eine schöne und stets elegante Norwegerin aus schlichtem Haus, hatte während der Berliner Blockade den ersten Sohn Peter zur Welt gebracht, bei Kerzenlicht, denn im belagerten Berlin stand den Bürgern nur wenige Stunden am Tag Strom zur Verfügung. Der zweite Sohn Lars (mit dem sich später eine schöne Freundschaft ergab) war rasch gefolgt. Matthias, den jüngsten, einen Spätling, gab es damals noch nicht. (Dass er Schauspieler wurde – heute ein gefeierter Star in Film und Fernsehen – erscheint nur konsequent, denn in jedem Politiker verbirgt sich ein Theatraliker, auch sein Vater war davon nicht völlig frei. In dem Fernsehdrama über den Rücktritt des Vaters vom Kanzleramt spielte Matthias den Spion Guillaume, den er als Schulbub noch genau genug kennengelernt hatte.)

Willy Brandt und ich stritten an jenem Abend auf eher heitere Weise über die »Westpolitik« des Kanzlers Konrad Adenauer, die angeblich einer Wiedervereinigung mit dem sowjetisch besetzten Mittel- und Ostdeutschland den Weg verstellte – was fürs Erste gewiss zutraf, nur setzten die gelegentlichen Lockungen des Kreml mit gesamtdeutschen Wahlen eine Neutralisierung Deutschlands voraus, die nichts anderes als eine Vorstufe zur »Gleichschaltung« im Griff des sowjetischen Imperiums sein konnte (zumal die kommunistische Partei Frankreichs damals stark genug war, sich jederzeit an die Macht zu putschen, wenn es der Kreml erlaubte; und auch die KP Italiens war durchaus in der Lage, das Kommando im Land zu übernehmen – beide freilich aufgehalten von der militärischen Präsenz der Vereinigten Staaten).

Aus Brandts Untertönen glaubte ich herauszuhören, dass ihm der Westkurs des »Alten von Rhöndorf« nicht völlig fern lag. In Berlin war er mit dem »Kalten Krieg« in der verletzlichsten Gefahrenzone konfrontiert, und das Exil hatte ihn – anders als den binnendeutschen Kurt Schumacher, der ein Jahrzehnt lang im Konzentrationslager isoliert ums Überleben kämpfte – zum Internationalisten geformt, wie seinen Mentor auch, den Berliner Bürgermeister Ernst Reuter, der sich in die Türkei gerettet hatte (wo er eine Professur versah), oder wie das Hamburger Stadtoberhaupt Max Brauer, der entscheidend von der britischen und amerikanischen Demokratie geprägt wurde. Auch der Horizont ihres hanseatischen Kollegen, des Bremer Bürgermeisters Wilhelm Kaisen, reichte weit über Deutschland hinaus; er konnte in der Heimat ausharren, doch er hatte mehr als einmal die Drangsal der Gestapo-Haft zu ertragen. Man sprach von der »Fronde der Bürgermeister«, die sich der radikal neo-nationalen Strategie Kurt Schumachers entzog, Und man wusste, dass Willy Brandt dieser Oppositionsgruppe zugeneigt war, wohl auch als Lübecker, wenngleich dem Proletariat entstammend, denn doch ein Hanseat, den das skandinavische Exil (samt den langen Aufenthalten in Spanien und in Frankreich) westlich gebildet hatte.

In den leidenschaftlichen Debatten über die Wiederbewaffnung, die in den Jahren 1952 und 1953 im Bundestag geführt wurden, hielt sich Willy Brandt zurück, vielleicht aus Rücksicht auf die Berliner Lage, vielleicht auch wegen seiner grundsätzlichen Skepsis gegenüber dem Militär, obschon er sich nach der erpresserischen sowjetischen Blockade der Insel Berlin nicht die geringsten Illusionen über den expansionistischen Charakter des stalinistischen Regimes machte.

Kurt Schumacher, der schwer an den physischen Folgen der KZ-Haft zu tragen hatte, war im August 1952 gestorben. Sein Nachfolger Erich Ollenhauer, ein tüchtiger Parteisoldat, der die Sozialdemokraten in der Emigration von seinem kleinen Hauptquartier in Prag, dann von London aus zusammengehalten hatte, war klug und umsichtig, doch kein Kopf, der dazu aufgelegt gewesen wäre, strategische Linien auszuziehen, die nicht mit denen Kurt Schumachers übereinstimmten. Die Reform der Partei vollzog sich nicht über Nacht. Die Strategen der Wandlung blieben lange in der Minderheit, so überzeugend sie auch argumentierten, dass nur durch die radikale Veränderung der Partei der Ausbruch aus dem »Turm der dreißig Prozent« gelingen konnte, in den die SPD eingemauert zu sein schien. Das Godesberger Programm, erst im November 1959 verabschiedet, darf man als den Eintritt der SPD in die Moderne und ihre Etablierung als Volkspartei ohne altmarxistische Lasten betrachten. Es trug ganz gewiss nicht Ollenhauers Handschrift, auch nicht die seiner engen Mitarbeiter, erst recht nicht die Herbert Wehners, des einstigen Politbüromitglieds der KPD, der allerdings auf den fahrenden Zug sprang und sich dann von Waggon zu Waggon bis in die Kabine des Lokführers vorarbeitete.

In den Jahren 1952 und 1953 war also das große Thema (neben den Sozialreformen) die Wiederbewaffnung der Deutschen im Westen durch die Europäische Verteidigungsgemeinschaft (EVG) nach der Planung Jean Monnets. Die Diskussionen hielten die Abgeordneten und uns Journalisten droben auf der Pressetribüne oft bis morgens um vier Uhr wach – Fortsetzung der Debatte um neun Uhr. Pünktlich und völlig präsent saß der alte Adenauer, der bis zum Schluss ausgeharrt hatte, auf der Regierungsbank. Er griff freilich selten in jenes große Gespräch des Bundestags ein. Einer der eindrucksvollsten Redner, der Sozialdemokrat Fritz Erler, der gut sieben Jahre Gefängnis und KZ auf dem Buckel hatte, zunächst als »Moorsoldat« in Ostfriesland. Hernach erzählte er mir, er habe damals mit einem intelligenten Leidensgenossen gelernt, Schach ohne Brett und ohne Figuren ganz aus dem Kopf zu spielen – eine mir unvorstellbare Gabe der Abstraktion. Für ihn, so sagte mir Erler, sei das überlebenswichtig gewesen, um im trüben Alltag des Lagers intellektuell nicht zu verkommen. In Süddeutschland befreit, hatten ihn die Franzosen 1945 kurzerhand zum Landrat von Tuttlingen ernannt. Als er sich freilich nicht bereit zeigte, unvernünftige und willkürliche Forderungen zu erfüllen, setzten sie ihn ohne Zögern wieder ab und steckten ihn in ein Internierungslager, das zu zwei Dritteln (oder mehr) mit alten Nazis belegt war. Vermutlich wurde er, dank seiner KZ-Erfahrung, vielleicht auch nur kraft seiner klaren Autorität, von den einstigen Todfeinden respektiert. Er nutzte die Chance, eine ganze Reihe von Hitlerjugend-Führern zur Sozialdemokratie zu bekehren.

In der Partei galt Erler, dem ein Jahr vor Willy Brandt die Wahl in den Vorstand gelang, als der ausgewiesene Verteidigungsexperte. In einer sozialdemokratisch geführten Bundesregierung hätte er gewiss das Verteidigungsressort übernommen. Freilich wäre er genauso talentiert fürs Außenministerium gewesen, und es wäre ihm dabei zugute gekommen, dass er in der Haft Englisch und Französisch gelernt hatte. Doch als es so weit gewesen wäre, lag er, an Leukämie tödlich erkrankt, im Hospital. Er war, kein Zweifel, der bedeutendste unter den Reformern, die Willy Brandt den Weg geebnet haben. Ein ernster und lauterer Mensch, grundgescheit, verlässlich und trotz aller Strenge human.

In jenen Debatten über Europa, die Nato und die Wiederbewaffnung war er, neben dem Erzbürger Carlo Schmid, der glanzvollste, eindringlichste Redner der SPD. Anders als der Tübinger Staatsrechtsprofessor (und halbe Bohemien) Schmid hatte Erler keine Ambition, die Genossen und Mitbürger stets durch seine Brillanz und seine Bildung zu beeindrucken. Ich konnte Carlo niemals völlig verzeihen – obschon er mir freundlich begegnete –, dass er, der halbe Franzose (dank der Mutter, die aus Perpignan stammte), gegen die Aufnahme der Bundesrepublik in den Europa-Rat gestimmt hatte, den Parteigehorsam übertreibend. Der Rat hatte zwar eine eher dekorative, doch auch moralisch respektierte Funktion – die Teilnahme der Deutschen war ein bedeutender Schritt auf Europa zu.

Mich holte Carlo in den Kreis seiner kleinen Literaturgemeinde, mit der er damals *Faust II* las und diskutierte; und ich war ihm dankbar, dass er so sichtbar bezeugte, in Bonn sei nicht nur die Politik, sondern auch die Kultur zu Hause. Seine eminente Bildung war tatsächlich bezwingend, seine Eitelkeit und seine Selbstbesessenheit waren es auch. Einer seiner Söhne hatte sich, ich weiß nicht mehr wann und warum, das Leben genommen. Ich kam per Zufall an seinem Büro im Bundestag vorbei – vielleicht um seiner wunderbaren Sekretärin Mathilde Alt aus Schwaben guten Tag zu sagen. Sie berichtete mir kurz, was geschehen war. Da sie ihn nicht allein wissen wollte, schickte sie mich zu ihm ins Zimmer. Er breitete seine Trauer mit mächtigem Pathos aus, sprach wenig vom Sohn, viel von sich selbst. Ich hörte zu. Seine Gedanken formten sich wie stets ins Anekdotische. Die Pointen und den Sachverhalt nahm man besser mit einer Portion Skepsis auf. Willy Brandt nannte ihn gern einen »Lustlügner«, ohne ihm die Großredereien nachzutragen. Nur, Verlass auf ihn war nicht. (Von mir sagte er übrigens, nicht unzutreffend, der sei nur halb so gut, wie er schreibe – das hieß, halb so denkfähig und gebildet, wie man ihm zutraute.) Mathilde Alt aber, die Carlo Jahrzehnte lang getreulich diente (und alle seine Schwächen kannte), strahlte eine Wärme, eine ruhige Klugheit, ein niemals versagendes Gefühl für das Notwendige aus, und sie hatte überdies einen unbesiegbaren Charme, kurz, sie war eine der liebenswertesten Persönlichkeiten in unserem Hauptstädtchen Bonn.

In den großen Debatten war Gerstenmaier der eindrucksvollste Redner der CDU. Er sprach mit einer im Widerstand geprüften Überzeugungskraft, über die zum Beispiel Kurt Kiesinger nicht verfügte. Den nannte man »König Silberzunge«, und es blieb auch nicht verborgen, dass er – während des Krieges Mitarbeiter der Presseabteilung im Auswärtigen Amt – nein, kein geeichter Nazi, eher der klassische Mitläufer und Opportunist war, der sich durch die schweren Zeiten zu wieseln verstand. Sein hohes Pathos konnte die eher schäbige Realität nicht überdecken. Kein Wunder, dass er als Kanzler der ersten Großen Koalition in eine merkwürdige Abhängigkeit von Herbert Wehner geriet – als habe er es nicht fassen können, dass er, der schwäbische Kleinbürger (der er im Grunde seiner Seele geblieben war), von einem leibhaftigen Exmitglied des kommunistischen Politbüros respektiert wurde. Konrad Adenauer betrachtete den selbsternannten außenpolitischen Experten –

»Ich sage nur: ›China, China, und immer wieder China‹« – mit seiner üblichen Portion Skepsis. Es überraschte ihn zu hören, Kiesinger sei ein guter Katholik: »Der hat doch so 'n evanjelisches Jesicht«, bemerkte der Alte. Er meinte vermutlich das idealistische Pathos, das in der Tat die Züge des Silberzünglers beherrschte. Ich staunte, dass er mit den immer gleichen Zitaten aus Alexis de Tocquevilles großer Amerika-Studie (1835–1840), in welchen die Vereinigten Staaten und Russland als die beiden Giganten des zwanzigsten Jahrhunderts prophetisch beschworen wurden, das gehobene Publikum stets von neuem beeindruckte. (Wie übrigens auch Helmut Schmidt sich mit einer Handvoll Leitsätzen von Marc Aurel und Immanuel Kant durch die Politik und vielleicht auch durchs Leben schlug.)

Wehner, dem ich im Kreis um Allemann und Löwenthal begegnet war, bemühte sich, mich in die Truppe der jüngeren Journalisten einzufügen, die ihn als den »Zuchtmeister der Partei« ausdauernd verehrten. In unseren Gesprächen verbarg ich freilich nicht, dass ich die West- und Europapolitik Konrad Adenauers als den einzig gangbaren Weg betrachtete, der den Frieden sicherte und den Deutschen eine produktive Integration in den Kreis der freien Völker erlaubte. Er schien sich meine Argumente mit Geduld anzuhören. Doch dann brüllte er mich in einem unvorhersehbaren Augenblick an, machte mich für alle Dummheiten der Adenauer-Regierung verantwortlich, mit der ich nicht das Geringste zu schaffen hatte (was er wohl wusste). Sein krankes Gemüt aber brauchte einen Sündenbock, einen Schuldigen, gleichviel, wen die Verdammnis traf. So war er es vom Ritual stalinistischer Genossengespräche her gewohnt. Eines Tages sagte ich ihm, dass mich seit dem Niedergang von Hitlers Wehrmacht niemand mehr so angebrüllt habe, stand auf und ging. Das war das Ende unserer Beziehung, bis ich ihm als Mitarbeiter Willy Brandts wieder begegnete – und auch dann stand unsere Verbindung unter keinem guten Stern.

Wenn sich Wehner – selten – zu einem jener Abende einfand, an denen ein Kreis einstiger Kommunisten die jüngsten Entwicklungen in der Sowjetunion und den Satelliten-Staaten diskutierte, dann hörte er eher zu. Das Wort führte vor allem der umtriebige Wolfgang Leonhard, der als jüngstes Mitglied der »Gruppe Ulbricht« noch vor dem Waffenstillstand im Mai 1945 irgendwo im Umkreis von Berlin einer sowjetischen Militärmaschine entstiegen war – mit dem eher schwierigen Auftrag, mit den Deutschen der sowjetisch besetzten Zone eine Pseudo-Demokratie einzuüben, die in Wahrheit die kommunistische Kontrolle über Ostdeutschland vorbereiten sollte. Mit der fortschreitenden Etablierung des Regimes wurde ihm die Last der Vergangenheit immer drückender. Seine Mutter hatte in Sibirien ums Überleben gekämpft, während er in einem Elite-Internat eine edel-stalinistische Erziehung genießen durfte. Schließlich war er nicht mehr willig, sich an der Etablierung eines stalinistischen Regimes in Ostdeutschland zu beteiligen und floh zunächst nach Jugoslawien, wo er dem einzig erfolgreichen Gegner des Roten Zaren unter den Satrapen helfen zu können hoffte. Noch war Tito nicht der Diktator, der dem Typus Hermann Göring entsprach: macht- und prachtbesessen. Leonhards Hoffnung auf ein freies Dasein erfüllte sich erst 1950, als er in der Bundesrepublik Zuflucht suchte (und später in Amerika eine Professur übernahm). Eine ältere Genossin, die den Weg zu uns gefunden hatte, offenbarte das gespaltene Bewusstsein so vieler antikommunistischer Häretiker mit dem halbzynisch-witzigen und doch auch ernsten Hinweis auf ihre Jahre im Gulag mit der Bemerkung: »Einst, als wir in Workuta den Sozialismus gebaut haben ...«

»Kremlkränzchen« nannte sich der Kreis, in dem ich ein bürgerlicher Außenseiter war (der hier freilich in Vorbereitung auf die Berliner Jahre viel lernte). Leonhard bezeichnete uns kichernd auch als den »Klub komischer Konservativer«, was nur den einen Wesenszug der konvertierten Altkommunisten betonte. Er hätte ebenso vom »Rat resignierter Exrevolutionäre« reden können oder, realistischer, vom »Kreis kritischer Ketzer«.

An jenem Abend bei Rix Löwenthal, an dem sozusagen alles begann, verabredeten sich der Bonner Strohwitwer Brandt und der Junggeselle KH zu einem Abendessen, das dank des guten Rotweins um Mitternacht noch nicht beendet war. WB erzählte, wie er sich von Ortsverein zu Ortsverein in West-Berlin vorankämpfe, um die Mehrheit der Partei zu gewinnen. Sein Kontrahent war Franz Neumann, ein Arbeiterführer alten Stils, der im Widerstand gegen die Expansion der sogenannten Einheitspartei der Kommunisten große Verdienste erworben hatte, aber die Eigenständigkeit der Berliner SPD (das heißt: seine Vorherrschaft) über die enge Bindung West-Berlins an den Bund stellte, die Reuter und Brandt so zäh erstrebten. Die Verflechtung mit Westdeutschland und dem »Westen« – die Vereinigten Staaten, die Nato, die ersten Ansätze zur Vereinigung Europas – waren für Berlin eine Überlebensfrage. Als Neumann zu spüren begann, dass WB als Konkurrent nicht zu unterschätzen war, initiierte er eine Schmutzkampagne (gegen den Exemigranten, den norwegischen Exoffizier, den Mann, der an seinem Namenswechsel im Exil festhielt), die durchaus den Vergleich mit den Dreckschleudereien erlaubte, mit denen später die Rechtsradikalen WBs Durchbruch zur Macht in der Bundesrepublik zu verhindern suchten. Die harten Verbündeten Neumanns hatten den Spottnamen der Journalisten,»die Keulenriege«, durchaus verdient.

Als WB im Mai 1952 auf dem Landesparteitag gegen Neumann antrat, kassierte er eine schmetternde Niederlage, die ihn lange grämte. Dennoch hatte der Kurs Ernst Reuters und die Vertretung seiner Getreuen im Vorstand eine klare Mehrheit gefunden. Und WB gab, trotz der Enttäuschung, nicht auf, sondern scheute keine Kneipendebatte, um die Genossen für seine Sache zu gewinnen, auch nach dem Volksaufstand in der DDR am 16. und 17. Juni 1953, auch und erst recht nach dem Tod Ernst Reuters im Herbst jenen Jahres, als dessen Erbe er ohne Widerspruch anerkannt wurde. Als er sich zum zweiten Mal um den Landesvorsitz bewarb, trennten ihn von Franz Neumann nur noch zwei Stimmen.

Die gescheiterte Revolution – Beginn der Ostpolitik

Hatte mir geschworen, keine alten Dokumente, Artikel, Bücher, Briefe, was immer, zur Hand zu nehmen, um meinem Gedächtnis aufzuhelfen. Alles wollte ich schreiben, wie es sich mir heute darstellt. Nun der Aufstand vom 16. und 17. Juni 1953 in Ost-Berlin und in der DDR: Ich fand mich nur schwer in die Ereignisse zurück, die ich unmittelbar mit Augen und Ohren und bewegten Gefühlen erlebt hatte: Dieses Erlebnis verlangte Authentizität. Es hat mich damals nicht gleichgültig gelassen, dass ich zum ersten Mal wieder nach dem April 1945 vor scharfen Schüssen hinter Mauern Deckung suchte. Einige Kilometer hastete ich an der Sektorengrenze entlang, die im Begriff war, zerniert zu werden; einem RIAS-Mitarbeiter (nach Ost-Berliner Sprachregelung: ein professioneller Kriegshetzer) hätten damals bei einer Verhaftung zehn bis fünfzehn Jahre Bautzen, bei einer Verurteilung durch die Sowjets 25 Jahre Gulag gedroht. Ich war erleichtert, dass ich eine Konfrontation zwischen Arbeitern und Volkspolizisten nutzen konnte, um über die Warschauer Brücke in den Westen zu entkommen. Nichts wünschte ich mir weniger, als das Sowjet-Regime im Wesenskern seiner Realität kennenzulernen, in einer Gefängniszelle oder in einer sibirischen Baracke. Kannte manche, die diese Erfahrung erlitten hatten; keinen, der sie ohne Seelenschaden überstand.

Vielleicht ist auch Helmut Kohl am ärmlichen Versickern meiner Erinnerung schuld: Er hat den 17. Juni als Feiertag gestrichen und durch den Tag des formalrechtlichen Anschlusses der DDR an die BRD, das heißt: Leben und Sterben durch Papier ersetzt. Am 16. und 17. Juni aber ging es vor allem um die Freiheit, die Wiedervereinigung hat die rebellierenden Arbeiter und Bürger erst in zweiter Linie interessiert. Der Pfälzer will freilich als »Wiederhersteller der staatlichen Einheit« in der

Geschichte gewürdigt werden, mit anderen Worten für die etwas schmalere Neuauflage des Bismarck-Reiches (eine, notabene, fast unüberwindbare Belastung der Europäischen Union, die auf lange Sicht nur als eine Föderation überleben kann, in der Deutschland aufgeht). Am 3. Oktober feiern wir das Knistern des Vertragspapiers und das sachte Kratzen der Unterschriften, die legalistisch-bürokratische Heimkehr ins »zweite Reich«, das gewiss kein »Reich« im Geiste der europäischen Geschichte war. Kein Wunder, dass unsereinem dazu nichts einfällt. Oder doch nur dieser Gruß an die Damen und Herren in den roten Roben in Karlsruhe: Die Wiedervereinigung und der Zusammenschluss Europas stehen als gleichrangige Aufgaben im Grundgesetz. Wenn der 3. Oktober keine Verfassungsänderung erforderte – warum sollte es dann die Gründung einer Europäischen Föderation, die im Grundgesetz schon vorausgesetzt wurde?

Die Ereignisse vor immerhin sechzig Jahren sind fern gerückt. Sind es auch die Ängste? Ich lasse die Erfahrung der dramatischen Tage lieber durch Zitate aus meiner Niederschrift unmittelbar danach wiederaufleben – für *Christ und Welt* verfasst, wenig später in ein Buch von Reportagen aus aller Welt aufgenommen.

Stuttgart, 25. Juni 1953:
Ich habe diese Tage noch nicht bewältigt. Vielleicht auch noch nicht verstanden. So begann es:
Am 16. Juni: Mein Koffer ist gepackt ... Noch ein Anruf bei einem Freund im RIAS (Radio im amerikanischen Sektor), ich wollte mich verabschieden. »Idiot! In der Stalinallee demonstrieren die Bauarbeiter.« Ich vergaß, den Platz im Flugzeug abzubestellen. Gegen 12 Uhr, Kurfürstendamm, beim Hotel am Zoo ein Menschenknäuel. Wird die Sensation schon diskutiert? Ich recke den Hals. Nein. In der Mitte in strahlender Pose ein schönes Mädchen in einem Traum von einem Kleid. Filmkameras surren. Associated Press gibt die Meldung raus, der Aufstand in der Stalinallee sei möglicherweise von den Sowjets inszeniert, Botschafter Semjonow brauche einen Anlaß, um die SED-Regierung observieren zu können. Wir misstrauen.

11 Uhr: Die Maurer von Block 40 weigern sich, die Arbeit aufzunehmen, Tage zuvor schon ist die allgemeine Normerhöhung um zehn Prozent samt der drastischen Lohnminderung wirksam geworden. Pankow spart rigoros, das Wasser steht den Finanz- und Planungsfunktionären bis zum Hals, die »Deutsche Demokratische Republik« ist vom Zusammenbruch bedroht. Aber die Arbeiter müssen leben. Die HO-Preise schinden ihnen das Blut aus dem Leib. Am Vortag schon haben sie eine Resolution eingereicht. Den Arbeitern reißt die Geduld. Die Streikparole springt von Block zu Block. Erst sind es 80 Männer.

Auf der Allee formiert sich ein Demonstrationszug. Nun sind es 1500. Die Arbeiter wollen ihre Forderungen selbst der Regierung übergeben.

13 Uhr: Die Arbeiter stauen sich vor dem Quaderbau des einstigen Reichsluftfahrtministeriums, in dem nun die Sowjetdeutschen hausen. Die Vopos haben sich hinter den vergitterten Eingang zurückgezogen. Rufe nach Grotewohl, nach Ulbricht. Sprechchöre. Heinrich Rau, der Planungsminister, und Fritz Selbmann, der Minister für Bergbau und Hüttenwesen, treten an ein Fenster. Die Masse lässt sie nicht reden. »Kommt runter!« Selbmann kommt. Besteigt einen Tisch. »Ihr seid voll und ganz im Recht. Ich bin selbst nur ein Arbeiter.« Lachen. »Das hast du schon lange vergessen.« Selbmann zieht sich zurück. Die ersten Fensterscheiben im Haus der Ministerien klirren. Im »Glaspalast« oder weiß der Teufel wo, schwitzt das Politbüro.

15 Uhr: Zwei Lautsprecherwagen verkünden, dass die Verordnung über die Normenerhöhung widerrufen sei. Ost-Berlin sendet später die »Erklärung des Politbüros«: Anlässlich einer Reihe von Anfragen ... Das Politbüro hält es für völlig falsch, die Erhöhung der Arbeitsnormen auf administrativem Wege durchzuführen ... allein auf der Grundlage »der Überzeugung und der Freiwilligkeit«. Das ist die Niederlage der SED.

17 Uhr: Die sanfte Bremse des Politbüros hat den Zug des Aufruhrs nicht zum Stehen gebracht. Der Sowjetsektor ist in Bewegung. Die Menge will sich nicht verlaufen. Hundertweise scharen sich die Arbeiter am Alex, am Straußberger Platz, in der Prenzlauer Allee, in der Rosenthaler Straße zusammen, diskutieren, formieren sich zu Sprechchören. Die Parole »Generalstreik« geht um.

20 Uhr: Die roten Fahnen am Alex werden heruntergeholt. Die schwarz-rot-goldenen bleiben. Inzwischen wurde die FDJ auf die Beine gebracht. Sie versucht, eine Gegendemonstration zu starten. Transparente: »Vertrauen zur Regierung«. Die Blauhemden wollen mit den Arbeitern »diskutieren«. An der Ecke Friedrichstraße/Unter den Linden treffen 3000 Komsomolzen auf 2000 Arbeiter. Der erste schwere Zusammenstoß. Ein Wolkenbruch jagt die Kämpfenden auseinander. Aber der Regen kann das Feuer nicht mehr löschen.

24 Uhr: Der Sowjetsektor schläft nicht, die Unruhe weicht nicht aus den Straßen. In dieser Nacht sind 1000 Boten unterwegs, von Betrieb zu Betrieb. »Morgen um 6 Uhr: Straußberger Platz«. Die Arbeiterbewegung lebt.

Am 17. Juni 1953:

6 Uhr: Tausende in der Stalinallee, am Straußberger Platz. Tausende auf dem Wege. Die Bauarbeiter sind nicht mehr allein. Ost-Berlin ist nicht mehr allein. Die Zone hat den Alarm gehört. Geheime Streikkomitees sind plötzlich entstanden, übernehmen die Führung. Hundertschaften der Volkspolizei riegeln die Stalinallee ab. FDJ hat die Ministerien und Parteibüros besetzt. Die ersten Patrouillen der Roten Armee tauchen auf. Draußen im Stahl- und Walzwerk Henningsdorf rennen die Arbeiter mit Brechstangen die eisernen Fabriktore ein, die der Werkschutz hatte schließen lassen. Zehntausende formieren sich in Vierer- und Sechserreihen, im Werkanzug, die Lederschürze vorgebunden. Sie ziehen los. Sie singen. Sie marschieren gut. Es sind 28 Kilometer bis zum Ziel. Sie müssen sich sputen.

7 Uhr: Die Massen in der Stalinallee und am Straußberger Platz setzen sich in Bewegung. Zwölferreihen, untergehakt. Die Kette der Volkspolizei wird durchbrochen. »Nieder mit Ulbricht und Grotewohl!« »Freiheit!« Sie marschieren Richtung Alexanderplatz, »Brüder, zur Freiheit zur Sonne.« Die Arbeiter stürmen auf das »Haus der Ministerien« vor. Aus den Seitenstraßen fegen die Blauröcke herzu, erst jetzt. Sie dreschen mit Holzknüppeln auf die Köpfe. Dreschen auch den, der schon am Boden liegt. Der Sturm wird aufgefangen. Die Masse weicht zurück auf die Trümmerberge. Rufe nach Sanitätern. Die Verletzten werden in die Westsektoren transportiert. Steine fliegen in die Reihen der Vopos. Es gibt Steine genug, weil es Trümmer genug gibt. Im Elektrogerätewerk »Stalin« in Treptow (früher AEG) läuft die Parole durch die Hallen: »Alles auf den Hof.« 7000 oder 8000 sammeln sich. Die Henningsdorfer sind auf dem Wege. Auch die aus Reinickendorf. Aus Oberschöneweide. Es gibt nur wenige Betriebe am Rande Berlins, die nun nicht marschieren.

8.30 Uhr: Die Aufständischen vor dem Regierungsgebäude weichen nicht weiter zurück. In der Wilhelmstraße wird eine Straßensperre niedergerissen. Grenzschilder an den Sektorenübergängen fallen. Eine Verkaufsbude der HO brennt.

9.30 Uhr: Eine Baracke der Volkspolizei an der Ecke Friedrichstraße / Zimmerstraße brennt.

11 Uhr: Die Henningsdorfer haben den französischen Sektor im Wedding passiert. Durchnässt, erschöpft kommen sie an. Hier regnet es Schokolade, Zigaretten. 28 Kilometer sind ein langer Weg. Die Sohlen schmerzen. Unterwegs haben sie auch die Jungens vom Lehrkombinat Hohenschöpping aufgesammelt, ihre Ausbilder – SEDisten – sperrten sich. Sie wurden verdroschen. Auch sie mussten mit. Ein Vorkommando entfernt mit Metallsägen und Drahtscheren die Straßensperren am Zonenübergang bei Heiligensee. (Schrottsammler holen die Trümmer.)

Die Henningsdorfer besetzten das Walter-Ulbricht-Stadion. Ein meterhohes Porträt des »Spitzbartes« geht in Flammen auf. Andere – sind es 30000, 40000, 50000? – demonstrieren im Lustgarten, der wieder Lustgarten heißt und nicht »Marx-Engels-Platz«.

12 Uhr: Die Sowjets sind da. Ihre Panzer schoben sich durch die Linden zum Brandenburger Tor. Die Ketten gingen über einen Arbeiter hinweg. Später liegt ein Kreuz an dieser Stelle. Vier junge Männer holten die rote Fahne vom Brandenburger Tor. Hunderte von Rotarmisten sahen zu. Das Fahnentuch wurde zerrissen, verbrannt – unter tosendem Jubel. Einige versuchen, die schwarz-rot-goldene Flagge und die Berliner Flagge mit dem Bären zu hissen. Aber nun schießen die Sowjets. Die Jungens liegen flach auf dem Tor. An zusammengebundenen Stangen hangeln sie sich dann hinunter. Panzer rasseln durch die Leipziger Straße. Die Masse stiebt davon, vom Potsdamer Platz. Salven aus Maschinenpistolen, aus Maschinengewehren. Wo fielen die ersten Schüsse? Hier? In der Friedrichstraße? Am Alex? Panzer im Lustgarten. Panzer in der Stalinallee. Die Rote Armee hat den Schutz der Pankower Regierung übernommen.

13 Uhr: Machtlos recken sich die Fäuste gegen die Kolosse, diese großen, schrecklichen Tiere. Die Flüche und der Steinhagel prallen an den Stahlplatten ab. Dennoch: Arbeiter springen auf das Heck, versuchen die Antennen abzureißen. Sie haben einen Eisenträger zur Hand, schieben ihn in das Kettenwerk. Hilflos dreht sich ein Stahltier auf der Stelle. Mit bloßen Händen kämpfen sie also. Oder versuchen es doch. Es ist sinnlos. Sie wissen es selbst. Mut der Verzweifelten. Revolution der Verzweifelten. Der große Rausch hat sie gepackt. Der Rausch, ohne den es keine Revolution gibt. Die nüchtern geblieben sind, warnen: nicht gegen die Russen – nur gegen die SED!

Der sowjetische Stadtkommandant verhängt den Ausnahmezustand über Ost-Berlin. Jede Menschenansammlung ist verboten. Verboten ist es, zwischen 21 Uhr und 5 Uhr, die Straße zu betreten ...

14 Uhr: Immer wieder peitschen die Schüsse über das vom Krieg zerstampfte Feld zwischen der Leipziger Straße und den Linden. Immer wieder dröhnen die Panzermotoren auf. Immer wieder hastet die Menge zu den Ruinen, die Deckung bieten, zu den Schuttbergen von 1945 (darunter ich). Die Szene wird gespenstisch. Immer wieder schieben sich die Arbeiter nach vorn. Stehen wie eine Mauer vor den Sowjets und Vopos. »Iwan raus!« / »Wir brauchen keine Volkspolizei. Wir machen uns selber frei!« Einige Burschen üben sich im Zielwurf mit Ziegelsteinen. Die Gesichter der Russen sind ruhig, nicht einmal gespannt, sondern ganz leer. Eine neue Salve. Wieder in die Luft. Ich bin versucht, die Geduld, die Disziplin der Rotarmisten zu bewundern. Sie müssen strenge Befehle haben, ein Blutbad zu vermeiden. (Westliche Wochenschauen filmen, die Welt sieht zu.) Aber nicht jede Salve geht über die Köpfe. Hier nicht, nicht am Brandenburger Tor, nicht in der Friedrichstraße. Menschen sterben. Wie viele? Niemand weiß es.

Lautsprecher der SED mahnen die Russen, nicht auf deutsche Proletarier zu schießen. Drei Meter stehen wir von den Vopos entfernt. Irgendwo draußen in der Zone hat man sie in der Nacht aufgescheucht, auf Lastwagen gesetzt. Nun stehen sie da. Bürschchen, 17-jährig, 18-jährig. Ängstlich halten sie die Maschinenpistole vor den Leib. Sie wissen nicht, was geschieht. Törichte, hilflose Jungengesichter. Krampfhaft geschlossen. Trotzig. Und dümmlich. Man könnte Mitleid mit ihnen haben.

Hinter dem Tiergarten stehen die englischen und amerikanischen Kompanien. Vorn zeigen sie sich nicht. Es ist besser so. Ich stolpere durch die Friedrichstraße. An jeder Ecke fast brüllen die Haufen der Arbeiter und ihre Sprechchöre zu den Russen und Vopos hinüber. Dann knallt es wieder. Und die Geschützrohre der Panzer senken sich bösartig, richten sich auf die Menge ein, schwenken langsam weiter. Die Türme öffnen sich, Köpfe mit dunklen Lederhauben schieben sich heraus. Erinnern an 1945.

16 Uhr: Ich stolpere weiter zum Spittelmarkt. Wenige Passanten. Nur Lastwagen auf Lastwagen, Vopos und Russen, in der gleichen dreckfarbenen Uniform.

16.30 Uhr: Alex: leergefegt. Panzer, Soldaten. An der Hinterfront der großen HO rütteln die Angestellten an den verschlossenen Toren und wollen heraus. Niemand öffnet ihnen. Auch hier ist der Aufstand zerschlagen. Nur die Trümmer sind geblieben. Ein unruhiger Menschenstrom bewegt sich durch die Stalinallee, dazwischen die Panzer. Ost-Berlin ist ein Heerlager. Eine eroberte Stadt.

17.30 Uhr: Wieder im Westen. Ich fahre zum RIAS. Die Funkleute haben begriffen, was dieser Tag verlangt. Sie arbeiten, so lange die Kräfte reichen. Sie sind die »Anlaufstelle«. Bei ihnen sammeln sich die Nachrichten, von hier aus gehen sie weiter, in die Zone, nach Westdeutschland.

Auch die Demonstration im »Walter-Ulbricht-Stadion« ist auseinandergefegt. Tausende aufständischer Arbeiter sind in die Westsektoren abgedrängt. Die Übergänge nach Ost-Berlin sind hermetisch geschlossen. Rauchwolken über den Innenbezirken. Es ist schwül.

21 Uhr: Drüben beginnt das Ausgangsverbot. Es muß nun totenstill sein. Die Iwans, die Vopos richten sich in den Ruinen ein.
23 Uhr: Biwakfeuer flackern auf.

Gestern abend traf ich Freund Rix im »Quartier Boheme«, weit droben am Kurfürstendamm. Der alte Theoretiker der Revolution ist in ihm erwacht: »Es war die klassische Ausgangslage: Die totalitäre Macht hatte die ersten Zugeständnisse gemacht. Sie zeigte Unsicherheit. Aber sie weigerte sich, mit einer Unlogik, die Schwäche ist, eine bestimmte Forderung zu bewilligen. Diese Härte gab die Reibfläche für das Streichholz ab. Da geschah es.« Am Morgen des 17. Juni stand er unter den Arbeitern vor dem Haus der Ministerien in der Leipziger Straße, stand vor dem Brandenburger Tor, als die rote Fahne fiel. Rix gab mir ein Wort weiter, das wir sehr bescheiden notieren wollen. Man muß wissen, wer es gesprochen hat: ein deutscher Jude. Er sagte: »Diese Tage haben mehr zur Rehabilitierung Deutschlands beigetragen als jedes andere Ereignis bisher.«

Erst spät begriffen wir die Vorgeschichte und die Konsequenzen des 17. Juni im Kreml. Nach dem Tod Stalins im März 1953 setzte der mächtigste unter den Satrapen des Diktators zunächst die entscheidenden Akzente, auch in der Weltpolitik: Berija, der Chef der Geheimdienste, der Polizei und ihrer Armee, sorgte für eine vorsichtige innere Entspannung in der Führung der Satelliten-Staaten; er war damit für jene Lockerung verantwortlich, die Richard Löwenthal als die klassische Ausgangssituation für einen revolutionären Aufstand definierte. Aus jener Epoche stammte auch der Vorschlag einer Entspannungspolitik zwischen Ost und West, den Berija Winston Churchill zukommen ließ (der Großbritannien zum zweiten Mal regierte) und hinter dem sich vermutlich ein durchschaubares Expansionskonzept verbarg.

Sein Sturz als Innen- und Staatssicherheitsminister am 26. Juni 1953 (der vor allem von Nikita Chruschtschow betrieben wurde) dürfte eine Konsequenz des 17. Juni gewesen sein, der im Moskauer Politbüro als eine schmetternde Niederlage seiner Entspannungsversuche angesehen wurde. Noch im gleichen Jahr wurde Berija erschossen. (Der Ex-General Gehlen, damals noch im Dienste der Amerikaner, hielt den Aufstand von Beginn an für eine Machenschaft der Sowjets, was weder auf die Zuverlässigkeit seiner Informationen noch auf die Schärfe seines analytischen Vermögens schließen ließ.)

Nicht lange nach dem Juni-Ereignis kam ich mit Hildegard Grosche, der Leiterin des Steingrüben und Goverts Verlags, überein, ein Buch über die Vorgeschichte und Geschichte des Aufstandes zu schreiben. Da ich fürchtete, die Arbeit werde mich – mittlerweile neben meinen RIAS-Pflichten – erdrücken, erbat ich die Ko-Autorenschaft meines Kollegen und Freundes Klaus Bölling, der nicht lange zuvor vom *Tagesspiegel* zum Sender herübergewechselt war. Freilich, ich hatte nicht bedacht, dass er mit einer temperamentvollen Dame aus Kroatien verheiratet war. Kurz, er war okkupiert. So steuerte er zum Unternehmen nur zwei Kapitel bei (die natürlich sehr gut waren, vor allem dank seiner Sprache). Von einer Doppelautorenschaft konnte man im Titel nicht gut reden. Das Buch – Stefan Brant: *Der Aufstand* – wurde von meinem wunderbaren Freund Charles Wheeler von der BBC ins Englische übertragen; es gab auch eine japanische Übersetzung und, vermutlich von der CIA eingefädelt und finanziert, eine ins Arabische.

Ich sah ein, dass die Amerikaner in Berlin nicht eingreifen konnten; ihre Intervention hätte die Welt (wie es 1956 in Ungarn drohte) womöglich in einen Atomkrieg getrieben. Die Hinweise aus Washington, die uns im RIAS vor einer Verhärtung der Lage warnten, waren deutlich genug. Ich meinte zu erkennen, dass die beiden Großmächte die in Jalta oberflächlich abgesteckten Einfluss-Sphären seit dem Ende der Berliner Blockade strikt respektierten (Kuba hernach die fast fatale Ausnahme). War darum ganz davon überzeugt, dass es eine sogenannte Wiedervereinigung zu meinen Lebzeiten nicht geben werde – und es umso mehr gälte, den Westen und Berlin zu schützen, doch zugleich, soweit irgend möglich, den Alltag der Menschen in der »Zone« (und in Osteuropa überhaupt) erträglicher zu machen. Das hieß: Adenauers Westpolitik war durch Brandts Ostpolitik zu ergänzen.

RIAS

Die holländische Elisabeth. Ihr junges, meist strahlendes Gesicht, die Präsenz der Persönlichkeit in den Augen, die ihr Engagement und die Fähigkeit zur prüfenden Distanz auf seltsame Weise vereinten. Niemand fragte sie, woher sie kam: Sie war da, Punktum. Vielleicht gehörte sie schon vor dem Krieg zur Löwenthal'schen Großfamilie, von der man sagen konnte, dass die Anverwandten jener geistigen und politischen Sippschaft (fast) überall in der Welt zu finden waren.

Willy Brandt betrachtete sie als eine Freundin, seit sie ihm in den dreißiger Jahren auf einer der illegalen Zusammenkünfte der radikalen, antistalinistischen Linken in den Niederlanden begegnet war; bei jener sogenannten Brüsseler Tagung, die in Wahrheit (laut der Biographie Peter Merseburgers) die Eingeladenen in der Jugendherberge des holländischen Künstlerdorfes Laren nahe der deutschen Grenze versammelte. Der Bürgermeister, ein Nazi-Sympathisant, ließ die Genossen kurzerhand verhaften, die Deutschen über die Reichsgrenze abschieben (wo die Gefängnisse, die Lager, im bittersten Fall der Tod auf sie warteten). Willy Brandt verfügte über ordentliche norwegische Papiere, die ihn als Journalisten auswiesen. Er durfte ziehen. Der Flirt mit Elisabeth schien den dramatischen Fortgang der Zeit ohne Schaden überstanden zu haben, das wurde rasch deutlich, als die beiden einander im Berlin der Blockade wieder begegneten. Und nun also Bonn – WBs und meine Abende wurden fortan meist Essen selbdritt, gewürzt von Erinnerungen, manchmal schmerzlichen, aber auch von Gelächter, denn beide hatten die Lebenslust nicht verlernt.

Manchmal, wenn wir Willy im »Haus Berlin«, wo er wohnte, abgeliefert hatten, zog schon der Sommermorgen herauf. Wir liefen zu den

Botschafter-Residenzen, damals noch im Umkreis des Bundestags, stahlen beim Australier die Brötchen und beim Kanadier die Milch (oder umgekehrt): köstliches Frühstück am Ufer des Rheins. So gegen zehn hockten wir endlich an den diversen Schreibmaschinen. Die Nächte waren selten zum Schlafen da.

E. arbeitete damals für die »Deutsche Korrespondenz«, ein Unternehmen des Bundespresseamtes, dessen Mitarbeiter den Deutschen zu einer besseren Presse in ihren Heimatländern verhelfen sollten – eine Aufgabe, der die Holländerin guten Gewissens nachkam, denn sie hatte nicht nur den Widerstand, sondern auch die deftige Kollaboration in den Niederlanden gut genug im Gedächtnis. Verhielt es sich, fragte sie aufsässig, mit den Deutschen so anders?

Der Einband ihrer Biographie (von Bob Hartmann) zeigt sie in »ihrer wilden Jugend« vor einem primitiven Rednerpult, das aussieht, als sei es eben aus den Hölzern des Waldes im Hintergrund zusammengenagelt worden. Sie trägt eine Art Sturmhaube über den blonden Locken, die linke Faust ist geballt, als sei sie mit dem letzten, aufrüttelnden Satz nicht zu Ende gekommen, neben ihr die Fahne mit einer Aufschrift, die uns nichts mehr sagt. Vermutlich die Kürzel ihrer Minipartei – sehr links, von den Kommunisten nicht abhängig, nicht anders als WBs Sozialistische Arbeiterpartei (in der sich freilich nicht allzu viele Arbeiter, sondern hauptsächlich Intellektuelle gesammelt hatten). Elisabeths Mutter war ein Proletariermädchen friesischer Herkunft. Der Vater, der hernach als Vertreter der großen amerikanischen Filmfirmen viel Geld verdiente, erkannte immerhin die Tochter an, die 1915 zur Welt kam, nach den Wirren des Kriegsausbruchs gezeugt, in denen die Niederlande ihre Neutralität bewahren konnten. Von den emotionalen Stürmen, die Europa im Ausbruch der »Urkatastrophe« (George F. Kennan) heimsuchten, waren die Holländer nicht verschont geblieben. Das zweite Bild auf dem Einband ihrer Biographie zeigt sie hingegossen auf einer Gartenliege, von einem weißen Sommerkleid zart umhüllt, die Beine freilich nackt, von denen das linke aufgestützt war, das rechte locker zur Erde herabhing. Sie lächelte mit geschlossenen Augen in die Sonne, der Gewagtheit der Pose wohl bewusst, die – wie man in uralten Zeiten sagte –

dem Neugierigen einen Blick bis nach Paris erlaubte. Der Radikalität der Agitatorin entsprach die Freiheit ihres Lebensstils. (Ihr Geld verdiente sie als Sekretärin in der holländischen Vertretung amerikanischer Filmfirmen.) Natürlich gehörten E. und ihre politischen Freunde nach dem Einfall der Deutschen zum Widerstand. Aus jener bewegten Zeit kannte sie Joop Zwart, den lang aufgeschossenen, vor allem rothaarigen elitekommunistischen Klassenkämpfer, der – gemäß seiner Ausbildung an der Moskauer Frunse-Akademie – für eine Führungsposition in seiner Partei vorgesehen war. Nach der Verhaftung entging er mit knapper Not der Exekution, kam ins KZ Sachsenhausen, wo er es dank seiner guten Deutschkenntnisse zum Schreiber in der Lagerverwaltung brachte – eine Position, in der er sich Zugang zu den geheimen Anweisungen aus Berlin verschaffte, die besagten, welche Häftlinge liquidiert werden sollten. Manchmal gelang es ihm, die Personalien mit denen eines Gefangenen auszutauschen, der im Sterben lag. Seine Genossen bestanden darauf, dass vor allem Kommunisten gerettet würden; Beweis eines Parteigehorsams, der Joops Gewissenhaftigkeit widersprach. Er verließ das Lager als Antikommunist. Es war ihm, noch im Krieg, nicht verborgen geblieben, dass Elisabeth für ein paar Nächte den männlichen Reizen eines holländischen Faschisten erlegen war (vielleicht sollte sie auch Informationen von dem braunen Beau abschöpfen). Als sie verhaftet wurde, war sie schwanger. Im Arbeitslager brachte sie einen Buben zur Welt. Nach der Befreiung machte sie sich auf den Weg nach Westen. In Wolfenbüttel brach sie zusammen. Sie wurde samt dem Baby von einer älteren Frau aufgelesen, die beide zu sich nahm, gesund pflegte und durchfütterte. Sie blieb der gute Geist der Familie, bis zu ihrem Tod. Elisabeth erfuhr, dass ihr in der Heimat ein böses Geschick drohte, die Rachsucht der Pseudo-Resistenten war (wie fast überall) unerbittlich. Schließlich wurde sie von Joop Zwart aufgespürt, der Staatssekretär geworden war. Er ließ sich nach Berlin versetzen, um nach vermissten Landsleuten zu suchen und, wenn er sie fand (manchmal von den Sowjets aus rätselhaften Gründen – oder auch grundlos – festgehalten), für ihre Freilassung und die Heimkehr nach Holland zu sorgen. Er holte Elisabeth zu sich.

Die beiden erlebten die Blockade, die Not und den Widerstandsgeist der Berliner (der eineinhalb Jahrzehnte zu spät erwacht war). Joop nutzte seine Bewegungsfreiheit in der »Zone«, um ein Netz von Vertrauensleuten zu knüpfen, mit deren Hilfe er den Widerstand gegen die stalinistische Diktatur stärken und unterstützen konnte. (Schließlich verlangten die Sowjets, denen der Exgenosse verdächtig war, von den West-Alliierten seine Abberufung.) Elisabeth wurde durch die Heirat mit diesem Widerstandsmann von unantastbarer Reputation rehabilitiert.

Dass der Flirt zwischen E. und WB in den Bonner Tagen gedämpft blieb, erklärte sich auch durch die Präsenz einer leuchtend rothaarigen und sehr schönen Dame, die intelligent genug war, ihre Vorzüge sozusagen journalistisch zu nutzen. Sie edierte zusammen mit einem windigen sozialdemokratischen Kollegen einen »vertraulichen« Pressedienst, der vor allem Wirtschaftsmeldungen servierte (die meist auch in den Tageszeitungen zu lesen waren). Die beiden überredeten hochmögende und etwas naive Ökonomen in der Provinz, ihr Blättchen für teures Geld zu abonnieren, gewiss auch durch die Weltsicherheit der schönen Redakteurin beeindruckt. Willy war, kein Zweifel, in sie verliebt, was seine zärtlichen Briefe bestätigen; sie auch in ihn. Dennoch, sie wagte es nicht, ihm zu gestehen, dass sie sich 1951 zur Mitarbeit bei der Stasi verpflichtet hatte, weiß der Himmel warum. Was sie ihren »Führungsoffizieren« lieferte, war fast durchweg Schrott, meist von Peter Hinterholzer, ihrem Mitarbeiter, zusammengetragen. Im Juli 1952 wurde »Johanna« alias Susanne S. in Ostberlin verhaftet – unter dem Verdacht, sich als Doppelagentin verdingt zu haben. Unterhielt sie Beziehungen zur »Organisation Gehlen«, dem späteren Bundesnachrichtendienst? Nicht ausgeschlossen, dass sie durch den Klatsch, der in jenem Milieu noch üppiger und banaler gedieh als anderswo, in den Kreis der Verdächtigen geriet; enge Mitarbeiter Gehlens hatten ein paar Jahre früher dem »Führer« in hohen Positionen des Reichssicherheitshauptamtes, dieses zentralen Kommandos der Terror-Apparate, gedient; darum waren sie besonders erpressbar – und in der Tat lieferten sie (wie erwähnt) den Sowjets und der Stasi Hunderte seiner Agenten ans Messer (von denen viele zu Tode kamen). Warum sollten sie nicht die schöne Susanne, die sich mit dem geeichten Antifaschisten Willy Brandt eingelassen hatte, über die Klinge springen lassen? Oder hatte sie sich dem »Ostbüro« der SPD nützlich gemacht – kein Geheimdienst im üblichen Sinn, aber ein Sammelplatz für vertrauliche Informationen? Susanne S. wurde im Dezember 1952 wegen »Verbrechen gegen die DDR« zu acht Jahren Zuchthaus verurteilt, von denen sie etwa die Hälfte absaß. WB – von 1957 an Regierender Bürgermeister von Berlin – verhinderte, laut Peter Merseburger, dass sie einen wohl dotierten Posten bei der Berliner Landesvertretung in Bonn übernehmen konnte. Vermutlich wollte er sich nicht dem Verdacht aussetzen, seine heimliche Freundin in korrupter Manier zu fördern. Das verzieh sie ihm nicht. Sie unterhielt nun in Bonn einen »politischen Salon«, der von Markus Wolf, dem Chef der »Auslandskundschafter« der DDR, finanziert wurde (wie sich später herausstellte), in welchem nicht nur Brandt, sondern auch Franz Josef Strauß aus und ein gingen. Ihr tägliches Brot verdiente sie im Stab des reaktionären Clubs »Rettet die Freiheit!« (unter dem Vorsitz Rainer Barzels). Nach dem Mauerbau brach sie alle Kontakte zur Stasi ab. Ein Jahr später arbeitete sie – keine Doppelrolle mehr! – nur noch für den BND. Im ersten Wahlkampf Brandts um die Kanzlerschaft im Jahre 1961 aber ließ sie es zu, dass seine Liebesbriefe in einer Schmierenbroschüre mit dem Schnulzentitel »Da war auch ein Mädchen ...« gedruckt wurden. Das kleine Pamphlet, das ein Verlag des Erzkonservativen Kapfinger in Passau lancierte, wurde kraft Gerichtsbeschluss sofort beschlagnahmt und eingestampft. Die Indiskretion freilich stürzte WB in Depressionen, und er fragte sich (nicht zum ersten Mal), ob die Politik eine humane Existenz überhaupt dulde ... Er musste sich freilich auch fragen, ob er der jungen Frau nach vier Jahren Stasi-Haft nicht eine entschlossenere Hilfe schuldig war, trotz ihrer amateurhaften Spionageversuche für Ost-Berlin, bei denen sie ihn, den Geliebten, in Wirklichkeit wohl ganz aus dem Spiel gelassen hatte.

Von all diesen Wirrnissen wusste ich in den ersten Jahren der Freundschaft mit WB so gut wie nichts. Freilich ahnte ich, dass er mit der schönen Susanne liiert war, der ich, wann immer ich den Vorzug hatte, sie wenigstens aus der Ferne zu bewundern, beeindruckt auf die roten Locken, die attraktiven Züge, aber auch auf die eleganten Beine und die geglückten Proportionen starrte.

Unversehens wurden meine Bindungen an Berlin die denkbar engsten. Egon Bahr, der respektierte Chefredakteur des RIAS, war als Hauptstadtkorrespondent nach Bonn versetzt worden (einer der berufsüblichen Affären wegen), und er suchte nach einem »zweiten Mann« für sein Bonner Büro, der sich vor allem um den täglichen Nachrichtenkram kümmern sollte. Hatte ich mich beworben (immer nach einem Job ausschauend, von dem man leben konnte) oder war sein Blick, wodurch auch immer, auf mich gefallen? Er drückte mir an einem freundlichen Vormittag ein Mikrophon in die Hand und stellte mich auf den Weg zwischen Bundeshaus und Kanzleramt. Ich möge schildern, was es von meinem Posten aus zu sehen gebe. In Wahrheit: nichts. Büroboten mit ihren Aktenkarren, vielleicht die eine oder andere Sekretärin, die an ihren Arbeitsplatz hastete, Beamte, die gesetzten Schrittes und mit wichtiger Miene zu einem Termin strebten, frühe Spaziergänger, schwarze Staatswagen, die dank ihrer getönten Scheiben nicht erkennen ließen, welch prominente Persönlichkeit sie transportieren mochten. Bonner Alltag, der nichts, aber auch gar nichts mit Wolfgang Koeppens im Bunkerhotel unterm Stuttgarter Rathaus in einer Woche aufs Papier und eben, 1953, auf den Markt geworfenen Roman *Treibhaus* zu schaffen hatte; von der Erinnerung an die heftige spätexpressionistische Erregungsprosa getränkt, die man 1930 als modern empfunden haben mochte, als Marcel Reich-Ranicki eine Berliner Gymnasialbank drückte. Die Handlung dürftig, von nach-nazistischem Mief durchsetzt. (Er hatte, wie sich herausstellte, zuvor die Aufzeichnungen eines KZ-Überlebenden unter seinem Namen auszubeuten versucht, fetzte später eine zweite Klischee-Kollektion unter dem Titel *Tod in Rom* herunter, dann nichts mehr – außer mediokren Reisebüchern und den Winzfragmenten eines, nein, des »großen Nachkriegsromans«, mit dessen Versprechen er seinem Verleger Unseld einige Jahrzehnte lang die Taschen leichter machte – was zweifellos eine geniale Lebensleistung war.) Nein, Bonn war kein »Treibhaus«, das Buch eher eine unaufgeräumte Waschküche voller verschwitzter Hemden und Socken.

Weiß nicht, was ich ins Mikrophon gefaselt habe. Egon Bahr lachte mir nach dem Examen freundlich zu: Ein Nachrichtenmann sind Sie nicht, sagte er, aber offensichtlich ein phantasiereicher Feuilletonist, vielleicht auch ein origineller Kommentator. Nicht ich, aber die Berliner sollten Sie engagieren. Für diese liebenswürdige Bemerkung hätte ich ihm (aber damals war man noch nicht so spontan) um den Hals fallen mögen. Dachte freilich, dabei bleibe es. Doch nach zwei oder drei Tagen wurde ich tatsächlich zu einem Vorstellungsgespräch nach Berlin gebeten. Um für alle Fälle gerüstet zu sein, schrieb ich einen Probekommentar auf, übte ihn ein, um im Studio nicht allzu sehr herumzustottern – und vor allem, um meinen dicken schwäbischen Akzent halbwegs zu zähmen (was natürlich nicht gelang). Bahrs Nachfolger Müllerburg erwies sich als ein umgänglicher und überaus höflicher Mensch, der freilich mit seines Vorgängers blitzender und witziger Intelligenz nicht konkurrieren konnte. (Mit einem Anflug von Rührung sah ich, dass auf seinem Schreibtisch – neben dem Bild der Familie – das Foto seines Autos stand, zweifellos seines ersten: ein Opel mittlerer Klasse.) Ich verhehlte nicht, dass ich meinen Probekommentar vorausgeschrieben hatte. Das Thema war noch aktuell, ich durfte lesen, ein wenig eingeschüchtert von den roten Lichtern, die anzeigten, dass das Mikrophon offen sei, doch ich fiel nicht durch.

Wurde dem Programmdirektor Eberhard Schütz vorgestellt, einem berühmten Mann im Gewerbe, klug, mit einem schönen Kopf begabt, der trotz seiner großen und schlanken Statur ein wenig zu mächtig geraten schien. Ich bewunderte die sonore Stimme, die bühnenreif wirkte. Er zeigte, zu meiner Erleichterung, keine Vorbehalte, vielleicht weil ich – wie er selber – einer bürgerlichen Familie entstammte. Er war der seinen allerdings in den späten Jahren der Weimarer Republik zu den Kommunisten entlaufen, war in die Sowjetunion geflohen, doch entging er, als einer der wenigen Emigranten, der großen »Säuberung« Stalins. Vielleicht weil man ihn aus Moskau in die Provinz geschickt hatte, wo er schlicht vergessen wurde. Ihm glückte – und von Glück konnte er wahrhaftig reden – die Flucht nach Westen noch vor dem Ausbruch des Krieges. In England half er, den »Soldatensender« aufzubauen, der eine fast unwiderstehliche Anziehungskraft für die Landser gewann, weil er keineswegs (oder doch nicht in erster Linie) das Denken der deutschen Soldaten durch gescheite Kommentare umzuprägen versuchte, sondern vor allem durch Nachrichten, manchmal auch nur Gerüchte aus dem »Innenleben« ihrer unmittelbaren militärischen Führung, aus der Bonzokratie in der Heimat, aus den geheimen Entwicklungen in den hohen Etagen der Partei und der Regierung: Skandale und Durchstechereien ungeliebter Vorgesetzter, Hinweise auf Beförderungen oder Degradierungen (die in der Regel verschwiegen wurden), Berichte auch und vor allem von den Intrigen und Grabenkämpfen im Umkreis des »Führerhauptquartiers«, von den wahren Zahlen der Menschenverluste, von dem wirklichen Ausmaß der Zerstörungen durch den Bombenkrieg – kurz, durch ein realistisches Bild der Kriegslage, das sich aus Befragungen der Gefangenen (zumal nach Beginn der Invasion), durch die Entschlüsselung deutscher Geheimberichte und eine minutiöse Auswertung der Medien ergab, die zwar gleichgeschaltet waren und mit der Lupe zensiert wurden und dennoch zwischen den Zeilen manches Wichtige unfreiwillig oder mit konspirativer Absicht zu erkennen gaben.

Auch Schütz war, wie so viele Exkommunisten, ein harter Gegner seiner Exgenossen geworden, der Mächtigen auf der anderen Seite des Eisernen Vorhangs – oder des »großen Zauns«, wie ich in den Zeiten vor der Mauer des vielen Stacheldrahts wegen manchmal sagte. (Ist jemals errechnet worden, wie viele Millionen Tonnen Eisen zu diesem widerwärtigsten, doch erfolgreichsten Produkt des 20. Jahrhunderts verarbeitet wurden?) Die Konfrontation mit dem totalitären System hatte sich bei Schütz – trotz seiner eleganten Höflichkeit – in eine Haltung von nervöser Härte übersetzt, der keiner entkam, der sich spät in der Redaktion aufhielt und, gegen jeden Widerstand, zum Abendbrot in eines seiner Stammrestaurants oder, was schlimmer war, in eine seiner Kneipen verschleppt wurde, wo er im Gang der nächsten drei Stunden wenigstens einer Cognacflasche den Garaus machte und dennoch faszinierend von den Abenteuern und Begegnungen seines bewegten Lebens erzählte. Früher als drei Uhr gelang niemals die Flucht nach Hause. Aber wie kam er in sein Quartier? Wurde er von einem Dienstfahrzeug befördert, dessen Fahrer eine Art Leibwächter war? Mich beunruhigte, gerade bei ihm, das Problem der Sicherheit. Entführungen waren nicht unüblich, und ich bin gewiss, dass der KGB ihn selten aus seinem Blickfeld entließ. Wie spät oder wie früh es auch wurde, er versäumte keine der Redaktionskonferenzen anderntags um neun Uhr, durch die Lektüre der Tageszeitungen und der letzten Nachrichten-Spiegel wohl gerüstet, was er den unausgeschlafenen und ahnungslosen Kumpan der Nacht zuvor mit gnadenloser Ironie spüren ließ.

Wie anders die Entspanntheit des amerikanischen Direktors Gordon Ewing, der mich mit einem breiten Lächeln und einer warmen Stimme willkommen hieß. Er kreierte im RIAS eine Atmosphäre von gelassener Toleranz, wie ich sie hernach in keinem deutschen Rundfunk- oder Fernsehsender angetroffen habe, in denen fast ausnahmslos eine Stimmung von angespannter Autorität, von Machtbewusstsein, von mühsam gezähmter Feindseligkeit zwischen den parteipolitischen Gruppierungen zu herrschen schien. Ewing gehörte zum diplomatischen Dienst seines Landes. Der RIAS war aus der Aufsicht der Militärregierung entlassen und dem State Department unterstellt worden, in dessen Milieu sich die bunte und reiche Welt des Senders eher fügte. Immerhin unterhielt der RIAS ein Symphonie-Orchester, für dessen hohes Niveau der österreichische Dirigent ungarischer Herkunft Ferenc Fricsay sorgte, dessen steiler Karriere durch seinen frühen Tod jäh Einhalt geboten wurde. Jeden Sonntag, pünktlich um zwölf Uhr, sprach Friedrich Luft in der »Stunde der Kritik« über die Theaterereignisse der Woche, und es lauschten seiner heiseren und immer ein wenig gehetzten Stimme Hunderttausende, die niemals ein Theater von innen sahen, horchten auf die Nebentöne, die selten unpolitisch waren, auf die kleinen Ausflüge in die Welt der Bücher, die feuilletonistischen Exkurse, die immer improvisiert klangen und es so gut wie nie waren, sondern die schönsten Produkte einer neuen Kunst, die man Radio-Literatur nennen könnte. Das Große RIAS-Tanzorchester eroberte sich rasch einen privilegierten Platz in der Berliner Unterhaltungsindustrie, in der Hans Rosenthal, der zusammen mit seiner jüdischen Mutter im Berliner Untergrund überlebt hatte, mit seinen intelligenten »Dalli-Dalli«-Programmen rasch ein gefeierter Star wurde, eine der Nachkriegslegenden, deren Witz und Elan im heutigen Groß-Berlin nicht mehr zu gedeihen scheint: ein überaus liebenswürdiger und bescheidener junger Mann, in dessen Lächeln stets – kein Wunder! – mehr als ein Hauch von Melancholie erkennbar war. Er strahlte eine erstaunliche Warmherzigkeit aus, wenn er sich in der Funkkantine zu uns setzte, was er gern tat, weil er nicht daran dachte, sich in ein unpolitisches Dasein zurückzuziehen. Natürlich hatte er die Erniedrigungen, die Gemeinheiten, die Entbehrungen nicht vergessen, die ihm und seiner Mutter von den Kreaturen des Dritten Reiches angetan worden waren, aber auch nicht den Mut der Freunde, ohne den die beiden nicht überlebt hätten.

RIAS bot den Kabaretts, damals auf der Höhe ihrer Potenz, eine großartige Plattform, den »Insulanern«, die den Volkston so meisterhaft beherrschten, den »Stachelschweinen«, damals die glaubwürdigsten Erben von Werner Finck und seiner »Katakombe«. West-Berlin war klein, noch viele seiner Viertel böse zerstört, den Witz hatte es nicht verloren, aber es verzichtete – zu seinem Vorteil – auf jeden Anflug von wilhelminischer Großmäuligkeit. Die Bescheidenheit stand ihm gut. Und RIAS war damals neben dem britisch kontrollierten NWDR ganz gewiss das wichtigste Funkhaus deutscher Sprache, nicht nur in jeder Berliner Wohnstube zu Hause, sondern auch und vor allem zum Alltag der »Zone« gehörend, da seine Sendungen fast überall zu empfangen waren (ein Funkloch im Umkreis von Dresden ausgenommen). Das Überwachungscorps »drüben« konnte sich keiner Illusion hingeben, der RIAS war, trotz der Drohungen mit strengen Strafen fürs Abhören des »Feindsenders«, tausendmal beliebter als die offiziellen Anstalten des Regimes, die sich selber niemals aus ihrem propagandistischen Auftrag entlassen konnten.

Überdies vermittelte der RIAS seinen Hörern in der DDR das Gefühl, er sei ihnen und ihrem Alltag näher als die eigenen Sender. Zu Recht. Da die Sektorengrenzen in Berlin noch meist ungehindert zu passieren waren, sprachen Tag für Tag Besucher aus der »Zone« vor, deren exakte Schilderung der Verhältnisse – bis zum Vorzimmer des Parteibüttels im Dorf und in der Kleinstadt, zum Arbeitsplatz im heimatlichen Betrieb, den Herstellungsschwierigkeiten im Sektor »Plaste und Elaste«, zum HO-Vorsitzenden, selbst zu den Schreibstuben der »Volkspolizei« – ein klares Bild der Wirklichkeit vermittelten, das mit den nötigen Anonymisierungen an die Hörer der DDR zurückgeleitet wurde. Der RIAS brachte dem Zonenvolk, das vom freien Zugang zu den internationalen Kulturen abgeschnitten war (von der russischen abgesehen) die Welt ins Haus und dazu eine Ahnung der Freiheit. Ich liebte die Arbeit in dem weitläufigen Gebäude in der Kufsteiner Straße, auf dessen Dach des Nachts das Kürzel des Senders in dunklem Blau strahlte. (Die Schrift ließen die neuen Herren des Hauses zwar stehen, doch des Nachts darf sie heute nicht mehr leuchten, obschon sie zu den historischen Sehenswürdigkeiten gehört, die der Kalte Krieg hinterließ.)

Im RIAS nahm ich eine Zensur nicht wahr, auch nicht die leise, so oft übersehene und überhörte im eigenen Kopf, jene Vorzensur, die aus dem Unterbewusstsein gelenkt wird. (Von der Überwachung durch die Parteien in den deutschen Sendern fühlte ich mich später sehr viel eher bedrängt.) Zunächst wollte mir freilich ein überkorrekter Regisseur den allzu kräftig entwickelten schwäbischen Akzent austreiben. Nach der zweiten Übungsstunde sagte ich ihm, dass ich reden wolle, wie mir der Schnabel im württembergischen Pfarrhaus gewachsen sei, und dass ich das Hochdeutsche halbwegs beherrsche, weil meine Mutter in Lichterfelde großgeworden sei. Mein Instinkt behielt recht, nach ein paar Wochen wurde meine Stimme erkannt. Wie »das Schwäble« redete keiner im Radio. Im Fortgang der Zeit begannen die Leute auch ein wenig auf den Inhalt zu achten, der so drollig daherkam.

Nein, ich konnte mich über meine Arbeit nicht beklagen. Ich war nicht in der politischen Redaktion festgebunden. Gelegentlich durfte ich Ausflüge in die Literatur unternehmen, die keineswegs dem Kalten Krieg entzogen war, sondern – wie die gesamte Kunst- und Kulturpolitik – Schauplatz der großen Konfrontationen; nur an den *Monat* zu erinnern, dessen Redaktion ich damals kennenlernte, vermittelt durch Richard Löwenthal und Fritz René Allemann, die beide eine enge Verbindung zur Zeitschrift unterhielten. Unvergesslich der »gesellige Nachmittag«, zu dem – nicht lange nach dem 17. Juni 1953 – Johannes R. Becher, der

Staatspoet und Kulturminister, und Bertolt Brecht im Hinterzimmer des Alt-Berliner Lokals mit dem schönen Namen »Mampe« geladen hatten. Viele Herren in langen schwarzen Ledermänteln (der Geleitschutz von drüben), die offensichtlich den gleichen Stil der Berufskleidung wie einst die Kollegen von der Gestapo pflegten. Becher, der vom flammenden sozialistisch-patriotischen Pathos bis zur blumigen Herz-Schmerz-Romanze alle Tonarten der deutschen Spießer-Poesie beherrschte, appellierte von seinem geschmückten Rednerpult aus an »das gemeinsame humanistische Erbe«, das wir miteinander wiederbeleben sollten, um Frieden »in unserem Berlin«, »in unserem Deutschland«, »in unserem Europa« zu schaffen. Irgendwann ging der rosafarbene Schwafel Melvin Lasky (ein kleiner lebhafter Mann mit einem unverkennbar parodistischen Leninbart) etwas zu heftig auf die Nerven. Ach, rief er mit sonorer Stimme und amerikanischem Akzent, wenn Sie könnten, wie Sie wollten, würden Sie uns allesamt aufhängen lassen! Brecht, der bisher kein Wort gesagt hatte, rief mit saurer Stimme: »Zu Recht, Mr Lasky, zu Recht«. Gelächter. Becher, der seinen Kollegen böse anfunkelte, fand den Faden nicht mehr. Und BB hatte sein Ziel erreicht. Dem Oberheuchelmeister war die Show gestohlen, es blieb dem Agitationstrupp nur noch der halb geordnete Rückzug nach Ost-Berlin, dem Genossen Minister, dem Genossen Theaterchef, der schwarzen Leibgarde. (Wer übrigens Brecht bis auf einen Meter nahekam, konnte nicht umhin, wahrzunehmen, dass er stank wie ein Wiedehopf. Er schien sich aus Prinzip nicht zu waschen. Wie dies die Frauen seines Gefolges ertrugen, blieb ein Rätsel, das keine von ihnen jemals aufgeklärt hat.) Die »Kulturoffensive«, noch ehe sie recht begonnen hatte, hatte ihr heiteres Ende gefunden.

Ich erinnere mich nur eines einzigen Konfliktes mit der amerikanischen Direktion. Aus einem für mich immer noch undurchschaubaren Grund wurde es uns untersagt, die Flucht (oder Verschleppung) des Verfassungsschutz-Präsidenten Otto John, der ein Überlebender des Zwanzigsten Juli war, zu kommentieren. Ich sagte Gordon Ewing, dass ich dann auch über kein anderes Thema reden wolle, denn die Leute in der Zone warteten auf unser Wort. Das verstehe er, entgegnete Mr Ewing, und das respektiere er: Ich hätte ja sicher genug anderes zu tun ... Nach einer Woche steckte er den Kopf durch die Tür, lachte und bemerkte, ich könne wieder ans Mikrophon. Über den Fall John sprach ich nicht, weil ich damals (wie heute) zu keiner klaren Meinung fand, was nun zutraf: Entführung oder Flucht. Man kann nicht behaupten, dass die zuständigen Behörden ein Äußerstes getan hätten, die Wahrheit ans Licht zu bringen. Das scheint beim Verfassungsschutz in den ungeschriebenen Statuten zu stehen.

Jahrzehnte später traf ich Ewing, der längst im sogenannten Ruhestand war, in Washington wieder. Ich erzählte ihm, dass wir nun vor allem in Frankreich lebten. – Wo da? – Im Süden, am Rand eines kleinen Dorfes, unten an der Küste. – Wie das Dorf heiße? – Er kenne es gewiss nicht, Sehenswürdigkeiten habe es nicht zu bieten ... Er insistierte. Also nannte ich es beim Namen: La Croix-Valmer. Er schwieg für einen Augenblick, dann lachte er sein tiefes Bass-Lachen: Ich, La Croix-Valmer nicht kennen? Ich habe es am 15. August 1944 befreit! Tatsächlich war der junge Leutnant an einem Strand, der von unserem Haus einen Kilometer Luftlinie entfernt ist, aus seinem Amphibienfahrzeug an Land gestiegen, gottlob kaum unter Beschuss, da die deutschen Soldaten keine großen Anstrengung unternahmen, unser Nest zu verteidigen, sondern sich rasch zum Rückzug nach Norden sammelten. Leider kam Gordon Ewing niemals mit den Veteranen seiner Truppe herüber, von denen sich ein halbes Dutzend Jahr um Jahr zu den Befreiungsfeierlichkeiten einstellt, patriotische Altmännertränen in den Augen, während eine kaffeefarbene Offizierin aus dem Stab des Generalkonsuls kleine Papierfähnchen verteilt. Renate, als Deportierte Ehrenmitglied der *Anciens Combattants*, und ich pflegen am 8. Mai zu der patriotischen Festveranstaltung zu pilgern. Sie feiert ihre Befreiung, ich feiere meine Kapitulation, die denn doch auch eine Befreiung war (obwohl noch einige Jahrzehnte ins Land gingen, ehe der Bundespräsident von Weizsäcker dies couragiert in aller Öffentlichkeit aussprach). Wir beide feiern die Briten und Amerikaner. Ich feiere den Leutnant Gordon Ewing.

In Berlin untergekommen war ich übrigens (einmal mehr mit Hilfe meines Freundes Lorch) im Grunewald an der Königsallee, in einem neubarocken Prachtbau. Eine schöne, wenngleich etwas plüschige Wohnung, die von Frau Reinsch in Ordnung gehalten wurde, einer energischen und zuverlässigen Dame, die ich von dem britischen Geheimdienstoffizier Peter Seckleman übernahm. Der zog es damals vor, aus dem Dienst Ihrer Majestät auszuscheiden und mit seiner bildschönen Freundin Gisela nach Paris umzuziehen, wo die talentierte Tänzerin ein wohldotiertes Engagement im Crazy Horse gefunden hatte; er wollte die Pause nutzen, um einen Roman zu schreiben (was er denn auch tat). Gisela sprach kein Wort Französisch, verstand zunächst auch keine Regieanweisung, aber sie lernte, die Bewegungen und Schritte ihrer Partnerinnen blitzschnell nachzuvollziehen. Die Kessler-Zwillinge wurden ihre engsten Freundinnen. Später übersiedelte sie mit Peter – ein ruhiger, grundgebildeter Mann von großem Charme – nach Las Vegas, wo sie üppiger bezahlt wurde (doch selten vor vier Uhr in der Früh nach Hause kam). Er schrieb seine Bücher und passte auf die Kinder auf, die sich eingestellt hatten. Als Gisela nicht länger die Beine schwingen wollte, trat er in die Redaktion der Züricher *Weltwoche* ein, wo ich ihm wiederbegegnete.

Frau Reinsch erschien jeden Morgen, um mir – welcher Luxus – ein allzu üppiges Frühstück zu bereiten. Als ich anklagend auf den ersten Bauchansatz zeigte und feststellte, das sei ihre Schuld, hob sie die Schultern und sagte schnippisch, dann müsse ich mir halt noch eine Freundin zulegen.

Ihrer Lebenskenntnis vertrauend verriet ich ihr, dass ich seit einigen Tagen beunruhigt sei: Wann immer ich am Abend nach Hause kam, stand an der Ecke vor unserem Haus abseits der Straßenbeleuchtung ein Auto mit einer Ost-Berliner Nummer. Dennoch war zu sehen, dass Leute in dem Wagen saßen, die sich völlig ruhig verhielten, wenn ich auftauchte. Ob sie sich ein bisschen umhören könne? Im RIAS hatte ich den Sicherheitsleuten Bescheid gesagt, die mich sofort ausquartieren wollten. Dazu hatte ich keine Lust. Andertags lachte Frau Reinsch, als sie den Tee eingoss. Kein Grund zur Aufregung. Die Tochter der Leute gegenüber habe etwas mit einem Arzt von der Charité. Da der offensichtlich über keine »sturmfreie Bude« verfüge, knutschten die beiden halt Abend für Abend im Auto. Das werde sich vermutlich geben. Es gab sich.

Mein erster Auslandsauftrag kommandierte mich von Berlin nach Den Haag zu einer Außenministerkonferenz. Natürlich bahnte mir die holländische Elisabeth alle Wege, trotz der fortgeschrittenen Schwangerschaft. Sie verschaffte mir auch ein Interview mit dem Außenminister ihrer Regierung – »exklusiv«, versteht sich, wie es alle Redaktionen schätzen, auch die meine in Berlin. Nicht lange danach brachte sie eine Tochter zur Welt, die – es muss kaum gesagt werden – ein bildhübsches, eigenwillig-wildes und gescheites Mädchen wurde. Beide Kinder starben früh: Der Sohn, ein begabter Lyriker und begehrter Übersetzer (aus dem Französischen) erlag, er war keine vierzig, dem Lungenkrebs; die Tochter kam mit den Wirren ihres Lebens nicht zurecht und ging aus freiem Willen davon. In den vielen Jahrzehnten, die seither vergangen sind, ist dieser Schmerz niemals gestillt worden. Dennoch, auch diese Tragödien konnten den Lebensmut Elisabeths nicht brechen. Als ihr Vater dahinging – sie war jenseits der sechzig – war sie plötzlich eine wohlhabende Frau. Weiß der Himmel, wie vielen jungen Leuten sie unter die Arme gegriffen hat, noch immer voller Neugier auf Menschen, auf die Welt, eine leidenschaftliche Europäerin, die sich über die Rückfälle in den Nationalismus, die auch ihre Landsleute heimsuchen, mit tiefem Zorn zu erregen vermag: den artifiziellen Tribalismus, der das 20. Jahrhundert zum schlimmsten der neueren Geschichte werden ließ: die dümmste Verirrung der Menschheit, wie Elisabeth wieder und wieder sagte. Sie ist an die hundert, sie ist halb blind, aber sie reist noch immer in die Welt. Als mir vor ein paar Jahren der Theodor-Wolff-Preis zum zweiten Mal zugesprochen wurde, fürs »Lebenswerk« (wie die fragwürdige Formel heißt), stand sie beim Empfang in einem etwas absurd modernistischen Bonner Hotel unversehens neben mir. Sie hatte es auf sich genommen, mit einem jungen Freund von Amsterdam herüberzukommen. Was für eine Freundin ...

P. S. Das Buch zum 17. Juni hatte ich im April oder Mai 1954 abgeschlossen, die Rückkehr zum RIAS-Alltag fiel nicht leicht. Vermutlich langweilte ich mich ein wenig. Da fiel mir Schellenberg wieder ein, der sich – eine seiner amüsanteren Geschichten – nicht genug rühmen konnte, dass ihm die Etablierung des luxuriösesten, elegantesten, edelsten Puffs der Reichshauptstadt gelungen sei; unter der Aufsicht des Vernichtungsorganisators Heydrich, der sich eben auch um diese Aufgabe eines Polizeikommandeurs kümmerte (und selbst sein bester Kunde war, wie man sagte). Fragte einen Kollegen, der die schrägeren Adressen Berlins zu kennen schien, ob es den »Salon Kitty« noch gebe. Aber klar, sagte der flotte Nachrichtenmann, der sich in einem Anflug von schwarzem Humor das Pseudonym »Grieneisen« zugelegt hatte (nach einer Kette von Beerdigungsinstituten). Am nächsten Tag brachte er mir die Adresse: Giesebrechtstraße 11, ein paar Schritte vom Kurfürstendamm, Beletage: ein Palais der Grande Bourgeoisie, wie sie um 1900 vor allem in jenem Viertel gebaut wurden. Zog es vor, mich nicht anzumelden. Vier Uhr, hatte mir der Kollege Grieneisen gesagt, sei eine gute Zeit. So klingelte ich bei der »Pension Schmitt«, wie an der Tür stand. Ein Mädchen im schwarzen Kleidchen mit einem gestärkten weißen Häubchen im Haar, auch mit der obligaten weißen Schürze angetan, öffnete sacht die schwere Tür. Sie wünschen? Würde gern Frau Schmitt sprechen, auf Empfehlung von Walter Schellenberg.

Wurde in einen Salon mit schweren weinrot gepolsterten Sesseln und Sofas geführt, teuerstes Gelsenkirchener Barock, an den Wänden in dicken Goldrahmen Kopien niederländischer Meister. Dämmriges Licht. Nach wenigen Minuten rauschte in einem wallenden Gewand eine Dame herein, die man damals eher »vollschlank« genannt hätte. Sie blinkte und gleißte höchst wertvoll, zumal an der Hand, die zum Kuss gereicht wurde. Walterchen, rief sie, Walterchen, was macht er denn bloß, und wo ist er? Leider ist er tot, sagte ich, wisse nicht einmal, wo er begraben sei. Leider. Ach Gott, seufzte die gnädige Frau, ein so schöner Mensch, noch so jung, es trifft immer die Besten. So traurig es ist, rief sie, wir müssen ein Glas Champagner auf ihn trinken, von seinem liebsten: Veuve Clicquot. Als hätte sie die Bestellung schon vor ihrem Auftritt aufgegeben, rollte das Wägelchen mit den Kristallgläsern und der Flasche im Silberbehälter herein. Ich erzählte. Seine Memoiren, sagte ich, werden vermutlich zuerst auf Englisch erscheinen. Das Buch enthalte auch ein respektvolles Kapitel über sie und ihr Institut. Ich müsse es ihr schicken, sowie es auf dem Markt sei, sie lese Englisch wie Deutsch, schließlich habe sie drüben einige Jahre gelebt und dort sogar ihre Tochter zur Welt gebracht. (Später erfuhr ich, dass aus just diesem Anlass die Hamburger Bürgertochter über den Kanal geschickt worden war, weil es für das Kindchen keinen Vater gab, der sich als solcher hätte bekennen können.)

Sie erzählte, dass unten in den Kellerräumen die Abhörapparate mit den Experten untergebracht gewesen seien, jedes der Zimmer von winzigen Mikrophonen übersät, was die jungen Damen natürlich gewusst hätten, doch bei strengsten Strafen keinem ihrer Gäste auch nur andeuten durften. Ihr höchstrangiger Stammgast sei der Graf Ciano gewesen, der Schwiegersohn Mussolinis, den der Duce später habe erschießen lassen, weil er ihn des Verrats beschuldigte. Vermutlich habe er sich von Hitlers paranoidem Misstrauen anstecken lassen. Schade, ein so galanter Mann. Er habe die kleinen, schlanken Blondinen bevorzugt, die in seiner Heimat rar seien. Ach, sie habe den Geschmack aller ihrer wichtigen Gäste gekannt – auch den der Hausherrn, die immer streng darauf bedacht waren, dass alle Apparate ausgeschaltet blieben, wenn sie sich zu Inspektionen angemeldet hatten. Doch nicht immer hätten sich böse Zufälle verhindern lassen. Einmal habe sie bei Schellenbergs Besuch geschwärmt, dass sie »etwas ganz Besonderes« für ihn habe; nach ihr werde er kein anderes Mädchen mehr ansehen. Als sie die Kleine hereinrief, seien beide totenbleich geworden. Das Mädchen sei geflohen und habe nur geschrien, der bringt mich um! Sch. erklärte ihr, das brave Kind sei »draußen« seine Freundin gewesen.

Sie habe auch einige jüdische Frauen versteckt, nicht im Corps der Liebedienerinnen, das sei zu gefährlich gewesen, aber ein Etablissement wie das ihre beschäftige eine ganze Menge Personal. So habe auch Graf Luckner (der berühmte Seeheld aus dem Ersten Weltkrieg) seine jüdische Freundin bei ihr untergebracht. Ein bärenstarker und schlauer Mann, der sein Geld vor allem durch Vortragshonorare verdiente. (Der Clou jedes Abends: Er riss ein dickes Telefonbuch mit bloßen Händen quer in zwei Stücke, unter johlendem Beifall.) Ach, sie kenne so viele interessante, wichtige, prominente Menschen ... Sie zwinkerte vergnügt herüber: Wir könnten eigentlich auch ein Buch schreiben. Sie und ich ... Wir müssten es noch nicht einmal drucken lassen. Ungedruckt brächte es mehr Geld.

Zwei Jahre später meldeten die Zeitungen ihren Tod. Große Beerdigung an der Heerstraße. Der Pastor predigte natürlich über das Bibelwort ... Und werfe keiner den ersten Stein ... Manche der Mädchen, die mutig genug waren, tief verschleiert am Grab zu erscheinen, mussten den Paparazzi auf die Finger hauen, um ihre Anonymität zu verteidigen. Die Tochter, eine gelernte Tänzerin, versuchte, das Haus weiter zu führen, auch als Künstlerpension. Sie hatte kein Glück. Eine Zeit lang diente es als Internat für junge Asylsuchende. Schließlich kaufte ein betuchter Mensch aus der Immobilienbranche das Gebäude. Einige Jahre lang hauste der Severin & Siedler Verlag in dem historischen Gemäuer. Als ich Wolf Jobst Siedler, begabter Autor und Verleger, der sich gern als die Reinkarnation des konservativ-liberalen geistigen »Preußen« feiern ließ, auf die bewegte Geschichte des Hauses ansprach, war der ganz und gar nicht amüsiert. Warum wohl? Ich erfuhr es nicht. Vielleicht war es Rachsucht, dass er mir später antrug, ich möge für Hans-Dietrich Genscher die Memoiren schreiben – wohl so hingebungsvoll, wie er und Joachim Fest, der große Essayist, es für Albert Speer sen. zuwege gebracht hatten. Genscher? Ich schüttelte den Kopf und lachte (wie ich hoffe): für Genscher, den Veteranen schlechthin, sehe er sich besser woanders um ...

Nein, Bonn war nicht Weimar

Das erste Buch war geschrieben, das erste Auto gekauft. Ein alter Käfer, versteht sich, Schaltung mit »Zwischengas«. (Weiß noch ein Mensch, dass sich der Motor damals nur mit einem kräftigen Tritt auf den Gashebel – bei gleichzeitiger Entkupplung – einen Gang tiefer schalten ließ?) Die Prüfung für den Führerschein hatte ich bestanden. Parken war in Berlin kein Problem, auch das »Anfahren am Berg« mangels steigender oder fallender Straßen in der Inselstadt nicht allzu schwierig.

Der erste Urlaub. Ein Student fuhr das Wägelchen gegen eine mäßige Gebühr nach Hannover, ich selber durfte nach RIAS-Vorschrift nur fliegen, blieb zwei Tage in Stuttgart, wo ich mich überreden ließ, den braven Käfer gegen einen schicken Fiat einzutauschen, mit dem ein junger Herzog von Württemberg Rallyes gefahren war, wie der aufgeblasene Händler erzählte. Die Formalitäten waren rasch erledigt. In München das Treffen mit der Freundin, umständlich arrangiert (sie war verheiratet). Ziel: der französische Süden. Hatte in St. Jean Cap Ferrat in einem der besseren und nicht zu teuren Hotels ein großes Zimmer gebucht. Die Autobahn nach Süden existierte nur als Plan, die berühmte und berüchtigte Nationalstraße Nr. 7 erwies sich als mühsam, doch aus Gründen der Humanität war bei den meisten Lastern ein grünes Licht am Heck installiert, das die LKW-Fahrer aufleuchten ließen, wenn ein Überholmanöver möglich war. (Die sympathische Errungenschaft wurde wenig später wegen der Versicherungskonflikte abgeschafft.) Staunen bei jeder Mahlzeit, bei jeder Übernachtung, wie offen, wie liebenswürdig die meisten Bürger den jungen Deutschen begegneten – oder mit welcher Disziplin sie ihre unguten Erinnerungen zu zähmen wussten, ein knappes Jahrzehnt nach Ende des Kriegs. Vielleicht erklärt es die Freundlichkeit der Herren, dass sie die hoch gewachsene, sehr blonde Freundin mit dem freien Lachen voller Vergnügen anschauten. Manche der jungen Männer berichteten, wie wohl sie sich als Besatzungssoldaten in den schönsten deutschen Winkeln gefühlt hätten: am Bodensee, in den barocken Städtchen des Schwarzwalds, in Baden-Baden natürlich, in den romantischen Gassen Tübingens, den deftigen Wirtschaften der Pfalz. Zu Hause habe noch der Mangel regiert – im besiegten Deutschland seien ihnen Köstlichkeiten (von denen die Deutschen damals nur träumten) serviert worden; auch sei der Wein dort besser als sein Ruf (den roten freilich könne man nicht ernst nehmen).

Die Côte d'Azur – *a sunny place for shady characters*, wie Somerset Maugham schrieb – erwies sich für mich nicht als das wahre Ferienparadies. Es war nicht meine Sache, wie ich seit Italien wusste, in der Sonne zu schmoren (meine Haut rächte sich sofort). Wir erkundeten Marseille, dessen finsterste Quartiere von den Deutschen in die Luft gesprengt worden waren, und verirrten uns prompt im heillosen Gewirr der engen Gassen, dem wir nur durch eine strapaziöse Rückwärtsfahrt über einige hundert Meter bergauf entkamen, von den nordafrikanischen Anwohnern misstrauisch beglotzt. Wanderten durch das alte Nizza, damals noch ganz italienisch geprägt. Riskierten einen Exkurs ins Spielkasino – in Nizza, nicht in Monte Carlo, das Operetten-Städtchen interessierte mich nicht. Ich hatte das übliche Anfängerglück und gewann einige tausend Francs, die ich keineswegs von neuem setzte, sondern kassierte und der Freundin für einen hübschen Einkauf überließ. Mich hat das Spiel- und Wettfieber niemals heimgesucht; lieber wandelte ich zwischen den Tischen, beobachtete die Leute – die Damen viel zu sehr vom Spiel behext, um Augen für einen sommersprossigen Rotschopf zu haben.

Die Fernsehzeit war noch nicht angebrochen. Also las ich, im Zimmer oder auf einer schattigen Terrasse des Hotels. Liebe füllt den Tag nicht, und wir hatten uns, die Freundin und ich, so viel denn auch nicht zu sagen, überlegten sogar, ob wir die Reise abbrechen sollten, aber das hätte ihre so sorgsam bedachten Alibi-Strategien womöglich zum Einsturz gebracht. Nach zehn Tagen beschlossen wir, Oberitalien zu erkunden – von Florenz an nordwärts. Mein Herz ging auf, mein Kopf war engagiert, meine Neugier unersättlich. Für uns beide eine Bildungsreise. Die vorübergehende Fremdheit schmolz wieder ein. Wir waren fröhlich.

Rückfahrt via Schweiz. Auf einer kleinen Straße vor Basel bremste der dicke amerikanische Wagen vor uns scharf ab, weil plötzlich die Bahnschranken fielen. Reagierte rasch genug, doch trat ich ins Leere. Keine Reaktion der Bremse. Zwei Sekunden des völligen Nichts. Dann der Aufprall. Die klotzige Stoßstange des Amerikaners zeigte kaum einen Kratzer. Aber die Front meines windigen Fiat hatte sich in die Karikatur eines Autos verwandelt. Es war (natürlich) Freitagnachmittag. Ich hatte vielleicht noch zweihundert Franken in der Tasche. Damit würde ich die Reparatur und die Hotelkosten bis Montag nicht bezahlen können. Überweisung aus Deutschland? Das konnte eine Woche oder länger dauern. Kannte in Basel keine Seele – außer René Allemanns Frau, die ich ungern anrief, doch es blieb mir nichts anderes übrig. Immerhin zeigte sie sich bereit, mir ein paar hundert Franken vorzustrecken, um das Auto in die Werkstatt schleppen zu lassen. Die Ursache des Unfalls war rasch festgestellt. Durch die Vibration des Motors – zumal bei den Rennfahrten des jungen Herzogs – war in der Messingzuleitung des Bremsöls ein Leck von höchstens zwei Millimetern entstanden. Das genügte, um den Druck bei der Bremsung auf Null zu senken.

Nach Rückkehr schrieb ich unserem schwäbischen Herzog ein Briefchen, in dem ich fragte, ob auch ihm dieses Problem mit der Bremsölzuleitung begegnet sei (die Versicherung wollte es wissen). Zugleich erkundigte ich mich nach dem Kilometerstand beim Verkauf an den Stuttgarter Händler. Es ergab sich, dass der Schurke den Kilometerzähler um Zigtausende nach unten manipuliert hatte. Scharfer Brief meines Schwagers, damals Anwalt. Auf ein Strafverfahren wollte es der falsche Bruder nicht ankommen lassen. Also schickte er einen Scheck für die Reparaturkosten, meine Ausgaben für den unfreiwilligen Aufenthalt in Basel und vor allem für die Wertminderung des Wagens. Dazu legte er einen Zettel, auf dem er mir in ungelenken Lettern wünschte, ich möge mir mit dem Auto möglichst bald den Hals brechen. Den Gefallen tat ich ihm nicht. Mme A. waren die Schulden umgehend zurückgezahlt worden. Also feierte ich den Stuttgarter Segen mit meiner Freundin im (angeblich) besten Restaurant von Berlin.

Es wurde – wir wussten es nicht – unser Abschiedsessen. Hatte mich jäh entschieden, für den Sender Freies Berlin, dessen Gründung die Parteien (mit Zustimmung der Alliierten) beschlossen hatten, das Bonner Studio aufzubauen. Warum? Fühlte mich beim RIAS wohl, hatte das gute Gefühl, dass ich eine nicht ganz unwichtige Arbeit leisten konnte. Ahnte zum anderen, dass es mir kaum gelingen werde, dem parteipolitischen Gezanke beim SFB zu entgehen. Die großen Parteien hatten sich in den Koalitionen unheilbar zerstritten und waren dennoch aufeinander angewiesen. Ohnedies eine schwierige Lage: Das liberale und das konservative Lager der SPD, die Neuerer hinter Brandt und die »Keulenriege« Neumanns, hielten sich gegenseitig in Schach, was ihre politische Potenz zu lähmen drohte. Und mein persönliches Dilemma: Hing in der Westpolitik dem europäischen und atlantischen Kurs Konrad Adenauers an, doch mein Herz schlug eher links, zumal es Eugen Gerstenmaier, mein Chef bei *Christ und Welt*, nicht zuwege gebracht hatte, die CDU in eine Sozialdemokratie mit frommem Anstrich zu verwandeln.

War es kindischer Ehrgeiz, der mich plötzlich gewahr werden ließ, dass es für einen Mann, der noch keine dreißig zählte, Wechsel und Risiken geben müsse? Oft gratulierte ich mir, dass ich keine Lebenszeit mit gehorsam abgesessenen Semestern an den Unis, keine Jahre mit einer Doktorarbeit verschwendet hatte, die auf dreihundertfünfzig Seiten anhand eines historischen oder literarischen Miniaturproblems meine Fähigkeit zu eigenständiger wissenschaftlicher Leistung nachzuweisen (vielmehr dem Doktorvater ein Bausteinchen für sein nächstes Buch zu liefern) bemüht war. Ich hatte dafür kein Geld (meine Eltern hatten es erst recht nicht) – und in Wahrheit keine Zeit, denn ich wollte arbeiten, wollte leben, wollte frei sein und nicht ein halbes Jahrzehnt länger die Schulbank drücken. Gottlob hatte ich beizeiten entdeckt, dass der Journalismus ein Beruf ist, in dem womöglich mehr als in jedem anderen das *learning by doing* gilt.

In nüchterneren Augenblicken gab ich mich freilich keiner Täuschung hin: Die Chancen des raschen professionellen Erfolges verdankten meine

Altersgenossen und ich der bösen Realität, dass die Jahrgänge vor uns durch den Krieg und die Diktatur, den Tod im Lager oder an der Front dezimiert, ja oft mehr als zur Hälfte ausgelöscht waren. (Wir waren die erste Generation, die nur ein Zehntel, höchstens ein Fünftel der Gleichaltrigen verloren hatte.) Überdies hatten damals die jungen Frauen noch nicht gelernt, die Positionen zu erobern, die ihren Talenten, ihrer Erfahrung, ihrer Vitalität zugekommen wären. (Das begriffen wir erst in den sechziger und siebziger Jahren.)

Ein anderes Motiv, das 1954 zur Rückkehr nach Bonn mahnte: Berlin konfrontierte uns Tag für Tag mit der Realität des Kalten Krieges und der Etablierung eines autoritären Staates – und ich wollte umkämpfte politische Entscheidungsprozesse erleben: das Werden einer Demokratie. Die Gehirne der deutschen Intellektuellen (und so vieler Kollegen) waren durch die fatale Behauptung vernebelt, die Walter Dirks, der linkskatholische Mitherausgeber der *Frankfurter Hefte*, schon im Gründungsjahr der Bonner Republik in die Welt gesetzt hatte: die »Restauration« präge den neuen Staat. Angeblich. Dirks, ein höflicher, in seiner Erscheinung fast zarter Mann, hatte das Dritte Reich als Musikkritiker der *Frankfurter Zeitung* mit Anstand passiert, doch es war von leiser Komik, aus seiner Feder zu lesen, dass die Amerikaner leider die deutschen Antifaschisten daran gehindert hätten, sich von den Nazis durch ihre eigene Revolution zu befreien. Ach, man sah ihn, mit gezückter Maschinenpistole, durch die Quartiere von Frankfurt marschieren, um gelegentlich einen Kreis- oder Ortsgruppenleiter über den Haufen zu schießen. Oder?

Was sollte und wollte man mit den mehr als sieben Millionen Parteigenossen anfangen? Die Amis hatten zeitweise an die zwei Millionen interniert (die Briten und Franzosen nicht ganz so viele), doch es ergab sich rasch, dass man einen guten Teil brauchte, um eine halbwegs funktionierende Verwaltung aufzubauen (und die PGs waren in der Mehrzahl Beamte, Staats- oder Stadtangestellte). Die sogenannte Entnazifizierung erwies sich als eine bürokratische Farce, über die sich Ernst von Salomon in seinem zynischen Roman *Der Fragebogen* mit Verve lustig machen konnte. Jeder halbwegs Gewitzte wußte – im Zweifelsfall mit Hilfe von

Bestechung – durch die Maschen zu schlüpfen, und es bleibt der große Skandal, dass sich die Justiz jeder Säuberung zu entziehen vermochte. Die Blutrichter von gestern durften in aller Gemütlichkeit ihre alten Ämter wieder übernehmen – es gab einen einzigen Fall, in dem ein juristischer Zuarbeiter der Henker unter Anklage gestellt worden war: Natürlich kam er fast ungeschoren davon. Eine effektive Verfolgung der Kriegs- und Friedensverbrecher musste darum warten, bis die Nazigeneration der Richter und Staatsanwälte unbehelligt ihre Pensionen genießen durfte.

Den alten Kanzler, obwohl selber im Dritten Reich verfolgt, schien dies gleichgültig zu lassen. Vermutlich hätte er jede Gewissensfrage – wie er es bei seinem Staatssekretär Globke hielt, dem Co-Kommentator der »Nürnberger Gesetze« – mit der pragmatischen Antwort beiseite geschoben: so lange sie mir und den Gesetzen der Demokratie gehorchen ... (Es hatte seine Logik, dass er ausgerechnet Globke damit beauftragte, die Verhandlungen mit Nahum Goldmann, dem Präsidenten des Jewish World Council, über die »Wiedergutmachung« zu führen, der mir später mit leichter Ironie bestätigte, dass er sich einen besseren Partner nicht hätte wünschen können.) Damit erledigte der Kanzler auch die nicht unberechtigten Vorwürfe, dass sich im Auswärtigen Amt nicht wenige der alten Nazi-Diplomaten zusammenfänden; sie machen meine Politik, dachte er, nicht die der einstigen Nazi-Kommandeure – und darauf komme es an.

Restauration? Im Jahre 1949 regierte nicht Metternich, und die Gesellschaft der Deutschen hatte wenig mit der des heraufdämmernden Biedermeier zu schaffen. Auf dem Territorium der späteren Bundesrepublik lebten Ende der dreißiger Jahre knapp vierzig Millionen Menschen. Dazu mengten sich etwa zwölf Millionen Flüchtlinge und Vertriebene aus dem Osten und dem Balkan, die nichts besaßen, was sie nicht auf dem Leibe trugen oder in zwei oder drei Koffer zusammenstopfen konnten. Sie hausten in Übergangslagern oder wurden in den Häusern und Wohnungen der westdeutschen Bürger mit einigem Zwang einquartiert. Dazu wenigstens eine halbe Million, die ihre Unterkünfte im Bombenkrieg verloren hatten. Glaube nur keiner, die »Integration« der Deutschen sei – obwohl sie die gleiche Sprache sprachen, wenngleich anders eingefärbt – sehr viel einfacher gewesen als hernach die »Eingliederung« einiger Millionen Italiener, Griechen, Türken, die sich wenigstens auf halbwegs intakte Familien stützen konnten. Unter den Deutschen waren Millionen von Vätern und Söhnen, die traditionellen »Ernährer«, an den Fronten, in den sowjetischen oder den Nazi-Lagern zugrunde gegangen. »Nationale Solidarität«? »Patriotische Pflicht«? Mit diesen Phrasen hielt man sich damals lieber zurück. Für die hatte man teuer genug bezahlt. (Was sich aus der Logik der Geschichte ergab: Man sah ja auch kaum eine Regung der Solidarität zum Schutz der jüdischen Mitbürger.)

Die heimatlosen Familien waren mit dem Nichts konfrontiert. Sie fingen bei Null an – sofern sie überhaupt mit einer Arbeit anfangen konnten, was immer es war. Nach der Währungsreform, die über Nacht die wirtschaftliche Realität des Landes offenbarte, wuchs die Zahl der Arbeitslosen sprunghaft an. Mit anderen Worten: Niemals seit dem Dreißigjährigen Krieg hatte die Gesellschaft in der Mitte Europas einen sozialen Umbruch von gleicher Radikalität erlebt und durchlitten. Für die Mehrzahl der Intellektuellen schienen sich die Gewissensfragen, die das Nazi-Fiasko hinterlassen hatte, auf das Problem der Wiederbewaffnung zu reduzieren – eine elementare Frage, wahrhaftig, doch die Antwort konnte nicht nur von der eigenen Gewissensprüfung bestimmt sein; sie hatte auch zur Kenntnis zu nehmen, dass sich die Schuld nicht mit der Niederlegung der Waffen aufgelöst hatte, sondern eine historische Verantwortung hinterließ. Der Nazismus und sein Führer hatten das Sowjetimperium in den gleichen Weltmacht-Rang wie die Vereinigten Staaten von Amerika hochgeprügelt. Nun war es auch an uns, eine Situation zu schaffen, die eine Art Gleichgewicht der Systeme und damit den Frieden garantierte.

Das Blatt wendete sich rascher, als es vorauszusehen war. Die Wirtschaft wuchs, nach einem kurzen Angstschock beim Ausbruch des Korea-Krieges, mit einer erstaunlichen Sicherheit. In der Welt begann man, vom »deutschen Wunder« zu reden – eine simple Formel, aber sie zeigte an, dass die Politik in Bonn etwas richtig zu machen schien. Grund genug, sich die junge Republik aus der Nähe anzusehen. Meine Entscheidung für den Wechsel der Aufgaben war realistisch, obschon ich dem RIAS nicht gern adieu sagte. (Viele Kollegen und Freunde folgten, Klaus Bölling und Matthias Walden, zuletzt selbst Eberhard Schütz, der Programmdirektor, der dank einer klugen und herzlichen jungen Frau seine nächtlichen Exkurse limitierte und schließlich ganz auf die Schnäpse verzichtete.)

Die Politik in Bonn spiegelte, wenn auch oft auf verquere Weise, die tiefe Veränderung der Gesellschaft wider, trotz der »bürgerlichen« (wenngleich nicht eindeutig konservativen) Mehrheit, die regierte. Für das »Wunder« gab es ein Schlüsselwort: Kooperation. Niemand kann der Führung der Gewerkschaften nachsagen, dass ihre Strategie von heimlichen Verabredungen mit den Unternehmern und Chefmanagern gelenkt gewesen sei. Aber die amerikanischen und britischen Berater hatten beim Aufbau der Organisationen kluge Wegweisungen hinterlassen, wie man es besser machen könnte, als es ihren Gründervätern gelungen war. Das wichtigste Prinzip: keine konkurrierenden Vertreter der Arbeitnehmer. Die Gliederung in Industrie-Gewerkschaften, deren Vorstände in demokratischen Wahlen berufen wurden, erwies sich als vernünftig. Die Mitglieder und vor allem die Funktionäre demonstrierten in der Regel eine Geschlossenheit, die von den Arbeitgebern nicht aufgebrochen werden konnte.

Die Mitbestimmung der Unternehmen in den Montan-Industrien erwies sich als ein Segen. Sie schützte in Wahrheit auch die Arbeitgeber gegen die Versuche einer Bevormundung in der Aufsicht der Europäischen Montan-Behörde. Das Konzept der paritätischen Mitbestimmung war vom linken Flügel der Christdemokraten und der oppositionellen Sozialdemokratie ausgehandelt worden. In den Aufsichtsräten sollten die Arbeitgeber und die Arbeitnehmer mit jeweils fünf Delegierten vertreten sein; den Vorsitz hatte ein unparteiisches Mitglied zu übernehmen. Überdies sollten die Belegschaften in der Betriebsführung durch einen Arbeitsdirektor mitwirken. Ein sensationell neues Modell für die Kontrolle und die Verwaltung der Macht in der Industrie. Der Beginn einer fast revolutionären Veränderung in der Welt der Arbeit, die keinen Tropfen Blut kostete. Draußen horchte man auf. Der »rheinische Kapitalismus« war zur Welt gekommen (an den Besitzverhältnissen änderte sich zunächst nicht das Geringste).

Natürlich stemmten sich die Freien Demokraten und die Konservativen der Deutschen Partei in Konrad Adenauers Regierung gegen jede Teilung der Macht und gegen jede Aufsicht in den Industrien. Die Gewerkschaften drohten mit Streik, sollte der Bundestag die Mitbestimmung ablehnen. Damit wäre die gleichberechtigte Zugehörigkeit der Bundesrepublik zur ersten europäischen Behörde schon im April 1951 gescheitert. Das konnte sich der Kanzler nicht leisten. In einem Gespräch mit Hans Böckler, dem umsichtigen Vorsitzenden des Deutschen Gewerkschaftsbundes, setzten die beiden Anwälte eines berechenbaren Realismus darauf, dass sich im Parlament eine gemeinsame Mehrheit von Christ- und Sozialdemokraten finde, die der Mitbestimmung den Weg öffnen werde: die »große Koalition der Vernunft« erwies sich, wie hernach fast immer, als eine verlässliche Basis der zweiten deutschen Republik. Die Freien Demokraten, untereinander zerstritten und zunehmend unter dem Druck des rechten nationalistischen, ja nazistisch unterwanderten Flügels, wagten nicht den Bruch mit dem Kanzler, auch die Deutsche Partei hätte sich nur ungern auf die harten Bänke der Opposition zurückgezogen; so blieb es beim Zweckbündnis der Sozis mit dem linken Flügel der CDU, wenn höchste Not war. Im November 1952 trat das Betriebsverfassungsgesetz in Kraft, das der DGB auf die gesamte Wirtschaft ausdehnen wollte. Dies war der Kanzlerpartei zuviel, zumal die Expansion an der rechtlichen Lage nicht allzu viel geändert hätte. (Erst in den Jahren der sozial-liberalen Koalition entschloss sich die FDP zur Anerkennung der Mitbestimmung, die im Februar 1972 endlich auf alle Großbetriebe der Wirtschaft ausgedehnt wurde.)

Dennoch, in den Aufgangsjahren der Bundesrepublik wuchs die Gesellschaft mit einer wahrhaft modernen Sozialgesetzgebung heran, die von aller Welt bestaunt wurde, in West und auch (wenngleich heimlich) in Ost. Restauration? Nur die deutschen Intellektuellen schienen nicht in der Lage zu sein, die dramatische Veränderung zu erkennen, die den

Prozess der »Verbürgerlichung« der Arbeiterschaft vorantrieb. Das klassische Proletariat existierte nicht länger, was die linksextremen Sektierer zur Kenntnis nehmen mussten, da sie stets vor geschlossenen Fabriktoren standen (freilich war ihre Fähigkeit, sich blind zu stellen, nahezu unbegrenzt). Tiefer in die Gesellschaft als fast alle anderen Reformen wirkte die für Januar 1957 in Kraft tretende »dynamische Rente«, mit der die Altersbezüge (aber auch die Versehrten-Renten) alle drei Jahre an die Lohnentwicklung der Arbeiter und Angestellten angepasst wurden; das entscheidende Instrument gegen die Altersarmut, die nahezu alle Völker des Westens (und erst recht der sozialistischen Welt) belastet. Zwischen 1949 und 1979 stieg das durchschnittliche Ruhegeld von 214 Mark im Monat auf 1350 Mark.

Unsere Nachbarn beobachteten die Modernisierung der bundesdeutschen Sozialpolitik voller Spannung (und manchmal mit einem Anflug von Neid). Die großen Parteien, die Gewerkschaften, wohl auch die bedeutenderen Köpfe unter den Unternehmern schienen verstanden zu haben, dass nationalistische Ressentiments und totalitäre Anfechtungen durch eine realistisch-humane Reform der Gesellschaft im Keim erstickt werden konnten. Nur so erklärt sich das Phänomen, dass keine der rechtsextremistischen Parteien, von knapp befristeten Konjunkturen abgesehen, jemals einen Massenanhang und gefestigte Strukturen gewinnen konnten, obschon unter den Millionen Vertriebenen und den Hunderttausenden, die Haus und Hof und oft genug auch ihre Familien in der Sowjetzone verlassen hatten, das Potential zu einer Radikalisierung verborgen gewesen sein muss. Es bestimmte niemals das politische und gesellschaftliche Klima der Bundesrepublik, obwohl die Majorität der Lehrerschaft und wohl auch der Eltern der offenen Debatte über den Charakter des nazistischen Regimes mit oft beschämender Feigheit aus dem Wege gegangen war. Indes, die Mehrheit der Bundesbürger, zumal der jungen, wich den Herausforderungen durch die Internationalisierung der Gesellschaft nicht aus – und sie konnten es auch nicht, wenn sie in der Europäischen Gemeinschaft und der Atlantischen Allianz als Partner akzeptiert und respektiert werden wollten. Sie standen täglich auf dem Prüfstand, zunächst durch die Präsenz der Besatzungsmächte, die am 5. Mai 1955 gleichsam mit einem Zauberschlag zu Verbündeten wurden.

In Wahrheit blieb nach der fatalen Niederlage, die Frankreich der Europäischen Verteidigungsgemeinschaft beigebracht hatte, kein anderer Weg als der, den die Franzosen noch ein Jahr zuvor entschlossen blockiert hätten (und mit ihnen viele der überzeugten Europäer in Deutschland): der Aufbau von separaten Streitkräften in der Bundesrepublik, die man als »Nationalarmee« bezeichnen mochte, und ihre sofortige Eingliederung in die NATO. Die sorgsam vorbereiteten Verträge waren schon im Oktober 1954 in Paris unterzeichnet worden, am 5. Mai traten sie in Kraft. Die Hohen Kommissare meldeten sich beim Bundespräsidenten ab und übergaben ihre Beglaubigungsschreiben als Botschafter ihrer Länder. Die Bundesrepublik war in die »Souveränität« entlassen (ausgenommen einige Rechtsvorbehalte der Siegermächte in Fragen, »die Deutschland als Ganzes betrafen« – eine staats- und völkerrechtliche Fiktion, die erst 1990 mit der sogenannten Wiedervereinigung erlosch). In Wirklichkeit war die »Souveränität« (nicht nur die deutsche) längst zu einer pompösen Papierformel erstarrt, die nur noch die Verfassungsrichter gelegentlich beschäftigt, wenn sie den europäischen Einigungsprozess auszubremsen versuchen.

An jenem 5. Mai 1955 war ein Rendezvous des Kanzlers mit den Korrespondenten des NDR und des SFB arrangiert. Ich hatte über den Chef des Bundespresseamtes den Wunsch angemeldet, der Regierungschef möge zu diesem Tag den Bürgern in Ostdeutschland ein besonderes Wort der Verbundenheit sagen (kein unbilliger Gedanke). Er zog, nachdem er uns, auch den Technikern, die Hand gegeben hatte, mit freundlicher, doch undurchdringlicher Miene die beiden Seiten eines Typoskripts aus der Rocktasche, setzte sich und sah das Geschriebene sorgsam durch. Bei einem Satz, den er leise vorlas, stockte er, schaute zum Bundespressechef auf und fragte beiläufig: »Sajen Sie, Herr Forschbach, wer hat denn diesen Unsinn jeschrieben?« Das »Bundesfässchen«, wie sein Gehilfe genannt wurde, lief rot an und murmelte Unverständliches. Der Kanzler nahm einen der langen, gelben Bleistifte, die parat lagen, und zerlegte den Monstersatz in zwei Teile. Dann sprach er die knappe

Adresse, die ein wenig zu steif daherkam, ohne Stocken, aber auch ohne erkennbare Wärme ins Mikrophon. Das zweite Blatt. Er prüfte die Überschrift. Sie lautete: »Erklärung der Bundesregierung zum Tag der deutschen Souveränität.« Er schüttelte den Kopf und bemerkte, so sei das nicht richtig. Dann fügte er zwei Worte – ich schaute über seine Schulter – mit seinen steilen Sütterlin-Kraxeln hinzu: »… zum Tag *der Wiedererlangung* der deutschen Souveränität«. Er begründete die Korrektur nicht. Vielleicht setzte er voraus, dass die anwesenden Zeugen begriffen, was er mit der Ergänzung sagen wollte.

Es war womöglich der entscheidende Unterschied zur ersten deutschen Republik: das ruhige, realistische Selbstbewusstsein, mit dem der junge Staat ins Leben trat (obwohl auch, wenn nicht vor allem eine Schöpfung der Besatzungsmächte), natürlich von der extremen Linken und der extremen Rechten angefeindet, doch ließ sich die große Mehrheit der Bundesbürger von den Ressentiments nicht mitreißen. Revisionistische Stimmungen unter den Millionen Vertriebenen blieben in der Regel gezähmt, und sie verloren sich im Fortgang der Generationen. Damals, im Jahre 1955, schrieb Fritz René Allemann an seinem Buch *Bonn ist nicht Weimar* – eine gründliche Studie über die frühe Bundesrepublik, die ergab, dass die zweite deutsche Demokratie gute Chancen haben werde, in der Welt zu bestehen. Der Titel war ein Signal der Hoffnung, und er wurde fast über Nacht ein geflügeltes Wort. (Nur: Von dem Buch, das eine aufmerksame Lektüre forderte, wurden nicht viel mehr als 2000 Exemplare verkauft – eine Zahl, die das Heer der Journalisten, die Politiker, die Zeithistoriker zwar als eifrige Transporteure von populären Slogans, jedoch nicht als Leser kennzeichnet.)

Die Bedeutung von Adenauers Ergänzung in der Proklamation zur bundesdeutschen Souveränität dämmerte mir in der Wucht seiner zwei Worte erst, als ich den Abendkommentar schrieb. Zum einen bekräftigte er damit den »Alleinvertretungsanspruch« der Bundesrepublik, welcher der DDR jeden eigenen Anspruch auf die juristische oder materielle Nachfolge des zweiten Reiches verwehrte: die »Hallstein-Doktrin« (nach dem Staatssekretär im Auswärtigen Amt benannt) – sie erwies sich freilich im Gang der Jahre eher als eine Last, von der die diplomatische Bewegungsfreiheit der Bundesrepublik zugunsten eines realitätsfernen Dogmas unnötig eingeschränkt wurde. Zum anderen nahm der Bonner Staat damit das gesamte Erbe der deutschen Geschichte auf sich, auch die historische Verantwortung für das Dritte Reich und seine Verbrechen. Das verstand ich sofort, und mich wehte ein kalter Hauch an, denn es widerfuhr mir selten, dass ich mich als Zeuge eines historischen Augenblicks betrachtete. Die knappe Stunde in dem schmucklosen kleinen Kabinettssaal des Palais Schaumburg war ein solcher Moment. Mit ein paar freundlichen Worten wandte sich der Kanzler zur Tür. Dort stand der Korrespondent des NDR parat, ein eher farbloser Herr, verbeugte sich tief und sagte mit flatternder Stimme: ... möchte nicht versäumen, Ihnen, verehrter Herr Bundeskanzler, zu diesem großen Tag alles Gute zu wünschen ... Der Alte musterte ihn kühl: Allet Jute? Dat wünsche ich Ihnen, Herr Wendt ... Und schritt davon.

Ich gehörte nicht zu den handverlesenen Journalisten in Bonn, die mit einiger Regelmäßigkeit zu den sogenannten Teestunden des Kanzlers eingeladen wurden, bei denen (angeblich) nur Vertrauliches beredet wurde. Jeder, der an dem Zeremoniell teilnehmen durfte, lief in den folgenden Tagen mit einer Geheimratsperücke durchs Bundeshaus, leicht gekränkt, wenn man keinen Versuch unternahm, sich zuflüstern zu lassen, was ihm Konrad Adenauer anvertraut habe. In Wahrheit gab es wohl nur einen Journalisten in Bonn, mit dem der Kanzler völlig offen – auch über seine Sorgen, ja seine Ängste sprach: Fred Luchsinger, der Vertreter (und spätere Chefredakteur) der *Neuen Zürcher Zeitung*, liberal-konservativ, lange Jahre Mitglied des Nationalrats (für den Freisinn), hoher Reserveoffizier – alles, wie es sich für einen Vertreter des ehrwürdigen Blattes gehörte. Ein gutaussehender Mann, im Gesicht eine Erinnerung an die bäuerliche Herkunft der Familie, bodenständig, doch hellwach, wenn es auf den Schutz der Freiheitsrechte ankam, eine graziöse Frau an seiner Seite, deren Anmut jedes der Bonner Feste und die halbwegs eleganten Empfänge schmückte – so jenen 14. Juli, zu dem der französische Botschafter in die Godesberger Redoute geladen hatte. Auch Erich Mende, damals Fraktions-, vielleicht auch Parteichef der FDP, im Smoking, wie es nun wieder schick war; entgegen einer früheren Allüre hatte er auf das Tragen des »Ritterkreuzes« beim Nationalfeiertag des Nachbarn verzichtet. Seiner Schwägerin widerfuhr später am Abend das Missgeschick, das schneeweise Cocktailkleid der Dame eines französischen Botschaftsrats mit Rotwein zu begießen. Mende eilte, tief bestürzt, mit einer Serviette wedelnd, herbei und wurde nicht müde zu stammeln (auf Deutsch, vielleicht auch in gequältem Englisch), dass er selbstverständlich für die Reinigungskosten aufkommen werde.

So lustig konnte unsere Bundeshauptstadt sein, freiwillig oder unfreiwillig. Die silbergraue Krawatte, ohne die das frühe Bonn nicht denkbar war – niemand hat ihr die Hymne geschrieben, die sie verdient. In Berlin indes gab Willy Brandt, Vorsitzender des Abgeordnetenhauses, das Signal zu einer Kulturrevolution, von der die deutsche Sozialdemokratie wahrhaft erschüttert wurde. Zu einem Presseball (weiß nicht mehr, welchen Jahres) erschien er im Smoking, der erste deutsche Sozi, den man jemals in diesem grundbürgerlichen, womöglich aristokratischen Gewand gesehen hatte, zweifellos angestiftet von Rut, der elegantesten Dame in der Geschichte der Bundesrepublik. Ich traf Genossen, die behaupteten, nur ihretwegen Sozialdemokraten geworden zu sein. Gab es einen überzeugenderen Grund? Kaum.

P. S.: Stieß vor einigen Tagen, als die Zeitung fast schon im Papierkorb lag, auf eine kleine Todesanzeige, die mich einhalten ließ: Barbara Klie. Ich sehe sie vor mir: eher zart, mittelblond, intensive Augen.

Sie war die Jüngste in dem Kleeblatt der Zehlendorfer Feuilletonistinnen, auf die mich Friedrich Sieburg mit seinem etwas robusten Wohlwollen aufmerksam gemacht hatte: Frauen von hohen stilistischen Talenten, eigenwillige Charaktere, die man nicht übersehen könne, wenn sie sich am Kurfürstendamm zeigten, der – trotz aller unaufgeräumten Trümmer – wieder anfing, sich als Flaniermeile Berlins zu etablieren. In der Tat, man reckte den Kopf, wenn sie sich in ein Café setzten. Vor allem Lotte Wege lenkte die Aufmerksamkeit auf sich: eine hochgewachsene Dame mit einer schlohweißen Mähne, immer in Schwarz, im Winter mit einer wehenden schwarzen Mantilla, das Futter brennend rot: eine elegante schöne Hexe. Ihre Feuilletons und Kritiken zeichneten sich durch eine etwas herrische Ironie (und eine immense Bildung) aus. Weltläufig-entspannter die Prosa von Sabine Lietzmann, hernach lange Jahrzehnte New York-Korrespondentin der FAZ, eng mit Hannah Arendt befreundet. Die Jüngste, unscheinbarer als die Freundinnen, Barbara Klie, schüchtern, blond, ausgeglichenes, ein wenig unscheinbares Gesicht, zwei der Schneidezähne leicht übereinander geschoben (was sich damals noch nicht so einfach korrigieren ließ). Ironie bestimmte auch ihren Stil, doch auf eine fast zärtliche Weise, wenngleich sie fähig war, in ihren Kritiken auch metallische Härte zu zeigen. Keine Allerweltsjournalistin, wahrharftig nicht.

Erinnere mich nicht, mit welchen Argumenten mir's gelang, sie von Berlin nach Stuttgart zu locken. Sie genoss die Freiheit in ihrem Ressort, die Erlösung von dem Inselkoller, der sie von Zeit zu Zeit heimgesucht hatte. Sie reiste. Das eine oder andere Mal deutete sich ein vorsichtiger Flirt an. Dann hörte ich nichts mehr, las (wir lebten in Washington) auch nichts mehr von ihr. Man erzählte mir später, sie sei in eine unglückliche Liebe mit einem Frankfurter Kollegen verstrickt und habe sich, von Depressionen heimgesucht, aus unserem Beruf zurückgezogen, widme sich sozialen Aufgaben. Alle Versuche, mit ihr Verbindung zu gewinnen, scheiterten. Meine kleinen Briefe (ich hatte ihre Adresse ermittelt) blieben ohne Antwort. Sie schien ohne Telefon zu leben. Unter Kollegen war sie nur noch ein fernes Gerücht. Dann war sie vergessen. Nun jene bescheidene Todesanzeige. Barbara Klie wurde 93 Jahre alt.»Ein Licht ist erloschen«, war zu lesen (ein wenig gefühlvoller, als sie's geschrieben hätte).

Das welthistorische Signal von Budapest

Den Höfer kannte jeder. Und er kannte jeden, denn er prägte sich die Gesichter von Zeitgenossen ein, wenn sie im Begriff waren, sich einen Namen zu machen, am Bildschirm und anderswo. Werner Höfers großes Verdienst war es, dass er durch seine Talkshow, den »Internationalen Frühschoppen« (sonntags Schlag zwölf Uhr, ehe der Braten aufgetragen wurde), den Deutschen eine Andeutung von Weltpolitik ins Haus trug, zunächst durchs Radio, später via TV; mit einer weichen, modulationsfähigen Stimme, die ihm jede dramatische Steigerung erlaubte und die sich zugleich, wenn sie leise wurde, voller Mitgefühl der Sorgen des kleinen Mannes und, noch hingebungsvoller, der kleinen Frau anzunehmen verstand. Er war der nahezu perfekte Showman, noch ehe man das Wort in Deutschland kannte.

Die schlimmsten Jahre schienen damals (im Westen) hinter den Deutschen zu liegen. Auch die Klein- und Mittelbürger hielten nun dann und wann inne und warfen einen Blick über den Zaun. Sie konnten sich die großen Reisen noch nicht leisten, aber ihre Neugier auf das Leben der Nachbarn, der Bürger unserer Besatzungsmächte und der Welt überhaupt begann sich zu regen. Höfer verstand es, das Interesse an der Politik durch Elemente der Unterhaltung zu wecken (darin mit Henri Nannen konkurrierend, dem Chefredakteur des *Stern*); zum Beispiel durch die kontrastierenden Akzente der Teilnehmer an seinem »Internationalen Frühschoppen«, aber auch durch die kleinen erotischen Spannungen zwischen den beiden Moderatoren in seiner aktuellen Regionalsendung (»Zwischen Rhein und Weser«), die das »Tagesgeschehen« mit ihren Dialogen kommentieren, pointieren, durch Anekdoten dekorieren sollten.

In meiner Bonner Zeit wurde ich im Gespann mit Eva Windmöller, der großartigen *Spiegel*-Korrespondentin, in diese Garde der Flirtjournalisten aufgenommen. Eva, eine Lebensfreundin, heiratete hernach Thomas Höpker, den Magnum-Fotografen. Das Paar fertigte Meisterreportagen für den *Stern*, zuerst aus Amerika, später aus der DDR. Das war die Zeit des großen Magazin-Journalismus, der dem wachsenden Druck des Fernsehens leider nicht lange standhielt. Auch wenn es die klassischen Blätter noch gibt, ihre Qualität konnten sie alle nicht halten, ob *Paris Match*, das neue *Life* (das alte war an dem eigenen Erfolg erstickt), ob *L'Europeo* oder *Oggi* – und natürlich auch nicht der *Stern*.

Eva Windmöllers und mein Glück beim Radio währte nicht lange – Schuld an unserem Desaster war ich. Eva, die ihre Sache nicht besser hätte machen können, amüsierte sich ohne Ende über mein hartnäckiges Schwäbisch. Wir warfen uns die Bälle zu. Heitere Programme. Geld gab es außerdem. Indes, der Karneval näherte sich. Ich konnte der Versuchung nicht widerstehen, unser rheinisches Publikum samt seiner heiligen Kuh etwas unsanft auf die große Schippe zu nehmen. Jetzt würden die Zeiten für uns Landfremde gefährlich, rief ich Eva zu. Warum? Der Karneval komme über uns, mit den ersten Narrensitzungen der alten Vereine, die ich für Spaßgesellschaften hielt, ihren sozialen Rang in Städten wie Köln oder Düsseldorf (oder auch im alten Bonn) sträflich unterschätzend. Den lachenden Protest gegen die Preußen, die im Rheinland lange als eine Art Besatzungsmacht empfunden wurden, verstand ich erst später. Ich betrachtete die Prinzen- und Mariechen-Wahlen, die phantasievollen Operetten-Uniformen, das Beinchenwerfen, die Witze, die keiner verstand, der dort nicht in den Kindergarten gegangen war, die Nuancen von Tusch und Trommelwirbel, den Kalauer- und Pointen-Sturm – ich empfand diese wochenlange Konjunktur des rheinischen Unernstes als schiere Belustigung (dieses und jenes Niveaus), kurz, ich hatte nicht begriffen, dass dort in Wirklichkeit der wahre Ernst des rheinischen Lebens herrschte. Die arme Eva beschwichtigte mich voller Unschuld, dies alles diene doch nur meiner guten Laune ... Ich fiel ihr hart ins Wort. Ich hätte genau genug verstanden, was das wahre Motto des

Karnevals sei, und ich sagte es auch: »Wer nicht mitlacht, wird erschossen,.« (Das war die heitere und dennoch ernste Botschaft an die Preußen, trotz des Augenzwinkerns.)

In der Kölner Sendezentrale war man geistesgegenwärtig genug, sofort ein Band mit Karnevalsliedern und -märschen abfahren zu lassen. Na, riefen die Techniker mir zu, das wird Ihnen nicht gut bekommen. Die Telefone schrillten dem Dutzend nach, der Regisseur drückte mir einen Hörer in die Hand. Es war Höfer. Der Mann, der sonst jede Pointe mit Liebenswürdigkeiten belohnte, der wie kein anderer galant säuseln konnte und auf jeder Glatze (die eigene nicht ausgenommen) die graziösesten Locken drehte – er brüllte mich an, wie seit dem Wachtmeister Huber (aus der Wiener Neustadt) und Herbert Wehner niemand mehr. Das vermittelte mir eine Ahnung, wie er selbst von seinem Intendanten Hartmann in den Senkel gestellt worden sein mochte, dem großen, schweren Mann mit dem mächtigen Schnurrbart, der sich in allen Machtkämpfen der Branche schlauer als jeder andere aus den Affären zu ziehen vermochte, mit einer Portion Sympathie »unser Striese« genannt, nach der klassischen Komödienfigur aus dem *Raub der Sabinerinnen*, die im *Lexikon literarischer Gestalten* von Kroener etwas zu schnoddrig als »Schmierentheaterdirektor« charakterisiert wurde. Höfer brüllte atemlos weiter, dass ihn diese Provokation den Job kosten werde. Der Vorsitzende des Rundfunkrates, der Staatssekretär beim Ministerpräsidenten, der Kölner Oberbürgermeister, der Vorzimmer-Prälat des Erzbischofs, sie alle hätten protestiert – in Köln, in Bonn, ja im Lande Nordrhein-Westfalen sei der Teufel los. Es gehe zu, als werde morgen die Revolution ausbrechen. Ich verstand endlich: Karneval taugt zuletzt zum Lachen. Es lachte auch keiner über meine komische Not.

Eva und ich waren unsere nette Nebeneinkunft los, trotz meiner gewundenen selbstironischen Entschuldigung, die Höfer erst gar nicht publizieren ließ. Dennoch waren wir uns durch das bizarre Gezeter ein wenig näher gekommen, er und ich. Durch den Chefredakteur Fritz Brühl, der von der *Süddeutschen Zeitung* kam (ein eleganter Stilist, kein überzeugender Chef), klopfte Höfer nicht lange danach behutsam an, ob ich mir denken könne, mich dem jungen Reporterteam anzuschließen, zu dem auch damals schon Gerd Ruge gehörte, ja, der bereits der Star jener Riege war (und, anders als ich, dem Fernsehen bis zum heutigen Tag treu geblieben ist). (Ich leitete noch immer das SFB-Studio in Bonn.) Zu den Reizen des Angebots zählte, dass ich nicht strikt an die Ressortgrenzen gebunden war, sondern auch für die »Kultur« schreiben konnte, wozu sich bald Gelegenheit bot, als Bert Brecht starb, für den kein Nachruf vorbereitet war (während ich durch Zufall entdeckte, dass für ein plötzliches Ende des Papstes die »Maurerische Trauermusik« von Mozart parat lag – eine Komposition für seine freimaurerischen Brüder, für die Römische Kirche ein Sakrileg, das die konservativen Katholiken, an denen in Köln kein Mangel herrschte, als Beleidigung empfunden hätten, zumindest als die Offenbarung einer Bildungslücke, die selbst »Striese« gegen die Ehre gegangen wäre). Ich hatte auch Zugang zum »Nachtprogramm«, in dem der gehobene intellektuelle Anspruch immer eine Unterkunft fand. (Leiter war Carl Linfert, der zur Feuilletonredaktion von Goebbels' *Reich* gehört hatte – eine der Überlebensnischen für die nicht völlig gleichgeschalteten Intellektuellen; an seiner Seite Mme Klewitz, eine Potsdamer Dame, die wiederum enge Beziehungen zu Peter von Zahn unterhielt, dem Star-Reporter jener Epoche.)

Überhaupt versammelte der WDR damals um seine Redaktionen einen Kreis unabhängiger Köpfe, wie man sie wohl in keiner der anderen »Anstalten« antraf. Zum Beispiel Joseph Caspar Witsch, der mit seinem Verlag noch nicht lange zuvor aus Leipzig in seine Vaterstadt umgesiedelt war. Es konnte passieren, dass Witsch am Nachmittag anrief und mich bat, rasch herüberzukommen ins Marienburger Verlagshaus, er habe zwei interessante Amerikaner bei sich: Der eine war Saul Bellow, ein lebhafter Mann, sprühend vor Esprit, der mit seinem genialen Roman *Herzog* das Judentum in der Literatur Amerikas heimisch werden ließ, neben ihm der leisere Bernard Malamud, der vor allem meisterliche Short Stories schrieb.

Zu der (bescheideneren) intellektuellen Elite, die sich im WDR zusammenfand, gehörte der Pressechef der Stadt, der nicht im Geringsten dem blassen Beamtentypus entsprach, wie er sich sonst in jenen Positionen einfand, sondern ein wandelnder Anekdotenschatz war, Sammler der sogenannten Dönkes, die er mit einem jener sonoren rheinischen Bässe vorzutragen wusste, die jede lärmende Cocktail-Konversation überdröhnten. Der Kreis, zu dem auch Otto Stolz zählte, von Hause aus Gewerkschaftsjournalist und Mitbegründer der Freien Universität in Berlin, diskutierte einmal in der Woche live, die Runde meist von Witsch geleitet: Schlag 19.00 Uhr wurden die Mikrophone geöffnet, 19.59 wieder geschlossen, dazwischen konnte alles passieren – und es passierte manches. Zum Beispiel, dass ein verärgerter Disputant unter lautem Protest davonlief, weil der Bundeskanzler als eine Karikatur der deutschen Beamtenseele verhöhnt, Herbert Wehner als ein bluttriefender Stalinist geschmäht wurde. Zensur fand nicht statt. Im schlimmsten Fall hätte der verantwortliche Regisseur nur die Regler auf null ziehen können. Hernach ließ sich meines Wissens kein Intendant, kein Chefredakteur, kein Programmdirektor mehr auf dieses Risiko ein. Damals eine verlockende Freiheit, die mich dazu überredete, den (geographisch) kleinen Sprung nach Köln zu wagen.

Überdies sollte es Teil des Vertrags sein, dass ich Korrespondent in einer der Hauptstädte der westlichen Welt würde, sowie einer der Posten frei und vom WDR zu besetzen sei. Ferner bemühte man sich, soweit möglich, meine Wünsche hinsichtlich der Themen und Ziele meiner Reportagereisen zu erfüllen. Mich zog es nach draußen. Natürlich kehrte ich dem Berliner Sender nicht den Rücken, ohne mich mit Willy Brandt darüber zu verständigen, damals Vorsitzender des Abgeordnetenhauses und endlich der unangefochtene Chef der Berliner SPD. Wir waren uns rasch darüber einig, dass mein Vertreter Gerd Schröers, ein enger Freund, die Nachfolge beim SFB übernehmen sollte: Sohn altgedienter Sozialdemokraten (die Tradition seiner Familie, ich wies darauf hin), trotzdem ein unabhängiger Kopf, der die Riege der Reformer um Brandt, Erler, den jungen Helmut Schmidt beharrlich unterstützte. WB und ich waren uns inzwischen auch über die Arbeit näher gerückt. Er hatte mich 1956 gebeten, die Redaktion und vor allem die notwendige Kürzung einer Ernst Reuter-Biographie zu versuchen, die er zusammen mit Richard Löwenthal geschrieben hatte. Mit WB war eine Verständigung über die Streichungen in der Regel nicht schwierig; er hielt, anders als unser Freund Rix, seine Autoreneitelkeit sachlich im Zaum. Bei Löwenthal gerieten das Herzblut und die grauen Zellen oft in Wallung (doch wir brachten das Experiment zu Ende, ohne uns zu entzweien). Hilfreich war der Entschluss, die Fotos in einem gesonderten Band zu drucken, dessen Herausgabe mir zugewiesen wurde. Durch die fast tägliche Kooperation fühlte sich WB ermutigt, mich um Beiträge zu seinen Reden zu bitten – eine Zusammenarbeit, die sich im Fortgang der Jahre verdichtete, gleichviel wo ich mich aufhielt, ob in Europa oder Amerika.

Ja, es zog mich nach draußen, in die Welt. Außerdem war ich meine Bonner Wohnsituation leid. Zunächst war ich bei einem katholischen Pfarrer im Ruhestand untergebracht, der darauf bestanden hatte, dass ich mich im Vertrag verpflichtete, bei meiner »Lebensführung« auf seinen geistlichen Stand Rücksicht zu nehmen – eine potentielle Einengung, die ich durch den Zusatz mildern konnte, dass ich trotzdem die Rechte eines Hauptmieters beanspruchte. Es fanden sich denn auch immer pragmatische Lösungen, weil ich mich mit der gewitzten Haushälterin des Pfarrers gut vertrug. Man durfte die rheinische Dame als einen halbwegs gutartigen Drachen betrachten. Sie wusste eine gute Flasche Wein zu schätzen (wie Hochwürden auch), außerdem fand sie bei mir ein williges Ohr für die süffisanten Geschichten, die ihr von den Kolleginnen in den Haushalten dieses und jenes Politikers erzählt wurden (zum Beispiel über das Netz der Untergrundschwulen, die sich manchmal auch im Umkreis des weiland Außenministers und CDU-Fraktionsvorsitzenden Heinrich von Brentano ein Rendezvous gaben, auch über den Händewaschzwang des prominenten Herrn, von dem sie weltklug ganz ohne Freud ahnte, was es damit auf sich haben könnte).

Als mir die salbungsvollen Anreden des Pfarrers über die hohen sittlichen Verpflichtungen meines Berufs zu sehr auf die Nerven gingen, bezog ich ein Winzappartement oben auf dem Venusberg. In gewisser Hinsicht geriet ich vom Regen in die Traufe. Denn die träge Besitzerin, die sich als eine Geistheilerin bezeichnete, lauerte mir gern im Treppenhaus auf, wenn ich aus dem Haus gehen wollte, zog mich in ein Stübchen und erklärte mit dunkler Stimme, woran es mir fehle, legte das Patschhändchen auf meine Stirn und sprach dazu exotische, doch wohltönende

Worte, tibetanische Gebetsformeln, wie sie mich aufklärte. Als es ihr einmal gelungen war, mich zu einer Rast auf dem Sofa zu überreden, legte sie die heilenden Hände auf diese und jene schwache Stelle meines Körpers. Weiter ging sie nicht. Es blieb bei der Heilung durch den Geist.

Das große Haus war nicht für die Aufteilung in Kleinwohnungen gebaut worden. Die leichten Wände ließen uns intensiver am privaten Dasein der Nachbarn teilnehmen, als es willkommen war. Eindrucksvoll der Lärm, mit dem Peter Liebes, der interessanteste meiner Mitbewohner, und seine Partnerinnen ihre erotischen Exerzitien vollzogen. Was für eine Vielfalt in den Varianten der Liebesschreie, vom zärtlichen Jauchzen bis zu gewaltigen Phonstärken, wie sie von italienischen Diven in den Finalsteigerungen einer Puccini-Oper oder von den röhrenden Ausbrüchen deutscher Wagner-Stars zu erwarten waren. Da half kein protestierendes Klopfen an Wände und Decken. Liebes lachte, zumal der Amouren-Lärm oft nur auf seine Spezialitäten vorbereitete – wenn es den Damen lieb war, dann versohlte er ihnen den Hintern, mit klatschenden Händen oder auch mit kleinen Gerten, die mit spitzen Schreien empfangen wurden. Er war, man musste es zugeben, ein beachtliches Mannsbild, der über eine ungewöhnliche Attraktivität für wache Damen verfügte, in seinem Geschmack nicht allzu wählerisch, doch auch manche Schönheit in seiner Truppe, darunter geradezu überwältigend die rothaarige Tochter eines amerikanischen Diplomaten, die später im New-York-City-Ballett Karriere machte. Er selber war Sohn einer reichen Düsseldorfer Familie, die Gescheitheit blitzte aus den Augen, lässig elegant (und teuer) gewandet, (scheinbar) fröhlich in den Tag lebend, doch – wie er einmal nach der zweiten Flasche Wein gestand – von Zweifeln heimgesucht, wohin er mit sich sollte in diesem Dasein. Er hatte es als »Seiteneinsteiger« im Auswärtigen Amt versucht, doch sein Anpassungswille schien den Erwartungen der Herren mit den silbergrauen Krawatten nicht zu genügen. Er war nun, wenn ich mich recht erinnere, im Begriff, eine Nische im Bundespresseamt zu finden.

Der andere Freund im diplomatischen Corps der jungen Republik, Joachim von Stülpnagel, war in unserer gemeinsamen Stuttgarter Zeit ein aufstrebender Journalist gewesen, Schwaben-Korrespondent der

Frankfurter Allgemeinen Zeitung, die eben erst zur Welt gekommen war; früh am Steuer eines Cabrios zweiter Hand zu bewundern – an der Seite seiner schönen Freundin Carola, der begabten Schülerin des Malerfürsten Willi Baumeister. »Stülp«, Sohn eines der Generäle von Stülpnagel, wollte eine dauerhafte Bindung. Die alten Stülpnagels waren strikt dagegen: Carola war erstens eine Bürgerliche, zweitens stand sie als ein Malermädchen unter dem Verdacht, sich in der – tatsächlich ziemlich braven – Stuttgarter Boheme herumzutreiben, drittens war sie angeblich nur daran interessiert, sich den Rest des Vermögens der ostelbischen Sippe anzueignen, die in Wahrheit nichts mehr besaß außer diesem einen Schatz: das magische »von«, das so streng gehütet wurde, wie es die jahrhundertealte Tradition zu verlangen schien. In Wahrheit liebten sich die beiden wie zwei Menschenkinder, die verstanden, dass sie fürs Leben zusammengehörten. (Sie blieben auch beisammen.)

Vielleicht um die Sorgen der Familie zu besänftigen, entschloss sich der Freund zu einem Studium und erschrieb sich erstaunlich rasch den Doktorhut. Es währte nicht lange, bis man ihn in Brüssel als Bürochef von Walter Hallstein antraf, den Nachfolger des ersten Kommissionspräsidenten Jean Monnet, zuvor Staatssekretär im Auswärtigen Amt, wo er die prinzipienfeste (aber auch hinderliche) Hallstein-Doktrin vom »Alleinvertretungsanspruch« der Bundesrepublik erfunden hatte; vom Typus her eher ein Professor als ein pragmatischer Politiker, im internationalen Alltag geradezu rührend unerfahren. Unvergesslich das Entsetzen in seinem Blick als er, Hallstein, bei der Einreise am New Yorker Flughafen dem Zollbeamten ohnmächtig zusehen musste, wie der wortlos (und ohne Rücksicht auf den Diplomatenpass) den Reiseproviant des Kommissionspräsidenten in den Müll warf; den entsetzten Vorhaltungen des deutschen Professors antwortete man knapp, dass die Einfuhr verderblicher Lebensmittel in die Vereinigten Staaten so strikt untersagt sei wie ein Anschlag auf das Leben des Präsidenten.

Peter Liebes war damals mit Christa zugange, einer jungen, etwas blässlich-hübschen Prinzessin von Preußen – Enkelin oder Urenkelin des letzten Kaisers. Hatte sich die junge Dame in Liebes verknallt, sah der Draufgänger in ihr eine besonders kostbare Beute, die er haben musste? Indes, die beiden wollten heiraten. Wie vorauszusehen, war auch hier die Familie strikt dagegen. Sie drohte der Abenteurerin mit Enterbung und Aberkennung des Titels (falls das rechtlich möglich war). Und so geschah es, als die beiden den Bund fürs Leben schlossen. Es half nichts, dass Christa aufs Briefpapier und auf die Visitenkarten »geb. Prinzessin von Preußen« drucken ließ, Herr Liebes wachte am Morgen nicht neben einer jungen Fürstin, sondern neben Frau Liebes auf. Außerdem zerschlugen sich seine Berufspläne. Ich verlor das Geschick der beiden aus dem Auge. Hörte irgendwann, Peter Liebes habe sich in einem der feudalen Badezimmer des Hotels »Excelsior« an der Via Veneto in Rom die Pulsadern aufgeschnitten. Christa, die von der Familie nach seinem Tod in Gnaden aufgenommen wurde, sah ich erst Jahrzehnte später bei der Beerdigung von Winnie Sieburg auf dem Waldfriedhof in Stuttgart wieder, wo ich, mangels Pfarrer (Winnie war aus der Kirche ausgetreten) ein paar Gedenkworte sprach, damit die Trauergemeinde – rechts der Adel und das Großbürgertum, links das »Volk« von Gärtringen und die Schar der Helfer in Haus und Hof – nicht in bleiernem Schweigen auseinander ging. Christa erinnerte bei der Gelegenheit an Peter Liebes: Ihr könnt sagen, was ihr wollt, bemerkte sie – er war ein Mann. Da hatte sie recht.

Vor dem Umzug nach Köln musste ich mich entscheiden, ob ich weiter in Behelfsunterkünften hausen, mich dauerhaft in einem Hotel einmieten oder eine halbwegs geräumige Wohnung suchen wollte. Mit einer Portion Spürsinn und mehr Glück fand ich ein Drei-Zimmer-Apartment in einem (noch nicht ganz fertigen) Neubau am Stadtwald, der sich etwas übertrieben ein »Hochhaus« nannte. Oben im achten Stock, direkt unter dem Architekten, der im Penthaus thronte, allein mit einem seltsam ernsten, altklugen Töchterchen, das offensichtlich unter der Einsamkeit litt. Ich brauchte Möbel. Erstaunt stellte ich fest, dass antike Stücke, zumal aus der Biedermeier-Zeit, aber auch aus dem achtzehnten Jahrhundert (ausgenommen die pompösen Möbel aus dem Hochbarock, womöglich dem holländischen) nicht nur schöner und solider, sondern vor allem billiger waren als modernes Allerweltsmobiliar. Das galt auch für Porzellan und Gläser. Viel Zeit für eine sorgsame Auswahl blieb mir nicht, und dennoch fand ich manches Stück, das mir kostbar geworden ist, zumal mein großer, schlicht klassizistischer Kleiderschrank, um 1760/70 irgendwo in Schwaben geschreinert, schwere Eiche, dennoch, da er nur mit Dübeln zusammengehalten wird, in einer halben Stunde zu demontieren oder auch wieder zusammenzusetzen – von den schwarzen Möbelpackern in Washington wie ein Wunder bestaunt. (Er hatte 350 Mark gekostet, ein modernes Stück wäre auf wenigstens das Doppelte gekommen, und er reiste zweimal über den Atlantik, ohne Schaden zu nehmen, samt dem originalen Klappschloss mit riesenhaftem Schlüssel, der sich auch als Waffe gebrauchen ließ.)

Natürlich entkam ich in Köln dem Karneval erst recht nicht. Man musste fortreisen oder man überließ sich der kollektiven Heiterkeit, die ans Hysterische grenzte. Der journalistische Alltag im WDR ließ keinen Raum für Mußestunden oder gar für faule Langeweile, wenig für privaten Fug und Unfug. Der Aufbau der Bundeswehr bot Anlass zu eher bunten Reportagen (von einer militärischen Routine der Deutschen war wenig zu bemerken, gottlob, eher von einer erstaunlichen, fast liebenswürdigen Unbeholfenheit, die sich nur partiell durch die kritische Präsenz der Presse erklärte). Die Gründung der Akademie für »Innere Führung« forderte zu leidenschaftlichen Debatten heraus – und sie war die willkommene Gelegenheit, den wichtigsten Repräsentanten, Wolf Graf Baudissin, kennenzulernen; Urgroßneffe des wunderbaren Shakespeare-Übersetzers, ein offener Mann, der nichts von einem Kommisskopf alten Schlages hatte, mit einer Künstlerin verheiratet, die auch eine penible Hausfrau zu sein schien, denn die Besucher wurden freundlich, aber bestimmt gebeten, Pantoffeln überzustreifen. Es war gut, dass das Engagement von Offizieren, vom Obersten aufwärts, von einem Ausschuss gebilligt werden musste.

Genossen habe ich das »närrische Treiben« nur einmal, als ich die junge Schwester eines kanadischen Diplomaten (eine Studentin in London) auf den Ball im Funkhaus mitschleppte. Sie wurde bis sieben Uhr früh nicht müde, sich über die generelle Verrücktheit der Deutschen, der angeblich so bierernsten, zu amüsieren und wilder zu tanzen, als sie's von

Ottawa gewohnt war. (Sie heiratete schließlich einen Kollegen ihres Bruders, den ich kennenlernte, als er Botschafter in Wien war: der langweiligste Vertreter seines Standes auf Gottes Erde. Wie es Nina mit dem schnöseligen Nöler aushielt, weiß der Himmel; immerhin hatten sie drei Kinder.)

Im Saarland hatten im Oktober 1955 die drei Hauptparteien, die »heim ins Reich« drängten, 67 Prozent der Stimmen gewonnen, damit war (zu meinem Leidwesen) das europäische »Saar-Statut«, das die Bundesregierung offiziell befürwortete, mit einer klaren Mehrheit zurückgewiesen worden. Bonn spielte hier kein ganz sauberes Spiel. Als ich mich an einem Samstagnachmittag zu einem Gespräch beim Bundespressechef aufhielt, zeigte der etwas zu mitteilsame Herr auf einen Aktenkoffer, der auf seinem Schreibtisch stand: Ob ich ahnte, was das Köfferchen enthalte? Ich schüttelte den Kopf. Den Koffer trage er in einer Viertelstunde hinüber in die »Baracke«, zum Geschäftsführer der SPD, die für den Anschluss an die Bundesrepublik warb; das sei der Beitrag aus dem »Reptilienfonds« (seit Bismarck wurde die schwarze Kasse des Kanzleramtes so genannt) für den sozialdemokratischen Wahlkampf. Er öffnete den Koffer (eine Szene wie im schlechten Film) und dicke Bündel von großen Geldscheinen starrten mich an, eine halbe Million, vielleicht auch eine ganze. Vor dem Partner Frankreich wurde dies, es versteht sich, sorgsam verborgen. Die Majorität der Deutschen bejubelte das Ergebnis, obwohl ihnen der simple Hausverstand hätte sagen müssen, dass die Saarbürger den Aufschwung in der Bundesrepublik (mit den steigenden Löhnen) und die Signale der Stagnation in Frankreich sehr wohl zur Kenntnis genommen hatten. Der schiere Patriotismus war es nicht, der ihre Entscheidung bestimmte – warum auch? Ich seufzte: zwei Weltkriege zu verlieren und das Saarland dennoch nicht loszuwerden, sei auch ein herbes Geschick. (Ein bisschen Glück hätte den Saarländern und uns den Lafontaine erspart, zum Beispiel.)

Der Ministerpräsident des Ländchens, Johannes Hoffmann, ein mediokrer, doch (nach allem, was man weiß) auch braver Mann, der für seine Landsleute das Beste gewollt hatte, zog sich mit einer eher spärlichen Pension nach Frankreich zurück, wo er ziemlich einsam starb. Als ich Jahrzehnte später zu seinem talentierten Pressechef Peter Scholl-Latour bemerkte, er sei seinem einstigen Vorgesetzten doch wohl eine Ehrenrettung schuldig, wurde mir keine Antwort zuteil. Scholl selber war nach der Saar-Wahl in den Nahen Osten, dann nach Afrika gereist, wo zu jener Zeit kaum deutsche Journalisten anzutreffen waren. Bedachtsam schloss er die Marktlücke. Die Saar-Episode war rasch vergessen. Niemand erinnerte sich, als er Chefredakteur des *Stern* wurde, hernach im Vorstand von Gruner und Jahr diente und schließlich eine steile Fernsehkarriere machte; ein kraft seiner Gaben und seines Fleißes wohlverdienter Aufstieg, geradezu verklärt durch seine knappe Dienstzeit in der französischen Armee und damit durch die Zeugenschaft der bitteren Niederlage Frankreichs im Vietnam-Krieg, samt der Schlacht von Dien Bien Phu.

Eine gewisse Schwäche für militärische Allüren blieb Scholl eigen. In Pariser Restaurants klemmte er sich, wenn er sich unbeobachtet glaubte, gern ein preußisches Monokel aufs Auge. Er hielt sich besonders aufrecht, den kräftigen Nacken immer gespannt. Nachdem ich – war es bei einer Buchmesse in Frankfurt? – in einem langen Flur hinter ihm dreingelaufen war, sagte ich ihm lachend, nun habe sich mir das Geheimnis seiner Erfolge am Bildschirm offenbart: er sei der Erich von Stroheim des deutschen Fernsehens. Er war darüber nur mäßig amüsiert (was sich verstehen lässt). Im Übrigen gibt es keinen Zweifel, dass er glänzend schreibt (wenn er will), dass er durch seine aufmerksame Erforschung der Dritten und Vierten Welt und die Abenteuer seiner strapaziösen Reisen bis ins hohe Alter Personal-Kenntnisse in den Staaten des Nahen und Mittleren Ostens, partiell auch Afrikas, vor allem aber Einsichten über die globalen Entwicklungen zu sammeln vermochte, über die kaum ein anderer Journalist deutscher Zunge je verfügte.

Schließlich die Situation in Osteuropa. Sie hatte sich nach der militärischen Erdrosselung des Aufstands der Arbeiter in der DDR im Juni 1953 nur wenig entspannt. Im Frühjahr 1956 verschärften sich die Konflikte zwischen dem Corps der »Kader« und der Arbeiterschaft in Poznan (Posen). Wieder unterdrückte die Armee – unter dem Kommando eines Verteidigungsministers russischer Herkunft – die Proteste mit offener

1 Mein Vater Christoph Harpprecht, der »Herr Dekan« in Nürtingen, 1935.

2 Meine Mutter Dorothea, »Dodo«, im Gärtchen des Dekanats, 1935. Sie stammte aus einer sorbischen Theologen-Familie in der Lausitz.

3 Renates Mutter Edith Lasker, geb.
Hamburger, Musikerin. Sie wurde 1942
im deutschen Durchgangslager Izbica
(Polen) ermordet.

4 R.s Vater, Dr. Alfons Lasker,
Rechtsanwalt beim Oberlandesgericht
Breslau, ermordet wie seine Frau
(hier ca. 1930).

5 R.s Schwester Anita Lasker-Wallfisch, ca. 1946.
Sie war Mitglied des Frauen-Lagerorchesters
Birkenau.

*6 Mein ältester Bruder Hans-Martin als Oberfähnrich,
er starb mit 20 Jahren im September 1939 bei Radom in Polen.*

*7 Mein zweiter Bruder Frimut, 1943,
kam Anfang 1945 als Oberleutnant
bei Bromberg ums Leben.*

*8 Der Jungsoldat KH
im Oktober 1944, Bewerber für die
Offizierslaufbahn – zur Vermeidung
von Üblerem.*

9 *Meine rebellische Schwester Lilli, 1946.*

10 Ernst Bronisch-Holtze, ältester Bruder meiner Mutter, 1944 im Gestapo-Gefängnis Königsberg ums Leben gebracht.

*11 Julius von Jan (1950), unser Vetter,
büßte für seine Predigt zur Reichspogromnacht 1938
mit Folter und Haft.*

*12 Gitta Petersen, die prägende »Urfreundin«,
fünfzehn Jahre älter als ich, hier 1948.*

13 Renate, die von Bergen-Belsen via Brüssel nach London emigriert war und bei der BBC moderierte; hier 1957, als ich sie kennenlernte.

*14 Eine wieder andere Arbeitswelt, v. l. KH, M. Lasky, F. Bondy,
L. Bondy, Konzernchef Georg v. Holtzbrinck, Renate.
Der Grund zur Freude war die Rettung des* Monats, *Ende der sechziger Jahre.*

*15 Mit der geliebten Ruth Carter Stapleton
(Mitte) bei einer Party in New York, 1979.*

16 Erster Staatsbesuch eines deutschen Kanzlers in Israel, 1973. Shake-hands mit Golda Meir.

17 Mit Richard Nixon, während WBs Arbeitsvisite zur Un-Zeit von Watergate, 1973.

18 Kaum etwas fand ich so entspannend wie das Reiten! (Hier auf meiner Hannoveranerstute »Anke«, lang ist's her.)

19 Hondo aus Texas.

20 Pat Naggiar, einst unsere geniale Mitarbeiterin in Washington, »Ms ZDF«.

21 R. und Willy Brandt, der nach seiner Kanzlerschaft oft zu uns nach La Croix-Valmer kam, hier 1981.

22 Kinder! Mit Santa Cristina Mateo, Älteste von sieben Kindern, Opfer des Hurrikans, der 1979 die Dominikanische Republik heimsuchte.

23 Jaqui Harts Traum vom Tanzen: Auftritt in einem unserer Dokumentarfilme Ende der siebziger Jahre.

24 Renate begrüßt unseren Lebensfreund Michael Naumann, 2007.
Der einstige Rowohlt-Verleger inspirierte nicht zuletzt meine Thomas Mann-Biographie.

25 *Ein Schreibtisch-Bild darf wohl nicht fehlen –
und hier entstanden zwanzig Bücher.*

*26 … allen Grund, dankbar zu sein.
Mit Renate unter dem selbstgepflanzten Eukalyptusbaum
in unserer französischen, unserer europäischen Heimat.*

Gewalt. Die Regierung lenkte durch einige Zugeständnisse ein. In den oberen Parteirängen der Staaten des Warschauer Pakts wurden unterdessen, in großer Heimlichkeit, Mitschriften der »Stalin-Rede« von Hand zu Hand gereicht, die Nikita Chruschtschow, die »Nummer Eins« im Kreml, im Februar beim zwanzigsten Parteitag der KPdSU gehalten hatte; keines der Verbrechen beschönigend, freilich die eigene Beteiligung skrupellos unterschlagend. Wellen der Beunruhigung schienen immer wieder den Kurs der Moskauer Satelliten zu verändern, und die Genossen beschwerten sich, dass sie nicht mehr wüssten, in welche Richtung sie zu marschieren hätten. Das Volk witterte die Unsicherheit rasch. So bereiteten sich die Proteste der Studenten, aufmuckender Dissidenten und einer Elite der Arbeiterschaft in Ungarn vor. Im Herbst 1956 erinnerten sich die Besonnenen in der Partei des einst geschassten Ministerpräsidenten Imre Nagy, den die harten Genossen wegen seiner liberalen Anfälligkeiten Anfang der fünfziger Jahre nicht länger tragen wollten – nun sollte er die aufflammende Gewalt im Zaum halten. Als die Zusammenstöße mit den eigenen Streitkräften (soweit sie nicht mit den Rebellen sympathisierten) und der Sowjetarmee das Land in eine Art Bürgerkrieg stürzten, erklärte Nagy – ein Akt der Verzweiflung – den Austritt Ungarns aus dem Warschauer Pakt: die einzige spärliche Chance, den Westen wenigstens zur Androhung einer militärischen Intervention zu zwingen. Nichts davon. Die Ungarn lernten wie alle anderen die bittere Lektion (zuletzt die Tschechen und Slowaken 1968), dass die Grenzen der Einflusszonen, wie sie in Jalta gezogen worden waren, in Moskau und in Washington als unantastbar respektiert wurden. Die Alternative wäre der atomare Krieg gewesen.

Dennoch, der Verzicht auf jede Pression in Ungarn kam uns bitter an, vor allem, als die Flüchtlingsmassen über die Grenzen nach Österreich und Westeuropa zu strömen begannen. Und dennoch: die britisch-französisch-israelische Besatzung der Suezkanal-Zone grenzte die Bewegungsfreiheit des amerikanischen Präsidenten Eisenhower (vor allem moralisch) noch schärfer ein. Er pfiff die Verbündeten aus Ägypten zurück. Für Ungarn rührte er keinen Finger – er konnte es nicht. Tragische Konstellation. So eng es in meiner Wohnung war, für einige Wochen beherbergte ich einen geflüchteten Studenten. Wir hielten im Funkhaus die Mikrophone 24 Stunden offen, als sich der Konflikt zuzuspitzen begann. Unsere Sendungen waren eine Chronik des Untergangs. Es war nicht das erste, nicht das letzte Mal, dass ich meine Kommentare mit Tränen in den Augen diktierte.

In Polen, 1956

Es traf sich merkwürdig, dass zu Anfang der ungarischen Unruhen endlich das Visum genehmigt wurde, das ich gut ein halbes Jahr zuvor bei der polnischen Militärmission in Berlin beantragt hatte. Bin mir nicht mehr sicher, welche Begründung ich geliefert hatte, eine journalistisch-politische oder die simple Wahrheit, dass ich nach dem Geschick meines zweiten Bruders Frimut forschen wollte, der im Februar 1945 aus der Gegend von Bromberg in Westpreußen vermisst gemeldet wurde. Die Erkennungsmarke, die als Todesbestätigung galt, war uns niemals zugeschickt worden. Meine Eltern, zumal meine Mutter, klammerten sich an die blasse Hoffnung, dass er überlebt haben könnte. Sein Bild mit einer Personenbeschreibung – er zählte 1945 just 21 Jahre, war Oberleutnant und Regimentsadjutant – klebte in den Heimkehrerlagern und in allen möglichen Ankunftsbahnhöfen. Es gab Lumpen genug, die sich bei den Eltern meldeten und behaupteten, sie hätten ihn in diesem oder jenem russischen Gefangenenlager gesehen – nur um unter einem windigen Vorwand meinem Vater den letzten Hundertmarkschein aus der Tasche zu ziehen oder meiner Mutter eine (für Notfälle) sorgsam versteckte Hartwurst abzubetteln. Die Hoffnung der Eltern schwand auch nicht, als die Moskau-Reise des Bundeskanzlers die letzten zehntausend Gefangenen befreite. Die Hartnäckigkeit vor allem meiner Mutter konnte ich verstehen: Frimut, nach der Jugendliebe benannt, war ein gut aussehender Bursche, geistes- wie naturwissenschaftlich gleichermaßen begabt und interessiert, im Sport immer die bravouröse Nummer zwei, mir gegenüber hart, aber zugleich fürsorglich; daher seine (zu meinem Glück vergebliche) Bemühung, mich an der Front unter seine Fittiche nehmen zu können (er war merkwürdig sicher, dass er durchkommen und es mich, den Jüngeren, Schwächeren, packen werde). In Wirklichkeit ganz davon überzeugt, dass er tot war, machte ich mich, noch ehe der ungarische Bürgerkrieg ein Ende gefunden hatte, mit meinem dunkelblauen Fiat von Berlin aus auf den Weg, nur von Ferne ahnend, auf welches Abenteuer ich mich einließ. Die Grenzkontrollen von West-Berlin zur DDR, die Aus- und Einreise in Frankfurt (Oder) merkwürdig glatt und schnell. Ich wollte Warschau noch am selben Tag erreichen. Das gelang, obwohl die Kolonnen sowjetischer Kraftwagen ein eher gemütliches Tempo erzwangen. Gegen Abend Frost. Ich war nicht darauf vorbereitet, dass die Einfallstraßen in die Hauptstadt partiell mit Holz gepflastert waren. So schlitterte ich hilflos von links nach rechts und wieder zurück, gottlob ohne einem anderen Fahrzeug oder gar einem Pferdewagen in die Quere zu kommen. Kroch dann fast im Schritttempo zum Hotel »Bristol«, dem einzigen neben dem »Europejski«, das Gäste aus dem westlichen Ausland aufnehmen durfte. Erstaunt über die Freundlichkeit, mit der mir die Passanten auf meine stockenden, auf Deutsch oder Englisch vorgebrachten Fragen den Weg wiesen.

Auch im Hotel, einem Prachtbau des zweiten Barock, der ohne zu schwere Beschädigungen den Krieg überstanden hatte, wurde mir ein Empfang von ausgesuchter Höflichkeit zuteil – mir, dem Deutschen, der die Uniform der Diktatur getragen hatte, die Polen verwüstete wie kein anderes Land in Europa, Millionen von Menschenleben vernichtete (auch nichtjüdische Polen), und die gesamte Bildungsschicht des Landes ausrotten wollte, um über ein herabgewürdigtes Volk von Sklaven nach Belieben herrschen zu können. Mich hat diese Höflichkeit, ja Freundlichkeit, zunächst vor allem verstört. Das Hotel bot (fast) westlichen Komfort. Es brauchte eine kleine Gewöhnung, sich in dem kunstvoll restaurierten Stil des königlich-kaiserlichen Wiener Neubarock mit seinen schweren Möbeln, wallend dunkelroten Vorhängen, Spiegeln und Gemälden in prangenden Goldrahmen zurechtzufinden. Da es spät war, wurde ich ohne Aufenthalt in den Speisesaal gebeten, der fast leer war – bis auf einen großen Tisch in der Mitte, an dem ein gutes Dutzend Männer mittleren Alters hockte. Der Korrespondententisch, wie ich lernte, und für die nächsten Wochen mein Stammtisch: Amerikaner, Briten, zwei Franzosen, Skandinavier, ein Holländer, ein Belgier, ein Italiener, keine Frauen, keine Osteuropäer, auch kein »Genosse« aus der DDR (die hausten, wie ich bald erfuhr, alle im »Europejski«).

Am nächsten Morgen erkundigte ich mich nach dem Hauptquartier des Roten Kreuzes, nahm ein Taxi, ließ mich an der Pforte zur Abteilung weisen, die sich um die Vermissten bemühte. Eine schlecht gelaunte Dame gab mir einen Fragebogen, den ich gewissenhaft ausfüllte. Als ich ihn ablieferte, meinte sie ärgerlich, ich hätte längst Polnisch lernen können. Erst als ich zaghaft einwandte, das sei in Westdeutschland ein bisschen schwierig, bemerkte sie, dass ich nicht aus Kattowitz herübergereist war, sondern aus Köln. Sie wurde freundlicher. Nach einer Viertelstunde kam sie mit einer Erkennungsmarke zurück. Meine Gewissheit, dass der Bruder im Februar 1945 sein Leben verloren hatte, wurde bestätigt. Die Dame konnte mir nicht sagen, warum Frimuts Marke nicht, wie es der internationalen Pflicht der Rot-Kreuz-Organisationen entsprochen hätte, an die Schwesterorganisation in Westdeutschland geschickt worden war. Der Marke war ein trockenes Dokument beigefügt, das besagte, wo man den Leichnam gefunden hatte, in welchem Zustand und wann.

Nun fragte ich scheu, ob das Grab meines ältesten Bruders, der am 18. September 1939 – keine drei Wochen nach Kriegsbeginn – bei Radom sein Leben verloren hatte, noch existiere. Sie schüttelte den Kopf. Bevor die Grabstellen eingepflügt worden waren, hatte man die Knochen und die nicht verwesten Uniformfetzen in Säckchen gepackt, mit Namen und Fundort beschriftet und bei einer Sammelstelle abgegeben. Der »Volksbund Deutsche Kriegsgräberfürsorge«, der sich von einer beispielhaften Versöhnungs- und Friedensstrategie lenken lässt, meldete – oh, Wunder – im Jahre 2005, dass die Überreste von Hans-Martin ihren Platz auf einem Sammelfriedhof gefunden hätten; von Frimut berichtete die Mitarbeiterin nach der Durchsicht des Dossiers, man glaube zu wissen, in welchem Massengrab seine irdischen Reste zu finden seien. Seither erfuhr ich nichts Weiteres.

Damit war der eigentliche Zweck der Reise erledigt. Indes, auch in Warschau zeigten alle Signale eine Krise in den Beziehungen zur Sowjetunion an. Die Redaktion in Köln bat mich, noch ein paar Wochen auszuharren. Die Verlängerung meines Visums bereitete keine Schwierigkeiten. Die Polen schienen es gern zu sehen, dass ein journalistischer Beobachter aus Wesdeutschland bei ihnen blieb. Für die Journalisten aus der DDR interessierten sie sich nicht. Die ostdeutschen Obergenossen hatten sich durch ihre orthodox-marxistische Schulmeisterei nicht beliebt gemacht. Sie wurden als Zuträger des »Großen Bruders« betrachtet und isoliert, so gut es anging. Sie zogen, ohne dass es ihnen bewusst zu sein schien, alle Ressentiments auf sich, die den Deutschen aus West und Ost hätten gelten müssen. »Friedensgrenze« hin oder her, die antipolnischen Emotionen in der DDR schienen sich, auch lange nach der deutschen Vereinigung, kaum zähmen zu lassen.

Mir drohte das Geld auszugehen. Der neuernannte Botschafter Österreichs war ein enger Freund des Leiters der Öffentlichkeitsarbeit im Bonner Auswärtigen Amt. Die beiden vereinbarten, dass mir die Österreicher so lange polnisches Geld vorstreckten, wie ich es brauchte. (Nach meiner Rückkehr wurde es vom WDR zurückgezahlt.)

Am Nachmittag meines ersten Tages in Warschau sprach mich in der Hotelhalle ein sympathischer polnischer Kollege an, in fließendem Deutsch, und erzählte mir, er sei in Berlin und auch in Bonn stationiert gewesen, fragte mich nach diesem und jenem Menschen aus dem Umkreis unserer Profession, den ich kannte oder auch nicht, fragte dann mit einer gewissen Scheu, ob ich etwas zu trinken hätte (die Bar öffnete erst um 18.00). Das hatte ich in der Tat. Vorsorglich hatte ich einige Flaschen Cognac mitgebracht (und an die zwei dutzend Fläschchen mit Eau de Cologne). So stiegen wir zu meinem Zimmer hoch. Er hatte einen kräftigen Zug, der Kollege, erzählte viel aus Bonn, aus Berlin, versuchte, mein Urteil über einige deutsche Politiker herauszulocken – unter anderem über Willy Brandt, doch ich hielt mich zurück –, und er amüsierte mich durch nette, nicht allzu diskrete Geschichten aus dem Warschauer Nähkästchen. Seine Gesprächigkeit steigerte sich mit jedem Glas. Bei der Hälfte der Flasche angelangt (ich trank wenig), war er ziemlich voll, wie man in Schwaben sagte, wurde sentimental und bekannte schließlich mit tränenerstickter Stimme, dass er dieses Gespräch im Auftrag einer

Behörde führe, die ihn gelegentlich für vertrauliche Erkundungen engagiere (ohne diese Verpflichtung hätte er kaum die Erlaubnis zu langen Aufenthalten im westlichen Ausland erhalten). Was er – vielmehr seine Vorgesetzten – von mir wollten, wurde mir nicht deutlich. Nur ein paar sogenannte Hintergrundinformationen? Oder sollte er mich als Mitarbeiter anheuern? Vermutlich hatte er mit seinem besoffenen Geständnis eine Grenze überschritten, obwohl er wissen musste, dass unser Gespräch auch in meinem Zimmer abgehört würde? Ich weiß es nicht und werde es nie erfahren. Am nächsten Tag erschien er, trotz einer vagen Verabredung, nicht im Hotel. Ich sah ihn nie wieder. Doch ich hoffe, dass die Strafe für sein Versagen nicht zu hart ausfiel.

Mit dem englischen Korrespondenten der (amerikanischen) Agentur Associated Press hatte ich mich rasch angefreundet. Jeden Morgen drehten wir die Runde, um Neues über die Entwicklung der peniblen russisch-polnischen Beziehungen zu erfahren. Der alt-neue Parteichef Władysław Gomułka, dessen national-kommunistische Akzentuierung der Warschauer Politik dem »starken Mann« des sowjetischen Imperiums ganz und gar nicht behagte (zumal nach der ungarischen Katastrophe), schien die Konfrontation mit den Moskowitern nicht zu fürchten, auch nicht die Intervention der Roten Armee, die fast überall im Land ihre Stützpunkte hatte, und genauso wenig die Weisungen des polnischen Verteidigungsministers, des sowjetischen Marschalls Rokossowski (der bald, im November 1956, abgelöst wurde). Man erzählte sich, die polnische Luftwaffe habe die Maschine Chruschtschows, die zu einem Überraschungsbesuch in Warschau unterwegs war, zwei Stunden über der Stadt kreisen lassen, ehe ihr die Landeerlaubnis erteilt wurde; dies sei ein kleiner Racheakt für die Demütigung Gomułkas gewesen, der, nach seinem langen Kampf als kommunistischer Partisanenchef, nach der Vereinigung mit der Sozialistischen Partei 1949 von der stalinistischen Fraktion wegen seines »Nationalismus« und seiner »titoistischen Neigungen« aus seinen Ämtern verjagt worden war und drei Jahre lang erneut in Haft saß – nach der Einkerkerung durch die nationalistischen Regierungen von 1932 bis 1934 und ein zweites Mal von 1936 bis 1939. Freilich zwang ihn die Lage, manche der wirtschaftlichen und kulturellen Freiheiten, die Polen nach 1956 gewährt worden waren, wieder zu korrigieren. So schmolz seine Popularität rasch dahin. Er wurde auch, das muss gesagt werden, für die Mobilisierung der tief verwurzelten antisemitischen Ressentiments verantwortlich gemacht, die für mehr als die Hälfte der jüdischen Bürger, die in Polen überlebt hatten oder in ihre Heimat zurückgekehrt waren, das Signal war, das Land so rasch wie möglich zu verlassen. Was freilich von den meisten den Verlust ihrer Häuser und Wohnungen und des Besitzes, der ihnen geblieben war, zugunsten der Ausreisesteuer forderte (ganz im Sinne der »Reichsfluchtsteuer«, die den auswandernden Juden von den Nazis auferlegt worden war, bevor schließlich alle Wege nach draußen abgeriegelt wurden).

Diesen Makel wurden Gomułka und seine Partei nie mehr los. Ein Versuch der »rationalen« Erklärung für das Wiedererwachen des Antisemitismus so kurz nach der Shoah mag man in der Tatsache suchen, dass sich unter den kommunistischen Funktionären, die aus der sowjetischen Emigration zurückgekehrt waren, relativ viele Menschen jüdischer Herkunft befanden, die den stalinistischen Liquidationen entgangen waren (zum Beispiel den Massenhinrichtungen polnischer Offiziere in Katyn): Sie zogen manche der Hassgefühle, die den Kommunisten in Polen begegneten, als die neuen Repräsentanten der alt-neuen russischen Fremdherrschaft auf sich. Außerdem waren die Schauprozesse gegen Rudolf Slánský in Prag (unter anderem des Zionismus angeklagt) oder László Rajk in Budapest auch als psychologische Vorbereitung der großen antisemitischen »Säuberung« zu verstehen, die Stalin kurz vor seinem Tod geplant hatte (siehe den Ärzte-Prozess in Moskau). Die BBC-Kollegin Renate Lasker, die hernach meine Frau wurde, machte im Herbst 1958 in Werner Höfers »Internationalem Frühschoppen« recht diskret auf den Pogrom von Kielce aufmerksam und wurde (obwohl sie eine Überlebende von Auschwitz war) in der polnischen Parteipresse prompt als »faschistische Hure« geschmäht.

Es vergingen lange Jahre, ehe Polen nach seiner Befreiung die innere Kraft fand, die historischen Wurzeln der Judenfeindlichkeit bloßzulegen, was nun durch die junge Generation und vor allem eine Garde junger Historiker in vorbildlicher Weise geschieht. Davon war man 1956 noch weit entfernt, mir teilten sich die historischen Motive nur in Andeutungen mit.

Als mein AP-Freund und ich eines Abends gegen zehn Uhr ins Hotel zurückkamen, fanden wir den Speisesaal und die Bar von uniformierten Herren und einigen Damen in Begleitung dicht besetzt. Lärm und Stimmungspegel hatten bereits eine betäubende Intensität erreicht, die Wein- und die Wodkaflaschen auf den Tischen zeigten an, dass die Versammlung gut gegessen und vor allem gut getrunken hatte. Wir Zivilisten wurden fast an jedem Tisch angehalten, auf Englisch, Deutsch und auch Französisch gefragt, woher wir kämen, was wir in Warschau trieben, warum wir nicht, so schnell es anging, nach Krakau weiterzögen, der schönsten Stadt des Landes und der einzigen, die den Krieg unbeschädigt überstanden habe, außerdem die Stadt mit den hübschesten Mädchen, ausgenommen Łodz mit seinen »Mannequins«; warum wir uns Tag für Tag dem deprimierenden Anblick von Warschau aussetzten, in dem die Deutschen nichts stehen gelassen hatten, das den Anblick lohnte, während die Russen sich und dem Kommunismus ein Denkmal gebaut hätten, das sich – der schiere Hohn – auch noch Kulturpalast nenne. In der Tat ein gewaltiger Klotz, dessen Betonmassen auch durch die Zuckerbäcker-Ornamente an allen Ecken und Enden nicht den geringsten Charme gewann (im Gegenteil) – ein Geschenk Stalins an das polnische Volk, in Wahrheit ein Monument der Unterdrückung (die Herren legten ihrer Sprache keine Zügel an). Ob wir wüssten, warum die Mieten im Palast doppelt so hoch seien wie sonst in Warschau? Weil es der einzige Ort sei, an dem man das hässliche Ungetüm nicht sehe ... Mühsam arbeiteten wir uns dem Aufzug und unseren Zimmern entgegen, da stellte sich uns noch ein massiger, mit vielen Ordensspangen dekorierter Offizier in den Weg, nötigte uns auf zwei Stühle, die eilig freigemacht wurden, goss uns Wein ein (ein ungarischer Roter, ganz trinkbar), stellte mit etwas schwerer Zunge die üblichen Fragen. Als ich wissen wollte, wo er sein Deutsch gelernt habe, fragte er kurz angebunden zurück: Wo lernten Leute unserer Generation Deutsch? Die Antwort war klar. Da er einige Übung in der Krankenpflege hatte, konnte er im Lager auf der Krankenstation arbeiten, was gewiss schwer genug war, doch es half beim Überleben. Einer der deutschen Ärzte sei human gewesen und habe ihm – heimlich, versteht sich – einige medizinische Lehrbücher verschafft.

Als die Musik – westliche Schlager jener Jahre – mit kräftigem Getöse wieder einsetzte, schickte er mich mit seiner bildschönen jungen Frau auf die Tanzfläche. Sie will tanzen, sagte er, ich bin zu besoffen, tanz du … Sie tanzte gut, wir lächelten uns an. Sie verstand kein Wort Deutsch oder Englisch, ich kein Polnisch, auch kein Russisch – so blieben wir stumm und gaben uns ganz der Bewegung hin. Ihr passt zusammen, sagte der Offizier, als ich sie zum Tisch zurückbrachte. – Aber sie ist deine Frau. – Ja, sagte er, wer weiß, wie lange sie bleibt, ich bin viel zu alt. Er sprach vom Lager. Dann schickte er mich mit der Frau zurück zum Tanzen. Die betrunkenen Offiziere stimmten patriotische Lieder an. Einer brüllte (auf Deutsch): Chruschtschow ist so schlimm wie Himmler … Ich wusste nicht, wo ich hinschauen sollte vor Peinlichkeit. Die Frau wurde müde und wollte schlafen, wie sie hinter vorgehaltener Hand signalisierte. Der Saal leerte sich ohnedies. Ob ich sie zu ihrer Unterkunft bringen könne, fragte der Offizier. Bin nicht sicher, ob ich noch fahrtauglich war, aber wir schafften es, auf kleinen Straßen, über Felder von Ruinen. Endlich ein heiles Haus, vor dem wir hielten. Der Mann tätschelte, als wir ausstiegen, die Kühlerhaube des Fiats. So etwas werde er nie besitzen, sagte er traurig. Wir umarmten uns zum Abschied. Er hatte mir einen Zettel mit seiner Telefonnummer gegeben. Rief ein paarmal an. Er war nicht zu Hause oder ließ sich verleugnen. Vermutlich hatte er seine Gründe. Fuhr melancholisch zurück, mühsam den Weg zum Hotel durch den dicken Frühnebel erahnend. Dachte an die Frau in meinen Armen auf der Tanzfläche. Was für eine sinistre Komödie. Warschau bedrückte mich.

Bei einer der nächsten Mahlzeiten am Korrespondententisch blaffte mich der fette Vertreter von United Press, zweifellos schon angesoffen, rüde an, wie ich es als Deutscher wagen konnte, auch nur einen Fuß auf polnischen Boden zu setzen, vermutlich den Kopf schon wieder voller Eroberungspläne. Sydney Gruson, der Mann der *New York Times*, erwiderte mit gedämpfter, aber scharfer Stimme, dass er es nicht dulde, wenn einer der Kollegen am gemeinsamen Tisch beleidigt werde. Dann wies er den UP-Vertreter an, sich sofort von der Tafel zu entfernen. Und der gehorchte schweigend. Ich murmelte ein beschämtes »Thank you«. Noch nie war mir in meinem professionellen oder privaten Dasein ein solches Beispiel der Fairness zuteil geworden. Gruson war jüdischer Herkunft, ein kleiner, straffer Mann, vor Energie sprühend, blitzgescheit und von jener unaufdringlichen Bildung, wie sie im Zweifelsfall nur bei einem *Times*-Korrespondenten anzutreffen war – jüdischer Wissenshunger, der unerschöpflich ist, mischte sich mit der herben, neuenglischen Neigung zum *understatement*. Manchmal kam zum Wochenende seine Frau Flora Lewis von Prag herüber. Die beiden, sie von einer mitreißenden Vitalität, entwarfen in ihren Gesprächen ein sensibles und exaktes Bild von den Entwicklungen in Osteuropa, und sie skizzierten beiläufig das Bild einer deutschen Ostpolitik, die eine logische – und humane – Konsequenz von Adenauers Westpolitik zu sein hätte.

Dorthin war es noch ein weiter Weg: ein Sprung von vierzehn Jahren, bis Bundeskanzler Willy Brandt im Dezember 1970 in Warschau aus Anlass der Unterzeichnung des Vertrages über die endgültige Anerkennung der Oder-Neiße-Grenze bei der Kranzniederlegung am Monument des Ghettoaufstandes auf die Knie fiel und eine lange Minute schweigend so verharrte. Das Bild ging augenblicklich um die Welt. Es symbolisierte – neben dem Foto von der Umarmung des Generals und Präsidenten Charles de Gaulle mit Bundeskanzler Adenauer in der Kathedrale von Reims – die Bitte um Vergebung für die unsagbaren Verbrechen Hitler-Deutschlands, den Friedens- und Versöhnungswillen, die Bereitschaft zu einer Wiedergutmachung (soweit sie denn menschenmöglich wäre). Die Bilder gehören zum Kern des Mythos, in dem sich die zweite deutsche Demokratie wiedererkennt.

Meine Frau und ich – um dies vorwegzunehmen – waren bei jener bewegenden Szene nicht anwesend. Die Ostpolitik gehörte nicht zu meinem Auftragsgebiet, und Willy Brandt war bestrebt, seine Begleitung bescheiden zu halten. Das hinderte den Chefredakteur des *Stern* nicht daran, sich breitbeinig so weit vorn aufzupflanzen, dass seine markige Gestalt und das prominente Männer-Grübchen im Kinn nie aus dem Blickfeld gerieten – während die Gräfin Dönhoff von der *Zeit* fehlte, prominente Apologetin der Ostpolitik. Sie war, es versteht sich, zu der Zeremonie in Warschau eingeladen. In einer schlaflosen Nacht schrieb sie einen bewegenden Brief an den Kanzler, der begründete, warum sie es – bei aller Einsicht in die Notwendigkeit – nicht übers Herz bringe, bei einem Akt präsent zu sein, in dem die deutsche Regierung auf das Land verzichtete, das ihre Vorfahren ein Dreivierteljahrtausend zuvor in Besitz genommen hatten. Willy Brandt antwortete ihr handschriftlich: Sie werde sich denken können, welche Zerrissenheit er selber durchzukämpfen hatte, obwohl er sich immer wieder gesagt habe, er gebe nichts dahin, das nicht verloren sei. (Das Stammschloss der Dönhoffs, Friedrichstein, von dem keine Mauer geblieben war, lag freilich nicht auf polnischem Territorium, sondern in der russischen Enklave, nicht weit von Königsberg, wo Marion Dönhoff hilfreich zum Aufbau des Domes beitrug – dessen letzter Probst der Bruder meiner Mutter war – vor allem aber zur Restaurierung des Grabes von Kant, für das sie eine maßgerechte Kopie der originalen Statue fertigen ließ. Das von ihr persönlich verwaltete Quittainen, in der Nähe von Schlobitten, wurde Polen zugeordnet; und es gehört, wenn auch bisher nur dürftig restauriert, einer anderen Welt und einer anderen Kultur zu: Es ist Europa. Obschon auf dem Territorium des Nachbargutes Steinort von Heinrich Lehndorff das Führerhauptquartier »Wolfsschanze« in den Wald betoniert war.)

Damals, im späten Herbst 1956, hätte von alledem noch niemand zu träumen gewagt. Eher fürchtete man in Polen ein Wiedererwachen des nationalistischen Revisionismus unter den Deutschen. Die Wunden waren noch nicht verheilt, und die Bundesrepublik befand sich am Anfang des Prozesses der wirtschaftlichen und sozialen Integration in den europäischen Westen. Am Korrespondententisch ahnte wohl auch niemand, er selbst zuletzt, dass Sydney Gruson später einmal in der *New York Times* zum Executive Vice President aufsteigen würde, zum zweiten Mann nach dem Vertreter der Gründerfamilie und Gesamtchef Ochs Sulzberger. Flora Lewis, die sich nach der Scheidung in Paris niederließ, kam nie über einen barbarischen Mordanschlag hinweg, dessen Opfer die gemeinsame Tochter war, die auf einer Hawaii-Insel halb totgeschlagen wurde, vermutlich von Drogenhändlern – sie siechte an den Folgen der

Misshandlungen langsam dahin. Mit der Mutter, die Alkoholikerin geworden war (und manchmal mitten bei einem Essen einschlief), verband mich bis zu ihrem Tod eine zuverlässige Freundschaft. Sie hielt sich einmal fast eine Woche bei uns in Südfrankreich auf; wollte mit Renate und mir in einer *tour d'horizon* den geistigen, den moralischen, den politischen Zustand Europas nach dem Rücktritt von Willy Brandt erkunden. Da sie bei unseren Gesprächen am Nachmittag und Abend stets schon angesäuselt war, sich keine Notizen machte und meines Wissens auch kein Tonband mitlaufen ließ, war ich ganz davon überzeugt, dass unsere Unterhaltungen, so anregend oder amüsant sie auch sein mochten, für die Katz seien. Ich täuschte mich. Als ich einige Wochen später ihre Artikelserie las, war ich überrascht, wie präzise Floras Gedächtnis trotz allem funktionierte. Sie gab manche meiner Äußerungen, die so wichtig nicht waren, nicht nur im Wortsinne, sondern wortwörtlich wieder. Ohne Zweifel zählte sie zu den großen Journalistinnen des 20. Jahrhunderts, Wegweiserin in einem Beruf, in dem die Frauen wohl am ehesten zur traditionellen Machtposition ihrer Kollegen aufrücken und ein Gleichgewicht schaffen werden. Nur wenige Jahre nach Floras Tod übernahm in der Tat eine Frau die Chefredaktion der *New York Times*; freilich behauptete sie sich in der exponierten Position nicht lange.

Abends nach achtzehn Uhr fanden sich in der Bar des »Bristol« regelmäßig ein oder zwei Dutzend junge Damen ein, die – wie sich nicht verbergen ließ – fast allesamt aus einem »guten Stall«, aus bürgerlichen, manche auch aus adligen Familien stammten. Es mochte sein, dass die eine oder andere gleichsam als Eintrittspreis von der polnischen Stasi über die Gespräche ausgehorcht wurde, die sie mit den ausländischen Kollegen geführt hatte. Wir setzten es voraus und richteten uns stillschweigend darauf ein. Von irgendwas mussten die jungen Frauen schließlich leben. Gute Bürojobs waren rar, Positionen an höheren Schulen und Universitäten für Frauen noch sehr viel seltener als heute erreichbar, für Parteikarrieren waren sie nicht geschaffen. Man hätte sich keiner von ihnen ohne den traditionellen polnischen Handkuss genähert.

Mit Eva, einer hochgewachsenen und stets eleganten Frau, führte ich besonders angeregte Gespräche, vor allem über Musik. Sie spielte Klavier, war nicht völlig, wie so viele ihrer Landsleute, auf Chopin fixiert, sondern kannte sich bei Schumann und Schubert, bei Liszt und Brahms aus. Durch die Vermittlung des Concierge gelang es gelegentlich, Karten für Konzerte (gegen hübsche Aufpreise) zu ergattern. Hinterher ein Abendessen in einem der wenigen Restaurants, die Warschau zu bieten hatte – allemal ein festliches Ereignis, um so mehr vor dem aktuellen Hintergrund der anhaltenden polnisch-sowjetischen Spannungen. Eva wohnte hinter dem anderen Ufer der Weichsel. Sie überbrachte mir eine Einladung der Mutter zum Tee. Ich bereitete mich darauf vor, verkuppelt zu werden, womöglich, um Eva eine legale Ausreise zu verschaffen. Der Vater, ein Exdiplomat mittleren Ranges, lebte in London, seit er sich dazu entschlossen hatte, dem kommunistischen Staat zu kündigen und im Westen zu bleiben. Ein hartes Geschick für Mutter und Tochter, die er in Polen zurückließ. Doch die Eltern hatten sich darüber verständigt, dass Eva zu ihm käme, sowie sich dazu eine Gelegenheit fände. Evas Mutter sprach darüber mit völliger Offenheit. Von Heirat war nicht die Rede. Doch vielleicht ergäbe sich auf der Reise eine Chance, sie über die Grenze zu schmuggeln.

Mein Visum lief ab; und ich wollte an Weihnachten wieder zu Hause sein, um meinen Eltern selber die späte traurige Nachricht zu überbringen, dass Frimut nicht mehr am Leben war. Evas wegen plante ich also zwei Tage Stettin ein (das nun Szczecin hieß), weil dort die Kontrollen vielleicht etwas lascher gehandhabt würden als in Frankfurt. Das erwies sich, wie Evas vorsichtige Erkundigungen ergaben, als ein allzu optimistisches Gerücht. Die LKW-Fahrer, die regelmäßig die Grenze passierten, rieten ihr dringend von dem Versuch ab – sie werde samt Fahrer im Gefängnis landen. In Frankfurt seien die Prüfungen durch den Zoll und seine Hunde allerdings noch strikter. Ich hatte kein besseres Versteck zu bieten als den Kofferraum. Selbst wenn mich die polnischen Beamten durchwinkten, würden sich die DDR-Kollegen umso gründlicher an die Arbeit machen. Von Heinrich Bölls Verleger Joseph Caspar Witsch wusste ich, dass Böll ein kleines, fest ausgepolstertes Fach hinter dem Kofferraum in seinen großen Wagen hatte einbauen lassen, und er verfügte auch über ein Pulver, das die Nasen der Kontrollhunde desensibilisierte; so schmuggelte er mehrere tschechische Kollegen in den Westen, wobei er nicht allzu viel riskierte, denn er war auch schon vor dem Nobelpreis ein berühmter Mann, dem die Ost-Genossen nur ungern Schwierigkeiten bereitet hätten. Meine Chancen waren geringer. Eva und ich wogen das Für und Wider sorgsam ab. Dann setzte ich sie, noch in Stettin, in den Schnellzug zurück nach Warschau. Der Abschied fiel nicht leicht.

Auf dem Weg gen Süden musste ich wieder über Frankfurt ausreisen, während ich die endlosen, schon wintertraurigen Wälder passierte, stiegen plötzlich kleine Dampfwolken aus dem Kühler auf. Ich hielt an, öffnete die Motorhaube: das Kühlwasser kochte. Nach einer halben Stunde Kühlzeit – kein anderes Auto kam des Weges –, wurde mir klar, dass ich versuchen musste, das nächste Dorf zu erreichen, das gut zehn Kilometer entfernt lag. Fuhr mit der niedrigsten Tourenzahl, die der Motor aushielt. Erreichte den Ort, ehe der Motor blockierte. Die Bauern liefen zusammen. Sie alle waren aus den polnischen Ostgebieten, die an die Sowjetunion abgetreten werden mussten, vor einem knappen Jahrzehnt umgesiedelt worden. Keiner sprach auch nur eine Silbe Deutsch oder Französisch oder Englisch. Gute Laune, aber völlige Hilflosigkeit. Schließlich schlurfte der Pfarrer herbei. Eine winzige Chance der Verständigung: Latein. Ich hatte das meine fast schon vergessen. Immerhin machte ich ihm deutlich, und er brachte es seinen Bauern nahe, dass sie mich in die nächste Stadt abschleppen mussten, nach Küstrin. Ein Traktor wurde mobilisiert, auf dem sich ein halbes Dutzend Männer zusammendrängten. In meinen kleinen Fiat, der Platz für höchstens fünf Personen bot, zwängten sich acht oder neun zusammen. Den Frauen gab ich die letzten Kölnisch-Wasser-Fläschchen. Für die Männer packte ich die letzte Cognac-Flasche aus, die ich für Notfälle dieser Art aufbewahrt hatte. Sie selber vergaßen die Wodka-Flaschen nicht. So ratterten wir schließlich nach Küstrin, tranken, meine neuen polnischen Freunde sangen. Als sie von mir verlangten, ich solle ein deutsches Lied vorsingen, fiel mir nur Lili Marleen ein.

Die Werkstätten waren längst geschlossen, als wir in die Stadt gelangten. Die schlauen Bauern trieben irgendwo einen Automechaniker auf, einen jungen Menschen, der etwas Deutsch sprach und selber, wie er mir versicherte, schon zweimal bei dem Versuch, nach Westen zu entkommen, gescheitert war. Das Problem mit meinem Fiat war harmlos, der Schlauch, der das Kühlwasser transportierte, war gerissen. Das Ersatzstück wurde fest verklebt. Das sollte bis Köln reichen, meinte der junge Mann. Ich gab ihm fünfzig Dollar, die ich als Notgroschen versteckt hatte. Die Bauern kletterten auf ihren Traktor, ließen die Flasche kreisen und ratterten fröhlich heimwärts. Ich gelangte fünf Minuten vor Mitternacht zur Grenzkontrolle in Frankfurt (Oder). Ein polnischer Wachbeamter schaute flüchtig auf die Papiere und winkte mich durch. Auf DDR-Seite: keine Seele. Ich kletterte aus dem Wagen und begann, einen Zöllner zu suchen, denn ich fürchtete, ohne Einreisestempel Schwierigkeiten zu bekommen. Schließlich fand ich einen Schnarcher in seinem Sessel am Schreibtisch im Tiefschlaf. Als ich ihn wachrüttelte, suchte er gähnend nach dem Stempel, haute ihn aufs Papier und ließ mich umstandslos ziehen. Kein Blick in den Wagen, geschweige denn in den Kofferraum. Dichter Nebel. Fand kaum die Auffahrt zur Autobahn. Sah schattenhaft eine Gruppe uniformierter Frauen an einer Bushaltestelle, hielt an, kurbelte das Fenster herunter, wollte fragen, ob – da trat die dickste vor, sagte mit harscher Stimme: »Isch nix kommen mit«, drehte sich um und stapfte zurück. Welchen Erfahrungen mochten diese eher robusten Damen seit ihrer Stationierung in Deutschland ausgesetzt gewesen sein? Hatten sie deutschen Männern, die doch physisch im Vergleich zu ihren Soldaten dürre Würstchen waren, tatsächlich Körbe vor die Füße werfen müssen? Vielleicht machten sie sich nur lustig über mich.

Auch beim Übergang von der DDR nach West-Berlin hätte ich ungefährdet, mit ein bisschen mehr Mut, Eva über die Grenze befördern können. Mein schlechtes Gewissen glättete sich erst, als ich zwei Jahre später erfuhr, sie habe einen holländischen Diplomaten geheiratet, mit dem sie offiziell ausreisen durfte. Später erschrieb sie sich in Holland als Übersetzerin wichtiger Bücher, aber auch von Gedichtsammlungen einen guten Namen.

Polen blieb ein Angelpunkt meiner Aufmerksamkeit. Nicht nur, weil es der wichtigste osteuropäische Partnerstaat für die Deutschen und – wenn sie es denn begreifen wollten! – für die Franzosen ist. Der Außenminister Hans-Dietrich Genscher etablierte einst das »Weimarer Dreieck«, das die Politik und die Diplomatie der drei Schlüsselstaaten koordinieren sollte, um eine Wiederkehr der fatalen Konkurrenz, die zwischen den beiden Weltkriegen das Konfliktpotential multiplizierte, ein für alle Mal zu verhindern. Ein schöner Vorsatz, um den sich leider die Außen- und Europa-Politiker in allen drei Ländern wenig scherten. (Was ein törichtes Versäumnis war. Der Ukraine-Konflikt scheint endlich eine Korrektur zu erzwingen.)

Meine emotionale Bindung erklärt sich durch diese rationalen Erwägungen nicht. Ist es das melancholische Bewusstsein, dass zwei Brüder in polnischer Erde liegen? Solch mystisches Geraune ist mir fremd, und es berührt meine Seele nur wenig. Die sorbische Herkunft der mütterlichen Familie, die vielleicht eine vage Empfindung der slawischen Verwandtschaft zulässt? Auch das wäre mir zu nahe an der »Volkstums«-Mythologie, die solch entsetzliches Unheil in Europa angerichtet hat. Eher schon ist es die Polenbegeisterung des liberalen Bürgertums, das – entgegen der reaktionären Obrigkeit – bei den revolutionären Unruhen der dreißiger und vierziger Jahre des 19. Jahrhunderts so leidenschaftlich Partei gegen den russischen Imperialismus ergriff; ihr schönstes Zeugnis: die Fülle der »Polenlieder« spätromantischer Poeten, die in den achtziger Jahren des vergangenen Jahrhunderts eine (etwas blasse) Auferstehung erlebten. Vermutlich aber waren (und sind) es die vielen sympathischen Menschen in ihrer spontanen Herzlichkeit, der natürliche Charme der Frauen, freilich auch der Respekt vor dem analytischen Scharfsinn mancher polnischer Kollegen, die meine Zuneigung und meine Bewunderung gewonnen haben. Und es ist die Hilfsbereitschaft polnischer Frauen, die den Alten und permanent Kranken geduldige Pflege zuteil werden lassen und aus der Einsamkeit befreien. Ohne sie bräche das deutsche Pflegesystem zusammen.

P.S. Für eine kleine Dokumentationsserie des Zweiten Deutschen Fernsehens über amerikanische Minoritäten wählte ich als Auftakt die Nachkommen der polnischen Bergarbeiter, die vor der Wende vom 19. zum 20. Jahrhundert im Norden des Mittleren Westens ein besseres Leben als zu Hause in Ostoberschlesien gesucht hatten – parallel zu den polnischen Einwanderungswellen im Ruhrgebiet, in Belgien, im schönen Nordfrankreich. (Die Ansiedlung im Pas-de-Calais war so dicht, dass eine junge italienische Bergarbeiter-Witwe, die ihr Söhnchen zur Schule anmeldete, selbstverständlich annahm, er spreche schon fließend Französisch – in Wahrheit hatte der Knabe beim Spielen mit den Nachbarskindern Polnisch gelernt.) Sie waren bettelarm, die Polen, als sie die Einwanderungsbehörden auf Ellis Island vor New York passierten. Doch diese polnischen Katholiken (die keinen Anlass sahen, sich bei Max Weber für das »protestantische Arbeitsethos« zu bedanken) gehörten – hinter den Iren und den osteuropäischen Juden – in der von Soziologen in Harvard ermittelten Statistik des Wohlstands zu den drei erfolgreichsten Gruppen.

Jene Fernsehdokumentation konnte ich mit einem Chopin-Konzert der wunderbar musikalischen und wunderbar schönen, ja fröhlichen Pianistin Teresa Garbulenska eröffnen. Wir sahen uns in ihrer Heimatstadt Krakau und in Warschau wieder – freilich auf Schritt und Tritt überwacht. Dennoch gab sie mir ein Privatkonzert in einem der Sommerschlösschen der Könige vor den Toren Warschaus. Später konnte ich ihr eine Aufnahme-Serie in den deutschen Funkhäusern vermitteln. Vor zwei Jahren ist sie in Amerika gestorben.

Ferner Naher Osten

Wenn ich daran denke, überkommen mich noch immer leichte Schwindelgefühle. Niemand hatte mich jemals darauf vorbereitet, die Front einer Ehrenkompanie abschreiten zu müssen, mit bleiernen Beinen – ich, der kleine Artillerist, zu dessen Dienstzeit keine vernünftige Seele mehr an die militärischen Galavorstellungen mit präsentiertem Gewehr (das wir freilich noch lernten), Affenschaukeln um die Schultern, knallendem Paradeschritt und ähnlichem Mumpitz dachte. Anders 1957 in der Türkei, in der wir von Mahnmalen umstellt waren, an denen unser Delegationsleiter Kranz um Kranz niederzulegen hatte, vorzugsweise an Denkmälern für Kemal Atatürk, den Gründer der Republik, welche das morsche muslimische Sultanat im Ersten Weltkrieg weggefegt hatte. Wir, sechs Journalisten unter Anführung des Bundespressechefs Edmund Forschbach, den wir das Bundesfässchen nannten, nahmen Paraden ab und inspizierten Panzergeschwader, was uns nicht über die Maßen interessierte, obschon wir Deutsche waren und noch immer in dem Ruf stehen mochten, selbst im Bett einen Stahlhelm zu tragen. Dass das Militär hinter der demokratischen Fassade die entscheidende Macht war, hatten wir rasch begriffen, und es berührte uns nicht einmal völlig unsympathisch, weil es den islamischen Klerus in Schach hielt; weil es darüber hinaus streng darauf bedacht war, die Türkei tiefer und tiefer als ein laizistisches Staatswesen zu formen; auch weil es keinerlei islamistische Lebensregelungen in der Öffentlichkeit duldete, ob Kopftuch und Schleier bei den Frauen, von der Burka nicht zu reden, oder den Turban auf den Häuptern der Imame (es sei denn in der Moschee).

  Diszipliniert wie wilhelminische Reserveoffiziere und rationalistisch wie Professoren der Sorbonne sollten die Herren der türkischen Gesellschaft sein. Die Modernisierung der großen Städte, der Beginn einer Industrialisierung, die Auslandsstudien vieler junger Leute, selbst junger Frauen, die sich aus der Gefangenschaft in der islamischen Tradition befreien konnten, wenn sie verständige Väter und tolerante Brüder hatten – der Prozess einer Veränderung hatte immerhin begonnen. Er fand unterdessen seine Grenzen. Die islamistische Fanatisierung, die sich immer entschlossener in der arabischen Welt ringsum festfraß, eroberte die Türkei nur partiell zurück. Die halbwegs gemäßigte islamische Partei, die einer politischen Mehrheit sicher zu sein scheint, drängte unterdessen den Einfluss des Militärs zurück. Damals, bei jener Journalistenreise, waren die Gewichte noch klar verteilt. Es fiel nicht leicht, aber das Militär musste als die Partei der Aufklärung betrachtet werden.

In einem anatolischen Dorf begegneten wir damals jener Türkei, die im Begriff war, sich aus dem Mittelalter zu lösen. Als wir es uns in der reichsten Hütte der Gemeinde auf üppigen Kissen bequem machten, wurde uns ein blütenweiß gebürstetes Schaf vorgeführt, von dem wir ahnten, dass es in den nächsten Minuten für uns sein Leben lassen werde. Ein kurzes, durchdringendes Angstgeblöke zeigte an, dass wir uns nicht täuschten. Unterdessen wurde köstlicher Minztee serviert, mit kleinen Appetithäppchen undefinierbarer Herkunft. Unser Interpret Fuad Emircan, Presseattaché an der türkischen Botschaft in Bonn, hatte Mühe, die Missverständnisse, die unsere Unterhaltung mit den Einheimischen regelmäßig bedrohten, nach allen Künsten seiner Alltagsdiplomatie aus dem Wege zu räumen. Mir widerfuhr es, dass ich einen der Teppiche, mit denen die Wände geschmückt waren, etwas zu heftig bewunderte. Der Besitzer des kostbaren Stückes verstand mein Lob auch ohne Übersetzung. Auf seinen Wink machten sich zwei Hausknechte an die Arbeit, das wunderbare Zeugnis anatolischer Handwerkskunst von der Wand zu entfernen, um mich damit zu beschenken. Fuad konnte den Eigentümer schließlich davon überzeugen, dass ich es so nicht gemeint hätte, doch die generöse Geste durchaus zu schätzen wisse. Die nächste Prüfung meiner Fähigkeit zur Anpassung an die fremden Sitten ließ nicht lange auf sich warten. Wohl als Ausgleich für meinen Verzicht auf den Teppich wurde mir eines der beiden Schafsaugen vorgesetzt: Ich musste es mit dankbarem Entzücken schlucken, zumal unser Delegationschef das ihm zugedachte entrüstet zurückwies – Fuad übernahm es mit passionierten Entschuldigungsgesten. Zwar bildete ich mir ein, das schöne Schaf schaue mich auch aus dem einen Auge klagend an, doch löffelte ich die gallertige Masse, die nach gar nichts schmeckte, so entschlossen wie möglich, dem Raki-Schnaps entgegenlechzend, den man mir kredenzte.

Andere Examina meiner Nervenstärke standen mir bevor. Auf der Reise von Ankara ans Mittelmeer teilten wir unser Abteil mit einer hochblonden Holländerin, die ein Jahr lang in der Hauptstadt Englisch unterrichtet hatte und sich, nach einem kleinen Badeurlaub als belohnendem Abschluss, auf den Weg nach Hause machen wollte; mit einer gewissen Erleichterung, denn ich vermutete zu Recht, dass es nicht einfach gewesen sein konnte, sich als junge, so sichtbar nordländische Frau in der maskulin beherrschten Universitätswelt der Türkei zu behaupten. Andererseits, sagte sie, habe ihr die Autoritätshörigkeit der studierenden Jünglinge geholfen, die sie mit übersteigerter Strenge einzuschüchtern vermochte – und mit ihnen die Professoren, denen sie mehr als einmal unter die Nase rieb, dass für sie, die gottesfürchtige Katholikin, die selben Sittengesetze gälten wie für eine orthodoxe Muslima (auch wenn sie sich anders kleide).

Kurz vor der Ankunft an der Küste verständigten wir uns, dass wir das Gespräch nach Tisch fortsetzen wollten. Das konnte nur in ihrem Zimmer geschehen. Aber wie dorthin gelangen? Den Flur bewachten grimmig dreinblickende Polizisten, doch die Räume verband ein schmaler Umlauf vor den Fenstern. Den hatte ich rasch hinter mich gebracht. Wir fingen gerade an, es uns gemütlich zu machen, als uns harte Schläge gegen die Tür aufschreckten. Ich öffnete zaghaft. Draußen eine ganze Horde von Soldaten, die mich sofort aus dem Zimmer zerrten. Handschellen legten sie mir nicht an, doch wurde ich roh über die Treppen hinab in die Halle gestoßen. Alles brüllte. Ich schien mich eines schweren Verbrechens schuldig gemacht zu haben. Einer der Offiziere konnte ein bisschen Englisch. Ich bat ihn, Fuad Emircan, unseren Schutzherrn, auf seinem Zimmer zu verständigen, ehe ich ins Gefängnis abtransportiert würde. Entsetzt starrte der flüchtig angezogene und sichtlich schlaftrunkene Fuad, als er schließlich erschien, auf die martialische Szene. Er konnte den ältesten der Offiziere davon überzeugen, dass wir offizielle Gäste der Regierung seien und darum auf keinen Fall Feindseligkeiten und Beleidigungen ausgesetzt werden dürften. Die Soldateska brachte mich auf mein Zimmer zurück. Wir brachen in aller Herrgottsfrühe zur Weiterreise auf. Das Hotelpersonal weigerte sich, die Holländerin zu wecken. So konnte ich mich nicht einmal für das Ungemach entschuldigen, das ich ihr bereitet hatte. (Ich kannte nur ihren Namen und wusste nicht, wo ich sie in ihrer Heimat hätte suchen sollen – sie kam wohl aus einem Provinznest. Als sie mich endlich beim WDR fand, war es für uns zu spät, leider.)

Ein wenig rächte ich mich für die Schmach. Bei einer Führung zu den gewaltigen Ausgrabungsstätten von Ephesos las ich ein zum Relief behauenes, blendend weißes Stück Marmor auf (fünfzehn mal fünf Zentimeter) und steckte es in die Manteltasche. Ich gab mich nicht der Illusion hin, dass der kindische Diebstahl unbemerkt bliebe, denn ich war gewiss, dass meine Koffer oft genug in den Hotelzimmern durchwühlt wurden – doch kein Wort fiel darüber; im Laufe der Jahre dunkler geworden, liegt das gute Stück Stein bis heute auf meinem Schreibtisch. Von Istanbul aus noch eine Exkursion ans Marmara-Meer. Reichlich Raki, der den Bundespressechef dazu veranlasste, singend zu fragen, warum es am Rhein so schön sei. Mein Bedarf an Kollektivreisen mit dem Personal der Regierung samt Presseanhang war damit, sagen wir, befriedigt.

Dennoch konnte ich nach dieser Vorübung nicht Nein sagen, schon Fuad Emircan zuliebe, als ich wenige Monate später gefragt wurde, ob ich die Radio- und Fernsehbegleitung des Bundespräsidenten bei seinem Staatsbesuch im Mai 1957 in der Türkei wahrnehmen wolle, der zweite, den Theodor Heuss überhaupt zu absolvieren hatte. Eines freundlichen Empfangs durfte er gewiss sein. Nur hatte sein Stab bei der Planung (vielleicht auch auf meinen dringenden Rat hin) darauf bestanden, die Zahl der militärischen Ehrungen stark zu reduzieren – im Hinblick auf die durch und durch zivilistische Persönlichkeit unseres Staatsoberhauptes, das Paradeschritt und gebellte Kommandorufe, Trompetengeschmetter, zusammengeknallte Hacken und klirrende Präsentiergriffe nur in höchst begrenztem Maße ertrug. Bei den offiziellen Visiten, die Heuss der Bundeswehr in den ersten Phasen des Aufbaus zuteil werden ließ, war sein ironischer Abschiedsgruß »Nun siegt mal schön!« das Äußerste, was er sich an Bekundungen der Sympathie abringen konnte. Dabei war er keineswegs Pazifist, und er vertrat – so schwer es ihm fallen mochte – die Notwendigkeit der Wiederbewaffnung fast mit der gleichen Festigkeit wie Konrad Adenauer, mit dem er sich gründlicher abstimmte, als man es damals vermutete. Er wurde vom Kanzler auch durchaus als politische Autorität respektiert. Doch es hätte den Gastgebern in der Türkei widerfahren können, dass der Präsident ein zu kriegerisches Zeremoniell mit einer ärgerlichen Handbewegung abgebrochen hätte. Es kam nicht dahin. Das Militärische machte sich immerhin für die Kameras gut. Für die Tagesschau reichte das Material aus, routiniert gefilmt von dem Kollegen Schmidt, der das Metier schon eineinhalb Jahrzehnte zuvor für die »Wochenschau« gelernt hatte.

Abends, wenn die Kollegen von den Zeitungen schrieben, hatte ich in der Regel mein Tagwerk erledigt. Manchmal entdeckte ich bei meinen Schlendereien durch die Gassen ein Konzert – meist eine Blondine, die mit einer sozusagen quellenden Stimme, begleitet von schwappendem Saitenspiel, Melodien dahinwogen ließ, die mir eher traurig zu sein schienen. Auch in den Hotelbars vor allem getragene Musik, die weibliche Bedienung hochgeschlossen. Die Damen stammten, wie die Einfärbung ihres Deutsch oder Englisch erkennen ließ, aus Wien oder aus einer der österreichischen Provinzmetropolen, wenn nicht aus einem der benachbarten Zentren des einstigen k. u. k.-Imperiums. Ich behauptete, es sei ihr historischer Auftrag, die sogenannten besseren Kreise der türkischen Gesellschaft über die missglückte Eroberung Wiens im Jahre 1683 hinwegzutrösten.

Das Abschluss-Interview für die »Tagesschau« musste – des umständlichen Transports wegen – zwei Tage im Voraus gedreht werden. Wir versuchten es auf einem Schiff im Marmara-Meer. Die Schwankungen waren heftig, aber wir brachten es zu Ende. Blieb das finale Radio-Interview, das für den nächsten Morgen um neun Uhr im Quartier des Bundespräsidenten verabredet wurde. Ich brauchte dafür keinen Techniker, das kleine Koffergerät konnte ich selber bedienen. Am Abend traf ich mich mit Fuad zum Abschiedsessen, vermutlich im Hotelrestaurant. (Ich war bisher der üblichen Heimsuchung des Orients entgangen und wollte sicher sein, dass sie mich nicht noch vor dem Heimflug ereilte.) Am Nebentisch zur Mitte des Lokals hin ein teuer gekleideter türkischer Herr, auf englischen Weltmann getrimmt, mit einer schönen Dame aus der Karibik. Ich war mit den Flirt-Gewohnheiten jener exotischen Welt nicht vertraut. Die prangende junge Frau begann, kaum hatten wir uns gesetzt, ein Augenspiel, sozusagen in aller Unschuld und auf Befehl der Natur. Sie ließ auch nicht davon ab, als sie – und mich – die ersten Zornesblicke ihres Kavaliers trafen. Die Grenze seiner Toleranz war rasch erreicht. Wir hatten noch nicht bestellt, als er mit erhobenen Fäusten vor mir stand. Sofort sprang auch Fuad auf und schob sich schützend vor mich. In der Ausgangsposition eines Faustkampfes verharrten die beiden eine Weile voreinander – und sanken sich plötzlich unter Freuderufen in die Arme. Alte Schulfreunde, die sich seit Jahr und Tag nicht mehr gesehen hatten. Sofort wurden die beiden Tische zusammengeschoben, die karibische Dame mit einem größeren Dollarschein nach Hause geschickt (zu meinem Bedauern, aber das interessierte nicht länger), und es begann eine ausführliche Tafelei mit Champagner und alten Rotweinen. Es wurde spät – oder eher früh, ehe wir uns trennten, drei Uhr, wenn ich mich recht erinnere. Dem Nachtportier schärfte ich ein, mich unter allen Umständen um sieben Uhr zu wecken und sich selber davon zu überzeugen, dass ich tatsächlich aufgestanden sei, wenn nicht er, dann sein Kollege vom Frühdienst. Er schwor es.

Das Telefon schrillte und ich hörte entsetzt eine tiefe, schwäbisch eingefärbte Stimme (es hätte der Präsident sein können, doch es war Bott, sein persönlicher Gehilfe, seine rechte, seine linke Hand): Herr H., wollten Sie nicht um neun Uhr für ein Interview kommen? Ja, natürlich … Wieviel Uhr ist es, um Gottes willen? Kurz nach halb zehn … der unzuverlässige Concierge. – Man hatte mich nicht geweckt! Versprach, in zwanzig Minuten zur Stelle zu sein. Das Nötigste übergestreift (es war gottlob kein Fernsehen), immerhin einen Schlips umgebunden, raste ich zum Eingang, eine der Regierungslimousinen war fahrbereit. Ich trieb den Chauffeur zur Eile an. Er begriff nicht recht warum, es war mir egal. Wir rasten durch die halbe Stadt. Kurz vor zehn waren wir tatsächlich am Ziel. Ich drückte dem Fahrer zwanzig Dollar in die Hand, stürmte, Fingerzeigen folgend, in die höhere Etage. Theodor Heuss rauchte seine Zigarre, hörte sich meine Entschuldigungen an, brummte, junge Leute brauchten halt mehr Schlaf, winkte einen Kellner herbei: »Bringen Sie dem jungen Mann einen großen Sherry, den hat er nötig …« Er wusste vermutlich aus eigener Erfahrung, dass es in dieser Situation nur eine Rettung gibt: den Alkoholpegel so rasch wie möglich wieder auf die Höhe zu bringen. Dann gab er mir zehn Minuten Zeit, mich zu sammeln. Das folgende Interview wurde sicher nicht das brillanteste meiner journalistischen Existenz, aber es ging an.

»Dem Heuss« jedoch habe ich es nie vergessen, wie human und tolerant er auf den denkbar schlimmsten Protokollverstoß reagierte. Das Staatsoberhaupt eine Stunde warten zu lassen – das hätte mir bei Adenauer nicht passieren dürfen; ich bin sicher, dass ich nie mehr den Fuß über die Schwelle seines Amtszimmers gesetzt hätte. Besser wohl auch nicht bei Willy Brandt, der in Erinnerung an seine eigene Journalistenzeit vermutlich gelacht, aber die Unverschämtheit auch nicht vergessen hätte. Übrigens zeigten sich die Mitarbeiter von Theodor Heuss erstaunlich diskret. Niemand in Bonn schien über mein Missgeschick vernehmbar zu spotten. Es blieb auch meinen Chefs beim WDR offensichtlich verborgen. Jedenfalls verhinderte es nicht, dass ich fortan nicht nur als bewährter Präsidentenbegleiter, sondern als Mittelost-Spezialist galt.

Als im Juli 1958 aus Bagdad die erste Meldung von der Ermordung des jungen Königs Faisal II. und seines Onkels, des Übergangsregenten Abdul-Ilah, sowie des Ministerpräsidenten Nuri as-Said aus dem Ticker rasselte, wurde ich sofort auf die Reise geschickt. Ich sollte versuchen, nach Bagdad zu gelangen. Am Nachmittag saß ich in einer Maschine nach Ankara, mit allem Nötigen versehen. Wir Radio- und Fernsehmenschen waren damals feine Pinkel und flogen Erster Klasse, eine Verwöhnung, die uns heute ganz gewiss nicht zuteil würde (Business Class nur in Ausnahmefällen). In der türkischen Hauptstadt ergab sich, was wir auch vorher hätten wissen können: Der Flughafen Bagdad war, wie jeder andere Einreiseweg, abgeriegelt. In Ankara herumzuhocken hatte keinen Sinn, also flog ich nach Damaskus weiter, um dem Ziel wenigstens etwas näher zu sein. Weiß der Teufel, wie ich so schnell an ein Visum gelangte – Syrien hatte sich damals, nicht lange nach dem Beginn der Diktatur des Obersten Nasser, mit dem einstigen Königreich Ägypten (in Wahrheit eine britische Kolonie) zur Vereinigten Arabischen Republik zusammengeschlossen.

Zwei deutsche Kollegen waren der gleichen Hoffnung gefolgt, dass Damaskus das bessere Sprungbrett sein könnte, wenn es denn eines gab. Der eine war Adelbert Weinstein, Militär-Experte der *Frankfurter Allgemeinen Zeitung*, einer der letzten Offiziere im Krieg, die in den »Großen Generalstab« der Wehrmacht aufgenommen wurden (folglich durfte er seine Hosenbeine mit einem großen silbernen Streifen schmücken); in der Bundeswehr wurde ihm der Rang eines Obersten der Reserve zuteil. Er war ein vorzüglicher Reisepartner bei allen journalistischen Unternehmungen, gespickt mit Wissen über das jeweilige Land oder das gemeinsame Thema, ein guter Stilist, neugierig und von unerschöpflicher Energie. Nur leider zu jener Zeit schon sehr schwerhörig. Ein Sturm hatte ihn auf hoher See in einem Schnellboot der Bundesmarine heimgesucht, als er gerade im Begriff war, den Maschinenraum zu besichtigen. Der Wellengang erlaubte ihm nicht, an Deck zurückzuklettern, und das Schiffchen konnte den turmhohen Wogen nur widerstehen, wenn es sich mit äußerster Motorenkraft manövrierfähig hielt: ein Höllenlärm im Maschinenraum, der Weinstein einen irreparablen Hörschaden zufügte, welcher sich auf seltsame Weise mit seiner Fistelstimme paarte. Der andere Kollege war Jörg Andrees Elten, ein gut aussehender Bursche meines Alters, Korrespondent des *Stern* in Kairo, mit einer bildschönen Frau aus einer der Elite-Sippen des Landes verheiratet. (Später schaffte er sich als deutscher Repräsentant des Star-Gurus Bhagwan einen erstaunlichen Anhang als eine Art Vizeguru.) Auch er ein blendender Schreiber, glänzender Rechercheur und beziehungsbegabter Gesellschaftsmensch, kurzum ein Reporter der Sonderklasse, dem eine große journalistische Karriere gewiss gewesen wäre, wenn ihn nicht die Erleuchtung des Gurus heimgesucht hätte.

Wir logierten im sogenannten ersten Haus am Platze. Und dort lief Elten anderntags dem eben ernannten neuen Botschafter der Vereinigten Arabischen Republik in Bagdad über den Weg. Elten kannte ihn aus Kairo, beglückwünschte den rundlichen Herrn und fragte, wie er an die Stätte seines Wirkens zu gelangen gedenke. Ganz einfach, sagte Exzellenz, eine Luftwaffen-Maschine der Vereinigten Republik werde ihn dorthin fliegen ... Ob er sich denken könne, ihn, Mr Elten, und zwei werte Kollegen mitzunehmen? Warum nicht? Er werde mit den Militärbehörden reden ... Elten hätte uns leicht abhängen können, Weinstein und mich. Wir waren zwar keine unmittelbaren Konkurrenten, wie es ein Reporter vom *Spiegel* gewesen wäre. Doch welcher Triumph, der einzige deutsche Journalist zu sein, der es nach Bagdad geschafft hatte! Die Selbstverständlichkeit, mit der Elten Weinstein und mir offerierte, seine Chance mit ihm zu nutzen, blieb für mich stets ein Beispiel kollegialer Fairness.

Elten war sich so sicher, dass es dem Botschafter gelingen werde, die Militärs zur Mitnahme von uns dreien zu überreden, dass wir die Koffer packten, die Rechnungen beglichen und in der Halle warteten, bis uns tatsächlich zwei schmucke Offiziere in ihren Wagen luden und zum Militärflughafen fuhren. Die Maschine war ein Produkt der Sowjetindustrie, die Ausstattung schlicht. Das war uns egal – wir hoben ab nach Bagdad und konnten den Glücksfall kaum fassen.

Waren wir zwei Stunden unterwegs oder drei? Ich weiß es nicht mehr. Die Piloten wichen keinem Sturm aus, der unter uns über die Wüste fegte. Im Anflug auf Bagdad senkten sie die Maschine in einem so steilen Winkel ab, dass es einem Sturzflug gleichkam. (Dass sich meine Hände, starr vor Furcht, in die Lehnen krallten, daran freilich erinnere ich mich.) Die Piloten wollten uns zweifellos mit ihren Flugkünsten imponieren. Sie knallten die Maschine heftig auf die Piste, ein eindrucksvoller Beweis für die Solidität der russischen Konstruktion. Als wir vor dem Ankunftsgebäude parkten, war das Flugzeug binnen einer Minute von ein paar hundert irakischer Soldaten umringt, die uns jubelnd empfingen, vor allem, versteht sich, den neuernannten Botschafter, in ihrer Begeisterung eine Salve nach der anderen aus ihren Maschinenpistolen in den Himmel knallend. Eine Limousine fuhr uns zum Hotel – natürlich wieder dem »ersten Haus am Platze«. Dort fanden wir, eine weitere Überraschung, unsere Koffer samt Schreibmaschinen vor, die wir seit Damaskus nicht mehr gesehen hatten. Ein soignierter Herr, der sich (in leidlichem Englisch) als der neue Informationsminister vorstellte, empfahl, dass wir uns kurz frisch machten und dann wieder in der Halle einfänden, weil wir zu einem Fotografen gebracht würden, der Bilder für unsere Presseausweise fertigen werde; später seien wir von ihm zum Abendessen eingeladen.

Mein Fotograf, in einem Lädchen an der Hauptstraße, flüsterte mir zu, während er die Lichter setzte, dass er Armenier sei. Dann fragte er mit gedämpfter Stimme, ob ich daran interessiert sei, Bilder von den Leichen des Königs, des Kronprinzen und des Ministerpräsidenten zu kaufen, fünfzig Dollar das Stück. Verstohlen zeigte er miserable Reproduktionen mit drei gehenkten Männerkörpern, halb entkleidet, an denen sich zwölf-, dreizehnjährige Knaben mit kleinen Messern zu schaffen machten; einer schien im Begriff zu sein, den Penis des Ministerpräsidenten abzusäbeln. Ich lehnte kurz angebunden ab, weil ich hinter dem makabren Angebot eine Falle vermutete, die der Anlass sein konnte, uns sofort wieder des Landes zu verweisen. Meine beiden Kollegen hielten es, wie sie mir nachher erzählten, nicht anders.

Beim Abendessen mit dem Minister, der erst ein paar Tage im Amt war, erfuhren wir auch, warum uns die Soldateska am Flughafen mit solch ungestümem Jubel empfangen hatte. Die Kämpfer der Revolutionsarmee waren davon überzeugt, dass wir eine Delegation aus Ost-Berlin seien, die sie wohl sehnlich erwarteten. Wir forschten nach unseren amerikanischen und französischen Kollegen, die sich mit Taxis auf den Weg von Damaskus nach Bagdad gemacht hatten, des Glaubens, es werde ihnen mit irgendwelchen Tricks, womöglich durch Bestechung, gelingen, die Schlagbäume zu öffnen; wir konnten nichts in Erfahrung bringen und vermuteten, dass die armen Kerle noch an der Grenze hockten. Dafür servierte der Minister uns die nächste Überraschung: der neue Staatschef General Abd al-Karim Qasim erwarte uns anderntags zum Gespräch. Wir mussten, vom Minister geleitet, scharfe Kontrollen der Militärs passieren, bis wir im Vorzimmer Platz nehmen durften. Unerwartet rasch wurden wir vorgelassen. (Offensichtlich hatte dem neuen Chef noch niemand beigebracht, dass es ein unfehlbarer Beweis der eigenen Macht ist, andere Leute warten zu lassen.) Der General war ein Mann Mitte vierzig, nicht allzu groß, sehnig, scharf geschnittenes Gesicht, auf einem Auge blind, wie es schien – oder er schielte extrem. Es war uns untersagt, Tonbänder mitlaufen zu lassen. Ich nutzte die Kurzschriftelemente, die bei mir hängen geblieben waren. Das Englisch des Diktators war begrenzt. Manchmal sprang der Minister ein, meist ein professioneller Dolmetscher, der sich im Hintergrund bereithielt. Unsere Fragen? Elten interessierte sich vor allem für die Möglichkeiten einer engeren Kooperation mit dem Obersten Nasser, dem starken Mann der Region. Ob ein Zusammenschluss mit der Vereinigten Arabischen Republik geplant sei? Abd al-Karim Qasim hielt sich bedeckt. Doch es war deutlich, dass er sein Regime so nahe wie möglich an die Sowjetunion und den Warschauer Pakt zu rücken gedachte. Darauf zielten die Fragen von Weinstein und mir. Der Ministerpräsident Nuri as-Said, lange Jahre die politische Schlüsselfigur jener Weltgegend, eng mit den Briten verbandelt, schien, neben dem jordanischen König Hussein, die letzte Säule einer Zusammenarbeit mit dem Westen gewesen zu sein, der schlaue Anwalt einer Politik der Mäßigung gegenüber Israel. Von Karim Qasim hörte man, was dies anging, keine freundlichen Töne.

Eine der Bedingungen für das Gespräch mit dem General war unser Einverständnis, dass wir unsere Artikel unmittelbar im Anschluss an die Begegnung schreiben würden – auf Englisch. Der Informationsminister versprach, die Stücke sofort nach der Lektüre an die Redaktionen zu schicken. Wir wurden in einen großen Nebenraum mit einigen Arbeitstischen geleitet. Soldaten schleppten drei Schreibmaschinen heran, deren Baujahr ich auf 1935 schätzte. (Meine eigene, die ungenutzt im Hotel stand, war ein Wunder an Modernität im Vergleich.) Ich war es nicht gewohnt, Artikel oder Radiostücke auf Englisch zu schreiben. Dies war meine Premiere. (Auch Weinstein tat sich schwer, für ihn wäre das Französische einfacher gewesen.) Mutig klapperte ich drauflos. Ich bediente mich einiger Phrasen, die sich mir aus der Lektüre der englischen Sonntagszeitungen anboten. Bei den Beschreibungen der Atmosphäre fielen mir Wendungen aus Romanen ein, die ich im Original gelesen hatte, vor allem die Satiren von Evelyn Waugh, mit deren Eleganz ich den Informationsminister zu beeindrucken suchte. Vielleicht machte ihn das geneigter, die Erwähnung der Gewalttakte des Putsches (eine Revolution war es nicht) in meinem Text durchgehen zu lassen. Der Zensor – vermutlich selbst ein hoher Militär, wenngleich er keine Uniform trug – nahm denn auch nur an zwei oder drei kleinen, nebensächlichen Phrasen Anstoß. Mein Verdacht: Er las das Englische ebenfalls nur mühsam.

Beim WDR fiel meinem Freund Franz Wördemann, der sein Englisch bei der BBC gelernt hatte (daher seine Freundschaft mit Renate Lasker, der späteren Frau H.), die Aufgabe zu, meinen ersten Bericht aus Bagdad zu übersetzen. Er erzählte mir später, wie königlich er sich amüsiert hatte: Primitive Fehler mischten sich mit literarischen Formulierungen von einigem Anspruch. Die kritischen Hinweise auf die Grausamkeit der Schlächterei, mit der die haschemitischen Monarchisten und die konservative Elite samt dem Machtclan des Ministerpräsidenten Nuri as-Said (der als alte Frau verkleidet zu fliehen versucht hatte) innerhalb von wenigen Stunden beseitigt wurden, waren deutlich genug gewesen.

Anderntags holte mich ein junger Offizier aus meinem Hotelzimmer: ich könne Zeuge eines Ereignisses werden, das man selten erlebe. Am Rande der Stadt, unweit des Tigris-Ufers, eine ausladende Villa von einigen hundert Soldaten umringt, die kurz nach unserer Ankunft mit wildem Geheul und einer sinnlosen Schießerei auf die Tore des Gebäudes zustürzten: die Residenz von Nuri as-Said, die zur Plünderung freigegeben worden war. Der Sturm wurde begleitet von einem schrillen Chor schwarz verschleierter Frauen, die sich unter den staubigen Palmen vor dem Fluss aufgebaut hatten, ihre durchdringenden Stimmen mit schnellen, leichten Schlägen vor den Mund in ein höllisches Tremolo verwandelnd. Unterdessen pissten die Soldaten die Villa vom Dachstock bis in die Keller voll: eine posthume Demütigung ihres Feindes.

Die Ausbeute an wertvollen Textilien, an silbernen Bestecken, an schönem Geschirr und kostbaren Gläsern, die nicht in Scherben gingen, war nicht überwältigend. Schließlich schleppten die Soldaten einen mächtigen Metallkoffer herbei, der eine Tonne wiegen musste. Gold oder wenigstens Silberschätze? Vielleicht Geheimdokumente, nach denen die neuen Machthaber bisher vergebens gesucht hatten? Die Soldaten machten sich daran, das Ungetüm zu öffnen. Sie versuchten es mit allen möglichen Werkzeugen. Die Schlösser hielten stand. Ein junger Offizier hatte die geniale Idee, das Hauptschloss zu sprengen. Sowie die Handgranate zündete, öffnete sich der Zugang, zugleich aber ging eine Papiermasse in Flammen auf – alles Dollarnoten! Bis die Soldaten einen Wassereimer gefunden, gefüllt und schließlich über dem Feuer geleert hatten, war ein guter Teil des Schatzes verbrannt. Der Abendwind wehte die halb versengten Scheine durch den Garten. Einiges steckten sich die Soldaten in die Tasche. Den unbeschädigten Rest beschlagnahmte der kommandierende Offizier. Mein Begleiter brachte mich zurück ins Hotel. Er war nicht fröhlich. Ich bat Weinstein und Elten unverzüglich in die Halle. Warum durften sie das Ereignis nicht miterleben? Ich war, als mein Wagen losfuhr, absolut sicher gewesen, dass sie, wohin auch immer ich gebracht werden sollte, schon längst eingetroffen waren – oder im nächsten Augenblick kommen würden. Als ich ihnen von den hochkomischen Szenen berichtete, mussten sie, genau wie ich, ihre ganze Selbstdisziplin aufbieten, um nicht Tränen zu lachen. Wir fürchteten alle drei, dass uns der Informationsminister in die nächste Militärmaschine nach Damaskus setzen würde, wenn er den Eindruck hätte, dass wir uns über das revolutionäre Regime lustig machten. Ein Militärputsch ist eine todernste Angelegenheit, und er erlaubt kein Lachen. Ironie aber ist offene Sabotage.

Unterdessen waren die Kollegen, die Bagdad auf dem Landweg zu erreichen versucht hatten, endlich eingetroffen – abgemagert, halb verdurstet, völlig erschöpft. Die Grenzpolizei des neuen Regimes hatte, aus welchen Gründen auch immer, jedem Überredungsversuch standgehalten. Sie ließ sich auch nicht bestechen. Ihre syrischen Waffenbrüder verwehrten unseren Kollegen zunächst auch die Rückfahrt. Sie waren in einem primitiven Straßenhotel untergebracht. Die Essensvorräte und das Wasser waren knapp. Die Polizeien ließen sich Zeit, Nachschub herbeizuschaffen. Jedes Manöver, die befestigte Grenze zu umgehen, wäre sofort entdeckt worden – oder die allzu Mutigen wären in der Steppe verdurstet.

Die westlichen Regierungen hatten die Evakuierung des Personals ihrer Botschaften angeordnet. Das erweiterte die Möglichkeiten unserer Berichterstattung. In den Geschäften, an den Kiosken, in allen Behörden hingen die Porträts des neuen Diktators in jeder Größe, zum Teil schon in Passepartouts oder gar gerahmt. Unsere Beobachtungen ergaben, dass die Grenz- und Zollbeamten an die Bilder ihres neuen Oberherrn nicht zu rühren wagten. Kürzere Manuskripte – ohne Rücksicht auf einen Zensor in meiner Mutter- und Berufssprache verfasst – ließen sich dort leicht verstecken. Es fanden sich ohne Schwierigkeiten willige Transporteure, nicht nur Landsleute, auch Engländer, Holländer, Franzosen. Alle Artikel – sie waren nummeriert – trafen in der Redaktion ein.

Trotz des Abzugs der Diplomaten und der (wenigen) Geschäftsleute, die den Machtwechsel und seine Gräuel ohne physischen Schaden überlebt hatten, normalisierte sich der Alltag in Bagdad. Wir begannen, uns zu langweilen. Unsere Berichte hatten (gottlob) keine Sensationen zu bieten, von den üblichen Schrecken der Diktaturen abgesehen, an die sich die Menschheit nolens volens gewöhnt hatte. Nichts würde mich, sagte ich mir, an diesen Ort zurückbringen. Als der amerikanische Präsident Bush senior ein Expeditionscorps in Kuwait landen ließ, um vom Diktator Saddam Hussein die Erdölgebiete zurückzuholen, die er im kurdischen Siedlungsgebiet an sich gerissen hatte, hütete sich der amerikanische Staatschef, seine Truppen nach Bagdad durchmarschieren zu lassen, was leicht möglich gewesen wäre. Der Tyrann war fürs Erste auch so in die Knie gezwungen worden. Anders Bushs nicht allzu erleuchteter Sohn George W. Der konnte der Versuchung nicht widerstehen, in Bagdad einzumarschieren (ohne auf nennenswerten Widerstand zu stoßen). Zu Freunden sagte ich damals, Bagdad zu besetzen, das ist, als hockte man sich mit nacktem Arsch in ein Nest von Vipern. Es war schlimmer.

Wir drei atmeten auf, als wir schließlich in einer regulären Maschine nach Damaskus saßen. Wir mussten über die syrische Kapitale zurückfliegen, weil sonst das syrische Ausreisevisum in unseren Pässen fehlte, das für künftige Unternehmungen in jener Region wichtig sein konnte. Man brauchte dazu eine Unbedenklichkeitsbescheinigung der Polizei. Als ich die meine bei dem Kommissariat abholte, das dem Hotel am nächsten war, hörte ich, wie hinten in den Verhörzellen die Prügel sausten; erschreckende Schmerzesschreie der Gefangenen. Wir reisten in der Tat gern davon. Nassers Vereinigte Arabische Republik reizte nicht zu einem längeren Aufenthalt (und auch Elten lebte nur aus Rücksicht auf seine Frau noch in der Region).

Im Libanon drohte indessen der Bürgerkrieg sich weiter zu verschärfen – in Wahrheit ein Religionskrieg zwischen den fanatisierten Muslimen und den Christen. Um uns zunächst von außen ein halbwegs klares Bild zu verschaffen, entschlossen wir uns zum Umweg über die jordanische Hauptstadt Amman. Dank Eltens glänzendem Beziehungsnetz, das auch hier seine guten Dienste tat, wurden wir zum Kaffee an den Hof geladen. Das Getränk bereitete ein in der Tat kaffeebrauner Riese zu, in ein Gewand gehüllt, das genau seiner Hautfarbe entsprach, dazu mit einer breiten Goldborte versehen. Mich überraschte das tscherkessische Wachpersonal in seinen originalen kaukasischen Uniformen, silber auf schwarz, natürlich mit den stammesüblichen mächtigen Schnauzbärten, die Enkel oder eher die Großenkel einer Pilgergruppe, die es im 19. Jahrhundert ins Heilige Land verschlagen hatte und die im Umkreis von Jerusalem hängengeblieben war. Es hatte seine Logik, dass die Haschemiten-Herrscher ihre Leibwachen unter diesen eindrucksvollen Mannsbildern rekrutierten, deren kriegerische Qualitäten weit über den Kaukasus hinaus gerühmt worden waren. Mitten in unserem Kreis plötzlich der kleine König, den wir nicht hatten kommen sehen. Ein lebhafter Mann, damals 23 Jahre alt, neugierig und hellwach; seiner Souveränität trauten wir – wenn denn einem der Mächtigen dieser Region – am ehesten eine friedliche Lösung des Konfliktes mit Israel zu. Übrigens nutzte ich die Nähe, um mit dem Taxi einen Ausflug nach Jerusalem zu unternehmen. Ich lernte zuerst die arabische Seite der Heiligen Stadt kennen, die ich nicht besonders liebenswert fand. (Aber die ultra-orthodox jüdische Welt zeigte sich kaum freundlicher als die extremistischen Islamisten, die ihre Zeit- und Weltferne als eine Tugend betrachteten.) Der Dauerkrieg der christlichen Konfessionen untereinander um jeden Zentimeter des heiligen Bodens in den Kirchen nahm sich eher widerwärtig aus, kurz, das Zentrum der drei Weltreligionen erwies sich nicht als ein Hort der Sympathien. Auf dem Rückweg machte ich in Bethlehem Station, um einen Blick auf die Geburtskirche zu werfen, von christlich-arabischen Guides mehr angetrieben als geleitet. If you want to pray hurry up, bellten sie. Mir stand der Sinn nicht nach Andacht.

Unterdessen waren die Amerikaner mit einem kleinen Expeditionscorps in Beirut gelandet, um die Bürgerkriegsparteien voneinander fern zu halten. Das gelang ihnen nicht immer. Es empfahl sich für die Korrespondenten, sich wenigstens einmal am Tag im Hauptquartier der islamischen Rebellen umzuhören. Also machten wir uns am Vormittag von unserem kleinen hübschen Hotel im christlichen Quartier mit einem zuverlässigen Taxi auf den Weg nach drüben. Am Kontrollpunkt mussten wir aussteigen, um uns und den Wagen prüfen zu lassen, ob wir Waffen (oder Alkohol) nach drüben schmuggeln wollten. (Manchmal ging am Kontrollpunkt eine Bombe hoch, meist gegen elf Uhr, also passierten wir lieber gegen zehn oder am Mittag.)

Der islamische Presseoffizier schien Vertrauen zu uns zu fassen, er gab uns seine Telefonnummer – die Leitungen funktionierten in diesem grotesken Krieg auch über die Demarkationslinien hinweg. Unsere Artikel wiederum mussten wir am frühen Nachmittag in der Hauptpost zur Zensur vorlegen, um sie dann zu den festgelegten Terminen in die Bundesrepublik zu überspielen. Der für das Deutsche zuständige Major war ein etwas umständlicher, aber gutartiger Herr. Er las – in meinem Beisein – stets mit gefurchter Stirn, fand aber selten ein Adjektiv zu beanstanden. Bei den kleinen Scherzen, die ich in den Text gebastelt hatte, lächelte er nie. Das stärkte meinen Verdacht, dass es mit seinem Deutsch nicht allzu weit her war. So wurde meine Arbeit leichter. Nach Bagdad war Beirut ein Ort der Erholung. Im Bürgerkrieg keine dramatischen Veränderungen. Das Nachtleben – immerhin gab es eines, wenngleich nicht zu lebhaft – war eine kleine Segnung, die uns das christliche Sündenbewusstsein bescherte, das sich so wohltuend vom islamischen Puritanismus unterschied. Die GIs erzählten uns lachend, sie seien am Landungstag noch nicht aus ihren Booten gesprungen und durch die milde Brandung an Land gewatet, da hätten die einheimischen Händler schon ihre Coca Cola- und Eisbuden aufgebaut gehabt; sie strahlten die transatlantischen Krieger an, die kaum fünf Minuten in Beirut weilten, und fragten: How do you like Libanon?

Damit wir uns nicht zu sehr langweilten, lud uns der amerikanische Presseoffizier zu einer Exkursion auf den Flugzeugträger »Saratoga« ein, der irgendwo draußen, weit vor der Küste, vermutlich nicht zu weit von Zypern entfernt, stationiert war. Wir starteten in einer kleinen robusten Maschine, saßen entgegen der Flugrichtung und wurden mit doppelten Sicherungsbändern angeschnallt. Ungewohnt. Zur Landung ließen die Piloten ihre Maschine in steilem Winkel fallen, wir knallten auf die Rollbahn, wurden von Stahlseilen aufgefangen und in Sekundenschnelle gestoppt. Erleichtert befreiten wir uns von den Gurten.

Merkwürdiges Gebilde, ein moderner Flugzeugträger (wobei die »Saratoga«, heute außer Dienst, aber noch nicht verschrottet, schon damals etwas überaltert wirkte): eine schwimmende Stahlfestung, jeder Quadratmeter militärisch vermessen und genutzt, ein Kleinflugplatz, der mit einer Präzision funktionieren musste, die draußen, in der zivilen Flugwelt, in dieser Perfektion wohl kaum existiert; überdies eine Kleinstadt von 2000 oder 3000 Menschen, mit Krankenstationen, spezialisierten Ärzten, Läden für den persönlichen Bedarf, Friseuren – nein, keinen Nachtlokalen, das nun doch nicht, denn Alkohol war strikt tabu. Zu jener Zeit sah man kaum Frauen an Bord; auch das dürfte sich geändert haben – nun werden nicht nur Krankenpflegerinnen, Büro- oder Verwaltungsgehilfinnen präsent sein, sondern Pilotinnen, die ihre Jets mit der gleichen Sicherheit landen wie ihre männlichen Kameraden, Technikerinnen, Militärpolizistinnen. Für die Enge auf der Stahlinsel, auf die ich rasch mit Platzangst reagiert haben würde, entschädigten der Ausblick auf die Weite des Meeres und natürlich die Sportanlagen samt Schwimmbad an Deck.

Trotz der Angst vor dem Start atmete ich auf, als wir am frühen Nachmittag des nächsten Tages wieder zum Heimflug angeschnallt wurden. Korrektur: Wir starteten nicht, sondern wurden, die Maschinen auf Höchsttouren, nach knappem Anlauf am Heck in die Luft geschleudert, sackten einen Augenblick durch (wie mein Herz in den Bauch), gewannen rasch an Höhe, gerieten nach einer Abschiedskurve um das Schiff in die Wolken, doch landeten wieder nach einer knappen halben Stunde. Niemand informierte uns, wo wir uns befinden mochten. Ein Offizier in kurzen Hosen schlenderte vorbei. »Excuse me, Sir, can you kindly tell me, where we are?« Kurzer, verachtungsvoller Blick. »Why don't you look around?« Das Stöckchen unterm Arm kennzeichnete ihn als Briten.

Meine Vermutung bestätigte sich: Zwischenlandung auf Zypern, um einen Passagier nach Hause zu bringen, den wir gar nicht zur Kenntnis genommen hatten.

Am Flughafen in Beirut der dunkelblaue VW, den wir gemietet hatten. Elten steuerte stadtwärts, die Demarkationslinie entlang, ich saß neben ihm, Weinstein hinten. Die Grenze von amerikanischen Soldaten und libanesischen Polizisten bewacht. Sie warfen sich plötzlich auf die Erde, den Knall der Schüsse hörte ich erst mit ein paar Sekunden Verspätung. Scheiße, fluchte Elten. Weinsteins Fiepsstimme von hinten: was Scheiße? Elten brüllend: es schießt. Weinstein: nichts gehört. Dann, nach einer kleinen Pause: So wird man ein Held ... Wir beschlossen weiterzufahren, niemand stoppte uns, wir kamen heil ins Hotel.

Worauf sollten wir in Beirut noch warten? Es konnten Wochen vergehen, ehe die Waffenstillstandsverhandlungen zu einem Ende gelangten oder ein neues Drama den Krieg wieder aufflammen lassen würde. Bat die Redaktion um ihr Einverständnis, dass ich mich in Rom ein paar Tage erholte, bevor ich nach Köln zurückkam. Genehmigt. In der fast leeren Pan Am-Maschine alberten wir mit den Stewardessen, doch bei der Ankunft spürte ich ein erstes Grimmen im Bauch. Das Reisebüro hatte für mich im »Excelsior« an der Via Veneto gebucht, angeblich, weil nichts anderes frei war. Mich interessierte nur noch, so schnell wie möglich ein Zimmer und vor allem ein Badezimmer zu erreichen: Am allerletzten Tag einer Reise von zwei Monaten, die ich unbeschadet überstanden hatte, traf mich die »Rache des Orients«. Wollte keinen Arzt rufen lassen, der mich womöglich auf die Isolierstation eines Krankenhauses gebracht hätte. Hoffte, die mitgebrachten Mittel würden genügen, und ein heißes Bad würde mir guttun, vor allem die Krämpfe lindern. Während ich die riesige altmodische Wanne vollaufen ließ, legte ich mich für einen Augenblick aufs Bett. Einen Augenblick? Als ich wach wurde, stand das halbe Zimmer unter Wasser. Aus idiotischen Gründen genierte ich mich, das Nachtpersonal zu Hilfe zu rufen, und begann, mit sämtlichen Bade- und Handtüchern zu wischen, die ich in einem der Schränke fand. Ich wischte, wrang nach Leibeskräften aus, wischte und wrang, wischte und wrang, der Schweiß rann mir aus dem Gesicht, obwohl ich alle Fenster aufgerissen hatte. Gegen zwei Uhr schien das Gemach in einem Zustand zu sein, der mir Hoffnung machte, dass der Rest der Feuchtigkeit von selber trocknen werde. Ich war völlig erschöpft – wie nie zuvor auf dieser Reise – und hatte Ströme von Schweiß vergossen. Der Bauch schien sich beruhigt zu haben. Als ich um neun Uhr die Augen aufschlug, war ich geheilt.

Amerika – und die Begegnung mit einem Genie

Als ich aus meinem kurzen Schlaf in dem (damals noch) bequemen Flugsessel aufwachte und ins graue Licht nach draußen sah, fiel mir auf, dass einer der Propeller stillstand. Überm Atlantik. Ungemütlich. Fragte die Stewardess, die uns behütete, was der Grund für den Streik des Motors sei. Sie wisse es nicht genau. Vielleicht bestehe die Gefahr der Überhitzung. Aus Vorsicht lasse dann der Pilot das Triebwerk ruhen. Eines von vieren, es sei kaum ein Unterschied. Zwei Stunden später Zwischenlandung auf Neufundland, zum Auftanken. Die solide Super Constellation, ihre Vorgängerin, die »Fliegende Festung«, kannte ich aus dem Luftkrieg gegen das Nazi-Reich (und die Menschen in den Städten) gut genug, silberglänzend an sonnigen Tagen, unerreichbar für die 3,7-Flak, Unheil, Tod, Zerstörung säend, wo immer sie hinflog. Nun beherrschte die Nachfolgerin im zivilen Dienst alle Fernstrecken.

Konnte nicht weiterschlafen, dachte an die Welt, die vor mir lag, die Neue Welt. Las ein bisschen und schaute den Stewardessen zu, die unser zweites Frühstück vorbereiteten. Schicke Uniform der Pan Am, die es längst nicht mehr gibt, damals die strahlende Göttin des Weltflugverkehrs, der gerade erst so recht begann. (Nach nur drei Jahrzehnten der Verfall! Bloß das Pan Am-Building im Zentrum von Manhattan erinnert noch an den einstigen Glanz.) Es war mein erster Flug über den Ozean. Nichts war Routine, noch längst nicht, sondern jede Minute ein Abenteuer, ein Traum, in dem ich alles bestaunte, auch mich selber, den Radio-Reporter (und Buch-Kritiker, der darauf bestand, auch auf dem bedruckten Papier präsent zu bleiben). Der es kaum fassen konnte, wieviel Glück ihm in seinem Beruf und überhaupt in seiner Existenz nach dem Krieg geschenkt war – das Glück des Überlebens in dieser zweiten

Hälfte des 20. Jahrhunderts, die gesegnet war, am Ende auch für Osteuropa. Die erste Hälfte war die Hölle auf Erden gewesen. Die beiden Weltkriege, davor und danach die nackte Armut, die Diktatoren, schrecklicher als jeder ihrer Vorläufer in der Menschheitsgeschichte, der Deutsch-Österreicher Erfinder und Antreiber der industriellen Menschenvernichtung. Sein Konkurrent Stalin aus Georgien besorgte die Arbeit des Menschenfeindes mit anderen Methoden, aber den gleichen schwarzen Erfolgen. Dessen Schüler Mao übertraf den Meister (ohne dass es die Welt des Westens zunächst wahrnahm). Damals, im Februar 1958, herrschte in Europa noch kein rechter Friede, doch es wurde nicht mehr geschossen, der Kalte Krieg war noch nicht beendet, doch er wurde durch die militärische (und zivilisatorische) Übermacht Amerikas in Schach gehalten.

Nun war ich auf dem Weg zu der Neuen Welt, die uns besiegt hatte und jetzt schützte, nach Amerika, das uns die Erfüllung eines Menschheitstraumes zu sein schien. Eingeladen für zehn Wochen im Rahmen eines Projektes, das sich etwas zu aufgeblasen »Young Foreign Leaders Exchange Program« nannte, obwohl von »Austausch« keine Rede sein konnte. Außerdem war ich kein »leader«, von nichts, auch ein sogenannter Meinungsführer (wie die pompöse Formel lautete) war ich nicht, nur ein neugieriger Reporter, der die Welt und den Reichtum ihres Lebens (nach so viel Tod) erfahren wollte; und ich schrieb, weil es meine Passion war, seit ich dem schönen Traum, Musiker zu werden, adieu gesagt hatte, schrieb natürlich auch, weil ich dafür bezahlt wurde.

Landung in Gander, Neufundland, wo noch Schnee lag – eine lange Rollbahn in der Tundra, am Ende einige Baracken und sonst nichts, die scharfe Luft voller Meeresgerüche (wie mir schien), als Militärstützpunkt im Zweiten Weltkrieg gegründet, seit dem Beginn des Jet-Zeitalters, in dem es von Europa nach New York keine Zwischenlandung mehr braucht, wieder ins Nichts zurückgefallen. Der Schaden an dem einen Motor unserer Maschine war rasch behoben. Vier oder fünf Stunden später Landung in Idlewild, dem internationalen Flughafen von New York City, der eineinhalb Jahrzehnte später den Namen Kennedy tragen würde. Insgesamt waren wir von London aus achtzehn Stunden unterwegs gewesen. Doch ich spürte in der Erregung der ersten Stunden in Manhattan keine Müdigkeit.

Es traf sich, dass Willy Brandt in der Stadt war. Stapfte – gottlob trug ich einen warmen Mantel – von meinem kleinen Hotel nahe dem Central Park durch die Nacht zum Waldorf Astoria, dem alten Prominenten-Palast, in dem der Regierende Bürgermeister von Berlin abgestiegen war (wie es sich gehörte). Hatte die Entfernungen in dieser Monsterstadt unterschätzt, marschierte fast eine Stunde, lernte nun, tief in meinen Mantel verkrochen, dass es zu Füßen der Wolkenkratzer immer windet, in jener Februarnacht obendrein eiskalt. Wurde zur Suite WBs geleitet, der mit einem halben Dutzend amerikanischer Journalisten zusammenhockte, der Salon so verraucht, dass ich eine halbe Minute brauchte, den Gastgeber zu finden. Erkannte dann das eine oder andere Kollegengesicht, dem ich in Bonn oder Berlin begegnet war. Der Lautpegel der Stimmen zeigte an, dass die Versammlung einige Flaschen Whisky hinter sich gebracht hatte. Trank, vor Kälte schlotternd, ein halbes Glas pur und stürzte mich dann auf die Sandwiches und Chips, die herumstanden. Kaum eine Erinnerung, worüber diskutiert wurde. Vermutlich über die große Leistung Dwight D. Eisenhowers, des republikanischen Präsidenten und einstigen Feldherrn der Invasion, des Siegers über das Dritte Reich und ersten Chefkommandeurs der NATO, dem es nach seinem Einzug ins Weiße Haus gelungen war, den Korea-Krieg zu beenden, wie er es versprochen hatte – nicht mit einem Friedensvertrag (den es bis heute nicht gibt), aber durch einen zementierten Waffenstillstand am 38. Breitengrad, an dem die Armeen von Nord und Süd noch immer mit schussbereiten Gewehren einander gegenüberstehen, vom Propaganda-Gebrüll aus den Lautsprechern des tyrannischen Nord-Regimes der (nach unserem Empfinden) halb geisteskranken roten Monarchen Tag und Nacht genervt. Sprachen wohl auch vom Misstrauen des alten Adenauer, der stets von der Furcht behext war, die Amerikaner könnten sich von Europa abwenden, um ihre Aufmerksamkeit und ihre militärische Präsenz ganz auf Ostasien zu konzentrieren, trotz der heiligen Schwüre seines Freundes, des Außenministers und unbekehrten Kalten Kriegers John Foster Dulles, dessen Bruder Allen Dulles der CIA vorstand.

Wusste man damals schon, dass der saure Dulles mit dem Einsatz atomarer Waffen gedroht hatte, als die Franzosen im Begriff waren (nach der Schlacht von Dien Bien Phu), Vietnam zu verlieren, die attraktive tropische Kolonie, von der sie mit närrisch-naiver Arroganz geglaubt hatten, sie könnten sie nach der Befreiung von der japanischen Okkupation wieder in ihren Besitz nehmen und würden womöglich jubelnd begrüßt – nicht anders als die Holländer, die einen absurden Krieg in Indonesien führten, um sich Teile des Inselreiches von neuem anzueignen? Gegen den Widerstand der Amerikaner, die es – fast zwei Jahrhunderte nach ihrer Erklärung der Unabhängigkeit – an der Zeit fanden, die Epoche des Kolonialismus zu beenden. Dulles freilich wäre es, dank seiner wuchernden Kommunistenfurcht, sehr viel lieber gewesen, wenn sich der Westen in Südostasien festgekrallt hätte: Darum drohte er eines Tages mit Atomwaffen. Als sein Chef, Präsident Eisenhower, davon auf dem Golfplatz erfuhr (wo er sich lieber aufhielt als im Oval Office), bestellte er seinen prominenten Minister zu sich auf den schwellenden Rasen, las ihm die Leviten und zwang ihn, den Unsinn unverzüglich und unmissverständlich zu dementieren.

Die hochnäsigen Intellektuellen in Europa wie in Amerika beobachteten den General-Präsidenten stets mit leiser Verachtung, weil er in seinen Pressekonferenzen nicht brillierte, sondern fast hilflos um den rechten Ausdruck rang (ich erlebte es selber ein paar Tage später), kaum je bedenkend, was schließlich doch in die sogenannte Öffentlichkeit drang: dass der alte Soldat in aller Heimlichkeit einen Schlaganfall erlitten und auskuriert hatte. Erst spät lernte ich, dass Eisenhower ein guter Präsident war, eben weil er auf jeden aufgeregten Aktionismus verzichtete, jedoch in den entscheidenden Momenten zur Stelle war, energisch und rasch zu handeln wusste – wie es Großbritannien, Frankreich und Israel schmerzlich erfuhren, als sie ohne das Einverständnis der Vereinigten Staaten die Zone des Suez-Kanals besetzten, die der ägyptische Diktator Nasser kurzerhand nationalisiert hatte. Eine scharfe Erklärung Eisenhowers zwang die beiden alten Kolonialmächte und Israel zum sofortigen Rückzug. Oder als sich der rassistische Gouverneur von Alabama, George Wallace, der Weisung des Obersten Gerichtshofs widersetzte, die Schulen und Universitäten zu integrieren, das hieß, für schwarze Kinder und Studenten zu öffnen – in jener Krise unterstellte der »Supreme Commander« im Weißen Haus ohne Zögern die Nationalgarde des Staates Alabama seinem Befehl und entmachtete damit den Rebellen, dem nichts anderes übrig blieb, als sich nach ein paar Wochen der höheren Gewalt zu fügen. In der Innen- und Sozialpolitik verzichtete »Ike« auf alle strapaziösen Veränderungen. Die McCarthy-Hysterie ließ er totlaufen, ohne sich über Gebühr zu engagieren. Er wusste, dass sich der gemütskranke Senator aus dem Amt saufen werde, und so kam es denn auch. Doch die (im Wesentlichen) gewaltfreie Bürgerrechtsbewegung des charismatischen Pastors Martin Luther King ließ er (zum Ärger des reaktionären FBI-Chefs J. Edgar Hoover) frei gewähren.

Es hieß, »Ike« sei ein fauler Präsident gewesen. War es so? In der Tat, er vermied jede unnötige Geschäftigkeit. Vermutlich sagte er sich – die natürliche Vorsicht des Militärs –, wer nichts mache, mache auch nichts falsch. Es braucht einen längeren Aufenthalt auf dieser Erde, um diese simple Wahrheit zu verstehen. Wie stark die Persönlichkeit Eisenhowers war, wurde mir erst bei einer direkten Begegnung deutlich; als er mich ein paar Jahre nach seinem Abschied aus Washington auf seiner Farm empfing, um ein paar Sätze in die Kamera zu sprechen, die Konrad Adenauer als eine Jahrhundertfigur und seine Lebensleistung würdigten. Die bezwingende Kraft der Augen des Militärs und Staatsmannes hatte im Alter nicht nachgelassen. Sein Blick – nicht unfreundlich, kühl sein Gegenüber messend – blieb mir länger als ein halbes Jahrhundert präsent. Nicht anders als die spannungsvolle Vitalität und nervös-rasche Intelligenz seines Vorgängers Harry S. Truman, des kleinen Kaufmanns aus Missouri, der nach dem Tod Franklin D. Roosevelts gegen Ende des Krieges ins Weiße Haus geraten war; er nutzte einen Aufenthalt in New York, um für dieselbe Adenauer-Produktion einige klare und fast elegant formulierte Sätze des Respekts in die Kamera und ins Mikrophon zu sprechen – mit einer bewundernswerten Frische, eben von seinem einstündigen Morgengang durch den Central Park zurückgekehrt (der seine Leibwächter mehr angestrengt zu haben schien als ihn, den alten Herrn). Und ich bin der Zeit nun weit vorausgeeilt!

In Willy Brandts Waldorf-Suite an jenem ersten Abend in New York City löste sich die Runde gegen zwei Uhr morgens endlich auf. Mit meinen vor Übermüdung etwas glasigen Augen und halb tauben Ohren registrierte ich, dass die amerikanischen Standesbrüder trotz ihres fortgeschrittenen Zustands der Alkoholisierung die hauchfeine Grenze zwischen entspannter Vertrautheit und Respekt vor dem Berliner Bürgermeister (und vielleicht einem künftigen Kanzler) nie verletzt hatten. Mag sein, dass WB diese Nachbarschaft von Takt und natürlicher Offenheit aus Skandinavien kannte. Sie war gewiss einer der Gründe, warum er sich in Amerika wohl fühlte – und warum die Amerikaner ihn so rasch als einen der ihren akzeptierten. Er wäre in der Tat, hätte er das amerikanische Exil gewählt, nach einer liberalen Häutung ein prominenter Senator gewesen.

Drei Tage New York ohne offizielles Programm. Wie es sich gehörte, hockte ich eine halbe Nacht lang im Apollo-Theater an der 125. Straße, mitten in Harlem, wo der Weg zum Ruhm fast aller Großen des Jazz begonnen hat (ausgenommen die Dixieland-Elite in New Orleans). Ich lief danach, von der Fremdheit der Szene magisch angezogen, völlig arglos durch das Viertel, in das sich – wie ich mir hinterher sagen ließ – nach Einbruch der Dunkelheit kaum ein Weißer mehr traute. Mir widerfuhr nichts Böses. Später meinten Freunde, mich habe niemand angegriffen, weil man mich vermutlich für einen »Irish cop« in Zivil hielt, meines noch immer roten Haarschopfes wegen – für einen jener Polizeibullen irischer Herkunft, die den Ruf hatten, nicht lange zu fackeln. Womöglich half mir auch jene (unbewusste) Kriminellen-Psychologie, die gerade die Ängstlichen – an der Körpersprache erkennbar – als die idealen Opfer ausmachte. Wie auch immer, ich hatte, wie so oft, mehr Glück als Verstand.

Mit der Bahn nach Washington, vom schwarzen Personal mit würdevoller Höflichkeit bedient, draußen hinreißende Landschaften, mächtige Ströme und die nicht immer lockenden Rückfronten der Städte. Zwei Tage arbeitete mein »Program Officer« im State Department hernach mit mir an meinem amerikanischen Reiseplan; am Ende bestellte er die Flug-, Bahn- und Buskarten, die sich, aneinander geheftet, wie eine eindrucksvolle Papierharmonika entfalten ließen. Die Gastgeber schienen mir jeden Wunsch, den ich mit einiger Schüchternheit äußerte, erfüllen zu wollen, selbst manchen, dem ich so gut wie keine Chance gab, zum Beispiel eine Visite im Hauptquartier der atomaren Streitmacht, das in der ziemlich trostlosen Nachbarschaft von Omaha, Nebraska, der öden Hauptstadt des Mittleren Westens, angesiedelt war. Die Bitte um ein Gespräch mit dem Chef der CIA hielt ich selber für ziemlich absurd, trotz des Empfehlungsschreibens unseres Bundestagspräsidenten Eugen Gerstenmaier, der Allen Dulles noch aus der Zeit seiner Stationierung in Bern kannte – damals der einzige Amerikaner von Rang, der eine Verbindung zum deutschen Widerstand gesucht hatte. Doch an einem frühen Nachmittag klopften unangemeldet zwei überaus kräftig und durchtrainiert wirkende Herren an meine Zimmertür und baten mich höflich, in einer schwarzen Limousine, die am Eingang geparkt war, Platz zu nehmen. Sie brächten mich zum vereinbarten Termin (von dem ich nichts wusste). Ich ließ mich überraschen.

Am Eingang eines riesigen Komplexes von roten Backsteinbauten stand in großen Lettern geschrieben, dass ich im Begriff war, ins Hauptquartier der Central Intelligence Agency vorzudringen. Es befand sich damals noch mitten im District of Columbia (wurde jedoch wenig später in die strahlend weiße Anlage jenseits des Potomac nach Virginia umgesiedelt). Trotz des eindrucksvollen Geleits der beiden kräftigen Herren wurden Pass und Visum gründlich geprüft. Im Stabsgebäude eskortierte man mich zu einem rasselnden Aufzug, im letzten Stockwerk ein paar Schritte bis zu den Vorzimmern, in denen mich eine der adrett gekleideten Damen mit dem artigsten Lächeln bat, mich einen Augenblick zu gedulden: Mr Dulles sei noch nicht frei. Nach höchstens fünf Minuten öffnete sich die Tür – Mr Allen Dulles, damals ein Herr Mitte sechzig, schritt mir entgegen, schüttelte mir energisch die Hand, dirigierte mich zum Sofa, bat darum, ihn noch für einen Moment zu entschuldigen, setzte sich wieder an seinen mächtigen, wohlaufgeräumten Schreibtisch und begann, eine nicht zu dicke Akte zu studieren. Wenig später sagte er mit einem kleinen, gutartigen Lächeln: I am just reading your file.

Dann kam er herüber und eröffnete das Gespräch mit der Feststellung, dass ich in Berlin gearbeitet, ein Buch über den Aufstand von 1953 geschrieben hätte und viel über die Verhältnisse im kommunistischen Ostdeutschland wisse. Danach fragte er präzise nach den Veränderungen und Machtpositionen in der DDR-Hierarchie, den Wirtschaftsverhältnissen, der Stimmung der Bevölkerung, den Elementen des Widerstands. Er fragte und fragte und hörte aufmerksam zu, ein entspannter, kluger, ein wenig rotgesichtiger Herr, der nichts von dem sägenden Ernst und der moralisierenden Strenge, dem eifernden Geist seines Bruders John Foster, des Außenministers, an sich zu haben schien – ein Mann an der Schwelle des Alters, der in sich ruhte, kurzum ein Typ, den man sich als Schwiegervater wünschen konnte. Eine halbe Stunde war für das Gespräch, das keines war, reserviert. Als eine der Sekretärinnen den Kopf durch die Tür steckte, um anzuzeigen, dass der nächste Besucher warte, bemerkte ich in meinem etwas holprigen Englisch, dass ich für die Begegnung sehr danke, doch leider keine Gelegenheit gehabt hätte, meinerseits eine Frage zu stellen. Allen Dulles lächelte vergnügt, das lerne man in seinem Beruf. Er treffe gern mit intelligenten Leuten zusammen, die etwas zu erzählen hätten. Dann bestellte er Grüße an Gerstenmaier, den Bundestagspräsidenten, für den er tiefen Respekt empfinde. Ein Zwinkern. Damit war ich entlassen.

Mein Planungspartner im State Department schien in der Tat alle meine schwierigen Wünsche zu erfüllen. Ich hatte darum gebeten, ein paar Tage mit einer schwarzen Familie zu verbringen. Der Grund war eine dankbare Neugier, die ich empfand, seit ich in der Kriegsgefangenschaft erlebt hatte, dass die schwarzen GIs mit uns armen Hunden in der Regel freundlicher verfuhren als ihre weißen Kameraden, dass sie gelegentlich ein Lächeln riskierten und im richtigen Moment zur Seite schauten.

In Atlanta, meiner nächsten Station, rief noch am Tag meiner Ankunft im Hotel ein Herr mit einer etwas kehligen Stimme an, den ich, der fremden Sprachmelodie des Südens wegen, nur mit einiger Mühe verstand. Er bat mich, anderntags mit meinem Koffer gegen Mittag vor dem Hotel auf ihn zu warten. *Vor* dem Hotel, er sagte es immer wieder, mit sorgsamer Betonung, denn er dürfe das Hotel nicht betreten. So war das damals in den Südstaaten. Wir fanden pünktlich zueinander. Hastig lud er meinen Koffer in sein stattliches Auto – es war die Epoche der ausladenden, um nicht zu sagen Supermaschinen, ultrabequem, für lange Fahrten über die endlosen Highways des Mittleren Westens konstruiert, etwas weich in den Knien, aber das störte nicht weiter bei der strikten Höchstgeschwindigkeit von sechzig Meilen (knapp hundert Kilometer pro Stunde, an die ich mich rascher gewöhnte als die meisten meiner rasenden Landsleute, die ohne den Autobahn-Terror nicht leben können).

Ich gratulierte meinem Gastgeber – nennen wir ihn George Montgomery – zu seinem luxuriösen Schlitten, Wagen dieser Dimension kannten wir drüben nicht. Ein sehniger Mann Mitte vierzig, energische Züge, selbstbewusst, ruhig, kontrolliert in seinen Worten – zumal gegenüber dem Fremden – und in seinen Gesten. Aufwand und Angeberei schätzte er nicht. Sein Beruf: Ingenieur, ich weiß nicht mehr in welcher Branche. Er gehörte zum schwarzen Mittelstand, das solide und geräumige Haus in einem gepflegten Viertel zeigte es an. (Es verstand sich, dass mich das State Department nicht in ein proletarisches Quartier verladen hätte.)

Georges Frau Martha war von natürlicher Herzlichkeit, eine hübsche Person, ein wenig mollig, diskret gekleidet, eine stille Autorität ausstrahlend. Die beiden Kinder – der Knabe elf, das quirlige Mädchen neun – begrüßten mich fast zu artig und wohlerzogen. (Das gab sich im Gang der nächsten Tage, als sie ein wenig Vertrauen zu dem fremden, bleichgesichtigen Onkel gefasst hatten.) Mein Zimmer unaufwendig und angenehm (ein Bad gehörte nach amerikanischer Gewohnheit dazu). Der Hausherr fuhr noch einmal ins Büro. Ich durfte mich ausruhen, konnte die dicke Zeitung lesen (das *Atlanta Journal*, damals noch eines der besseren Blätter des Landes, von denen außerhalb von New York, Washington und Los Angeles nicht viele zu finden waren).

Gegen sechs Uhr wurde zu Abend gegessen – früh, wie es amerikanische Gewohnheit ist; es gab einen kräftigen Schweinebraten mit Süßkartoffelpüree, Erbsen, Löwenzahngemüse, anderen salzigen und halbsüßen Beilagen, die ich nicht identifizieren konnte: alles ein wenig zu deftig und zu fett für meinen Geschmack. Die Hausfrau erklärte mir mit einem Lächeln, das mit einer Prise Spott gewürzt sein mochte, ich müsse echtes »soulfood« kennenlernen, da ich mich für das schwarze Amerika interessierte – sie habe nur die Schweinefüße durch solides Bratenfleisch ersetzt, alles andere gehöre zur klassischen Küche der Schwarzen, um genau zu sein: der Sklaven, die den Strapazen von zwölf Stunden harter Feldarbeit nur standhalten konnten, wenn sie sich durch eine kräftige, ja fette Mahlzeit gewappnet hatten. Ich begleitete die Gastgeberin zum Einkauf in den Supermarkt, in dem ich mit befremdeten Blicken gemustert wurde. Sie zeigte mir die Schulen der Kinder, klopfte beim Direktor an – überall stellte Martha den Fremden als »unseren Freund aus Deutschland« vor. Auf ein solches Willkommen hätte ich nicht zu hoffen gewagt.

Indes, Martha war neugierig, sie wollte alles über meine Existenz wissen, ein wenig erstaunt, dass ich noch nicht verheiratet sei, mit meinen mehr als dreißig Jahren. Sie fragte nach den Eltern und nahm mit Genugtuung zur Kenntnis, dass mein Vater Pastor war. Dann forschend: ob die Deutschen noch immer Nazis und Rassisten seien? Sie habe von vielen jungen Männern gehört, die drüben als Besatzungssoldaten dienten, dass sie sich in Deutschland wohl gefühlt hätten, selten einer Diskriminierung begegnet seien, dass es manchen gelungen war, deutsche Mädchen zu finden, ja dass einige der schwarzen Jungs ein »Fräulein« (sie kannte das Wort) geheiratet hatten – leider undenkbar in den Vereinten Staaten. George wiederum kannte sich in der politischen Welt halbwegs aus. Er hatte sich bei den Demokraten engagiert, von denen er sagte, sie seien seit Franklin D. Roosevelt die Partei des Fortschritts. Im Süden hätten sich die Fronten verkehrt. Früher sei er von erzkonservativen Demokraten beherrscht worden, die nun scharenweise zu den Republikanern überliefen, die einst den Geist Abraham Lincolns, des Befreiers, weitergetragen hätten. Ob ich in Washington dem jungen Senator Kennedy begegnet sei, dem man nachsage, er strebe die Nachfolge Eisenhowers an? Nein, leider nicht, doch ich würde mir den Namen merken.

George und Martha besaßen einen TV-Apparat (das Fernsehen nahm damals, 1958, in der Bundesrepublik erst seinen schüchternen Anfang).

Wir schauten die halbstündigen Abendnachrichten, auch diese und jene Comedy-Serie, die meine Gastgeber keinesfalls versäumen wollten – sie begrüßten manche Schauspieler mit einem lauten Hallo, als gehörten sie zur Familie Montgomery. Natürlich verstand ich kaum einen der Scherze auf dem Schirm. Aber ich begriff, dass dieses Medium den Alltag des Landes zu prägen begann, von drei *networks* dominiert: CBS, NBC und ABC, alle drei unter dem Diktat der *Commercials*. Doch sie boten in jenen längst versunkenen Zeiten auch ein partiell erstaunliches Niveau, dank der politischen *talkshows* oder der *person to person*-Gespräche, in denen mit einer Offenheit diskutiert wurde, die wir in Europa noch nicht kannten; fragten die Interviewer mit einer Schärfe, die in deutschen Landen als ungehörig empfunden worden wäre. Dank aufwendiger Dokumentationen und in jenen Zeiten auch noch dank anspruchsvoller Kulturprogramme wie der »Shakespeare-Hour« am Sonntagnachmittag um vier Uhr, dank mancher TV-Dramen, die durchaus mit den besseren Hollywood-Produktionen konkurrieren konnten, durfte das Medium partiell auch als ein Instrument der Bildung verstanden werden. Eine goldene Stunde des Fernsehens lag vier Jahre zurück. Amerika schuldete sie dem großen Reporter Edward R. Murrow, der mit seinen Radio-Berichten aus dem Dritten Reich, aus London im deutschen Bombenhagel und vor allem von den Nürnberger Prozessen zum ersten politischen Medien-Star avanciert war. Er hat mühelos den Übergang vom Rundfunk zum Fernsehen vollzogen. Im Jahre 1954, auf dem Höhepunkt der Kommunistenjagd, hatte sich ihr Antreiber Joseph McCarthy die US-Army vorgenommen. Murrow aber konfrontierte seine Zuschauer mit den ruchlosen Hetz- und Denunziationstaktiken des Senators von Wisconsin. Millionen schauten zu, wie ein tapferer Militär dem terroristischen Agitator mit der simplen Frage ins Wort fiel: »Don't you have any decency, Sir?« – Haben Sie keinen Anstand? Die Frage verschlug dem Senator für einen Augenblick die Sprache.

Diese Demonstration des einfachsten moralisch-menschlichen Widerstands war für McCarthy der Anfang vom Ende. Der böse Zauber war gebrochen. Einige Jahre später hatte ich die Ehre, Ed Murrow zu begegnen. Er war von Präsident Kennedy zum Direktor der US Information

Agency ernannt worden (einer Institution, die man mit dem Bundespresseamt vergleichen mochte) – ein schlanker Mann, dunkelhaarig, mediterrane Züge, nicht ungütige Augen. Er rauchte Kette. Als ich die angebotene Zigarette mit der Bemerkung zurückwies, ich hätte mir das Rauchen abgewöhnt, lächelte er traurig: »Ich wünschte, ich würde das schaffen! Ich habe so viel in meinem Leben erreicht«, seufzte Murrow, »aber an dieser idiotischen Sucht bin ich immer wieder gescheitert.« Zweieinhalb Jahre später war er tot. Lungenkrebs. Er mochte die Krankheit schon damals in sich getragen haben. Vielleicht kannte er die Diagnose. (Ich selber wurde, um aufrichtig zu sein, fünf Jahre danach wieder schwach. Ich Esel glaubte, mir eine Zigarette am Abend nach Tisch leisten zu können. Dann langte ich, bei einem dramatisch-ärgerlichen Telefonat, zur Schachtel. Damit war ich verloren. Noch einmal zwanzig Jahre später – ich hatte mich partiell zur Pfeife gerettet – machte ich das zweite und letzte Mal Schluss mit dem Unfug, aus schierem Ekel vor den gerollten Zigaretten einer Aushilfssekretärin, die stanken wie die Pest, auch vor meinen Pfeifen, die zu reinigen eine schwarztriefende Heimsuchung war.)

Meine Gastgeber in Atlanta rauchten nicht, wie sie überhaupt recht vorbildlich in ihrer Lebensführung waren. Sagten mir, dass es für ihre Brüder und Schwestern nur einen Weg aus dem Elend gebe: Disziplin und Bildung. Das wichtigste sei es, den Standard der Schulen zu heben. (Dies wäre heute notwendiger denn je.) Übrigens, so George, lebe, arbeite und predige hier in der Stadt, in der Kirche seines Vaters, ein junger Pastor, dessen Gottesdienst wir besuchen müssten, ein Mann von einer außergewöhnlichen spirituellen Kraft, ein begnadeter Redner obendrein, ein Vorbild für ihn, für seine Freunde, seine Kinder – leider sei er derzeit nicht in der Stadt. Dem Namen begegnete ich bald wieder, auch dem Mann selber (davon später). George und ich sprachen über Gott und die Welt. Manchmal schenkte er uns beiden – Martha lehnte ab – ein Gläschen Corn ein, die südliche Version des Whisky, hauptsächlich aus Mais gebrannt (wie der Name sagt), was mir besser schmeckte als die nördliche Version, die hauptsächlich aus Gerstenmalz gebrannt ist. Wenn dem Gastgeber nicht nach Reden zumute war, spielten wir

Schach. Doch ich war ein so kläglicher Gegner, dass er sich bald genug langweilte. (Martha, die gern las, hatte sich längst zurückgezogen.) Am Samstag führten die beiden mich in einen Jazz Club aus, in dem die Gäste unbefangen mit mir schwatzten – hier schienen von Zeit zu Zeit auch Weiße einzukehren. Martha war liebenswürdig genug, mich zum Tanz auf der winzigen freien Fläche vor der Band aufzufordern. Dank ihres ermutigenden Lächelns lösten sich meine steifen weißen Glieder ein wenig. Ich überließ mich den Rhythmen und fühlte mich gut.

Am Sonntagmorgen Kirche, gottlob nicht zu früh. Ich hatte mich, einem diskreten Hinweis von George gehorchend, in meinen besten Anzug geworfen. In der Tat machten die Frommen Staat, die herausgeputzten Männer in tadellosem Tuch, vor allem aber die Damen, deren Lust am Luxus sich in phantastischen Hutkreationen zu erfüllen schien. Eine baptistische Gemeinde, in der es nicht allzu charismatisch zuging. Gleich zu Anfang wurde ich, auf einen Wink des untersetzten, quirligen Pastors, von meinem Gastgeber vorgestellt, wie es der Regel entsprach (in einem deutschen Gotteshaus undenkbar). Mein Mentor berichtete von mir in nicht gerade bescheidenen Wendungen, nach seiner Darstellung musste ich der Kronprinz aller deutschen Medien sein – ich erkannte mich nicht wieder. Seine Anmerkung über meinen Vater, den Pastor, wurde heftiger beklatscht als jeder andere Lobpreis. Es versteht sich, dass man mich bat, ein paar Worte zu sagen. Entschuldigte mich für mein miserables Englisch, das einer solch illustren Gesellschaft nicht angemessen sei. Dann erzählte ich schlicht die Wahrheit über die Gründe meines Besuches, das Gefangenenlager, die schwarzen GIs ... Die Gemeinde hörte die Geschichte gern. Massive Damen umarmten mich, Veteranen schüttelten mir die Hand.

Aber dann der Chor. Die (noch) ranken Mädchen, die fülligen Frauen, die Jungen in ihren Konfirmationsanzügen und die Männer mit den sonoren Bässen – sie sangen innig und mit urgewaltigem Elan, jubelten, trauerten, ließen die Gemeinde bei der Wiederkehr der Melodien einfallen. Die folgte den Rhythmen mit passionierter Bewegtheit. Schließlich gebot der Pastor Einhalt. Gebet vor dem Altar, zu Gott, zur Gemeinde, zu sich selber sprechend; dann leitete er zu seiner Predigt über (Bibelstelle und Inhalt habe ich vergessen), begann piano, die Stimme kehlig, auch bei den leisen Tönen gern falsettierend, die Worte melodisch geformt; von der Musik der Sprache fortgetragen steigerte sich der Rhythmus, gewann mit jedem der Schritte, mit denen dieser Künder des Gotteswortes den Raum vor dem Altar durchmaß, an Leidenschaft, an Intensität, von den Zurufen der Gemeinde weitergetrieben. Das himmlische Jerusalem erlebte eine Auferstehung, *the city upon the hill*, mit ihren Tempeln und ihren Palästen, ja auch mit ihren bescheidenen Hütten, in denen *Jesus our Lord* Einkehr gehalten habe. Ich begann zu verstehen, dass dieses Zion für die Frommen präsente Realität war, hehre Nachbarschaft, die sich ihnen, den unverdrossenen Pilgern, eines hohen Tages öffnen werde, dass sie den Jüngern, den Aposteln, den Propheten leibhaftig begegneten; Menschen wie du und ich, die sie mit ausgebreiteten Armen willkommen hießen, spätestens mit dem Tod, der ein Eintritt ins wahre Leben sein würde. Keiner frage dort drüben nach unserer Stellung in diesem Dasein, nach unserem Haus, nach unserem Konto, und keiner prüfe die Farbe unserer Haut: wir alle seien die Kinder Gottes, der keine weltlichen Klassen und Kategorien gelten lasse, Halleluja.

Der Chor jubelte, die Gemeinde sang mit, sich im Segen der Stunde verströmend, sie stampfte im Takt, wiegte sich schließlich im Tanze, mit geschlossenen Augen oder den Blick hinüber ins nachbarliche Jerusalem schickend. Die Musik verdämmerte langsam, den Harmoniumklängen gehorchend. Ich verstand, dass ich Zeuge eines Ereignisses war, das man gelebten Glauben nennen durfte, und ich frage mich bis zum heutigen Tag, ob das Wesen des Christentums nicht in Wirklichkeit in diesen Gemeinden gerettet werde: nein, nicht im Vatikan, wie immer der Papst heißen oder sich aufführen mag samt den Regimentern seiner Kardinäle, Bischöfe und Prälaten, kaum in unseren kargen protestantischen Versammlungen (es sei denn, man spielte ein Werk von Johann Sebastian Bach, von dem der französisch-rumänische Essayist Cioran mit ernstem Witz gesagt hat, der liebe Gott könne sich glücklich schätzen, den geschaffen zu haben, denn Johann Sebastian Bach beweise, dass es ihn, Gott, gibt).

Wir waren allesamt bewegt, als ich den Montgomerys adieu sagte.

George lieferte mich vor dem Hotel ab, das er nicht betreten durfte. Fast eine Woche lang hatte ich nichts als schwarze Gesichter gesehen. Die wichtigste Beobachtung: Nach drei Tagen hatte ich die Hautfarbe so gut wie vergessen. Erst der Gottesdienst erinnerte mich wieder daran, dass ich eine anders geprägte, auf eigene Weise spirituell erfüllte Welt erfuhr. Ich blieb ihr hernach in meinen amerikanischen Jahren treu, so gut ich es konnte, versuchte dem Geist jener wahren Christen mit Kamera und Mikrophon oder mit dem geschriebenen Wort eine Tür zu öffnen, um Ratzingers erzkatholische Gefolgschaft zu Hause, um die steifnackigen Lutheraner, die spröden Reformierten, auch die säuerlichen Atheisten aufmerken zu lassen.

Die Segregation wurde erst nach Kennedys Tod auf Lyndon B. Johnsons Geheiß und nach einem Gebot des Obersten Gerichtshofes aufgehoben. Noch als Korrespondent des ZDF in Washington verstand es sich für das Fernsehteam, dass wir am Mittag, wenn wir drüben in Virginia drehten, unsere Sandwiches im Auto aßen, weil das schwarze Mitglied unserer kleinen Mannschaft in den Restaurants nicht zugelassen war. In den Hotels des Südens gehörten die schwarzen Gesichter bis in die sechziger Jahre ausschließlich den Bediensteten, den Kofferträgern, den Kellnern, den Zimmermädchen. Grotesk.

Es lag nahe, ja es war mir eine Pflicht, dass eine meiner ersten großen Produktionen fürs ZDF Martin Luther King und seiner Bewegung gelten sollte. Der charismatische Prediger hatte mir und meinem Team im Frühjahr 1963 umstandslos erlaubt, ihn auf einer seiner Kampagnen zu begleiten. Wir schlossen uns in Atlanta seiner Mannschaft an, folgten dem Bus dichtauf, drehten bei den Aufenthalten kleine Szenen in den Restaurants am Highway, im Motel, wo wir auf dem Weg nach Birmingham in Alabama übernachteten. Die Stahlstadt wurde seit Monaten von sogenannten Rassenunruhen heimgesucht – mit ihrer starken schwarzen Arbeiterschaft bot sie Anlass genug für die friedliche Boykott-Strategie des *Civil Rights Movement*. Stets rückte die Polizei an, deren Brutalität Protestdemonstrationen provozierte. In Birmingham hatte sich die Spannung von Tag zu Tag weiter aufgeladen. Schließlich kündigte Martin

Luther King an, dass er nach Alabama kommen, in der Kirche an der 16. Straße einen Gottesdienst feiern und einen Schweigemarsch durch die Stadt anführen werde. Nun war es so weit.

Ein guter Instinkt riet uns, am Morgen schon vor Tau und Tag das Motel in einem der Vororte zu verlassen und unsere Kameras frühzeitig in der Kirche aufzustellen. Vor sieben Uhr fanden wir uns in einem riesenhaften und eher hässlichen Bau ein, der sich rasch füllte, obwohl der Gottesdienst erst um zehn Uhr beginnen sollte. Kurz nach acht Uhr begann die Polizei, den Zugang zur Kirche zu sperren. Sie hätte uns nicht passieren lassen. Die Frommen gelangten auf Schleichwegen ins Gotteshaus. Um neun Uhr war das Gebäude bereits brechend voll, tausend oder mehr Menschen warteten auf Luther King, der sich in einem der Räume hinter dem Altar aufhielt (auch er war lange vor der Zeit gekommen). Ich klopfte an und fragte, ob er jetzt schon zu einem Interview bereit sei. Später, sagte er, wenn er wisse, wie sich die Polizei verhalte. Er werde uns nicht vergessen.

Die Gemeinde begann zu singen. Immer wieder die Hymne der Bürgerrechtsbewegung, deren hypnotisierende Melodie rasch auch den Weg nach Europa fand: *We shall overcome* ... Ein Signal der Unaufhaltsamkeit für das Verlangen nach Gleichheit und Freiheit. Die Gesichter voller Hingebung, ob Männer, ob Frauen, ob älter oder mittlerer Jahre, ob halbe Kinder. Es waren kostbar konzentrierte Bilder, die unsere Kameras (es waren zwei) einsammeln konnten. Endlich King, mit Jubel (den er dämpfte) und einer rauschhaften Steigerung des Gesangs begrüßt. Als es stiller wurde, sprach er die Eingangsgebete, leise, ernst. Choräle im Stile der Spirituals. Dann trat er zur Predigt nach vorn. Er sprach frei. Begann leise. Doch die Worte zeigten den Rhythmus an, den seine Sprache niemals verlor: eine Grundmusikalität, in der die Melodie der Psalmen eine Wiederkehr zu erleben schien. Vermutlich war Martin Luther King neben, ja vielleicht sogar noch vor Winston Churchill der bedeutendste Rhetoriker des zwanzigsten Jahrhunderts. Weit über Amerika und das Jahr 1963 hinaus prägten sich die Worte seiner großen visionären Predigt in die Herzen der Menschen ein: »I have a dream ...«

Schließlich schickte er Reihe um Reihe seiner Getreuen hinaus. Draußen warteten mit schussbereiten Maschinenpistolen und einer Meute scharfer, aufgeregt bellender Hunde (Rottweiler, Deutsche Schäferhunde) die Schergen des Polizeichefs Eugene »Bull« Connor, der selber präsent war: ein untersetztes grimmiges Mannsbild um die sechzig, dem man die Brutalität ansah. Er brüllte denn auch die schwarzen Demonstranten an, die allesamt eine erstaunliche Gelassenheit zeigten (wir filmten es durch die weit geöffnete Tür). Der Reihe nach wurden sie verhaftet, sowie sie aus der Kirche traten, mit Hilfe der schnappenden, japsenden Hunde auf einen der wartenden Trucks gescheucht, die mit ihrer zusammengedrängten Menschenfracht in eine unbekannte Richtung davonfuhren. Als sich die Kirche zur Hälfte geleert hatte, war Pastor King bereit, mit dem deutschen Reporter vor der Kamera zu sprechen. Mit kühler Ruhe erklärte er die Strategie des gewaltlosen Widerstandes, die auf dem schwierigen Weg des Leidens und der Opfer schließlich zum Ziel der Befreiung vom historischen Geschick der Ungleichheit und Rechtlosigkeit führen werde. Das Opfer sei zuletzt immer stärker als die Mächtigen, denen es unterworfen ist, sagte er. Das lehre die Bibel, das lehre das ewige Vorbild des Heilands, der mit seinem Leiden und seinem Tod am Kreuz den Weg der Erlösung gezeigt und damit die Welt und die Menschheit tiefer verändert habe als jeder der Regenten dieser Erde, ja als jedes andere Geschöpf Gottes – und vor allem tiefer als alle Mächtigen zusammen.

Martin Luther King sprach mit völliger Ruhe, kaum die Stimme hebend, mit einem Gleichmut, als seien in diesem Augenblick nicht Tausende seiner Getreuen der Gewalt ausgeliefert, als werde er nicht selber in zwanzig Minuten, in einer halben Stunde von den Polizei-Schergen gefangen genommen, auf unbestimmte Zeit eingekerkert, verhört werden – allein mit dem Hass der Feinde seiner Hautfarbe. In den starken Augen glaubte ich eine gewisse Kühle zu erkennen, die der Leidenschaft dieses Mannes zu widersprechen schien, ja ich meinte, einer Art Kälte zu begegnen, die der Schutz der Märtyrer, vielleicht auch der Panzer der genialen Persönlichkeit auf den Pfaden ihrer Mission sein mochte. Sie konnte sich keine zu verletzlichen Sensibilitäten, kein zu großes Mitgefühl für die Leidensgenossen, erst recht keine Sentimentalitäten leisten –

oder? In der Tat hatte ich diese Empfindung, die mich sonst kaum je auf meinem Weg durch das Jahrhundert heimsuchte, dass ich einer genialen Persönlichkeit begegnete. Schließlich verabschiedete sich Dr. Martin Luther King mit einem kleinen Lächeln von den Zuschauern und Zuhörern drüben im Land des Reformators, dessen Namen er trug. Er verharrte noch eine Weile auf seinem Stuhl, in sich gekehrt, wohl ins Gebet versunken. Als sich die letzten Mitglieder der Gemeinde an der Tür sammelten, trat er mit einem kleinen Gruß zu ihnen, und miteinander traten sie vor die Schergen und ihren Kommandeur.

Wir packten unser Gerät zusammen, hielten in einiger Entfernung noch einmal an, um eine Totale der Kirche und des Vorplatzes aufzunehmen. Zivile Bürger, die uns unfreundlich musterten, drohten die Kamera umzustoßen und raunten, wir sollten uns besser so rasch wie möglich aus der Stadt entfernen. Wir fürchteten in der Tat, die Polizei könnte unser Filmmaterial beschlagnahmen – wir waren die einzigen journalistischen Zeugen des Dramas, zumindest sahen wir keine andere Kamera. Gottlob startete wenig später eine Maschine nach Washington. Wir konnten das Paket mit den Filmrollen als Fracht abfertigen lassen. Telefonierte mit meinem Vertreter im Studio, den ich bat, die Filme sofort kopieren zu lassen und den amerikanischen TV-Networks anzubieten. In den letzten Nachrichten-Programmen sahen wir in der Tat Luther King, die Gemeinde, »Bull« Connor, die Maschinenpistolen, die wütenden Hunde, die an den Leinen zerrten, die Gefangenen, die in provisorischen Lagern vor der Stadt hinter Stacheldraht festgehalten (und irgendwann freigelassen) wurden. Das waren unsere Bilder. Sie sind heute noch in historischen Dokumentationen zu sehen.

Ein Kontinent erobert mich

Die Chronologie meiner Geschichten ging bei der Erinnerung an die erste intensive Begegnung mit schwarzen Amerikanern und vor allem mit Martin Luther King ziemlich zum Teufel. Doch, wenn ich mich nicht täusche, kommt es darauf nicht an.

Szenenwechsel: Die nächste Station meiner ersten Amerikareise war Naples, ein kleines subtropisches Paradies an der Westküste von Florida. Eine Propellermaschine brachte mich von Miami herüber. Auf dem Flugfeld, damals nur eine staubige Graspiste, wartete in einem alten Rolls Royce Cabrio der liebenswürdige Julius »Junkie« Fleischmann (keine Ahnung, woher er seinen Spitznamen hatte), den ich einige Monate zuvor in der Berliner Redaktion des *Monat* kennengelernt hatte. Er war einer der Förderer der Zeitschrift, steinreich dank seines Alkohol- und Nahrungsmittelkonzerns in Cincinnati, selber in einer Art Ruhestand lebend, ganz der Verwaltung seiner Stiftung und seinen kulturellen Passionen hingegeben (zum Beispiel als Mitglied des Direktoriums oder Aufsichtsrats der Metropolitan Opera in New York).

In Naples eine ausladende, jedoch geschmackvoll-bescheiden möblierte Villa in einem üppigen Garten, natürlich mit einem riesenhaften Pool, nur ein paar Schritte vom Strand entfernt. Mit dem Ozean sei auch hier an der Golfküste nicht zu spaßen, sagte mein Gastgeber, er rate mir, im Pool zu schwimmen. Eine Badehose lag in meinem Gäste-Apartment parat. Am nächsten Tag schlug er vor, auf seiner Yacht einen Ausflug zu einer der Inseln im Golf zu unternehmen. Das klang gut. Das blendend weiße Schiff wies immerhin eine Besatzung von zehn – ausnahmslos hübschen – Matrosen auf (freilich kein so üppig angeberisches Gefährt, wie sie im Sommer den Hafen von St. Tropez verstellen). Oder wie jenes majestätische Boot, das der biederen Mrs Matthew gehörte, der man nachsagte, sie sei der reichste Mensch in Florida. Sie selbst erzählte mir später, wie ratlos sie gewesen sei, als der Kapitän ihres Kreuzers plötzlich an einem Herzinfarkt verschied. Ein schlichtes Seemannsbegräbnis – der Leichnam in die amerikanische Flagge gehüllt und ohne Umstände versenkt: Dies schien ihr denn doch nicht angemessen zu sein. So entschloss sie sich, den Kapitän mitsamt der Yacht auf den Meeresgrund zu befördern. Ein nobler Sarg.

Auf Junkies Boot teilte ich die Kabine mit dem Eigentümer. Ganz wohl war mir dabei nicht. Am Abend kredenzte er sich und mir den teuersten Whisky der Welt (wie er sagte), natürlich eigener Produktion. Da ich diesem Getränk weit weniger zugeneigt war als einem guten Wein, hielt ich mich zurück, und Junkies Krone schimmerte bald ein bisschen rot. Nicht lange, nachdem wir die Kojen aufgesucht hatten, kam er herübergekrochen, versuchte mich zu küssen und mir trotz meiner Abwehr etwas massiver zuzusetzen. Ich wies ihn, so sacht ich konnte, zurück und erklärte ihm höflich, ich wüsste ihm für seine Zuneigung Dank, doch das sei nicht mein Genre, ich sei halt unabänderlich zu Frauen orientiert. Er verstand es und zog sich, nicht allzu beleidigt, zurück. Ich freilich dachte, dass mich mein Freund Mel Lasky vom *Monat* hätte warnen können (er war ganz gewiss über die Neigungen Junkies informiert). Fair, wie er war, lud der Wohltäter am nächsten Tag die Damen einer befreundeten Familie ein, uns zu begleiten, und wir brachten die Exkursion halbwegs vergnügt zu Ende. Der Abschied war ohne Gram. Junkie starb, ließ ich mir sagen, ein gutes Jahrzehnt später in Indien, in den Armen eines hübschen Prinzen. Immerhin hatte ich eines begriffen: Wie sich Frauen fühlen müssen, wenn sie von einem nicht willkommenen Herrn bedrängt werden – die Peinlichkeit, die Beschämung, der Widerwille, im schlimmsten Fall der physische Schmerz. Die Lehre hatte ihre Komik, aber auch ihre beunruhigende Wahrheit.

Weiter nach Houston, der damals himmelsstürmenden texanischen Metropole. Besuch bei den (entfernten) amerikanischen Verwandten aus der Familie meiner Mutter, durch unsere Dankesschuld geradezu vorgeschrieben. Von ihnen stammten die Pakete für »Pfarrer H., Stuttgart oder Umgebung« mit all den Kostbarkeiten, die – es war erstaunlich – trotz der vagen Angaben den Weg zu meinen Eltern gefunden hatten und nicht, wie üblich, gestohlen wurden. Nach dem Dank meiner Mutter wurden weitere milde Gaben (Fleischkonserven, Schokolade, Kaffee und »echter« Tee) an die korrekte Anschrift geschickt, dazu jeweils kleine Briefchen, von der Cousine Mary in unverkennbar amerikanischer Handschrift, doch in einem sehr korrekten Deutsch verfasst. Die Verwandten sprachen tatsächlich noch in der vierten Generation nach der Auswanderung Deutsch. Die Erklärung: ihre enge Bindung an die lutherische Kirche. Die Söhne studierten in der Regel Theologie, wenn es denn anging, sogar ein oder zwei Semester in Deutschland. Ich erinnerte mich aus der Kindheit ein wenig verschwommen an den Besuch eines amerikanischen Theologie-Professors, der von zwei Studenten begleitet wurde. Er sprach mit einem starken, etwas kehligen Akzent, doch sein Deutsch schien geläufig zu sein (und stets schienen seine Augen hinter der Brille zu lächeln): ein Enkel des Superintendenten von Brandenburg, der damals merkwürdig spät – er muss Anfang der vierzig gewesen sein, beruflich wohlinstalliert – mit seiner Frau und vier Kindern emigrierte (er ließ nur die älteste Tochter zurück, die meine Urgroßmutter wurde). Warum wohl? Politische Motive waren es kaum (eine kritische Haltung gegenüber dem Erzkanzler Bismarck war kein Anlass, sich zum Exil zu entschließen). Was sonst? Die Nachfahren wussten es nicht. Ich hütete mich, meine Vermutung auch nur anzudeuten – der Herr Superintendent mochte »sittlich gestrauchelt« sein, wie man sich in alten Zeiten ausdrückte.

Zwei der Kinder Marys kannte ich schon. Eine etwas spröde, aber liebenswürdige Tochter, die nicht allzu weit entfernt was weiß ich studierte und gelegentlich zu mir für ein Wochenende nach Köln reiste. (Ich benahm mich wie ein gesitteter Mensch.) Und ein Sohn, auch er Theologe, der meine Eltern in Freudenstadt heimsuchte. Ich kam ihnen zu Hilfe, da sie nichts mit dem schweigsamen Blöndling anzufangen wussten. Auch ich hatte meine Not. Selbst ein Ausflug nach Straßburg konnte ihm nichts entlocken. Das grandiose Münster mit der Rosette schien ihn zu langweilen. Später hörte ich, dass er eine Gemeinde gefunden habe. Wagte es nicht, an seine Predigten zu denken.

Mary, die mich nun mit ihrem Mann am Flugplatz abholte, begrüßte mich mit einer unerwarteten Wärme. Welch eine bewundernswerte Gastgeberin, die das Gefühl zu vermitteln verstand, dass ich seit eh und je zur Familie gehörte, von der sie mir dann erzählte, dass sie sich im Gang der Generationen in fast jedem Winkel der Vereinigten Staaten heimisch gemacht hatte, der erfolgreichste Zweig in Los Angeles, dem es gelang, einen beträchtlichen Anteil am Grundstücksmarkt erobert habe. (Tatsächlich fand ich später ihre aufwendige Reklame in den Zeitungen, auch an Hauswänden und in den Werbeprogrammen der Kinos »Real Estate Metz«.)

Auch Mary und ihr Mann betrachteten es als selbstverständlich, dass ich am Sonntag mit ihnen zur Kirche fuhr. Wie schon halbwegs gewohnt, wurde ich auf Geheiß des Pastors der Gemeinde vorgestellt und prompt gebeten, den freundlichen Frommen etwas über mich und meine Welt zu erzählen. Berichtete, so gut ich konnte, von der Lage der Kirche im kommunistischen Ostdeutschland. Das war die rechte Wahl. Viele Fragen, auch danach, wie man den Gemeinden drüben helfen könne. Ich empfahl, die Spenden an das Evangelische Hilfswerk zu schicken, die Adresse hatte ich im Kopf. Immer wieder begegnete ich der überwältigenden Generosität der Amerikaner, die in der Tat gern Geld verdienten, am liebsten viel Geld, doch sich von ihren Schätzen sehr viel leichter zu trennen schienen, als ich es von den oft so klammen Deutschen kannte.

Exkursion an die mexikanische Grenze. Damals zwar scharf bewacht, doch nicht so vermauert wie heute. Wahrnehmung einer völlig anderen Welt, die mich neugierig machte, vor allem auch der mitreißenden Musik wegen, zumal der gleißenden Trompeten in einer Mariachi-Messe (ich lernte die mexikanische Kultur hernach etwas genauer kennen). Ein kurzer Ausflug auch ins texanische Bergland nördlich von San Antonio, in dem sich – in der Mitte des neunzehnten Jahrhunderts – die deutschen Auswanderer angesiedelt hatten, die zu Tausenden in einem kleinen Hafen nicht weit von Houston gelandet waren; die Reihen, ehe sie weiterziehen konnten, von einer Epidemie des Gelben Fiebers barbarisch gelichtet. Die fast verwunschene Welt um das Städtchen Fredericksburg, wo ich später wunderbare Freunde finden sollte – klassische Kulisse von vielen Western ...

In einem mächtigen Sprung von acht oder zehn Stunden Flugzeit weiter nach Kalifornien. Los Angeles. Die Monotonie der endlosen Straßen mit den adretten Mittelstandshäuschen, die manchmal den sonnenüberwucherten Slums weichen mussten oder plötzlich von den schattigen Paradiesen der Reichen und Schönen verdrängt wurden. Das Taxi brachte mich zu einem altmodischen Hotel in einer Seitenstraße des Sunset Boulevards, das einst ein Treffpunkt der Hollywood-Boheme gewesen sein mochte – die signierten Postkarten an den Wänden wiesen nicht allzu diskret darauf hin. Ein Rest vom alten Charme war geblieben. Leicht verblühte Schönheiten und kantig maskuline Herren zeigten, dass ihre Hoffnung auf die große Entdeckung noch immer wach war. Sie hielten sich mit winzigen Nebenrollen und obskuren Jobs, von denen sie lieber schwiegen, mehr schlecht als recht über Wasser. Natürlich boten sie dem Fremden sofort an, ihm die Stadt und die Studios vorzuführen – ich bestand freilich darauf, diese exotische Welt selbst zu erkunden, mit einem Leihwagen, den mir das Hotel billig besorgte. Natürlich verfuhr ich mich immerzu. Aber auch das öffnete mir die Augen.

Meine *Sightseeing Tour* über den Kontinent war indes nicht völlig frei von Pflichten. Die Presseabteilung des deutschen Konsulats, das mit dem State Department kooperierte, unterrichtete mich in einem höflichen Schreiben, für mich seien eine ganze Reihe TV-Auftritte, teils mit Publikum, teils im Einzelverhör durch einen Reporter vorgesehen, auch Radio-Interviews. Die Liste mit den genauen Zeiten lag bei, ferner der Hinweis, dass ich jeweils im Hotel abgeholt würde, damit ich auch pünktlich zur Stelle sei. Die Leute der ausschließlich lokalen und regionalen Stationen waren stets überaus freundlich. Nirgendwo eine Regung der Feinseligkeit gegenüber dem kleinen »Kraut«; auch nicht unter den Zuhörern, die das Glück hatten, dem Nazi-Reich nach bittersten Erfahrungen entkommen zu sein. Augenblicke der Verlegenheit blieben mir nicht erspart, so als eine Dame mittlerer Jahre mit einer kleinen Schärfe fragte, ob die »prussian dschankees« noch immer so mächtig seien wie früher in der Republik von Weimar. Ich bat um eine Wiederholung der Frage, zermarterte mein Gehirn, wer oder was die »dschankees« wohl sein mochten. Bevor die Pause peinlich wurde, ging mir ein Licht auf: Die Dame sprach von den preußischen »Junkern«. Nein, antwortete ich erleichtert. In Ostdeutschland und in den an Polen gefallenen Gebieten seien die Junker enteignet und nach Westen vertrieben worden. Die Schicht meist adliger Landbesitzer im Westen sei immer schon weniger zahlreich, wohl auch etwas liberaler gewesen. Man treffe im neuen Auswärtigen Amt den einen oder anderen Herrn von Adel, der aus der Berliner Wilhelmstraße übernommen worden sei, wohl auch ehemalige Parteigenossen und Anpasser zuhauf, dürfe aber sicher sein, dass sie die Autorität des demokratisch gewählten Bundeskanzlers Konrad Adenauer respektierten und der Verfassung loyal zu dienen versuchten. Die Kandidaten für die höheren Ränge, im Auswärtigen Amt wohl vom Vortragenden Legationsrat, in der Bundeswehr vom Obersten aufwärts, würden von einer parlamentarischen Kommission geprüft. (Wie mochte ich den »Vortragenden Legationsrat« übersetzt haben?) Man dürfe nicht vergessen, wie stark der Anteil des Adels an der Widerstandsbewegung in der Wehrmacht gewesen sei, Graf Stauffenberg allen voran. An den Aristokraten habe sich Hitler, der ihnen ohnehin mit tiefen Minderwertigkeitskomplexen begegnet sei, auf das Entsetzlichste gerächt. Tausende seien gehenkt und erschossen worden. Mit dieser brutalen Dezimierung habe der Diktator unfreiwillig für die Dominanz des Bürgertums und mancher Vertreter der Arbeiterschaft in der zweiten deutschen Republik gesorgt ...

Noch hätte ich hier an der Westküste den überaus produktiven Schriftsteller Lion Feuchtwanger antreffen können, den ich vor allem für seinen Zeitroman *Erfolg* bewunderte – ein kritisch-genaues Bild der Münchener Gesellschaft in den späten zwanziger Jahren, nur leicht verfremdete Porträts von Hitler, aber auch des jungen Brecht; vermutlich Feuchtwangers bestes Buch, jenseits aller ja, stalinistischen prosowjetischen Agitation, die den Autor hernach in Schwierigkeiten mit den McCarthy-Schnüfflern brachte. Die Auflagen seiner Bücher waren, trotz der Anfechtungen, außergewöhnlich hoch. Er hatte eine genaue Witterung, was das Lesepublikum wollte. Im Dezember 1958 starb er.

Bei einer späteren Amerikareise nahm ich dann mein bisschen Mut zusammen, und rief die Witwe an. Erklärte ihr, dass ich zu gern einen Blick auf die berühmte Bibliothek ihres Mannes werfen würde. Und anderntags öffnete mir eine schmale, in ein elegantes fernöstliches Gewand gehüllte Grande Dame Chinoise die Tür. Wir stiegen zur Bibliothek hinauf. Sie zeigte mir die schönsten Schätze, prüfte nebenher meine Bildung, mit der es nicht so weit her sei, wie ich gestand, auf meine dürftige Schulbildung im Krieg, auf meine Unlust an einem ordinären Studium verweisend, deren Gründe ich nicht verschwieg. Sie lachte und meinte charmant, ich hätte doch ganz erfreulich aufgeholt – und sie begann, sich nach den jungen Menschen in Deutschland zu erkundigen. Sie hatte ein reizendes Mahl vorbereitet. Im wesentlichen Hummer, originär bayerischen Kartoffelsalat, Mousse au Chocolat als Dessert. Wir leerten eine Flasche des köstlichen Sherry und sprachen über Gott und die Welt, waren heiter und einander zugetan. Man spürte, dass sie weit jünger als ihre Jahre war, durch das tägliche Bad im kalten Pazifik trainiert. Es wurde sehr spät, vielmehr früh, als mich das Taxi aus Pacific Palisades zu meinem Hotel schaukelte. Jemand mit Ihrem Namen, sagte sie, sei ihr immer willkommen. Ich rätselte, was sie damit gemeint haben könnte. Dann dämmerte es mir: Sie dachte an meine Ahnherren, die Tübinger Rechtsprofessoren, die im »Jud Süß«-Roman ihres Mannes als anständige Christen glorifiziert wurden (leider zu Unrecht).

Marta und ich blieben in loser Verbindung. Ein paarmal besuchte ich sie, stets mit Vergnügen, wenn ich in Los Angeles zu tun hatte. Viele Jahre danach schrieb ich in Marcel Reich-Ranickis Reihe »Romane von gestern – wieder gelesen« über Feuchtwangers *Jud Süß*, vielleicht ein wenig zu kritisch, doch mir gingen die artifiziellen Barockisierungen auf die Nerven, überhaupt der allzu hohe Ton (überdies rückte ich die Verklärung meiner Vorfahren zurecht). Nicht lange danach erreichte mich ein Brief in einer immer noch starken, doch etwas unsicheren Handschrift. Marta ereiferte sich in den ersten Zeilen mächtig über die Anmaßung meiner Kritik. Wie ich, der junge Spross Nazi-Deutschlands, dazu käme, das Werk ihres Mannes herabzusetzen? Der zweite Absatz: »Im übrigen haben Sie völlig recht.« Meine Einwände entsprächen ganz ihren Vorbehalten. Das war ihr etwas verschlagener bajuwarischer Humor. Zweifellos ergötzte sie sich bei der Vorstellung, dass ich den ersten Absatz des Briefes mit bleicher Verzweiflung läse, um beim zweiten erleichtert aufzulachen. Ich dankte ihr mit vielen (leider nur schriftlichen) Handküssen.

San Francisco. Die deutsche Generalkonsulin war die großartige und etwas einschüchternde Mutter der Kabarettistin Isa Vermehren, die während der Nazijahre in Werner Fincks Berliner »Katakombe« freche Lieder zur Ziehharmonika sang, bis das Lokal von der Gestapo geschlossen wurde. Die Mutter, die Tochter Isa und den Sohn Michael Vermehren (aus der Lübecker Senatoren-Familie) nahmen die Schergen in Sippenhaft, nachdem ein weiterer Bruder – er war Diplomat in der Türkei – sich auf die Seite der Briten geschlagen hatte. Gegen Kriegsende wurden sie mit deutschen, französischen und anderen Gefangenen von der SS in die Alpen verschleppt, bis nach Südtirol. Sie erwarteten täglich, ja stündlich, erschossen zu werden – bis ein couragierter Wehrmachtsoffizier die SS-Bewacher zum Teufel jagte. Irgendwann gelangten sie nach Hause. Isa tingelte wieder im Kabarett, bis sie von der Bühne verschwand, konvertierte und in einen strengen Orden eintrat. Ich sah sie zuletzt als Direktorin einer katholischen Mädchenschule in Hamburg; Michael war lange Jahre Südamerika-Korrespondent des ZDF – wo er einige Filme mit Renate Harpprecht fertigte.

Konsulin Vermehren wies mir den Weg ins Weinland des Napa Valley, wo in jenen Jahren Außenseiter und erfahrene Winzer im Begriff waren, in diesem gesegneten Winkel Qualitätsweine anzubauen, die hernach Weltruhm erlangten – unter ihnen Louis Martini, der solide und saubere, doch nicht allzu raffinierte Tropfen produzierte. Der robuste alte Mann machte sich gern über die Rituale der sogenannten Connaisseurs lustig. Er war als Söhnchen eines eingewanderten Arbeiters aus Sizilien 1899 mitsamt der Mutter ins Land gekommen. Ein Agent setzte sie nach der Ankunft in New York für die lange Reise nach Kalifornien in den Zug. Das Bürschlein, sieben oder acht Jahre alt, langweilte sich, trieb sich durch die Gänge, spielte an den Türen herum – und fiel aus dem Zug, der Gott sei Dank in jenem Augenblick nur langsam fuhr. Louis blieb unverletzt, doch schaute betroffen dem Zug nach, der hinter einer Steigung verschwand. Keine Menschenseele weit und breit. Er befand sich, aber das wusste er nicht, in der Steppe von Nevada. Lief den Gleisen nach. Bis die Mutter das Söhnchen vermisste, war eine Weile vergangen. Zudem sprach sie kein Wort Englisch. Die Sonne begann zu sinken, als eine Jagdgesellschaft zu Pferd das Kind entdeckte, das auf dem Bahndamm voranstapfte. Die Herrschaften fragten den Kleinen, was er mutterseelenallein in der Steppe verloren habe. Louis schluchzte Unverständliches. Er verstand kein Wort der Reitersleute. Einer hob ihn kurzerhand zu sich aufs Pferd. Es dauerte geraume Zeit, bis sie ihr Dorf erreichten. Immerhin machte ihnen der Knabe klar, was sein Name sei. Gestisch bedeutete er ihnen auch seine Unglücksgeschichte. Man verständigte die Eisenbahngesellschaft per Telegramm – in der Tat wurde ein Junge vermisst. Nach einem herzhaften Mahl und ausgiebigem Nachtschlaf fuhr man ihn zur nächsten Bahnstation, übergab ihn den Schaffnern, und nach eineinhalb Tagen traf er in San Francisco bei Mutter und Vater ein. Das war der Anfang des amerikanischen Lebens von Louis Martini. Das Mirakel setzte sich fort. Nach dem großen Erdbeben von 1906 fand er mit einem Freund in den Trümmern eines Hauses eine Kassette voller Goldmünzen. Nach langer Prüfung des Gewissens trugen die beiden ihren Schatz zur Polizei. Die Eigentümer waren rasch ermittelt. Sie gaben den beiden einen hübschen Finderlohn und behielten ihren Weg im Auge – Louis halfen sie schließlich, Weinland zu kaufen.

Die Aristokraten der jungen Weinindustrie zu Zeiten meines Besuches rekrutierten sich freilich eher aus dem bunten Haufen der »dropouts«, die eine Karriere in den klassischen Industrie- und Geldunternehmen mit Erfolg bestanden – doch eines Tages genug davon hatten. So Mr Davies, Elitemanager eines Elektrokonzerns, der nach zähen Verhandlungen einen glänzenden Vertrag mit einem ausländischen Partner abgeschlossen hatte, erschöpft in seine New Yorker Hotel-Suite zurückkehrte, wo seine Frau und ein Freund auf ihn warteten. Der Freund gratulierte und fügte spöttisch hinzu: So wird dein künftiges Leben sein, Jahre und Jahrzehnte – du taumelst erschöpft von Erfolg zu Erfolg, bis der Infarkt an die Tür klopft. Davies dachte nach. Geld hatte er fürs Erste genug. Er kündigte zu jedermanns Überraschung und erwog, was er mit seinem Leben machen wolle. Als GI in Deutschland hatte er den Wein schätzen gelernt. Seine Marktanalyse ergab, dass ein guter amerikanischer Champagner fehle. So verdingte er sich für ein Jahr in französischen Champagner- und deutschen Sektfirmen, um das Gewerbe zu lernen. Kaufte im Napa Valley ein geräumiges altes Haus und sechs große Tunnels, die einst von chinesischen Kulis in die Erde gegraben wurden – ein ideales Lager, um den Champagner reifen zu lassen. Weinfelder kaufte er nicht, sondern suchte bei den Produzenten die Trauben, die er für seine ideale Geschmacksmischung brauchte. Fast auf Anhieb hatte er Erfolg. Sein Champagner wurde im Weißen Haus als eine amerikanische Kostbarkeit kredenzt. Ein Glück für ihn, dass er den französischen Namen für das perlende und schäumende Gewächs übernehmen durfte. Die historisch pikante Erklärung: Die Vereinigten Staaten hatten den Versailler Vertrag nicht ratifiziert, in dem auch das Monopol der Benennung französischer Produkte festgelegt war, ob Champagner, Cognac, Armagnac und so fort. Die Amerikaner brauchten sich darum nicht zu scheren. Davies arrangierte in einem geräumigen Saal seines Anwesens im Winter Kammerkonzerte, die dankbar aufgenommen wurden, seine Frau gründete eine Galerie für junge Künstler. Ihr Beispiel machte Schule. Im Napa Valley und im benachbarten Sonoma Valley gedieh mit dem Wein der Aussteiger ein kulturelles Leben von einer Qualität und Dichte, wie es auch San Francisco nicht immer aufzuweisen hatte, das dank der Künste, der Oper, der dramatisch schönen Lage und – nicht zuletzt – der erotischen Freiheit zur europäischsten aller amerikanischen Städte wurde (neben dem kanadischen Montreal).

Vittorio Rossi, ein geistreicher italienischer Journalist, schrieb einst von der argentinischen Pampa, sie sei dem lieben Gott aus der Hand gefallen, als er gegähnt habe. Gleiches ließe sich von Omaha behaupten, das bei der Annäherung vom Flugplatz unversehens aus der Weizenwüste herauswächst. Fuhren, wie geheißen, weiter zum nuklearen Zentrum der Schrecken, von denen die Menschheit heimgesucht werden kann – damals eine Barackenstadt. Mein Verbindungsoffizier, ein Leutnant etwas schlichten Gemüts, hatte mich abgeholt. Nach der strengen Kontrolle bei der Einfahrt brachte er mich zum Gästehaus. Ein einfaches, natürlich blitzsauberes Zimmer samt Dusche und Klo. Ich legte mich eine Stunde nieder, ehe mich mein Leutnant zum Aperitif geleiten wollte. Schlief sofort ein und wachte erst wieder auf, als kräftig an die Tür geklopft wurde. Die Bar in der Dämmerstunde (»The Happy Hour«) voller uniformierter Männer, die in ihre Martinis starrten, in Gruppen oder manchmal auch allein. Nur wenige Frauen. Einige Ehepaare, die sich nicht viel zu sagen hatten. Die Serviererinnen in der Mehrzahl schwarze Mädchen, obwohl ihre »ethnische Gruppe« im Herzen des Mittleren Westens damals nur eine kleine Minderheit war. Vermutlich die Frauen oder Töchter von Bediensteten der Air Force. Hielt mich bei den Cocktails zurück (nicht meine Neigung). Mein Leutnant – ein starker Bursche Ende zwanzig, mit etwas groben, doch sympathischen Zügen – schluckte kräftig (er musste nicht bezahlen, da sein Gast freigehalten wurde und er hernach nur die Gesamtrechnung abzuzeichnen hatte). Worüber sprachen wir? Vermutlich fragte ich ihn über Herkunft und Familie aus. Im Offiziersclub ein kräftiges Abendessen, Steak, Kartoffeln und Salat, hinterher ein Karamell-Pudding. Mit einiger Mühe wurde für mich eine halbe Flasche Chianti in einem verborgenen Winkel gefunden. (Dem Leutnant schmeckte das Zeug nicht.) Nach der Mahlzeit wollte er noch nicht zurück in sein Quartier. Er schien entschlossen zu sein, den Abend mit dem Fremden auszukosten. Zurück in der Bar bestellte er für sich und mich zwei »Stingers«, ein Cocktail, in dem sich Brandy und weiße Minzcreme mischen, stark geeist. Schmeckt leicht und ein bisschen zu süß, ist in Wahrheit mörderisch stark. Nicht mein Ding. Der Leutnant bewies, dass er einen guten Zug hatte. Zwei Stunden zeigte er sich standhaft. Er redete – zunehmend enthemmt – unentwegt auf mich ein. Ich verstand nichts, auch wenn ich meine Aufmerksamkeit zu schärfen versuchte, da er immer wieder raunte, er dürfe mir das alles nicht erzählen, es sei hochgeheim. Als er völlig hinüber war, drängte ich zum Aufbruch.

Nur ungern ließ ich mich von ihm zum Gästehaus fahren, doch wir kamen heil an. Zum Abschied beschwor er mich, dies alles für mich zu behalten. Ich versprach es ihm, das war kein Opfer, da ich ohnehin wenig begriffen hatte und mich die Personalspiele der Air Force nicht sonderlich interessierten.

Anderntags war dieser Bulle von Mann ein Häuflein Elend. Mit tränenden Augen bat er erneut und inständig, alles zu vergessen, was er mir im Suff hinterbracht habe, und um Gottes willen niemandem von seinem Besäufnis, für das er sich entschuldigte, zu berichten. Im unterirdischen *briefing center*, viele Stockwerke tief, trug ein asketisch wirkender General das Konzept der DEW-Line vor, der Distant Early Warning Line – einer Kette von Radarstationen in der Subarktis, die den Einflug fremder Flugkörper (recte: sowjetischer Nuklear-Bomber und Raketen) so rechtzeitig melden sollten, dass in Washington und New York noch Zeit für Schutzmaßnahmen bleiben würde. Ich dachte, das hätte es längst gegeben und nahm den Bericht ohne zu große Aufmerksamkeit entgegen. Erst beim Abflug Richtung Europa, als ich mir in Idlewild die *New York Times* und *Herald Tribune* kaufte, konnte ich aus den dicken *headlines* schließen, dass ich im Zustand militärischer Unbildung einen »scoop«, einen sensationellen Erstbericht versäumt hatte.

Der Heimflug nach Abstechern ins Kanadische und zwei weiteren Tagen in New York. Ich schwor mir selber, dass ich so rasch wie möglich in dieses schwierige Wunderland Amerika zurückkehren werde, gleichviel wie ich es anstellte. Ich begriff, dass diese Reise eine Zäsur in meinem Leben war.

Die Rosenfrau und das Lob der Freundschaft

Mein altes Bett mit dem eingeschnitzten Herzen, das ein wenig zu folkloristisch sein mag, am rechten Pfosten hängt obendrein ein barockes, silber-goldenes Flammenherz. Das Andenken einer Dame von Geist aus München. Sie schrieb dazu den kleinen Vers, der nun wirklich folkloristisch ist und dennoch graziös, dank seiner Ironie und Selbstironie: A bisserl an Liab, a bisserl a Treu / Und a bisserl a Falschheit is alweil dabei ... (Bin gewiss, dass ich nicht der Einzige bin, dem jenes Angebinde zuteil wurde.) Darüber ragt die Rosenfrau auf, über zwei Meter hoch, eine mächtige Dame, die meinen Schlaf bewacht. Sie leuchtet in einem strahlenden Rot, aus Seide gefertigt, die kunstvoll zu (wenigstens) zweihundert Rosen gefaltet ist, die Figur auf Holz gezogen, an dem sie ihren Halt findet. Die Dame hat kein Gesicht, das war dem Material nicht abzugewinnen, aber die Phantasie billigt ihr starke Züge zu, die sich zu der (vermutlich) üppigen Brust, dem kräftigen Hintern und den stämmigen Schenkeln fügen. Nicht meine körperlichen Ideale. Dennoch ist ihr eine gewisse Anmut nicht abzusprechen.

Die Rosenfrau stammt aus der Werkstatt der bayerischen Malerin Gabriele Pöhlmann, einer schönen und eleganten Dame, die von dem Vorzug gesegnet ist, alterslos zu sein. Auf einem Flug von Nizza nach München saß sie neben mir. Sie machte mich neugierig auf die Kunst, die sie fertigt, und so nutzte ich eine Messe, um ihre Galerie aufzusuchen. Sofort zog die Rosenfrau den Blick auf sich. Ich sah sie schon in jenem ersten Augenblick an der Wand über meinem Bett. Fragte den Galeristen flüsternd nach dem Preis, der mir angemessen und erschwinglich erschien – »gekauft«. Der Transport machte Umstände, aber nach drei Monaten fand die Rosenfrau den Weg in unseren Winkel. R., die ich mit der Hausgenossin überraschte, war angetan. Sie ist nicht einschüchternd. Aber sie ist stark. Das hat sie mit den meisten Frauen gemeinsam, die ich auf meinem Weg genauer kennenlernen durfte.

Frauen. Ein jüngerer Kollege bemerkte mit einer Prise Spott, als ich diese Erinnerungen zu schreiben begann: Du wirst doch hoffentlich den Damen ihren verdienten Platz in deinem Buch einräumen? Oder waren es zu viele Eroberungen? – Eroberungen, fragte ich, was soll das? Ich habe in meinem Leben nicht eine einzige Frau erobert, keine. Dachte eine Weile nach. Dann sagte ich dem flotten Herrn: Frauen lassen sich nicht erobern, es sei denn mit Gewalt, mit physischem oder psychischen Terror. Wenn sich zwei zusammenfinden, dann ist es zuletzt wohl immer eine gegenseitige Verführung. Das mag rasch geschehen. Es mag Jahre dauern.

Meine Urfreundin Gitta war gewiss keine Frau, die sich erobern ließ. Sie war eine Persönlichkeit von ungewöhnlicher Kraft, von hell aufstrahlender Passion, die freilich auch in die Dunkelheiten des Lebens hinabsteigen konnte, und sie war vor allem mit einer Fähigkeit zum Widerstand begabt, der sich gewiss nicht hätte brechen lassen. Sie war die Geliebte. Sie war auch Freundin. Die Freundinnen wurden immer wichtiger, da die (meist älteren) Freunde davongingen, einer um den anderen, ob mein Mentor, der große Schweizer Journalist Fritz René Allemann, ob der Polyhistor François Bondy, ob Rix Löwenthal, der schärfste Geist, der mir jemals begegnete (und der dennoch ein Herz hatte), ob Harold Kaplan, der universal interessierte und so vielseitig talentierte Intellektuelle aus New York, der seinen Weg als Schriftsteller und Journalist bei der links-liberalen *Partisan Review* begann (wie Mary McCarthy, das schöne katholische Mädchen aus Kalifornien, vermutlich das einzige nichtjüdische Geschöpf in der Autoren- und Redaktionsfamilie des kämpferischen Blattes, das leider 2003 das Zeitliche gesegnet hat).

Kaplan, den alle Welt Kapy nannte, redigierte nach dem Zweiten Weltkrieg eine französische Zeitschrift der amerikanischen Botschaft in Paris, wurde Diplomat, diente auch als Kulturattaché in Bonn, übernahm schließlich das Amt des Sprechers der Vereinigten Staaten in Vietnam (kein leichter Job, aber man sagte – vielleicht ein Trost in seinem harten Alltag – eine der schönsten Damen von Saigon sei seine Geliebte gewesen). In einem Industrieimperium unter der Leitung seines Freundes Mike Blumenthal verdiente er hernach endlich Geld. Was für ein formidabler Freund, dieser Michael B., der 1947 nach acht Elendsjahren in Shanghai, zwanzig Jahre alt, fünfzig Dollar in der Tasche, in San Francisco gelandet war (die Überfahrt hatte er als Kohlenschipper verdient) und ein Jahr später in Harvard studierte. Nach einer eindrucksvollen Managerkarriere wurde er Finanzminister unter Präsident Carter. Im Ruhestand, den er gemütlich im Bildungsidyll Princeton hätte genießen können, übernahm er in einer verfahrenen Situation den Aufbau und die Direktion des Jüdischen Museums in Berlin, dem dank seiner Energie, seines Charmes, seiner Ausstrahlung in der Öffentlichkeit, seiner Klugheit im Umgang mit den politischen Machtverwaltern in der Hauptstadt ein so wunderbarer Erfolg zuteil wurde. Kapy wiederum lebte zuletzt in Paris, in zweiter Ehe mit einer Französin verheiratet; Tochter Leslie (aus der ersten Ehe) ist seit langen Jahren eine angesehene französische Poetin. Was für ein reiches und schwieriges Leben dieser so menschliche Mann gelebt hat! Vor zwei Jahren starb er an Lungenkrebs, bis zuletzt am Telefon voll heiterer Tapferkeit, vermutlich um den Freunden die Gespräche leichter zu machen.

Schließlich Willy Brandt (dessen hundertsten Geburtstag ganz Deutschland im Jahr 2013 so enthusiastisch gefeiert hat), der Freund durch vier Jahrzehnte (den ich manchmal, in respektvoller Distanz, fast als einen älteren Bruder empfand) – er sagte der Welt 1992 adieu, vor mehr als zwanzig Jahren.

Gottlob blieben Vertraute: der Weltgeist Michael Naumann, den ich in Washington zum ersten Mal traf (er war Korrespondent der *Zeit*), damals mit Christa Wessel verheiratet, die in den sechziger Jahren unsere blutjunge Mitarbeiterin im ZDF-Studio an der M-Street war. Für ein Jahrzehnt lenkte er hernach die Geschicke des Rowohlt Verlags: mein inspirierender Verleger, der dem Georg-Forster-Buch, der Studie über die Deutschen in der Französischen Revolution, und vor allem der monströs dicken Thomas-Mann-Biographie (rund 2400 Manuskriptseiten) ins Leben verhalf. Er selber war stets ein glänzender Stilist (im Deutschen wie im Englischen), Verfasser von brillanten Essays. Jetzt baut er für den genialen Partner Daniel Barenboim bei der Berliner Staatsoper eine Akademie auf, mit der das segensreiche West-Eastern Divan Orchestra, in dem Israelis und Araber während des Sommers zusammen musizieren, zu einer festen Institution werden soll. An Michaels Seite nun die deutschamerikanische Medizinerin Marie Warburg (aus der großen Hamburger Familie), die mich schon als sehr junge Dame bezaubert hatte (wie in meinem *Tagebuch* aus dem Kanzleramt nachzulesen ist – war selber überrascht, als ich auf den Eintrag stieß). Allein ihretwegen hätte es Michael verdient gehabt, die Hamburger Bürgermeisterwahl im Jahr 2008 zu gewinnen: damit eine Warburg First Lady der Hansestadt werde.

Es gibt den alten Gefährten Peter Merseburger, mit dem wir seit Jahrzehnten herzlich verbunden sind – gleichermaßen mit seiner gescheiten Frau Sabine, der Autorin kultureller Dokumentarfilme. Auch diese beiden (sie waren lange unsere Nachbarn in Südfrankreich) begegneten einander, wenn ich recht weiß, in Washington, in dem nicht die schlechtesten Köpfe des deutschen Journalismus zu finden waren: so Gerd Ruge, Klaus Bölling und Jan Reifenberg, die amerikanische Säule der FAZ (wie zuvor die Pariser, später die Brüsseler) – ein wahrhaft weltkundiger Kollege, der niemals zögerte, uns an seinen Erfahrungen teilhaben zu lassen. Er ist freilich nicht denkbar ohne Renate Reifenberg, meine Landsfrau, die aufs Attraktivste demonstriert, dass sich schwäbische Femininität mit Weltläufigkeit, Charme, Raffinement, wacher Neugier und einer Portion Ironie zu vereinen weiß. Peter Merseburger, dies nicht nebenbei, schrieb die konkurrenzlos beste Willy-Brandt-Biographie und eine schöne Studie über Weimar, neben anderen biographischen Werken, die in der Zusammenschau die Geschichte der Bundesrepublik erzählen.

Oder Hanjo Kesting, auch er ein Polyhistor (wie einst François Bondy), fast sein Lebtag lang Kulturchef des Norddeutschen Rundfunks, der dem dritten Radioprogramm ein so hohes Niveau sicherte, wie es den Forderungen an die öffentlich-rechtlichen Anstalten einst entsprach (die beinahe nirgendwo mehr respektiert werden – nicht in einer Organisation, die es zuließ, dass der Intendant des Südwest-Rundfunks in Stuttgart die Zusammenlegung der Orchester von Freiburg und Baden-Baden erzwingen konnte, um ganze fünf Millionen Euro einzusparen; de facto bedeutete dies die Auflösung des Baden-Badener Orchesters, das man in der gesamten Musikwelt als *das* Uraufführungsorchester zeitgenössischer Kompositionen kennt). Hanjo Kesting, der Prototyp des Kulturjournalisten, der den Namen verdient, ist im sogenannten Ruhestand produktiver denn je. Oder Jürg Altwegg, der für die FAZ die intellektuelle Landschaft Frankreichs von Genf aus beobachtet: in dieser Aufgabe ein später Erbe von Herbert Lüthy und François Bondy, die ihm auch ihr Talent zur Freundschaft weitergereicht haben – und eine, für eidgenössische Verhältnisse, unverstellte Herzlichkeit.

Oder Heiko Gebhardt, der unvergleichliche Fahrensmann, Jahrzehnte Redakteur fürs »Anspruchsvolle« beim *Stern*, noch immer ein origineller Zeitschriftenerfinder und -macher, der das Ohr am Boden hat und das Auge bei den Realitäten der Politik, der Kunst, der Wissenschaften, der Technik – ein guter Gefährte, den ich spät erst fand: lebensklug, zuverlässig, tolerant und hilfsbereit, die wandelnde Solidarität.

Oder Eckart Fleck, Direktor des Herzzentrums in Berlin, einer der besten Kardiologen Europas – kein Mann der großen Worte, doch ein scharfer Analytiker, dem ich verdanke, dass ich trotz der fortgeschrittenen Jahre noch ziemlich »normal« zu leben und zu arbeiten vermag. (Bis heute ahnt in Berlin keine Seele, dass er mit einiger Regelmäßigkeit den postsowjetischen Halbdiktator Jelzin behandelt hat, der bei Nacht und Nebel eingeflogen und mit gleicher Heimlichkeit nach Moskau zurückgeflogen wurde. Es war nicht angenehm, gestand Eckart, diesem Zaren unter Aufsicht seiner russischen Ärzte und Leibwächter mit schussbereiten Maschinenpistolen den Schrittmacher auszutauschen oder komplexe Schutzmechanismen einzubauen, welche freilich die konstante Gefährdung des draußen in der Welt nahezu chronisch besoffenen Patienten kaum einzudämmen vermochten.) Eckarts Freundschaft verdanke ich Hanne, seiner Frau, einer eleganten Dame von einer (manchmal) elegischen, gleichsam Wienerischen Schönheit, lange Jahre Kunst-Journalistin, hernach Generalsekretärin der Berliner Philharmoniker-Stiftung, die dafür sorgt, dass die Meister im Orchester Kunst und Können an talentierte Eleven weitergeben.

Ein Glück, die Freunde. Dennoch war und ist mein Dasein intensiver von den Freundinnen bestimmt, den vertrauten und auf je eigene Weise geliebten. Gleich zu Beginn möchte ich der Frau gedenken, deren Freundschaft eines der großen Geschenke der vergangenen Jahrzehnte war: Freya von Moltke. Was für eine Landschaft dieses Gesicht war. Eine Landschaft des Jahrhunderts, eines großen Lebens – die Frau, die Witwe von Helmuth von Moltke, wohl des bedeutendsten Kopfes im deutschen Widerstand. Ihre Flucht aus dem schlesischen Kreisau, in dem sie so lange ausgeharrt hatte. Sie mahnte bei mir die Biographie des Pastors Harald Poelchau an, des Gefängnisseelsorgers in Tegel, der mit seiner Frau die wichtigste, die schwierigste Pflicht der Resistenz erfüllte: Die beiden halfen ungezählten Juden bei ihrem Versuch, im Dschungel des Berliner Untergrunds zu überleben, versorgten sie mit Schlafstätten, mit Brot, mit Geld, mit gefälschten Lebensmittelkarten und, soweit möglich, gefälschten Ausweisen. Durch Poelchaus Vermittlung – sie wohnte bei ihm – tauschte Freya täglich Briefe mit ihrem Mann, bis zum Tage seiner Hinrichtung.

Unerschrocken forderte sie die Anerkennung der Oder-Neiße-Grenze: die Voraussetzung der Verständigung mit Polen. Sie zog mit ihren Kindern zunächst zu den Eltern ihres Mannes nach Südafrika. Ertrug die Apartheid nicht. Lebte schließlich mit dem Freund Helmuth Moltkes, Eugen Rosenstock-Huessy (der am Dartmouth College, einer der besten Schulen der Vereinigten Staaten, gelehrt hatte), im Dörfchen Norwich in Vermont. Blieb nach seinem Tod in dem einfachen und wunderschönen Holzhaus. Einmal war sie bei uns in Südfrankreich, schloss Renate ins Herz, berief sie ins Gremium der Ehrenberater der Stiftung Kreisau. Ich besuchte sie so oft es anging in Vermont. Wohnte dort gern. Man fühlte sich gut in ihrer Nähe. Aus jeder Begegnung ging ich reicher davon. Ihr Urteil über die amerikanischen, die deutschen, die europäischen Dinge war scharfsichtig, klug, niemals allzu düster. Sie durchschaute Menschen, um zu ihrem guten Kern vorzudringen (und manchmal zu dem bösen). Sie war gütig, nicht weich auf verwaschene Weise. Streng, wenn es sein musste. Sie war eine große Frau – und hätte dieses Wort zurückgewiesen. Sie war es eben darum. Am 24. Dezember 2011 antwortete sie – völlig klar – mit einigen Sätzen auf meinen letzten Brief. Am 31. Dezember starb sie, neunundneunzig Jahre alt. Ein Glück, sie gekannt zu haben. Ich denke an Marianne K., die ich bei einem Mittagessen Werner Höfers (in einem blühenden Garten) kennenlernte, wohl Mitte der fünfziger Jahre. Sie war der junge Star des deutschen Films, gottlob nicht nur dank der alpenländischen Heimatschluchzer, die man ihr andrehte, sondern auch als die junge rebellische Kriegsfrau neben Curd Jürgens in *Des Teufels General* nach Zuckmayers Widerstandsstück. (Sie agierte außerdem, wie sie mir später erzählte, in einem Italo-Western neben dem jungen Clint Eastwood, der nach ihrer Erinnerung am Set bereits seine virtuose Professionalität bewies, sich schon damals nach Drehschluss konsequent zurückzog, allein die fremden Städte erkundete, in seinem Hotelzimmer las, Musik hörte oder in einem abgelegenen Raum Klavier spielte.) Ich schwärmte für Marianne wie ein Student vom Lande – zu jener Zeit an jedem zweiten Samstag in München, um den Wochenkommentar fürs Fernsehen des Bayerischen Rundfunks zu schreiben und live zu präsentieren (bis die Medienwächter der CSU dafür sorgten, dass ich von den konservativ, wenn nicht reaktionär gleichgeschalteten Mikrophonen und Kameras des schwarzen Landes ferngehalten wurde). Mariannes intellektuelle Neugier schmeichelte mir.

Sie war klug genug, sich von der Filmwelt zurückzuziehen, ehe sie vierzig Jahre alt wurde. Sie traute es sich nicht zu, wie sie sagte, in sogenannten Charakterrollen zu agieren, wie es das Geschick den älter werdenden Schauspielern befiehlt (vermutlich hätte sie auch das zuwege gebracht). Lieber setzte sie sich auf die harte Hörsaalbank und nahm das abgebrochene Medizinstudium wieder auf. Die Professoren schonten sie nicht. Im Gegenteil, sie meinten, der Dame vom Film alle Verwöhnungen austreiben zu müssen (die sie selber längst abgeschüttelt hatte). Nicht anders hielten es die vorgesetzten Ärzte in ihren Assistenzjahren. Sie wurde, wie man so sagt, hart rangenommen. Die Schikanen ertrug sie ungerührt, vielleicht mit einem raschen ironischen Lächeln: *a good sport*, wie die Briten sagen.

Sie war meine deutsche Ärztin geworden und blieb dennoch eine Freundin – ein psychologischer Balanceakt, den sie souverän zu meistern wusste. Die Exaktheit ihrer Diagnosen, selbst der telefonischen, war erstaunlich. Zugleich gewann ihr Leben durch Peter, ihren Partner, eine Art literarischer Dimension. Er war damals Redakteur im Bayerischen Rundfunk, und er ist noch immer ein eleganter, genauer Kritiker, zudem ein Poet von Rang. Die Nähe zu einem Meister des Worts kam Mariannes eigenem Stil zugute, als sie nach dem Abschied aus der Praxis begann, Medizinbücher für Patienten, für Laien überhaupt zu schreiben, ganz ohne den Hochmut der Expertin, vielmehr sachlich, dennoch mitfühlend, nüchtern und trotzdem ermutigend. Als Präsidentin der Deutschen Liga für Schmerzmedizin brachte sie es zuwege, viele ihrer Kollegen für ein humaneres Verständnis ihres Berufes zu gewinnen. Bei uns zulande wurde die Schmerzmedizin lange Zeit mit merkwürdigem Starrsinn vernachlässigt, wenn nicht tabuisiert, vielleicht weil die Mehrzahl der Ärzte einst in der vermeintlich christlichen Überzeugung gefangen war, dass es heroisch und gottgefällig sei, Schmerz zu ertragen. (Ich habe es bei der Agonie meines Vaters miterlebt.)

Was Iris angeht, die Anregerin dieser Exkurse ins eigene Leben: Ich bewundere, verehre und liebe sie, ihre starke und zugleich hoch differenzierte Persönlichkeit. Um ihren Weg von der Ikone studentischer Rebellen (im Geist von Achtundsechzig) zum Jungstar mit einem ausgeprägten Talent zur Komik (mit der sie die Anfechtung durch die Eitelkeiten ihrer Profession in Schach hielt) und von dort zur großen Charakterfrau des deutschen Films und Fernsehens – um diesen Weg angemessen zu schildern, brauchte es ein dickes Buch, in dem nur von ihr zu berichten wäre.

Iris' Freundschaft wurde mir durch das Schicksal von R. geschenkt. Wir waren beide zu einer Tagung über ein (weiß nicht mehr welches) israelisch-deutsches Problem ins Konrad Adenauer-Haus in Jerusalem eingeladen, zusammen mit illustren Geistern, darunter der Autor Henryk Broder, der eine glänzende und manchmal allzu schneidige Feder führt, im letzten Winkel seines Wesens nicht völlig frei von Hypertrophie, an der mitunter sein Talent zur Selbstironie versagt. Er gestand später in einem Brief an R., dass er der Anstifter war, als bei einer Buchmesse ein Steckbrief an die Stände geklebt wurde, der mich als Antisemiten denunzierte. R. riss die Blätter ab (ich lag damals im Hospital); ein junger Mann versuchte, sie daran zu hindern, ein Protestmädchen schien sich mit ihr prügeln zu wollen. R. zeigte schließlich – dazu brauchte es viel – ihre Auschwitz-Nummer am Arm. Das Pack verzog sich. In seinem Brief an R. nannte Broder die Szene immer noch einen Spaß. Na denn. Jeder amüsiert sich so gut er kann. Damals in Jerusalem rühmte ich ihn als den neuen Börne, wenn nicht den auferstandenen Prosaisten Heinrich Heine. Er lachte darüber, doch ich konnte mich nicht des Verdachts erwehren, dass er in der Hinterstube seines Gemütes den Vergleich für angemessen hielt. Irgendwann wurde ihm, wenn ich recht weiß, tatsächlich der Börne-Preis verliehen (der ihm eher zukam als Joachim Fest, dem glanzvollen, doch eher konservativen Essayisten, lange Jahre Mitherausgeber der FAZ, verantwortlich für das blühende Feuilleton).

Beim Abendessen kam Iris an unseren Tisch, sprach R. an und berichtete, sie sei ihr ein paar Tage zuvor auf dem Bildschirm begegnet, in einem Hotelzimmer in Krakau, wo sie der Bedrückung eines Tages in Auschwitz-Birkenau zu entkommen versucht hatte; sie verschaffte sich ein wenig Ablenkung, zappte durch die Fernsehprogramme – und blieb prompt bei einem deutschen Sender mit einem Film über Auschwitz hängen. So habe sie Renates Bericht über die Jahre im Todeslager gesehen. Und nun begegne sie der Überlebenden leibhaftig in Jerusalem – was für eine Fügung. Sie blieb lange an unserem Tisch. Die beiden verstanden einander, unterhielten sich inspiriert, auch heiter, ich mischte mich gelegentlich ein, nicht oft, dies und jenes ergänzend.

Wir sahen einander dann und wann in Berlin. Doch die Hauptperson blieb Renate. Als sie vor fast einem Jahrzehnt eine schwierige Operation zu bestehen hatte, schrieb Iris ihr einen Brief voller Herzlichkeit, der ihr wieder Mut fürs Leben gab. Wir versäumten von nun an keinen ihrer Filme; es stapeln sich bei mir längst auch die CDs mit den Versen der jüdischen Dichter und Dichterinnen, deren Werk sie ans Licht gehoben hat; dazu die Aufnahmen verschollener Romane wie *Manja*, das bewegende Werk der Österreicherin Anna Gmeyner, in der englischen Emigration noch in den dreißiger Jahren geschrieben: die Geschichte von fünf Kindern der unterschiedlichsten Herkunft in der Anbruchsphase des Nazismus, im Zentrum ein musikalisch hochbegabtes Mädchen, Tochter einer jüdisch-polnischen Emigrantin. Der Band erschien ein halbes Jahrhundert nach seiner Entstehung im Persona Verlag, dem Winzunternehmen einer passionierten Literaturfrau, die tagsüber einem soliden Beruf nachgeht, abends und nachts vergessene Bücher entdeckt. In neunzehn Nachtstunden lauschte ich der Lesung. Ich wage nicht daran zu denken, wie viele Stunden im Studio dieses ungewöhnliche Engagement gekostet hat (und ich bin sicher, dass Iris dafür keinen Centime verlangte). Zu ihren Auftritten, auch in Kirchen, strömen die Leute immer und überall. Sie ist präsent, wirkt mit ihren sechzig wie eine Frau von höchstens vierzig (intellektuell und emotional so vital wie das Leben selbst). Chapeau! Ich schreibe es auch für R.

Es müßte von Monika erzählt werden, der Urfreundin, Schwester des ebenso talentierten wie unsteten Pianisten und Dirigenten Justus Frantz, die das Recht hätte, sich Gräfin zu nennen, weil sie partiell einer Aristokratenfamilie entstammt, die sich durch Widerstand und bittere Opfer von neuem geadelt hat. Sie zieht es vor, als Bürgerin unter Bürgern zu leben – droben im Norden Deutschlands, wohin sie, noch ganz klein, bei der Flucht ihrer Mutter aus Schlesien geriet, aufgewachsen im Schloss von Verwandten, in dem es eher karg zuging. Der Schönheit des jungen Mädchens schadete das nicht, es minderte nicht seinen Charme, mit dem sie den sprödesten Nordländern und den steifesten Hanseaten den Kopf verdrehte. Schließlich die Frau eines Anwalts aus betuchtem Hause, der sich mehr für die zeitgenössischen Maler (und für Pferde) als fürs Bürgerliche Gesetzbuch interessierte; Mutter von zwei Töchtern, die ihrerseits die Berliner Künstler- und Professorenwelt wirbeln ließen. Die beiden hellenischen Begriffe, die sich im Deutschen in dem Wort Liebe vereinen, hat Monika auf wundersame Weise gelebt: Eros und Agape. Sie hat autistische Kinder mit ihrer Geduld in eine Existenz der (relativen) Normalität gelenkt. Sie pflegt nun, ein wachsamer, manchmal auch strenger Erdenengel, todkranke Freunde und Freundinnen. Und dennoch (vielleicht deshalb) – ist sie mitten im Leben. Und sie ist ein Glück für die Menschen, die ihre Nähe gewannen.

Freundschaft. Es ist von Angela zu berichten, der Oberstudienrätin in H., die unbeirrbar ihre pubertierenden Gymnasiasten beiderlei Geschlechts mit den wichtigen Linien und Figuren der Geschichte vertraut zu machen und ihnen einen Begriff deutscher Dichtung zu vermitteln sucht, obwohl die Mädchen bei ihrem Anblick eher mit der Frage beschäftigt sind, wie sie es wohl anstellen könnten, hernach im Leben genau so schön wie ihre Lehrerin zu sein, und die Knaben – ach, wir wollen lieber nicht wissen, was in ihren Köpfen vorgeht, wenn sie an den Lehrkörper denken. Durch A. habe ich gelernt, was der »Bildungsauftrag« von ihr und ihren Kollegen fordert. Ein hartes Brot. Erich Kästner, der geniale Satiriker (und Idyllen-Dichter), schrieb einst, die Lehrer müssten die höchstdotierten Beamten des Landes sein, denn niemand nehme eine größere Verantwortung auf sich. Doch die Einkommen sind nicht üppig zu nennen.

A. gehört ganz gewiss zu den widerstandsfähigen Frauen. Sie heiratete früh, brachte rasch zwei Kinder zur Welt, blieb an der Seite der Kleinen, bis sie aus dem Gröbsten waren (wie man so sagt), dann studierte sie gründlich und mit erwachsenem Verstand, bestand ihre Examina, entschied sich für diesen Beruf, der viel von ihr verlangt: Zeit, Kraft, Geduld und unverdrossene Freundlichkeit, auch gegenüber Schülern, die man mit dem besten Willen nicht liebenswert nennen kann – weil sie eher verstockt sind, minder begabt, früh von Ressentiments getrieben (aus welchen Gründen auch immer), eine Last, zumal keiner der manchmal schlicht dämlichen Knaben und Maiden sitzenbleiben soll, denn nach offiziell-humaner Schulpsychologie gibt es weder minderbegabte, noch böswillig aufsässige Kindlein, nur die bedauernswerten, die zurückbleiben mussten, weil sie durch Lehrerin oder Lehrer nicht die notwendige Zuwendung erfuhren. So will es die zeitgenössische Pädagogik, die zweifellos dem Brüll- und Prügelsystem meiner Kindheit vorzuziehen ist, doch an die Lehrerschaft unvergleichbar härtere Forderungen stellt.

Francesca, die Poetin und Lehrerin im apulischen Bari. Wir lernten einander in London kennen, sie war neunzehn, rank, bildhübsch (warum sagt man so, weil Schönheit eher auf Bildern existierte, oder man von ihr ein Bild fertigen müsste?), mit hellwachen, sich manchmal traurig verdunkelnden Augen. Sie studierte Englisch und kellnerte zum Lebensunterhalt. Fand Gefallen an ihr, zumal an dem offenen Lachen, und ich schien ihr nicht völlig fremd zu sein. Wir plauderten, bis sie der Patron darauf hinwies, dass es noch andere Gäste gab. Einige Monate später meldete sie sich aus Freiburg im Breisgau, wo sie an der Universität ihre Deutsch-Studien fortsetzte. Ich überraschte sie dort, als sie am Mittag aus dem Seminar kam. Wir wechselten nur die Sprache. Blieben auch beim Deutschen, als wir in Wien ein bisschen mehr Zeit füreinander fanden. Sie reiste dann und wann mit Touristengruppen aus Bari herauf – lärmenden Kleinbürgern, die sich nicht anders aufführten als die Deutschen (oder Österreicher) in ihrer Heimatstadt Bari. Bald meinte Francesca, mir gestehen zu müssen, dass sie sich auf einen Flirt mit dem (verheirateten) Leiter ihrer Schule eingelassen habe, der nun leider eine sündhaft-sinnliche Beziehung geworden sei. So viel sie ihr bedeute, sie müsse dem Verhältnis zu entkommen suchen, ehe die Passion Konsequenzen erzwinge. (Sie war zu jener Zeit verlobt.) Vielleicht, sagte ich, sei es angebracht, die Pausen zwischen den Rendezvous auszudehnen, die Leidenschaft, so schwer es auch sei, langsam zu drosseln, um ihn schließlich wissen zu lassen, dass sie die Spannung zwischen den beiden Lieben nicht länger ertrage. Er werde sich fügen und voller Stolz auf seine schöne Adlatin davongehen.

In Wahrheit gehört Francesca zu einer Generation italienischer Frauen, die sich radikaler emanzipierte als die deutschen, die französischen oder amerikanischen Schwestern. So erklärt es sich (und nicht nur aus Gründen der Ökonomie), dass Italien die niedrigste Geburtenrate Europas aufweist (und das unter den Augen des Vatikans). Mittlerweile ist F. verheiratet und Mutter einer Tochter. Tagsüber unterrichtet sie. Nachts schreibt sie an ihren Romanen und Gedichten. Sie organisiert – eine Sensation für Italien – Lesungen in Gefängnissen. In den Tagen der schrecklichsten Tragödien eilte sie nach Lampedusa, um zu helfen, soweit es möglich ist, und die Welt der Intellektuellen durch ihre Berichte aufzurütteln. Eine starke Frau.

Claudia: Ich weiß nicht, wie sie's mit der Religion hält – doch Kirchen sind, nach ihrer Ansicht, vor allem dazu bestimmt, von Musik erfüllt zu werden, am schönsten mit der eigenen Stimme, auch wenn sie nun lieber eine Schülerin schickt: seit langem Musikprofessorin an einer bedeutenden Universität, für ihre szenische Arbeit mit jungen Gesangs- und Instrumental-Studenten mit dem Exzellenz-Preis ausgezeichnet – und dennoch ist sie nicht von Feierlichkeit und Selbstverehrung bedroht, und kann in guten Augenblicken lachen wie die dunkle, junge, strahlende Frau, die mich auf dem Pariser Flughafen Orly fragte, ob ich's sei (jener, der manchmal aus dem Fernsehschirm guckte, auf dem sie sehr viel öfter zu sehen war als ich, weil sie ihr Studium als Ansagerin verdiente). Sie wartete mit einem ebenso jungen Kollegen auf die Maschine nach Frankfurt. Die beiden hatten bei einem Konzert in Paris mitgewirkt – sie Altistin, er Tenor –, und sie hatten Erfolg, wurden heftig beklatscht, weil sie schön sangen und weil sie, auch der junge Herr, schön anzuschauen waren. Ihre TV-Auftritte brach sie prompt ab, als das Studium beendet war.

Später lernte ich, wie klug die junge Frau war, die ich in Mozarts Requiem und des Öfteren – während eines langen Aufenthaltes in Österreich – auf den Wiener Bühnen in dieser und jener Altpartie, in Opern und Oratorien hörte und sah. Sie heiratete schließlich einen Historiker, einen der prominentesten seiner Zunft, der – das war ihr wichtig – ein glänzender Stilist war (und ist). Sie brach die Bühnenkarriere früh ab. Sie sang nun öfter Händels und Haydns Oratorien sowie Bachs Passionen, begann zu unterrichten, wurde rasch ordentliche Professorin. Bequem hat sie sich's seither nicht gemacht. So brachte sie es zuwege, die Matthäus-Passion in einer minimalen Besetzung aufzuführen: Die Solisten sangen die Chöre, die Orchester-Musiker spielten die Solopartie. Eine Konstante sind die Sommerwochen in Rheinsberg (mit einem Bühnenereignis und den Trainingswochen für eine internationale Sänger-Elite).

Das graziöse Schlösschen mitten im brandenburgischen Seen- und Wälderidyll steht ihr gut. Man vergisst über dem jungen Musikleben, das sie mitdirigiert, dass dort der ungebärdige Kronprinz Fritz mit seiner Flöte recht allein war. Später residierte sein nicht sehr geliebter Bruder Heinrich im Palais, in dem der Verwöhnte einen eigenen, keineswegs sparsamen Hofstaat unterhielt. Theater drinnen und draußen, ausgelassene Spiele, bei denen hübsche Knaben niemals fehlten. Er liebte sie, was ihn menschlicher machte. Vielleicht wäre auch das ein Opernstoff. Werde es ihr vorschlagen – wenn ich sie telefonisch erreichen kann. Das ist nicht leicht. Manchmal wächst uns die Arbeit über den Kopf. Die Freundschaft verliert sich dennoch nicht.

Nein, ich nehme es in der Regel nicht hin, dass Menschen, dass Frauen, mit denen ich mich verbunden fühle, im stets beschleunigten Fortgang der Jahre oder in der Wirrnis der Ereignisse verschwinden.

Aber da ist Maria, die sich nun in einer Welt des Schweigens isoliert. Als ich sie kannte, war sie (und sie ist es noch) mit einer ungewöhnlichen Musikalität der Sprache begabt – in der Konversation, erst recht im geschriebenen Wort –, die mir jede Minute des Zusammenseins und der Lektüre ihrer Übersetzungen kostbar machte. Die Sprache korrespondierte mit ihrer besonderen Schönheit und Ausstrahlung, die sich nicht den klassischen Merkmalen unterwarf. Sie strahlte in der Tat, obschon sie selten heiteren Gemütes war, eher von jener Melancholie geprägt, mit der die Musik des neunzehnten Jahrhunderts, die Klavier- und Kammerkompositionen von Schumann oder Brahms getränkt sind. Manchmal schienen mir ihre Übersetzungen poetischer und zugleich genauer zu sein als das Original. Wie sehr wünschte ich, dass sie Eigenes schriebe. Sie sagte stets, dass dies nicht ihre Sache sei.

Was ich als ihre Melancholie empfand war, wenigstens partiell, wohl auch ein Echo auf die Schwierigkeiten ihrer Ehe. Es war ihre zweite, die dritte ihres Mannes, des agilen Königs der deutschen Zeitschriftenwelt, als Journalist zweifellos eine Jahrhundertbegabung. Es gelang ihm, manche Stücke mit einer Eleganz zu formulieren, die im Gewerbe selten ist, oft auch mit einem gnadenlosen Witz, der Taktlosigkeiten nicht scheute. Trotzig behauptete er seine historischen Einsichten, seine Überzeugungen – scharfsinnig, manchmal von einem genauen Instinkt geleitet, manchmal auch gegen alle Realitäten. Wenn es der sogenannte Ernst der Lage zu verlangen schien (oder wenn er eine Figur, die ihm nicht passte, aufs Korn genommen hatte), schrieb er mit einer ungehemmten Direktheit, die brutal sein konnte.

Er nannte seinen *Spiegel* ein »Sturmgeschütz der Demokratie«, was er zeitweise gewiss auch war, vor allem während seiner härtesten Prüfung, als der rabiate Verteidigungsminister Franz Josef Strauß, leider mit der Billigung des alten Kanzlers Adenauer (der keine ausgeprägte Beziehung zur Freiheit der Meinung unterhielt), die Presse seinem Diktat zu unterwerfen versuchte. Rudolf saß hundert Tage in Untersuchungshaft, die vermutlich sehr ungemütlich war. Er las zum ersten Mal in seinem Leben die Bibel, wie er hernach bekannte (er stammte aus einem katholischen Haus). Die Staatsanwälte beantragten schließlich die Einstellung des Verfahrens, weil die Ermittlungen keine Anklage rechtfertigten. Welch ein Sieg (der nicht leicht erkämpft war)! Damit war der vielseitig talentierte, in seinem Auftreten so robuste (in Wahrheit äußerst verletzliche) Häuptling der Bajuwaren auf beschämende Weise gescheitert. Sein Amt hatte Strauß zuvor schon niederlegen müssen, da er das Parlament nachweislich belogen hatte. Seine Entmachtung war gut – für die Republik, für die Gesellschaft, für die Stärkung der bürgerlichen Freiheiten und Rechte. Mit ihr waren auch potentielle Gefahren gebannt. Dem Verlangen nach Sicherheit diente es nicht, dass man den Befehlshaber der Bundeswehr nach Staatsempfängen stockbesoffen im Park fand. Ich selber erlebte es später in seinem Bonner Bundestagsbüro: Er regte sich über ungebärdige Parteifreunde so maßlos auf (vor mir, in seinen Kreisen als »rot« verschrien), dass er nur noch brüllte: »Sie sollen mich am Arsch lecken – am Arsch lecken sollen sie mich ...« Dies in wechselnder Betonung zehn Minuten lang, sich selbst und den Gast völlig vergessend. Er war nicht bei sich. Er war außer sich. Jenseits der Zurechnungsfähigkeit. Bis er plötzlich zu sich kam und das Gespräch wieder aufnahm, ohne Entschuldigung oder Erklärung, als sei nichts geschehen. Womöglich hatte er selbst seinen Ausbruch nicht wahrgenommen. Ich weiß nicht, wie oft sich solche Szenen ereigneten. Doch die Absencen schienen mir für einen Politiker unzulässig zu sein, schon gar für einen Minister, der das beträchtliche Waffenarsenal der Bundeswehr kontrollierte – wenngleich, entgegen seinen Ambitionen, nie atomare Waffen. Ich atmete auf, als sein Bemühen, Kanzler zu werden, ein für alle Mal unterging.

Strauß aus dem Amt geschleudert zu haben, bleibt Augsteins Verdienst. Doch seine politischen Urteile waren mir oft fremd, zumal die außenpolitischen. Er kannte die Welt nicht. Er war kein Europäer. Er war antifranzösisch (obschon er im Midi, nicht weit von uns, ein hübsches Anwesen besaß). Er hielt zuletzt den Euro lediglich für ein Mittel zur Ausbeutung der groß gewordenen Bundesrepublik (»ein Über-Versailles«). Letztlich war er im Grund seines Gemütes deutschnational. Kohl jubelte er zu, als der schwere Pfälzer die Vereinigung der beiden deutschen Staaten ins Werk setzte. Alles in allem mag er mehr Sturmschütze als Demokrat gewesen sein. Wer es wagte, an seine persönliche Macht zu rühren, fand sich bald genug außer Gefecht gesetzt. Sein Instinkt für den Machterhalt funktionierte noch immer präzise, auch als er mehr und mehr dem Alkoholismus verfallen war; ein trauriger Niedergang, der selbst seinen Gegnern ans Herz greifen musste – sofern die Krankheit nicht dem Despoten in ihm freien Auslauf ließ. Dann demütigte er seine Chefredakteure und andere Unterlinge (»Gaus, geh Bier holen!«).

Seine Kinder blieben der Bosheit entzogen. Es war nachgerade rührend, mit welchem Eifer er (im Park von Gärtringen rings um das Sieburghaus) ihren Sankt-Martins-Zug mit den traulichen Lichtern anführte und mit seiner schönen Stimme das »Laterne, Laterne, Sonne, Mond und Sterne« sang. Hier, dachte ich, war er Kind. Hier durfte er's sein. Dennoch rasierte er vor seinem Tod deren *Spiegel*-Erbschaft um ein kleines Prozent, das ihnen von nun an für eine Sperrminorität fehlte. Das eine Prozent fiel je zur Hälfte der Mitarbeiter-Gesellschaft und Gruner und Jahr zu. Obschon er die Überlassung der Hälfte des Unternehmens an die Belegschaft als einen bösen Fehler betrachtete, zu dem er sich in der Euphorie der Nach-Achtundsechzig-Stimmung hatte überreden lassen. (Sein Unbehagen war nicht grundlos, in den Medien stößt der gute Wille zur sozialen und demokratischen Gerechtigkeit rasch an seine Grenzen – nicht anders als beim Theater, bei der Oper, bei Orchestern.) Warum die Entmachtung der Kinder? Traute er weder der klugen, vielseitig gebildeten Journalistin Franziska noch dem begabten Reporter und Verleger Jakob (im Aussehen ganz der Sohn seiner Mutter) die Befähigung zur Mitwirkung am Geschick des *Spiegel* zu? Fürchtete er, sie würden sich in einem geschwisterlichen Machtkampf zerfetzen? Rache an der Mutter? Nach dem Tod ihres fast lebenslangen Haus-Autors John Updike, dessen gesamtes Werk sie ins Deutsche übertragen hat, überraschte Maria mit der Übersetzung einer Erzählung von William Faulkner (aus dem Jahre 1930), »Als ich im Sterben lag«. Ihre Adaption des radikal unterschiedlichen Sprachcharakters des Südstaaten-Dichters, dessen Stil vom regionalen Slang geprägt war, bewies ihre unverbrauchte Meisterschaft.

Im Journalismus gibt es vermutlich schon heute mehr talentierte Frauen als Männer (siehe das oft so glanzvolle Feuilleton der *Frankfurter Allgemeinen Sonntagszeitung*), freilich noch immer nicht in den redaktionellen Machtpositionen. Kaum irgendwo, von der *taz* abgesehen, eine Chefredakteurin, selten eine Ressortleiterin (Iris Radisch, paritätisch mit einem männlichen Kollegen, im *Zeit*-Feuilleton – keine beim *Spiegel*, keine bei den großen Tageszeitungen, immerhin eine Annäherung bei der FAZ, in der die großartige Verena Lueken zur stellvertretenden Kulturchefin avanciert war). Woran liegt es? An der Resistenz einer maskulin dominierten Tradition? An den härteren Ellbogen der männlichen Konkurrenten? An einem Grundzweifel gegenüber Frauen an der Macht? Oder an deren Selbstzweifeln?

Aber bietet die Politik nicht Beispiele genug, dass sie es sehr wohl können, in Deutschland und anderswo, nicht nur mit Angela Merkel, Ursula von der Leyen oder der Ministerpräsidentin von Nordrhein-Westfalen, der Sozialdemokratin Hannelore Kraft? Mit Golda Meir, der formidablen Lady Thatcher, sympathischer mit Hillary Clinton, die eine brillante und bewundernswert unerschrockene Außenministerin der Vereinigten Staaten war – und alle überstrahlend »Birgitte Nyborg«, alias Sidse Babett Knudsen, die Heldin der großen dänischen Fernsehserie »Borgen«, einer der besten Produktionen (in Buch, Regie, Kamera, Schnitt), die jemals den TV-Schirm besetzten. Angesichts ihrer Präsenz übersah man fast, dass kurz nachdem sich die fiktive Ministerpräsidentin in die Dämmerung des Finales zurückgezogen hatte, realiter die energisch-kluge Helle Thorning-Schmidt die Verantwortung in Dänemark übernahm.

Die starke Frau über meinem Bett mag in ihrer Kraft gepaart mit Anmut eine eindrucksvolle Zeugin für ihre Schwestern aus Fleisch und Blut sein. Sie entspricht (das wird mir erst jetzt deutlich) meinem Lebensgefühl und meiner Erfahrung. Eine erste Ahnung davon überkam mich nach jener großen Reise durch Amerika, als ich mich entschloss, für geraume Zeit in den Vereinigten Staaten zu leben. Der leidenschaftliche Wunsch, die Lebenswelt radikal zu verändern, bezeichnete eine Zäsur, an der ich – was nicht zu oft geschah – die Existenz Revue passieren ließ. Ich gehöre nicht zu den Leuten, die unentwegt die eigene Person abhorchen, sich in sich selber versenken und damit womöglich den Ruf der »Tiefe« gewinnen. Mir waren immer die anderen Leute interessanter. Meist habe ich – auch bei der Lektüre deutscher Bücher – diese sogenannte Tiefe gemieden, die so oft versumpft ist, jenen Abgrund der Gemüter, den man so genau nicht kennen will. Mir war die schöne Haut der schönen Dinge lieber, und ich dachte daran, einen Essay mit dem Titel »Lob der Oberfläche« zu schreiben. (Mag sein, dass es mir noch gelingt.)

Vielleicht sog ich den Reichtum der Welt mit solch unstillbarer Neugier in mich ein, weil ich mir selber kein Innenleben bescheinigen kann, das mich jederzeit unterhalten, geschweige denn fasziniert hätte. Überdies trieb mich keine Neigung zur philosophischen oder, wenn man will, religiösen Spekulation, die mir geholfen hätte, eine Formel für mich selber zu finden, an der ich mich festhalten konnte. Meine Fähigkeit und meine Bereitschaft zur generalisierenden Abstraktion waren stets ziemlich gering entwickelt. (Nach dem Erscheinen des Thomas-Mann-Bandes wollte ein junger Akademiker wissen, was meine »Theorie« des Autors und seines Werkes sei. Ich antwortete wahrheitsgemäß, dass ich keine hätte. Der Mensch beendete das Gespräch rasch, mit einem Unterton der Verachtung.) Eine Weltformel brauche ich nicht. Nichts davon. Aber es gibt für mich sehr wohl ein wegweisendes Wort: keine Formel, es bezeichnet eine Pflicht, die schönste, die uns aufgetragen ist, dies Wort, in dem sich Albert Schweitzers Theologie, auch seine Musik und sein afrikanisches Lebenswerk erfüllen: Ehrfurcht vor dem Leben. Woher das Leben auch kommen mag.

Die Frage nach der Motivierung und dem Ziel meiner Existenz habe ich mir also nie gestellt, und niemals, wenn ich mich recht entsinne, habe ich nach dem »Sinn des Lebens« gefragt. Was könnte, nach der millionenfachen Vernichtung von Leben, von Personen, von unverwechselbaren Individuen in den Massenexekutionen durch die »Einsatzgruppen«, durch den industrialisierten Mord in den Lagern, nach der Auslöschung halber Generationen auf den (wörtlich zu verstehenden) Schlachtfeldern – was könnte der »Sinn« eines solch brutal zum Tode bestimmten Lebens sein? Ich kann ihn nicht herbeidenken. Warum lebe ich und nicht meine Brüder? Warum meine Frau mit ihrer Schwester (für mich das Glück eines halben Jahrhunderts) und nicht ihre Eltern? Es gibt keine Antwort. Man kann nur für das Wunder des eigenen Überlebens und das des geliebten Menschen danken (auch wenn sich der Dank an eine unbekannte Adresse richtet). Man kann vielleicht ein bescheidenes Quant dazu beitragen, dass es die Menschen künftig ein wenig besser machen, dass sie ihre tödliche Unvernunft, ihre Fanatismen (die religiösen, nationalen, tribalistischen), dass sie ihre Lust an der Gewalt, ihren Zerstörungstrieb, ihre Nichtachtung des Anderen, des Fremden im Zaume halten. Man kann das Seine dafür tun, dass wir das Recht zurückgewinnen, uns Kinder einer Zivilisation zu nennen, die den Namen verdient. Das wäre viel.

Frauen sind in der Regel, womöglich weil sie Leben, weil sie Menschen zur Welt bringen, unverstellter als die meisten Männer, sie sind unmittelbarer in der Wahrnehmung unserer physischen und psychischen Existenz. Sie sind fast immer stärker als die Partner in der Konfrontation mit der Not, der Bedrohung, der Gefahr für Leib und Leben, nicht nur des eigenen, sondern das der Liebsten, zumal der Kinder, aber auch der Alten und Schwachen. Sie sind – die starken Frauen – offener, unverkrampfter in ihrer Sensualität.

Die selbstbestimmte Frau, die in wenigen Jahrzehnten in gleicher Zahl und mit gleicher Autorität wie die Männer, Staaten und Staatenbünde, Armeen, Wissenschaften und Unternehmen lenken oder kontrollieren wird; Frauen, die über sich selber verfügen, auch über die eigene Sexualität, den Wunsch oder Nichtwunsch nach Kindern – sie sind die Bewegerinnen und zugleich das Ziel der eigentlichen Revolution dieser Epoche, einer elementaren Wandlung, die über Europa und Nordamerika hinauswachsen wird, hinüber nach China, nach Japan, irgendwann nach Indien (in dem immerhin eine Indira Gandhi herrschte), nach Afrika, am Ende sogar in die muslimische, in die arabische Welt. Selbst die Heere der Saudi-Prinzen und der Taliban werden sich eines fernen Tages damit abfinden müssen (vermutlich als die letzten), dass sie den Frauen das eingeforderte gleiche Recht, die gleiche Freiheit nicht länger verweigern können. Wichtigeres, Tiefergreifendes als diese Wandlung ist der Epoche nicht aufgetragen, trotz der immensen wissenschaftlichen, zumal medizinischen, der technologischen Fortschritte; trotz der elektronischen Revolution (die den »gläsernen Menschen« in dem Milliardengewimmel der Daten am Ende nicht schaffen wird); trotz der möglichen Eroberung des Kosmos. Und der Menschheit könnte mit der Macht der Frauen ein wenig mehr Glück beschieden sein. Vielleicht.

Frauen, die über sich selber bestimmen, haben mein bisschen Leben heller und reicher gemacht (mehr als andere die Frau, mit der ich lebe). Auch wenn es nicht immer die »große Liebe« war, nicht die Passion, die durch viele Jahre trägt: Die Öffnung einer Persönlichkeit mit ihren Gaben, ihren Eigenheiten, der Besonderheit ihres Geistes, ihres Körpers, ihrer Tönung der Haut, ihrem Aroma, ihrer Eigenart der Bewegung, ihrer Stimmfarben, der Melodie ihrer Sprache, ihrer Rhythmen, kurz: die Entdeckung der Besonderheiten ließ jede Begegnung zu einer kleinen, einer großen Offenbarung werden. Gibt es Schöneres, als an einem anderen Leben teilhaben zu dürfen, auch wenn es nur für eine befristete Zeit ist?

TEIL III

Renate, das Leben

Renate née Lasker kenne ich zwei Jahre länger als sie mich: seit 1956. Meine Reporter- und Korrespondenten-Arbeit, die Übersetzung meines Buches über den Aufstand der Arbeiter in der DDR verlangten gelegentlich eine Visite in London. Wann immer ich bei der deutschen Abteilung der BBC im Bush House zu tun hatte (mein Übersetzer Charles Wheeler hatte dort einen Schreibtisch), sah ich die wunderschöne Frau mit den dunklen Haaren und den großen, melancholischen Augen. Freilich konnte sie, auch das nahm ich wahr, alle Traurigkeit von einer Sekunde zur anderen fortlachen. Sie lachte glockenhell und musikalisch. Sie war (sie ist) mit einer harmonischen Stimme begabt, das wurde mir deutlich, als ich der einen oder anderen Folge ihrer Sendung »Café zur kleinen Welt« lauschte, in der sie die französischen Chansons jener Zeit, die besseren italienischen Popsongs (die damals nicht so hießen) oder auch deutsche Liedchen servierte, wie sie Marlene Dietrich mit ihrem leicht nasal getönten Bariton gesungen hat. R. schrieb und sprach die Übergänge, oft flirtend und flirrend, wie es die Hörer von ihr zu erwarten schienen. Sie schmeichelte dem Mikrophon. Ihrem Publikum in Deutschland, zumal in der DDR (die in jenen Tagen noch »die Zone« genannt wurde) erklärte sie die fremden Texte, die dann und wann ein bisschen liederlich waren. Dabei demonstrierte sie, wie jeder *haut-goût* mit einem Gran Ironie beiseite geschnippt wird, wie eine Prise Spott die dicksten Sentimentalitäten auflöst.

Ich sah sie auf den Gängen im Bush House oder durch die Glasscheibe des Regieraums im Studio. Ich grüßte – sie grüßte freundlich zurück und ging ihrer Wege. Die Kollegen beim Auslandsdienst der BBC, darunter Volontäre aus der Bundesrepublik, hatten mir von ihrem Geschick berichtet: Auschwitz und Bergen-Belsen. Dieses schöne Geschöpf hatte die Hölle auf Erden überlebt. Und konnte lachen. Und wirkte entspannt. Als sei sie einer großbürgerlichen Welt entlaufen, um ein bisschen Journalismus zu treiben. Die Realität war eine andere, ihre (in der Tat bürgerlichen) Eltern waren von den Nazis ermordet worden. Ich wagte es nicht, sie anzusprechen, obwohl die bundesdeutschen Volontäre mir sagten, im Unterschied zu den altgedienten Emigranten, die den Deutschen oft mit einem gewissen Misstrauen begegneten, habe R. sie mit unverstellter Offenheit begrüßt, ja sich fast rührend bemüht, sie mit der fremden englischen Welt vertraut zu machen – soweit das gelingen kann. (Hanns Joachim Friedrichs, nach dem ein bedeutender Journalismus-Preis benannt ist, widmete ihr in seinem kleinen Erinnerungsbuch eine Seite. Franz Wördemann aus Münster, ein anderer ihrer deutschen Ziehsöhne, hing mit großer Treue an R., dieser westfälische Schrank von Mann, der den Akzent seiner Heimat – wie ich den meinen – tapfer durch seine eindrucksvolle Radio- und Fernsehkarriere schleppte.)

Die Engländer unter den Chefs und Kollegen im Bush House empfanden es als eine Ehre, dass R. mit und bei ihnen arbeitete, doch sie machten aus Gründen des Takts darum nicht viel Wesens. Sie liebten ihren Studio-Star, unter ihnen eindrucksvolle Gestalten wie Lindley Fraser, der Direktor, erzgescheit, fett und versoffen, vor allem aber ein passionierter Musikmensch, den man oft mit rudernden Armen an seinem Schreibtisch sah, vor sich eine Partitur. Er dirigierte Wagner und sang dabei leise, mit brüchig-spröder Stimme mit. Weltfern war der Kauz trotzdem nicht. In jeder Krise schrieb er eindringliche, wohlinformierte und moralisch souveräne Kommentare, die kein Stammhörer des Deutschen Dienstes missen wollte. Seiner Bildung war kaum jemand gewachsen (nur einige der Emigranten wie der Deutschböhme Fritz Beer, der Dramatiker Edmund Wolf, der Goethe-Biograph Richard Friedenthal), nicht Tom Harrisson, ein dunkler Militärtyp, vermutlich mit Secret Service-Erfahrung, der neben seiner Radio-Arbeit einen teuren Privat-Friedhof betrieb, für den er unter den Londoner Deutschen mit einem selbstverfassten Kalauer zu werben vorgab: Deines Lebens schönster Lohn / Ist ein Grab bei Harrisson.

Charles Wheeler wurde der Vertrauteste unter den britischen Kollegen – ein schmaler, sehniger junger Mann, das Gesicht klar, trotz der schnellen mimischen Wechsel, die vermuten ließen, dass er in Wahrheit Schauspieler sei. Nichts davon. Er war ein glänzender Journalist, sprach ein fast akzentfreies Deutsch, hatte es als Kind in Hamburg gelernt, wo sein britischer Vater vor dem Krieg eine Import-Export-Firma betrieb. Nicht lange nach dem Erscheinen unseres Bandes schloss er sich den Pionieren des BBC-Fernsehens an. Er wurde einer der großen Reporter des neuen Mediums, produzierte Dokumentarfilme, die ihn in der Englisch sprechenden Welt berühmt machten, dann und wann auch TV-Dramen (er dachte an einen Film über R., doch aus dem Projekt wurde nichts). Schließlich erhob ihn die Queen in den Adelsstand, doch das entdeckten wir erst, als uns die Todesanzeige für Sir Charles Wheeler erreichte.

Auch Charles hatte mir von R. erzählt, vor der ersten Staatsvisite des Bundespräsidenten in Großbritannien im Oktober 1958, über die ich (wie beinahe gewohnt) im Radio und Fernsehen berichten sollte. Die Etikette, über die mich die Protokoll-Abteilung des Auswärtigen Amtes aufgeklärt hatte, verlangte strikt, dass auch die Journaille mit Smoking, Frack und dem sogenannten Stresemann oder Cutaway ausgerüstet war. (Die Kostümverleiher in Bonn und Köln machten schöne Umsätze.) Einen Smoking hatte ich mir nicht lange davor von einem Kölner Schneidermeister fertigen lassen – sozusagen als ein gehorsamer Sohn der bundesdeutschen Restauration, die unsere intellektuelle Elite so innig verachtete. Den Frack, in den ich mich mit einiger Mühe zwängte, führte ich beim festlichen Abendempfang der Queen spazieren, wobei ich – die einzige Sensation im offiziellen Programm – ein paar Worte mit der klitzekleinen, kettenrauchenden und durchaus attraktiven Princess Margaret wechseln durfte. Man sah ihr an, dass sie sich vom Leben nahm, was ihr passte. (Darum drängte sich mir einen Moment lang die keinesfalls respektable Überlegung auf, ob vielleicht auch sie, wie einige aristokratische Damen, denen zu begegnen ich das Vergnügen hatte, ohne jedes textile Schutz- und Reizelement unterm Kostüm sich in die Gesellschaft wagte; jene unkonventionellen und zugleich eher kühlen Töchter der *upper class* kümmerte es kaum, dass die Taxichauffeure hinter der gläsernen Trennwand ihre Fahrgäste beobachten konnten: *swinging London.*) Bundespräsident Heuss besuchte auch Oxford. Die Studenten empfingen ihn mit gedämpftem Interesse, die meisten hatten keinen Schimmer, wer der ältere Herr in der Staatskarosse sein mochte. Manche der Jünglinge starrten ihn an, manche lächelten ihm zu oder winkten lässig, ohne die andere Hand aus der Hosentasche zu ziehen – eine Landessitte. Ihre mäßige Anteilnahme wollten die jungen Herren gewiss nicht als eine Verweigerung der Höflichkeit verstanden wissen. Doch die Spießer in den deutschen Gazetten erregten sich mächtig über die vermeintliche Ungehörigkeit, hinter der sie eine Demonstration deutschfeindlicher Gesinnung witterten.

Am letzten Tag der Visite Nachmittagsempfang durch den Lord Mayor in der Guild Hall. Ich hatte den vorgeschriebenen Cutaway angelegt: grau-schwarz gestreiftes Beinkleid, schwarzer Schwalbenschwanz, graue Weste, womöglich auch silbergraue Krawatte. (Trug diese Uniform zum ersten und letzten Mal in meinem Leben.) Verließ die langweilige Veranstaltung nach einer knappen Stunde in einiger Hast, weil ich den Abend-Kommentar für den WDR zu schreiben hatte (zehn Minuten). Im Bush House griff ich mir eine der urzeitlichen Schreibmaschinen und hieb in die Tasten. Bei der Schreiberei öffnete ich den steifen Kragen, der mir die Luft nahm, knöpfte die Weste auf, war wenige Minuten vor dem Überspielungstermin fertig, lief zum Studio, in dem (zu meiner Überraschung) R. wartete – und hell auflachte: Später sagte sie mir, ich hätte ausgesehen wie ein zerfledderter Frosch, und das mit einem damals noch ziemlich roten Haarschopf. Grotesk. Ich lachte mit. Bis das rote Licht aufleuchtete und wir uns sammelten. Sie sagte mich freundlich an, sprach sogar meinen von so vielen Konsonanten verstellten Namen korrekt aus, ich las danach meinen Kommentar, dank einer erheblichen Willensanspannung ohne zu stocken, mit nur zwei kleinen Versprechern, obwohl mich die Nähe von R. nicht wenig beunruhigte. Freundliche Absage. Das Rotlicht erlosch – und wir lachten von neuem, wie die Kinder am Sonntagnachmittag, wenn sie zuviel Kuchen gegessen haben und vom Zucker beschwipst sind. Ich fasste Mut und fragte, ob ich sie später, nach Dienstschluss, zu einem Drink bitten dürfe. Sie sagte Ja. Ich war perplex und glücklich. Eilte ins Hotel, zu dem es nicht weit war, wechselte aufatmend ins Zivil und fand mich längst vor zehn Uhr im Foyer bei den Fahrstühlen ein.

Sie kam mit einer kleinen Verspätung, elegant wie stets, und lächelte meine Schüchternheit fort. Wir fanden in der Nähe eine ruhige Kneipe, die nicht von ihren Kollegen besetzt war, unterhielten uns angeregt und heiter, keine Ahnung mehr worüber (auch sie weiß es nicht), tranken Wein, sie vielleicht einen Porto, den sie schätzte. Kurz vor dem »Time up« begleitete ich sie zu ihrem Auto. Sie bot mir an, mich an meinem Hotel abzusetzen – fünf Minuten mehr mit ihr. Fragte, ob wir vor meinem Rückflug (zwei Tage später) zusammen essen könnten, mittags oder abends, wie es ihr passe. Sie entschied sich für den Mittag, versprach, bei »Prunier«, einem renommierten französischen Restaurant, einen Tisch reservieren zu lassen. Ich war selig. Küsste ihr die Hand – und küsste sie wieder am übernächsten Mittag bei »Prunier« (wo die sehr kontinentale, sehr deutsche, mehr noch österreichische und vor allem polnische Geste nicht weiter auffiel). Wir schlürften Austern, sie schmeckten köstlich und ein bisschen verrucht, und tranken dazu, wie es sich gehört (das wusste sie, nicht ich) einen kräftigen Chablis. Bat um ihre Telefonnummer. Sie gab sie mir, doch sagte rasch, es sei wohl besser, wenn ich sie im Bush House anriefe, ihr Mann hasse die Klingelei, und er schätze es auch nicht allzu sehr, wenn sie Deutsch parliere, denn während des Krieges sei er im österreichischen Linz Zwangsarbeiter in den Hermann-Göring-Werken gewesen (nach eigenem Bekunden immerhin nicht allzu schlecht behandelt worden). Ich wusste von seiner Existenz, wusste, dass er in der Französischen Abteilung der BBC arbeitete, wusste seinen Namen (der offiziell auch jener von R. war). Gesehen hatte ich ihn nie. Er galt als ein vorzüglicher Journalist, doch vor allem als philosophisch gebildet, vom Buddhismus und von den ostasiatischen Künsten angezogen. Ein eher zierlicher Mann, reserviert (obschon er im Gespräch vor Geist funkeln konnte, so R.), vielleicht ein wenig kauzig. Verstand: Anrufe in der BBC. Beim Abschied streifte mich ein kleines Küsschen. Es machte das Herz nicht leichter. Versprach (vor allem mir selber), bald wiederzukommen.

Es fügte sich anders. Zurück im Kölner Funkhaus schritt Werner Höfer herbei: Sagen Sie, rief er mit der üblichen Emphase, sagen Sie, wer ist die Dame mit der wunderschönen Stimme, die Ihren Kommentar angesagt hat? Ich nannte ihren Namen, beschrieb in Stichworten ihr Geschick und ihre Arbeit. Höfer presste seine Äußerungen zu einem gehobenen Flüstern zusammen, wie er es immer tat, wenn ihm etwas wichtig war. Die Dame muss am nächsten Sonntag im Frühschoppen erscheinen, unbedingt. Er sagte es wieder und wieder und fügte eilig hinzu, dass ich natürlich auch dabei sein würde. Meine Antwort war nüchtern, die wird nicht kommen, sagte ich, denn die hat sich geschworen, nie mehr deutschen Boden zu betreten. (Das hatte sie mir angedeutet.) Der Fernseh-Dirigent war es nicht gewohnt, dass man seine Einladung ausschlug. Richten Sie aus, flüsterte er, dass ihr die Sendung Gelegenheit gibt, die Deutschen mit ihrem Geschick und dem ihrer Familie und dem von Millionen Juden zu konfrontieren. Das wird ihre Haltung kaum ändern, sagte ich, aber ich riefe sie gern an. So geschah es. Erklärte R., was der »Internationale Frühschoppen« sei, dass neben ihr mindestens vier oder fünf Nichtdeutsche vor der Kamera säßen, neben dem Gastgeber würde ich der einzige Teutone in der Runde sein. Sie schwieg ein paar Sekunden. Dann sagte sie, mit kaum gehobener Stimme, eher in einem Ton der Selbstverständlichkeit: Ich komme. Hatte Mühe, meinen Jubel zu unterdrücken. Dankte mit der gebotenen Sachlichkeit, versprach, mich sofort um den Flug zu kümmern. Dächte, dass sie am Samstag eintreffen werde. Wie lange sie bleiben könne? Bis Dienstag. Bot ihr an, ein schönes Hotelzimmer für sie reservieren zu lassen, fügte freilich hinzu, ich hätte ein ganz nettes Gästezimmer, und natürlich sei sie mir mehr als willkommen. Ach, sagte sie, wenn schon Deutschland, dann ziehe sie eine private Unterkunft vor. Verbarg ihr denn doch nicht völlig, wie glücklich mich die Aussicht auf ein paar gemeinsame Tage mache.

Höfer brach in den Jubel aus, den ich mir verkniffen hatte. Er betrachtete die Zusage als eine keineswegs überraschende Reaktion auf das Renommee seiner Sendung, sozusagen als seinen persönlichen Sieg. Es verstehe sich, dass sie Erster Klasse fliege (die es damals auf Europa-

Strecken noch gab). Rasch bemerkte ich, dass ich für eine angemessene Unterkunft sorgen wolle. Er nickte.

Holte R. am Samstagnachmittag mit meinem kleinen Fiat draußen am neuen Flughafen ab. Vermutlich erzählte ich ihr vom »Frühschoppen« und seiner Geschichte. Erwähnte, dass der Gastgeber gern zu viel Pathos auftrage und oft auch seine Worte in öligem Sentiment schwimmen lasse. Sie lächelte. Es war ihr ziemlich egal. Natürlich hatte ich mein Appartement aufgeräumt und scheuern lassen, hatte Blumen gekauft, fürs Wohnzimmer, für ihr Zimmer, hatte Champagner kalt gestellt, mit einer Reihe von Delikatessen den Kühlschrank gefüllt, darunter eine deutsche Käsetorte, von der sie mir in London gesagt hatte, dass sie diese milde Köstlichkeit vermisse. Wir tranken das Willkommensglas, dann ein zweites, ein drittes. Wir küssten uns. An jenem Abend gingen wir nicht aus.

Frühschoppen. Im Publikum Franz Wördemann mit seiner Frau. Am Tisch auch der Korrespondent eines Warschauer Parteiblattes. R. bemerkte im Gang des Gesprächs, dass der Antisemitismus leider nicht mit dem Dritten Reich der Nazis vom Erdboden vertilgt worden sei. Sie erwähnte in diesem Zusammenhang den Pogrom von Kielce, bei dem im Juli 1946 über vierzig der zweihundert aus den Lagern heimgekehrten Juden totgeschlagen oder erschossen worden waren, achtzig verletzt, zum Teil schwer; daneben zwei weitere Opfer, nichtjüdische Bürger des Städtchens, die versucht hatten, der Mordorgie Einhalt zu gebieten. (Sie war, wie im christlichen Europa des Mittelalters so oft, die schreckliche Reaktion auf das absurde Gerücht gewesen, Juden hätten nichtjüdische Kinder geraubt, um sie ihrem Gott zu opfern.) Der polnische Kollege in der Runde aber fuhr bei dem Stichwort »Kielce« auf; dies sei eine glatte Lüge, westliche Hetzpropaganda, besonders empörend, dass ausgerechnet im deutschen Fernsehen ... Ein paar Tage später wurde R. in der kommunistischen Presse als »faschistische Hure« bezeichnet.

Wie immer becherte die Runde nach der Sendung kräftig weiter. Irgendwann zog der Clan um, in ein Restaurant, später in Höfers Haus, dort von der liebenswürdigen Frau des Gastgebers generös empfangen. Sie konnte ihren Mann in der Regel nicht davon abhalten, den Alkoholpegel weiter ansteigen zu lassen, was zur Folge hatte, dass er entweder ausfällig wurde oder in klebriger Gefühlsseligkeit versumpfte. Dann musste, vor allem wenn Juden präsent waren, unweigerlich die »Jiddische Mamme« auf den Plattenspieler gelegt werden. Wenn R. mit diesen Peinlichkeiten konfrontiert worden wäre, hätte ich dem Gastgeber wohl Prügel angeboten. Eine Szene von solcher Vulgarität konnte ich ihr nicht zumuten. Andererseits duldete Höfer keinen Aufbruch. So bat ich Franz Wördemann, auf R. zu achten und sie, ehe es zu unangenehm wurde, zu mir nach Hause zu geleiten. Dann machte ich mich davon. R. nahm mir den Rückzug ein bisschen übel. (Sie kam in der Tat nicht ohne die »Jiddische Mamme« davon.)

Unser Abend in meinem Appartement überm Stadtwald war dennoch harmonisch. Wir hörten Musik, klassische, Mozart vor allem, gewiss auch Bach. R. hatte in einer unserer ersten Unterhaltungen erwähnt, dass ihre Mutter eine hervorragende Geigerin gewesen war, dass es zu Hause regelmäßig Kammermusik-Abende gegeben habe, auch dass die Schwester Anita dank ihres Cello-Spiels im Lagerorchester ihrer beider Leben retten konnte. (Dem kriminellen Lagerarzt Dr. Mengele, der regelmäßig bei den »Selektionen« für die Gaskammer anwesend war, musste sie die *Träumerei* von Schumann vorspielen.) Anita gehörte zum Gründerkreis des English Chamber Orchestra (das damals oft mit dem jungen Daniel Barenboim konzertierte). R. wiederum, mit einer schönen Stimme begabt, hätte liebend gern eine Karriere als Sängerin begonnen; sie hatte bei einer berühmten Sopranistin Unterricht genommen – und musste schließlich einsehen, dass ihre Kraft nicht für beides reichte, eine strenge Gesangsausbildung und den Brotberuf. Das Geld war knapp, das Leben teuer. Der Abschied vom Wunschberuf wurde ihr schwer.

Einige Kapitel in dem Buch ihrer Schwester (*Ihr sollt die Wahrheit erben*) stammen von ihr – alles in allem eine nüchterne Bilanz der Jahre der Vernichtung und einer tragischen Familiengeschichte. Diesem Buch war ein starkes Echo beschert (wie zuvor schon Anitas Berichten in der BBC), vor allem dank seiner disziplinierten Sachlichkeit. R. aber hat sich stets geweigert, ihre Erfahrungen aufzuzeichnen. Am Schreiben lag es nicht, das konnte sie vorzüglich, wenn sie es wollte oder sollte. War es Scheu, weil der Prozess des Schreibens den Schmerz tiefer aufwühlen konnte als das Sprechen? So mag es sein, obwohl sie – pflichtschuldig – fast jede Dokumentation des Grauens noch immer zur Kenntnis nimmt, ob im Fernsehen, ob in Büchern. Stoisch erträgt sie die Bilder von den Todbestimmten in den Lagern, die nur noch Haut und Knochen sind, Bilder von den Geschundenen draußen bei der mörderischen Arbeit oder nach dem langen Tag auf den dreistöckigen Pritschen in den Baracken, Bilder von den SS-Wachen mit ihren Karabinern, den Peitschen, den scharfen Schäferhunden, Bilder von den Leichenbergen in Bergen-Belsen, wo zunächst Zehntausende russischer Kriegsgefangener, nach der Etablierung des Konzentrationslagers 1943 mehr als fünfzigtausend Menschen krepierten (unter ihnen Anne Frank), die Mehrheit an Durst und Hunger und Kälte, oder sie wurden von den Seuchen dahingerafft. (Ich fand in einer englischen Zeitung ein Foto, unmittelbar nach der Befreiung aufgenommen, auf dem ich R. und Anita, beide in Lumpen gehüllt, zu erkennen glaube. Das Bild steht auf meinem Schreibtisch.)

Fotos der kleinen R., sieben- oder achtjährig, drüben auf dem barocken Ecktisch, unter einer Galerie von perückenstarken Ahnherren. Andere Bilder zeigen die drei jungen Damen des Hauses Lasker – Marianne, Renate, Anita – in schicken Kleidchen, zum Teil von der Mutter selber geschneidert und genäht, wie es in jenen Zeiten auch in bürgerlichen Kreisen üblich war. Grundbürgerlich war das Haus der Laskers in Breslau, der Vater ein erfolgreicher Anwalt, der nebenbei auch Literatur studiert hatte – einer der Flirts von Madame Gundolf in Heidelberg, der anziehenden Frau des gefeierten Goethe-Biographen und einstigen Lieblingsjüngers von Stefan George, dem Großpathetiker des Jahrhundertbeginns.

Alfons Lasker, Frontsoldat im Ersten Weltkrieg, war ein Mann von liberal-konservativer Haltung, wie so viele jüdische Bürger jener Epoche, die sich von der engen und eigentümlichen Welt der Orthodoxen weit entfernt hielten. Die Familie fand sich an den höchsten Feiertagen in der Reform-Synagoge ein. Sie schämte sich ihres Judentums keineswegs, aber sie trieb damit auch keinen Aufwand. Sie zählte, das war für den Vater und die Mutter wichtig, zum Bildungsbürgertum, das die Religion durch ein humanes Ethos und den Glauben an die Macht der

Bildung, auch der Kunst ersetzte. Zum andern wahrten sie Abstand von den schwarz-weiß-roten Aposteln der deutschnationalen Selbsteinkapselung. In ihren Augen war die Kultur nicht national, sondern europäisch geprägt. Darum ordnete der Vater auch an, dass an Sonntagen nur Französisch gesprochen wurde – für R., dank ihres Sprachtalents, keine Anstrengung, während Anita sich weigerte, den Mund aufzumachen, und sich mit ihrem Kinder-Cello in den hinteren Räumen verbarrikadierte.

Dank seiner illustren Klienten bekam der Vater die diskriminierenden Maßnahmen der Nazis zunächst nur gefiltert zu spüren. Auch die Mädchen erlebten auf ihren Wegen und in der Schule nur selten den pöbelhaften Antisemitismus, doch dann und wann den (angeblich) bürgerlich gezähmten. Die Lasker-Mädchen mussten das Gymnasium verlassen und wurden in eine jüdische Schule eingewiesen, zu ihrem Kummer in eine orthodoxe, die als die bessere galt. R. widerfuhr es, dass ihr die Mutter einer vertrauten Freundin das Haus verbot. Andere hielten zu ihr. Seit Verkündung der Nürnberger Gesetze verschärften sich die Diskriminierungen, die amtlich befohlenen Schikanen fast Tag für Tag, und die Juden wurden vom Gros der Bevölkerung systematisch isoliert.

R. aber war ein Jahr des Schutzes gewährt: Eduard Lasker, der New Yorker Bruder des Vaters, bezahlte in Dollar für ihre Aufnahme in jenes anspruchsvolle Internat nicht weit von Florenz, das von Robert Kempner, hernach Generalankläger bei den Nürnberger Prozessen, geleitet wurde. R. lernte mühelos Italienisch und nebenbei auch Englisch. Das Unternehmen war gut geführt, und es hatte Niveau. Doch während der Sommerferien an der ligurischen Küste machte sich Kempner mit einem Teil der Schüler Richtung Frankreich davon. (Die Flucht musste von langer Hand vorbereitet gewesen sein – schon der Einreise-Visen wegen.) Den unglücklichen Mädchen und Jungen, die sich dem Exodus nicht anschließen durften oder konnten (für den vermutlich ein kleines Vermögen zu zahlen war), blieb nichts anderes übrig, als nach Deutschland zurückzukehren. An der Grenze wurde ein dickes »J« in die Pässe gestempelt; die Möglichkeit, legal oder illegal, dem Reich noch einmal zu entkommen, war von nun an so gut wie versperrt.

Lange hielt der Vater die Herabwürdigung (und Ausbeutung) der jüdischen Bürger für eine Verirrung, die der »Kulturnation« Deutschland nicht angemessen sei und darum früher oder später korrigiert werde. Die kollektive Versklavung in den Konzentrationslagern oder gar der kollektive Mord waren für ihn undenkbar – wie für die Mehrheit der deutschen Juden, die Mehrheit auch der nichtjüdischen Deutschen, der europäischen Nachbarn, der Amerikaner. Dennoch dachte auch er, wenngleich zögernd, an die Emigration. Der Bruder Eduard in New York – Ingenieur von Beruf, vor allem ein berühmter Schachspieler (auf den Spuren des Weltmeisters Emanuel Lasker) – erkundete die Möglichkeit, ein Visum für die Vereinigten Staaten zu erlangen. Da Alfons Lasker in Posen zur Welt gekommen war, wurde er nach den strikten Bestimmungen jener Jahre der polnischen Einwanderungsquote zugerechnet, die hoffnungslos überbucht war. Sein Freund und Partner in der Anwaltskanzlei suchte in Palästina eine neue Heimat für sich und seine Familie. Doch R.s Vater befand, dass die britische Kolonie nicht die Lebensbedingungen bot, die er für seine Frau und seine Töchter, auch für sich selbst, als erträglich ansah. Überdies hielten ihn die Komplikationen eines Endlos-Prozesses fest, den ein österreichischer Graf gegen die immens reiche Sippe der Henckel von Donnersmarck führte. Er arbeitete bereits mit einer Sondergenehmigung. (Der Advokat der Henckel-Sippe versuchte in einem Brief, der erhalten blieb, von seinem Gegenüber, Dr. Lasker, den Verzicht auf gewisse Rechtspositionen mit dem Hinweis auf mögliche Konsequenzen zu erpressen – mit anderen Worten, er drohte mit einer Denunziation bei der Gestapo. Kein Einzelfall. Für einen beschämend großen Teil des deutschen Bürgertums schien der Begriff Anstand nicht länger zu existieren.)

Die Reichspogromnacht am 9. November 1938 überzeugte auch den Vater von der Dringlichkeit einer Auswanderung. (Er selbst entkam in jener Nacht der drohenden Verhaftung nur mit der Hilfe eines befreundeten Geigenbauers, der ihn in seinem Auto kreuz und quer durch Schlesien chauffierte und erst nach Breslau zurückbrachte, als anderntags wieder eine Art Ruhe einzukehren schien.) Fort. Aber wohin? Frankreich zeigte keine Neigung, die Gefährdeten aufzunehmen. Bei der Flüchtlingskonferenz in Evian erklärte sich nur die Dominikanische Republik des finsteren Diktators Trujillo bereit, deutsche und österreichische Juden willkommen zu heißen. Vater Lasker quälte die Vorstellung, dass er nirgendwo als Anwalt würde arbeiten können. Wie sollte er seine Familie ernähren? Marianne, die älteste, hatte sich gottlob der zionistischen Jugend angeschlossen. Dank der Verbindungen jener Organisation konnte sie kurz vor Beginn des Krieges nach Großbritannien ausreisen. Ein bitterer Abschied (doch es gelang zunächst der spärliche Austausch von Nachrichten über die Schweiz). Für R. schien sich in einem Programm zur Rettung von Kindern die Chance zu bieten, von einer englischen Pastorenfamilie aufgenommen zu werden. Die Kriegserklärung machte die Hoffnung zunichte. Eine letzte Möglichkeit: die Ausreise via Sowjetunion nach Shanghai. Die Lebensbedingungen in der – partiell westlich geprägten – Hafenstadt waren elend (siehe das Zeugnis von Michael Blumenthal). Scheute der Vater davor zurück? Gab er sich noch immer der Illusion hin, es werde nicht zum Schlimmsten kommen?

Nach dem Einfall der Wehrmacht in die Sowjetunion war auch der Weg nach Shanghai abgeschnitten. Die Schikanen steigerten sich. Die Familie wurde gezwungen, in eine kleine, enge Wohnung umzuziehen und die Großmutter zu sich zu nehmen. Der Judenstern (den R. sofort ablegte, wenn sie sich unbeobachtet glaubte). Dann die Deportation der Eltern im April 1942. Der Vater hatte, was er zurückließ, mit der größten Sorgfalt geordnet. Den beiden Mädchen verbot er, ihn und die Mutter zum Sammelplatz zu begleiten (wie er ihnen auch strikt untersagt hatte, sich freiwillig für die Reise in die fatale Ungewissheit zu melden). Weil seine Illusionen einer schrecklichen Gewissheit gewichen waren, die er vor seinen Kindern, vielleicht auch vor seiner Frau verbarg?

Hatten die Eltern und die Mädchen jemals erwogen, dem Beispiel ihres Freundes, des Musikers Konrad Latte, zu folgen, der seine Eltern dazu überreden konnte, nach der Ankunft des Deportationsbefehls sofort aus Breslau zu verschwinden, einen Brief hinterlassend, mit dem sie ihren Suizid vorspiegelten? Mit kleinen Regionalbahnen, in denen sie weniger durch Kontrollen gefährdet waren als in den Schnellzügen, gelangten die Lattes nach Berlin. Irgendjemand riet ihnen, sich mit Harald Poelchau, dem Gefängnispfarrer von Tegel, in Verbindung zu setzen. Zagend folgten sie seiner telefonischen Weisung, sich am Tor der Haftanstalt einzufinden, sie würden von den Pförtnern in sein Amtszimmer geleitet. So geschah es. Der unerschrockene Pastor vermittelte die Unterkunft bei einer Gründgens-Schauspielerin, versah sie mit Lebensmittelkarten (ohne den »J«-Aufdruck) und wies Konrad an, bei den sonntäglichen Gottesdiensten in Dahlem und anderen Vororten die Orgel zu spielen (wofür er jedes Mal mit vierzig Reichsmark entlohnt wurde). Die Eltern gerieten hernach in eine Falle und wurden in ein Todeslager abtransportiert. Konrad schlug sich im Untergrund durch, auf abenteuerliche, strapaziöse, entnervende Weise. Er überlebte. Aber das ist eine andere Geschichte, die Peter Schneider aufgeschrieben hat.

Anita und R. erreichte nur einmal eine Postkarte. Der Vater schrieb, der Mutter gehe es sehr schlecht. Dann zitierte er das Psalmwort: Ich hebe meine Augen auf zu den Bergen, von denen mir Hilfe kommt … Die Hilfe kam nicht. Es ist gewiss, dass die Eltern kurze Zeit später ermordet wurden. Für die beiden Mädchen war Schluss mit der Schule. Sie wurden zur Zwangsarbeit verpflichtet, R. zur Müllabfuhr. Sie sollte in den stinkenden Abfällen nach verwertbaren Materialien wühlen. Prompt wurde sie krank. Die Sklaventreiber hatten ein Einsehen und schickten beide Mädchen in eine Papierfabrik am Rande der Stadt; sie wurden mit sechzig, beziehungsweise fünfzig Reichsmark im Monat entlohnt.

Die beiden entdeckten, dass in der Papierfabrik (die sie nur pünktlich erreichten, wenn sie sich um fünf Uhr früh auf den Weg machten) auch französische Kriegsgefangene zur Arbeit gezwungen wurden. Jeder Kontakt blieb strikt untersagt. Sie kommunizierten trotzdem, sozusagen durch den Luftraum über den Toiletten. Die Soldaten waren entzückt, dass die beiden ihrer Sprache mächtig waren, und sie verrieten, dass es mit den entsprechenden Papieren (und in Zivil) möglich sei, in ihre Heimat auszureisen. Im Büro des Vaters war eine Schreibmaschine der Beschlagnahmung entgangen. Darauf tippten die beiden Ausreise-Formulare nach dem vorgegebenen Text. Schließlich fiel ihnen ein, sie könnten selber versuchen, auf diese Weise den nazistischen Häschern zu entgehen. (Dazu dachten sie für sich voller Unschuld den allzu wohlklingenden Namen »Demontaigne« aus.) Eines Morgens fuhren sie statt zur Arbeit zum Bahnhof, um sich – wie einige Kriegsgefangene – in den Zug Richtung Frankreich zu setzen. Noch auf dem Bahnsteig wurden sie samt den Freunden, die Abschied nehmen wollten, von der Gestapo verhaftet (sie waren, kein Zweifel, denunziert worden).

Auf dem Weg zur Zentrale der Geheimpolizei beschlossen sie, das Pulver zu schlucken, mit dem sie Konrad Latte für den äußersten Notfall versehen hatte. Denn sie erwarteten, bei den Verhören gefoltert zu werden. Sie zählten bis drei, dann schütteten sie das Gift in den Mund. In der nächsten Sekunde mussten sie zu Boden stürzen. Doch nichts geschah. Der Freund hatte ihnen statt Zyankali Staubzucker angedreht – er wollte nicht, dass zwei so talentierte und junge Geschöpfe diesem Leben einmal aus eigenem Willen den Rücken kehrten.

Einige Tage hielten die Schwestern die Behauptung durch, dass sie kein Deutsch verstünden, baten mit einer schönen Portion Frechheit um einen Dolmetscher. Er kam – und bemerkte den Schwindel nicht. Schließlich offenbarten sie sich der Gefängnisdirektorin. Anklage wegen versuchter illegaler Ausreise und »Feindbegünstigung«. Untersuchungshaft. Die Schwestern hatten Spielzeug-Soldaten zu bemalen. Das Material wurde ihnen von einer zierlichen Frau, die sie Püppchen nannten, in die Zelle gebracht. Und die zeigte ihre Sympathien für die Mädchen gelegentlich durch ein Stück Brot oder Kuchen an – willkommene Gaben, die sie unter dem Arbeitsmaterial versteckten.

Der Prozess eine Farce. Der Pflichtverteidiger erschien nicht. R. als die Ältere und Hauptverantwortliche wurde zu dreieinhalb Jahren Zuchthaus verurteilt, Anita zu achtzehn Monaten Gefängnis. Sie wussten, die Haft in sozusagen normalen Strafanstalten war dem Konzentrationslager vorzuziehen. Bitter und hart für beide: dass sie getrennt würden. (Anita und R. erfuhren Jahrzehnte später, dass ein evangelischer Pfarrer in seiner Sonntagspredigt von ihrer Verhaftung und ihrem »Prozess« berichtete und sie in seine Fürbitte einschloss. Auch das gab es, selten genug.)

R. hatte ein halbes Jahr Einsamkeit in ihrer Zelle zu ertragen. Es gab ein Buch pro Woche, unter anderem das *Wunschkind* von Ina Seidel, das so wunderbar dick war (und in dem die Autorin von einer berührenden deutsch-französischen Liebesbegegnung erzählte). Den »arischen« Zuchthausfrauen – die meisten kriminell, – wurde es strikt untersagt, mit der Jüdin auch nur ein Wort zu wechseln. Bei den Hofgängen marschierte sie ihre Runden allein, die Augen gesenkt, wie ihr befohlen war, damit sie keinen Blickkontakt zu Insassen der Zellen in den oberen Stockwerken aufnehmen konnte. Doch es erreichten sie durch die Zelltür gewisperte Worte. Bei der Essensausgabe bekundeten »Kalfaktorinnen« ihre Sympathie durch einen Extraschlag aus dem Topf oder durch eine zusätzliche Brotkante. Und das Zuchthaus war Sicherheit. Was ihr bei einem Transport nach Auschwitz drohte, erfuhr sie durch eine Gefangene, die aus dem Todeslager zurückgeschickt worden war, aus welchen Gründen auch immer.

Nach einem halben Jahr der Tristesse der gefürchtete Tag des Abtransports. Nach einer Bahnfahrt in einer winzigen Einzelzelle Ankunft im Inferno. Wachen, scharfe Hunde, gebrüllte Kommandos. Da sie als vorbestrafter »Karteihäftling« mit einem Dossier angelangt war, wurde sie nicht sofort in die Gaskammer gejagt, wie es Hunderttausenden widerfuhr, die das Lager in Sammeltransporten erreichten und bei der Selektion für nicht arbeitsfähig befunden wurden. Vielmehr: Dusche (keine getarnte Sprühanlage für das tödliche Gift), Entlausung, sämtliche Haare abgeschoren, dann die Nummer auf den Arm tätowiert. Bei der Prozedur sah sie in der Ecke ein Paar schwarze Haferlschuhe mit Lederklappen und roten Schnürsenkeln. Sie wusste sofort: die Schuhe ihrer Schwester. Diese Schuhe mit den roten Senkeln gab es nur einmal. Dennoch fragte sie die tätowierende Häftlingsfrau zögernd, wem die Schuhe gehörten. Die habe ihr eine sehr junge Frau geschenkt, ein Mädchen, das nicht mit einem Sammeltransport angekommen sei, eine Deutsche mit einem gewaltigen Schopf von dunkelbraunen Locken, die sie nur mit Überwindung geschoren habe. Sie sei Musikerin, habe das Mädchen gesagt, sie spiele das Cello. R.: meine Schwester! Wo sie zu finden sei? In der Musikbaracke, sie spiele jetzt im Orchester. Die Dirigentin sei entzückt gewesen, denn es gab bisher keine Cellistin. Die Tätowiererin war selbst so aufgeregt, dass sie losrannte, um Anita zu holen. Ein Wunder. Die Schwestern weinten vor Glück und schworen, sich nie wieder trennen zu lassen. Über das Leben unter dem stinkenden Rauch der Krematorien schreiben ... ich kann es nicht. Über den Hunger, den Typhus, die Krankenbaracke, die Kontrollen, die Angst vor der Selektion (vor der R. – wohl der Schwester wegen – bewahrt blieb), die Entwürdigung der Stunden beim täglichen Zählappell (zumal im bitterkalten Dezember vor einem riesigen Weihnachtsbaum), die dünnen Häftlingskleider vom permanenten Durchfall versaut. R. sagte einmal, man habe sich schließlich wie das hässliche Ungeziefer gefühlt, das die Herrenmenschen ausrotten wollten. Irgendwann wurde sie eine der Lagerläuferinnen, die im Eiltempo Nachrichten der SS-Aufseher von hier nach dort zu bringen hatten. Und dann Übersetzerin – im Verständigungschaos bei der Ankunft der griechischen Juden, die unter sich das Katalanisch geprägte Ladino sprachen, das sie bei der Vertreibung durch die spanische Inquisition ins Exil mitgenommen hatten: R. konnte, dank ihres Italienisch, erkennen, was sie meinten, und fungierte von nun an als Dolmetscherin. Auch das eine Art Schutz vor der Gaskammer, wenngleich zu keiner Zeit ein zuverlässiger.

Als der Winter 1944 anbrach und die Rote Armee, wie das Gerücht ging, immer näher rückte, begann die SS, das Lager zu räumen. Das Orchester wurde zu einem der ersten Transporte befohlen. R., die fürchtete, Anita ein weiteres Mal zu verlieren, mischte sich unter die Musikerinnen. Niemand gab darauf acht. Schließlich rollten die Viehwagen nach Westen. Die Schwestern und all die anderen konnten es kaum fassen, dass sie Auschwitz lebend verließen (in dem eine Million Menschen oder mehr vernichtet wurden).

Sie ahnten nicht, dass sie von einer Hölle zur nächsten rollten: Bergen-Belsen. Vom organisierten, industrialisierten Mord zum chaotischen. Zehntausende und wieder Zehntausende wurden in das Lager gepfercht. Vierzig-, schließlich sechzigtausend hausten in dem Inferno. Die Baracken quollen über. Die Zelte waren dem Winter, dem Schnee, dem Frost, den eisigen Winden des Heidelands nicht gewachsen. Böserer

Hunger als jemals in Auschwitz. Dann und wann eine dünne Suppe, selten Brot. Durst. Typhus (von dem die Schwestern nicht bedroht waren, weil man sich nicht ein zweites Mal anstecken kann). Als das Frühjahr nahte, häuften sich die Leichen vor den Baracken und Zelten, in den Lagerstraßen. Die Kräfte der Männer im Räumkommando versagten. Die Toten blieben verwesend liegen, Tausende, Abertausende. Den Häftlingen wurde schließlich befohlen, die Hände der Leichen zusammenzubinden und sie zu den offenen Massengräbern zu ziehen. Sie schafften es nicht. Die Leichen blieben liegen. Von den SS-Wachen aber war weniger und weniger zu sehen. Auf den Wachtürmen schießwütige Ungarn. Schließlich brach das Minimum an Versorgung völlig zusammen. Die Wasserleitungen versiegten. Die Schwestern fürchteten, wie fast alle, die SS mache sich davon und sprenge das gesamte Lager vor der Ankunft der britischen Truppen in die Luft.

Anita fieberte vor Durst. R. hatte Angst, die Schwester werde sterben. Verzweifelt schleppte sie sich zum Lagertor, griff sich einen Eimer, der herumstand, passierte die Wache, die sich nicht rührte, ging zur Verwaltungsbaracke, fand einen Wasserhahn, der funktionierte (trank, wie ich hoffe, selber), schleppte den gefüllten Eimer mit Mühe zurück, doch hinter dem Lagertor stürzten sich die verdurstenden Gefangenen auf den Eimer, warfen ihn im Handgemenge um, das Wasser versickerte. R. resignierte. Setzte sich apathisch zur Schwester. Nahm das Rattern der Panzerketten vor dem Lager halb ohnmächtig zur Kenntnis. Dann ein Lautsprecher, eine englische, eine deutsche Stimme: Ihr seid befreit. Und die Aufforderung, nein, die flehentliche Beschwörung, fürs Erste im Lager auszuharren, Hilfe werde anrücken.

Es war der fünfzehnte April 1945 – für die Schwestern seitdem ihr zweiter Geburtstag (der Renate durch ihren Namen vorgegeben war: die Wiedergeborene). Es brauchte seine Zeit (wie lange?), bis Wasserwagen durchs Tor rollten, noch länger, bis die Briten Army-Rationen verteilten, die verschlungen wurden: eine gutgemeinte und fahrlässige Aktion. Man schätzt, dass Tausende dem Fett, dem Fleisch nicht gewachsen waren, sich vor Leibschmerzen krümmten und elend starben. Die SS-Wachen, die eingefangen worden waren, hatten nun die Leichen in die riesigen

Gruben zu schleppen. Binnen kurzer Zeit, so Anita hernach, sahen sie aus wie bisher nur ihre Häftlinge, wie die Juden, die Polen, die Russen, die sie Untermenschen genannt hatten. Die Gefangenen wurden in die nahegelegenen Kasernen umquartiert. R., die dank ihrer Englisch-Kenntnisse sofort als Dolmetscherin gebraucht wurde, und ihre Schwester (auch sie zur Dolmetscherin ernannt) durften in ein richtiges Haus ziehen (in dem zuvor Offiziersfamilien gewohnt hatten).

Die BBC, die sich rasch im Lager einfand, hatte Interviews aufgenommen, ein längeres mit Anita; die Überlebenden sprachen ihre Namen, den Ort ihrer Herkunft, den vermuteten Aufenthalt ihrer Angehörigen auf Band. Nachts liefen die Überlebensmeldungen – so erfuhr Marianne in England, was sie kaum mehr zu hoffen gewagt hatte, dass es ihre Schwestern noch gab. Und Konrad Latte, der Musiker, der unmittelbar nach dem Einzug der Amerikaner geheiratet hatte (noch vor dem »Führer«, wie er sagte), hörte die Meldung in Bad Homburg; eines Tages stand er vor ihrer Tür. Nur um sie in die Arme zu schließen.

Es war eine stillschweigende Vereinbarung: Ich habe R. nie gedrängt, von ihren Leiden in Auschwitz und Bergen-Belsen im Detail zu berichten. Wartete, bis sie selber reden wollte. Es war ihr fast leichter, einige ihrer Erfahrungen vor der anonymen Öffentlichkeit zu schildern. Doch niemals hätte sie es zuwege gebracht, das eigene Erleben mitsamt den historischen Fakten unermüdlich in Schulen, an Universitäten, in Kirchen, in Synagogen, in Buchhandlugen vorzutragen, wie es sich ihre Schwester zur Pflicht gemacht hat, zumal in Deutschland, aber auch in Großbritannien, ohne auf ihr Alter und die physische Belastung Rücksicht zu nehmen. (Die Universität Cambridge verlieh ihr, ein kleiner Dank für ihre Leistung, den Titel eines Ehrendoktors – eine Auszeichnung, deren Rang sie zunächst kaum zur Kenntnis nahm.) Wir waren zu dritt in Auschwitz-Birkenau, liefen auf den einstigen Lagerstraßen (von den Baracken waren nur die Fundamente geblieben), starrten auf die Ruine des Krematoriums, das die SS bei der Räumung gesprengt hatte, fanden die alten Bahngleise, die Rampe; und wir waren stumm, als wir nach Krakau zurückfuhren, diese kostbare Stadt. Wir ließen uns dort durch die Gassen treiben, schauten auf die hellen, die lebensvollen und so fröhlichen Gesichter der Studenten – der schönste Kontrast zu dem riesigen Quartier des Todes, das nur eine Autostunde hinter uns lag.

R. wusste, dass ich nicht nur mit den Ohren und dem Kopf, sondern mit dem Herzen zuhörte, wenn sie oder Anita über die »Vergangenheit« sprachen, die für sie niemals vergangen ist (und für die Deutschen, notabene auch die Österreicher, nicht vergangen sein darf). Weil das Unbegreifliche des Verbrechens unbegreiflich blieb und darum das Fragen nicht endet. Weil es noch immer unfassbar ist, dass menschliche Wesen, dass Söhne, auch Töchter unserer Zivilisation zum millionenfachen Mord und – genauso schlimm – zur kalten Betrachtung all des Leidens, all des Elends, all des Sterbens fähig waren. Es gibt keine rationale Erklärung für das, was unsere Gesellschaft damals heimgesucht hat. Eine kollektive Geisteskrankheit? Vielleicht. (Die könnte sich wieder regen.) Musste durch sie offenbar werden, wie böse die Menschen beschaffen sein können, deren Väter oder Mütter, deren Geschwister, deren Cousins uns solche Wunder des Geistes, des Eros, der Kunst, der Musik, der Technik, der zivilisatorischen Organismen geschenkt haben?

Die Geretteten von Bergen-Belsen wollten fort, nur fort von der Stätte des Grauens. Fast alle zogen nach und nach davon. Für die Schwestern Lasker aber schien es keinen Ort zu geben. Breslau? Niemals. Außerdem hatten Hunderttausende heimatloser Polen (zum guten Teil aus den Regionen, die von der Sowjetunion annektiert worden waren) Unterkunft in Schlesien gesucht. Deutschland wollten die Schwestern hinter sich lassen. Palästina (wohin Marianne in ihren Briefen drängte)? Die beiden zögerten. Sie wollten, was immer die endgültige Entscheidung sein werde, Marianne zuerst in England wiederfinden. Die Briten hatten sich entschlossen, »Displaced persons« (in der Mehrheit Überlebende der Konzentrationslager), für die es nirgendwo sonst eine Zuflucht gab, im Vereinigten Königreich unterzubringen – vorausgesetzt, dass sie jünger als einundzwanzig waren. R. aber war am 14. Januar 1945 volljährig geworden. Vorsorglich fälschten die Geschwister mit Hilfe von Freunden in den Armeedienststellen ihre Daten auf den Papieren, die von der Militärbehörde ausgefertigt wurden (andere gab es nicht). R. wurde drei

Jahre jünger, Anita zwei. Sie meinten, Brüssel, wo es ein britisches Konsulat gab, sei das bessere Sprungbrett. Zudem lebte eine von Anitas Orchester-Freundinnen in der belgischen Hauptstadt. Nach einem Dreivierteljahr des Wartens lud sie ein englischer Offizier am 27. Dezember 1945 in seinen Wagen. Die Wachen an der holländischen Grenze nahmen es mit der Kontrolle genau, sie wollten die jungen Frauen zurückschicken. Der britische Captain ließ sich mit ihrem Vorgesetzten verbinden, erklärte, dass er die beiden als Zeuginnen in einem Kriegsverbrecher-Verfahren brauche, und beschwerte sich im schärfsten Befehlston, wegen der unfähigen Wachen sei er im Begriff, einen wichtigen Termin in Brüssel zu versäumen. Sie durften passieren. An der Grenze zu Belgien keine Schwierigkeiten. Sie fanden in Brüssel ein Zimmer. Die Miete schien tragbar zu sein. (Dank ihrer Arbeit für die britische Armee hatten sie ein bisschen Geld zusammengespart.) Im Konsulat sträubte sich der zuständige Beamte, ihnen das Visum in die Papiere zu stempeln. Zwar durchschaute er nicht die Fälschung, doch sein Instinkt schien ihm zu sagen, dass nicht alles sei, wie es sein sollte. Vielleicht half schließlich eine Intervention von Patrick Gordon Walker, dem BBC-Journalisten, der nach der Befreiung ein Gespräch mit ihnen aufgenommen hatte. Was immer geschehen sein mag: Mitte März empfing sie der Beamte lächelnd. Seine Vorgesetzten in London hatten den Weg freigegeben. Am 18. März 1946 stiegen die beiden in Ostende an Bord eines Kanal-Schiffes: Das neue Leben begann.

Die Schwester Marianne hatte England gerade verlassen, um in Palästina zu siedeln. (Einmal kehrte sie noch zurück, um R. und Anita wiederzusehen.) Sie starb, eine bösartige Fügung, 1952 nach der Geburt ihres zweiten Kindes. Michal, die ältere der beiden, nun eine landesweit respektierte Pädagogik-Expertin, wichtiger: eine ebenso kluge wie herzliche Frau, wurde für R. eine geliebte Tochter. Anita nahm sofort den Cello-Unterricht wieder auf (den sie auch in Brüssel fortgesetzt hatte). Sie spielte, um Geld zu verdienen, am Abend in Musicals, in Operetten, Unterhaltungsensembles, ehe sie durch das English Chamber Orchestra ihre berufliche Erfüllung fand, inzwischen mit dem Pianisten Peter Wallfisch verheiratet und zweimal Mutter geworden; Tochter Maya machte sich hernach als Psychotherapeutin einen Namen und Sohn Raphael wurde ein großer Cellist, der mit der wunderbaren australischen Violinistin und Dirigentin Elizabeth Wallfisch den erfolgreichen Film-Komponisten Ben, den Cellisten und Opernbariton Simon und die ebenso schöne wie begabte Jazz-Sängerin Josie in die Welt geschickt hat. R. fand eine Arbeit im Auslandsdienst der BBC (wiederum, wenn ich es recht weiß, mit der Hilfe von Gordon Walker, inzwischen Abgeordneter der Labour Party, hernach für kurze Zeit Außenminister).

Sie lasse sich von Hitler nicht ihr künftiges Leben diktieren, hatte sie sich nach dem Ende des Entsetzens geschworen. Wäre es anders, hätte sie unsere Liebe nicht geschehen lassen. Wir redeten am Telefon, so oft es anging, schrieben uns (meine Briefe die längeren, die ihren leichter, amüsanter, manchmal unbekümmerter – auch das). Wir sahen uns, wann immer sich die Gelegenheit bot.

Einige nasskalte Wintertage in London zum Beispiel, in einem wie üblich kaum geheizten Zimmer. Flog nach dem Abschied (der jedes Mal ins Gemüt schnitt) nach Zürich. Der Chauffeur von Gerd Bucerius holte mich ab. Der Zeit-Verleger, Hauptgesellschafter des *Stern* und aufsässiger Abgeordnete der CDU im Bundestag, hatte mich zu einer Konferenz in sein Gebirgshaus in Lenzerheide bestellt, um mit einigen seiner Getreuen die Pläne zu bereden, die René Allemann, Franz Wördemann und ich für eine Art Gegen-*Spiegel* skizziert hatten. (Vermutlich wären wir mit dem abenteuerlichen Projekt gescheitert.) Wurde in einem Gasthof untergebracht, hoch unterm Dach. In der Nacht überfiel mich das Fieber. Am Morgen schickte der Wirt einen Arzt. Der maß eine Temperatur von knapp 42 Grad: Lungenentzündung, wie die Geräusche anzeigten. Ich verweigerte den Abtransport ins Hospital. Bucerius kam, ein wenig besorgt, mehr aber verärgert: Seine Berater, unter ihnen die Zeit-Gräfin Marion Dönhoff und sein Verlagspartner, der riesenhafte und fast albinoweiße Richard Gruner, waren eingetroffen. Am Abend und am nächsten Morgen war das Fieber nur wenig gesunken. Der Arzt erlaubte mir nicht, für die Konferenz aufzustehen. Am dritten Tag noch keine rechte Besserung. Die Berater reisten davon. Bucerius schien ernsthaft verstört zu sein. Was sollte ich machen? Nach fünf Tagen endlich wirkten die Medikamente. Der Arzt befand, ich brauchte wenigstens weitere drei Tage, ehe ich mich in die Welt wagen sollte. Bucerius lud mich für die Karenzzeit immerhin in sein Haus ein. Er spürte wenig Neigung, das Projekt mit mir allein zu diskutieren – kraft der unglückseligen Umstände sah er es schon jetzt als gescheitert an. Fand mich fast erleichtert damit ab. Nein, der Hausherr half meiner Erholung nicht durch betonte Liebenswürdigkeit voran. Sein Gesicht zuckte nervös, er hielt es keine zwei Minuten in seinem Sessel aus, sprang auf, rannte durch den Raum, schnitt Grimassen. R., die sich Sorgen machte, rief einmal am Tag an, was – weiß nicht warum – Frau Bucerius unmutig stimmte. Bedankte mich, sobald es anging, ließ (ich hoffe es) einen dicken Strauß Blumen schicken und fuhr aufatmend davon.

Wie in jedem Jahr reiste R., eine passionierte Skifahrerin seit ihrer Kindheit, Ende Februar für zwei Wochen zum Wintersport nach Arosa. Wir trafen uns in Zürich. Weiter mit der Bahn. Bezog in ihrer Pension ein separates Zimmer (die Behörden bestanden zu jener Zeit darauf, auch die Hoteliers, die sich der Zuhälterei schuldig machen konnten). Hatte als Junge zuletzt auf Skiern gestanden. Meinte, das verlerne man nicht. Lieh im einschlägigen Geschäft Bretter, Stiefel und Hosen, bestieg mit R. den Lift zur harmlosesten Abfahrt. Oben ergab sich rasch, dass ich nicht einmal mehr einen Stemmbogen beherrschte. Wollte trotzdem nicht mit dem Lift zurück. Fuhr ab in die drohende Tiefe – Schuss, weil ich nichts anderes konnte. Hielt mich, trotz des zunehmenden und schließlich beängstigenden Tempos auf den Beinen, es war ein Wunder – bis ich vor mir eine Verengung der Piste und ein vereistes Brückchen sah. Vollbremsung mit dem Hintern. Brach mir nichts (aber war am Abend mit blauen Flecken übersät). R., die mir voller Sorge gefolgt war, lachte zum zweiten Mal lauthals über den Kerl (nachdem sie sich vergewissert hatte, dass mir kein Unheil zugestoßen war). Nahm denn doch Ski-Unterricht. Von mir befreit, eroberte R. mit ihren Arosa-Freunden wieder die steilen, fordernden, einer Könnerin würdigen Pisten. Wir fanden am Nachmittag zusammen, aßen gut, waren freundlich, vergnügt, verliebt. Tanzten später in der Nacht: »Hazy Osterwald«, damals die berühmteste Band der Schweiz, spielte in einem gemütlichen

Club. Wir tanzten harmonisch (als hätten wir es von Kind auf geübt), entdeckten, dass La Mer von Charles Trenet unser liebstes Chanson war (und ist). Es wurde nun unsere gemeinsame Melodie.

Nach Mitternacht stapften wir auf einem schmalen Weg zwischen dem Wald und dem Städtchen in Richtung Pension. An einem hell erleuchteten, offenen Fenster eine nackte Frau, schön anzusehen. Wir schauten fröhlich hinüber. Plötzlich überkam mich eine kindische Lust am Unfug, ich formte einen Schneeball und warf ihn durchs Fenster. Das kalte Geschoss traf die Arme an Brust oder Bauch. Sie schrak zusammen – kein Wunder –, schloss eilig das Fenster, wir riefen Gute Nacht, sie zog die Vorhänge zu.

Mir war in der nächsten Sekunde schon nicht mehr nach Unfug zumute, wurde von einer Welle des Ernstes zu einer fast blendenden Klarheit getragen, umarmte Renate und sagte ihr, dass ich sie liebe, dass ich sie immer lieben, immer mit ihr zusammen leben wolle, durch die Jahre und Jahrzehnte, dass ich hoffte, mit ihr alt zu werden. Ich würde sie holen. Sprach auch von Heirat. Sie antwortete ruhig: sie werde kommen. Das war mein Glück. Ist mein Glück. Fünfundfünfzig Jahre hat sie mich ertragen, hat sie unser Leben getragen. Ein Grund, Gott weiß es (wenn es ihn gibt), dankbar zu sein.

Deutsche Gespenster –
und atlantische Heimsuchungen

Es gingen drei Viertel des Jahres 1959 dahin, bis Renate den Aufbruch wagen konnte. Ich nahm Urlaub und quartierte mich in einem Londoner Club mittlerer Güte ein. Sie verlangte meine Präsenz, und sie hatte recht. Die Kündigung bei der BBC hatte sie fristgerecht eingereicht, doch den Chef des Deutschen Dienstes um Verschwiegenheit gebeten, damit sie den Bitten ums Bleiben, vielleicht auch – das war nicht ausgeschlossen – dem Zorn der Kollegen und Freunde entgehe, bis sie aufbruchsbereit war. Vor allem durften ihren Mann (in der französischen Abteilung) keine Gerüchte erreichen. Ihre Koffer hatte sie gepackt und zu mir transportiert, ehe sie den Mut und die Kraft fand, sich dem (ein wenig weltfremden) Partner zu offenbaren. Er wollte es nicht glauben. Sie blieb fest. In der Heftigkeit der Auseinandersetzung – im wörtlichen Sinn – brach der blinde Zorn über ihn herein. Er gab ihr eine Ohrfeige. Damit hatte er selber, das begriff er erst später, den Schlusspunkt gesetzt. Den Schmuck (bis auf einen Ring, den sie heute noch trägt), das Geld auf dem Konto, die teuersten Kleider ließ sie zurück. Sie kam zu mir. Dann berichtete sie ihrer Schwester Anita von ihrem Entschluss – der nicht allzu gnädig aufgenommen wurde. Ein Deutscher? Musste das sein? Nach allem, was war? Hatten sie nicht beide gesagt, R. und A., dass sie den Boden dieses verfluchten Landes nie mehr betreten wollten? Die Liebe, sagte R. (wie so oft in den kommenden Tagen, Wochen, Monaten, Jahren), die Liebe falle dorthin, wo sie wolle, und sie sei stärker. An einem Nachmittag wurde ich in der menschenleeren Kantine der BBC Anita vorgeführt. Es wäre übertrieben, wollte ich behaupten, ihr Blick sei völlig frei von Misstrauen gewesen. Ich holte Kaffee an der Theke, sah aus den Augenwinkeln, dass die beiden einige Sätze wechselten. Später, sehr viel später gestand R., ihre Schwester habe erleichtert geseufzt: Thank God, he is not goodlooking. Sie hatte vermutet, R. sei einem Beau deutscher Nationalität aufgesessen. Das war ich, ein sommersprossiger Rotschopf, nun wirklich nicht. Sie gab uns, auch das sagte sie R. ins Gesicht, höchstens sieben gemeinsame Jahre. (Nach dem fünfzigsten Hochzeitstag hatten wir sie endlich davon überzeugt, dass wir fürs Leben zusammenbleiben wollten.)

Übrigens betrat – ein gutes Jahrzehnt nach R. – auch Anita deutschen Boden. Allen Auftritten des English Chamber Orchestra in der Bundesrepublik und Berlin war sie fern geblieben. Doch als ein Konzert in Lüneburg auf dem Programm stand, reiste sie mit. Sie wollte das benachbarte Bergen-Belsen wiedersehen. Sie fand, wo das entsetzliche Lager einst war, eine Art Parklandschaft; die Anlage wurde, wie sie erfuhr, partiell von der Bundeswehr gepflegt. (Auch R. und ich waren dort.) In einer der wenigen Baracken, die nicht abgerissen worden waren, ein Informationsbüro. Sie lernte den Leiter kennen, einen sympathischen Mann, der die Überlebende gründlich nach ihren Erfahrungen ausforschte, tief beeindruckt von der Unmittelbarkeit einer Zeugenschaft, die von nun an seine Gespräche mit den Besuchern, vor allem aber mit den Kindern der Schulklassen bestimmte. A. kam wieder, um Vorträge im Lager und in den Städtchen ringsum zu halten, in denen damals niemand etwas gehört und gesehen haben wollte; angeblich ahnte keine Seele, dass nahezu in Ruf- und Sichtweite fünfzigtausend Menschen (oder mehr) elend verreckten. Anita reiste in den folgenden Jahren und Jahrzehnten unermüdlich nach Deutschland, gelegentlich sogar nach Österreich, um der Wahrheit Wege zu bahnen, sprach am liebsten in den Schulen, wo sie meist einer wachen Offenheit begegnete. Dank der Nüchternheit ihres Vortrags, in dem sie sich selten ein Sentiment und nie das geringste Ressentiment erlaubte, prägte sich ihr Bericht in die jungen Seelen ein. Stets betonte sie, dass sich die jungen Generationen der Deutschen nicht schuldig zu fühlen brauchten – aber sie trügen die Verantwortung dafür, dass solche Verbrechen nie wieder geschehen dürften.

R. und ich atmeten auf, als wir London hinter uns ließen, ein zweites

Mal, als wir auf dem Fährschiff das Meer gewannen, ein drittes Mal, als wir in Calais den Kontinent unter die Räder meines kleinen Fiat nahmen. Erst lange Jahre danach erzählte mir Hilde Spiel, die große österreichische Essayistin, Dichterin und Romanciere, dass R.s Übersiedlung in die Bundesrepublik die Emigranten-Gemeinde in England heftig bewegt habe. Viele Tage lang sei über kaum etwas anderes gesprochen worden als über die Auschwitz-Überlebende, in London wie eine Ikone verehrt, die sich entschlossen hatte, mit einem Deutschen zusammen zu leben ... Wir blieben in Brüssel über Nacht, zu Gast bei meinem Freund Stülpnagel und seiner Malerfrau. Er leitete damals das Büro von Walter Hallstein, des zweiten Präsidenten der Kommission, die der Europäischen Gemeinschaft vorstand. Vielleicht sollte R. so rasch und so real, wie es nur anging, davon überzeugt werden, dass diese Bundesrepublik kein deutsches Rumpfreich, sondern Teil des wachsenden Europa sei, dessen Einheit ich voller Passion herbeisehnte.

Am Abend des elften November langten wir in Köln an, pünktlich zum Karnevalsbeginn (von dem wir zunächst keine Notiz nahmen – doch im Februar fühlte ich mich verpflichtet, beim Funkhaus-Ball vorbeizuschauen, und stülpte darum, von R. offenen Mundes bestaunt, eine Perücke mit blonden Zöpfen aufs Haupt; sie ließ sich nicht bewegen, mit mir zu kommen). Am Morgen nach der Ankunft zurück zu meinem Schreibtisch. Auf dem Redaktionsflur sah ich Ernst Schnabel, bis 1955 Intendant des Nordwestdeutschen Rundfunks, der ein begnadeter Autor von Hörbildern und Hörspielen war. Ich wusste, dass R. ihn aus London kannte. Also bat ich ihn, sie anzurufen – sie werde sich freuen. Das tat er denn auch. Doch wie mir R. am Abend erzählte, äußerte er nur sein Entsetzen: wie sie sich das antun könne, in diesem nazi-verseuchten Land und seiner reaktionären Gesellschaft leben zu wollen. Eine taktvolle Begrüßung konnte man das kaum nennen, es war ihm wichtiger, seine Gesinnung vorzuführen. (Nein, Takt zählt nicht zu den Grundtugenden deutscher Intellektueller.) Wir trafen ihn nicht lange danach auf dem Kurfürstendamm in Berlin – und sofort überkam ihn der Zorn über die vom Nazismus durchtränkte Republik. Wir hörten geduldig zu. Schließlich sagte R., er werde es nicht glauben, aber sie sei schon Antifaschistin. Er schien die nicht allzu sanfte Ironie nicht wahrzunehmen. Das wurde zur permanenten Heimsuchung: Wann immer wir Kollegen und Freunde zu Gast hatten, bekundeten sie nach einer Weile fast zwanghaft die Lauterkeit ihrer Gemüter, und jeder (auch jede) fühlte sich veranlasst, über die prächtigen Juden zu reden, die er kenne, an die er sich aus der Kindheit erinnere, denen die Eltern geholfen hatten. (Ein einziger berief sich nicht auf den Vater, den er aus tiefster Seele hasste: der dicke Dieter Gütt, einer der bedeutenden Journalisten jener Zeit, der es nicht verzeihen konnte, dass sein Erzeuger ein Nazi-Bürokrat hohen Ranges gewesen war, eine Belastung, an der er schließlich zerbrach.) R., die langen deutschen Weingespräche nicht gewohnt, wurde gegen Mitternacht meist vom Schlaf überwältigt, während die Gäste mit ehernen Hintern hocken blieben. Manchmal schreckte sie hoch, meinte, sich an der Konversation beteiligen zu müssen, warf eine Äußerung zu einem Thema ins Gespräch, das die Gesellschaft längst hinter sich gelassen hatte. Friedrich Sieburg, dem sie dieses Leid klagte, tröstete sie – er gerate immerzu in diese Lage, aber er melde sich in der Regel mit einer stets passenden Bemerkung zurück: Wem sagen Sie das, Verehrte … (Amerika war, was dies angeht, R.s Paradies, denn spätestens um elf Uhr erhoben sich die Besucher, dankten artig und strebten davon.)

Natürlich wollte sie arbeiten, und natürlich lud Werner Höfer sie ein, einmal in der Woche das regionale Fernsehprogramm »Zwischen Rhein und Weser« zu moderieren. Sie machte das glänzend, sprach lebhaft, formulierte gut und sah sehr schön aus. Doch sie litt an einem fast unbezähmbaren Lampenfieber. Um ihr Ruhe und zugleich eine Portion Mut zu vermitteln, tränkte ich sie in der Garderobe mit einer Mixtur, die damals in Mode war: Black Velvet hieß die Mischung aus dunklem Bier und Sekt, die in der Tat samtweich, aber auch ziemlich absurd schmeckte. (Noch heute kann R. die Auftaktmusik jenes Programms, die ersten Takte der Rheinischen Symphonie von Robert Schumann, nicht ohne einen leisen Schauer überm Rücken anhören.) Ich übernahm gelegentlich, um mich ins Fernsehen einzuüben, die »Weltnachrichten« in »Hier und Heute«.

Als geborene Deutsche, der von den Nazis (wie allen Juden) die Staatsbürgerschaft entzogen worden war, konnte R. laut Gesetz von den bundesdeutschen Behörden fordern, dass sie unverzüglich wieder in ihr bürgerliches Recht gesetzt und ihr ein Pass ausgehändigt werde. Sie selber legte darauf wenig Wert. Doch ich bestand auf dem Prinzip der Restitution. Also unterschrieb sie den Antrag. Es gingen Wochen ohne eine Reaktion der Bürokraten ins Land. Ich forschte nach. Damit habe es seine Schwierigkeit, wurde mir gesagt, denn R. gelte als vorbestraft. Es war dem Herrn peinlich, als er mir stockend erklären musste, dass jenes Breslauer Urteil von 1942, das die Schwestern der versuchten Reichsflucht und der Feindbegünstigung für schuldig befunden hatte, nach wie vor rechtsgültig sei – eine weitere Bestätigung, dass es der deutschen Nachkriegsjustiz (personell weitgehend mit der Justiz des Nazireiches identisch) keineswegs damit eilte, das Unrecht des Dritten Reiches beiseite zu räumen. Ein ordentliches Gericht musste das Urteil der Breslauer Kollegen formaljuristisch aufheben, ehe Renate A., geborene Lasker die deutsche Staatsbürgerschaft und damit einen deutschen Pass wiedererlangen konnte. Der nicht allzu diskrete Hinweis auf meinen und ihren Beruf machte den Behörden Beine. In wenigen Wochen war alles erledigt. R. freilich behielt zudem ihre französische Bürgerschaft (Jahrzehnte später konnte auch ich das Bürgerrecht der République Française erwerben, ohne meinen deutschen Pass abgeben zu müssen – ein winziger Schritt, wie ich mir einredete, zur europäischen Bürgerschaft).

Das Scheidungsverfahren zog sich hin. Als es sich endlich erledigt hatte, wollten wir so rasch wie möglich auch auf amtlichem Papier vereinigt werden. Im Düsseldorfer Konsulat Frankreichs erkundigten wir uns, ob sich die Heirat mit dem französischen Recht vertrage. Nein, sagte der Kleindiplomat, es müsse wenigstens ein Jahr seit der Scheidung vergangen sein, zumal wenn der neue Ehepartner nach dem Scheidungsurteil als der Schuldige gelte (was für mich geradlinig zutraf). Die Begründung war offensichtlich und lebensnah. Doch es gebe einen Weg, raunte der Beamte mit einer unversehens human gewandelten Miene: Es stehe uns frei, in Schottland zu heiraten, wo man sich um die kontinentalen Vorschriften nicht im Geringsten schere (doch würden die dort geschlossenen Ehen auch von der Republik Frankreich nolens volens anerkannt). So geschah es. Wir machten uns auf den Weg. Zwei Tage Station in London, um Freunde zu sehen. (Der Ex-Mann hatte sich inzwischen von der Agence-France-Presse als Korrespondent nach Tokio schicken lassen, seit Jahr und Tag vom fernöstlichen Geist, von der Kunst, vor allem von der Kalligraphie fasziniert, in der er es zu einer gewissen Meisterschaft brachte.)

Natürlich strebten wir nicht, wie die rebellischen Söhne und Töchter verstockter Familien, in die Schmiede von Gretna Green, gleich jenseits der englisch-schottischen Grenze, sondern nach Edinburgh, wo wir in der Wartezeit Anregung genug zu finden hofften. Es war April, die schöne alte Stadt von grau-braunem Smog verhangen; ich fand sie überdies verdreckt wie einen abgetragenen Trenchcoat. So schlug ich vor, wir sollten uns einen hübschen Ort am Meer suchen. Weiß nicht mehr, wie wir nach North Berwick gerieten, ein freundliches Nest zwanzig Meilen östlich von Edinburgh, Paradies der Golfspieler, die sämtliche Hotels belegten. Wir fanden Unterkunft in einer adretten Pension. Ohne Aufenthalt zum Rathaus. Die liebenswürdig-korrekte Standesbeamtin ließ uns wissen, dass der vorgeschriebene Aufenthalt von drei Wochen keinesfalls verkürzt werden könne. Wir füllten die Formulare aus, hinterlegten die Pässe, schauten uns am nächsten Morgen den Aushang des Aufgebots an; die Sonne schien (das tat sie Tag um Tag, ungewöhnlich genug für Schottland), wir waren heiter gestimmt, unternahmen Ausflüge an die Küste und ins Landesinnere, ja wir fuhren weit hinauf ins kahle Hochland, dessen grün-graue Farben die Melancholien des Winters ahnen ließen. Wenn wir über die Wiesen hinter der Pension spazierten, sausten uns gelegentlich Golfbälle um die Ohren. Getroffen hat keiner. Ich fühlte dennoch kein Verlangen, den Sport zu erlernen, obwohl mich der soignierte Hausherr Tag für Tag dazu einlud, stets mit der ermutigenden Formel: There is no entry into heaven without trying … Mit dem schönsten rollenden Schotten-rrr vorgetragen. Alles war gut. Es gab nur ein Problem: die schottische Küche, von der ich damals den Eindruck hatte, sie habe sich seit keltisch-germanischen Vorzeiten kaum verändert. War schon von R.s burgundischen oder italienischen, in Ausnahmen auch schwäbischen Gerichten verwöhnt. Biertrinker war ich nicht. Keine große Liebe zum Whiskey. Nahm halt ein bisschen ab, was kein Schade war. Schließlich entdeckte ich, fünfzehn Meilen von North Berwick entfernt, ein französisches Restaurant: endlich ein würdiger Ort fürs Hochzeitsmahl. Von London kamen Anita und der zehnjährige Raphael herbeigeflogen, von Köln Franz und Edith Wördemann, aus dem Schwabenland meine Schwester Lilli, die das Amt der Trauzeugin übernehmen wollte.

Die Standesbeamtin legte, als sie schließlich das Zeremoniell vollzog, ein wenig Wärme in ihre altjüngferliche Stimme. Man spürte, dass die Trauung von zwei hergelaufenen Kontinental-Europäern – eine Pass-Französin und (musste das sein?) das deutsche Mannsbild – eine bunte Klein-Sensation in ihrem eher grauen Alltag war. Auch unsere freundlichen Pensions-Gastgeber hatten sich eingefunden. Nicht nur das – stillschweigend wurden wir nun in ein geräumiges Doppelzimmer umgebettet. Die Dame des Hauses übergab uns obendrein ein generöses Geschenk: drei Porzellanplatten verschiedener Größe, echtes blauweißes Wedgwood aus dem achtzehnten Jahrhundert, womöglich aus dem eigenen Haushalt. Wir dankten gerührt. Übrigens fanden wir selber auf den Märkten der Umgebung das schönste Geschirr zu erträglichen Preisen, darunter eine bejahrte Teekanne (auch sie vermutlich achtzehntes Jahrhundert), deren Deckel nicht lange nach der Fertigung gesprungen sein musste, denn er wurde durch eine massive Metallklammer gehalten. Bis heute lösten wir das Rätsel nicht, wie diese Reparatur gelingen konnte. Die Kanne benutzen wir Tag um Tag, nun länger als ein halbes Jahrhundert, mit äußerster Behutsamkeit, damit ihr und auch uns nur ja kein Unheil widerfahre. Sie soll uns überleben.

Was für ein Glücksfall, dass wir in der gastronomischen Wüste, die Schottland damals war, die französische Oase gefunden hatten. Wir speisten köstlich, wie es sich für ein Hochzeitsmahl gehörte. Der kleine Raphael, Anitas Söhnchen, verkündete lauthals, das sei ein Mahl für die Götter (das er eine halbe Stunde später auf dem Klo wieder auskotzte).

Eine Woche danach feierten wir mit den Freunden aus Köln und Bonn in einem veredelten Dorfgasthaus auf der anderen Seite des Rheins: fünfzig Menschen, eine bunte Versammlung von Kolleginnen, Kollegen, Schauspielern und Freunden aus Amerika, eine Handvoll Sozialdemokraten, der Bundeswehr-General Schmückle (der gutwillig versuchte, Franz Josef Strauß zur politischen und menschlichen Vernunft zu erziehen, ohne rechten Erfolg). Und wir feierten ein drittes Mal: in Freudenstadt bei meinen Eltern. Um dem Vater eine Freude zu machen – R. hatte ihn rasch ins Herz geschlossen – wären wir sogar bereit gewesen, uns in der Kirche trauen zu lassen. Doch der Oberkirchenrat in Stuttgart pochte darauf, dass die Heirat eines Christenmenschen mit einer nichtchristlichen Person nicht den Segen der Kirche finden könne, Altes Testament hin oder her (ohne das es das Neue nicht gegeben hätte, aber das hatten die Christen vergessen, sie hatten es vergessen wollen, sie verdrängten, ja, sie verschmähten es). Dann halt nicht. Wir brauchten die Kirche nicht (und sie konnte, wie die Erfahrung zeigte, auch auf mich verzichten, auf R. sowieso). Der Vater gab uns privat seinen Segen und sprach ein paar schöne Sätze über das Wort der alttestamentarischen Ruth: Wo du hin gehst, da will ich auch hin gehen; wo du bleibst, da bleibe ich auch. Dein Volk ist mein Volk, und dein Gott ist mein Gott. (Zwei oder drei Jahrzehnte später sagte mir R. – ich schreibe es nur zögernd auf –, sie glaube nun, dass ich mit ihr gekommen wäre, damals: ein Ausdruck des Vertrauens, der mich tief beunruhigte. Kann man für sich selber die Hand ins Feuer legen? Dass man, wenn es ernst wird, so handelt, wie es die Liebe und der Anstand gebieten? Menschen sind schwach, man wusste es, man weiß es. Ihre Bemerkung ist das wichtigste Wort, das mir je gesagt wurde.)

In ihrem Kölner Jahr hat R. – wie so viele der einst Verfolgten – auf einem Präsentierteller gelebt. Dem ungetarnten, aggressiven Antisemitismus begegnete sie nur einmal (aber das genügte), sehr viel später. In einer Debatte nach der amerikanischen Fernsehserie über den Holocaust hatte sie angemerkt, dass ihre Eltern in einem Vernichtungslager ermordet wurden. Einige Tage später fand sie im Postkasten den Brief eines Anwalts in Nürnberg, dem das Schreiben eines einstigen SS-Offiziers beilag, der wiederum von ihr verlangte, sie möge den Mord an ihren Eltern nachweisen. Der Anwalt schickte mit gleicher Post eine Rechnung für seine Bemühungen samt Zahlkarte. Auf die Unverschämtheit reagierte R. mit einem (ganz untypischen) Anfall von Panik. Als sie mir am Telefon von der Attacke berichtete, zitterte ihre Stimme. Ich riet ihr, sofort den Chefredakteur der Deutschen Presse-Agentur anzurufen, mit dem wir befreundet waren. Anderntags stand die Meldung in vielen Zeitungen. Die Staatsanwaltschaft konnte nicht umhin, gegen das SS-Monster und seinen Advokaten Klage zu erheben. Die Verhandlung ersparten wir uns. Das war auch besser so. Offensichtlich war der Gerichtssaal von Anhängern der beiden Nazis besetzt. Sie spendeten lauthals Beifall, als das lächerliche Urteil verkündet wurde, eine Geldstrafe von eintausendfünfhundert D-Mark. Allerdings wurde der Winkeladvokat aus der Anwaltskammer ausgeschlossen (vielleicht nur für eine begrenzte Zeit) und dem Ex-SS-Offizier, Pensionär der Bundesbahn, wurde das Ruhegeld gekürzt (wenngleich nicht dramatisch): Das, ich bin sicher, schmerzte die kriminell verseuchte Kleinbürgerseele.

Diese Attacke blieb, gottlob, eine Ausnahme. Die tägliche Heimsuchung war eher der überbordende gute Wille, der einen entspannten, unverkrampften, sozusagen normalen Umgang kaum zuließ. Die Anstrengung nahm der Freude über die so herzliche Aufnahme manchmal die Luft. Schon aus diesem Grund hieß R. meine Versuche gut, möglichst bald einen Auftraggeber zu finden, der uns nach Amerika schickte. Er fand sich rasch.

Die Regierung Konrad Adenauers in Bonn bemühte sich damals, 1960, die gesetzlichen Voraussetzungen für eine private Fernsehanstalt zu schaffen (ganz ohne Zweifel mit der festen Absicht, das Institut intensiv zur heimlichen und offenen Werbung für die politischen Ziele der Führungspartei und die Popularisierung ihrer Ideologie zu nutzen). Das lastete ein wenig auf meinem eher linksliberal gestimmten Gewissen, doch ich beschwichtigte mich zugleich mit der Erwägung, dass der Sozialdemokratie ein ähnlicher Einfluss zugute käme, wenn sich die Machtverhältnisse änderten. Außerdem: Es war der große Journalist Peter von Zahn, bisher Amerika-Korrespondent des NDR, ein unabhängiger Kopf, der R. und mich einlud, für seine eben gegründete Produktionsfirma »Windrose« Dokumentarfilme zu fertigen, die für den Sendebeginn der neuen Anstalt parat liegen sollten. Ehe wir mit der neuen Aufgabe drüben in den Vereinigten Staaten begannen, hielt ich eine Generalüberholung für angebracht, zumal R.s virtuose Kochkünste allzu gut anschlugen. Drei Wochen Jägerwinkel, ein Edelsanatorium am Tegernsee, dirigiert und inspiriert von einem majestätischen Herrn Professor, dem man nachsagte, er sei mit einer Wittelsbacher Prinzessin verehelicht. Auch die Schwestern, manche unter ihnen (wenn nicht die Mehrheit) hochgewachsen, blond, blauäugig und irgendwie preußisch, vermutlich dem verarmten Kleinadel entstammend, strahlten eine gewisse Hoheit aus. An guten Tagen gaben sie sich leutselig. Ach, riefen sie heiter: Heute flutschen die Spritzen ja richtig. Die Herren von Rhein und Ruhr, denen man ansah, dass sie im Betrieb morgens um zehn Uhr schon drei Sekretärinnen niedergetreten hatten, waren rasch gezähmt und ließen, dank der Reduktion ihrer Ernährung auf sieben- oder achthundert Kalorien, keine unsittlichen Annäherungen befürchten (wie mir die Gymnastik-Lehrerin hinterbrachte, auch sie blond und blauäugig, aber wenigstens bayerisch).

Dafür schimmerten nach einer Woche die Tonsuren der Herren eher rosarot und zart wie Säuglingshaut. Wenn die Gattin zur Tischzeit anrief – das Telefon stand im Entree (noch lange vor der Handy-Zeit) –, durfte man Ohrenzeuge werden, wie sich die Kommandostimmen ins Melancholisch-Milde gewandelt hatten. Mutti, sagten sie greinend, kannst du nicht für ein paar Tage kommen? Fühle mich so alleine, ach bitte. (Mutti wusste sich zu hüten und genoss die Wochen der Freiheit zu Hause.) Ich selber unterzog mich für zehn Tage einer Nulldiät, geriet in eine Hungereuphorie, diktierte am Nachmittag ein wenig besoffene Artikel, einen nach dem anderen, verzichtete unversehens auf die Zigaretten, zahlte auf der Münchener Kunstmesse die Hälfte des geforderten Preises für die erste deutsche Ausgabe der Elle-Serie von Toulouse-Lautrec (nummeriert), nicht ganz billig, aber selbst für mich nicht unerschwinglich. Der reizenden Händlerin sagte ich, dass ich die zweite Hälfte schicken würde, wenn ich vier Wochen lang nicht rauchte; wenn ich versagte, könne sie ein angemessenes Kommissionsgeld behalten. Sie ließ sich amüsiert auf den Handel ein. Ich rauchte fünf Jahre nicht, bis ich Idiot – ich erwähnte es schon – mir im Ärger eine Zigarette ansteckte (damit war ich verloren). Nach der Rückkehr aus dem Jägerwinkel schluckte ich – wie befohlen – Tag für Tag die blauen Pillen, die mir der Herr Professor verschrieben hatte, wurde matt und matter, lag auf meinem Bett und starrte in die Luft. R. konnte kaum verbergen, dass sie verstört und schließlich fast verzweifelt war. Irgendwann regte sich im Rest meines Gehirns der Verdacht, mein erbärmlicher Zustand könne von den blauen Pillen verursacht sein. Ich schmiss sie aus dem Fenster: frühe und primitive Tranquilizer, wie ich später erfuhr. Anderntags hatte ich mich halbwegs normalisiert. Dem Herrn Professor schrieb ich einen höflichen Brief, um ihn darauf hinzuweisen, dass die Gemütspillen unerwünschte Nebenwirkungen haben könnten. Der Halbgott (der so gut wie niemals einen weißen Kittel trug) war nicht zu einer Antwort geneigt. Also schrieb ich für die Wochenend-Seiten der *Süddeutschen Zeitung* ein leichtfertig-ironisches Feuilleton über meine Beobachtungen im Hubertushof, das die Münchener Leserschaft zu erheitern schien. Das Honorar betrug immerhin ein Viertel des Kaufpreises für die Lithographien, zu denen der zwergenhafte Graf T. L. in einem der besseren Pariser Puffs angeregt worden war. Sie reisten mit nach Amerika und auch wieder mit uns zurück (wir freuen uns noch immer an den anmutig-frechen Szenen).

In jenen Zeiten bat mich einmal der Vorsitzende des Fernsehrats, vor der nächsten Sitzung des Gremiums bei ihm hereinzuschauen: Karl Vialon, ein hoher Beamter im Bundeskanzleramt, der 1962 zum Staatssekretär im Bundesministerium für die Entwicklungshilfe aufsteigen sollte. Ein nordisch gemeißeltes Gesicht unter einem untadeligen Scheitel, nicht sympathisch, so wenig wie das, was er zu sagen hatte: Ich möge immer daran denken, dass ich – wenngleich Journalist – in der Hauptstadt unseres mächtigsten Bündnispartners auch ein Repräsentant Deutschlands sei. Ich murmelte, das sei mir wohl bewusst, ich fühlte mich durchaus dem demokratischen Deutschland verpflichtet, und dann verabschiedete ich mich, so rasch es die Höflichkeit zuließ. Einige Jahre später las ich, der Herr Vialon habe vom Mai 1942 an in Riga als Leiter der Finanzabteilung des Reichskommissariats Ost amtiert und sei vor allem für die Verbuchung der beschlagnahmten jüdischen Vermögen verantwortlich gewesen: Abkassierer und Verwalter von geraubtem und erpresstem Geld, Besitz, Kunstwerken, Gold, Silber, Schmuck. Der Handlanger von nazistischen Verbrechern, das hieß: er selber ein Krimineller. Er musste zurücktreten, wenigstens das. Das Ermittlungsverfahren der Staatsanwaltschaft Bonn führte wie üblich zu nichts. Ich fürchte, dem Schurken wurde eine reguläre Pension bezahlt. Dieser Dreckskerl (dem kaum verborgen geblieben sein konnte, dass meine Frau Jüdin und Auschwitzüberlebende war), dieser Lump hatte es gewagt, mich an meine patriotischen Pflichten zu erinnern, er, der mitsamt seinem SA-braunen und SS-schwarzen Pack Deutschland für Generationen beschmutzt hatte. Was für eine unsagbare Frechheit, die sein gebügeltes Gewissen nicht einmal als solche wahrnahm. Noch heute, mehr als ein halbes Jahrhundert danach, überkommt mich die Wut. Ich rufe mich mit der Einsicht zur Ordnung, dass dieser Musterbeamte in Wirklichkeit ein elendes Würstchen war – wie fast alle.

In Bremerhaven wurde uns eine kleine Suite auf der *America* zugewiesen, einem älteren, kleineren Schwesterschiff der *United States*. Der zuständige Steward: ein freundlicher Philippino, der sich Ernie nannte (ich traf ihn zwanzig Jahre später wieder, im New Yorker Waldorf Astoria, er war überrascht, dass ich ihn sofort erkannte, aber die Erklärung ist einfach: für uns war die Atlantik-Reise ein Abenteuer, für ihn Alltag). Später Herbst. Bis Southampton war es gemütlich, doch als das Schiff den offenen Ozean erreichte, traf uns der Sturm mit voller Härte. Überall wurden Seile gespannt, um den Passagieren, auch der Besatzung die Wege sicherer zu machen. R., die nicht damit gerechnet hatte, dass sie seekrank werden könnte, wurde es mitten in einem heiteren Film von Billy Wilder speiübel, sie stürzte hinaus, erreichte die Toilette, schleppte sich zurück in die Kabine, legte sich aufs Bett und stand nur auf, um den John aufzusuchen. Nichts konnte sie bei sich behalten als ein paar Löffel Suppe, auch nicht die Medikamente des Schiffsarztes, der von Kabine zu Kabine eilte. Der Sturm hatte sich zum Orkan gesteigert. Der Speisesaal wurde leerer und leerer, meine Kaviarportionen größer und größer, die angebrochenen Büchsen mussten geleert werden. R. litt, es war ihr ohne Unterbrechung schlecht. Sie konnte nicht einmal lesen. Es schlug mir aufs Gewissen, dass R. so litt und mich das Unwetter so gar nicht anfocht. Auf Deck, wenn ich gelegentlich Luft holte, war es faszinierend, dem Galopp der meterhohen Wellen zu folgen, bis sie sich donnernd an der Schiffswand brachen. Mir fiel der Pfarrhaus-Scherz von den beiden Pastoren ein, die an Bord eines Kreuzfahrers vom Sturm heimgesucht wurden. Der eine zagte. Der andere legte ihm die Hand auf den Arm: Wir sind in Gottes Hand, lieber Bruder ... Zu sehr, nur zu sehr!, seufzte der.

Am dritten oder vierten Abend saß ich im Kino, vielleicht hockte ich auch an der Bar. Gegen Mitternacht zurück zur Kabine. R. schlief. Ich wollte sie nicht stören, darum zog ich mich im Dunkeln aus. Als ich die Socken abstreifen wollte, hielt ich mich am Rahmen der Tür zwischen den beiden Räumen fest. In diesem Augenblick schlug ein Brecher mit urgewaltiger Kraft gegen das Schiff, und die Metalltür prallte mit ganzer Wucht auf den Daumen der linken Hand. Hätte brüllen können, aber da sich R. zu Tode erschrocken hätte, biss ich mir auf die Lippen, hielt den Daumen unter das kalte Wasser, nahm eine Schmerztablette und eine Schlafpille, kam über die Nacht, am Morgen war der Daumen, wie zu erwarten, blauschwarz. Am Abend sollte Captain's Dinner sein, R. wollte wenigstens das nicht versäumen, stand auf und holte ein elegantes dunkelblaues Abendkleid aus dem Koffer, ich zwängte mich in den Smoking, wir saßen auch – welche Ehre – am Tisch des Schiffsherrn, der aussah, als sei er aus dem Bilderbuch gestiegen. Nach dem ersten Gang erhob sich R., eilte zum WC (mit Kotzbecken), dann zur Kabine. Mich scheuchte sie nach oben zurück, doch meine Tischnachbarn erwiesen sich als Langweiler aus dem britischen Mittelstand. So ist es halt an den Ehrentischen.

Dennoch, eine Seereise kann die Lebensgeister auf zärtlich-leichte Weise beleben – man schwebt sozusagen zwischen den Welten, den Pflichten und Verantwortungen des Alltags enthoben, und im Hintergrund gleitet noch immer der Schatten der *Titanic* vorüber. Erst als wir von New York nur noch eine Nacht entfernt waren, flauten die Winde ab. Ankunft gegen acht Uhr morgens. Um sieben Uhr standen die gepackten Koffer parat, wir warteten an Deck. Die Bordkapelle spielte, was das Zeug hielt. Als die Türme von Manhattan durchs Morgenlicht herüberzublinken begannen, sangen die Amerikaner aus voller Brust: Happy days are here again, und ließen manches patriotische Tränchen über die Wangen rollen.

Washington, das neue Rom

John F. Kennedy wohnte, solange er Senator war, im alten Quartier von Georgetown, in der P Street, zwei Blocks nördlich der Potomac Street, in der wir ein freundliches Häuschen mieteten, das vermutlich in der Neige des 19. Jahrhunderts gebaut worden war. Das Haus des jungen Star-Politikers aus Massachusetts, das eher aus dem späten 18. Jahrhundert stammte, gab sich zur Straßenseite keineswegs protzig, doch die schlichte Fassade aus rotem Klinker täuschte. Die Anwesen aus der Gründungsepoche der Vereinigten Staaten waren oft erstaunlich geräumig, die Belétage in der Regel für die Empfangsräume und das Speisezimmer reserviert; der eheliche Schlafraum, *the master bedroom*, die Gästezimmer befanden sich im ersten Stock, die Kinderzimmer darüber, die Sklavenschar wurde eher in Verschlägen am Rande des Gartens untergebracht.

Georgetown war, ein Jahrhundert vor dem Kampf um die Unabhängigkeit gegründet, von der Mitte des 18. Jahrhunderts an eine blühende Niederlassung der Handelsbürger, die eine halbe Meile stromabwärts einen Hafen angelegt hatten, in dem die Importgüter aus dem Mutterland entladen und die Produkte der Neuen Welt verschifft wurden. Die Waren gelangten auf dem Potomac-Kanal (an den Stromschnellen vorbei) weiter ins Landesinnere. Auch die reichen Plantagen-Herren, die riesenhafte Territorien im Hinterland oder am andern Ufer des Potomac River besaßen, bauten hier ihre Stadtresidenzen. Der Landbaron George Washington in Virginia freilich, dessen Schlösschen Mount Vernon sich so anmutig in den Hügel überm Fluss schmiegte, hatte es näher nach Alexandria, ein Ritt von höchstens drei Stunden. Auch dieses Städtchen (einen Sprung südlich des National Airport) hat seinen alten Kern bewahrt. Die historischen Häuser, schon zu unserer Zeit unerschwinglich teuer, kosten längst viele Millionen. Sie waren gegen Ende des 19. Jahrhunderts von ihren Besitzern verlassen worden, als diese ihren Reichtum lieber in neubarocken oder neoklassizistischen Palästen in den schickeren Quartieren der Hauptstadt zur Schau stellten.

Die Kinder und Enkel der Sklaven übernahmen Georgetown, dankbar für die billigen Unterkünfte im Schatten mächtiger alter Ahornbäume und Magnolien (deren Blüten in einer linden Märznacht aufsprangen, nahezu alle zur gleichen Zeit, man meinte, die sanfte und so lustvoll duftende Explosion hören zu können). Unten am Kanal siedelten sich kleinere Industrien an, unter anderem eine Leimfabrik, die im Sommer einen bestialischen Gestank verbreitete, wenn der Wind von Südwesten kam. Das und der konstante Lärm der Maschinen im Anflug auf den National Airport beeinträchtigten das Idyll. Von Freitagabend an spielten die besoffenen Studenten mit leeren Bier- oder Cola-Büchsen Fußball auf den gepflasterten Gassen. Wenn es ihr zu bunt wurde, trat Mrs Harpprecht (vielmehr Mrs Arprekt nach amerikanischer Aussprache) ans Fenster und forderte mit ihrem schönsten *Upperclass English*, dass endlich Ruhe sein müsse. Die Wirkung war allemal erstaunlich. Plötzliche Stille. Dann trotteten die Rabauken davon. Der kolonialherrschaftliche Kommandoton schien an einen im historischen Unterbewusstsein verankerten Gehorsam zu appellieren. Vielleicht aber waren die Jünglinge auch nur amerikanisch genug, weibliche Autorität in tiefster Seele zu fürchten (ein Erbe des Regiments von *Mom*, der allmächtigen Mutter, der Geoffrey Gorer, der britische Sozialpsychologe, eine klassische Studie gewidmet hat).

Mitglieder der intellektuellen Elite, die Franklin Delano Roosevelt mit der Sozialpolitik seines New Deal, seinem Charme und mit seiner – für Politiker jener Epoche (und wohl heute erst recht) – erstaunlichen Bildung nach Washington gelockt hatte, entdeckten eines Tages Georgetown erneut. Sie kauften die alten Häuser für drei-, viertausend Dollar (eine Generation danach waren sie ein Vermögen wert). Das Viertel hatte den Vorteil, nur vier Kilometer vom Weißen Haus, von der Treasury und anderen Ministerien entfernt zu sein. Außerdem siedelten sich die Professoren der katholischen Georgetown University, der seit dem Ende des neunzehnten Jahrhunderts ein schöner Aufschwung in Richtung Ivy League gelang, gern in den (noch) billigen Gemäuern an.

Senator Kennedy in der P Street war, obwohl katholisch, kein Produkt der Georgetown University, sondern von Harvard. Die prominenteste und älteste aller Ivy League-Hochschulen (benannt nach ihren efeubewachsenen Mauern) öffnete dem brillanten Kopf den Weg zu einer beispiellosen Karriere, die von seiner glorreichen Tapferkeit im pazifischen Krieg umglänzt war. Die schöne Jacqueline Bouvier, seine Frau, die aus einer kultivierteren Familie stammte als die Kinder des irischen Geldmenschen Joseph Kennedy, trug das ihre dazu bei, den gesellschaftlichen und politischen Aufstieg des Goodlookers voranzutreiben. Zweifellos halfen die Millionen des Vaters (der seinen Reichtum unter anderem der Prohibition, dem törichten Alkoholverbot in den zwanziger und dreißiger Jahren, seinen schlauen Operationen auf dem schwarzen Markt und seinen lukrativen, nicht nur erotisch belohnten Investitionen in die junge Filmindustrie verdankte). Jackie konnte man in jenen Jahren plaudernd im Drugstore des notorischen »Doc« an der Wisconsin Avenue antreffen – allerdings nur bis zu dem Tage, an dem ihr Mann mit einer denkbar knappen Mehrheit gegen Richard Nixon zum Nachfolger des biederklugen Feldherrn Eisenhower gewählt wurde.

In den Wochen des Übergangs hing Tag und Nacht eine Schar von Reportern vor dem Eingang des Hauses an der P Street herum, jeden Besucher genau registrierend, denn es konnte einer der künftigen Minister sein, deren Ernennung offiziell wurde, wenn der Präsident mit dem Kandidaten vor die Tür trat, auch in eisiger Kälte ohne Mantel. (Von Zeit zu Zeit ließ er den Reportern von einem Bediensteten heißen Kaffee servieren, der sie ein wenig wärmte.)

Am Tag der Vereidigung im Januar 1961: ein stahlblauer Himmel, weiße Sonne, aber eine arktische Temperatur. Als *poeta laureatus* hatte John F. Kennedy seinen Landsmann Robert Frost auserkoren, den Nestor der Lyriker Amerikas, eine knorrige Erscheinung mit tief verkerbtem Gesicht unter einem ungebärdigen Schwall von weißem Haar: ein schöner alter Mann, in dem sich der Geist Neuenglands zu sammeln schien (wohl auch seine Geister, die guten, die bösen). Als er ans Pult trat, um die Hymne vorzutragen, die er für den jungen Präsidenten geschrieben hatte, starrte er eine Minute auf das Papier, hob zur ersten Strophe an, verstummte, versuchte es wieder, bemühte sich, das Papier zu glätten, das ihm der Wind rauben wollte, krächzte einige Worte, scheiterte ein zweites Mal, murmelte eine Entschuldigung, trat einen halben Schritt zurück und rezitierte, bald mit gefestigter Stimme, das berühmteste seiner Poeme: »The land was ours before we were the land's…« – Das Land war unser, ehe wir dem Land gehörten … Die harte Wintersonne hatte ihn geblendet. Den Wortlaut der Huldigungsverse druckten anderntags die Zeitungen. Hernach meinte man, in jener menschlichen, allzu menschlichen (auch unfreiwillig komischen) Szene ein böses Omen erkennen zu müssen. Der kleine Virgil aus dem schönen Waldstaat Vermont hatte allzu stark in die Leier gegriffen. Er schwärmte vom Ruhm einer neuen augusteischen Epoche: Die goldene Zeit der Macht und Poesie / In dieser Mittagsstund beginne sie …

Thomas Mann mag der Erste gewesen sein, der (in den *Betrachtungen eines Unpolitischen*) Washington das »neue Rom« genannt hat. Schon der klassizistische Faltenwurf der offiziellen Architektur demonstrierte den Anspruch der Gründerväter, die römische Republik, die als ein Staat der Tugend galt, in der neuen, sozusagen unschuldigen und unverderbten Welt wieder erstehen zu lassen. Zusammen mit Thomas Höpker, den ich überreden konnte, eine Filmkamera in die Hand zu nehmen, versuchte ich, das römische Element in den Vereinigten Staaten sichtbar werden zu lassen. Das gescheiteste Interview gab uns der Schriftsteller und Politiker Luigi Barzini, dessen Familie vom Duce ins Exil gezwungen worden war: Er war drüben aufgewachsen und vereinte beide Kulturen in seiner Person – die des ersten und die des zweiten Rom. Übrigens hielt die republikanische Unschuld in den Vereinigten Staaten nicht lange vor. George Washington wurde nach seinem Tod durch viele Monumente gefeiert, die ihn in der Gewandung und Pose des Augustus zeigten.

Doch niemand erfüllte den Anspruch des Wahlmonarchentums – und das ist die amerikanische Präsidentschaft – glanzvoller als der Held aus

Boston, dem man nicht ansah, dass er meist ein Korsett trug, weil ihn chronische Schmerzen quälten: die Folge seiner Verletzung in dem Seegefecht, in dem sein Schnellboot von den Japanern torpediert worden war. Die Intellektuellen schwärmten bis zur Verzückung vom neuen Camelot, dem Hof des auferstandenen (demokratischen) Königs Arthur. In der Tat versuchte die elegante Jackie, in dem schlichten Palais an der Pennsylvania-Avenue eine Kultur zu etablieren, an der man dort nicht allzu viel Interesse gezeigt hatte, auch nicht während Roosevelts Herrschaft (eher noch in den Regierungsjahren des ersten Roosevelt, der ein belesener Mann war). Sie suchte aus den Abstellräumen das historische Mobiliar aus den Zeiten Jeffersons, auch noch Lincolns zusammen und schickte den von den Vorgängern installierten Großbürgerpomp in die Keller. Man hörte, wohl zum ersten Mal, Vivaldi-Konzerte im Weißen Haus – obwohl: Thomas Jefferson hatte die Musik geliebt und selber die Geige gespielt ...

Die First Lady brauchte die Verklärung, die ihr dargeboten wurde. Ein kleiner Trost für die notorischen Eskapaden des Gatten, der darin ganz der Sohn seines Vaters war. John F. Kennedy, ein überaus männlicher Mann, schien mit einer magischen Anziehungskraft für Frauen begabt zu sein. Einmal setzte ich mich bei einer Pressekonferenz des Präsidenten in die hinterste Reihe, und es konnte mir nicht entgehen, wie sich plötzlich die Nacken der Kolleginnen spannten, als der Halbgott den Raum betrat. Eine der Damen, die mit ihm – wenngleich flüchtig – das Bett geteilt hatte, berichtete, er sei in Wahrheit ein *lousy lover* gewesen, schnell und egozentrisch. (Das gleiche sagte man, vermutlich zu Recht, vom jüngsten Bruder Edward.)

Präsident Kennedy war ein brillanter Redner, dank seines Instinktes für gute Texte, dank seiner hoch qualifizierten Redenschreiber, auch dank seiner neuenglisch-nasalen, jedoch nicht unharmonischen Stimme, die seinen Sätzen einen metallenen Klang gab. War er auch ein guter Präsident? Die Vorarbeit für die Bürgerrechtsgesetze, die Lyndon B. Johnson nach Kennedys Tod durch den Kongress peitschen konnte, leistete zum guten Teil der Bruder Robert, dem er das Justizministerium zugewiesen hatte. Seine Wirtschafts- und Finanzpolitik war vernünftig und keinesfalls revolutionär. Außenpolitisch ließ er am Führungsanspruch Amerikas in der westlichen Welt keinen Zweifel, die trotzige Resistenz von Charles de Gaulle und das latente Misstrauen des alten Adenauer hin oder her. Als der bullige Chruschtschow 1962 die Vereinigten Staaten durch die Installierung von Mittelstrecken-Raketen auf Fidel Castros Kuba herausforderte, wich er nicht zurück, wie es der plebejische Tyrann im Kreml erwartet hatte, sondern ließ seine fliegenden Festungen mit den Atombomben starten. Auch die nuklear gerüsteten Untersee-Boote lagen irgendwo in den Ozeanen bereit, die russische Menschheit von der Erde zu vertilgen. Gleichzeitig signalisierte er mit der notwendigen Diskretion seine Verhandlungsbereitschaft. Bruder Bobby (und nicht der Außenminister) führte die entscheidenden Gespräche in der sowjetischen Botschaft. Drei oder vier Tage lang schwebte die Welt über dem Abgrund. Der Hamburger Drucker und Verleger Richard Gruner (der dem hanseatischen Verlagshaus seinen Namen überlassen hatte, obwohl Mehrheit und Direktion längst an den schlauen Bucerius übergegangen waren) – jener freundlich-reservierte Kapitalmensch befand sich in den Tagen der Weltkrise auf einem Schiff, das ihn nach New York bringen sollte. Die spärlichen Nachrichten besagten, dass – wie in solchen Situationen üblich – die Aktienkurse in den Keller sausten; so befahl es die übliche Hysterie des Gewerbes und der natürliche Instinkt der Geldleute, sich ins Gold zu retten. Gruner aber dachte kurz und entschieden nach. Entweder, so sagte er sich, geht die Welt koppheister und mit ihr mein Vermögen – oder wir entgehen dem Untergang und dann ... Seinem New Yorker Broker telegrafierte er nur ein einziges Wort: kaufen. Bei der Ankunft in New York war Gruner um viele Millionen reicher.

In der Tat, der bäurische Hasardeur im Kreml lenkte schließlich ein (vermutlich unter dem Druck seiner Konkurrenten). Die sowjetischen Raketenschiffe kehrten um, die installierten Waffen auf Kuba wurden demontiert, die Sowjetsoldaten zogen ab. Der Frieden war gerettet – dank der Nervenstärke, der Entschlossenheit und moderierenden Vernunft des Präsidenten, den gottlob keine der Camelot-Legenden allzu tief beeindruckt hatte, mit denen das Weiße Haus in den Feuilletons auf und nieder idealisiert wurde.

Womöglich war sein Triumph in der Kuba-Krise auch sein Todesurteil, das im November 1963 von dem Neurotiker Lee Harvey Oswald vollstreckt wurde. Es fällt schwer, hinter der Tat nicht die lenkende Hand Fidel Castros zu sehen. Der Chef der Inseldiktatur hatte zweifellos durchschaut, dass die CIA Anstifterin einiger primitiver Anschläge auf sein Leben war. Vermutlich nahm er auch an, dass der Präsident über die Mordversuche informiert war. Ging nicht die missglückte Invasion der Exil-Kubaner in der Schweinebucht auf Kennedys Rechnung, der ihn – dies war das Schlimmste – durch das Zurückweichen seines Protektors Chruschtschow der Lächerlichkeit preisgegeben hatte? Ihm, dem *Máximo Líder*, hatte der große Alliierte im Kreml ohne Fackeln den Rücken gekehrt: eine demütigende Verletzung von Castros geschwollener Eitelkeit und Grund genug, sich an dem Todfeind in Washington zu rächen.

An jenem 22. November 1963 hatte ich auf die Lunch-Pause verzichtet, um einen Beitrag zu schneiden, der am Vorabend eines geplanten Besuches von Ludwig Erhard in Washington im Heute-Journal des ZDF gezeigt werden sollte, eine historische Skizze der Beziehungen Deutschlands zu den Vereinigten Staaten. Am Schneidetisch Jutta, die weitaus beste unserer Cutterinnen, ein Berliner Mädchen, das durch einen GI nach Washington verschleppt worden war und drei Kinder zur Welt gebracht hatte, die sie allein großzog, weil der windige Partner vor dem Säuglingsgeschrei und der Verantwortung geflohen war. (Sie wollte ihn nicht mehr zurückhaben.) Jutta lachte wie ein heiserer Jung-Kicker aus dem Wedding, und sie war, trotz ihres harten Lebenskampfes und ihrer Sorgen, meistens heiter gestimmt. Wie immer plärrte in der Mittagsstunde das Radio in ihrem Kabuff. Plötzlich wurde Frank Sinatra (oder wer sonst aus dem Halse sang) von einer erregten Stimme unterbrochen – auf den Präsidenten sei in Dallas, Texas, ein Attentat verübt, er sei mit schwersten Verletzungen ins nächste Hospital gebracht worden. Sofort, in einer Instinktreaktion, rief ich die ZDF-Nachrichtenredaktion an, informierte die Kollegen (noch gab es keine Meldung von dpa oder einer anderen Agentur), und ich hielt die Leitung. Zehn Minuten später hieß es, der Präsident sei seinen Verletzungen erlegen. Ich gab die Meldung unverzüglich, gewiss mit unsicherer Stimme, weiter an die Redaktion (noch immer nichts von dpa). Kurz danach war die Leitung tot. Nicht so die Fernschreiblinie, an die offensichtlich beim FBI niemand gedacht hatte. Ich diktierte meiner Sekretärin Renate die Meldungen, wie sie von den Radio- und Fernsehreportern in den Äther gestammelt wurden. Das gesamte Studio-Personal heulte. R., die sich für ein paar Tage bei meiner Schwester in Karlsruhe aufhielt, hörte plötzlich meine Stimme mit der Todesmeldung. (Es vergingen viele Stunden, bis die Telefonleitungen wieder offen waren und wir miteinander sprechen konnten.) Sie meinte, sie müsse sich in die nächste Maschine setzen und nach Washington kommen. Ich riet ihr, lieber ein paar Tage in Europa zu warten, bis sich das Chaos halbwegs geordnet hatte.

Die amerikanischen Moderatoren wussten nicht mehr als wir. War dies der Auftakt eines Krieges, einer Invasion, einer Revolution? Ein Putsch – der Militärs, des FBI unter der Direktion des finsteren J-Edgar Hoover, der die Kennedys hasste, zumal den Bruder Robert, seinen Chef? Wenige Stunden später schwor Vizepräsident Johnson, der sich ebenfalls in Texas aufhielt, in der Air Force Number One vor einem herbeigekarrten Bundesrichter und vor Jackie Kennedy in ihrem blutverschmierten Kostüm den Amtseid. Dann flog er nach Washington zur Andrews Air Force Base, von Jagdmaschinen eskortiert. Nicht allzu überraschend: die prompte Verhaftung von Lee Harvey Oswald; in der Tat überraschend: dass der Mörder am Tag danach auf dem Weg zum Verhör von einem aufgebrachten Bürger erschossen wurde. Sein Mörder wiederum starb einige Monate später an einem aggressiven Krebsleiden (wie die Behörden sagten). Merkwürdigkeiten. Bis zum heutigen Tag nicht aufgeklärt.

Sie waren geeignet, den Verdacht von neuem auf das FBI, auch auf Lyndon B. Johnson zu lenken, der – ein gelernter Volksschulmeister – aus den Jahrzehnten seiner Arbeit als Kongressabgeordneter und Senator alle Geheimnisse der Hinterzimmer und jede Leiche in jedem Schrank des politischen Washington kannte; dank seiner Frau Lady Bird, freilich auch dank undurchsichtiger Spenden wohlhabend und dann reich geworden; seine LBJ-Ranch hinter Fredericksburg im texanischen Hill Country von Jahr zu Jahr arrondierend, bis das riesenhafte und konkurrenzlos grüne Landgut aus der Steppe ringsum wie eine paradiesische Insel herausragte. (Ich lernte Nachbarinnen kennen – republikanisch, das hieß damals im Süden und Westen der Vereinigten Staaten noch offen, liberal, bundestreu im Sinne Lincolns –, Rancherfrauen, die einst mit Lyndon Baines Johnson zur Schule gegangen waren. Sein liebster Sport, erzählten sie, sei es gewesen, Schlangen zu fangen und sie den entsetzt kreischenden Mädchen in den Weg zu werfen.) Robert Kennedy blieb zunächst als Justizminister im Amt, vom Präsidenten misstrauisch beäugt, der seinen vulgären Klassenhass gegen die neuenglische Aristokratie niemals unterdrücken konnte, erst recht nicht die intensive Abneigung gegen die intellektuelle Elite in Georgetown, die ihm so hochnäsig begegnete – zu Unrecht, denn in seiner Innen- und Sozialpolitik bewies er ein fast geniales Geschick (nicht so in der Außenpolitik). Der Staatschef rieb sich darum die Hände, als nach dem Mord an Martin Luther King (1968) im Weißen Haus die alarmierende Meldung eintraf, die zornigen schwarzen Bürger von Washington marschierten in Richtung Georgetown, aus dem sich ihre Großväter einst so billig hatten fortkaufen lassen (es waren ihnen nur die Kirchen geblieben, in denen sich Sonntag für Sonntag die Männer in ihrem besten Habit, die Frauen mit den kühnsten Hüten und rauschenden Kleidern in Weiß oder Rosa versammelten).

Bobbys schwarze Karosse sah ich fast jeden Morgen auf dem Weg ins Studio vor dem anmutigen alten Haus über der efeuumrankten Freitreppe geparkt, das die schöne Witwe Jackie zur Residenz gewählt hatte. Robert mag der humanste der Kennedy-Brüder gewesen sein, kein sexueller Wilderer wie die anderen, eng mit seiner vielköpfigen Familie verbunden (immerhin elf Kinder), dennoch – oder gerade darum – ein guter Tröster. Er konnte zuhören, bei Politikern allemal ein Glücksfall. Ich staunte, mit welcher Konzentration er mitten im Wahlkampfgetümmel (auf dem Weg zu einer Massenversammlung) die Fragen des deutschen Fernsehreporters, die ihm gleichgültig sein konnten, geduldig aufnahm und gewissenhaft beantwortete.

LBJ erkannte in Robert Kennedy zweifellos seinen gefährlichsten Konkurrenten. Durch den Verzicht auf das Justizministerium hatte sich der mittlere der Brüder seine Handlungsfreiheit gesichert. Die Wiederwahl im November 1964 freilich konnte und wollte er dem Präsidenten nicht streitig machen, zumal die Republikaner in einem bösen Rechtsruck Barry Goldwater auf den Kandidatenschild gehoben hatten, den eisenfressenden Senator von Arizona, der damit drohte, das wachsende Engagement der amerikanischen Streitkräfte im geteilten Vietnam mit einem Atomschlag gegen die Armeen des kommunistischen Generals Giáp kurz und schmerzhaft zu beenden. LBJ spielte, in scharfem Kontrast zu dem Krachkonservativen aus dem wilden Westen, den jovialen Friedensfürsten. Wie zu erwarten, wurde die Wahl zu seinem Triumph.

Das hielt ihn nicht davon ab, sein feierliches Wahlversprechen sofort zu vergessen und immer mehr GIs, immer mehr Geschütze, immer mehr Flugmaschinen, immer mehr Kampfboote nach Südostasien zu entsenden. (Man fragte sich, ob Goldwater, der kein Dummkopf war, als Präsident so weit gegangen wäre.)

Schließlich waren es mehr als eine halbe Million Soldaten, die den Vietcong zu Boden zwingen sollten. Sie waren dem Guerillakrieg nicht gewachsen. Johnson musste zur Kenntnis nehmen, dass der amerikanische Goliath den Kampf gegen den listenreichen asiatischen David kaum gewinnen werde. Das Volk murrte schon lange. Robert Kennedy, zum Senator von New York gewählt, nahm die Antikriegsstimmung auf. Die Verstrickung in die südostasiatischen Wirren hatte unter John F. Kennedy begonnen, es ließ sich nicht leugnen. Doch Bobby pochte darauf, dass sein Bruder die gescheiterte Strategie längst geändert hätte. Johnson wollte, geschwächt wie er war, die Konfrontation mit dem Bruder nicht riskieren; schon im März 1968 hatte er seinen Verzicht auf eine neue Kandidatur erklärt. Senator Kennedy wurde im Juni ermordet (zwei Monate nach Luther King). Wer oder was den Täter, einen palästinensischen Wirrkopf, angetrieben haben mochte, blieb bis heute ein Geheimnis, um das sich die abenteuerlichsten Spekulationen ranken.

Richard Nixon, im November 1968 gegen den gutartig-geschwätzigen Hubert Humphrey mit knapper Mehrheit ins Weiße Haus gewählt, wollte zwar den Krieg in Vietnam beenden, doch er – vielmehr sein Außen- und Weltpolitiker Henry Kissinger – hatte es damit nicht eilig. Nach seinem Willen sollten die Vereinigten Staaten das Feld keinesfalls als

Verlierer räumen. Dem illusorischen Kampf ums Prestige wurden noch einmal Menschenleben zu Hunderttausenden geopfert. Kam es darauf an? Ein Schwachkopf wie der General Westmoreland behauptete damals, Asiaten fügten sich leichter in den Tod als die Kinder des Westens. Rassistischer Unsinn. Den vietnamesischen Müttern und Vätern schnitt die Trauer nicht weniger ins Herz als den Müttern und Vätern in Amerika oder Europa. Allerdings ließen sich die Vietcong von ihren Kommandeuren wohl williger als die jungen Amerikaner in die Schlächtereien treiben. Richard Nixon (der sich im Zweiten Weltkrieg die Fronterfahrung erspart hatte) dachte nicht daran, das Heer der Kriegsdienstverweigerer, das nach Kanada entlaufen war, zu amnestieren und heimkehren zu lassen (das brachte erst Jimmy Carter zuwege). Die Studentenschaft rebellierte. Als die Nationalgarde an der Kent State University von Ohio in die Reihen der Protestierenden schoss – vier Tote lagen danach auf dem Rasen –, schien ein Bürgerkrieg kein fernes Gespenst mehr zu sein.

Indes, Kissinger bereitete in Peking – der Höhepunkt eines dramatischen Strategiewechsels – den Besuch Präsident Nixons vor (der später auch, ein anderer Tabubruch, in Moskau ein Abkommen zur Begrenzung der nuklearen Rüstung unterzeichnete): Die Bürger schöpften Hoffnung. Erst zu Anfang des Jahres 1973 wurde ein Waffenstillstand mit Nordvietnam geschlossen. Der Krieg hatte das Leben von mehr als fünfzigtausend GIs, aber von mindestens einer Million Vietnamesen gekostet.

Noch einmal zwei Jahre danach (Nixon war 1974 unter dem Druck der Watergate-Affäre zurückgetreten, Vizepräsident Ford hatte das Amt übernommen) brach Südvietnam zusammen, die Vietcong zogen in Saigon ein, das Personal der amerikanischen Botschaft rettete sich in die Helikopter und ließ die vietnamesischen Mitarbeiter, die verbündeten Soldaten, die Offiziere, die schönen jungen Mädchen, die Mitglieder der proamerikanischen Gesellschaft in Panik zurück. Mehr als hunderttausend »boat people«, die übers Meer geflüchtet waren, fanden in den Vereinigten Staaten Asyl – die tapferste und tüchtigste Minderheit (neben den europäischen Juden nach 1933), die jemals in Amerika aufgenommen wurde.

Darunter unsere Freundin Qué, eine wunderschöne und graziöse junge

Frau, die ein fast akzentfreies Englisch und Französisch sprach, in zwei Kulturen zu Hause war, der uralten Südostasiens und der jüngeren des Westens, dessen Musik sie ebenso kannte und liebte wie seine Literatur. (Ich hatte Qué in einem vietnamesischen Supermarkt gesehen und kurzerhand gefragt, ob sie – vielleicht mit ihrem Mann – für einen Dokumentarfilm zur Verfügung stünde; sie telefonierte, dann sagte sie zu.) Nach der Filmerei luden wir die beiden zu einem Abendessen mit amerikanischen und europäischen Gästen ein. Es war eine Freude, Qué parlieren zu hören (der Mann war schüchterner, wohl auch weniger sprachenkundig), ja, sie riskierte kaum angedeutete Flirts. Die Abwechslung schien sie vergnügt zu stimmen. Später gestand sie mir, dies sei – nach mehr als drei Jahren im Land – das erste Mal gewesen, dass sie am Tisch einer westlichen Familie gegessen, ja ein Haus (sogenannter) »kaukasischer« (das heißt abendländischer) Menschen von innen gesehen hatte. Ich aber fragte mich, warum sich die sonst so offenen Amerikaner den Flüchtlingen aus Südostasien so störrisch verweigerten. Es gab nur eine halbwegs plausible Erklärung: Sie waren durch Schuldgefühle gehemmt. Indessen, die Vietnamesen hüteten sich, ihnen zur Last zu fallen. Sie schufteten Tag und Nacht, waren sich für keinen Job zu schade, um ihre Kinder in gute Schulen zu schicken und studieren zu lassen. In den achtziger Jahren war der Anteil der Ostasiaten – Vietnamesen, Chinesen, Koreaner, Japaner – an der Gesamtbevölkerung nicht höher als drei Prozent. Doch ihre Söhne und Töchter hatten an die achtzehn Prozent der Studienplätze an den Elitehochschulen erobert. Noch viel später erzählte Qué sehr beiläufig – inzwischen war sie geschieden und arbeitete bei der Weltbank –, dass sie die Tochter des einstigen Parlamentspräsidenten in Saigon war (die Eltern lebten in Paris). Fernöstliches Understatement. Eine Freundin ist sie bis heute.

Die starken Frauen, gleichviel welchen Kontinenten sie entstammten, welchen Ländern, welchen Schichten – unsere rotschopfige Assistentin und Freundin Patricia Naggiar, die wir lieber bei ihrem nordenglischen Mädchennamen Pat Baxter riefen, schien anderen noch voraus zu sein. Ohne ihr Beziehungstalent, ohne ihren Charme, ihre Schlauheit, ihre Hartköpfigkeit wäre es kaum je gelungen, den damals wohl begehrtesten

Star des amerikanischen Films zu überreden, sich mehr als einen halben Tag lang fürs deutsche Fernsehen aufnehmen zu lassen: Jane Fonda. Ach, sie tat es kaum uns zuliebe, sondern weil sie für ihr politisches Ziel auch in Europa werben wollte: den Frieden in Vietnam, den Rückzug der Vereinigten Staaten von der südostasiatischen Küste. Die Sache war schwierig genug. Nicht nur, weil sich für Ms Fonda zwischen Dreharbeiten, Reisen, politischen Auftritten und der Zeit, die sie für den Anspruch der Familie verteidigte, kaum je ein paar freie Stunden ergaben. Das Haupthindernis war vielmehr ihr damaliger Mann, Tom Hayden, einer jener studentischen Rebellen gegen den Vietnam-Krieg, die nach einem Gerichtsverfahren (in der Folge des so stürmischen Demokratischen Parteitags im Sommer 1968) »The Chicago Seven« genannt wurden. Vielleicht wollte er seine Frau vor weiterem politischen Ungemach schützen. Vielleicht fand er auch, sie sollte sich nicht mit den Deutschen einlassen. Doch sie war bei uns im Wort. Der Mann, den ich nur von seinen öffentlichen Auftritten kannte, war kein Ausbund an Sympathie. Auch nicht das, was man einen attraktiven Burschen nennen könnte. Ein Intellektueller, das wohl. Doch ich hegte den Verdacht, dass sie die Intelligentere sei. Er strebte, vergebens, eine politische Karriere an. Bewarb sich um das Amt des Gouverneurs von Kalifornien, mit einem kläglichen Wahlergebnis, versuchte, Senator zu werden, doch fiel er schon in den Primaries durch. Es versteht sich, dass Jane Fonda alle seine Wahlkämpfe bezahlte, ohne ihn die Abhängigkeit spüren zu lassen. Doch sie wurde auch nicht die artige Mrs Hayden.

Diese kleine, zierliche Person (erstaunlich viele der großen Schauspielerinnen sind solch zarte, fast mädchenhafte Erscheinungen, ob die Bardot oder Elizabeth Taylor, Catherine Deneuve oder Isabelle Huppert) – dieses fast zerbrechlich wirkende Wesen machte keineswegs den Eindruck, dass es sich leicht unterordne. Das hatte schon ihr Vater, der große Henry Fonda, nicht zuwege gebracht, dem sie erst spät verzieh, dass sich ihre Mutter das Leben genommen hatte. Es brauchte sehr kluge Regisseure (oder Herren, die mit einer ungewöhnlichen erotischen Magie begabt waren), um sie ein Stück weit zu lenken. Unseretwegen wollte sie freilich auch keinen Streit. Sie nutzte eine Reise von Tom Hayden, um uns in ihrem eher bescheidenen Haus in Santa Monica zu empfangen (das zu einem fast kleinbürgerlichen Viertel gehörte; es gab freilich auch eine Ranch in den Bergen über Santa Barbara).

Natürlich sprachen wir – 1974 – vor allem über den Widerstand gegen den Krieg in Vietnam. Eindringlich berichtete sie von den ungeheuerlichen Opfern, die dieser Krieg von der zivilen Bevölkerung des Landes forderte, von den Bomben, die ganze Städte in Minuten dem Erdboden gleichmachten, vom Napalm, mit dem die Dörfer abgefackelt wurden, der chemischen Entlaubung des Dschungels, der Vergiftung der Flüsse samt ihren Fischen, der Reisfelder, des Trinkwassers. Ich bin nicht sicher, ob sie das Wort »Kriegsverbrechen« in den Mund nahm, aber sie redete gewiss auch nicht – im Tarnjargon der Militärs – von »Kollateralschäden«. Das Grauen verbarg sie nicht. Sie scheute auch nicht zurück, als ich nach dem Skandalfoto fragte, das damals die republikanische Rechte schäumen ließ, aber auch manchen biederen demokratischen Bürger empörte: Bei einem Besuch in Hanoi hatte sie sich von skrupellosen Fotografen überreden lassen, sich lachend auf dem Sitz eines Flakgeschützes in Pose zu setzen. Sie gab es zu, das sei dumm und geschmacklos gewesen. Trotz aller Neigung zur Provokation müssten Grenzen respektiert werden. Sie sei nicht wachsam genug gewesen. Vielleicht verneinte sie darum fast entrüstet meine Frage, ob sie sich als Sozialistin betrachte. Um Gottes willen, nichts sei ihr ferner. Hier hatte ich nicht bedacht, dass für die Amerikaner damals ein Sozialist nur ein verkappter Kommunist war. Jane Fonda hatte lange genug in Europa gelebt, um den Unterschied zu kennen. Doch das war in ihrer vorpolitischen *Barbarella*-Zeit, als sie mit Roger Vadim verheiratet war, der sie als Sexsymbol zur Nachfolgerin von Brigitte Bardot zu trimmen versuchte. Jenen Spielen war sie längst entwachsen (doch sie flog Jahrzehnte danach über den Atlantik, um neben der Bardot und anderen eindrucksvollen Damen den Sarg ihres Ex-Mannes zu seinem Grab auf dem alten Friedhof von St. Tropez zu geleiten).

Der letzte große Film, den sie zur Zeit unseres Gesprächs gedreht hatte, war *Klute* – eine eher düstere Charakterstudie, die ein Millionen-Publikum fand (und mit einem Oscar belohnt wurde). Die mörderische

Wut der amerikanischen Rechten gegen »Hanoi-Jane« beeinträchtigte, es ist erstaunlich, die Bewunderung, ja die Liebe ihrer riesenhaften Filmgemeinde nicht im Geringsten. Sie brachte es zuwege, zugleich die meistgehasste, meistgeliebte und höchstbezahlte Schauspielerin Hollywoods zu sein, daneben noch Hausfrau und Mutter. Wie sich das zusammenreime, fragte ich, ob sie eine Erklärung für dies Rätsel ihrer enormen Bandbreite habe. Nein, sagte sie lachend. Sie denke allerdings auch kaum darüber nach. Vielleicht, fügte sie mit einem Quant Selbstironie hinzu, müsse man einfach versuchen, in jeder seiner Rollen so gut wie möglich zu sein. Wir dankten herzlich, packten unser Gerät zusammen, und sie machte sich daran, das Abendbrot für die Kinder vorzubereiten.

Ein schwarzes Jahr davor, 1973, als während der Waffenstillstandsverhandlungen noch Ströme von Blut vergossen wurden und die Watergate-Krise ihrem Höhepunkt zutrieb, lud Richard Nixon den deutschen Kanzler dringend nach Washington ein, obschon es (wie Willy Brandt bemerkte) nichts von Bedeutung zu bereden gab. WB, der in den Medien der Vereinigten Staaten verlässliche Sympathien fand, durchschaute rasch, dass er als Staffage für ein paar freundliche Fotos herhalten sollte, um das »Klima« für den Präsidenten zu mildern. Am Abend des letzten Tages (vor Brandts Weiterflug nach Colorado Springs, wo er einen Preis empfing) das übliche Galadinner im Weißen Haus. Der Kanzler saß zwischen Nixon und der damals schon völlig erstarrten Gattin, die kaum mehr ein Wort über die Lippen brachte. Nach den konventionellen Grußworten und der wohlabgewogenen, nicht unfreundlichen, doch eher kühlen Antwort des Kanzlers versuchte der Präsident mit sichtbarer Anstrengung, Konversation zu machen. Brandt, ohnedies unbegabt zum Smalltalk, hatte – wie ich von meinem Tisch aus beobachten konnte – offensichtlich nicht die geringste Lust, ein Gespräch zu führen. Er mochte den kalifornischen Kleinbürger ohnedies nicht, obschon er seine politischen Talente nicht unterschätzte, ja manchmal meinte, es sei ungerecht, dass sie zu sehr in den Schatten von Kissingers intellektueller Virtuosität geraten seien. Sein Schweigen war eine schreckliche Waffe. An jenem Abend nutzte er sie, um dem Gastgeber deutlich zu machen, dass er sich nicht gern für eine Show herbeizitieren ließ. Nixon strampelte sich vergeblich ab. Ehe die Situation ins Peinliche geriet, sprangen die Türen auf, die Musiker der White House Band stürmten fiedelnd und blasend in den Saal, postierten sich zwischen den Tischen, spielten scharfe lateinamerikanische Rhythmen, in Phantasieuniformen kostümiert, die einer Requisiten-Kammer der Filmindustrie zu entstammen schienen.

Ich erwehrte mich mit Mühe des Lachens, schaute zu WB hinüber, dem es just ähnlich erging, denn als Vorzeichen einer Lachexplosion stieg langsam die Röte vom Hals dem Mund entgegen.

Wandte mich schnell ab und fragte stattdessen meine Tischdame, die Seniorchefin einer Hotelkette, die mir ein bösartiger Protokoll-Beamter zugewiesen hatte: Is this music supposed to be a Paso doble? – I wouldn't know, krächzte sie. – Well, it certainly is not *The Last Tango*, schrie ich durch den Lärm (Titel des skandalösen Marlon Brando-Films, der damals in allen Kinos lief, dank der robusten Analsex-Szene ein internationaler Erfolg). Die Alte begriff nichts und fingerte an ihrer schweren Halskette mit dem diamantbestückten Medaillon herum. Ich ließ es dabei. An der Haupttafel Henry Kissinger, dem das Protokoll (wohl auf Weisung) eine auffällige Dame zugeordnet hatte, ein blondes Starlet, das die Herren im Saal mit einer Prise Neid bestaunten. (Es war noch nicht seine spätere, gleichfalls blond blühende Gattin, die mich besonders beeindruckte, als sie unerzogenen Passanten, die ihn auf einem Flughafen mit nicht ganz stubenreinen Beschimpfungen bedachten, mit dem Regenschirm eine herbe Lektion zuteil werden ließ.)

Ich hatte, was Henry K. anging, oft genug Anlass zur Dankbarkeit. Öffentliche Reden beginnen in den Vereinigten Staaten in der Regel mit einem Scherz, der die Aufmerksamkeit des Publikums erhaschen soll. Die Leute lachen gern, und sie stimmen sich rascher auf den Vortragenden ein, wenn er zeigt, dass er Humor hat. Bei meinen Lectures und Reden in Amerika begrüßte ich die Zuhörer damals gern mit ein paar Floskeln, die ich mit dem rollenden »r« des fränkischen Akzentes schmückte, den Kissinger zeit seiner Tage nicht los wurde, vielleicht auch nicht loswerden wollte, weil er, in die dunkle und etwas heisere Stimme gebettet (die so gut zum Eulenblick passte), zu einem Markenzeichen geworden war. Mein Publikum erkannte sofort, wen ich zu parodieren versuchte.

Die Ouvertüre verfehlte nie ihre Wirkung. Übrigens begegnete Kissinger dem Kanzler WB mit ausgesuchter Höflichkeit. Umso merkwürdiger war es, später, in den Abschriften der Tonbänder, die jedes Gespräch im Weißen Haus aufzeichneten, die Tiraden des Hasses und der Verachtung nachzulesen, deren sich der Präsident und sein Außenminister bedienten, wenn sie von Willy Brandt sprachen. Nixon schien jeder Rationalität entrückt zu sein, und sein *spiritus rector* bestärkte ihn offensichtlich in seinem Wahn. Mag sein, dass es aus taktischen Gründen geschah, um einen Staatschef, der nicht mehr völlig zurechnungsfähig war, bei Laune zu halten.

Wie gern ich auch bei einem Galadinner der Kennedys an einem Katzentisch gesessen hätte! Das war mir nicht zuteil geworden (so wichtig waren deutsche Journalisten nicht, so sehr sie sich auch aufblasen mochten). Doch einige Jahre nach dem Tod des Präsidenten wurde ich zu einem Abendessen im Hause seines Schwagers Sargent Shriver eingeladen, den ich ein bisschen kannte – ein sympathischer, offener Mann, ohne Allüren, raschen Verstandes, immer zu einem Lachen bereit. Er hatte John F. Kennedy als erster Direktor des Peace Corps gedient, einer segensreichen Institution, die jungen Amerikanern bis heute Gelegenheit gibt, sich Notleidenden in aller Welt und der Verständigung der Völker zu widmen. Später wurde Shriver Botschafter in Paris, und schließlich kandidierte er an der Seite des bedeutenden Senators Walter Mondale für die Vizepräsidentschaft (gegen das Reagan-Team ein aussichtsloses Unterfangen). Er residierte mit Eunice Kennedy, seiner Frau, und der Schar ihrer Kinder auf einem weiträumigen, doch nicht protzigen Anwesen an der Grenze zwischen dem Distrikt von Columbia und Maryland. Eine freundliche Gesellschaft: eine Handvoll Politiker, Diplomaten (keine deutschen), ein paar Geschäftsleute, amerikanische Kollegen, unter den Damen elegante Erscheinungen, manche funkelnd vor Esprit.

Aperitifs. Die Kinder sagten Guten Tag, unter ihnen wohl auch Maria, hernach eine gelernte und erfolgreiche TV-Journalistin, verheiratet mit dem muskelbepackten, dennoch keineswegs gehirnlosen österreichischen

Schauspieler Arnold Schwarzenegger (mittlerweile geschieden), der dank ihrer Beratung eines Tages zum Gouverneur von Kalifornien gewählt wurde (trotz seines alpenländischen Akzentes) und den bankrotten Staat nicht schlecht regierte, sofern er regierbar war. Unversehens füllte sich der Salon, in dem die Cocktails gereicht wurden. Eine Schar von Männern und Frauen meist mittleren Alters, ordentlich, keineswegs festlich gekleidet, mengte sich unter die Anwesenden – eine merkwürdig andere Art von Besuchern, die sich ohne Krampf an der Konversation beteiligten, gleichviel ob von der Politik, vom Kino, vom Alltag in der Hauptstadt die Rede war. Als man sich zum Essen setzte, verabschiedeten sich die freundlichen Cocktailgäste eher beiläufig. Im Fortgang des Abends erfuhr ich von meiner Tischnachbarin, die sich im Haus genauer auskannte, jene Besucher seien die besonderen Schützlinge von Eunice, die sich seit dem Tod ihrer geistig behinderten Schwester in einem Sanatorium verpflichtet fühle, sich um Menschen solchen Schicksals zu kümmern. Sie und ihr Mann hätten darum beschlossen, gut zwei Dutzend Kranken, die auf dem Wege der Heilung oder nicht gefährlich gestört seien, auf ihrem Anwesen ein möglichst normales Leben zu ermöglichen, freilich unter ärztlicher Aufsicht, von Pflegern und Pflegerinnen betreut. Sie lebten in dem geräumigen Haus nebenan, könnten sich frei auf dem Grundstück bewegen, und seien allemal zur Aperitif-Stunde eingeladen, wenn Gäste erwartet würden, damit sie sich an den selbstverständlichen Umgang mit Menschen von draußen gewöhnten.

Es mag wohl sein, dass ich meine Gesprächspartnerin mit offenem Mund anstarrte. Ich wusste, dass in der Kennedy-Sippe die Pflicht zur Sorge für die Schwachen ein wichtiges Element war, auch in ihrem politischen Denken und Handeln. Aber ich hatte nie zuvor erlebt, dass Menschen einen Teil ihres privaten Daseins, den Alltag ihrer Kinder, vielleicht sogar ihr Geschick einer humanen und sozialen Aufgabe so radikal unterwarfen.

Der Präsident und seine Brüder sprachen oft von der *compassion*, ohne die sich unsere Gesellschaft verhärte und seelisch verarme. Über Willy Brandt versuchte ich, den Begriff unter den Sozialdemokraten und in den deutschen Medien heimisch werden zu lassen. WB fand eine kongeniale Übersetzung: »Mitleidenschaft«. Das schöne Wort und der Auftrag, den es beschrieb, wurden nach seinem Abschied aus dem Kanzleramt allzu rasch vergessen.

Eunice Kennedy starb 2009, anderthalb Jahre vor ihrem Mann. Eine wunderbare, in ihrer Hingabe an andere Menschen große Frau. Sie war das soziale, das humane Gewissen der Reichen Amerikas, von denen so viele beschließen, lange vor den alten Tagen, der Gesellschaft einen Teil der Güter zurückzugeben, die sie gewonnen haben – und mehr als das, nicht nur die Millionen, die Milliarden, die sie ihren Stiftungen vermachen, sondern dazu ihre unternehmerische und planende Intelligenz, ihre Phantasie, ihre Weltkenntnis, ihre Bildung, das Netz ihrer Beziehungen, ihr Herz. Wie sehr haben sich die Europäer und vor allem die Deutschen daran gewöhnt, die Fürsorge für den Nächsten dem Staat (vielleicht nebenbei auch noch den Kirchen) zu überlassen – sollen die Bürokraten für die Schwachen, die Hilflosen, die Armen sorgen, wozu zahlen wir unsere Steuern? Nicht nur die mittleren, die kleinen Bürger, sondern in der Regel auch die Reichen, zumal die Neureichen, die sich so rasch verhärten, überlassen ihre menschlichen Pflichten (außerhalb der Familie) nur zu gern und mit völlig reinem Gewissen dem Sozialstaat.

Niemand scheint sich zu erinnern, wie rasch das soziale Netz in Zeiten des Umbruchs oder der Katastrophen zum Teufel geht. Dann bleibt nur die Solidarität, das tätige Mitleid, die Opferbereitschaft des Nächsten. Wir haben es erlebt. Es scheint aus dem Gedächtnis der Deutschen getilgt zu sein, welches Elend sie über Europa (zumal im Osten des Kontinents), aber auch über sich selber gebracht haben: die Millionen, die Abermillionen Toten, das Heer der Versehrten, der Verkrüppelten, der geistig und körperlich Beschädigten, die Millionen Flüchtlinge und Vertriebenen, die nichts mehr hatten als die verschlissenen Kleider auf dem Leibe, Hunger, kein Dach über dem Kopf, nichts. Manchmal begreife ich nicht, wie wir in der Lebensspanne von einer Generation diese Grunderfahrung aus dem Kollektivgedächtnis (falls es das gibt) verdrängen konnten.

Die Reichen Amerikas, die sich in den Dienst einer sozialen und humanen Aufgabe stellen, haben nichts mit den – von den konservativen Republikanern zynisch verhöhnten – »liberal do-gooders« zu schaffen. In der Tat kann die gesellschaftliche Verantwortung der Reichen die sozialen Probleme des Landes nicht lösen (das kann niemand), doch wenigstens erträglicher werden lassen. Der Sozialstaat blieb, trotz aller mutigen Reformen der Roosevelts, der Kennedys, Johnsons, Carters, der Clintons und schließlich Obamas ein Stückwerk, an dessen Unzulänglichkeiten Menschen zugrunde gehen, noch immer. (Das entschuldigt die Wucherungen und den Missbrauch der sozialstaatlichen Institutionen in Europa keineswegs.)

In Bedford-Stuyvesant, einem der finsteren Quartiere von Brooklyn, hatte Senator Robert Kennedy das »Restoration Center« etabliert, das die gutwilligen Bürger jenes Viertels ermutigen sollte, ihre heruntergekommenen Häuschen instand zu setzen. Sie wurden mit den notwendigen Materialien und mit gutem Rat von Experten versehen – die Arbeit war ihre Sache. Das Projekt blieb keine schöne Utopie. An den Wochenenden sah man die Familien am Werk. Wenn ein Dach neu gedeckt war und ein Haus in fröhlicher Farbe strahlte, griffen in der Regel bald auch die Nachbarn zu den Ziegeln, zum Mörtel, zu Holz und Farbe. Sie kehrten den Dreck – Bierbüchsen, gebrauchte Kondome, Spritzen, Plastiksäcke, alte Zeitungen, was immer – auf den Trottoirs vor ihren Türen zusammen, und sie achteten streng darauf, dass ihr Revier nicht von neuem vermüllt wurde. Sachte begann eine Art Nachbarschaftsstolz zu wachsen. Der Slum schien sich in ein freundliches Viertel zu verwandeln: Kultur gehörte dazu – nicht länger Luxus, sondern ein Element des Alltags, eine Art Gewächshaus für Talente, für Ehrgeiz, Individualität, Originalität, Selbstbewusstsein. Die Tanzgruppe, die von der gescheiten Lorraine geleitet wurde, war ein ideales Motiv für unser Fernsehteam. Den jungen Leuten machte das Interesse der Medienmenschen Spaß, sie fühlten sich geschmeichelt, sie gaben ihr Bestes. Die herausragende Tänzerin: Jackie (die sich später Jaqui schrieb). Sie lud uns am Ende der Dreharbeit in die Wohnung ihrer ältesten Schwester ein, bei der sie aufwuchs (die Mutter war kurz nach ihrer Geburt gestorben – das elfte

Kind, immerhin). Die Zimmer blitzsauber (in scharfem Kontrast zu der damals noch immer vergammelten Nachbarschaft). Mary, eine resolute, humorvolle Frau, verdiente ihr Geld als Vorarbeiterin in einer Fabrik drüben in New Jersey, vierzig Minuten Anfahrt, vierzig Minuten Rückfahrt (wenn kein Stau) – seit fünfzehn Jahren, Tag um Tag. Ob sie das nicht nerve, fragte ich teilnahmsvoll. »What do you mean? I love my job!« Recht geschah es mir.

Einige Wochen später war ich mit Lorraine zum Essen verabredet. Sie ließ auf sich warten (das hatte sie so an sich). Schließlich kam Jackie, lächelte ein bisschen verlegen, Lorraine lasse sich entschuldigen, unerwarteter Besuch, als Ersatz habe sie halt die kleine Jackie geschickt, sie bitte um Verzeihung. Ein schüchternes Lachen. Mir sei es recht, sagte ich, freute mich, dann wanderten wir vom Hotel zu dem italienischen Restaurant, in dem ich einen Tisch reserviert hatte. Für Jackie eine Premiere. Die Spaghetti vongole und das Saltimbocca schmeckten ihr köstlich, vom Dolce nicht zu reden (von nun an speisten wir nur noch italienisch). Unterhielten uns lebhaft, über die Herkunft aus North Carolina, die Geschwister, ihre Musikgruppe, die gelegentlich schon im Radio zu hören gewesen sei, ihre Hoffnung, sich als Sängerin einen Namen zu machen, ihre Erfahrungen als Model in einem lokalen Einkaufszentrum. Später, sehr viel später gestand sie mir, Lorraine habe sie sozusagen aus pädagogischen Gründen geschickt: Sie müsse lernen, unbefangen mit Menschen und zumal mit Männern weißer Hautfarbe umzugehen: You'll see that they are not so different ... Sie besuchte uns zweimal in Washington, das erste Mal zusammen mit ihrer Tanzgruppe, die sich auf der großen Leinwand im Studio bestaunen durfte. Eine schöne Freundschaft gedieh. Das gegenseitige Vertrauen erlaubte mir, ihr eines Tages ohne Schnörkel zu sagen, dass ihre Chancen, den Durchbruch als Sängerin oder Model zu erzwingen, nicht viel besser als eins zu tausend stünden. Ich überredete sie schließlich, in einer Abendschule Informatik zu lernen.

Nach einigen Mahnungen zu Ausdauer und Geduld bestand sie die Prüfung. Danach konnte sie sich den verlockendsten Job in Manhattan aussuchen. Auf die Firmen wurde in jener Zeit ein nicht allzu sanfter

Druck ausgeübt, Frauen zu engagieren, am besten Afroamerikanerinnen (damals sagte man noch »Schwarze«), die mit den elektronischen Techniken vertraut waren. Sie verdiente gut, wagte eine Reise nach Europa – Paris, Berlin, München, Zürich –, lud mich regelmäßig zu den Familientagen am 14. Juli ein, der einzige Weiße unter achtzig, neunzig schwarzen Bürgern, der sich dank des Taktes und des gelassenen Selbstbewusstseins der Gastgeber niemals isoliert fühlte, nicht in der Kirche, nicht bei der Grill-Party auf der Farm des ältesten Bruders (Sozialarbeiter, die Frau Lehrerin, beide in der Demokratischen Partei engagiert), nicht bei den Spielen, bei denen sich Mike, Berufssoldat, der lange Jahre in Deutschland stationiert war, seiner Soccer-Künste entsann und mit dem halben Clan ein Match begann. In einer so vielköpfigen Familie gibt es immer ein gerade geborenes Baby. Das kleine Mädchen war – wie nahezu alle »schwarzen« Kinder in den ersten vier Wochen ihrer Existenz – ziemlich weiß. Jackie nahm es entzückt in die Arme, um es mir vorzuführen. Ihre Mutter-Schwester lief zu uns herüber, blickte auf das Baby, auf mich, auf Jackie und rief mit dröhnendem Lachen, auf Jackie deutend: Don't you dare to come home with anything whiter than this …

Jackie heiratete bald danach. Der freundliche und gut aussehende junge Mann, Elektrotechniker (den ich natürlich besichtigen musste), erfüllte die Forderung der drei »d« – no drink, no drug, no dope (Arbeitslosengeld). Die beiden zogen nach Durham, North Carolina, in die Heimat ihrer Familie, kauften sich ein schmuckes Häuschen in einem »integrierten«, das heißt gemischt schwarz-weißen Viertel. Irgendwann ein kleiner Brief (sie schrieb ein gutes Englisch, voller Witz): Listen, Harp, I'm about to make you a grandfather or something … Ein zweites Kind (nach dem Jungen ein Mädchen). Beide schickten die Eltern in teure Privatschulen, da die öffentlichen Anstalten nichts mehr taugten – Horte für faktische Analphabeten, Brutstätten asozialer Anarchie, das Recht des Stärkeren das einzige Ordnungsprinzip. Danach beide auf private Colleges (weil nur deren Diplome die Türen zu den besseren Berufen öffnen). Plötzlich der Mann krank, ein Lungenemphysem (obwohl stets Nichtraucher), oft auf ein Sauerstoffgerät angewiesen, auf Halbtagsarbeit zurückgestuft. Der Junge brachte das College zu Ende, verdient

Geld, nicht genug, den Eltern zu helfen, die am Ende des Immobilienrausches die Tilgungsraten für die Hypothek nicht länger aufbrachten. Die Bank kassierte das Häuschen. Die Eltern wohnen nun zur Miete. Die Tochter braucht noch ein knappes Jahr bis zum Diplom. Doch nach der Weihnacht 2013 verlor der Vater seinen Job. Ein Monatsgehalt Abfindung (weil er der Firma länger als dreißig Jahre diente). Neunzehn Monate Arbeitslosengeld (das nach dem Halbtagsjob berechnet wird). Jackie, die strahlende Jaqui, ist ihrer Arbeit (als Administratorin einer Leihfirma für medizinisches Personal) halbwegs sicher. Sie ist erschöpft (über die Firma wenigstens krankenversichert, der Mann gottlob dazu). Sie weiß, dies ist das Ende ihres Traumes vom Aufstieg in die Mittelklasse (oder auch nur ins Kleinbürgertum). Vielleicht, vielleicht schaffen es die Kinder.

Vor dem dramatischen Einbruch der Bankenkrise schätzten Experten, dass sich die Zahl der afroamerikanischen Mittelstandsbürger seit 1980 mehr als verdoppelt hatte. Und nun? Die sozialen Institutionen eröffnen keine Chancen, die sich von draußen erkennen lassen; der löchrige Sozialstaat ist in den Augen der Tea-Party-Republikaner und des Chefpropagandisten der Murdoch-Welt (Roger Ailes, so heißt der Psychopath bei Fox News) eine Ausgeburt des Kommunismus – und die Hälfte der Bürger glaubt es ihnen. Die liberalen Republikaner – immerhin die Partei Abraham Lincolns – scheinen ausgestorben zu sein.

Sie wären die natürlichen Verbündeten des Senators Edward Kennedy gewesen, des jüngsten der Brüder, der nicht zu den politischen Weicheiern zählte; er galt eher als ein klotziger, nicht allzu sensibler Sprössling des Clans, wie alle Geschwister (auch die Mädchen und Frauen) durch den chronischen Wettbewerb in der Familie abgehärtet, vom Übervater Joe angefeuert, die Kräfte in den wilden Spielen zu messen, wenn sie sich am Wochenende in Hyannis Port zusammenfanden. Der Ehrgeiz war allen von der Kindheit an in die Seele getrimmt worden. Auch dem Jüngsten, der sich 1962, kaum dreißig Jahre alt, mit erstaunlicher Selbstverständlichkeit als Nachfolger des Präsidentenbruders zum Senator von Massachusetts wählen ließ. Das Amt schien ein Erblehen der Sippe zu sein, die sich stets auf die treue Anhänglichkeit der Iren, der Italiener, der

Portugiesen, der Puertorikaner, der Schwarzen, mit einem Wort auf die Mehrheit der Minderheiten verlassen konnte. Ted war einer von ihnen, rotgesichtig, trinkfest, sangesfreudig. Bis zu seinem Tod wurde er fast automatisch wiedergewählt – und im Gang der Jahrzehnte wirkte er menschlicher, reifer, gescheiter; einer der Senatoren von Rang, in Zeiten demokratischer Majorität Vorsitzender des mächtigen Justizausschusses, respektiert, ja zuweilen hofiert, eine der bedeutenden Persönlichkeiten droben im Capitol. Er mochte das Pulver nicht erfunden haben, aber er war ein begnadeter Redner, der alle Register der irischen Rhetorik zu ziehen verstand und dank auch seines genauen Instinkts für die wirksamsten Texte der Redenschreiber jedes Publikum innerhalb von Minuten bannen und zu Stürmen der Begeisterung hinreißen konnte.

Die Präsidentschaftskandidatur wäre ihm nach der Ermordung Roberts auf dem demokratischen Parteitag im Herbst 1968 kaum verweigert worden, hätte er sich zu diesem Wagnis entschlossen. Sein Nein war angesichts der chaotischen, von der protestierenden Studentenschaft hart bedrängten Versammlung verständlich. Der Parteitag schien damals im Tränengas zu ersticken (mein Hotelzimmer war vorübergehend unbewohnbar). Edwards Familie fürchtete ohnedies das Schlimmste. Er überstand einen Flugzeugabsturz. Doch seine Hoffnung auf eine reelle Chance wurde 1969 unrettbar beschädigt, als er nach einer fröhlichen und vor allem feuchten Party auf der kleinen Insel Chappaquiddick mit der attraktiven Wahlhelferin Mary Jo Kopechne in die Nacht fuhr, vermutlich einem Motel zustrebend, und auf einer schmalen Brücke die Herrschaft über das Steuer verlor. Der Wagen stürzte ins Wasser und soff sofort ab. Er selber konnte sich befreien und ans Ufer schwimmen. Hernach behauptete er, er habe auch die junge Frau zu befreien versucht. Vielleicht. In Panik rannte er zu seinem Hotel. Die Polizei alarmierte er erst Stunden später, als er wieder halbwegs nüchtern war. Wegen Fahrerflucht wurde er zu einer Gefängnisstrafe mit Bewährung verurteilt. Vor der nächsten Wahl im November 1972 war er einsichtig genug, sich von allem zurückzuhalten. Es schien ihm nicht zu schwer zu fallen. Als er noch im selben Monat nach Bonn herüberkam, um einen Vortrag bei der Außenpolitischen Gesellschaft zu halten, war er halbwegs vergnügt.

Deutsches Wahlwochenende. Kanzler Brandt hatte mir aufgetragen, mich um den Senator zu kümmern, da ich ihn kannte. Am Samstag aßen wir zu Mittag oder tranken Kaffee. Das Gespräch geriet auf Europa (wie bei mir so oft). Ich sagte ihm, dass der Vereinigungsprozess eine neue Dynamik brauche; der Prozess des Zusammenschlusses habe von Beginn an ermutigende Anstöße aus Washington empfangen, und es wäre kein Schade, wenn deutlich würde, dass die Vereinigten Staaten nach wie vor ein vereintes und starkes Europa wollten, nicht nur um das atlantische Bündnis zu kräftigen, sondern jetzt vor allem, um die Strategie der Entspannung flexibler, inspirierter und tatkräftiger voranzutreiben – siehe Willy Brandts Ostpolitik, die in der Wahl am Sonntag vom Volk bestätigt oder abgestraft werde. Die deutsche Entspannungspolitik entspreche völlig den Intentionen Kissingers, der sie freilich lieber selber vorexerziert hätte. Superhenry, fügte ich hinzu, sei wohl der erste amerikanische Staatsmann, der die europäische Einheit skeptisch betrachte, vielleicht weil er als Historiker noch ganz im 19. Jahrhundert lebe, im Zeitalter Metternichs und Bismarcks. Spöttisch frage Kissinger, unter welcher Telefonnummer Europa zu erreichen sei. In Wirklichkeit ziehe er es vor, mit Bonn, Paris, London, Rom getrennt zu verhandeln, um die Partner gegeneinander ausspielen zu können – ganz nach der klassischen unguten Regel: *divide et impera*.

Ted Kennedy grinste. Metternich war ihm vermutlich kein so rechter Begriff, aber die virtuosen Intrigenkünste Kissingers bewunderte er nicht weniger als ich. Er fragte, ob ich zwei Stunden Zeit hätte. Ja, doch, es sei Samstag. Dann möge ich mitkommen. Wir fuhren zur Botschaft, wo sein außenpolitischer Berater Robert Hunter an der Montagsrede bastelte. K. habe einige interessante Gedanken zu Europa, sagte der Senator heiter, die wolle er gern in der Rede wiederfinden. Dann grinste er: The two of you get to work, und verschwand. Wir brauchten nicht lange, um angemessene Formulierungen zu finden, natürlich ohne die frechen Anmerkungen über Henry the Kiss.

Am Sonntagabend traf ich den Senator wieder. Der überwältigende Wahlsieg Willy Brandts zeichnete sich in den Hochrechnungen ab. Ich lud Ted im Auftrag WBs zur Wahlparty ins Kanzleramt ein. Als wir das

Spalier der Journalisten passierten, begrüßten ihn die amerikanischen Korrespondenten mit einem lauten Hallo. What are you doing here, Senator? Er lachte und rief strahlend zurück: You know that I like to be with winners.

Im Jahr danach gab mir der Kanzler einen Brief zur Erledigung. Der Vater eines zwölf- oder dreizehnjährigen Buben hatte ihm geschrieben, sein Junge leide an Knochenkrebs wie der Sohn Edward Kennedys, der – freilich nach einer unumgänglichen Amputation – von der Krankheit geheilt worden sei. Ob sich WB, der den Senator kenne, nicht bei ihm nach dem Namen des behandelnden Arztes und des Krankenhauses erkundigen könne, dafür würde seine Familie sehr dankbar sein. Schrieb Ted K. sofort einen Brief, schilderte die Sorge und den Wunsch der deutschen Eltern. Vielleicht könne der Senator sogar bei jenem Arzt ein gutes Wort einlegen. Eine Kopie des Briefes und die Übersetzung schickte ich mit (das war vor der Epoche der E-Mail). Acht Tage später ein dicker Umschlag aus Washington. Ted Kennedy schrieb, den Wunsch der sorgenden Eltern erfülle er gern. Die Kopie seines Empfehlungsschreibens lag bei. Aber dazu ein von Hand geschriebener Brief an die Eltern, in dem er bewegende, tröstende und ermutigende Worte gefunden hatte. Er sei gewiss, dass auch ihr Sohn geheilt werde wie der seine. Er denke herzlich an sie, da er ja wisse, was sie durchmachten. Ich fertigte Kopien für den Kanzler, leitete die Briefe weiter, bedankte mich beim Senator. Die Geste, die mehr als eine Geste war, beeindruckte mich tief. Da war er wieder, der Geist der *compassion*. Welcher deutsche Politiker hätte sich, über die Erfüllung des Wunsches hinaus, die Zeit für einen handgeschriebenen und so warmherzigen Brief genommen? Mir fielen nicht allzu viele ein.

Die Carters und die Schmidts

Edward Kennedy hatte 1976 beim Parteikonvent der Demokraten keine sehr großen Chancen, die Präsidentschaftskandidatur gegen Jimmy Carter, den Ex-Gouverneur von Georgia, zu gewinnen, der übrigens 1970, nach dem Einzug ins State House in Atlanta, als Erstes dafür gesorgt hatte, dass an prominenter Stelle ein Porträt von Martin Luther King platziert wurde. Der zielbewusste Erdnuss-Farmer (in Wirklichkeit ein studierter Nuklearingenieur, sieben Jahre im Dienst der Navy, davon fünf auf Unterseebooten) hatte seine Kandidatur durch Werbereisen in jeden Winkel der Vereinigten Staaten sorgsam vorbereitet. Freunde in Harvard wie der prominente, temperamentvolle, von seinen Studenten vergötterte Rechtsprofessor Abram Chayes und seine ebenso attraktive wie kluge und trocken witzige Frau Tony engagierten sich früh für den angeblich so linkisch-provinziellen Politiker aus dem tiefsten Süden (hernach amtierte Tony als Unterstaatssekretärin im Pentagon, zuerst für Personalfragen, dann für die Waffenrüstung verantwortlich, nicht ganz nebenbei die Mutter von fünf Kindern). Die beiden sorgten für Anhang nicht nur in der eigenen Fakultät und unterm Studentenvolk. Es war bemerkenswert, wie viele Intellektuelle von Rang sich für Carters Netzwerk gewinnen ließen.

Mir war er längst ein Begriff durch seine Schwester Ruth, eine Evangelikale und Geistheilerin, die ich – wir drehten eine ZDF-Dokumentation über die Religiosität Amerikas – durch den Erweckungsprediger Billy Graham kennengelernt hatte, jenen Wunderredner, zu dessen Füßen sich, wo immer er hinkam, Tausende versammelten, nicht nur in Amerika; gewiss ein mächtiger Rhetor, doch in der unmittelbaren Begegnung erstaunlich frei von Eitelkeit, frei auch von eiferndem Missionsgeist, vielmehr ein offener Mensch. Als das Kamerateam die Apparaturen und Lampen einpackte, fragte er mich, ob ich Ruth Carter begegnet sei, der Evangelikalen. Das sei eine hoch begabte Rednerin, vor allem aber eine ein rucksvolle Persönlichkeit, sensibel, voller Charme, die Schwester eines Politikers, der unter den liberalen Geistern des Südens einen guten Namen habe. Ruth wohne gar nicht weit entfernt. Er könne uns anmelden. Ein Gespräch mit einer klugen Frau würde dem Film gut anstehen, dachte ich. Er wählte ihre Nummer, erzählte von unserem Projekt, reichte den Hörer weiter, damit wir uns verabreden konnten – am nächsten Tag gleich, zwischen drei und vier Uhr am Nachmittag, wenn wieder etwas kühlere Luft aufkomme. Sie erklärte mit ihrer vollen und harmonischen Stimme, im unverkennbaren Tonfall des Südens, wie wir zu ihr fänden. Wir sollten kurz vorher anrufen, damit sie die Hunde ins Haus scheuchen könne, die gern verrückt spielten, wenn so viele Fremde vor der Tür stünden. Sie freue sich. Ich freute mich auch. Sie klang sympathisch.

Wir fanden das Haus ohne Schwierigkeit. Ruth Carter kam uns lachend entgegen. Die Hunde führten sich in der Tat hysterisch auf. Also beschlossen wir, das Gespräch draußen zu führen, im weitläufigen und üppigen Garten, der an einen kleinen See grenzte, in dem sich die Bäume spiegelten, schattenhaft vom Spanischen Moos verhangen: Süden. Die Kameras wurden unter einer mächtigen alten Ulme installiert. Pat Baxter, die rotschopfige Assistentin aus New York, schien mit Ruth kleine Beobachtungen auszutauschen, offensichtlich solche der boshaft-ironischen Art. Sie lachten wie gute Freunde. Pat bekannte, dass sie katholisch sei, nicht praktizierend. Interessant, meinte Ruth. Vor der Kamera sprachen wir darüber, wie sich ein frommer Glaube mit der Notwendigkeit der Toleranz in einer auch religiös so bunten Gesellschaft wie der amerikanischen vertrug. Und über die beiden geistigen Hauptströme des Landes: Glaube und Aufklärung, die das Volk – anders als in Europa – nicht mit einer chronischen Spannung bedrängten und nicht in mörderische Konflikte stürzten. Freilich wurde die Toleranz, die in jener dualistischen Existenz gedieh, durch die Radikalisierung der christlichen Fundamentalisten vor allem im Süden und die ideologische Verhärtung der Republikaner als Rechtspartei in wachsendem Maße gefährdet – ein Prozess der Veränderung, der die historische Subtanz der Vereinigten Staaten zu beschädigen droht. Ein Warnsignal (unter vielen): Jimmy Carter kehrte nach dem Abschied von Washington seiner angestammten baptistischen Gemeinde den Rücken, weil die nicht davon abließ, die Homosexualität als naturwidrig und sündhaft zu verdammen.

Ruth Carter, die Evangelikale, war keine flammende und fanatische Missionarin, keine mystisch umnebelte Schwärmerin. Auch keine der rundlichen Damen, die in bonbonfarbenen Wölkchen die Liebe Jesu zu den Seelen der Sünder herabschweben ließen. Nichts von alledem. Mir saß eine Frau von dieser Welt gegenüber. Unser Gespräch war lebhaft, entspannt, von Ruths musikalischer Sprachmelodie, auch von ihrer Frömmigkeit geprägt, die ohne jede Frömmelei daherkam. Man sah es ihr an, dass sie das Leben liebte. Man fühlte sich wohl mit ihr. Wir hatten, von der Begrüßung an, nicht die Spur einer Schwierigkeit miteinander. Die Sympathie wurde auch nicht durch den Tierarzt Dr. Stapleton irritiert, ihren Mann, ein rotgesichtiger Hüne, buschige Brauen, kleiner Schnauzbart, gutartig (wohl nicht immer). In seiner Gesäßtasche steckte, wenn er ausging, ein Revolver, mit dem er, wie er beschwichtigend bemerkte, bisher nur auf Schlangen und Ratten geschossen habe, nicht auf Menschen, doch man wisse nie, was passiere, dies sei der Süden und er selber ein *redneck* – sagte es mit einer kräftigen Portion Selbstironie – ein Rotnacken der alten, konservativen Art. Seine Frau, die Mutter seiner vier Kinder (allesamt fast erwachsen), sehe seinen Revolver nicht gern. Sei's drum. Sie mache ja auch, was sie wolle. Daran habe er sich gewöhnt.

Manchmal ergab es sich, dass wir uns zur gleichen Zeit in New York aufhielten, Ruth und ich. Meist wohnte sie bei Freunden, doch dann und wann logierten wir im selben Hotel, dem UN-Plaza, das gegenüber den Vereinten Nationen in Zwillingstürmen untergebracht war. Der Empfang (mit seinen vielsprachigen Damen) und die Lobby zu ebener Erde, die Restaurants im Souterrain. Eine der schönen, dunkelhäutigen Damen an der Rezeption redete Deutsch mit mir. Ich fragte sie, wo sie die Sprache so gut gelernt habe. Sie lächelte. Wieso? Ich bin Deutsche. Ein bisschen rot wurde ich gewiss. Warum sollte es keine Afrodeutschen geben? Es gibt sie natürlich, in wachsender Zahl (unterdessen auch eine junge Frau, die den Familiennamen H. trägt, dank ihrer Ehe mit einem Großneffen).

Das United Nations Plaza (mein drittes Stammquartier in Manhattan, nach dem klassischen, ein wenig düsteren und lauten Algonquin und dem eher großbürgerlich-biederen Regency an der Park Avenue) begann – nach der Rezeption im Erdgeschoss – eigentlich erst im 26. Stock mit dem Schwimmbad (samt Saunen) – im chlorblau-grün schillernden Wasser paddelnd sah man auf die Dachterrassen der pseudo-gotischen Tudor City gegenüber –, und türmte in Wohnquartieren sich weiter bis zum 38. Stock. Die Fenster in den Zimmern und Suiten dort oben ließen sich nur eine Handbreit weit öffnen. Das hatte seine Gründe. Einer der spektakulären Anlässe, die Sicherungssperre einzubauen, war der Sturz eines angesehenen Finanzmannes aus dem vierzigsten Stock des Pan American Buildings. Nichts wies auf ein Verbrechen hin. War der Sprung in den Tod sorgsam geplant oder gab der Magnat spontan dem Sog der Tiefe nach, ohne recht zu wissen, was er tat? Weiß nicht mehr, was das Ergebnis der Ermittlungen war. Aber ich erinnere mich sehr wohl, dass mir irgendwann im UN-Plaza ein Zimmer im 38. Stock zugewiesen wurde. Meiner Seele ging es an jenem Tag nicht so gut. Starrte aus dem gesperrten Fenster hinab auf die wabernde Menschenmenge dort unten (der im Blick von hoch oben nichts Menschliches mehr eigen war). Und dann überkam er mich, der Sog. Eilte rasch zum Lift. Setzte mich in die Lobby. In der Nacht war der Zustand der Entrücktheit (der sich mir im Flugzeug niemals mitgeteilt hat) ohne zu große Anfechtung zu ertragen. Es hat schließlich seine Gründe, warum die Aussichtsplateaus der Wolkenkratzer (wie das Empire State Building) mit hässlichen Drahtmatten rundum gesichert sind.

Zum Lunch mit amerikanischen Kollegen im Restaurant des Hotels verabredet, legten sich plötzlich zwei Hände über meine Augen, Frauenhände. Guess who? Der Akzent des Südens verriet sie. Wir umarmten uns. Ich stellte sie, ihren Namen nicht überbetonend, den Kollegen vor. Wir hatten über den Bruder gesprochen, der inzwischen im Weißen Haus residierte. Das Urteil war nicht schmeichelhaft ausgefallen, und sie hatte, ehe sie mich überraschte, wohl ein paar Stichworte gehört. Jetzt sagte sie in die Runde (damals keine Dame dabei, heute undenkbar), die Herren sollten ihr Gespräch bitte ohne Rücksicht auf ihre Anwesenheit fortsetzen. Und das taten die denn auch. Sie zogen weiter über den Präsidenten her, den Farmer und Prediger aus Georgia, der ihnen fremd war. Manchmal widersprach sie höflich. Die Kollegen gingen über ihre Einwände hinweg, rüde, wie es Journalisten nicht selten sind. Irgendwann wurde es ihr zu bunt. Sie sagte: I am Jimmy's sister.

Betroffenes Schweigen. Sie lachte. Sie sollten es sich nicht zu Herzen nehmen, sagte sie, es sei für sie wichtig, solch klaren Meinungen zu begegnen. Manches hätten die Herren vielleicht missverstanden, aber das sei nicht ihre Schuld. Der Bruder habe viele Talente – but he is the worst communicator in this world. Sie hatte recht. Er und die Mitglieder seines Stabes – die meisten fremd in Washington – bewegten sich unsicher auf dem glatten Parkett der Hauptstadt und bewiesen wenig Geschick im Umgang mit den Medien. Dann setzte sie den Kollegen ruhig auseinander, dass sie dieses und jenes – nicht als die Carter-Schwester, sondern als eine Bürgerin unter Bürgern – mit ihrem schlichten Menschenverstand anders sehe als die Journalisten. Die Amtsbrüder lauschten. Hörten sie wirklich zu? Sie verabschiedeten sich freundlich. Ruth hatte, wenn nicht ihr Verständnis, so gewiss ihre Sympathien gewonnen.

Ob ich Zeit hätte, sie zu Andy Warhol zu begleiten, der ein Bild von ihr fertigen wolle? Ihr sei nicht allzu behaglich bei der Vorstellung. Ich hatte Zeit. Wir fuhren im Taxi zu Warhols »Fabrik« in SoHo, einem potthässlichen alten Schuppen, in den Fluren und Treppenhäusern und Werkstätten die Scharen seiner unisex camouflierten jungen Männer und Frauen, farblose Pullover, auf antik dressierte Jeans, die Haare nahezu allesamt zu wippenden Pferdeschwänzen gebündelt. Der Meister begrüßte Ruth mürrisch, desinteressiert, obwohl er sie zu der Porträt-Sitzung mit einiger Dringlichkeit eingeladen hatte. Er versuchte eine maulfaule Konversation. Die beiden hatten sich wenig zu sagen, und er war, wie es schien, vor allem damit beschäftigt, die zweimal pro Minute in die Stirn fallende Strähne seiner albinoweißen Perücke zurückzuwerfen, gelangweilt, zumal mit sich selber – und das aus gutem Grund, wie sein Tagebuch bewies, das eine fast originelle Anhäufung von Banalitäten ist. Just das war sein Geheimnis, er zelebrierte die Genialität des Banalen und den Sog der Langeweile. Wie sind die Bilder der Campbell Suppendosen, oder die konventionell sexualisierten Marilyn-Monroe-Porträts anders zu verstehen – die MM-Bilder eine rüde Reduktion der komplexen Persönlichkeit dieser begabten und unglücklichen Frau? So fast alle Porträts: Banalität findet sich in der Substanz jeder Persönlichkeit. Das Polaroid-Foto, das hernach ausgemalt wurde, bot in seiner flächigen Simplizität eine ideale Plattform. Das Mysterium des Ordinären trieb die Preise der glorifizierten Momentaufnahmen in Millionenhöhe, dank einer gerissenen Kunstmafia, die es verstand, mit Hilfe ihrer Selbstberauschung das finanzstarke Publikum in den erhabenen Zustand der Scheckbuch-Hypnose zu steuern.

Nach einer Viertelstunde schleppender Unterhaltung (er interessierte sich für die begabte Frau, die ihm gegenübersaß, nicht im Geringsten – so wenig wie für seine anderen Objekte) griff der schlecht gelaunte Magier endlich zur Kamera, ein Blitz (mehr nicht), dann noch drei Minuten Wartezeit, bis der Schuss entwickelt und sichtbar war. Okay. Wir konnten gehen, und wir gingen gern. Nicht ohne einen Blick des Bedauerns für die Mädchen und Jungen, die so krampfhaft bemüht waren, ihre natürliche Schönheit zu malträtieren, ja zu beseitigen, um dem Maestro ähnlich zu werden. Das Ruth-Porträt, von ihm selber oder einem Eleven mit Spritzpistole und Tusche bearbeitet, sah ich nie. Sie berichtete nichts von dem Werk, das Warhol vielleicht im rohen Fotozustand liegen ließ, weil er wahrgenommen haben mochte, dass er die Evangelikale so wenig beeindruckt hatte wie sie ihn.

Fast immer, wenn sie in Washington war, rief sie an, kam zum Tee, auch zum Abendbrot mit amerikanischen und deutschen Freunden, einmal (nach seinem Rücktritt) mit Willy Brandt, der sie zu Tisch führte. Die beiden unterhielten sich lebhaft. Auch über ihre religiöse Mission? Vielleicht stellte er diese und jene neugierige Frage. WB trug seinen Glauben – sofern es ihn gab – nicht zur Schau, vermutlich auch nicht Ruth gegenüber, doch er lebte, wenn ich mich nicht sehr täusche, auch nicht ohne eine religiöse Dimension. Er war Mitglied der evangelischen

Kirche geworden (wie fast das gesamte Führungscorps der sozialdemokratischen Partei, ausgenommen natürlich die entschiedenen Katholiken wie der loyale Georg Leber, Chef der Gewerkschaft Bau, Steine, Erden, hernach Bundesminister der Verteidigung, oder Hans-Jochen Vogel, der einst so populäre Bürgermeister von München und hernach kurze Zeit von Berlin, Bundesjustizminister, Parteichef und unglücklicher Kanzlerkandidat, wahrhaft ein Pflichtmensch und der penibelste Arbeiter vor dem Herrn, der oft auf einem Feldbett in einer Kammer neben seinem Arbeitszimmer schlief, um fünf Uhr früh schon Akten studierte und spätestens um sieben Uhr mit dem Diktat begann – als Glaubensmensch mindestens so fest und firm wie der christdemokratische Bruder Bernhard, Ministerpräsident von Rheinland-Pfalz und schließlich als westliche Leihgabe Regierungschef in Thüringen). Was Willy Brandt anging: die kirchliche Beerdigung war also wohl nicht nur ein Zugeständnis ans Protokoll oder die Erfüllung eines Wunsches von Brigitte Seebacher. Damals in Washington war es ein Vergnügen, ihn als so angeregten Partner Ruth Carters zu sehen. Die beiden konnten sich gut leiden.

Für WBs Nachfolger galt dies wohl weniger. Helmut Schmidt sprach von Jimmy Carter nur voller Verachtung, gereizt, von Ressentiments durchsetzt. Bei einer transatlantischen Tagung hatte es sich der Gouverneur von Georgia erlaubt, hinter einige Thesen des erzgescheiten Deutschen ein vorsichtiges Fragezeichen zu setzen; das schien ihm Schmidt nicht verzeihen zu können. So entschied er sich im amerikanischen Wahlkampf 1976 für den braven, eher biederen Gerald Ford, der stets voller Bewunderung an Schmidts Lippen hing. Dennoch, als ich zwei Wochen vor der Entscheidung für eine Viertelstunde im Kanzlerbüro saß (weiß nicht mehr, was ich von ihm, er von mir wollte), fragte er: Wer wird Präsident? Ich sagte, nach einem Augenblick des Zögerns, es wird knapp werden, doch Jimmy Carter macht es. Ausgeschlossen, widersprach er hart, ausgeschlossen! Ich hob die Schultern: Wenn Sie's wissen, ist's ja gut.

Es war nicht gut. In dem Magazin *Newsweek* (das eine Millionenauflage hatte) erschien in der Woche vor der Wahl ein Interview, in dem der deutsche Kanzler für Gerald Ford votierte. Das verstieß gegen jeden Comment. Ein ausländischer Regierungschef hatte sich nicht in die Wahlen eines anderen Staates einzumischen, geschweige denn in die einer Weltmacht. Carter vergaß es nicht. Er war ein Christ, doch mit dem Gebot der Versöhnung hatte er dann und wann seine Schwierigkeiten. Der deutsche Regierungschef redete ihn schlecht, wann immer sich eine Gelegenheit bot, fast zwanghaft (wie er es zuvor bei Willy Brandt nicht hatte lassen können). Carter entging auch dies nicht. In der Persönlichkeitsbeschreibung des Kanzlers, die im Weißen Haus gefertigt wurde, stand vermerkt, dass Carter und Schmidt auf den Millimeter genau gleich groß, beziehungsweise gleich klein waren. Als die beiden – wohl bei einem Gipfeltreffen in London – einander zum ersten Mal in offizieller Funktion gegenüber traten, starrten die Mitglieder der amerikanischen Delegation ausnahmslos auf die Schuhe von Helmut Schmidt. Sie hatten Wetten abgeschlossen – hat er, hat er nicht? Ein rasches Grinsen lief über die Gesichter: Er hatte ... er trug in der Tat leicht erhöhte Absätze. So erzählten es die Berater im Weißen Haus, und es wird wohl stimmen. Ich dachte danach, es wäre angebracht, einen sacht ironischen Artikel unter dem Titel »Germany on elevated heels« zu schreiben, ließ es dann aber, leider.

Wenn die Meinungen der beiden zusammenprallten, respektierte Schmidt nicht immer die Grenzen der Höflichkeit. Carter vermerkte es kühl in seinen Memoiren. Der deutsche Kanzler akzeptierte es nicht, dass der Präsident der Vereinigten Staaten seine Entscheidungen genau und bis zur Umständlichkeit gewissenhaft prüfte, ja dass er sie nach einem zweiten und dritten Examen gelegentlich revidierte. Schmidt hielt das Zaudern und Zögern für einen Beweis der Schwäche. Darin täuschte er sich. Eine Barriere des Vorurteils hielt ihn davon ab, die Realität der Persönlichkeit Carters wahrzunehmen. (James Schlesinger, zeitweilig Verteidigungsminister der Vereinigten Staaten, gewiss kein Träumer, kein Schwärmer, kein Schwätzer, sagte mir eines Tages, Jimmy Carter sei einer der intelligentesten Menschen, die er je kennengelernt habe.) Helmut Schmidt hatte sich daran aufgehalten, dass Carter in seinem Wahlkampf allzu oft betonte, er wolle den Menschenrechten Geltung verschaffen, wo immer er könne.

Der Kanzler hielt – wie auch sein Vorgänger – mehr davon, der Menschlichkeit auf den verdeckten Wegen der Diplomatie voranzuhelfen. In Wahrheit brauchte es beides, die geheimen Verhandlungen und die öffentliche Pression. Schmidt selber hatte im Sommer 1975 die Schlussakte der Helsinki-Konferenz für Sicherheit und Zusammenarbeit in Europa unterschrieben (KSZE wie es in der abkürzungsbesessenen Neusprache heißt). Das Prinzip VII dieser Vereinbarung, der auch die Sowjetunion und die Satelliten-Staaten einschließlich der DDR zugestimmt hatten, verspricht wörtlich: »Achtung der Menschenrechte und Grundfreiheiten«. Darauf konnten sich von nun an auch die Unterdrückten und Entrechteten in den kommunistischen Diktaturen berufen – und sie zögerten nicht, just dies zu tun. Das half der Entwicklung mit dem Ziel der Befreiung voran. Schmidt weiß es – und trotzdem ereiferte er sich in einem Gespräch mit Giovanni di Lorenzo aus Anlass seines 95. Geburtstages noch einmal mit wenig überzeugenden Argumenten gegen den Begriff der Menschenrechte: So tief scheint sich der Carter-Komplex in seiner Seele festgefressen zu haben.

Um die notorische Verstimmung zwischen dem Kanzler und dem Präsidenten aufzuhellen, gerieten ein paar Freunde, die jenes Drama voller Sorge verfolgten, auf den Einfall, Schwester Ruth, die einen beträchtlichen Einfluss auf den Bruder hatte, über eine Stiftung zu einer Reise durch die Bundesrepublik einzuladen. Sie sagte fröhlich zu. Da ich sie ein wenig kannte, wurde ich gebeten, mit ihr ein Programm zu bereden und sie auf der Reise zu begleiten. Beides tat ich mit Vergnügen. In Bonn waren wir im Gästehaus der Bundesregierung droben auf dem Venusberg am Kiefernweg untergebracht, in der Villa, die Willy Brandt und seine Familie während seiner Jahre als Außenminister und Bundeskanzler bewohnt hatten – damals ein kultiviertes Haus, harmonisch mit alten und modernen Stücken möbliert, an den Wänden Bilder, die WB oder Rut selber ausgesucht (oder gekauft) hatten, ein Haus voller Leben, behaglich und nicht protzig. Es hatte sich nun unter der Aufsicht von Bundesausstattern in die allzu gepflegte Unterkunft neureicher Angeber verwandelt.

Am Nachmittag von Ruth Carters zweitem oder drittem Tag in Bonn setzten wir uns in die schwarze Limousine, die uns zum Kanzleramt bringen sollte. Loki Schmidt erwartete Mrs Carter Stapleton im Bungalow. Ich ließ die Damen allein. Nach einer Stunde holte ich Ruth wieder ab.

Loki begleitete uns hinüber zu der gesichtslosen und eher abschreckenden schwarzen Betonburg am Rande des Parks, in der ihr Mann amtierte. Mir flüsterte sie zu: Was für eine entzückend naive Frau … Na, sagte ich, solch ein Unschuldsengel ist sie gottlob nicht. Die hat einen genauen Blick für Menschen. Auf ihre Weise ist sie sogar gerissen. Loki wollte es nicht glauben.

Am Portal ein Referent. (Willy Brandt hätte, dachte ich, die Schwester des amerikanischen Präsidenten unten erwartet.) Oben wurden wir gebeten, uns ein bisschen zu gedulden. Nach fünf Minuten öffnete sich die Tür. Der Kanzler begrüßte die Dame artig, mich eher kühl (ich trug zeitlebens den Makel des Brandt-Gehilfen, vielmehr, wie er es in einer seiner Biographien ausdrückte, das Schandmal des Höflings, ein Titel, den ich mit Günter Grass und Günter Gaus teilen durfte). Er geleitete uns zu der hellen Sitzgarnitur unter einem plakathaften Porträt August Bebels, des Arbeiterkaisers, wie ihn alte Sozialdemokraten nannten. Wir sollten ihn für einen Augenblick entschuldigen, ein paar eilige Unterschriften … Das, dachte ich, mochte angebracht sein, wenn ein Ministerialrat vorspricht, vielleicht auch bei einem Hinterbänkler des Parlaments. Beim Besuch einer Dame?

Als sich der Kanzler schließlich zu uns setzte, redete er sich, vermutlich weil er an Ruths Bruder dachte, innerhalb von wenigen Minuten in Rage, erregte sich über die Kennedys, die er der unlauteren und gefährlichen Vermengung von Religion und Politik beschuldigte (was weder für John F., noch für Robert oder Edward K. zutraf), doch er meinte in Wahrheit nicht den neuenglischen Clan, sondern Jimmy Carter. Ruth sagte gar nichts, sondern sah ihn unverwandt aus ihren großen blauen Augen sachte lächelnd an. Nach einer Viertelstunde beruhigte er sich und begann einen klugen Monolog über die weltpolitischen Verhältnisse, von denen sie wenig wusste. Umso wärmer der Blick der großen blauen Augen, die dem Kanzler in jedem Moment zugewandt blieben, nur dann und wann eilten sie für Sekunden mit einem flehentlichen Aufschlag zu mir herüber – immer dann, wenn der Staatsmann Schmidt ihr auftrug, dies und das ihrem Bruder zu bestellen. Bitte, sagte ihr Blick, merke es dir, ich verstehe davon kein Wort (ich verstand vielleicht die Hälfte des Gesagten). Wir sollten 45 Minuten bleiben. Als eine gute Stunde vergangen war, gab ich Ruth ein Zeichen. Sie begriff und unterbrach die dauerhafte Ansprache: Sie danke von ganzem Herzen, sie habe so viel gelernt, sie werde ihrem Bruder berichten, was ihr der Kanzler aufgetragen habe, es sei überaus wichtig, Jimmy werde es aufmerksam zur Kenntnis nehmen, und sie könne schon jetzt sagen, dass er sich über den so freundlichen Empfang freuen werde, der seiner Schwester durch den deutschen Kanzler zuteil geworden sei.

Helmut Schmidt brachte die Dame bis zur Tür. Das Geleit zum Fahrstuhl und zur Limousine übernahm der Referent. Als unser Wagen über die Reuterbrücke rollte, stieß mich Ruth leicht mit dem Ellbogen an. Your Chancellor, sagte sie, is a highly impressive man. – Ich bestätigte es: He certainly is. Schweigen. Eine Minute später ein zweiter Ellbogenstupser. And he is so intelligent. – He sure is. Ein etwas längeres Schweigen, dann die dritte Ellbogen-Nachricht: But isn't he a little insecure? Ich lachte leise. Menschenkennerin. Geschärfter psychologischer Instinkt. Sie erwähnte nicht, dass der deutsche Regierungschef nicht die besten Manieren gezeigt hatte. Die waren seine Sache ohnedies nicht (im Unterschied zu dem Vorgänger mit der Lübecker Proletarier-Kindheit, der jede Nuance höflichen Umgangs beherrschte, auch gegenüber dem dienenden Personal, der freilich auch harsch sein konnte, wenn er es für angebracht hielt). Helmut Schmidt zählt, kein Zweifel, zu den bedeutenden Kanzlern der deutschen Demokratie, wenngleich nicht zu den schöpferischen (was ihm bewusst war, er hat es selber in einem aufrichtigen Brief an Willy Brandt mit etwas anderen Worten bekannt). Doch er war gewiss der Kanzler mit den schlechtesten Manieren. Die beiden Töchter seiner Hamburger Geliebten stellten es voller Bitterkeit fest. Ihre Mutter, eine sensible Frau, fiel in tiefe Depression, als er ihr beim Beginn der Kanzlerschaft kurzerhand adieu gesagt hatte (weil sich der Regierungschef keine Affären leisten könne, wie er mit Blick auf den Vorgänger oft genug betonte). Man könnte feststellen, dass er nicht von überbordender Menschenliebe heimgesucht war.

Das mochte auch für Ruth Carters nächsten prominenten Gesprächspartner zutreffen: den Erzbischof von München, Kardinal Ratzinger, der zu Recht in dem Ruf stand, ein Theologe von Rang zu sein. Empfang um elf Uhr im erzbischöflichen Palais. Ein Prälat stand parat, den Wagenschlag zu öffnen. Seine Kollegen säumten die prächtige Treppe zum Audienzsaal, in dem ein nicht zu üppiger goldener Sessel und ihm gegenüber zwei goldene Stühlchen warteten. Seine Eminenz, der Kardinal, stellte sich eine Minute später ein, nicht zu eiligen Schrittes, begrüßte Mrs Carter mit freundlichen Worten. Mir streckte er die Hand mit dem Bischofsring zum obligatorischen Kuss entgegen. Offensichtlich hatte ihm niemand hinterbracht, dass ich Protestant sei. Automatisch zog ich die Hand nach unten. Eine leichte Irritation, die in Sekundenschnelle wich. Wir setzten uns. Die Kleriker fanden sich im Halbkreis hinter uns zusammen. Ruth sprach langsam, Ratzinger schien ihrem Englisch ohne Schwierigkeit folgen zu können. Sie erzählte von ihrer seelsorgerischen Arbeit, für welche Frauen vielleicht eine besondere Gabe besäßen (ein leichtes Zucken der erzbischöflichen Mundwinkel), schilderte die charismatische Bewegung, der sich Millionen Amerikaner hingegeben hätten, auch ihr Bruder, der nicht verberge, dass er die Wiedergeburt im Herrn erfahren habe – *born again*. Um das Interesse des Kardinals zu wecken, berichtete sie von ihren Kontakten mit katholischen Institutionen ihres Landes. Ja, die charismatische Welle habe – wie man schätze – etwa ein Viertel der Katholiken in den Vereinigten Staaten erreicht. Sie lächelte fröhlich, als sie dem Erzbischof die Nachricht darbot, die sie für eine gute hielt. Nicht so Eminenz. Mit klarer Stimme (es war noch lange nicht die schüttere des Heiligen Vaters, die uns im Ohr blieb) sagte er sinngemäß, dass er die Überflutung des christlichen Glaubens durch Gefühle für gefährlich halte. Die Lehre der Kirche verlange, um verstanden und befolgt zu werden, eine gewisse Nüchternheit. Die Theologie vieler Jahrhunderte habe ein mächtiges Gewölbe der Gedanken gebaut, und der Glaube fordere zunächst die Mühe des Mit- und des Nachdenkens, damit er sich nicht in der Schwarmgeisterei verliere. Natürlich verbinde sich die christliche Vernunft mit den innigsten Empfindungen. Doch Vorsicht!

Ruth hörte aufmerksam zu. Sie widersprach nicht. Vielmehr verstand sie sehr gut, dass der Kardinal wohlbedacht und kühl ihr und ihrer Mission einen Dämpfer versetzte. Bald ließ einer der jüngeren Prälaten mit einer diskreten Geste wissen, dass unsere Zeit dahin war. Höflicher Abschied, kein geforderter Ringkuss, flüchtige Handberührung, untertemperiert. Im Auto sagte Ruth, halbwegs vergnügt: Now I know what they mean when they talk about the princes of the church. Sie seufzte, mit den amerikanischen Bischöfen rede es sich leichter.

Ein Kirchenfürst, das war der Joseph Ratzinger aus Marktl im Landkreis Altötting, dem katholischsten aller Territorien in der Bundesrepublik Deutschland, schon damals, lange vor seiner Erhöhung zum Heiligen Vater. Es muss freilich hinzugefügt werden, dass der Nachmittagsbesuch beim Oberkirchenrat der Lutherischen Landeskirche womöglich noch deprimierender war. Der empfangende Rat (der Bischof befand sich auf Reisen) redete wohlwollend, doch stets auf Stelzen daher. Ein Langweiler. Kein Kirchenlicht (wenn der Kalauer erlaubt ist). Auch er meinte, wie der Kardinal, vor der Schwarmgeisterei warnen zu müssen, in die wir uns gern verirrten, wenn wir glaubten, der Hl. Geist sei über uns gekommen. Jeder seiner Sätze wirbelte den Staub jahrhundertealter Kirchenrätlichkeit auf.

Wir zogen davon, so rasch es anging. Am Abend hatten uns gutgelaunte Genossen zum Oktoberfest eingeladen. Zuvor fand ich für Ruth ein elegantes Trachtencape (das sie dann auch zu Haus an kühlen Tagen trug). Ein fesches Hüterl mit Feder und Silberschmuck? Dies dann doch nicht, trotz der Insistenz der Genossen. Immerhin, sie leerte den Maßkrug zur guten Hälfte, die prallen weißen Arme der servierenden Damen bestaunend. Und das Backhendl schmeckte ihr auch.

Am andern Morgen in der Lufthansa-Maschine nach Köln-Bonn mussten wir unsere beiden Plätze in der Ersten Klasse (von der Stiftung bestellt) in aller Eile räumen, denn der Herr Ministerpräsident Goppel und sein Referententrupp hatten in der Bundeshauptstadt zu tun. Nicht nur der bajuwarische Regierungschef, sondern auch seine Gehilfen beanspruchten mit völliger Selbstverständlichkeit die privilegierten Sitze, die für uns reserviert und von unserem Gastgeber bezahlt worden waren. Die regierenden Herrschaften wussten, wer ihnen zu weichen hatte, denn der Ministerpräsident reichte Mrs Carter immerhin jovial die Hand. Ich konnte verstehen (mit einiger Mühe), dass der Landesvater aus Sicherheitsgründen vom Volk in der Holzklasse ferngehalten wurde, auch ein Leibwächter musste seinem Herrn nahe sein. Aber die Ministerialräte (oder was immer sie waren)? Keiner bat Mrs Carter auf den Platz, den er kurzerhand annektiert hatte, keiner kümmerte sich darum, ob er mit dem Handgepäck helfen könne, keiner der bayerischen Staatsrüpel entschuldigte sich. Ich sagte ihnen nicht lauthals die Meinung, wie ich es gern getan hätte, schwieg, weil Ruth eine Szene peinlich gewesen wäre. Sie lachte über die Situation hinweg, die in der Tat ihre Komik hatte. Nur wurde für einen Augenblick sichtbar, wie tief der Untertanengeist noch in den Seelen der Bediensteten verankert war, auch – das fand ich erschreckender – in den Köpfen der lokalen oder regionalen Lufthansa-Kommandeure, die sich dem Herrn Ministerpräsidenten nur mit devoten Verbeugungen nahten. Ach, stöhnte ich stumm, wäre es nicht für die Mehrheit der Deutschen bekömmlicher gewesen, wenn sich Bayern – das dem Grundgesetz nie zugestimmt hat – in Europa selbständig eingerichtet hätte (immerhin lag es den anderen Bundesländern bis in die neunziger Jahre auf der Tasche, seither muss es selber blechen); oder wenn es von den Alliierten mit O-du-mein-Österreich zu einer Alpenrepublik vereint worden wäre: Der Trachtenstaat hätte längst die teuerste Maut der Welt, natürlich nur für Ausländer (einschließlich der Deutschen), er würde weder Südländer noch Afrikaner, weder arme Chinesen noch Roma einreisen lassen – und falls in Ausnahmefällen doch, dann nur, wenn die sich verpflichteten, niedere Arbeiten zu verrichten, mit denen ein Alpenländer nichts mehr zu schaffen haben will, und auch nur dann, wenn sie schwören, niemals einen Heller von den Sozial- oder Krankenkassen zu beziehen, wohl aber in beide brav einzuzahlen. Die Regierungschefs, ob einst Strauß und Raab, nun Seehofer und irgendwer, würden sich stets »Ludwig« (der Soundsovielte) oder Franz Josef nennen und müssten mit »Euer Großmächtigkeit« angeredet werden. Leider kam es nicht so.

Nach Washington zurückgekehrt, berichtete Ruth ihrem Bruder, wie freundlich sie in Deutschland aufgenommen worden sei. Das Land mit seinen schmucken Städtchen gefalle ihr, viele der Bürger seien höflich, gut informiert, sauber gekleidet, wohlgenährt und tüchtig, freilich nicht allzu gottesfürchtig. Von der Presse sei sie gut behandelt worden, die Boulevardblätter hätten gejubelt, als sie den Reportern erzählte, sie sei als ein kleines Mädchen in einen deutschen Kriegsgefangenen verliebt gewesen, der auf der Farm gearbeitet habe, Hans, ein großer und blonder Wundermann, schöner als alle Hollywood-Stars. Sie überbrachte dem Bruder brav die Botschaften des Kanzlers (wie ich sie mit einiger Mühe notiert hatte). Von den Launen und den fragwürdigen Manieren Helmut Schmidts sprach sie nicht. Vielmehr erfand sie eine Hymne der Bewunderung für Jimmy, die ihr der Kanzler (angeblich) vorgetragen habe. Es half nichts. Wenn Schmidt und Carter verhandelt hatten, hellte sich gelegentlich die Miene des Kanzlers auf, doch bald fiel er wieder in die Litanei seiner Vorurteile zurück. Mentale Sperre.

Manchmal war Schmidt beeindruckt – so als es dem Präsidenten in den endlosen Tagen und Nächten in Camp David mit zäher Geduld gelang, von dem störrischen israelischen Premierminister Begin und dem flexibleren ägyptischen Präsidenten Sadat die Unterzeichnung der Abkommen zu erzwingen, die den Friedensvertrag vom März 1979 vorbereiteten – fast ein Mirakel, das dem Verhandlungsgeschick Jimmy Carters und seinem langen Atem zu verdanken war. Auch das schwierige Abkommen mit Panama, das die Vereinigten Staaten zur Rückgabe der Kanalzone vor dem Ende des 20. Jahrhunderts verpflichtete und ihnen zugleich die uneingeschränkte Nutzung für den militärischen und zivilen Schiffsverkehr garantierte, fand in Bonn knappen Beifall. Das galt erst recht für das zweite Abkommen über die Begrenzung der nuklearen Rüstung (Salt II), das Carter nicht dem Senat zur Ratifizierung vorlegte, weil er die Sowjetunion für ihren Einfall in Afghanistan bestrafen wollte (Amerika hielt sich 1980 auch von den Olympischen Spielen in Moskau fern). Carter, darin so entschlossen wie sein Nachfolger Reagan, lieferte die Waffen für den Partisanenkrieg der fundamental-islamistischen Taliban – nach 9/11 die Erzgegner des Westens, zumal der Vereinigten Staaten, die den Krieg des irakischen Diktators Saddam Hussein gegen den Iran mit Rüstungslieferungen unterstützt hatten: ein machtpolitisch-religiöser Konflikt, der nach späteren Schätzungen eine Million Menschenleben kostete. Gäbe es diese schrecklichen Opfer nicht, könnte man versucht sein, von der Ironie Gottes zu reden, wenn nicht von einem Zynismus, der nicht dazu geeignet ist, die Menschheit Mores zu lehren.

Präsident Carter schlug eines Tages vor (von seinen Beratern irregeleitet), Europa durch einen Gürtel atomarer Minen an der deutsch-deutschen Grenze zu schützen. Kanzler Schmidt hatte zuvor seiner widerstrebenden Partei deutlich zu machen versucht, dass es notwendig sei, die amerikanische Armee in der Bundesrepublik mit atomaren Mittelstreckenraketen zu bestücken. Und nun die Minen. Nicht unverständlich, dass er zeterte, zumal die Planungsakten für die Minen rasch wieder in den Tresoren des Pentagon verschwanden. Carter wisse nicht, was er wolle, beschwerte sich der Kanzler lauthals. Wenn sich der Präsident entschieden habe, werfe er – nach Wochen oder Monaten des Zauderns – seine Entschlüsse prompt wieder um. Ärgerlich. Andererseits: Hatte der amerikanische Staatschef nicht das Recht, ja die Pflicht, militärpolitische Entscheidungen von solch hohem Risiko (und exorbitanten Kosten) immer wieder von neuem zu überdenken? Kein Schmidt konnte ihm die fast übermenschliche Verantwortung abnehmen. Die konstante Schlechtrederei tat das ihre, ihm 1980 die Wiederwahl zu vermasseln. Der Hauptgrund war freilich die fatale Lage im Mittleren Osten. Außerdem lief die Inflation gefährlich aus dem Ruder. Carters Erfolge in Nahost und in Lateinamerika waren rasch vergessen, als 1979 die US-Botschaft in Teheran (nach der Flucht des Schahs) von einer aufgehetzten Meute junger Islamisten gestürmt, die Diplomaten und Angestellten misshandelt und gefangen gesetzt wurden. Eine militärische Befreiungsaktion scheiterte (was nicht die Schuld des Präsidenten war). Die Geheimverhandlungen waren kurz vor den Wahlen im November 1980 einer Lösung nahe. Sie wurden, nicht ohne die diskrete Mitwirkung der republikanischen Wahlkampfmanager, über den Stichtag hinaus verschleppt, damit Jimmy Carter auf keinen Fall von einem Erfolg profitieren konnte.

Vermutlich hätte er ohnedies kaum eine Chance gehabt, seine Präsidentschaft gegen die Popularität Ronald Reagans, des netten Großonkels aus Hollywood, zu verteidigen. Der Schauspieler gewann das Vertrauen der schlichten Landsleute durch die schlichten Worte eines schlichten Geistes – das war es, wonach die Seelen dürsteten. Seine Weltsicht wurde der komplexen Realität nicht gerecht, und er hielt sich, zumal in der zweiten Amtszeit, oft in einer Scheinwirklichkeit auf, in der sich sein Filmleben und das gelebte Leben ungut vermengten (womöglich die ersten Symptome der Alzheimer-Krankheit, die er – die Stille der Pensionärexistenz brechend – öffentlich eingestand, um der medizinischen Wachsamkeit und vor allem der Forschung voranzuhelfen). Der konservative Propagandist aus Hollywood kürzte sofort nach seinem Amtsantritt das Sozialbudget, minderte die Steuern für die Reichen, steigerte die Rüstungsausgaben wie kein anderer Präsident in Friedenszeiten, um das »Reich des Bösen«, die Sowjetunion, in die Knie zu zwingen, häufte damit bedenkenlos die Staatsschulden wie wiederum kein anderer Präsident in Friedenszeiten an. In Osteuropa wurde die sowjetische Mittelstreckenrakete SS-20 installiert, in Westeuropa, genauer: in der Bundesrepublik, begann der Aufbau der Pershing-Raketen.

Indes, Reagan hatte Glück, kluge Mitarbeiter sorgten dafür, dass die Konfrontation gezähmt blieb. Nancy Reagan setzte es sich in den Kopf, dass ihr Mann in der Geschichte als ein Präsident des Friedens seinen Platz finden sollte. Sie drängte (mit der Hilfe ihrer Wahrsagerin) auf einen Ausgleich. In Moskau gewann Michail Gorbatschow das Kommando über die Partei (und damit den Staat). Die Wirtschaftslage der Sowjetunion und sämtlicher Satelliten war desolat. Die Strategie der Offenheit und Umgestaltung, Glasnost und Perestroika, riet dazu, dem Wahnsinn des Wettrüstens ein Ende zu machen. Gorbatschows Begegnung mit Reagan in der isländischen Hauptstadt Reykjavik markierte den Beginn der Rüstungsbegrenzung. Die SS-20 wurde weit ins russische Hinterland zurückgenommen, die Pershing-Raketen wurden abgebaut, ehe sie realiter aufgebaut waren. Fortschritt der Vernunft. Freilich auch der Anfang des Zerfalls der sowjetischen Autorität und schließlich der Auflösung des Imperiums.

Jimmy Carter erlaubte es sich nicht, lange mit dem Geschick der Niederlage zu hadern. Gemeinsam mit seiner Frau, der energischen Rosalynn, gab er, nach einem genauen Studium der Möglichkeiten, seiner Stiftung den Auftrag, eine westafrikanische Region mit einfachen, billigen Wasserfiltern zu versorgen (die er millionenweise verteilen ließ), um die Menschen jenes Landstrichs von der Geißel einer Augenkrankheit zu erlösen, die Hunderttausende erblinden ließ und samt ihren Familien ins Elend stürzte. Mit gleicher Konzentration erfüllte er seine offiziellen und inoffiziellen Missionen der Vermittlung zwischen verfeindeten Staaten, Bürgerkriegsparteien, ethnischen oder religiösen Gruppierungen, in Wahlkommissionen, Überwachungszentren für Menschenrechte. Er war, selten nur sichtbar, im Nahen Osten am Werk, in Nicaragua und in Panama, in Bosnien, vor allem aber in Nordkorea, wo er durch Offenheit, zähe Geduld und Flexibilität den kommunistischen Sakral-Monarchen Kim Il-sung und Bill Clinton, den Präsidenten der Vereinigten Staaten, aus einer absurden Lage tödlicher Bedrohung herausmanövrierte, fast immer Rosalynn an seiner Seite, die gelernte Friseuse aus Plains, für die er auch Verse schrieb.

Das hatte er mit Helmut Schmidt gemeinsam, beide schrieben, der Hanseat freilich keine Gedichte (und wenn, wäre er kaum mutig genug gewesen, sie der Öffentlichkeit vorzulegen, weil sich das – wie er vermutlich gesagt hätte – für einen Staatsmann nicht gehöre). Schmidt legte Erinnerungsbücher vor, eines um das andere, erklärte die Welt und demonstrierte, solange er sich – als Herausgeber des Blattes – an den Konferenzen der *Zeit* beteiligte, dass er bis ins hohe Alter eine komplexe politische Situation in drei Sätzen präzise zu analysieren vermochte (worum sich ein Routinier wie der einstige Chefredakteur Robert Leicht in einer halbstündigen, vor Bildung und Einbildung strotzenden Suada vergeblich bemüht hatte). Schmidt war als Redner in allen Hauptstädten und großen Universitäten begehrt (wie außer ihm nur sein Freund Henry Kissinger – und fast so hoch honoriert); Carter aber handelte und verhandelte, in fast jedem Winkel des Erdkreises – für die Menschenrechte, die Helmut Schmidt als Formel so wenig schätzte; Carter agierte oft mit Erfolg, oft auch erfolglos, doch er ließ sich niemals entmutigen, sondern nahm gelassen einen neuen Anlauf. Außerdem schrieb er einen historischen Roman – natürlich gegen den Strich des Landesmythos, nämlich über eine Südstaatenfamilie, die sich im Unabhängigkeitskrieg zur Loyalität gegenüber dem Empire verpflichtet fühlte. Konventionen provozierten seinen Widerspruch – und den der Familie. In einer Pressekonferenz nach dem Ergehen seiner Tochter Amy gefragt, die schon im Weißen Haus ein aufsässiges Kind war, antwortete er lächelnd, sie studiere und sei bei Demonstrationen bisher nur zweimal verhaftet worden: Not too bad for the daughter of an Ex-President of the United States of America. Schmidt und Carter: zwei Charaktere, zwei Stile, zwei Gestalter ihrer Gesellschaft, wie sie unterschiedlicher nicht sein könnten. Schmidt denkt und schreibt weithin hörbar und sichtbar. Carter handelt meist in aller Stille. Der beste Ex-Präsident, sagen seine Landleute, den Amerika je hatte.

Die Carter-Schwester Ruth kam mit ihrem Mann für ein paar Tage in unser südfranzösisches Häuschen, während der ersten langen Ferien, die ich mir nach einem knappen Jahr in der Chefredaktion des Reportage-Magazins *Geo* zugestand. Ich hatte gezögert, die Aufgabe in Hamburg zu übernehmen (und mich von Amerika zu trennen). Erst als mir der Herausgeber Henri Nannen fest versprochen hatte, er werde sich in die Geschäfte keinesfalls einmischen, akzeptierte ich das Angebot. Die Arbeit erwies sich dank so großartiger und liebenswerter Kollegen wie Robert Lebeck (der Fotograf von Weltrang) und Peter Ebel als erfreulich. Doch eines Tages zitierte uns der Mannsberg Nannen in sein ausladendes Büro drüben im *Stern*, der damals noch auf dem sogenannten Affenfelsen an der Alster thronte, knöpfte sich die neueste *Geo*-Ausgabe vor und befand, dass sie der letzte Dreck sei. Hauptthema: Goethes Italien-Reise, von einem wunderbaren Fotografen nacherlebt und von dem großen amerikanischen Autor Saul Bellow mit einem schönen Essay eingeleitet. »Kultur-Protzerei« rügte der Herausgeber den Versuch, die hochnäsige Kulturshow solle man der *Zeit* und ähnlich kopflastigen Blättern überlassen, die könnten das besser. Außerdem nahm der mächtige Überchef Anstoß an einer Südafrika-Reportage, die er als schwülstig, romantisch verblasen, unverständlich in den Mülleimer kippte. Meinen Einwand, dass eben jenes Stück in einer Leserbefragung als das Beste des Heftes gefeiert worden sei, wischte er weg. Überhaupt, die hochmütige Literatur-Artistik und die eitle Intellektualisierung, die ich betriebe – das könne nicht gut gehen. Wieso, fragte ich, die Auflage steige beharrlich, die Anzeigenerlöse schössen nach oben – also? Henri der Starke schmetterte mich mit einem oft bemühten Bild ab: eine Zeitschrift sei wie ein riesenhafter Passagierdampfer, der noch lange auf falschem Kurs voranstampfe, auch wenn das Steuer schon herumgeworfen worden sei. Wir wurden von dem Gewaltigen, vor dem jeder kuschte und der jedem seiner engen Mitarbeiter das Kreuz brach, in Ungnaden entlassen. Seine engsten Helfer auf der Kommandobrücke des *Stern* richtete er als Unterterroristen ab, die den Druck von oben prompt nach unten weitergaben – unter ihnen leider unser einstiger Freund Rolf Gillhausen (auch er ein Fotomensch von hohem Ansehen, damals mit der von uns geliebten Reporterin Eva Windmöller liiert).

Vielleicht zwei Monate später, in den Urlaubstagen mit Ruth Carter, ein Anruf der Chefredaktion des *Stern*, rasch zu Nannen durchgestellt, der dröhnte, man habe in der Verlagsleitung beschlossen, sich von mir zu trennen, ich sei nicht der richtige Mann für das Blatt, und ich möge so rasch wie möglich nach Hamburg kommen, um das Notwendige zu regeln. Antwortete in mäßiger Lautstärke, dass ich nicht daran dächte, meinen Urlaub abzubrechen, außerdem hätten wir Besuch – sagte ich, um Eindruck zu schinden, den Namen? Wohl nicht, der hätte Nannen auch kalt gelassen. Aber, nun säuselte Nannen, jetzt hätte ich noch Einfluss auf die Formulierung der Gründe meines Abgangs. – Er könne erklären, was immer er wolle, entgegnete ich. Mich interessiere das nicht im Geringsten. Wenn die Lügerei zu schlimm würde, schickte ich ihm einen Anwalt auf den Hals. Das würde dann teuer. Legte auf.

Ruth bemerkte meine Bedrückung. Ich hatte begonnen, an dem Job in Hamburg Geschmack zu finden. Die Niederlage 1979 war bitter (obwohl ich sie, was die Zeitschrift anging, nicht als eine persönliche Schmach empfand). Sie meinte, ich sollte ohne Anlauf mit der Niederschrift eines Buches beginnen, das sei die wirksamste Ablenkung. Und:

You'll come back to America where you belong – as soon, as you can. Ich befolgte beide Ratschläge, begann mit der Aufzeichnung einer Autobiographie (letztlich für die Schublade), und mit dem schätzenswerten Verlagschef Manfred Fischer (der ein schlechtes Gewissen hatte) handelte mein Anwalt einen Fünfjahresvertrag für Amerika aus, der mich dazu verpflichtete, vier oder fünf Dokumentationen (oder *Geo*-Reportagen) im Jahr zu fertigen. Das war gescheiter als jede Abfindung. Den eigentlichen Grund meines Rauswurfs durchschaute ich erst später: Nannen wollte den sauertöpfischen Rolf Winter als stellvertretenden Chefredakteur im *Stern* loswerden. Mich freilich auch. Zwei Fliegen mit einer Klappe. Das Handwerk der Macht verstand der Ex-Chef der Luftwaffen-Illustrierten *Stern des Südens* wie kaum ein anderer. Zehn oder zwanzig Jahre zuvor hatte ich für die *Süddeutsche Zeitung* eine Satire geschrieben, in der ich den Albtraum schilderte, Bucerius hätte mich gegen mein verzweifeltes Widerstreben gezwungen, Nannen abzulösen und mich im Chefsessel des *Stern* niederzulassen – kein Wunder also. Unter Kollegen treibt man besser keine unguten Späße, ihr Humor hat Grenzen. Ironie? »Is nich!«, hatte Nannen seinen Redakteuren ein ums andere Mal eingeschärft: »Ironie? Nix für unsere Leser«. Selbstironie? Kann ein Löwe Veganer werden?

Was die so scharf gerügte *Geo*-Ausgabe mit der Goethe-Reise anging: Als nach Saul Bellow auch der Autorin des Südafrika-Stückes der Nobelpreis verliehen wurde, nämlich Nadine Gordimer, schickte ich Großhenri ein Briefchen in den Ruhestand, in dem ich ihm zur Unfehlbarkeit seines literarischen Instinktes gratulierte. Natürlich antwortete er nicht. (Mein Nachfolger übrigens traute sich nicht, zwei oder drei andere Gordimer-Stücke, die ich gekauft hatte, jemals ins Heft zu rücken. Nadine Gordimer, ihr Mann ein entfernter Verwandter von R., lachte darüber, als sie uns in La Croix-Valmer besuchte – immerhin habe man die Reportagen bezahlt.)

Ruth sah ich dann und wann auf ihrer texanischen Ranch – sie bereitete zum Frühstück die besten »grits« (ein würziger Hirsebrei), die ich jemals kosten durfte. Sie wurde stiller. Fragte manchmal, wie ich so lebte, ohne die unmittelbare Anwesenheit Gottes? Sagte, ich wisse nicht, ob Gott präsent sei oder nicht. Wenn ja, dann sei es gut, wenn nicht, könne ich's gewiss nicht ändern. Ich sei ein »Kulturprotestant« oder das, was mein Vater mit einer Spur der Verachtung einen »lauen Christen« genannt hätte. (Doch ich brachte es seinetwegen nicht übers Herz, jemals aus der Kirche auszutreten, bis heute nicht. In Frankreich zahlt man keine Kirchensteuer, ich entrichte mein Scherflein an die Kasse der Lutherisch-Reformierten Kirche, die bettelarm ist – und während der Besatzungszeit Großes, vor allem für die Rettung von Juden, geleistet hat.) Ruth nahm es aufmerksam zur Kenntnis.

Irgendwann dann das: Krebs der Bauchspeicheldrüse – ein Familienerbe. Weiß nicht mehr, welches der Geschwister zuerst an der unheilbaren Krankheit starb, ob Billy, der versoffene Tankstellenpächter, den Jimmy niemals fallen ließ, oder Hannah, die gern mit dem Motorrad über die Straßen von Georgia brauste. Oder war es die Mutter, Miss Lilian, die sich im zarten Alter von 67 Jahren zum Friedenscorps meldete, das einst John F. Kennedy geschaffen hatte, um sich als Sozialhelferin ins ländliche Indien entsenden zu lassen. Von Ruths ältestem Sohn, einem Arzt in North Carolina, erfuhr ich einige Monate nach unserem Gespräch über Gott und Johann Sebastian Bach (ein Abschiedsgespräch, von dem wir beide nicht wussten, dass es dies war), dass Ruth der Krankheit nicht entgangen war. Ich erreichte sie in einem Sanatorium auf den Bahamas. Ihre Stimme war schwach. Du hast immer gekämpft, sagte ich. – Ja. Im Hospital gab man mir nach der Operation noch sechs Wochen. Nun kämpfe ich seit vier Monaten. Sie müsse Gewicht gewinnen. Ein halbes Pfund habe sie zugenommen. Ich erinnerte sie beim nächsten Telefonat, dass wir verabredet seien, miteinander durch Frankreich zu reisen, zu den Kathedralen, den Schlössern, den südlichen Städtchen mit all ihren Katzen. – Nein, sie habe es nicht vergessen. Im nächsten Jahr vielleicht. – Es müsse etwas geben, auf das sie sich freue, sagte ich. »Du musst das Leben lieben.« – Ach ja, sie sagte es fast flüsternd, sie habe das Leben immer geliebt, liebe es auch jetzt, obwohl es schwer werde, denn sie fühle sich sterbenselend. Doch sie lasse nicht los. – Das nächste Mal fand sie mein Telefonanruf zu Hause am kleinen See. Sie sei so dünn. Ihre Augen hätten keinen Glanz mehr.

Sagte ihr, dass ich wie viele andere voller Liebe an sie denke. I know, sagte sie, I know. Das nächste Mal eine fremde, männliche Stimme: Mrs Carter könne nicht mehr sprechen. Die Öffentlichkeit nahm ihren Tod nur noch beiläufig zur Kenntnis. Es blieben, das war wichtiger, die Melodie ihrer Stimme, das Strahlen ihrer Augen, das Leuchten ihres Glaubens, die Schatten ihrer Zweifel und der heimlichen Schwermut, es blieb ihre Lebensliebe.

Short Cuts – Fernseharbeit

Das Zauberwort der Anfangsjahre des Fernsehens hieß Freiheit. Zu Beginn der sechziger Jahre, als mir aufgetragen wurde, in Washington ein Studio fürs ZDF aufzubauen, waren die Korrespondenten noch keineswegs durch die Aktualität versklavt. Niemand machte es uns zur ersten Pflicht, unseren kleinen Part an den Kollektivreaktionen zum Neuesten vom Tage abzuliefern. Satelliten-Schaltungen nach Europa waren sündhaft teuer, und sie verlangten umständliche Prozeduren der Vorbereitung – ein Luxus, der uns nicht einmal nach der Ermordung des Präsidenten John F. Kennedy zur Verfügung stand, wir vertrauten unsere Filmbüchsen der Lufthansa für den Übernachtflug nach Frankfurt an. Die physische Anwesenheit des Korrespondenten in der Hauptstadt oder in New York (bei den Vereinten Nationen) war selten gefordert, und ich hielt es nicht für meinen dringendsten Auftrag, mein Gesicht Abend für Abend drüben am Schirm zu zeigen. Die Routine konnte von den Agenturen erledigt werden. Der Korrespondent sollte – das war wichtiger – die Deutschen mit Land und Leuten in Amerika vertrauter machen (wie dies Peter von Zahn so vorbildlich für das Radio verstanden hatte). Das gab mir die Freiheit (oder ich nahm sie mir einfach), meine Arbeit auf das zu konzentrieren, was mich an dem neuen Medium mehr als alles andere faszinierte: die Produktion von Dokumentarfilmen. Das Handwerk, mit Zelluloid- und Magnetband-Rollen, die unsere Sujets und die Menschenbilder materiell und sensuell präsent werden ließen, war damals, im prädigitalen Zeitalter, das Schlüsselelement – und für das Handwerk der Schneidetisch, an dem sich alles entschied. Was wir noch nicht wussten (und uns keiner beigebracht hatte), schauten wir den amerikanischen Produzenten und Technikern ab: *learning by doing*. Den

Redakteuren in Deutschland, in der Regel noch unerfahrener als wir, war so gut wie jeder Themenvorschlag willkommen, auch jenseits der amerikanischen Grenzen.

Rasch stellte ich fest, dass die Filmarbeit die ideale Annäherung an ein fremdes Land, eine andere Gesellschaft und ihre Kultur erlaubte. Das filmische Material ließ sich nicht in ein paar Stunden elektronisch einsammeln. Die Produktion verlangte Präsenz, für Tage, manchmal für eine Woche oder für zwei. Die Amerikaner sind in der Regel so offen und hilfsbereit wie kaum ein anderes Publikum in der Welt. (Es sei denn, man rührte allzu heftig an ein Tabu, wie es der Rassismus im Süden vor dem Sieg der Bürgerrechtsbewegung ohne Zweifel war.) Aber sie ließen sich gern Zeit – und sie erwarteten, dass man sich Zeit für sie nahm. Zum Beispiel die Bergleute in den hinteren Winkeln von Kentucky. Deutsches Fernsehen? Was wollen die von uns? Fremde sah man in ihren weltfernen Tälern selten. Die harten Burschen und ihre verhärmten Frauen mussten sich an uns gewöhnen. Es brauchte ein paar Tage, bis sie wussten, ob sie die Krauts leiden konnten. Sie starrten an der Kamera vorbei und hielten den Mund. Als sie anfingen, uns zu vertrauen, ließen sie den Kameramann, den Tonassistenten, den Korrespondenten auf den flachen Pritschenwägelchen in die Kohlenflöze einfahren, die nicht viel mehr als einen halben Meter hoch waren, nur von den grellen Lampen am Helm beleuchtet. Liegend brachen sie die Kohle aus dem Gestein, schippten sie auf die Karren, fuhren sie nach draußen, luden sie auf der Halde ab, auf der die magere Ausbeute des Tages lagerte.

Als unser Kameramann nach einer guten Stunde anzeigte, er habe genug Material, schoben wir uns zum Ausgang zurück. Draußen atmeten wir auf, als seien wir einem Albtraum entkommen – das waren wir auch. Wir massierten stöhnend die verkrampften Glieder, spülten den schwarzen Staub aus den Augen. Wir waren in dieses Tal mit seinen kleinen, privat betriebenen Minen in den Bergen von Kentucky gekommen, weil ein Konflikt um den Versicherungsschutz – den das riskante Gewerbe dringend forderte – das Abgeordnetenhaus in Washington aufgescheucht hatte: eine Gelegenheit für uns, die Zuschauer beispielhaft auf die ländliche Armut im paradiesischen Amerika aufmerksam zu machen. Es gab sie, und es gibt sie noch. Das Nest, in dem wir drehten, lag wahrhaftig hinter der Welt. Der regionale Dialekt war kaum zu verstehen, weil er sich seit der ersten Besiedlung durch die Weißen am Ende des 17. Jahrhunderts wenig verändert zu haben schien. (Sprachforscher hatten Redewendungen entdeckt, die aus elisabethanischen Zeiten stammten – in Großbritannien waren sie längst vergessen.) Abends in einer der schlichten Bars fanden wir einen Amateur, der viele der alten ländlichen Lieder kannte; manche Phrasen der Gitarren-Begleitung schienen in der Musik der Renaissance zu Hause zu sein.

Altes Amerika: Mir lag es am Herzen, das banale Klischee vom angeblich »geschichtslosen Amerika«, das sich im deutschen Denken so hartnäckig festgesetzt hat, sacht zu korrigieren. Die erste Kirche in der Neuen Welt – sie steht im Herzen der Stadt Santo Domingo in der Dominikanischen Republik, erbaut vom Sohn des Columbus – zeigt noch die architektonischen Spuren der Gotik. Unser europäisches Geschichtsbewusstsein reicht kaum über Renaissance und Reformation zurück ins Mittelalter, ja es stockt für gewöhnlich beim Dreißigjährigen Krieg, ein Zivilisationsbruch, der in solcher Radikalität erst wieder das 20. Jahrhundert erschütterte. In jener Epoche aber hatte die Erschließung und Besiedlung Amerikas längst begonnen. Sie tritt mit der Aufklärung, deren Kind die Vereinigten Staaten sind, ganz ins Licht – in jener Epoche, in der für uns in Europa die Geschichtsmächte erst klar erkennbar werden, die uns bis in die Gegenwart formen.

Der Respekt vor der Vitalität der Tradition in Amerika dominierte manche der fünfzig (oder mehr) Dokumentationen, die ich im Gang der Jahrzehnte gefertigt habe. Er bestimmte die vier mal fünfundvierzig Minuten-Filme, die wir aus Anlass des 200. Jubiläums der Unabhängigkeitserklärung (1976) drehen konnten. Wie liebevoll damals die Spuren der Geschichte in den Städtchen und Dörfern Neuenglands, aber auch des Südens konserviert und poliert wurden – während man drüben in Europa erst begann, dem Vernichtungsfeldzug gegen das historische Erbe, das den Bombenkrieg überstanden hatte, durch den Betonwahn der Architekten Einhalt zu gebieten.

Die steinernen Zeugnisse der Selbstbehauptung des rebellischen Amerika gegen den britischen Imperialismus an der Ostküste und vor allem in Washington waren eine Huldigung an den Geist der römischen Republik (davon war die Rede) – fortgesetzt bis in die Tage des zweiten Präsidenten Roosevelt, wie das neo-klassizistische Juwel des Jefferson Memorial (eröffnet im Kriegsjahr 1943) zeigt, das die statuarische Wucht des Lincoln Memorial durch seine Grazie ausgleicht, ganz im Geiste des dritten Präsidenten der Vereinigten Staaten, der ein großer Bewunderer des genialen Palladio war, des Baumeisters der Renaissance, dem er architektonisch mit seinem Schlösschen Monticello und der University of Virginia in Charlottesville huldigte. Indes, nicht die Architektur gab den Anstoß für den Filmessay über das römische Amerika, sondern das Studium der Gesichter im Senat, droben auf dem Capitol Hill. Ein merkwürdiges Wiedererkennen, viele der Mitglieder des hohen Hauses glaubte ich anderswo schon gesehen zu haben – in den Museen Roms. Thomas Höpker (der Kunst- und Kulturgeschichte studiert hatte) nahm zunächst eine Serie von Senatoren- und Abgeordneten-Köpfen auf. Dann suchten wir in Rom die entsprechenden Porträt-Büsten aus der Epoche der Republik (um hernach die Bilder gegeneinander zu schneiden). In der Tat, die historischen Zwillingsbrüder fanden sich fast alle, selbst ein antikes Double von Robert Kennedy mit ungebärdiger Haartolle. Prägte das Amt, das Milieu die Gesichter? Es sah ganz so aus.

Die schwierigen Arrangements in Rom meisterte die immer hilfsbereite *Stern*-Korrespondentin Birgit Kraatz, der ich zuerst in Neu Delhi begegnet war, wo sie ein Praktikum bei der Indisch-Deutschen Handelskammer absolvierte. Unvergesslich ein Ausflug nach Alt-Delhi, wo alsbald Hunderte von kleinen braunen Fingern in Birgits Blondhaar nestelten und die helle Haut ihrer Arme betätschelten; keine bösartige Belästigung, sondern eine peinliche Demonstration quasi-rassistischer Neugier, die uns rasch zur Flucht zwang – der merkwürdige Beginn einer Lebensfreundschaft.

Altes Amerika: Was hat Texas mit ihm zu schaffen? Der Kraftmeier-Staat, in der Welt das Symbol spätkapitalistischer Ruchlosigkeit (à la »Dallas«) einer sexistisch supermaskulinen Gesellschaft, die vor Potenz kaum laufen kann, zugleich – in seinen großen Städten – das Experimentiertheater einer Ultramodernität, die auch in Amerika beispiellos ist, an die Spitze des Fortschritts stürmend, zugleich reaktionär bis ins Mark – Rekorde bei Todesurteilen und Exekutionen, Jahr für Jahr, obschon immerhin etwa zwanzig Staaten in der Union keine Hinrichtungen mehr vollziehen, weniger aus Respekt vor ideologischen Barrieren, sondern weil zutage trat, dass die Zahl der Fehlurteile, die erst post mortem entdeckt wurden, erschreckend hoch war.

Und dennoch trafen wir auf ein anderes Texas, ein vergilbtes, altmodisches, romantisches. R. und ich drehten im Hill Country bei Fredericksburg unseren dritten oder vierten Film (schwarzweiß, wie noch lange danach), es war Anfang der sechziger Jahre. Hondo, der sehnige Rancher mit dem zerbeulten Hut, damals noch jung, prägte die Szenen. An seinem hageren Gesicht – schmale Nase, dunkle Augen – sahen sich die Frauen in unserem Trupp nicht satt, die Männer nicht an den anmutigen Zügen von Shatzie (dies war ihr in der Taufe besiegelter Name), Hondos Frau, die älteste Tochter der Stieler-Sippe, die mit ihren riesigen Herden von Mohair-Ziegen ein Vermögen gemacht hatte, den freundlichen und genügsamen Tieren, die das karge Land noch kahler fraßen, als es ohnehin war.

Hondo dachte darüber nach, wie er der Erde ein paar Jahrzehnte Erholung verschaffen könnte, den Yucca-Büschen, dem Bruyère-Gesträuch, dem rauen Gras. Die Lockung des Tourismus gefiel ihm nicht schlecht. Er war ein guter Rancher, aber ein besserer Unterhalter. Er nannte sich auf seinen Visitenkarten voller Selbstironie, doch auch mit einem Hauch des Stolzes »Imagineer«. Vielleicht war er mit dem Blick auf künftige Touristen so rasch bereit, uns bei der Vorbreitung unseres Films zu helfen. Hondo überredete die Rancher aus dem Umland, die beim jährlichen Stadtfest von Fredericksburg herbeigaloppierten, um im Geschwader durch die Main Street zu reiten, den Festzug nur für unsere Kameras ein zweites Mal zu inszenieren in jenem Jahr. Die Kavalkade von Fredericksburg! Inmitten einer eindrucksvollen Zeile solider Steinbauten, am Ende das Hotel Nimitz, das den Namen der deutschen Emigrantenfamilie trug, aus der Admiral Chester William Nimitz stammte, im Zweiten Weltkrieg Kommandeur sämtlicher See- und

Landstreitkräfte der Vereinigten Staaten im Pazifik. (Die Zimmer im Hotel kosteten fünf Dollar pro Nacht.) Wir begleiteten die Reitersleute mit einem Kranwagen der Feuerwehr, auf dem wir zwei Kameras installiert hatten, filmten inmitten der Staubwirbel, während sich eine dritte Kamera zu ebener Erde auf die Humtata-Kapelle konzentrierte, die unermüdlich schmetterte, amerikanische, auch deutsche Märsche. Die Rancher gehorchten gutartig unseren Bitten, den Ritt zu wiederholen, ein zweites, ein drittes Mal, bis wir meinten, das Material sei reich genug, um die Cutterin eine Szene von wahrer Hollywood-Pracht am Schneidetisch zaubern zu lassen. Schließlich saßen die Reiter an dem Platz vor der Vereinskirche ab, dem ältesten und lange Zeit einzigen Gotteshaus des Städtchens, ein sechseckiges Gebäude (vielleicht das einzige Gotteshaus mit solch merkwürdiger Architektur in ganz Amerika), das sich die Konfessionen und die Sekten der Siedler in den ersten Jahrzehnten teilten.

Durch Hondo fanden wir in dem benachbarten Städtchen Comfort einen Obelisken, auf dem »Treue zur Union« geschrieben stand – zum Andenken an die Siedler, die nicht lange nach ihrer Ankunft im Lande zu entscheiden hatten, ob sie sich im Bürgerkrieg (vielmehr: im Krieg der Staaten, 1861–65) der Partei der Südstaaten, denen sich Texas angeschlossen hatte, oder den Freiheits-Staaten unter der Präsidentschaft Abraham Lincolns zuschlagen wollten. Die jungen Siedler formierten eine Schwadron, die sich auf den Weg nach Norden machte, um Lincolns Armee zu verstärken, doch der Trupp kam nicht weit, sondern wurde bald von einer überlegenen Streitmacht der Konföderierten aufgehalten und zusammenkartätscht. Immerhin, sie hatten die Union, die Republik, die Freiheit gewählt. Aus der Revolution von 1848 war den Siedlern das Verlangen nach einem freien Leben geblieben; viele waren ausgewandert, weil sie zu Hause in elender Armut durch Knechtsdienste bei den Junkern oder den erbenden Geschwistern oder durch die Hungerlöhne in den jungen Industrien de facto versklavt waren. Die Neue Welt hatte ihnen keinen leichten Anfang geschenkt – durch das Gelbe Fieber in den Notunterkünften im Hafen von Galveston (südlich von Houston) dezimiert; es wurde erwähnt. Die Überlebenden retteten sich ins Bergland, das einen gewissen Schutz vor den Epidemien im Flachland versprach.

Lange behauptete sich das Hill Country als eine republikanische Insel im Geiste Lincolns. Daher der harte Widerstand gegen die Demokraten, zumal gegen den Nachbarn Lyndon B. Johnson.

Wann immer ich in Texas unterwegs war, klopfte ich auf der Ranch an. Hondo schrieb seine leicht satirische Kolumne für das Wochenblatt *Comfort News*, die Einfälle auf einem Yellow legal size block notierend, der stets griffbereit im Truck lag. Er kaufte die nahe gelegene »township« Luckenbach (irgendwann als eine selbständige Gemeinde gegründet), die aus drei zerbröselnden Gebäuden bestand: Post Office und General Store, in dem auch die Amtsstuben des Bürgermeisters (Hondo) und des Sheriffs (seine Sekretärin) untergebracht waren. Es gab ein vergammeltes Wohnhaus und unten am Bach eine Cotton Gin Mill, in der einst die Baumwoll-Ernte verarbeitet worden war. Den schönen Satz »Everybody is somebody in Luckenbach« prägte er als Motto der Dreihäuser-Stadt, in der er zusammen mit seinem Freund Willie Nelson ein bescheidenes Festival der Country Music etablierte, das die Vorherrschaft von Nashville in Tennessee ein wenig anzukratzen versuchte.

Tochter Becky verdiente als Model in New York ihr Geld, aber die große Welt war nicht die ihre. Sie kehrte zurück, versuchte mit ein paar Freunden, den traditionellen Volks- und Kirchengesang der deutschen und irischen Einwanderer wieder zu beleben, heiratete, Hondo konnte es nicht verhindern, einen musikalischen, frommen und ziemlich langweiligen Architekten, setzte drei Kinder in die Welt, verlor einen der Jungen durch einen Unfall und suchte Trost in der Kunst. Sie entwarf knallbunte Banner, die – von mexikanischen Arbeiterinnen vernäht – bald viele Kirchen und Gasthäuser schmückten. Dann entdeckte sie die Hinterglasmalerei. Alsbald gab es kaum mehr ein neues oder renoviertes Gotteshaus in der Region, in dem nicht ihre Fenster prangten. Sie lebte wieder beim Vater, und ich durfte Becky in der Regel zum Abendessen ausführen. Das letzte Mal (es mag vor zweieinhalb Jahrzehnten gewesen sein) kamen wir gegen Mitternacht zurück, blieben noch eine Weile im Auto sitzen. Die Fenster des Kaminzimmers neben der kleinen Freitreppe waren hell erleuchtet. Hondo, der Vater, schlief in seinem Schaukelstuhl, der alte Hut hing in die Stirn. Have a close look, flüsterte Becky, you won't see him again. Keine sichtbaren Symptome einer Krankheit. Aber die Tochter spürte, dass er sein Leben zu Ende gelebt hatte. Von Zeit zu Zeit verdingte er sich für kleine Rollen an die Produzenten der Western, die in der Region gedreht wurden. In den Tagen des nahen Abschieds bot ihm ein Regisseur an, einen heruntergekommen Priester zu spielen, der einen aus dem Sattel geschossenen Viehdieb unter die Erde brachte. Die lateinischen Gebete hatte er, obwohl protestantisch, rasch auswendig gelernt. Die Soutane aus der Requisitenkammer war so alt, dass sie grünstichig schimmerte, der Sarg aus rohem Holz zusammengezimmert. Diesen Sarg aber erbat sich Hondo als Honorar und stellte ihn auf den Pick up Truck, mit dem er durch die Gegend fuhr. Als es soweit war – Hondo erlitt einen Herzschlag – blieb es bei seiner Verfügung: Er wurde verbrannt, seine Asche an Orten verstreut, die er liebte. Sein Lied »Moon of Luckenbach«, von Willie Nelson gesungen, führte ein paar Wochen lang die Listen der Country Music an.

Zu unserer Überraschung fiel der Musik auch bei unserem Film-Feuilleton über »Die Brücken von Manhattan« eine prominente Rolle zu. Natürlich wurde das Stück vor allem eine Feier der Brooklyn-Bridge und ihres genialen Konstrukteurs Johann August Roebling, der über der Arbeit starb, weitergeführt von seinem Sohn Washington R., der freilich – als Folge eines Unfalls in einer der Unterdruckkammern – seine Wohnung in einem Hochhaus am Brooklyn-Ufer bald nicht mehr verlassen konnte. Den Fortgang des Werks beobachtete er durch ein Fernglas und durch die Augen seiner Frau Emily Warren Roebling, die täglich seine Weisungen zur Baustelle trug. Längst war sie, dank ihrer Vermittlungsarbeit, eine Expertin des Brückenbaus geworden. Man darf sie getrost als dritte unter den Schöpfern des Werks betrachten, das den Rang der architektonischen Klassik gewann.

Die eigentliche Sensation des Films für uns war freilich keine optische, sondern eine musikalische. Auf der Brooklyn-Seite entdeckten wir am Fuß der Brücke einen Saxophonisten, der an diesem abgelegenen Schattenplatz täglich lange Stunden übte und improvisierte. (Zu Hause spielte er nicht, um seiner Frau und den Nachbarn nicht auf die Nerven zu gehen.) Natürlich filmten wir ihn, einen Bohemien mit mächtigem Bart, und nahmen eine lange Tonstrecke mit seinen Improvisationen auf. Später, als wir an der Washington Bridge überm Hudson River drehten (der einzigen oberirdischen Verbindung zwischen der Insel Manhattan und New Jersey), dehnten wir unser Aufnahmefeld bis zu dem nahe gelegenen Cloisters aus, einem Museumskomplex, dessen romantisches Zentrum ein spanischer Patio aus dem sechzehnten Jahrhundert ist: in der Morgenstille der ideale Übungsplatz für eine begabte junge Cellistin, die eine der Solosonaten von Johann Sebastian Bach zu meistern versuchte. Im Schneideraum überredete ich die Cutterin, die Tonbänder des Saxophonisten und der Cellistin aneinanderzulegen. Einige der Kernpartien kamen aus der gleichen Tonart. Sie fügten sich gut zueinander, und wir führten beide Instrumente nebeneinander durch den gesamten Film. Je nach der Stimmung der Bilder dominierte das eine oder das andere, Bach oder Free Jazz.

Beiläufig entstand so eine reizvolle Komposition von klassisch-barocken und modernen Jazz-Elementen – eine andere Welt und ein anderes Niveau als die Sacharin-Musik, die aus jedem Gebüsch von »Forest Lawn« über Los Angeles zu quellen schien, dem vermutlich größten, ganz gewiss berühmtesten Friedhof der Neuen Welt, in jedem lesenden Land durch Evelyn Waughs ironisch-geniale Erzählung *The Loved One* ein Begriff. (Die schwelgerische Anlage war hier freilich mit dem hübschen Titel »Flüsternde Haine« umschrieben.) Auf dem amerikanischen Markt erschien zudem eine böse und genaue Studie (*The American Way of Death*) über die Geldschneiderei des vorwiegend privaten Beerdigungs- und Friedhofswesens aus der Feder von Jessica Mitford, der jüngsten der berühmt-berüchtigten Schwestern aus dem hochadligen Milieu Großbritanniens. (Nancy, die älteste, war die überaus erfolgreiche Autorin eleganter Unterhaltungsromane. Unity, die in Berlin lebte, betete den deutschen »Führer« an und war verrückt genug, ihre Briefe mit »Heil Hitler!« zu schließen; beim Ausbruch des Zweiten Weltkrieges unternahm sie einen Selbstmordversuch, den sie partiell gelähmt überstand. Die Schwester Diana war mit dem britischen Faschistenführer Sir

Oswald Mosley verheiratet und saß darum drei Kriegsjahre lang im Gefängnis. Die schöne Deborah wurde die Herzogin von Devonshire; und deren Schwager wiederum war der Ehemann von John F. Kennedys Schwester Kathleen, die bei einem Flugzeugunfall früh ums Leben kam. Kleine große Welt.)

Pat, unsere englische Freundin und Assistentin, erstarrte in Ehrfurcht, als sie der rundlichen und eher ordinär gekleideten Jessica Mitford zum ersten Mal gegenübertrat. (My God, the real daughter of a Lord!) Sie schüttelte ihre Befangenheit nicht einmal ab, als wir ihr hinterbrachten, dass die Dame in ihrer Jugend Kommunistin gewesen sei. Ihr Buch über das Friedhofswesen war allerdings nicht geeignet, unsere Chancen für eine Drehgenehmigung in Forest Lawn zu erhöhen – geplant als ein zentrales Element des Neunzig-Minuten-Films »Tod in Amerika«, an dem wir arbeiteten. Europäer wurden von den Friedhofsmanagern als Feinde betrachtet, die es wagten, sich über die amerikanische und vor allem kalifornische Umschmeichelung des Todes lustig zu machen. CBS freilich, das amerikanische Network, erhielt die Erlaubnis, auf dem Friedhof zu filmen, der als ein solcher auf weiten Strecken gar nicht mehr zu erkennen war, weil die Hinterbliebenen – dank des sanften Drängens der Manager jenes so überaus lukrativen Unternehmens – den Sarg des Dahingeschiedenen in der Regel unter einem Stück Rasen versenkten, den später nur eine schlichte Bronzetafel schmückte. Der einstige Gottesacker hatte sich in eine gepflegte Wiese verwandelt, die mit geringen Kosten instand zu halten war.

Wir mieteten eine hochkarätige Amateurkamera, und unser kleinster, schnellster Kameramann, der sich überall durchzuwieseln vermochte, lief am Drehtag von CBS in einem Schwarm anderer Touristen hinter dem professionell ausgerüsteten Aufnahmewagen unauffällig mit, das Licht der starken Scheinwerfer nutzend, die sich auf die lieblichen Statuen junger Mädchen und hübscher Knaben, auf romantische Baumgruppen, vor allem auf die Kopien alt-italienischer, alt-spanischer, alt-irischer, alt-englischer oder alt-schottischer Kapellen richtete. Die säuselnde Paradies-Musik, meist in sanftem Dreivierteltakt, hatten wir längst auf Konserve an den Verkaufsständen erworben.

Ohne Schwierigkeit fanden wir auch das Urnengrab von Marilyn Monroe an der Mauer eines kleinen Friedhofs nicht weit von Beverly Hills. Für diese ihre letzte Unterkunft hatte sich ihr prominenter Ex-Ehemann Joe DiMaggio entschieden, der Baseball-Held. Der Besitzer des Friedhofs samt dem dazugehörigen Sargladen fühlte sich geschmeichelt, als wir ihn um ein Statement vor der Kamera baten. Hageres Gesicht, leicht schielende dunkle Augen, Dr. Basedow grüßte, die großen Ohren schienen noch zu wachsen. Angetan in Schwarz trat er, ein rechter Totenvogel, mit gebleckten Zähnen vor die Kamera und säuselte: How do you do? Welcome to our modest but precious Casket and Coffin Show. Er spielte den *Guide*, klopfte mit dürrem Knöchel auf einen mächtigen bronzierten Eichensarg, von dem er meinte, er eigne sich für einen der großen Industrie-Magnaten des Landes, tätschelte die bestickten Zierkissen am Kopfende eines schmalen, in Silberfarbe gehaltenen Särgchens, das sich eher *for dear little old ladies* anbiete, daneben Unterkünfte für füllige Hausfrauen, eine Art Militärsarg für einen Veteranen, der in voller Uniform »beigesetzt« werden wolle, dazu eine prächtige Auswahl von Leichenkleidern für jedes Geschlecht, jedes Alter (allesamt ohne Rückenpartie, was die Anfertigung erheblich billiger machte).

Von seiner prominentesten Klientin sprach er kaum. Als wir hernach, das Mikrophon war abgeschaltet, noch ein bisschen plauderten, verriet er, dass ihn Mr DiMaggio strikt verpflichtet hatte, auf alle Werbung mit Marilyn zu verzichten – andernfalls hätte er sie nicht bekommen. Überhaupt habe der Exgatte jedes Detail der Bestattung kontrolliert. Sogar bei der Einbalsamierung habe er ihn nicht einen Augenblick mit der lieben Entschlafenen allein gelassen, und als die Leiche für ein oder zwei Nächte in einem Kühlfach untergebracht werden musste, habe er den Schlüssel abgezogen und die Herausgabe des Zweitschlüssels verlangt. Er war voller Bitterkeit, der Bestattungsclown.

In San Francisco hatten wir Gelegenheit, uns und die Zuschauer über die Kunst der Einbalsamierung und der Totenkosmetik zu informieren, in der School of Mortuary Science, wie sich das Bildungsinstitut am Rande der Stadt nannte. Man konnte dort alles lernen, was man zur Ausübung des Gewerbes brauchte, von der Buchhaltung über die Werbung bis eben zur Vorsorge für eine gewisse Haltbarkeit der Leichen. Das Blut wird durch eine konservierende Flüssigkeit ersetzt, außerdem der Körper mit allerlei chemischen Wässerchen und Salben eingerieben. Nach Auskunft der einschlägig gebildeten Gerichtsmediziner wird der Verwesungsprozess nur um ein paar Wochen aufgeschoben. Aber mit welchem Eifer machten sich, so unsere Beobachtung, Studenten beiderlei Geschlechts im Operationssaal ans Werk! Die Schwierigkeit nach Auskunft der Professoren: genügend Leichen zu beschaffen. Es war umstritten, ob die Verfügung, den Körper nach dem Tod in den Dienst der Wissenschaft zu stellen, auch für die »mortuary science« (die keine ist) gelten dürfe. Man hatte, in Situationen besonderer Beengung, den einen oder anderen Fall von Leichendiebstahl registriert. Beim Kosmetik-Unterricht fanden wir eine wohlgestaltete Dame bayerischer Herkunft, die in einer Mischung ihres heimatlichen und des amerikanischen Akzents erklärte, sie habe sich für diesen Beruf entschieden, weil sie der Schönheit dienen wolle, auch der Schönheit auf der Schwelle zu einem besseren Leben.

Ein großherziger Leiter der Kulturredaktion in der seltsam isolierten ZDF-Stadt auf dem Mainzer Lerchenberg gewährte uns die Mittel, eine Serie in vier Teilen über das amerikanische Theater zu produzieren. Was für ein Abenteuer! Freilich nicht nur ein künstlerisches, sondern vor allem ein organisatorisches. Wir lernten rasch, dass wir uns vom Broadway so weit entfernt, wie es nur anging, halten mussten; wo die Bühnen-, die Musiker-, die Film- und Fernseh-Gewerkschaften das Sagen hatten, konnten wir uns noch nicht einmal mit einer Handkamera blicken lassen. Die Aufnahme von einigen Minuten der Proben eines Musicals hätte leicht zehntausend Dollar gekostet. Also wählten wir aus den interessanteren Stücken – damals eroberte Albees »*Who is afraid of Virginia Woolf*« die großen Bühnen – Szenen mit wenig Aufwand, ließen die Schauspieler und Tänzer diskret wissen, dass wir an anderem Drehort auf die Hand bezahlen würden. Der schönste Augenblick: In einem großen, sehr hell gestrichenen Saal nicht weit von der Battery (an der Südspitze Manhattans) tanzten einen Nachmittag lang bis spät in den Abend zwölf Mitglieder des wunderbaren Alvin Ailey Tanzensembles für uns – eine schwarze Modern-Dance-Truppe, die sich vor allem in den Theatern von Harlem, aber auch am Broadway einen großen Namen gemacht hatte. Wir drehten – welch ein Luxus! – mit drei Kameras die schönsten Szenen, die uns in jener Serie gelangen. Eine damals gefeierte Diva sang für uns an der Liberty Statue auf Ellis Island ein überraschend aufgetauchtes Lied von Cole Porter auf die Freiheitsstatue (Playback, versteht sich). Wir wollten schließlich den leuchtend rotschopfigen Star aus dem schmalen Aussichtsfenster zwischen Stirn und Haupthaar der Statue aufnehmen. Der Aufstieg war kein Problem: Fahrstuhl bis zum Halsansatz, von dort aus weiter – zehn oder fünfzehn Meter – auf Steigleitern (im Einbahn-Verkehr). Nur hatte uns der Kameramann, ein klassisch-kräftiger deutscher Herr, das Militärhemd weit offen, die Brusthaare blond gefärbt, nur hatte uns dieser Berg von einem Mann nicht gestanden, dass er an Höhenangst litt. Das machte den Rückweg schwierig. Er starrte leichenbleich nach unten und rührte sich nicht. Erstarrt. Kaum sprechfähig. Wir blockierten den Touristen-Verkehr. Mit sanfter Gewalt brachten wir es zuwege, dass sich der stämmige Kameraheld, den Rücken zum Abgrund gewendet, von zwei kräftigen Kollegen (die ihn zur Not auffangen konnten) die Füße von einer Sprosse zur nächsten setzen ließ, während ich von oben (um die Balance kämpfend) die Hände nach unten führte, die sich allzu fest an die Sprossen klammerten. Die Operation dauerte gewiss eine halbe Stunde. Am Ende waren wir allesamt erschöpft. Ach, Miss Liberty, ich kann seitdem die Schönheit der Freundin und späteren Gattin des elsässischen Bildhauers Bartholdi aus Colmar nicht mehr mit ungebrochener Liebe betrachten: Give me your tired, your poor, your huddled masses ... steht zu ihren Füßen geschrieben.

Bei der Musical-Folge konnten wir auf eine Passage aus einer der wilden Rock-Opern nicht verzichten. Pat, die alles möglich machte, trieb eine junge Band auf, die sich nach ihrer Chefsängerin »Blondie« nannte. Wir mieteten eine kleine, vergammelte Bühne nicht weit von der Bowery. Pat und ich verabredeten mit der Chefin, sie anderntags abzuholen. Klingelten an der Tür des Apartments. Keine Reaktion. Klopften lauter. Schlurfende Schritte. Die junge Frau in einem alten Bademantel. Durch die abgestandene Luft schwebten süßliche Wolken von Hasch.

Sie kämen in einer Stunde. Zwei Stunden später rückte die Band an, die jungen Männer noch immer (oder schon wieder) bekifft, die Chefin nüchtern, auf nachlässige Weise schick. Erst jetzt wurde deutlich, was für eine schöne Person das war (und noch ist, nach wie vor in der sogenannten Szene zugange). Weiß nicht mehr, was sie gesungen hat, nicht meine Musik. Doch ich spürte, das Mädchen hatte »es« – das Zeug zu einem Star. Ein paar Jahre später war »Blondie« in der Rock-Szene prominent und die Chefin Debbie Harry in der Tat ein Star. Der Gedanke, dass sie bei mir (für ein bescheidenes Honorar) zum ersten Mal vor einer Fernsehkamera sang, ist ein wenig absurd, für mich allemal erheiternd.

Der Gewerkschaft entgingen wir am Ende doch nicht. In Washington glaubten wir, es wagen zu können, in einem reellen Theater zu drehen (jenem historischen, in dem Abraham Lincoln ermordet wurde). Wir hatten just die Szene ausgeleuchtet, die Schauspieler eingewiesen – ein kleiner Klick, und es war nachtschwarz. Nicht einmal eine Notbeleuchtung glimmte. Keine Chance, einen Weg nach draußen durch die Gänge und über die Treppen zu ertasten – Feuerzeuge, jede offene Flamme, waren strikt untersagt. Wir warteten. Schließlich Schritte, die langsam näher kamen. Dann die Lichter einer starken Lampe. Der Mann, dessen Gesicht im Dunkeln blieb, fragte harsch, was wir hier trieben. Was wohl: Wir drehten eine Szene für das deutsche nicht-kommerzielle Fernsehen, mit Genehmigung der Direktion. Ob wir Mitglieder der Gewerkschaft seien. Ich: selbstverständlich, Mitglied der deutschen Journalistengewerkschaft und der IG-Druck und Papier. Das interessiere nicht. Wenn wir weiter drehen wollten, dann müssten wir uns der zuständigen Organisation anschließen. – Alle? – Nein, zunächst genüge einer, als Ausdruck des guten Willens. Er zog ein Formblatt aus der Tasche. Ich füllte es im Schein seiner Lampe aus. Er verglich die Angaben mit meiner White House Press Card, dann schrieb ich einen Scheck über den Jahresbeitrag aus (350 Dollar, wenn ich mich recht erinnere). Er unterzeichnete eine Quittung. Gab mir eine provisorische Bescheinigung (der eingeschweißte Mitgliedsausweis kam später). Dank seiner Lampe stellte ich fest, dass ich nun Mitglied der »Television Actors Union« geworden war. Blieb es auch, solange ich in Amerika arbeitete. Das Licht flammte auf. Wir konnten drehen.

Die Kultur-Redaktion in Mainz war – in jener fernen Epoche vor der Quote! – sofort einverstanden, als ich vorschlug, drei schreibende Frauen in einer Dokumentation vorzustellen, alle drei in Deutschland unbekannt. Ich war ihren Büchern begegnet, weil ich damals – insgesamt wohl ein Jahrzehnt lang – einmal im Monat den amerikanischen Part eines Radio-Programms im Bayerischen Rundfunk bestritt, das »Internationaler Literaturspiegel« hieß und von dem engagierten Kollegen Leonhard Reinisch verantwortet wurde. (Den französischen Teil hatte François Bondy übernommen, und aus London berichtete der Brecht-Spezialist Martin Esslin.)

Dank der schönen Lesepflicht fand ich die Gedichte von Maya Angelou, einer afroamerikanischen Dichterin, die damals im idyllischen Sonoma Valley hinter San Francisco lebte, das sich nach dem Beispiel des Napa Valley zum Weinland zu entwickeln begann. Maya erzählte von ihrer ärmlichen Kindheit in Alabama, der Hütte, in der sie aufwuchs, von den Geschichten der Großmutter, die in einer mythisch verklärten schwarzen Welt lebte, von der Zuflucht im Glauben, der half, nie vor der täglichen Misere zu kapitulieren, von den Gottesdiensten, in denen sie stets neue Kraft fand – und plötzlich begann sie, mitten im Interview, zu singen, ein Spiritual, mit einer machtvollen, aber auch weichen und runden Stimme, die zwischen Bass und Diskant alle Tonlagen ausmaß. Längst ist sie als eine der bedeutenden Lyrikerinnen Amerikas anerkannt. Die westliche Welt nahm sie zur Kenntnis, als sie für Bill Clinton das offizielle Poem zu seiner Vereidigung als Präsident schrieb und auf dem Capitol in Washington vortrug. (Im Sommer 2014 ist sie gestorben.)

Die zweite Autorin: Frankie FitzGerald, Tochter eines Mitgründers der CIA, die erste (und lange die einzige), die den Amerikanern während des Vietnamkriegs deutlich zu machen versuchte, in welchem Land und welcher Kultur sie mit ihren militärischen Aktionen Menschen zu Zehntausenden zum Tode verurteilten (ein Vorwurf, der auch die kommunistischen Chefs und Generäle traf). Frankie – in ihrer Erscheinung ein typisches Geschöpf der *Upper Class* von New York – leuchtete die historischen Hintergründe des Konflikts aus, und sie versuchte mit einem glänzend geschriebenen Essay ihren Landsleuten einen Begriff von der

Geschichte, der Kultur, der Mentalität jener Region zu vermitteln. Die wissenschaftliche Prägung hatte sie durch ihr Studium in Paris erfahren, wo man von Indochina etwas mehr verstand als in den Vereinigten Staaten, zumal seit dem Scheitern des absurden Versuchs einer Rückeroberung der einstigen Kolonie; kurz, sie bemühte sich, die Oberen der Vereinigten Staaten von der Notwendigkeit zu überzeugen, aus den Versündigungen und Torheiten Frankreichs zu lernen. Die Kollegin machte uns die Filmerei nicht schwer. Eher beiläufig konnten wir durch ihre Persönlichkeit und ihr Milieu einen Begriff vom Lebensstil ihrer Schicht vermitteln, der sich nach dem Zweiten Weltkrieg partiell europäisierte (die Mutter war durch ihre zweite Ehe eng mit der englischen Aristokratie verbandelt).

Dank der Literatur-Programme war ich früh auf die genialen Short Stories, auch auf den ersten oder zweiten Roman von Joyce Carol Oates aufmerksam geworden, einer jungen Professorin an der Universität von Windsor im kanadischen Ontario. Sie war überrascht, dass ihr ein deutscher TV-Korrespondent ein Porträt vorschlug, und es brauchte einige Überredung, bis sie bereit war, sich von der Kamera auf den Wegen durch die Elendsviertel des benachbarten Detroit begleiten zu lassen, aus denen die Anregungen zu vielen ihrer Geschichten stammten. Wäre sie keine solch eigenwillige und inspirierte Stilistin gewesen, hätte man sie als die Avantgardistin eines neuen sozialen Realismus in der amerikanischen Literatur bezeichnen können. Sie hatte in der Tat ein Grundthema, dem sie in den unterschiedlichsten Landschaften und Klassen der Gesellschaft nachspürte: Gewalt. In ihren Büchern bricht sie irgendwann in jede Beziehung ein. Joyce Carol Oates wuchs, die einzige Tochter eines Arbeitervaters irischer und einer Mutter ungarischer Herkunft, in einer Art Farmhaus in Lockport, am westlichen Rand des Staates New York auf. Trotz der bescheidenen Einkünfte lebte der Vater zwei Passionen aus, von denen zumindest die eine jenseits der materiellen Möglichkeiten eines Arbeiters lag: die Leidenschaft fürs Fliegen. Er nahm die Tochter mit auf seine seltenen Exkursionen himmelwärts in gemieteten kleinen Maschinen (vielleicht stammte daher ihre lebenslange Flugangst). Seine zweite Passion war das Boxen. Das eher zart (und etwas zigeunerhaft) wirkende Mädchen begleitete den Vater zu jeder Box-Veranstaltung, bis ins Alter sah sie sich alle wichtigen Faust-Kämpfe an, schrieb einen großen Essay über den Sport, der als unfraulich galt (bis immer mehr junge Frauen die gepolsterten Handschuhe anlegten – und Clint Eastwood mit Hilary Swank einen großartigen Film über eine begabte, ehrgeizige, todesmutige Boxerin drehte).

Zwei Jahrzehnte später las und lebte ich mich gründlicher in Joyce Carol Oates' Biographie ein, als es bei dem ersten, zeitlich begrenzten Versuch möglich war. Einige der zentralen Szenen ihrer Jugendgeschichte dramatisierte ich (mit dem ebenso wortkargen wie begabten Kameramann Theo Baltz, später der Regisseur, Produzent und Ehemann der TV-Moderatorin Sabine Christiansen), so wie sie von ihr in einem ihrer schönsten Romane (*Im Dickicht der Kindheit*) nachgezeichnet waren. Aus dem kleinen Windsor war die Autorin unterdessen nach Princeton berufen worden, und trotz der intensiven Arbeit in ihren Seminaren warf sie mindestens ein Buch pro Jahr auf den Markt – eine fast zwanghaft getriebene Schreiberin, die jede Sparte erkundete, den »Sozialroman«, die romantische »Gothic Novel«, die Romanbiographie (über Marilyn Monroe), den Kriminalroman; überdies schrieb sie Gedichte, Theaterstücke (eines für eine komplett schwarze Schauspielertruppe, deren Jargon sie perfekt beherrschte), Essays, Kritiken ... Nicht jeder Band ist von gleicher Qualität, aber das gilt auch für Balzac, der das große Panorama der französischen Gesellschaft seiner Zeit entwarf. Mancher der literarischen Feingeister sprach verachtungsvoll von ihrer Vielschreiberei. Das ließ sie kalt. Ihre Neugier auf die Welt war stärker (von ihr stammt die vielleicht beste Geschichte, die je über die Berliner Mauer geschrieben worden ist – sie beförderte das absurde Bauwerk ins Mythische). Inzwischen gilt sie als die *grand old lady* der amerikanischen Literatur, die wohl vergebens auf den Nobelpreis hofft (wenn sie denn hofft).

Die 45-Minuten-Dokumentation über Joyce Carol Oates war mein zweitletzter Film. Der letzte sollte ein biographischer Bericht über Joseph Goebbels sein. Er kam nicht zustande. Der ölig-agile Chef der Redaktion, Guido Knopp hieß er (ein intelligenter und eher eitler Kollege, der die »Aufarbeitung« der Nazi-Epoche und vor allem der »Führer«-Figur in einer Art Dokumentar-Fabrik erledigte) – dieser telegene Amtsbruder teilte mir in einem Briefchen mit, bei der Fertigung meines Films werde mich ein Herr X. als Co-Autor und Co-Regisseur unterstützen. Ich antwortete dem Dr. Knopp unverzüglich, dass ich fünfzig oder sechzig Dokumentationen allein gefertigt hätte und mir selber einen Partner suchte, wenn ich ihn denn brauchte. Eine Antwort wurde mir nicht zuteil. Der Film unterblieb. Ich hätte mich kaum auf die Manier der Sekundenverschnitte der Knopp-Produktionen eingelassen – eine Errungenschaft, die mich an die Eroberung des amerikanischen Popularitätsgipfels durch die Fernsehgesellschaft ABC erinnerte. Der Präsident jenes Unternehmens, nach dem Geheimnis des Erfolgs befragt, antwortete schlicht und wahrhaftig, man habe in nahezu allen Programmen das Niveau, den Anspruch des Mitdenkens und der Konzentration vom Durchschnitt der Zwölfjährigen auf den von Achtjährigen gesenkt, das sei alles. Unterdessen ist der Prozess der Verknoppisierung des Fernsehens zweifellos weiter vorangeschritten. Das Ziel scheint die Infantilisierung des Publikums zu sein. Wie auch immer, die Lust am TV-Handwerk hat mir der Professor Dr. Knopp ausgetrieben – und dafür bin ich ihm sogar dankbar, denn endlich fand ich die Zeit, einige der Bücher zu schreiben, deren Gestalten und Themen mich seit Jahrzehnten am Ärmel zupften.

Rückkehr nach Deutschland

In jeder Phase meiner Fernseharbeit galt der Satz (der auch fürs Radio und die Zeitungen gelten mag): je größer die räumliche Distanz zur Redaktion, umso harmonischer die Zusammenarbeit. In meiner Zeit als ZDF-Studioleiter in Washington (1962–66) gab uns der Gründungsintendant Karl Holzamer, ein mild konservativer Philosophie-Professor, einmal die Ehre. Der Chef des Informationsamtes der US-Regierung war liebenswürdig genug, ihn für eine halbe Stunde zu empfangen. Ich hielt mich als Dolmetscher bereit, denn mit den Englisch-Kenntnissen des eher altmodischen Gelehrten war es nicht allzu weit her. Doch ich staunte, völlig unbefangen redete der Philosoph mit seinem etwas schiefen Lächeln in einer grotesken Mischung von Englisch, Französisch, Deutsch, gelegentlich auch einem lateinischen Zitat auf den verblüfften Amerikaner ein, der vermutlich kein Wort verstand, aber öfter zustimmend nickte. Darauf kam es an. Nach dreißig Minuten schritt unser Oberherr mit sich zufrieden davon. Natürlich gaben wir ihm die große Tour durch die Hauptstadt. Ich hatte ihn für die VIP-Besichtigung des Weißen Hauses gebucht. Als ich ihn an seinem Hotel abholte, überraschte er mich durch eine altmodisch-adrette Kostümierung. Es war Sommer, darum trug der Intendant einen leichten cremefarbenen Anzug, dazu eine zitronengelbe Seidenkrawatte und weiße Handschuhe. Am Ende der White House Tour schien unser Gast ein wenig enttäuscht zu sein. Er hatte erwartet, dass er dem Präsidenten wenigstens die Hand schütteln könne. Am Abend, sofern er nicht bei uns zu Tisch geladen war, sorgte Pat für unseren Chef. Sie schleppte ihn, nach einem gepflegten Essen, in eine mondäne Tanzbar. Es ging prächtig. Noch niemals, schwärmte sie, habe ein Partner mit ihr so schwungvoll und sicher Walzer getanzt. Alte Schule.

Der andere ausführliche Besuch in Washington: drei Herren vom Finanzwesen, die unser Geldgebaren prüften. Sie interessierten sich nicht einen Augenblick für die Verträge, die ich mit amerikanischen Produktions- und Technikfirmen abgeschlossen hatte, in denen einige hunderttausend Dollar fixiert waren. Davon verstanden sie nichts. Es kümmerte sie auch nicht, dass wir unsere Filme zu einem Minutenpreis fertigten, der unter dem deutschen lag – und das bei einem Umrechnungskurs von eins zu vier. Das einzige, was sie gründlich ins Auge fassten (neben der Entlohnung der Putzfrauen und der sogenannten Ortskräfte) war die Portokasse. Die unsere war simpel. Wer eine Briefmarke für den persönlichen Bedarf entnahm, warf die fälligen Cents ins Kästchen. Die Herren fanden, das verführe zu Vergesslichkeit, ja zur Schummelei. Von nun hatte unsere Buchhalterin die Kasse unter Verschluss zu nehmen. Im Übrigen musste man die Herren mit möglichst großen und dicken Steaks füttern, um sie bei Laune zu halten. Auch das geschah. Sie flogen zufrieden davon.

Es war verabredet, dass mich der Chef der Redaktion Außenpolitik nach drei oder vier Jahren ablösen sollte: Hans Herbert Westermann, ein solider, ernsthafter Nachrichtenmann und Kommentator, vielseitig interessiert, nicht ohne Witz, den er vermutlich seiner partiell osteuropäischen Herkunft verdankte, die er aus einem mysteriösen Grunde verdunkelte. Nicht so seine Frau Carmen, die ihre russische Verwurzelung schon wegen ihres reizvollen Akzentes niemals verbergen konnte, selbst wenn sie es gewollt hätte. Ihre natürliche Eleganz, ihr immer bereites Lachen und ihr Talent für den Flirt (der entfernt an die Madame Chauchat aus Thomas Manns *Zauberberg* erinnerte) war für die (angeblich) bieder-bürgerliche politische Welt und zumal für die journalistischen Zirkel eine kleine Sensation. Als Westermann Washington übernehmen sollte, wurde mir das Studio Rom angeboten – das es freilich noch nicht gab. Es hätte aufgebaut werden müssen, was in Italien vermutlich schwieriger war als in Amerika. Immerhin, wir begannen, uns in Rom nach einer Unterkunft umzuschauen. Ich blieb skeptisch. Italienisch hätte ich vermutlich halbwegs gelernt (R. sprach es fließend), aber ich hatte das unbestimmte Empfinden, für Rom sei ich womöglich schon zu alt – oder noch nicht alt genug.

Indes, es gab andere Möglichkeiten. Mir wurde die Direktion des Goethe-Hauses in New York angeboten. Die geräumige Wohnung über dem Institut, obschon an der Fifth Avenue so fein wie nur möglich situiert, fand R. zu vergammelt – und wer wusste schon, wann sich die zuständige Behörde in Bonn zu einer Renovierung entschlossen hätte. Zur gleichen Zeit hatte Axel Springer durch einen Vertrauten fragen lassen, ob ich bereit sei, zu einem Gespräch nach Sylt zu kommen. Aber ja doch (schon aus Gründen der Neugier). Am verabredeten Freitag – es war im Sommer 1966 – fand ich mich bei der Privatabfertigung am Hamburger Flughafen ein. Neben mir nutzten sechs oder sieben energisch wirkende und zweifellos höher gestellte Herren aus dem Konzern die günstige Transportmöglichkeit, um auf der Insel nach ihren Booten zu sehen. Ich saß in der letzten Reihe, schaute auf die kräftigen Nacken und hatte (es war wohl ungerecht) die beharrliche Vision: Armee-Stab Krim 1942.

Gegen Mittag auf der Terrasse eines der Häuser in Kampen. Plauderte mit Ernst J. Cramer, dem Emigrantensohn, den Springer von der amerikanischen *Neuen Zeitung* zu sich herübergeholt hatte. Wir kannten uns lange. Plötzlich war der Hausherr präsent, lautlos gekommen. Ein Glas Champagner. Politische Unterhaltung. In Bonn die Große Koalition. Willy Brandt Außenminister. Springer beobachtete die ersten Schritte in Richtung einer neuen Ostpolitik voller Skepsis, ich voller Enthusiasmus. Für ihn bedeuteten sie die Entfernung vom Westen und eine wachsende Abhängigkeit von der Sowjetunion. Für mich war die Verankerung im Westen nicht gefährdet; vielmehr entsprach die Ostpolitik einem Strategiewechsel in Washington, und sie sollte den Völkern Osteuropas einen gewissen Freiheitsraum schaffen. Die Differenzen waren offenkundig, der Ton blieb höflich. Warum sollten wir uns ereifern? Ich wusste nicht, was der Magnat von mir wollte (wenn denn überhaupt etwas – später wurde mir zugetragen, eine Aufgabe in der Chefredaktion der *Welt* habe zur Debatte gestanden). Freundliche, fast herzliche Verabschiedung. Flog am späten Nachmittag zurück nach Hamburg. Lief (reiner Zufall) am nächsten Morgen dem stellvertretenden Redaktionsleiter der *Welt* über den Weg. Na, rief er mir zu, wie war's bei Springer? Es hatte sich also herumgesprochen. Sehr nett, rief ich zurück, sehr freundlich. Leider tickt der Mensch eher seltsam. Angeblich soll dann auch Axel Cäsar in jenen Tagen gefragt worden sein: Wie war's mit dem H.? Ein netter, höflicher Mensch, habe der Oberherrscher der deutschen Publizistik geantwortet, nur leider ist er verrückt.

Eine gerechte Einschätzung unserer politischen Differenzen. Dennoch gelangte, zurück in Washington, ein Angebot der *Welt* (vermutlich via Cramer) auf meinen Schreibtisch: Fünfjahresvertrag (oder so), wundersames Gehalt, freie Wahl meines Aufenthaltes und Arbeitsplatzes in Westeuropa, Büro, Sekretärin, Dienstwagen (der gehobenen Mittelklasse), Pflicht: pro Monat vier größere Stücke zu schreiben und mich drei oder vier Tage in Hamburg aufzuhalten, um die Redaktion zu beraten. Ich wusste, dass mir ein solch generöses Angebot nie mehr im Leben zuteil werden würde. Es fiel mir nicht ganz leicht, aber ich schrieb Springer schließlich, dass ich für die Großzügigkeit seiner Einladung aufrichtig dankbar sei. Nach gründlicher Erwägung, auch im Gespräch mit meiner Frau, sei ich jedoch zu der Einsicht gelangt, dass er sich spätestens nach einem Jahr über einen Artikel aus meiner Feder so ärgern werde, dass ihm – sofern Grundsätzliches berührt sei – gar nichts anderes bliebe, als mich zum Teufel zu jagen. Dann wäre eine beträchtliche Abfindung fällig. Dies sei, wie man wohl in Hamburg sage, keine solide Geschäftsgrundlage. Er hat diese Antwort akzeptiert. Jede der wenigen Begegnungen (unter anderem bei einem 45-Minuten-Gespräch fürs ZDF und am Rande eines Dokumentarfilms gleicher Länge, den R. über ihn fertigte) war freundlich und von Respekt bestimmt. So sollte es sein (und so ist es selten).

Nicht lange danach folgte ich einer Einladung des Gründungs- und Hauptherausgebers der FAZ Prof. Erich Welter. Er holte mich am Hotel »Frankfurter Hof« ab, mit einem VW-Käfer, den seine Sekretärin steuerte. Mahnung zur Bescheidenheit, dachte ich, unübersehbar. Quetschte mich auf den Rücksitz, zum Verlag war es nicht weit. Das Zimmer des Professors eher klein, ein Schreibtisch und gerade noch Platz für eine Sitzecke mit einem ausladenden und tiefen Ledersessel. Er zog eine Art Sekretariatsstuhl hinter seinem Tisch hervor und nötigte mich in den Sessel; schaute von hoch oben auf mich herab. Ungemütliche Situation. Genau so war das Arrangement gemeint. Ich stand auf, öffnete die Tür zum Vorzimmer, erklärte der aufgeschreckten Sekretärin, ich brauchte ihren Stuhl. Sie war verwirrt, doch räumte ihren Platz. Ich rollte das Ding ins Chefzimmer und setzte mich Welter gegenüber. Wegen ihres Rückens? fragte er beiläufig. Unter anderem, antwortete ich.

In Wahrheit hätte ich mich schon in diesem Augenblick verabschieden können. Die etwas naive Taktik des Herrn mit dem schlohweißen Schopf hatte versagt; ihm war klar, dass er mich nicht ganz so leicht über den Tisch ziehen könnte. Vielleicht gefiel ihm das auch. Er setzte ein freundliches Lächeln auf, wir unterhielten uns über die Weltläufte. Seine Meinungen zum Ost-West-Problem unterschieden sich nicht drastisch von denen Springers (nur räumte er einer engeren wirtschaftlichen Zusammenarbeit zwischen West und Ost gewisse Chancen ein). Er ließ sich dies und das aus Amerika erzählen, von dem er wenig wusste. Am Mittag ein gemeinsames Essen mit den anderen Herausgebern, den Ressortleitern, den Seniorredakteuren in einem altmodischen Club im Westend. Unverbindlich-höfliche Begrüßung. Dann meinte Welter, ich möge doch in groben Zügen mein Leben erzählen. Das schmeckte mir nicht. Wurde eine Art Bewerber-Ritual durchgeleitet? Ich hatte mich um nichts beworben. Sagte, der Vortrag meiner Lebensgeschichte sei wohl kein allzu produktives Verfahren, man könne die wichtigsten Stationen meiner Biographie in den einschlägigen Diensten nachlesen. Fände es fruchtbarer, wenn man mir Fragen stellte. So geschah es. Manche hatten diesen und jenen Dokumentarfilm gesehen, andere kontroverse Artikel gelesen, so Jürgen Thern ein polemisches Stück über den weiland Außen- und Verteidigungsminister Gerhard Schröder (nicht mit dem SPD-Kanzler zu verwechseln, von dem wir damals alle noch nichts ahnten). Der CDU-Schröder, ein näselnder Jurist, wäre zwar auch gern Kanzler geworden, aber es wurde nichts daraus (gottlob).

Zurück, für eine Tasse Kaffee, in Welters Büro (die Sitzordnung nach meinem Geschmack). Der Professor schaute mich lange und prüfend aus etwas wässrigen Augen an, dann fragte er bedachtsam: Wollen Sie nun zu uns kommen, ja oder nein? – Um Gottes willen, Herr Welter, das ist eine Frage, die mich ehrt. Aber wir haben noch kein Wort über Handfestes gewechselt. Was soll ich bei Ihnen machen? An welche Aufgabe haben Sie und Ihre Kollegen gedacht? Wie soll der Vertrag aussehen? Welches Gehalt bieten Sie? Dauer? Übersiedlung nach Frankfurt? Tausend praktische Dinge, über die wir reden sollten. – Wir können über alles reden, sagte er, doch zuerst müssen Sie eindeutig erklären, ob Sie zu uns wollen oder nicht. – Es ist möglich, dass ich eine Spur von Ärger zeigte. Herr Welter, sagte ich, vielleicht gehöre ich zu einer Generation, die das Schnöd-Sachliche zu wichtig nimmt. Andererseits haben wir mit ideologischen Bekenntnissen keine allzu guten Erfahrungen gemacht. Sie aber verlangen ein Bekenntnis vorweg. Trete ich hier in einen Orden ein? Der Gedanke ist mir fremd (übrigens bin ich Protestant). Mit meinem Begriff von Journalismus hat das wenig zu tun. Trotzdem, ich denke ein paar Tage nach und schreibe Ihnen dann. Ist's recht, wenn ich mein Zimmer im Frankfurter Hof erst morgen räume? Mein Flug geht am Mittag. Höflicher, etwas unterkühlter Abschied. Er kannte meine Antwort.

War es eine Niederlage, meine, seine? Was wollte er in Wahrheit? Ich galt als links-liberal, was immer das heißen mochte. Etwa dies: dass ich für die Rechten, die Konservativen ein linker Vogel war und für die Linken ein verkappter Rechter, vor allem aber ein Kalter Krieger, antikommunistisch bis ins Mark, ein Adenauer-Europäer obendrein. In Wirklichkeit warb ich mit Passion für die neue Ostpolitik, die Willy Brandt forderte, gerade weil ich Adenauers Westpolitik, die Aussöhnung mit Frankreich, das Zusammenwachsen Europas als die einzig vernünftige, die einzig realistische, die einzig verantwortungsbewusste und darum die einzig moralische Konsequenz der deutschen Katastrophen betrachtete. Weil ich nichts sehnlicher wünschte als die Wandlung Deutschlands zu einem Land des Westens, ein für alle Mal. Willy Brandt verstand das. Es störte ihn nicht, dass mich die linken Gesinnungshelden seiner Partei nur mit Vorbehalt akzeptierten (wenn überhaupt). Der Aufenthalt zwischen den Fronten war zuweilen ungemütlich. Aber er war stets auch eine Erfahrung der Freiheit.

Ahnte Welter, dass ein Prozess der geistigen und politischen Veränderung unter den Deutschen der Bundesrepublik begonnen hatte? Dachte er, es sei nützlich, vielleicht sogar notwendig, dass seine Zeitung einen Autor, einen Redakteur engagiere, der sich im anderen Lager auskannte, dort Freunde hatte, Verbindungen knüpfen konnte? Obendrein einen, den Friedrich Sieburg geschätzt hatte? Ich weiß es nicht. Muss es auch nicht wissen. (Nur würde mich, am Rande, interessieren, ob man auch von Joachim Fest ein Bekenntnis zum Orden verlangte, ehe er als Mitherausgeber akzeptiert wurde.) Schrieb Welter einen sehr höflichen Brief, der meine Absage bestätigte. Eine Antwort erhielt ich nicht.

Nicht lange, und ich saß wieder an meinem Schreibtisch in Washington. Noch ziemlich früh am Tag – in Deutschland wurde es bald Abend – ein Anruf aus Stuttgart. Am Apparat Georg von Holtzbrinck. Eigentümer des größten Buchclubs (nach Bertelsmann) in der Bundesrepublik, Verleger von *Christ und Welt*, des ziemlich maroden Wochenblatts meiner Anfänge, das er aufgefangen hatte, als Eugen Gerstenmaier sich von seiner Zeitung trennen musste. War Holtzbrinck dann und wann flüchtig begegnet. Der Konzernherr sagte ohne lange Umschweife, dass er – ich wisse es wohl – im Begriff sei, die Mehrheit der Anteile am S. Fischer Verlag zu kaufen. Ob ich mir vorstellen könne, die Leitung zu übernehmen? Ich fiel sozusagen aus den atlantischen Wolken, und für einen Augenblick stockte mir der Atem. Ach, sagte ich schließlich, Herr v. H., ich bin ein altmodischer Mensch. Ich kann eine so überraschende und schwierige Frage nicht in einem transatlantischen Telefongespräch beantworten. Ich würde Ihnen gern anbieten, nach Stuttgart oder Frankfurt zu kommen, aber ich bin erst seit einer Woche aus Europa zurück, und hier wartet versäumte Arbeit. G. v. H. ohne Zögern: dann werde er nach Washington fliegen. Er prüfte seinen Terminkalender: in zehn Tagen? Später ging mir durch den Kopf, dass es einen Journalisten gab, der Verleger geworden war: Wolf Jobst Siedler, den brillanten Großfeuilletonisten, der die Verantwortung für die Ullstein-Verlage im Hause Springer übernommen hatte. Damals eine kleine Sensation. Könnte ihn um Rat fragen, dachte ich – und tat es dann doch nicht, vielleicht weil S. stets auf einem hohen Ross daher ritt. (Auch nach der Trennung von

Springer blieb S. eine bedeutende Figur der Verlagswelt, bis zu seinem langen bitteren Siechtum. Sein Tod wurde nur noch am Rande zur Kenntnis genommen – wie es halt so ist, sagt der räse (gleich raisonierende) Schwabe. Später wagte Peter Härtling das Experiment.

Georg von Holtzbrinck kam allein nach Washington, ohne seinen Major domus Werner Schoenicke, den ich nach der Amtsübernahme kennen und schätzen lernte. Wir diskutierten angeregt und offen zwei Abende lang, bei uns zu Hause und in einem vorzüglichen Restaurant. Natürlich kannte ich mich – Leser der *Neuen Rundschau* in der Bibliothek von Blaubeuren vom ersten Heft an – in der Geschichte des großen Hauses der literarischen Moderne in Deutschland halbwegs aus – und natürlich schmeichelte mir die Chance, die Verantwortung für einen der traditionsreichsten Verlage deutscher Sprache zu übernehmen. Die wichtigsten Entwicklungen seit dem Nazi-Jahrzehnt und der Nachkriegszeit waren mir nicht fremd, obwohl damals nicht so vertraut wie die amerikanische Buchwelt. G. v. H. meinte, das treffe sich ganz gut, denn S. Fischer sei sehr auf die Literatur Amerikas fixiert – eine natürliche Folge der Emigration von Gottfried Bermann Fischer und seiner Frau in die Vereinigten Staaten. Da der Übergang des Verlags in seinen Besitz erst in einigen Jahren abgeschlossen sei, empfehle es sich, die Fischers an ihrem Alterssitz in Camaiore bei Lucca aufzusuchen.

Zehn Tage später trafen wir uns am Flughafen in Mailand. Mietwagen. Ich fuhr, obwohl mich der eher chaotische italienische (und hernach der deutsche) Verkehr nach Jahren der amerikanischen Disziplin am Steuer (samt Tempolimit von 60 Meilen) nicht wenig schockierte. G. v. H. meinte wohl, ich sollte mich lieber gleich daran gewöhnen. Leicht unterkühlter Empfang in der modernen, geschmackvollen Villa der Fischers. Wir wohnten im Hotel. Gottfried Bermann Fischer, den alle Welt Goffi nannte (was ihn harmloser und naiver erscheinen ließ, als er war), begegnete uns eine Spur offener und herzlicher als Tutti (Brigitte) Fischer, die noch immer eine attraktive und vitale Frau war. Beim Essensgespräch gab sie den Ton an, stellte Fragen, mit denen sie meine Literatur- und Verlagskenntnisse prüfen wollte, horchte mich intensiv nach meiner Jugend im Dritten Reich und im Krieg aus, in einem merkwürdig gereizten Ton, der bedeutete, jetzt stehe ihr der Nazi ins Haus. Meine Antworten wurden knapp. Das Gespräch schien sich zum Verhör zu wandeln. Ich war im Begriff, aufzustehen und das Haus zu verlassen. G. v. H. witterte Unheil. Ehe ich meinen Stuhl zurückschob, bat er Tutti vor die Tür. Draußen machte er ihr offensichtlich klar, dass ich – schon meiner jüdischen Frau wegen – kein zu schlimmer Nazi sein könne. Zurück am Tisch gab sie sich ein wenig verbindlicher und überließ die Unterhaltung ihrem Mann. Anderntags nach dem Frühstück ein kurzes sachliches Gespräch, in dem ich feststellte, dass mein Wirken natürlich dem »Geiste und der Geschichte des Hauses« entsprechen würde, aber dass ich die Aufgabe nur übernähme, wenn mir in Fragen des Programms, der Darstellung des Verlags nach außen, weitgehend auch in wirtschaftlichen Fragen die Freiheit der Entscheidung zugebilligt würde. Bermann erklärte sein Einverständnis. Seine Frau Tutti äußerte sich nicht. Mit G. v. H. war ich ohnedies einig. Die Fischer-Tochter begegnete mir auch künftig ohne erkennbare Sympathien. Es war mir egal. R. gegenüber zeigte sie sich kälter. Es schien für sie schwierig zu sein, eine andere Frau im sozialen Umkreis der oberen Verlagsetage zu dulden.

Mich reizte bei der neuen Aufgabe das, was mir am fremdesten war: die Wirtschaft, die Finanzen. Das Haus machte Verluste. Nach Lage der Dinge hätte ich einem knappen Fünftel der Belegschaft kündigen müssen. Das kam nicht in Frage. Also galt es, den Umsatz binnen kurzer Zeit nach oben zu stemmen. Das gelang, dank einiger glücklicher Einkäufe von Sachbüchern und Romanen in Amerika und Frankreich, dank der soliden Arbeit an der Freud-Ausgabe unter der Leitung der klugen Ilse Grubrich-Simitis (eine Bildungsbürgerin im schönsten Sinne des Wortes), dank auch des getreuen Hüters der »Klassischen Moderne« – es gab niemanden, der sich in jenem Feld so zuverlässig auskannte wie J. Hellmut Freund: ein wahrer Diener der Literatur. Die wachsende Popularität des Taschenbuch-Programms war hilfreich, aber der stärkste Antrieb ergab sich aus der gipfelstürmenden Auflage von Carl Zuckmayers Autobiographie mit dem glänzenden Titel *Als wär's ein Stück von mir* – ein ironischer und zugleich unverstellt eitler Hinweis auf den erfolgreichen Theater-Autor Zuckmayer, dessen Stücke in der Tat (neben den

Amerikanern, dem großen Franzosen Anouilh und natürlich Bert Brecht) die deutschen Nachkriegsbühnen beherrschten. Es war auch eine kleine Pointe für mich, dass Zuckmayer eine Zeile aus dem Lied vom guten Kameraden zitierte, das Ludwig Uhland geschrieben hatte, als sein Freund Friedrich von Harpprecht 1809 vermisst gemeldet wurde (er verlor, Oberleutnant im württembergischen Kontingent der napoleonischen Armee, beim Rückzug aus Russland ein Bein und starb in Wilna am Wundfieber). Uhlands Lied war sozusagen unsere traurige Familienhymne.

Zuckmayer kannte ich ein bisschen. Ich bewunderte seinen fast unfehlbaren Theater-Instinkt, seine senkrechte, vielleicht ein wenig naive Moralität, seine im guten Sinn volkstümliche Erzählkunst (die manchmal in die gefährliche Nähe des Folkloristischen geriet). Einige Jahre zuvor hatte ich einen biographischen Film über ihn gefertigt, der – seinem ausdrücklichen Wunsch gehorchend – mit herzbewegenden Bildern von der Fronleichnamsprozession im schweizerischen Saas-Fee endete: Zuck (im Trachtenanzug) singend, die Augen fromm gen Himmel erhoben, immer dicht hinter der Monstranz. Er war, auf die älteren Tage, wieder sehr katholisch geworden. Wir drehten natürlich auch in seinem Heimatstädtchen Nackenheim am Rhein. Seine Frau Alice, eine wienerische Dame, die so ungeschminkt redete wie sie auftrat, gab mir die Weisung: Schauens' zu, dass der Zuck net so viel säuft ... Ja mein Gott, gnädige Frau, der wird mich nicht fragen, ob er sich drei oder vier oder fünf Gläser genehmigen darf. Zuck wiederum: Passen Sie auf, dass in Nackenheim nicht zu viel Aufsehen entsteht ... Nein, sagte ich, keine Gefahr. Hatte dort schon zwei Drehorte ausgesucht, an einer Kapelle oben auf dem Berg und (wenn ich recht weiß) auf dem Friedhof. Ehe die in Nackenheim merken, dass wir da sind, sagte ich, sind wir schon wieder fort ...

Zuckmayer wohnte in Mainz. Ich holte ihn vormittags ab. Als wir Nackenheim erreichten, waren die Straßen am Ortseingang merkwürdig still. Doch als wir uns dem Rathaus näherten, standen wir plötzlich vor einer Menschenmauer. Die ganze Gemeinde schien sich auf dem Platz versammelt zu haben. Der Bürgermeister eilte herzu, nahm Zuck unter den Arm, schleppte ihn zu einer Tribüne, die Stadtkapelle intonierte sofort den Marsch »Alte Kameraden«. Jubel. Fahnengeschwenk. Begrüßung des Ehrenbürgers, wie sie herzlicher nicht hätte sein können. Zuck antwortete mit kräftigem Heimatakzent: »In solche Augeblick denk isch oft, wenn jetzt der Vadder runnergucke kennt ... Der wär stolz auf sein Bub, der wär stolz auf Nackenhem.« Die Leut hörten es gern.

Gottlob war das Kamerateam schon lange vor uns angekommen. Die Kollegen hatten sofort verstanden, dass hier eine Haupt- und Gemeindeaktion geplant war, und sie hatten sich vorbereitet; die Festkamera war auf die Tribüne gerichtet, die Handkamera empfing uns am Auto. Wir verzichteten auf die vorgesehenen Drehorte, dieses Getümmel war das Beste, was uns widerfahren konnte. Drinnen im Rathaus, bei »Weck, Worscht un Woi«, fragte ich den Bürgermeister, wie er denn geahnt habe, dass der Zuckmayer komme. Er zog mit einem kleinen Grinsen eine Karte aus der Jackentasche, darauf handschriftlich: ... Bin am späten Vormittag in Nackenheim mit dem Fernsehen ... Bitte nur ein ganz kleiner Empfang ...

Mit Zuckmayer hatte es der Verlagschef leicht. Er war erfolgreich, verdiente viel Geld, brachte viel Geld, war alles in allem guter Laune (wenn er nicht unter einem Kater oder unter Frau Alice litt). Es gab schwierigere Kunden. Es konnte zum Beispiel geschehen, dass Luise Rinser – eine überaus katholische (und ein bisschen sündenfrohe) Autorin, nach 1945 eine noch glühendere Antifaschistin denn zuvor (um es diskret zu sagen) – dass diese resolute Dame nachts um elf Uhr anrief, um harsch zu verkünden, dass sie anderntags dreißigtausend Mark brauche. Ja, sagte ich, wir werden nachschauen, was verkauft und noch nicht abgerechnet ist, das schicken wir gern voraus. Nein, rief sie, ich brauche dreißigtausend ... Angebote von andern habe ich genug. – Auf dem Ohr hörte ich schlecht. Ich versuchte, ihr deutlich zu machen, dass es ganz unmöglich sei, soviel Geld einfach so in die Welt zu schicken. Und selbst wenn ich es zusammenkratzen könne, was nicht sicher sei, solle es dann als Vorschuss verbucht werden? Für welches Buch? Könne sie ein knappes Exposé schicken? Warum und wofür brauche sie denn überhaupt so dringend eine so hohe Summe? Ein Notfall? – Nein, sagte sie, ich muss auf meinem Anwesen einen neuen Brunnen bohren lassen. Weiß nicht, was wir schließlich geschickt haben. Von ihren Büchern blieb mir die stärkste Erinnerung an die Erzählung »Jan Lobel aus Warschau«. Später pilgerte die Dichterin gern nach Nordkorea, wo der rote Chef Kim Il-sung ihren Hang zur Idolatrie mit fürstlichen Empfängen nährte. Luise Rinser ist fast vergessen. She was a pain in the neck, wie die Briten sagen. Aber sie war wer. Dank der oft hohen Auflagen ihrer Bücher, war sie lange Jahre eine Stütze des Verlages.

Die schönsten Gespräche mit Albrecht Goes, dem klugen schwäbischen Pfarrer, dessen Poesie ich schätzte, auch mit Golo Mann (wenn man den Vater nicht erwähnte).

Wir druckten großartige Sachbücher, meist amerikanischer Herkunft, aber auch die *Anti-Memoiren* von Malraux; schickten junge Romane auf den Markt, wiederum Amerikaner, Briten, Deutsche, Franzosen, Israeli – nein, es geht nicht an, hier die Verlagsprogramme nachzubeuten (und es wäre ungerecht, nur die zu nennen, die mir besonders lieb waren). Wir akzeptierten die teuren Experimente (wie *Zettels Traum* des genial-verschrobenen Arno Schmidt, der allerdings erst lange nach meinem Ausscheiden erscheinen konnte). Die Abenteuer blieben in guter Balance mit den Autoren der »Klassischen Moderne«, von denen die Mehrzahl gottlob bei Fischer zu Hause war; wir kümmerten uns intensiv vor allem um Kafka, der in jenen Jahren erst als der wohl wichtigste Autor deutscher Sprache im 20. Jahrhundert wahrgenommen wurde, schlugen uns mit den Wirren, Intrigen, Fraktionskämpfen der aufblühenden Kafka-Industrie herum. Wir achteten besonders auf das schmale Werk des zarten und depressiven Paul Celan (der nun in Paris lebte).

Meine schönste literarische Entdeckung konnte leider nicht mehr S. Fischer zugute kommen (wir waren längst nach Amerika zurückgekehrt); auch nicht Rowohlt, jenem Haus, dem ich später durch meinen Freund Michael Naumann so eng verbunden war, als Autor und als Mitglied des kleinen Beirats in der Nachfolge von Heinz Ledig: Die Lyrik von Doris Runge lernte ich kennen, als ich 1980 die Publikation meines Amerika-Buches *Der fremde Freund* bei der Deutschen Verlags-Anstalt vorbereitete.

Buchmesse, Mittagszeit. Hockte am DVA-Stand, die wunderschöne Dame mit der roten Mähne, ein Heft mit Versen in ihrer Handtasche, Privatdruck. Ob ich die Blätter anschauen möge? – Ja, sagte ich, gern. Sie nahm Dichtung wörtlich: als Verdichtung, beherrschte die Kunst des Weglassens, der Andeutung, der Sammlung auf das eine Bild, zum Beispiel das Café Niederegger in Lübeck: »hinter rüschen runzeln / brüssler spitzen / gezuckert gepudert / die alten damen / vom kränzchen / legen den kaffeelöffel / auf die untertasse / sanft / wie sonntags / die blumen aufs grab«.

Doris Runge machte ihren Weg. Leider nicht bei Fischer.

Damals bedrückte es mich, dass viele der Autoren mit dem Verlagsleiter fast nur über Geld reden wollten. Ich verstand die Fixierung. Die meisten Schreiber hatten zu wenig Geld, manche gar keines. Wenn ich mit ihnen ein paar Sätze über ihre Sprache, die Figuren ihrer Romane, über die Thesen ihrer Essays austauschen konnte, war ich froh darüber. Mag sein, dass sie gegenüber ihren Lektoren offener waren. Vielleicht konnten sie mir nicht verzeihen, dass ich die Fronten gewechselt hatte: Eigentlich gehörte ich auf ihre Seite. Also erwarteten sie, dass ich ihren Wünschen und Forderungen großzügiger begegnen würde. Aber ich hielt mich – nahezu immer – an die Regeln, die ja auch für mich galten, wenn ich zur Feder griff (wozu ich nur selten die Zeit fand). Ich war sozusagen zum Klassenfeind übergelaufen.

Ein besonderes Problem waren die Witwen (manchmal auch die Töchter). Nicht nur versuchten sie – auch das legitim und nur zu menschlich –, aus dem Werk ihres Mannes (oder Vaters) den letzten Pfennig herauszuholen. Nun, da der Dichter dahingeschieden war, gehörte er ihnen endlich ganz. Katia Mann, die ein halbes Jahrhundert lang die Geschäfte von Thomas geführt hatte, war mit der Materie der Verträge und der Abrechnungen völlig vertraut. Sie akzeptierte nur widerstrebend die bittere Einsicht, dass auch die Auflagen der Bücher ihres Mannes nicht mehr ganz so üppig ausfielen, wie sie es gewohnt war – von der DDR und Osteuropa abgesehen. (Ost-Berlin zahlte in solider Westwährung, wie der Autor es sich ausbedungen hatte, als er sich hinter dem Rücken von Bermann Fischer gesonderte Ausgaben vom Aufbau Verlag auszahlen ließ, der damit die Lizenzgebühren an S. Fischer sparte. Nein, Bermann Fischer wurde von Thomas Mann nicht immer fair behandelt. Mir war es lieb, dass ich in meiner Biographie TM's die Verdienste Goffis (gerade für diesen Autor und sein Werk) fair und halbwegs gerecht beschreiben konnte. (Er hat es noch gelesen und sich gefreut.) Damals bekam B. F. Wind von dem unfairen Handel mit seinen Rechten, und schließlich wurde ihm eine Art Ausgleich zuteil, er konnte die Bücher seines Verlags drüben günstig drucken lassen.) Tochter Erika Mann fiel es zu, sich von Zeit zu Zeit nach Ost-Berlin zu begeben und ein Köfferchen mit Banknoten füllen zu lassen. Die Sowjets fanden eine noch bequemere Lösung – ohnedies war Thomas Mann einer der wenigen westlichen Autoren, die für die russischen Ausgaben ihrer Werke partiell in Valuta bezahlt wurden; die meisten mussten sich auf den Weg nach Moskau machen, um für die Rubel, die ihnen zustanden, einige Büchsen Kaviar zu erwerben, selten einen Pelzmantel. Bei Thomas Mann aber erschien im schweizerischen Kilchberg ein Beamter der sowjetischen Gesandtschaft in Bern, der ein beträchtliches Bündel Schweizer Franken auf den Tisch legte, die ins Schließfach kamen (nicht aufs Konto, weil der amerikanische Bürger TM auch im Ausland verpflichtet war, seine Steuern an die Internal Revenue zu entrichten).

Wenn es mit Katia einen Vertrag zu bereden gab, wurde der S. Fischer-Chef nach Kilchberg bestellt. In der Kalkulation war (nicht auf dem Papier, doch realiter) vorgesehen, dass sich der Verlag ein bis zwei Prozent abhandeln lassen müsse. Man verständigte sich zügig und sachlich, berichtete kurz von weitergehenden Plänen, der Situation des Hauses Fischer, der Lage des Buchhandels überhaupt. Ehe das Gespräch zu allgemeinen Themen gelangte (Katia kannte meine journalistischen Wege vom Hörensagen), wurden Erika und Golo (die damals im Hause lebten) zum Tee gebeten. An einem klirrend kalten Tag hatte Golo eine Flasche Kirschwasser unterm Arm, das brauche es heute, sagte er hüstelnd. Katia dankte. So auch ich. Erika ließ sich einen kräftigen Schluck einschenken. Wir schwatzten. Nach zehn Minuten Golo: Ich nehme noch einen. Erika, du? Ehe sie antworten konnte, fuhr die Mutter dazwischen: Golo, muss das sein? In Sekunden zog sich sein Gesicht zusammen – die Verletztheiten des ungeliebten Knaben offenbarten sich. Das kann sie, einem den Spaß verderben, raunzte er. Erika kauerte sich tiefer in ihren Rollstuhl. Familienidyll. Ich verabschiedete mich so rasch, wie es die Höflichkeit erlaubte. Später erfuhr ich, dass Erika alkoholkrank war. Golo musste es wissen. Katias grobe Intervention erschien damit in einem anderen Licht.

Nach drei Jahren am Verlagsschreibtisch vermittelte mir der Hauptbuchhalter den Eindruck, dass sich die finanzielle Lage im Hause Fischer entspannt habe. Da ich am Umsatz beteiligt war, konnte ich eine positive Entwicklung auch an meinem Kontostand ablesen. Die Bilanz des Hauptbuchhalters wies auch einen geringen Gewinn aus. Auf eine ernste Schieflage hätte mich allemal der joviale Werner Schoenicke aufmerksam gemacht, Holtzbrincks getreuer Eckart, der Ko-Stratege des Konzernherrn, zugleich ein gewiefter Taktiker und ein Beziehungsgenie.

Georg von Holtzbrinck und ich hatten es nicht allzu schwer miteinander. Wenn ich das Vergnügen hatte, bei ihm zu Hause in Stuttgart zu sein, entging mir die herzliche und zugleich respektvolle Beziehung zu den Kindern nicht. Dem Sohn Stefan begegnete ich damals noch nicht (er lebte mit seiner Mutter), doch Dieter, der Sympathie, gelassene Klugheit und eine ruhige Energie ausstrahlte: Er war es, der das Verlagsreich des Vaters als ein Weltunternehmen etablierte. Hätte ich mir damals träumen lassen, dass die eher still beobachtende Monika, die eine frühe Passion für die Literatur zur erkennen gab, meine Verlegerin sein würde – und der S. Fischer Verlag ihre Lebensaufgabe? Ich bemerkte, wie aufmerksam und liebevoll G. v. H. mit der zweiten Tochter Karin umging, einem fragilen Sorgenkind, von Geburt an, die eine sehr zarte, vielleicht auch verletzliche Liebe zur Welt und den Menschen spüren ließ. Erst spät erfuhr ich, dass Karin bei ihrem Tod eine kleine Stiftung für Kinder in Not hinterlassen hat.

Der Hausherr selbst las mehr und intensiver als ich es von anderen Groß-Verlegern kannte. Er duldete, ja förderte das eigene Gepräge der Verlage, die zu seinem föderativ gegliederten Reich gehörten (und vermutlich ist dies das Geheimnis ihrer Erfolge). Er war auch sofort zur Rettungsaktion bereit, als die Amerikaner nicht länger für den *Monat* aufkommen wollten. Keiner von uns ahnte damals, dass ein Teil der Gelder, von denen die Zeitschrift lebte, über Hilfsfirmen aus dem Kulturfonds der CIA kamen, die allerdings – so sagte ich hernach lauthals – ihre Dollars niemals für Besseres ausgegeben hat. (Freilich konnte dies nur eine Übergangslösung sein, denn das Blatt gehörte in einen Zeitungs- und Zeitschriften-Verlag, was Holtzbrinck damals erst in Ansätzen war.) Den Konzernchef durfte man einen westfälischen Dickschädel nennen, ich war ein schwäbischer. Konflikte konnten nicht ausbleiben. Wir überschätzten sie nicht. Es fand sich fast immer eine faire Lösung.

Doch immer stärker pochte die Mahnung an mein Gemüt, es sei an der Zeit, dass ich nach rund drei Jahren zu meinem eigentlichen Beruf zurückkehren sollte, zum Journalismus, zum gedruckten Wort, auch zur Produktion von Fernsehfilmen (ein Handwerk, das mir ans Herz gewachsen war). Der Entschluss war gefasst, und ich ließ nicht an ihm rütteln, zumal die Nachfolge kein Problem darstellte – ich hatte den *Monat*-Redakteur Peter Härtling als Cheflektor ins Haus geholt. Er brauchte keine lange Einarbeitung.

Die jähen Wechsel, die Härte der Arbeit, der konstante Mangel an Schlaf, die gelegentlichen Reibungen mit brutalen Konkurrenten wie dem – inzwischen zum Buchheiligen verklärten – Siegfried Unseld, die Herausforderungen, die Spannungen, die Erfolge, die Misserfolge bewältigte ich zwar meist unbeschadet, doch sie zehrten an den Kräften. Ein guter Wein – weißer zu Mittag, roter am Abend – steigerte den Elan. So viel Wein vertrug sich nicht allzu gut mit einer Hepatitis, die ich mir in Paris in einem Restaurant an der Place de l'Odéon durch ein Muschelgericht eingefangen hatte. Fischvergiftung mit den üblichen Folgen. Kein Arzt erkannte die eigentliche Krankheit. Gelb wurde ich nicht. Bis ich, nach einem knappen Jahr, zusammenbrach und mit sechs Wochen in der Frankfurter Universitätsklinik büßte (wo ich, die Zeit nutzend, das Vietnam-Buch von Mary McCarthy übersetzte, insgeheim hoffend, ich könnte sie für Fischer gewinnen). Vom Wein ließ ich für eine Weile ganz. Nach zwei Jahren Karenzzeit meinte ich, mir dieses und jenes Glas leisten zu können. Bald war es wieder eine Flasche am Abend. Zu viel.

Ich fürchtete, ich könne in den Zustand der Abhängigkeit geraten – und ich spürte in der Tat die Entbehrung, wenn ich auf das erste Glas zu lange warten musste. Merkte, dass ich auf Alltagsärger launisch zu reagieren begann. Für R. war ich in jener Phase ganz gewiss nicht gut zu ertragen (doch sie zeigte, diszipliniert wie sie ist, ihre Sorge selten an, und das allzu diskret). Eine Kollegin, der das Problem nicht fremd war, schickte mich in eine Art Kurhaus. Dort ohne Umstand die Vollbremsung (wie man wohl sagt). Keine Krise. Viel Schlaf. Ein bisschen Sport. Lange Spazierwege. Viel Wasser, viel Tee. Psychologische Hilfe schien nicht vorgesehen zu sein. Brauchte ich wohl auch nicht. Das ist mehr als dreißig Jahre her. Seither kein Tropfen. Nur bei einem sehr guten Essen ein leises, bezähmbares Gefühl der Entbehrung – ich weiß allzu genau, welcher Wein der passende wäre. Zu einer kleinen Charakterprüfung wurde mein Film über die Weinindustrie in Kalifornien. Ich rollte dann und wann einen Winzschluck über die Zunge und spuckte ihn wieder aus. Kein Rückfall.

Während der Wochen in der Kur – es muss Anfang der achtziger Jahre gewesen sein, ich war noch im Kurhaus, eines Nachmittags überraschender Besuch: Exkanzler Willy Brandt und Horst Ehmke waren gekommen, um mich aufzuheitern. Was für ein einfacher und bewegender Beweis der Freundschaft.

Wahltriumph 1972. Neue Mitte. Israel am Abgrund

In der Neige seiner Kanzlerschaft. Willy Brandt und ich in seinem Amtszimmer. Er hatte sich in Wut geredet, wohl über Herbert Wehner und Konsorten, sprang plötzlich auf, griff ein dickes Bündel Akten auf seinem Schreibtisch und schmetterte es auf den Teppich. Wir beide starrten einen Augenblick auf den Papiersalat zu seinen Füßen. Ich war im Begriff, die Dokumente aufzulesen, beugte mich nach vorn. Dann, einem Befehl aus dem Unterbewusstsein gehorchend, richtete ich mich wieder auf. WB aber ging in die Knie, wortlos, ordnete den Wust, so gut er konnte, und legte ihn zurück auf den Schreibtisch. Ich sah ihm zu, reglos. Dann schauten wir uns an – und lachten. Lachten laut und lange. Alle niederdeutsche Schwere schien von ihm abgefallen zu sein. Die Komik war offensichtlich. Sein Humor war hellwach. Er hatte genau verstanden, was mich davon abhielt, ihm zu helfen (es wurde mir selbst erst mit Verspätung deutlich): der Schock angesichts der Unbeherrschtheit, die sich ein Regierungschef nicht leisten kann; die Einsicht, dass ein Kanzler nicht die Kontrolle verlieren darf, niemals. (Wir hatten mehr als einmal darüber gesprochen, dass Franz Josef Strauß von der Macht – dem bisschen deutscher Macht – ferngehalten werden musste, weil er von Zeit zu Zeit die Kontrolle verlor, außer sich geriet, nicht bei sich, nicht bei Vernunft war, in seine explosiven Ressentiments entrückt – für Momente *ver*rückt.)

Willy Brandt lachte, weil wir uns wortlos darüber geeinigt hatten, dass dies nicht anging. Letztlich lachte er über sich selber. Dass er dazu fähig war, zeichnete ihn aus. Diese Gabe ist unter Politikern, unter Menschen, die in einer engen Beziehung zur Macht leben, eher selten und auch unter Intellektuellen, die auf (gebrochene) Weise ein bisschen Macht haben, so gut wie nie anzutreffen. Konnte Konrad Adenauer über sich lachen? Es ist zu vermuten, trotz seiner patriarchalischen Strenge (immerhin war er Kölner). Ludwig Erhard kaum, Kurt Georg Kiesinger? Nicht denkbar. Und Helmut Schmidt? Wohl eher nicht. Er nahm sich ernst (und manchmal bitter ernst). Selbstironie gehört selten zu den Vorzügen der Menschen mit einem allzu betonten Selbstbewusstsein. Doch Witz als Nebenprodukt der Intelligenz – darüber verfügt Schmidt bis ins hohe Alter, von jeher ein schneller Denker und mit einem gut geölten Mundwerk versehen. Brandt war für den Wortwitz in der Regel zu langsam (obwohl zu spontanen Entschlüssen fähig, wenn es not tat), er war kein leichtfüßiger Causeur vom Schlage des dicken Carlo Schmid, jedoch ein berüchtigter Erzähler von Witzen – mir darin fremd. Ich war kein großer Freund der vorgefertigten Pointe und zugleich ein ideales Publikum, weil ich Witze in der Regel sofort wieder vergaß. WB lachte über seine Pointen selber am lautesten. Das zeugte von einer gewissen Unschuld. Zugleich machte er oft gezielt von ihnen Gebrauch – um verspannte Gemüter aufzulockern, um sein Desinteresse an einem Sujet oder an den Gesprächspartnern zu tarnen, um nach schwierigen Erörterungen für einen heiteren Abgang zu sorgen. Mich störte das devote Unisono-Lachen der Zuhörer, das sich aus der Entfernung künstlich und mechanisch anhörte (wie die Lachsalven in amerikanischen Comedy Shows).

Der Glasbungalow, den sich Ludwig Erhard von dem respektablen Architekten Eiermann als Privatunterkunft in den Park des Palais Schaumburg stellen ließ, wirkte mit seiner rechtwinkligen Nüchternheit wie eine Verirrung in der fast üppigen (wenngleich gezähmten) Natur. Man verstand nicht, wie sich Adenauers Nachfolger, eher eine mollig-barocke Figur, in dieser kühlen Glas- und Betonkiste wohlfühlen konnte. Indes, das Bürgertum der Wirtschaftswunder-Epoche vereinte seine fragwürdige Gemütlichkeit gern mit einer Moderne, die keine Ansprüche stellte. Kurt Georg Kiesinger, »König Silberzunge« mit dem schwäbischen Schulmeister-Pathos, nahm das Glashaus klaglos hin. So auch – immerhin für fast acht Jahre – Helmut Schmidt, der angesichts seines bescheidenen Hamburger Reihenhauses nicht verwöhnt war. Willy Brandt allerdings zog es vor, in der freundlichen und geräumigen Villa im Kiefernweg droben auf dem Venusberg zu bleiben, der offiziellen Residenz des Außenministers; vielleicht war es auch Rut, die darauf beharrte, sich und ihren drei heranwachsenden Knaben die Isolation im Bungalow hinter den Zäunen des Kanzleramts nicht zuzumuten.

Nein, Brandt fühlte sich nicht fremd an seinem Arbeitsplatz im Bonner Palais Schaumburg, das in seiner Mischung von klassizistischen Reminiszenzen und früh-viktorianischen Launen kein Meisterwerk der Architektur des 19. Jahrhunderts ist, doch originell und halbwegs harmonisch. Er amtierte gern in dem Haus, in dem Dielen und Treppen noch knarrten. Und er liebte den Park mit seinen mächtigen Bäumen, den Wiesen, dem üppigen Buschwerk, den Öffnungen zum Rhein. Er hätte sich, wie er mir sagte, geweigert, in die dunkle, fast schwarze Betonkiste umzuziehen, die an den Rand des Schaumburg-Parkes gebaut wurde, um endlich der notorischen Platznot im Palais und in den halb versteckten Bürobaracken Herr zu werden.

In meiner Bonner Zeit nutzte die Bundesregierung den merkwürdigen Großbau auf dem Petersberg als Gästehaus. Das Anwesen war 1955, nach dem Abschied der Hohen Kommissare, die dort oben den deutschen Westen regiert und bewacht hatten, wieder an die prominenteste aller Kölner Familien, an die Mülhens von »4711« zurückgefallen. Es thronte mächtig auf seinem Hügel im Siebengebirge, fast majestätisch – mit einem freien Blick über den Rhein nach Bad Godesberg und Bonn, an klaren Tagen flussabwärts bis zur Domstadt. Das Gelände ließ sich leicht sichern. Nur die Anfahrt über die Serpentinen, die sich von der Rheinstraße aufwärts winden, war ein wenig mühsam, wie Leonid Breschnew, damals der Herrscher aller Reußen, bei seinem Staatsbesuch im Mai 1973 auf ungemütliche Weise erfuhr. Da der Obergenosse ein Autonarr war, präsentierte ihm der Kanzler den Wunderwagen jener Epoche, einen Mercedes 190, als Gastgeschenk. Bei der Rückkehr von einem offiziellen Essen, bei dem nicht nur Wasser getrunken wurde, bestand der kleine Zar darauf, das Luxusgefährt sofort zu erproben. Prompt scheiterte der beschwingte Chauffeur an einer der Haarnadelkurven. Leonid nahm gottlob keinen Schaden (nicht auszudenken, der Generalsekretär wäre in deutschen Landen schwer verletzt worden oder gar zu Tode gekommen), aber das Auto sah übel aus. Stillschweigend wurde es ausgetauscht.

Breschnews kurze Statur überraschte mich, er wurde zweifellos stets von unten fotografiert. Auch die markanten Gesichtszüge, sie wirkten auf den Bildern heroisch geschlossen, in Wirklichkeit löste sich die Physiognomie in tausend Fältchen auf, was den Genossen sympathischer machte, zumal sie sich unter dem Diktat seines südländischen Temperaments lebhaft bewegten. Ich dachte ein wenig leichtfertig, es humanisiere die Stimmung, wenn dem großmächtigen Gast bei einer der Tischreden des Kanzlers einige urrussische Tränen entlockt würden. Also zitierte WB aus dem Brief eines Soldaten, der es sich so sehr gewünscht hätte, Russland und seine Menschen im Frieden kennenzulernen (doch das sei ihm nicht vergönnt gewesen). Die Worte rührten in der Tat ans Gemüt des Generalsekretärs. Freilich erbat anderntags ein Beamter der sowjetischen Botschaft eine Kopie jenes Briefes – ein Wunsch, der sich nicht so einfach erfüllen ließ. Ich hatte mich an Zeilen meines Bruders Frimut erinnert, der den Eltern Ähnliches schrieb. Es hätte freilich geraume Zeit gedauert, bis meine Mutter – der Vater lebte nicht mehr – den Brief fände. Stimmte der Inhalt mit dem Zitat hinreichend überein? Dessen war ich nicht völlig sicher. Wir vertrösteten Breschnews Boten. Einige Wochen später klopfte er noch einmal an. Neue Ausreden. Gnädiges Vergessen.

Der Petersberg, von fragwürdiger Geschichte gezeichnet. Finanzminister Helmut Schmidt war im Begriff, das merkwürdig gesichtslose Palais der Familie 4711 abzukaufen. Ich erinnerte an das wunderhübsche Poppelsdorfer Schlösschen in Bonn, das der Republik als Gästehaus (mit seinem historischem Flair) gut zu Gesicht gestanden hätte. Die Universität, die einige Institute der Agrarwissenschaft in den vergammelten Räumen untergebracht hatte, wäre sofort bereit gewesen, das prächtige Gemäuer gegen irgendeinen neuen Betonkasten einzutauschen. Schmidt befand: zu teuer. (Der Petersberg kostete schließlich das Doppelte des Schätzpreises, wie es in der Regel bei öffentlichen Bauvorhaben der Fall ist.) Außerdem gäbe es Sicherungsprobleme. Auch mein Vorschlag, in

Gesprächen mit dem Rektor der Universität entwickelt, eine Art Bundeskolleg zu etablieren, eine herausgehobene Vorlesungsreihe, in der sich prominente Geister aus Deutschland, aus der Welt, der Regierung, dem Bundestag zu brennenden Problemen äußern und ungewöhnliche Ideen präsentieren könnten, scheiterte an der Angst vor der aufsässigen Studentenschaft.

Willy Brandt war der erste Kanzler, der eine persönliche und offizielle Beziehung zur Universität Bonn suchte. Er lud den Rektor, den Senat und eine Vertretung der Studentenschaft zu einem Empfang und einem Gespräch ins Palais Schaumburg. Die beiden Institutionen, die das kleine Bonn prägten, nahmen endlich voneinander Kenntnis: Universität und Bundesregierung. Ich weiß nicht, ob dieser erste Austausch von den Nachfolgern fortgesetzt wurde. Nahmen sich Schmidt und Kohl dafür Zeit? Vielleicht. Doch wenn ich mich nicht täusche, begannen die Elemente des Bonner Lebens damals sacht miteinander zu verwachsen. Bundestag, Bundesrat, die Ministerien, selbst die diplomatischen Vertretungen wurden vom Bürger-Bonn schließlich nicht mehr als Fremdkörper empfunden. Sie belebten die Gassen, die Straßen, selbst die gähnenden Vorstädte. Bonn wurde bunt. Der Status einer Hauptstadt kostete zwar dies und das – aber er brachte in der Summe mehr ein. Das kleine Bonn, so viel belächelt, wurde seiner Funktion gerecht. Es stand, dank seiner Bescheidenheit, den Deutschen in den Augen der Welt gut an, nachdem der heroisch-brutale Wille zur Größe (in Wahrheit eine pathologische Großmannssucht) in Groß-Berlin und in Großdeutschland die Gehirne verdunkelt hatte.

Eine Karikatur aus den frühen Bonner Tagen (von Hanns Erich Köhler) zeigte den kleinen Michel beim Nachtgebet vor seiner schlichten Schlafstatt: »Und bitte, lieber Gott, lass mich nicht zu groß werden ...« In Berlin scheint man unterdessen diesen frommen Wunsch vergessen zu haben. Professoren, Publizisten, leider auch allzu viele Politiker wollten, nach der sogenannten Wiedervereinigung, das angebliche Biedermeier-Idyll Bonn so rasch wie möglich hinter sich lassen. Sie hatten vergessen (manche sogenannten Zeit-Historiker unter ihnen, die ein selektives Gedächtnis bewiesen), dass die Bonner Republik weder ein Idyll, noch gar biedermeierlich war, sondern das beste Staatswesen, das die Deutschen jemals geschaffen haben – auch dank der westlichen Besatzungsmächte! –, mit erdrückenden Problemen konfrontiert, die es meisterte (und manche nicht), leistungsfähiger als jede der Diktaturen (die in Wahrheit immer Systeme der Verschwendung sind), motiviert und gesichert von der »Sozialen Marktwirtschaft«, die seither so böse aus dem Gleichgewicht geraten ist. Berlin, Hauptstadt des wieder vereinigten Deutschland schien nicht fähig und nicht willens zu sein, den notwendigen moralisch-politischen Widerstand gegen die Abkehr vom »rheinischen Kapitalismus« zu mobilisieren.

Berlin? Wie sollte es. Der Stadt gelang eine eindrucksvolle Präsentation ihrer kulturellen Schätze; sie ist zugleich das Amüsierquartier Europas. Alles, was subventioniert ist, verstehen die sogenannten Verantwortlichen – wären sie es nur! –, nach alter Gewohnheit (in Ost und West) mit Geschick zu nutzen. Wenn freilich die Projekte zu kompliziert werden (zum Beispiel der Flughafen), offenbaren sie die Hilflosigkeit von Schuljungen, die sich dabei erwischen ließen, wie sie Muttis Haushaltskasse leerten. Ob von den Sozis oder den Schwarzen dominiert, ob unter den Fittichen einer schwarz-roten, rot-schwarzen Koalition: Berlin lebt politisch so dahin unter seinem Vorstadt-Regime, das Skandale wie eben den Großflughafen nicht einmal zu bemänteln versucht – dieses Milliarden-Abenteuer, das umso absurder wirkt, als keineswegs ausgemacht ist, dass Berlin und Brandenburg das Riesending brauchen (es sei denn fürs Prestige). Dass es den Namen Willy Brandts tragen soll, hätte sich der einstige Bürgermeister verbeten.

WB stimmte, das war nicht anders möglich, bei der Entscheidung über die Hauptstadt für Berlin. Leichten Herzens? Dessen bin ich nicht so sicher. Er kannte seine Berliner. Die Mehrheit, die sich im Bundestag für die preußisch-bismarckdeutsche Hauptstadt entschied, war knapp (siebzehn Stimmen). Vielleicht wäre ein Kompromiss möglich gewesen. Man hätte den Bundespräsidenten in Berlin ansiedeln können, die Botschafter hätten ihre Akkreditierung im Schloss Bellevue erledigt, man hätte das durch den gestrichenen Umzug gesparte Geld der Kultur zugesteckt, hätte es in die Konstruktion einer soliden wirtschaftlichen Basis investiert (die es bis heute nicht gibt) und den Reichstag hätte man am besten verpackt gelassen (er schaute nie besser und humaner aus). Der Menschheit Jammer ficht mich an, wenn ich an den Plenarsaal des Bonner Bundestages denke: ein Glücksfall der modernen Architektur (das Werk von Günter Behnisch), eine harmonische Glaskonstruktion in eleganten Schwüngen, mächtig in ihren Maßen und dennoch leicht. Ein Parlamentsgebäude, das ein Gefühl der Freiheit vermittelt – was für ein Kontrast zu der grimmigen Fassade des Reichstags, dessen Schwere auch durch die gutgemeinte Glaskuppel nicht aufgehoben wird. Der Umzug der Abgeordneten bedeutete einen Qualitätsverlust unserer Demokratie.

Zu spät. Ich bekannte mich zu Bonn und musste mich darum in einer TV-Talkrunde vom Genossen Momper fragen lassen: Sind Sie überhaupt noch Deutscher? Im Jahre 1972 war ich nicht ungern für eine Weile von Washington nach Bonn zurückgekehrt. In den vorausgehenden Kanzlerjahren WBs, auch schon in der Außenministerzeit, hatte ich mit einiger Regelmäßigkeit Textpassagen für die Reden geliefert, manchmal Entwürfe für den ganzen Auftritt. Das Beispiel John F. Kennedys, der über einen Stab von Redenschreibern verfügte, legte WB die Erwägung nahe, dass es kein Schade wäre, einen solch dienenden Geist auch im Kanzleramt einzuquartieren. Bisher setzten vor allem Beamte die Textvorschläge auf. Sie hatten fast alle ihre Sprache in den Mühlen der Administration abschleifen lassen, präsentierten die immer gleichen Phrasen, riskierten selten eine originelle Formulierung oder gar eine drastisch klare Meinung (obschon es Glücksfälle gab wie jenen amtlichen Redenschreiber, der für den Bundespräsidenten Scheel brillante Texte, manchmal voll kühner Ideen schrieb). Als WB mich fragte, ob ich das Experiment mit ihm wagen wolle, sagte ich – mit dem Einverständnis von R. – neugierig und guten Mutes zu. Allerdings machte ich deutlich, dass ich am Ende der nächsten Legislaturperiode wieder zum Journalismus und zu meinen Filmen zurückstrebte und den Job keinesfalls als Sprungbrett in eine andere Karriere betrachtete; weder wolle ich mit dem Amt des Presseattachés bei der bundesdeutschen Gesandtschaft in Nicaragua abgefunden werden, noch peilte ich ein Bundestagsmandat an.

Da außer der Fertigung von Texten die Beratung des Kanzlers in internationalen Fragen (Nordamerika, Westeuropa, Israel) und in Sachen Kultur in meiner Arbeitsbeschreibung stehen sollte, hielt ich den Verzicht auf alle politischen Ambitionen (selbst der bescheidensten Art), auch auf jedes Ämtchen im Staat, für die Voraussetzung einer guten Beratung. Der Vertrag wurde – aus bürokratischen Gründen, die ich nicht durchschaute – mit dem Bundespresseamt abgeschlossen. Meine Sekretärin, die wunderbare Helga Bihler, bezahlte ich aus eigener Tasche (und am Ende wurde mir eine gesalzene Rechnung für die Fahrdienste auf den Tisch gelegt). Helga war eine unermüdliche, manchmal verbissene Arbeiterin, die uns seit dem Dienst im S. Fischer Verlag begleitete; sie trug jedes unserer Themen mit, gehörte sozusagen zur Familie, sensibel, integer und einen halben Kopf größer als ich (wie ihre Vorgängerin und ihre Nachfolgerin auch – es fügte sich halt so), später die Chefin einer großen Buchhandlung in Stuttgart. Wir ließen die Möbel in Washington. Ein Glücksfall ergab, dass in einem (nicht allzu hohen) Hochhaus am Rande von Bad Godesberg die Wohnung von Hartmut Schulze-Boysen frei war (Bruder des zum Tode verurteilten Widerstandskämpfers, damals Pressereferent der Botschaft). Der Zwillingsbau ein Stück bergauf war völlig von Angehörigen der sowjetischen Botschaft besetzt, denen es offensichtlich strikt untersagt war, das Haus allein zu verlassen; allemal wurden die Damen in Bussen unter männlicher Zivilbewachung zum Einkaufen oder sonst wohin gekarrt.

Einen guten Teil des Sommers 1972 hatte ich mich schon in Bonn aufgehalten. Doch für die erste herausfordernde Rede flog ich aus Washington herbei, um ein Manuskript für den Auftritt des Kanzlers beim Wahlparteitag in Dortmund zu fertigen. Es blieb nicht viel Zeit. Ich saß in einem improvisierten Büro, las die vorbereiteten Seiten, die von umständlicher Langeweile zeugten und nicht viel mehr, schrieb um, schrieb neu. Eine Sekretärin, die meine Handschrift lesen konnte, brachte die fertigen Seiten ins Nachbarzimmer und legte sie WB auf den Tisch, der sie redigierte, wie sie kamen.

Albrecht Müller, der mit Heinemann nach dem Scheitern der »Gesamtdeutschen Volkspartei« zur SPD gelangt war, prägte und organisierte einen glänzenden Wahlkampf, den er ganz auf die Persönlichkeit des Kanzlers konzentrierte (»Willy wählen!«) – und auf eine Polarisierung durch die leidenschaftliche Debatte über die Grundstrategien Brandts in der Ost- und Friedenspolitik. Niemals davor und niemals danach wurden die Deutschen in einem solchen Maße politisiert wie in jenen Wochen. Die Differenzen zerrissen manche Familien.

Mein Konzept widersprach einer Mobilisierung der Emotionen nicht. Doch es folgte der Einsicht, dass die Leidenschaft der Debatten am Ende nicht genügen werde, WB und der SPD eine Mehrheit zu sichern. Ich war davon überzeugt (bin es noch immer), dass Wahlen, zumal in Deutschland, nur in der Mitte der Gesellschaft gewonnen werden. Also galt es, einen Teil des Bürgertums zu uns herüber zu ziehen: die jungen, die weltoffenen, mobilen, dem Westen und seinen Werten zugewandten Geister. Zu WB sagte ich: Wir klauen der CDU den Adenauer.

In Dortmund und in allen folgenden Wahlkampfreden betonte der Kanzler wieder und wieder, dass seine Ostpolitik unlösbar in der Westpolitik Konrad Adenauers verankert, ja, dass sie deren logische und unausweichliche Konsequenz sei – die Fortsetzung einer Friedenspolitik, in der die Bundesrepublik Schutz und Sicherheit finden und die Freiheit voranschreiten könne. Es brauche einen neuen Bürgergeist, in dem die gemeinsame Entwicklung der libertären und der sozialen Bewegungen des 19. Jahrhunderts wieder Leben gewönne – in dem sich, mit anderen Worten, endlich die Revolution von 1848 erfülle. Das Bündnis mit den Freien Demokraten Walter Scheels sollte vom Verdacht des Zufälligen, des Taktisch-Opportunen befreit und historisch grundiert werden. So schrieb ich die Formel von der »Neuen Mitte« auf, die in den Medien – wie fast alle Stichworte jener Rede – ein starkes Echo fand. (Sie wurde nahezu drei Jahrzehnte später von Gerhard Schröder wieder aufgenommen, freilich nun auf die SPD und ihren gesellschaftlichen Umkreis zentriert.) In der Partei war die Zustimmung nicht einhellig. In manchen linken Zirkeln hatte sich das Misstrauen gegen die FDP tief eingefressen (und Genscher schien es später mit seiner Aufkündigung der Koalition unter Helmut Schmidt zu bestätigen). Die Urteile und Vorurteile der Bebel-SPD, die jedes Bündnis mit den bürgerlich-liberalen Parteien jener Epoche weit von sich gewiesen hätte, hockten noch in den Gemütern vieler Genossen, und sie ließen sich verstehen: Das Bürgertum hatte sich seinerzeit keineswegs entschlossen den »Sozialistengesetzen« Bismarcks entgegengestellt. Nach den Reichstagswahlen von 1912 hätten die Sozialdemokraten (als stärkste Partei) und die Liberalen zusammen vielleicht die konstitutionelle Monarchie erzwingen können, doch sie kehrten einander den Rücken zu. Auch in den Koalitionen von Weimar löste sich das Grundmisstrauen nicht auf, trotz Rathenau und Stresemann. Erst die junge FDP in Nordrhein-Westfalen sprengte die alten Verhärtungen. Sozialdemokraten vom Schlage Wehners freilich wollten von der »Neuen Mitte« nichts wissen.

WB übernahm die Formel in seine Rede, und er billigte es, dass ich hernach mit intelligenten Vertretern beider Parteien zehn Thesen zu den gemeinsamen Einsichten und Zielen aufsetzte. Die Erinnerung an die »Neue Mitte«, ihre Begründung, ihre Pflichten, ihre Chancen verloren sich in der Ära Schmidt. In der SPD-Baracke zog man sich lieber auf die »linke Mitte« zurück (die es nicht gibt), und man redete sich ein, die deutschen Wähler ließen eine linke Mehrheit zu. (Die Grünen, Gerhard Schröders Partner, waren nicht links, sind es nicht, manche Gruppierung eher radikal-liberal und manche liberal-konservativ.)

In Dortmund versuchte WB, die Erstarrung in der Regulierungswelt des Sozialstaats ein wenig zu lockern (was den aufgeklärten Geistern des jungen Bürgertums entgegenkam). Er erinnerte an die Appelle der Kennedys, die ihre Landsleute aller Schichten zur sozialen und menschlichen Mitverantwortung für die Schwachen, die Armen, die Alten aufgerufen hatten: die *compassion*, für die WB später die kongeniale Übersetzung von der »Mitleidenschaft« fand. Der Satz, dass Barmherzigkeit kein Fremdwort werden dürfe, fand in jeder Wahlversammlung spontanen Beifall, oft den stärksten. Mich störte es nicht, dass sich Egon Bahr über die »sozialdemokratische Bergpredigt« amüsierte. Der Wahlsieg gab der Renaissance vermeintlich altmodischer Werte recht.

Im Palais Schaumburg bezog ich ein geräumiges, nicht allzu üppig möbliertes Zimmer im Dachgeschoss – nein, nicht im Türmchen, wie die Gerüchte gingen, aber irgendwo darunter; nebenan ein Mitarbeiter aus der SPD-Baracke und ein junger Vertreter des Auswärtigen Amtes, dem eine »halbe Stelle« in unserem Mini-Team zugewiesen wurde. Nannte das Unternehmen »Schreibstube«, wollte damit nicht an die grauen Büros in den Kasernen der Wehrmacht erinnern (die auch Drückerstuben hießen), sondern eher an die alten Gemeindeschreiber, die in einem Winkel des Rathauses saßen und ihre Feder den schreibunkundigen Mitbürgern zur Verfügung stellten. Zwei Türen von mir entfernt das Zimmer von Günter Guillaume, dem eher kleinen, untersetzten Referenten aus der Baracke (für die Partei-Termine des Kanzlers zuständig), der immer forsch und zugleich ein wenig devot »Juten Morjen« wünschte und etwas angestrengt durch die Brille lächelte, die sein Gesicht auch nicht intelligenter machte.

Der Tag begann mit der sogenannten kleinen Lage um acht Uhr oder halb neun – um sieben Uhr dreißig wurde ich abgeholt, für mich eine barbarische Zeit, denn das bedeutete Tagwacht um sechs Uhr dreißig. WB fand sich gelegentlich zu dem fixen Morgentermin der Abteilungsleiter ein, die das Tagesprogramm prüften und kurz über neue Begebenheiten in ihrem Fachbereich berichteten; am Ende eine Übersicht des sogenannten Bundespressechefs – nach Conrad Ahlers der tüchtige Rüdiger von Wechmar, von aller Welt Dodel genannt, ein kluger Routinier (der FDP zugehörig), sympathisch, trotz eines Rests von »Schmiss«, der ihm aus Offizierstagen geblieben war. Die Sitzungen wurden vom Staatssekretär Horst Grabert geleitet, dem Chef des Kanzleramts, der mit dem Temperament, der politischen Phantasie und der Publikumswirkung seines Vorgängers Horst Ehmke nicht konkurrieren konnte (den WB dem Veto Helmut Schmidts geopfert hatte, wie Conny Ahlers auch) – aber Grabert meisterte die komplexe Struktur des Amtes, ein kluger, bedachtsamer, sensibler und loyaler Mann, der den Intrigen von Günter Gaus ziemlich hilflos ausgeliefert war, des *Spiegel*-Chefredakteurs, den der Kanzler (hartnäckigem Drängen sich beugend) als Staatssekretär nach Bonn kommen ließ, zunächst zur Unterstützung Egon Bahrs. Gaus, ein scharfsinniger Mensch mit einem hoch entwickelten intellektuellen Sensorium, durchschaute vieles, das anderen verborgen blieb, sich selber freilich nicht. Seine Klugheit wurde manchmal von einem übermächtigen Ich erdrückt.

Doch sein wucherndes Selbstbewusstsein war überaus verletzlich – und umso intensiver musste es von seiner Eitelkeit gestärkt werden. Mich versuchte er, bald nach seiner Ankunft, als Mitglied einer Gaus-Partei zu rekrutieren. Dafür war ich nicht zu haben. Dann, sagte er mit einer erstaunlichen Naivität, möge ich wenigstens nicht gegen ihn sein. Wir arbeiten, sagte ich, in verschiedenen Bereichen für den gleichen Chef und haben genug zu tun. Was soll das? Er war ganz davon überzeugt, dass er – und womöglich er allein – dazu befähigt sei, das Kanzleramt zu führen. Also versuchte er mit vielen Mitteln, den armen Grabert aus dem Amt zu drängen. Die Indiskretionen, bösen Nachreden, schwarzen Gerüchte lancierte er über seine alten Bonner Journalistenkollegen, die er einmal in der Woche, meist wohl am Donnerstag, zum Rapport zu treffen pflegte – was WB nicht verborgen blieb, doch er unternahm nichts dagegen, weil ihm die Welt der Intrige fremd war. Die damaligen Vertreter des *Spiegel* waren keine zartsinnigen Amtsbrüder. Bei einem langweiligen Empfang, bei dem das ganze offizielle Bonn präsent zu sein schien, stand ich für einige Minuten hinter den Kollegen. Der eine sagte, mit Blick auf den Saal: Die könnten wir alle fertigmachen ... Selbst Augstein hätte es nicht gern gehört. Der Kanzler aber dachte nicht daran, den loyalen Grabert fallen zu lassen, der manchmal, nicht allzu geschickt, via *Stern* zurückzuschießen versuchte.

    Die Tage waren lang. Selten kam ich vor zehn oder elf Uhr nach Hause. Dort eine halbe Stunde Tagebuch, das ich in ein Diktiergerät sprach. Ich führte es nicht auf Anweisung WBs, doch von ihm angeregt. Es geschehe nicht allzu oft, bemerkte er, dass einer, der schreiben könne, im Zentrum einer Regierung arbeite; die Chance solle genutzt werden. So machte ich während der Gespräche im kleinen oder großen Kreis gelegentlich eine Notiz. Egon Bahr fragte WB, was denn der K. immerzu schreibe. Ach, sagte der Freund, der muss sich vieles merken, vielleicht hält er er auch Einfälle für eine Rede fest. (Das abgeschriebene Tagebuch und einige noch nicht übertragene Tonbänder gab ich nach Willy Brandts Rücktritt meinem Literaturagenten und Freund Rainer Heumann in Zürich zur Verwahrung. Der schloss den Packen Papier und die Bänder in seinen Safe. Gegen Ende der neunziger Jahre erinnerte er mich an die

Hinterlassenschaft, die ich in der Tat fast vergessen hatte. Wir sahen die Blätter durch, Nikolaus Hansen, Chef bei Rowohlt, meinte, es lohne sich, die Notizen drucken zu lassen. Brauchte auf niemanden Rücksicht zu nehmen. Gaus war gewiss nicht amüsiert – wenn er sie denn gelesen hat. Warum sollte er? Ich an seiner Stelle hätte es bleiben lassen. Es tat mir leid, dass ihm in der Krankheit ein so harter Abschied aus dem Leben auferlegt war.)

Im Umgang mit dem Kanzler entfiel das Freundes-Du von meiner Seite, wenn wir nicht unter uns waren. Dann galt Herr Bundeskanzler und Sie. WB hielt es, wie ihm gerade zumute war: Vorname oder ganzer Name und Sie im größeren Kreis. In kleinerer Runde beließ er es beim Du. Nachsicht im Dienst hatte ich nicht zu erwarten. WB war ein harter Arbeiter. Wenn ich ihm um elf Uhr nachts noch einen dringenden Vermerk oder ein Manuskript auf den Venusberg schickte, fand ich das Papier am Morgen um acht Uhr auf meinem Schreibtisch wieder. Als ich ihm, nach einer Nacht ohne Schlaf, einen langen eiligen Redeentwurf um neun Uhr früh in den Kiefernweg brachte, verbarg ich ihm nicht, dass ich hundemüde sei. Dann geh jetzt schlafen, sagte er freundlich. Wir redeten über dies und das. Dann holte er ein Manuskript vom Schreibtisch. Wäre dir dankbar, wenn du dir das anschauen würdest. Das hieß, redigieren, umschreiben, neu schreiben. Bis wann? – Wenn's am späten Nachmittag ginge …? – Sagtest du nicht, ich solle nun schlafen? – Er lachte ein bisschen, das war alles. Höflich wie immer begleitete er mich zum Tor. Niemals ging er zum Haus zurück, ehe der Besucher, erst recht die Besucherin – gleichviel ob Mitarbeiter oder Gast – ins Auto gestiegen war und davonfuhr.

Erste Gedanken, Skizzen, Umrisse einer Rede wurden oft bei kleinen Wanderungen durch den Park entworfen. Immer wieder bat er mich um ein Exposé, und immer wieder sagte ich ihm, dass ich das nicht liefern könne, denn für mich entwickle sich die Substanz einer Rede nur in Zusammenhängen. Also schrieb ich einen ersten Entwurf. Bei wichtigen Reden, zumal wenn Beiträge von den Ressorts untergebracht werden mussten, wanderte das Manuskript oft zehnmal zwischen ihm und mir hin und her. Keiner wusste am Ende mehr genau, wer was geschrieben hatte. Das interessierte auch nicht länger: Es war die Rede Willy Brandts.

Das Jahr 1973 begann mit der Regierungserklärung – eine komplizierte Arbeit, da die Minister ihr Programm so ausladend, wie es nur anging, vorgestellt wissen wollten. Wie schwer es auch erzgescheite Menschen ankommt, das Wichtige vom Unwichtigen zu unterscheiden. Vor allem musste Raum für den Kanzler bleiben, seine Linien auszuziehen. Der zentrale Satz: Wir wollen ein Volk der guten Nachbarn sein, nach innen und nach außen. Das Wort fand nicht die gleichsam sprichwörtliche Geltung des »Mehr Demokratie wagen!« aus der Regierungserklärung von 1969, doch es blieb gegenwärtig.

Die intensivste Vorbereitung verlangte der erste Staatsbesuch in Israel. Keiner der Vorgänger WBs schien allzu begierig zu sein, die Beziehungen zu Israel, die Konrad Adenauer in einer unmittelbaren Verständigung mit dem Staatsgründer Ben-Gurion geöffnet und Ludwig Erhard 1965 mit dem Austausch von Botschaftern etabliert hatte, durch eine offizielle Visite in der Welt sichtbar zu machen. Bonn fürchtete, das Verhältnis zu den arabischen Staaten zu belasten – aus wirtschaftlichen, auch aus historisch-sentimentalen Gründen, vor allem der ziemlich absurden Hallstein-Doktrin gehorchend, die um jeden Preis verhindern wollte, dass Staaten der Dritten und Vierten Welt die DDR anerkannten. Alle muslimischen Länder im Nahen und Mittleren Osten – ausgenommen Libyen, Tunesien und Marokko – hatten 1965 in der Tat die diplomatischen Beziehungen zur Bundesrepublik abgebrochen und zur DDR aufgenommen. WB hatte dieses Tabu beiseite geräumt. Für ihn war der Staatsbesuch in Israel eine selbstverständliche Pflicht.

Freilich war ihm nur zu bewusst, dass er vermintes Gelände beträte. Die Generalgebote für die Reise: Takt, Sensibilität, menschliche Offenheit. Die schwierigste Probe: Wie verhält sich der Kanzler in Yad Vashem, der Gedenkstätte für den millionenfachen Mord, mit dem das Nazireich das europäische Judentum auszurotten versucht hatte? Ich plädierte dafür, dort auf jedes eigene Wort zu verzichten und ein Bibelwort zu verlesen, einen Psalm. Vielleicht den einhundertdritten, eine

Bitte um Vergebung, zugleich ein Lied der Hoffnung. WB liest, nickt, will Alternativen prüfen. Im Amt nur drei Bibeln (als ich anfing, gab es gar keine, musste in der Stadt ein Exemplar kaufen lassen, das wir damals dringend brauchten). Die Bundestagsbibliothek hatte einige mehr. Was für eine heitere und zugleich ein wenig groteske Vorstellung: Alle engeren Mitarbeiter des Regierungschefs hocken an ihren Schreibtischen und lesen aufs intensivste das Alte Testament. (Hätte das gern meinem Vater erzählt.) Per Fischer – stellvertretender Leiter der außenpolitischen Abteilung, ein überaus sympathischer, herzlich-temperamentvoller, gescheiter und vor allem engagierter Kollege – schleppt eine alte französische Ausgabe des Talmud herbei, mit Silberbeschlägen dekoriert. Daraus zu zitieren wäre für den deutschen Kanzler denn doch ein bisschen zu betulich gewesen. Es blieb beim gemeinsamen Buch, dem Alten Testament, und beim 103. Psalm. Die Wahl war richtig.

Rut B. hatte sich nicht dazu überreden lassen, nach Israel mitzukommen. Es wäre wichtig gewesen. Vielleicht dachte sie, es sei besser, die Deutschen und die Israelis unter sich zu lassen. So fiel R. partiell die Rolle der ersten Dame in der Delegation zu, der sie bescheiden und gelassen ganz gerecht wurde. Günter Grass hatte sich dem Team angeschlossen, vermutlich von WB eingeladen. Ihm wurde von der Ministerpräsidentin Golda Meir eine Sonderaudienz in ihrer berühmten Wohnküche gewährt. (Seinen kurzen Dienst in der Waffen-SS wird er ihr kaum gebeichtet haben.)

Die Begrüßung durch die Regierungschefin am Flughafen überraschend herzlich. Auch Abba Eban, der brillante Außenminister, überaus freundlich. Dennoch, mir war klamm zumute, als das Deutschland-Lied intoniert wurde. Die israelische Hymne: eine weiche, etwas melancholische Melodie, von Smetana entlehnt, der sie wiederum einem skandinavischen Volkslied nachempfand. Golda Meir sagte (schon beim Empfang oder später?), der Name Willy Brandt werde dort genannt, wo sich die Menschen um den Frieden bemühen. Mehr Ehre konnte ihm nicht zuteil werden. Das Sicherheitsaufgebot auf der Fahrt zum King David-Hotel in Jerusalem einschüchternd. Soldaten auf allen Dächern und Balkons. Schon eine halbe Stunde nach der Ankunft kurze Fahrt nach Yad Vashem. R.s Name stand nicht auf der Liste der fürs Gedenkmal zugelassenen Delegation. Es war absurd – sie war vermutlich der einzige Mensch im Umkreis, der ein Vernichtungslager von innen kannte. Wut auf die Protokoll-Trottel, die hier am Werk waren. Sie kam in einem Botschaftswagen mit Susi von Wechmar nach. Die beiden mussten vor der Absperrung bleiben. Die Sicherheitsmenschen ließen sich durch nichts beeindrucken. Sie trug es mit Fassung. Drinnen berührte die Lesung aus dem Psalm »Barmherzig und gnädig ist der Herr …« viele Gemüter.

Am zweiten oder dritten Vormittag trug WB am offiziellen Gesprächstisch einige Ideen vor, wie eine Annäherung an die arabische Welt möglich sein könnte (Vorschläge, die er selber austariert hatte, vielleicht mit Bruno Kreiskys Hilfe; der österreichische Kollege unterhielt eine umstrittene Sonderbeziehung zu den arabischen Staaten und zu Israel.) Golda Meirs Antwort war skeptisch, eher abweisend. WB wiederholte seine Vorschläge, fügte an, dass jede, auch die geringste Chance genutzt werden müsse, er habe das in der Ostpolitik gelernt: die Strategie der kleinen Schritte. Golda Meir von neuem höflich abweisend. Das Wort hätte nun an WB zurückfallen müssen. Der Kanzler schwieg, eine Minute, zwei Minuten. Drei, vier … WB starrte ins Leere. Ich wand mich, inwendig, vor Peinlichkeit. Schließlich Golda: Da wir uns offensichtlich im Augenblick nichts zu sagen haben, beende ich die Sitzung.

Schweigen: WBs bedrückendste Waffe. Hinterher sagte ich ihm, dass ich fast gestorben sei, so schrecklich sei mir sein Schweigen gewesen. Verstünde nicht, wie man das durchhalten könne. – Wieso? Zweimal habe er ihr vorgetragen, worüber man sprechen müsse, zweimal habe sie blockiert. Hätte er es ein drittes Mal versuchen sollen? Es gab in jenem Augenblick nichts mehr zu bereden. Also habe er den Mund gehalten. Am Abend trafen sich die beiden in ihrer Wohnküche zu einem freimütigen Gespräch, das wohl auch positive Ansätze bot.

Andertags ein Exkurs nach Masada, der Bergfestung, die von jüdischen Kriegern nach dem Fall von Jerusalem (im Jahre 70) zäh gegen die Römer verteidigt wurde. Als schließlich die Eroberung des Hochplateaus gelang, stürzte sich der letzte Krieger in den Abgrund. Die israelische Regierung schickt ihre Gäste gern auf den Fels, der so dramatisch über dem Toten Meer aufragt. Der Kanzler und sein Gefolge wurden in einem schweren Armee-Helikopter hinaufgeflogen. Das Wetter klar, aber ein stürmischer Wind. Die Maschine setzte sicher auf dem kleinen Landeplatz auf. Die Ausstiegsluken wurden geöffnet, Treppchen standen in einiger Entfernung bereit. Wir warteten. Plötzlich brüllte Dodel von Wechmar (vielleicht war es auch der Leibwächter Bauhaus): Alles raus! Die Maschine rollt! Ich hatte es selber bemerkt. Der Helikopter wurde vom Sturm langsam Richtung Abgrund gedrückt, die Bremsen schienen das Ungetüm nicht halten zu können. Wechmar sprang zuerst (etwa zwei Meter), irgendwann sprang auch ich. (R. war gottlob nicht mit von der Partie, sondern besuchte den Schwager, die geliebte Nichte Michal und den Neffen im Kibbuz.) Irgendwann sprang auch Paul Frank, Staatssekretär im Auswärtigen Amt, doch der kleine, untersetzte Mann sprang zu kurz, landete fast unter dem Hubschrauber, blieb liegen, weil er sich wehgetan hatte. Die mächtigen Räder rollten auf ihn zu. Ich packte ihn brutal am Kragen und zog ihn fort. (Das Hemd sprang dem Armen auf, drunter trug er ein Netzhemd aus Großvatertagen. Er hieß seitdem der Netzhemdpaule.) War gewiss, dass die israelischen und deutschen Sicherheitsleute WB längst durch den hinteren Ausstieg nach draußen befördert hatten. Nichts da. Er wollte springen, sie hielten ihn fest, vermutlich weil sie fürchteten, der Staatsgast könne sich verletzen. Ein Mäuerchen, einen halben Meter hoch, zwischen der Maschine und dem Abgrund von drei-, vierhundert Metern. Kurz vor der schlecht gemauerten Barriere, die nichts hätte aufhalten können, kam der Apparat zum Stillstand. WB kletterte auf die Erde. Die Fragen der Reporter, vor allem Amerikaner, die dort oben warteten, schob er mit einem ironischen Sätzchen zur Seite.

Im Oktober 1973 der Schock. An Jom Kippur, dem höchsten jüdischen Feiertag, der Überraschungsschlag der vereinten arabischen Nachbarn Israels, das verheerende Verluste erlitt. Sämtliche Geheimdienste hatten versagt (es war kaum begreiflich), auch der bewunderte und gefürchtete Mossad, dem sonst nichts zu entgehen schien, die CIA, das MI6 (in Nah- und Mittelöstlichen Problemfeldern in britischer Tradition besonders bewandert), auch der BND, der sich in jenen Zonen ganz gut auskannte. Die Verluste Israels an Menschen und Materiellem waren in den ersten Tagen des Krieges so groß und so bitter, dass die westliche Welt um die Existenz des Landes besorgt war. Die amerikanische Armee schickte von ihren Flugstützpunkten in der Bundesrepublik viele tausend Tonnen militärische Ersatzgüter nach Tel Aviv, belud in Bremerhaven große und schnelle Schiffe mit Waffen. Diese Aktivitäten, von der Bundesregierung und vor allem vom Kanzler wortlos gutgeheißen, verstießen gegen das Gesetz, das es verbietet, Waffen und Rüstungsmaterial in kriegführende Länder oder kriegsgefährdete Zonen zu exportieren. Es blieb Bonn nichts anderes übrig, als einen formalen Protest anzumelden, von dem jedermann wusste (und hoffte), dass er von den Amerikanern nicht beachtet werde. Doch die amerikanische Presse gab sich kollektiv der Empörung über den Verrat der Deutschen am Judenstaat hin, drei Jahrzehnte nach dem Holocaust.

Auch der mächtige amerikanische Außenminister Henry Kissinger geißelte wieder und wieder die Bundesregierung für den Mangel an Loyalität gegenüber Israel und den Vereinigten Staaten – vermutlich gegen sein besseres Wissen. Es war und ist nicht zu glauben, dass er nicht über die spontane und geheime Aktion des Kanzlers informiert war, der mir anvertraute, dass er entgegen dem Gesetz ein überlebenswichtiges Gerät (vermutlich ein hochsensibles Rundum-Radar), das Israel verloren ging, ohne Zögern ersetzte. Die Amerikaner konnten die Anlage nicht liefern (die sie hatten, brauchten sie selbst), aber die Bundeswehr verfügte über das Gerät. WB wies den Bundesverteidigungsminister Georg Leber an, die Anlage unter strikter Geheimhaltung nach Israel auf den Weg zu bringen. So geschah es. Nur der Minister, sein Staatssekretär (der zur selben Promotion im Seminar Blaubeuren gehörte wie ich) und eine Handvoll Offiziere und Soldaten, die den Abtransport besorgten, kannten das Geheimnis. Es ist anzunehmen, dass WB auch Egon Bahr ins Bild setzte, schließlich mich. Mit mir beriet er, da er meine und vor allem R.s enge Bindung an Israel kannte, wie man es anstellen konnte, das Zerrbild in Henry Kissingers Reden und Interviews zu korrigieren, aber auch die hell lodernden Ressentiments in den amerikanischen Medien zu dämpfen, ohne die illegale Hilfsaktion offenbar werden zu lassen. Die israelischen Partner verhielten sich ohnedies diszipliniert. Sie mahnten auf ihre Weise die Medien zur Zurückhaltung. Aber Amerika?

Wir kamen schließlich überein, dass ich mich so rasch wie möglich in ein Flugzeug nach New York setzte, um dort mit Roy Blumenthal, dem Chef einer kleinen Public Relations-Agentur, mit der WB schon in Berliner Bürgermeisterzeiten gearbeitet hatte, nach einem Weg zu suchen, wie der Kampagne ein Ende gemacht werden könnte. Roy und ich verständigten uns ohne Umstand darauf, dass er versuchen sollte, die einflussreichsten Köpfe der »Jewish lobby«, die Vorstände der wichtigsten jüdischen Organisationen, Schlüsselmänner der Verbindungen zu Israel so rasch und so diskret wie möglich zu einem Hintergrundgespräch zusammenzuholen. Es war keine Zeit zu verlieren. Nach zwei Tagen wurde ich von Roy einem Gremium von gut einem Dutzend überaus seriös dreinschauender Herren vorgestellt. Ich bat um strikte Vertraulichkeit. Dann berichtete ich knapp von der Geheimaktion des Kanzlers, die von seiner Sorge um den jungen Staat diktiert worden sei. Er fürchte, dass die ungerechten Angriffe Kissingers und das Trommelfeuer in den Medien den Prozess der Umformung des Bewusstseins der Deutschen, für den WB als Kanzler bürge, und das Gefühl der Zugehörigkeit zur Welt der Demokratien stören, ja unterminieren könnte. Eine große Mehrheit der Deutschen sei vom Lebensrecht Israels überzeugt. Daran dürfe kein Zweifel aufkommen. WB wäre dankbar, wenn die versammelten Herren ihre Einsichten nutzen wollten, um der Welle des Protestes und des Ärgers Einhalt zu gebieten – ohne das Geheimnis der Kanzleraktion preiszugeben. Fragen wurden, wenn ich mich recht erinnere, nur wenige gestellt. Einige der Herren sagten, dass sie von dem Mut und von der Loyalität des Kanzlers beeindruckt seien. Roy Blumenthal formulierte meine Bitte um Verständnis drängender, als ich es tun konnte, mahnte noch einmal die Vertraulichkeit an. Dann gingen wir mit einem freundlichen, mitunter herzlichen Adieu auseinander. Die Angriffe verebbten sehr rasch. Der Name WBs wurde in den Medien wieder mit Respekt genannt. Kissinger verzichtete auf die Polemik. Kein Wort über die Zusammenkunft in New York drang nach draußen. In einem Telefongespräch konnte ich – in geziemender Weise verschlüsselt – dem Kanzler sagen, dass alles gut gegangen sei. Israel hatte sich unterdessen seine militärische Überlegenheit zurückerkämpft. Es war (für einige Tage) näher am Abgrund gewesen als jemals davor oder danach.

Willy Brandt:
die Arbeit, die Freundschaft, der Abschied

Der Horrorherbst 1973. Er begann in der zweiten Septemberhälfte fast trügerisch freundlich mit der Rede des Kanzlers vor den Vereinten Nationen (lange, intensiv und umständlich vorbereitet), die gut aufgenommen wurde. Auf einem Gang durchs UN-Gebäude zufällige Begegnung mit Gromyko, dem so dauerhaften sowjetischen Außenminister, der jeden Wechsel im Parteipräsidium oder Politbüro unbeschadet überstand. Das Gesicht in Fleisch und Blut nicht ganz so sauer wie auf den Fotos und am Fernsehschirm, das Mienenspiel lebhaft. Er schien sich über das Wiedersehen mit WB zu freuen. Die beiden plauderten ein paar Minuten, wenn ich recht hörte, auf Englisch. – Weiter nach Chicago. Mir fiel auf, wie flott der Kanzler die Ehrenformation abschritt, von der Musik beschwingt. Er gestand mir später, dass er Marschmusik gern höre – dieser Erzzivilist.

Nach Colorado Springs zum Aspen-Institut. Auf dem Flug legte ihm Wechmar die Meldung aus Moskau vor: Herbert Wehner, der sich mit einer Bundestagsdelegation in der Stadt seines Exils aufhielt, übergoss in einem Pressegespräch WB mit einer höhnischen Kritik, deren Taktlosigkeit, ja Unverschämtheit kaum ein Politiker der Opposition sich leisten würde: Der Herr bade gern lau im Schaumbad, sei entrückt, abgeschlafft, nutze die Ostverträge nicht …

Ein Skandal, der heute noch den Atem stocken lässt. Den polternden Fraktionschef interessierte die Regel nicht, dass man außerhalb der Grenzen die eigene Regierung nicht öffentlich kritisiere. Und obendrein in Moskau, in der Stadt seiner tiefsten Erniedrigung, in der er dreieinhalb Jahrzehnte zuvor, während der großen »Säuberung« die eigenen Genossen (aber auch Mitglieder von WBs Sozialistischer Arbeiterpartei) dem NKWD ausgeliefert oder – das war wohl die Mehrzahl – posthum als »Parteifeinde« denunziert hatte, wenn sie schon »liquidiert« waren (wie man sich in stalinistischen Kreisen ausdrückte): Menschen, die er in dem berüchtigten Pamphlet gegen die deutschen Trotzkisten mit Namen genannt hatte, dem Hetzdokument, das er in der Lubjanka, dem Hauptquartier der Geheimpolizei, nächtens aufgesetzt hatte, angeblich, um den eigenen Kopf zu retten. Das mag so sein. Er war einer der wenigen, der ins Hotel Lux, das Wohnquartier der deutschen Exilierten, zurückkehren durfte – die elende Behausung, in der die Genossen jeden Morgen ab vier Uhr angespannt lauschten, vor welcher Tür die Stiefelschritte auf dem Flur anhalten würden. Rächte er sich, ohne es recht zu wissen, bei jenem Ausbruch gegen WB an dem Sozialisten, an dessen Händen kein Blut klebte, der sich niemals dem Stalinismus oder einer anderen totalitären Macht unterworfen hatte und darum mit einer inneren Freiheit und einer Lebensliebe beschenkt war, die ihm, dem »Kärrner«, niemals zuteil werden würde? Wollte er im Schatten des Kreml beweisen, über welche Macht er, der einstige kleine Handlanger des Stalinismus, nun verfügte? Seine Ausfälle gegen WB im Gespräch mit Boris Ponomarjow, dem Chef der Internationalen Abteilung des Zentralkomitees, scheinen noch drastischer gewesen zu sein.

Nach der Ankunft im Hotel in Colorado Springs gab mir WB die Meldungen aus Moskau zu lesen. Danach gingen wir ein paar Schritte durch den Garten. Ich sagte ihm, das sei die Kampfansage: du oder er. Wenn du ihn nicht vor die Tür setzt – und dies sofort –, dann ist dies der Anfang deines Endes als Bundeskanzler. Keine eindeutige Antwort. Er müsse nachdenken. Egon Bahr riet ihm, es nicht auf eine Zerreißprobe in der Fraktion ankommen zu lassen. Er hielt es nicht für sicher, dass WB eine Mehrheit um sich sammeln könne. Ich war dessen gewiss, denn der »Zuchtmeister« der Partei hatte sich mit seiner harten Regentschaft und seinem Gebrüll nicht viele Freunde gemacht. So willig sie auch kuschten (gute Deutsche, die sie waren), die Medienmenschen in Bonn nicht ausgenommen: Irgendwann musste es der Demütigungen genug sein; sie zögen dann lieber mit einem disziplinierteren, zivilisierteren Chef weiter, der die Grenze der Machtspiele kannte und respektierte, der oft genug gesagt hatte, dass er nicht viel davon halte, mit der Faust auf den Tisch zu hauen, weil dies den Tisch wenig beeindrucke.

Ich setzte, zurück in Bonn, ein sehr freimütiges Memo auf (nur für WB), in dem ich in die Seele Wehners zu leuchten versuchte. Beschrieb ihn als einen Hysteriker, getrieben von den Verletzungen, die davonträgt, wer in einer absoluten Glaubenswelt gescheitert ist. Hysterie aber sei neurotisierter Machtwille. Zugleich sei Wehner ein Masochist, der sich nach Unterwerfung sehne. Es verlange ihn danach, vom Kanzler in den Hintern getreten zu werden. Egon Bahr sah das Papier auf WBs Schreibtisch, las es, wurde bleich und verlangte, es sofort zu vernichten – was nicht anders vorgesehen war (ich behielt eine Kopie). WB stimmte meiner drastischen Analyse zu. Indes, er konnte sich zu keiner radikalen Lösung entschließen. Nach Wochen des Zögerns war die Chance vertan.

Es kam, wie vorauszusehen. Onkel Herbert, wie er in Bonn hieß, zeigte sich in der zweiten langen Unterredung unter vier Augen reuig und fragte wie eine Pfarrfrau nach ihrem Fehltritt den Herrn Gemahl, ob Willy es noch einmal mit ihm versuchen wolle. WB lenkte ein. Für einige Wochen schien eine gewisse Normalität einzukehren. Die Weltmächte, die sich während des Nahost-Krieges in höchster Alarmbereitschaft gegenseitig in Schach hielten, entspannten sich. WB riskierte es, für zwei Wochen Ferien zu machen – in der freundlich offenen Villa der Pariser Verlegerfamilie Gallimard in La Croix-Valmer. Ich kannte und schätzte die Gallimards seit meinen Jahren bei S. Fischer, zumal den Sohn Antoine und seine so lebhaft-reizende Frau Anny, die protestantische Elsässerin, die mich später einlud, Pate ihrer ersten Tochter Charlotte zu werden (inzwischen die Chefin des Verlags Casterman).

Fast unbeschwerte Tage. WB wanderte gut zu Fuß und guten Mutes durch die Pinien- und Korkeichenwälder, er sang, zur Überraschung des französischen Sicherheitsdienstes, mit kräftiger Stimme (und tonsicher) die alten Sozialisten- und Revolutionslieder, ein oder zwei auch auf Französisch, die sie schließlich mitsangen. Guillaume fand sich ein, der am Ferienort nichts zu suchen hatte. Weil er sich dennoch nützlich machen wollte, trug er R. beim Großeinkauf für die Kanzlerküche auf dem Markt von St. Tropez die Taschen und Körbe. Am Nachmittag im Garten Gespräche über dies und das. Auch die Sowjetunion, den Kommunismus. WB sagte ohne besondere Betonung, er sei keineswegs sicher, dass die Sowjetunion das Jahr 2000 erreiche. Ich hielt die Luft an. Das wagte damals keiner auch nur zu denken – Brandt, der Visionär. Es sei doch ein Fortschritt, bemerkte er schließlich, dass die entmachteten Mitglieder des Politbüros nicht an die Wand gestellt, sondern als Direktoren von Elektrizitätswerken nach Sibirien geschickt würden. Wohl wahr, sagte ich, trotzdem sei die Angst der Zement des Regimes. Bei dem Wort »Angst« zuckte Guillaume, der neben mir stand, so heftig zusammen, dass ich es mir notierte, obwohl ich damals noch nichts von einem Spionageverdacht ahnte. G. wurde in Frankreich wohl überwacht (anders als bei dem Urlaub in Norwegen, wo er ungestört die Kanzlerdossiers fotografieren konnte, weil die deutschen Dienste unter der Autorität des Bundesinnenministers es versäumt hatten – es ist unbegreiflich –, ihm auf die Finger zu schauen). Im Dezember 1973 oder im Januar 1974 warnte WB einige seiner engsten Mitarbeiter, dass ein Kerl in unserer Umgebung Agent der Stasi sein könnte. Etwas später nannte er den Namen: G. G. Die Fortsetzung kennt man.

Für mich – dies weit voraus – nicht die letzte (unfreiwillige) Begegnung mit den »Kundschaftern« des schmucken Generals Markus Wolf. Nach den beiden gescheiterten Annäherungsversuchen unter dem Stichwort »Schellenberg« schienen Stasi und KGB mich als hoffnungslosen Fall aufgegeben zu haben. Doch einige Jahre später regte sich offenbar erneut ein gewisses Interesse in Ostberlin, zweifellos dank meiner Nähe zu WB, dem Parteivorsitzenden der SPD, dem Präsidenten der Sozialistischen Internationale und der Nord-Süd-Kommission an der Seite des einstigen amerikanischen Verteidigungsministers McNamara, der sich zum Anwalt des Ausgleichs und des Friedens gewandelt hatte. Von der neuen Präsenz der Stasi in meinem Leben ahnte ich nichts. Wenn ich in Deutschland Dokumentarfilme drehte, teilte mir das ZDF dann und wann eine Produktionsassistentin zu, die ich dank ihrer Gescheitheit, ihrem ausgeprägten Interesse an den Bewegungen der Politik, ihrer angenehmen Reserviertheit und (versteht sich) ihren *good looks* zu schätzen wusste: eine dunkle junge Frau mit regelmäßigen Zügen, die wachen

Augen fast mediterran. Sie stammte aus der DDR, aus der sie infolge ihrer Ehe mit einem Afrikaner ausreisen durfte (wie sie sagte). Sie verbarg nicht, dass sie die politischen und sozialen Verhältnisse in der Bundesrepublik kritisch betrachtete. Ich sagte ihr, sie möge ihre Beobachtungen aufschreiben – es sei wichtig für uns, präzise formuliert zu sehen, wie eine kluge Frau, die von der DDR geprägt worden sei, unsere Gesellschaft und unser »System« beurteile. Sie werde es sich überlegen. Es sei schön, dass ich ihre Meinungen ernst nähme und nicht fortwischte, wie so viele andere.

Die gelernte Historikerin studierte nebenbei in Gießen bei Professor Siegfried Quandt weiter. Als die Reihe an ihr war, für eine Publikationsreihe im Rahmen des »Fachjournalismus« (was immer das sein mochte) einen »Arbeitstext« zu schreiben, nahm sie ein Thema auf, das mir am Herzen lag: »Frankreich und Deutschland – von der Erbfeindschaft zur Verbrüderung? Das Frankreichbild im deutschen Fernsehen«. Ich hatte sie davon zu überzeugen versucht, dass die Vereinigung Europas und im Kern die deutsch-französische Partnerschaft die wichtigsten Elemente der bundesdeutschen Politik seien. Es freute mich, dass sie sich dieser Einsicht nicht verschloss. Vielmehr rügte sie in ihrem Text die Moderatoren einer deutsch-französischen Debatte, die es unterließen, die Erfolge der Kooperation so zu betonen, wie sie es verdienten. Im Gang der Jahre wuchs eine entspannte Freundschaft. Sie zog nach Hamburg. Auf den pädagogischen und journalistischen Feldern schien ihr ein dauerhaftes Engagement nicht zu glücken. Sie fand schließlich eine Aufgabe in der Bildungsarbeit für Arbeitslose, die eine neue Motivierung, einen neuen Elan, auch neues Wissen für ihre Bewerbung um einen Arbeitsplatz erlangen sollten. Ein mühseliges Unternehmen, in dem sie der Resignation, der Enttäuschung, der Hoffnungslosigkeit ihrer Klienten zu widerstehen hatte. Doch sie mochte ihren Auftrag, er entsprach nicht nur ihrer sozialen Gewissenhaftigkeit, sondern schuf auch persönliche Bezugspunkte.

Irgendwann, es mag um das Jahr 2006 gewesen sein, begegnete mir in einem Bericht der FAZ über die Unterwanderung des ZDF durch Stasi-Agenten auch ihr Name. Für einen Augenblick war ich sprachlos. Dann lachte ich lauthals über die Komik der Erfahrung, die so ganz dem Klischee der billigen Spionagefilme zu entsprechen schien. Ich rief sie an. Als sie meine Stimme hörte, mochte sie für einen Augenblick erstarren. Dann sagte ich ihr, ich hätte bei dieser Enthüllung lachen müssen, weil offensichtlich nichts, aber auch gar nichts in meinem Leben fehlen dürfe. Im Übrigen habe sie mir natürlich nicht auf die Nase gebunden, dass sie für die dort drüben arbeite, aus ihrer kritischen Haltung zu Bundesdeutschland habe sie allerdings auch kein Hehl gemacht. Sie war erleichtert. Sie habe mir schon lange schreiben wollen und es nicht zuwege gebracht. Unsere Gespräche hätten ihr – unter anderem – die Augen geöffnet und sie veranlasst, einige Jahre vor dem Ende der DDR abzuspringen. Ich kündigte ihr die Freundschaft nicht auf (auch viele andere hielten zu ihr). Sie hatte der Stasi niemanden ans Messer geliefert. Das Recht auf Irrtum musste auch für sie gelten. Wäre es uns Deutschen nicht zugestanden worden, hätten uns die Alliierten nach 1945 niemals den Weg zurück in die Zivilisation geebnet.

Später las ich ihre Stasi-Akte. Mir wurde von den Genossen der Deckname »Harpune« verpasst (ihre Führungsoffiziere schienen über einen schlichten Witz zu verfügen). Mich zu überzeugen, meinten sie, sei sinnlos, aber sie könne versuchen, mich »abzuschöpfen«. Der Gewinn war dürftig. Die Kritik an der Agentin nahm zu. Sie bringe zu wenig. Sie lasse sich von dem bürgerlichen Milieu, in dem sie sich bewege, immer tiefer beeinflussen. Aber auch ihre kritischen Einwände gegen das DDR-Regime prägten sich immer schärfer aus. Schließlich erklärte sie den Chefs, sie werde nicht mehr in die DDR zurückkehren. Es war erstaunlich, dass man sie ziehen ließ. Vermutlich weil sie in der Bundesrepublik zu viele Menschen kannte, auch sogenannte Prominenz, die gegen ihr Verschwinden lauthals protestiert hätten. Sie musste heilige Eide schwören, dass sie keine Silbe über ihre Geheimarbeit werde verlauten lassen. Sie schwor – schon aus Angst um ihre Eltern und Geschwister, die im Erzgebirge lebten. Das letzte Blatt: der Ausschluss aus der Partei.

Noch war in den sonnigen Herbsttagen 1973 an der Côte d'Azur Günter Guillaume nicht entlarvt. Dennoch band ich ihm nicht auf die Nase, natürlich nicht, dass ich auf dem Umweg über Rom nach Bonn zurückkehren wollte. Leo Bauer, Chefredakteur der Monatszeitschrift *Neue Gesellschaft* und ein Vertrauter WBs, aber auch Wehners, hatte schon in der Zeit der Großen Koalition Verbindung mit der Führung der italienischen Kommunisten aufgenommen, die den deutschen Sozialdemokraten mit erstaunlicher Offenheit begegneten. Sie halfen auf diskrete Weise, in Ost-Berlin und auch in Moskau Vorbehalte gegen die Ostpolitik WBs beiseite zu räumen. Leo war krank geworden, litt schwer unter den Folgen einer Gelbsucht, die er aus dem Gulag mitgebracht hatte. Er hatte, nach der Rückkehr aus dem Exil, 1947 die Leitung des – von der SED gleichgeschalteten – Deutschlandsenders in Ost-Berlin übernommen. Zeigte er sich dort nicht »linientreu« genug, galt er – wie alle West-Emigranten – als potentieller Agent? Man weiß es nicht. Er wurde 1950 verhaftet, schließlich zu den üblichen 25 Jahren Lager verurteilt und verschwand in der kalten Wüste des sibirischen Nordens. 1955 kehrte er (dank Adenauers Moskau-Reise) nach Deutschland zurück und trat in die SPD ein. Er starb 1972 im Haus Herbert Wehners, dessen Stieftochter und spätere Frau ihn aufopfernd pflegte. Die hinterlassenen Papiere Bauers, die aufschlussreich sein mochten, verschwanden im Keller des Zuchtmeisters.

WB hatte mich gebeten, die Gespräche in Rom wieder aufzunehmen, allerdings in strikter Heimlichkeit (denn die Opposition würde ein Höllenspektakel aufführen, wenn sie Wind davon bekäme, dass der Kanzler Kontakte, womöglich konspirativer Art, zu den West-Kommunisten unterhielt). Die Vorbereitung meiner Besuche besorgte – mit verlässlicher Diskretion und taktvollem Geschick – unsere Freundin Birgit Kraatz, unterdessen hoch angesehene Korrespondentin des *Spiegel* (die später dank ihrer glänzenden Verbindungen Rudolf Augstein binnen Stunden aus der Bredouille helfen konnte, als er vor der Rückreise von seinem sardinischen Besitz auf dem Flughafen verhaftet wurde, da die Polizei einige Gramm Haschisch bei ihm gefunden hatte). Bei meiner ersten Visite suchte ich, aus Tarngründen, zuerst die Zentralen der anderen Parteien auf, der Sozialisten (lebhafte Intellektuelle, dem Typus nach verwöhnte Sprösslinge des Großbürgertums), der Sozialdemokraten (biedere Langweiler) und der Christdemokraten (in Maßen neugierige Leute), die mich sofort als Anlass nutzten, teuer zu Mittag zu essen.

Bei den Kommunisten, die wir in exquisiten, von regionalen Küchen geprägten Lokalen trafen, ging es etwas bescheidener zu. Die Gesprächspartner waren allesamt anregend, phantasievoll, neugierig. WBs ostpolitisches Konzept hießen sie gut, weil sie es als produktiv für die Formung des künftigen Europa betrachteten, das sie keinesfalls als ein Satellitensystem der Sowjetunion sehen wollten. Ihre Hinwendung zu westlichen Werten unter dem Stichwort »Eurokommunismus« schien mir keineswegs nur taktischer Natur zu sein, gleichviel, mit wem wir sprachen, ob dem gescheiten Wirtschaftsexperten Amendola, dem späteren Staatspräsidenten Napolitano (der eine Säule der Kontinuität im Italien des Macht-, Geld- und Bettnarren Berlusconi wurde), dem Parteichef Berlinguer oder vor allem dem klugen außenpolitischen Experten Sergio Segre, der mit einer Ost-Berlinerin verheiratet war, des Deutschen bis in jede Nuance kundig, in seiner Kultur völlig westlich geprägt. Da es bei einer meiner Visiten bis Weihnachten nicht mehr allzu weit war, meinte er, mich mit einem kleinen Geschenk überraschen zu dürfen. Wie sorgsam es ausgesucht war! Es sollte nicht kostspielig sein, was mich in Verlegenheit gebracht hätte, doch so persönlich, wie es anging: Irgendjemand musste ihm von meiner Passion für die klassische Musik erzählt haben, also hatte er eine Platte mit Concerti Grossi kleinerer Meister des 18. Jahrhunderts ausgewählt. (Ihm galt übrigens ein groteskes, aber nicht untypisches Urteil Henry Kissingers. Zurück in Washington las ich in der Zeitung, dass Sergio Segre, der zu einem Vortrag in Harvard eingeladen war, das Visum verweigert wurde – während gleichzeitig dem Chef der italienischen Neofaschisten die Einreise erlaubt, er in der amerikanischen Hauptstadt geduldet und auf dem Capitol Hill empfangen worden war. An einem Abend bei Freunden, bei denen auch Kissinger hereinschaute, sprach ich ihn auf diese peinliche, ja skandalöse Demonstration der politischen Doppelmoral an. Er musterte mich mit seinen Eulenaugen, dann wies er mich in seinem knarzend fränkischen Amerikanisch zurecht: I'll tell you something, young man, the Eurocommunists are the most dangerous ones. Nun gut. Nein, nicht gut.)

Bei meinen Visiten in der Via delle Botteghe Oscure, dem kommunistischen Hauptquartier, standen kaum mehr Fragen der Ostpolitik zur Debatte; wir wollten vielmehr erkunden, ob die Wandlung der PCI zu einer linkssozialistischen, jedoch demokratischen, der Freiheit verpflichteten und vor allem europäisch orientierten Partei gelingen könne. Wenn ja, dann würde dies die gesamte politische Struktur des Kontinents verändern; dann würde zum Beispiel die kommunistische Partei Frankreichs nicht in ihrer stalinistischen Verhärtung verharren können. (Dieser Umbruch vollzog sich erst nach 1990, als die Subsidien aus Moskau gesperrt wurden und die Gefolgschaft an den Universitäten, in den Redaktionen, in den Bezirken der Literatur und der Künste, die so lange auf die PCF fixiert war – mit den tapferen Ausnahmen Albert Camus und Raymond Aron samt Anhang – fast von einer Nacht auf die andere in Scharen davonlief.)

Segre äußerte eines Tages, dass mich der Parteichef Berlinguer zu sehen wünsche. Ein zierlicher Mann, notierte ich damals, das feine Gesicht nervös und unregelmäßig, eine (mediterrane) Mischung aus Walter Jens und Helmut Schmidt. Der sardische Graf strahlte eine natürliche Autorität aus, die auch ein Erbe seiner Herkunft sein mochte. Er fragte nach dem Stand der Dinge in Deutschland; die Sympathie für WB war offensichtlich. Den Begriff des Eurokommunismus machte er sich nicht völlig zu eigen, aber es sei wahr, sagte er, die italienische Partei suche ihren eigenen Weg zum Sozialismus und lasse sich nichts vorschreiben. Er deutete die Möglichkeit eines »historischen Kompromisses« mit den Christdemokraten an, für den man sich bereithalte. Eindrucksvolle Persönlichkeit. Kein Vergleich mit den Funktionärs-Lemuren in Ost-Berlin – der Graf schien zu einer anderen linken Welt zu gehören. Einer, die ohne Freiheit nicht sein kann.

Einmal freilich lockten mich die römischen Genossen (nicht ganz fair) in eine ungemütliche Lage. Sie hatten mich beschworen, mit ihnen zum Parteitag nach Livorno zu reisen, um einen Eindruck vom Erscheinungsbild, vom Charakter, vom Wesen ihrer Getreuen zu gewinnen. Unversehens setzte sich ein grauer Herr mit etwas verwitterten Zügen in unser Abteil im blitzblanken Rapido Rom–Genua. Segre stellte den Fremden als Santiago Carrillo Solares vor, den Vorsitzenden der spanischen Kommunisten (damals noch im französischen Exil). In einem (für mein Ohr) etwas zu raschen Französisch und übertrieben wortreich meldete der den dringenden Wunsch an, von WB empfangen zu werden. Ob ich das vermitteln könne? Er wolle mit dem Kanzler über den Weg zu einer spanischen Demokratie nach dem Tod des Diktators Franco reden (der wohl nicht mehr zu lange auf sich warten lasse). Ich sicherte zu, den Wunsch an WB weiterzugeben. Das tat ich denn auch – und war überrascht, mit welcher Entschiedenheit er die Bitte vom Tisch wischte. Carrillo, klärte er mich auf, sei der stalinistische Schurke, der während des Bürgerkriegs in Barcelona die Macht seiner Freunde, der Anarcho-Syndikalisten, mit blutigem Terror gebrochen habe. WB deutete an, dass auch er, Sendbote und Beobachter der norwegischen Sozialisten, vermutlich auf der Liquidationsliste stand. Darum habe er sich damals so rasch wie möglich über die französische Grenze davongemacht. Außerdem unterstütze er die Sozialisten unter ihrem blutjungen und grundsympathischen Chef Felipe González (den er mit Hilfe des Thronanwärters Juan Carlos aus dem Gefängnis geholt hatte).

Immerhin war es Carrillo, der später bei einem internationalen Parteikongress in Ost-Berlin den DDR-Kadern zurief, die kommunistische Bewegung brauche eine Reform an Haupt und Gliedern, wie sie Luther von der römischen Kirche erzwungen habe. (Die Rede wurde live übertragen – also konnten Honecker und Co., bleich vor Entsetzen, den Appell nicht verschweigen.) Die Exkursion nach Livorno lohnte sich für mich, weil ich bei einem langen Essen im Garten eines vorzüglichen Restaurants auf dem Lande, zu dem sich die Prominenz der PCI versammelt hatte, neben Manuel Azcárate saß, dem gebildeten und sympathischen Vordenker der spanischen Partei, der die Frage nach der Reform des spanischen Kommunismus mit der (bewegenden) Einsicht begründete, dass er und seine Freunde sich geschworen hätten, alles zu tun, um das spanische Volk vor der unerträglichen Heimsuchung durch einen zweiten Bürgerkrieg zu bewahren. Das heiße: Verzicht auf jede Form der Rache. Dies zum einen. Und zum anderen: Für ihn und die Seinen gebe es nicht mehr nur die eine Wahrheit (»Die Partei, die Partei, die hat immer recht ...«), vielmehr hätten sie sich der Einsicht gebeugt, dass es andere Wahrheiten geben könne – und ganz gewiss unterschiedliche Wege zur Wahrheit oder zu den Wahrheiten. Das war der Bruch – nicht nur mit dem Stalinismus, sondern auch mit dem Leninismus. Ich verstand sofort, dass dieses Gespräch zu den wichtigsten meiner politischen Existenz zählen werde. Horst Ehmke, der nach meiner Rückkehr in die Vereinigten Staaten die römischen Kontakte aufnahm, freundete sich mit Azcárate an, der sich – aus dem Exil und der Illegalität endlich heimgekehrt – von der Partei trennte, wohl weil sie ihm bei der Befreiung von allen totalitären Rückständen nicht entschlossen genug folgte. Er starb früh.

In Bonn bereitete sich derweil die SPD auf den 60. Geburtstag ihres Vorsitzenden am 18. Dezember 1973 vor. Irgendwann in dem Zusammenhang hatte mich Helmut Schmidt zu einem Gespräch ins Ministerium beordert. Er erging sich zunächst, wie nicht unüblich, in einer Jeremiade: Er habe genug von der Politik, das Doppelministerium (Finanzen und Wirtschaft) ruiniere seine Gesundheit. Da WB nur fünf Jahre älter sei als er, habe er, Schmidt, keine Chance, Kanzler zu werden, Bonn und der Partei fehle die entschlossene Steuerung, er trage sich mit dem Gedanken, in die Wirtschaft zu wechseln, um endlich anständig Geld zu verdienen ... Nach einer Viertelstunde fand er zur Sache. Der *Spiegel* habe ihn gebeten, einen Artikel zu WBs Geburtstag zu schreiben. Das könne er nicht. Er habe dennoch nicht abgelehnt, weil dies wie das Eingeständnis einer Entfremdung wirken müsse, die es trotz aller Schwierigkeiten nicht gebe. Ob ich für ihn – wohlverstanden in aller Diskretion – einen Entwurf für das Stück schreiben könne? Nach kurzer Überlegung sagte ich zu: Womöglich konnte ich beiden einen Dienst erweisen und durch gute Worte einen Weg zur besseren Verständigung öffnen.

Mir war deutlich genug, wie sehr WB die Launen und der Hochmut seines Superministers Schmidt zusetzten, der sich schon lange im In- wie im Ausland über die angebliche Inkompetenz des Kanzlers in allen Fragen der Wirtschaft und der Finanzen ausließ. Er tat das Seine – davon wollte er später nichts mehr wissen –, um die Autorität des Regierungschefs zu untergraben. Mit welchem Ziel? Er wollte WB nicht stürzen, das nicht, er hatte sich nicht mit Wehner verschworen, obwohl er den Moskauer Skandal nur zurückhaltend kommentierte und sich niemals scharf genug von dem »Onkel« distanzierte, bis heute nicht. (Wie auch die Parteigremien trotz aller geradezu kultischen Brandt-Verehrung den Fall Wehner niemals einer kritischen Analyse unterzogen haben; auch W. ist sozusagen in eine mythische Welt entrückt.) Schmidts Verhalten war von Eifersucht und Ressentiments diktiert – über den Tod WBs hinaus.

Den Artikel für den *Spiegel* ließ er ohne wesentliche Änderung drucken. (Ich hatte mich um eine Annäherung an seine Sprache bemüht.) Nach einigen Wochen schickte er einen Scheck über 2000 oder 2500 Mark – die Hälfte des Honorars. In Washington konnte ich das eine oder andere Mal aushelfen, so als ihm zur Verleihung des Ehrendoktorats der Johns Hopkins University in Baltimore ein mediokrer Dankestext aufgesetzt worden war (wie er sehr spät entdeckte). Ich schrieb binnen sechs Stunden eine neue Rede (auf Englisch), in der Schmidt feststellte: We all are Americans ... Das hatte er bald vergessen. Ich trug für ihn, ohne dass er es recht wusste, den Makel des WB-Getreuen durchs Leben. Er nannte mich, ich erwähnte es schon, in einem seiner Bücher einen Brandt-Höfling – zusammen mit Günter Grass und Günter Gaus.

Der Dichter Grass freilich war (zu dessen Kummer) so gut wie nie im Palais Schaumburg zu sehen. Über seine Vorschläge, vor allem die verrückten, hatte ich mit ihm telefonisch, manchmal auch von Angesicht zu Angesicht zu verhandeln – nicht immer das schiere Vergnügen, denn der Mann mit dem dicken Schnauzbart und den Kalmücken-Augen war sozusagen aus Grundsatz beleidigt, zumal als ich ihn bat, bei einem geplanten Moskau-Besuch auf die Verabredung mit einigen Dissidenten zu verzichten, einem dringenden Wunsch des Botschafters folgend, der andeutete, daran könnten seine Gespräche über eine mögliche Ausreise der Protest-Autoren scheitern. Grass wollte davon nichts hören. Er werde sich von uns nicht vorschreiben lassen, wen er sehe und wen nicht. Er wollte nicht verstehen, was auf dem Spiel stand. Sein Ego ließ es nicht zu. Der andere GG wiederum hatte ein Arbeitsfeld, das von dem meinen weit entfernt lag. Er führte, in der Nachfolge Egon Bahrs (der damals tief erschöpft war), die Gespräche mit dem Sendboten aus Ost-Berlin, mit dem die praktischen Folgen des Grundlagenvertrags mit der DDR auszuhandeln waren (er selber wurde zum ersten »Ständigen Vertreter« der Bundesrepublik in Ost-Berlin bestimmt). Wir waren nicht die engsten Freunde. Höfling? Das traf weder für ihn noch für den Dichter zu. Von WB, der mehr denn je unter Melancholien litt, erhofften wir, dass er zum Jahresbeginn 1974 noch einmal den alten Elan gewinne. Daraus wurde nichts. Die maßlose, ja hypertrophe Forderung der ÖTV-Gewerkschaft (die Bundesdeutschlands gesamte Exekutive, von Bonn über die Länder bis zu den Gemeinden, in der Hand hatte), vorgetragen durch ihren feisten Vorsitzenden Kluncker, lautete: Lohnerhöhung um fünfzehn Prozent. Der Kanzler riet den Betroffenen, sich auf keine Steigerung in zweistelliger Höhe einzulassen. Als Kluncker Ernst machte, die Streiks begannen, die Müllberge in den betroffenen Städten wuchsen, knickten die Gemeinden ein: zehn Prozent, danach die Länder elf (in Wirklichkeit dreizehn) Prozent. Kluncker, der klassische Bonze, triumphierte, der Kanzler büßte Prestige ein. Die Ölkrise. Eine ungemütliche Inflationsrate. Böse Verluste der SPD bei den Landtagswahlen. Wachsende Kritik in den Medien, *Bild* natürlich voran; aber auch der *Spiegel* zeigte einen Denkmalskopf des Kanzlers mit Absplitterungen und Rissen. Das Monument hatten Augsteins Blatt und der *Stern* erst geschaffen (WB selber sah sich niemals so) – nun zerstörten sie ihr Idol, wie es das Gesetz der Medien und des Starkultes befiehlt. Es trifft schon zu, was der Springer-Kommandeur Döpfner mit Blick auf den so traurig gescheiterten Bundespräsidenten Wulff bemerkte: Wer mit der *Bild*-Zeitung nach oben fährt, fährt mit ihr auch nach unten.

Die Autorität des Kanzlers schien zu verfallen. Wehner hatte ungestraft seinen Dreck geschleudert (von dem er einen unerschöpflichen Vorrat durchs Leben schleppte). Schmidt hatte sein Ansehen beschädigt, weniger vorsätzlich, doch unbeirrbar. WB war erschöpft. Ich vertraute darauf, dass er sich wieder finden könne. Die Ostpolitik war gesichert. Er sollte, er wollte sich auf den Weiterbau des vereinten Europa konzentrieren. Der französische Präsident Pompidou hatte ihm bei den vorletzten Konsultationen in einem Gespräch unter vier Augen gesagt, es gebe Konstanten der französischen Politik, die unverbrüchlich seien (also auch für die Zentristen und die Mitterrand-Sozialisten): allen voraus die französisch-deutsche Partnerschaft in Europa. Ob er, der Kanzler, gleiches für Deutschland sagen könne? Brandt dachte nach: Ja, sagte er schließlich, das gelte für jede denkbare deutsche Regierung, gelte auch für die Opposition, gelte selbst für Franz Josef Strauß: Europa, die deutsch-französische Kooperation, das atlantische Bündnis würden niemals und von keinem seiner möglichen Nachfolger in Frage gestellt. Er erinnerte daran, dass der Europäische Rat schon 1971 das Ziel »Europäische Union« beschlossen hatte. Ein großer, ein schwieriger Auftrag. (Er wurde erst mit der Verspätung von nahezu zweieinhalb Jahrzehnten erfüllt.)

Der Fall Guillaume und die Tage des Rücktritts sind detailliert genug beschrieben worden (am besten von Peter Merseburger). Ich habe keine Neigung, mich von neuem der Erregung und der Traurigkeit jener düsteren Tage zu überlassen. Nur dies: Ich war keineswegs von der Notwendigkeit des Rücktritts überzeugt und kämpfte mit all meinen Möglichkeiten (die begrenzt waren) gegen ihn an – nur Grabert, den Chef des Amtes, an meiner Seite, vielleicht auch Wilke, den allzu emotionalen Leiter des Kanzlerbüros, vor allem aber Holger Börner, den kernfesten Generalsekretär der Partei. Bahr und Gaus rieten zum Rücktritt, Egon bleich, voller Gram, Gaus hochroten Kopfes vor Erregung, es sichtlich genießend, an einem, wie man so sagt, »historischen Ereignis« teilzunehmen. Ich fuhr, nach Verabredung, zu Rut auf den Berg, beschwor sie, Willy von dem Rückzug abzuhalten. Sie war herzlich, offen, sachlich und ein wenig traurig. Sie habe auf seine Entscheidung wohl keinen Einfluss mehr. Er rede wenig mit ihr, kaum über die Politik und das Amt. Auch über seinen Entschluss zum Rücktritt habe er nur ein paar Minuten am Telefon mit ihr gesprochen.

Mich berührte es schmerzlich, diese wunderbare Frau, die eine solch intensive Freude am Dasein und an Menschen ausstrahlte und von einer unbesiegbaren Vitalität zu sein schien, so gedämpft, so melancholisch, so resigniert zu sehen. Erhoffte sie sich von dem Rücktritt seine Heimkehr in die Familie? Das mochte wohl sein. Sie kannte ihn besser als wir alle, und sie glaubte zu erkennen, dass er mit seinen Kräften am Ende sei. Und natürlich wünschte sie, dass WB und auch sie dem entfesselten Treibjagdinstinkt der Meutejournalisten entkämen. (Die in der Tat von keiner Hemmung des Anstands mehr aufgehalten wurden.) In der Flut der angeblichen Enthüllungen wurde auch behauptet, WB habe eine Affäre mit R. Er selber sprach mich darauf an, zögernd, betreten. Ich sagte nur knapp, wenn es so wäre, dann hättet ihr beide einen guten Geschmack bewiesen. (Sagte ihm aber auch, dass es ihm wohl besser ginge, wenn nur die Hälfte seiner erotischen Eskapaden zuträfe. Er lachte ein bisschen – das könnte so sein.)

Ob an diesem Abend oder anderntags: deutete auf WBs Schreibtisch, meinte beschwörend, an diesem Tisch und in diesem Zimmer habe einer regiert, der höchstens gemurmelt hätte: jetzt erst recht! Jetzt fangen wir erst an! Jeder wusste, auch Börner und Bahr wussten es, dass ich von Adenauer sprach, dem Gründungskanzler. Für ein paar Stunden schien WB zu schwanken. Dann brachte er den Brief an Präsident Heinemann auf den Weg. R. kehrte von einem kurzen Urlaub bei den Verwandten aus Israel zurück (wohin sie nach jener Behauptung des Gossenmagazins *Quick* geflohen war – wir erzwangen durch eine Klage wenigstens den Widerruf und eine Entschuldigung). Vielleicht sogar ein wenig erleichtert packten wir einige Wochen später unsere Koffer und flogen nach Washington. Aufatmend.

Zur Faulheit hatte ich kein Talent, doch räumte ich mir eine kleine Pause ein – niemals zuvor und niemals danach hatte ich je so hart gearbeitet. Der Gewinn: die Nähe zu WB. Die Einsicht in die Eitelkeit aller abstrakten Zukunftsplanung (wie das sogenannte Projekt 2000, so hieß es wohl, aus der Planungsabteilung, für das eine ganze Heerschar von denkfähigen Menschen Papiergebirge mit Ideen stapelten, hoch und höher – das alles für die Katz). Ich lernte etwas über die Ohnmacht der Mächtigen (solange sie Demokraten sind). Begriff, dass die Glücklichen und die Besten unter den Staatsleuten kaum mehr als ein oder zwei substantielle Pläne in die Wirklichkeit zwingen können. Ich verlernte, besserwisserische Leitartikel und simplifizierende Glossen aufs Papier zu fetzen. Diese Art des Journalismus hatte ich mir ausgetrieben.

WB und ich hielten engen Kontakt. Ich redigierte und ergänzte seine Bücher. (Gestehe gern, das ist die Ausnahme, dass der Titel seiner Autobiographie *Links und frei* mein Vorschlag war – so sah, so sehe ich ihn.) Sorgte für Verbindungen des SPD-Vorsitzenden und des Präsidenten der Sozialistischen Internationale in Washington, traf Verabredungen, schrieb dies und das zu den anstehenden Problemen und Projekten. Nahm dem Botschafter Bernd von Staden und seiner wunderbaren Frau Wendy – den klügsten und sympathischsten Repräsentanten der Bundesrepublik in den Vereinigten Staaten – einige Mühen mit sozialdemokratischen Besuchern ab, Bernd stets über meine Verabredungen und Gespräche voller Vertrauen informierend (wie es sich gehörte).

Ziemlich regelmäßige Besuche drüben, auch in der Baracke, wo die blutjunge Rita Lintz, ein helles, hübsches Bonner Kind, im Vorzimmer WBs regierte (sie hat seitdem wenigstens ein halbes Dutzend Vorsitzende überstanden). Beobachtete ab Mitte der siebziger Jahre, dass Onkel Herbert in der alten Manier begann, am Stuhl WBs zu sägen. Entschloss mich (ohne WB zu fragen oder auch nur zu informieren), ein realistisches Porträt des knurrenden Sachsen zu schreiben, der seine Intrigen noch immer mit dem Pathos des ungemütlichen Nonkonformisten tarnte. Das Bild, das ich zeichnete, fiel nicht schmeichelnd aus. Zwischen den Zeilen stand dies und das, was ihm zur Vorsicht riet. Theo Sommer, der so erfolgreiche Chefredakteur der *Zeit*, druckte das Stück auf Seite drei. WB rief mich an, voller Zorn: Kein Genosse glaube ihm, dass er mit dem Artikel nichts zu schaffen habe, dass er ahnungslos gewesen sei. Er hätte erwartet, dass ich ihn über den geplanten Anschlag informierte, und er hätte mich dringend gebeten, auf die Sache zu verzichten. Sagte, dass ich ihn im Dunkeln gelassen hatte, um ihn nicht zu belasten. Er werde schließlich einsehen, dass das Stück geschrieben und gedruckt werden musste. Dies war der erste und einzige Streit in unserer Zusammenarbeit. Wehner verzichtete, wie erhofft, auf jeden weiteren Sabotageakt, und er begann, seinen Rückzug aus der Politik vorzubereiten, auch, ja vor allem seiner Zuckerkrankheit wegen. Und WB gestand mir zu, dass meine Polemik angebracht war.

Kurze Zeit nach meiner Intervention rief mich meine Schwester an.

Eine alte Dame aus der DDR, um die sie sich kümmere, wünsche so sehr, dass ihre Tochter – eine Ärztin – zu ihr ziehe, doch jeder Ausreise-Antrag werde schroff abgelehnt. Sie fragte, ob ich einen Weg wisse, wie den beiden zu helfen sei. Dachte nach. Dann riet ich ihr, an Herbert Wehner zu schreiben und dabei ausdrücklich zu betonen, dass sie CDU-Mitglied und meine Schwester sei. Sechs Wochen später stand die Ärztin vor der Tür ihrer Mutter. Mein Kalkül war aufgegangen, dass der Onkel die Gelegenheit nutzen würde, mich zu beschämen. Mir war es recht.

Aus Anlaß von WBs erstem Besuch in Washington nach dem Rücktritt hatte der Botschafter von Staden ein bemerkenswertes Abendessen zu Ehren Willy Brandts vorbereitet, leider war es (aus Platzgründen) ein sogenanntes Stag Dinner, bei dem nur Männer zu Tisch gebeten wurden (was heute nicht mehr möglich wäre, Gott sei Dank). Niemals zuvor, niemals danach habe ich ein gesellschaftliches Ereignis erlebt, das so grandios und zugleich so bescheiden, von solchem Charme und so bewegend war wie jene Mahlzeit. Es hatten sich so gut wie alle bedeutenden amerikanischen Weggefährten und Gesprächspartner WBs in Washington eingefunden, viele Freunde darunter, manche seit seinen Berliner Bürgermeisterjahren: so der amtierende Außenminister Henry Kissinger (von Zeit zu Zeit ein Gegenspieler), Gefährten wie die Senatoren Humphrey und Mondale, Gewerkschaftschefs wie Lane Kirkland (ein grundgebildeter Mann, der nur mühsam vor seinen Kollegen verbarg, dass er in Wahrheit ein Intellektueller war), George Ball, der außenpolitische Kopf der Kennedy-Ära (und ein enger Verbündeter unseres europäischen Wegbereiters Monnet), dazu einige herausragende Diplomaten, wohl auch ein *New York Times*-Korrespondent. In den Pausen zwischen den Gängen erhob sich einer nach dem andern, hob sein Glas und trug seine Eloge vor, keine länger als drei Minuten, die meisten mit einem persönlichen Engagement formuliert, das keinen Zuhörer unberührt ließ, oft mit einer Eleganz geschrieben, die den Reichtum und die Grazie des Englischen so hörbar machte wie ein Essay von George Bernard Shaw, der manchem der Gäste auch seinen Witz vermacht zu haben schien. Mir war zumute, als hätte Washington in diesen Stunden zum Geist der Gründerväter zurückgefunden, zur Welt von John Adams, von Thomas

Jefferson, von James Madison, Alexander Hamilton, James Monroe: die Boten der Aufklärung und politischen Baumeister des Landes – eine Versammlung von einer kulturellen Höhe, wie sie weder Frankreich noch Großbritannien oder gar Österreich oder Preußen aufzuweisen hatten. Ein schöneres Abschiedsgeschenk als dieses Dinner hätten sich Bernd und Wendy von Staden nicht ausdenken können.

Nach unserer – schließlich festen – Ansiedlung im französischen Süden hielt sich WB für einige Wochen im benachbarten Hyères auf, um sich in der kardiologischen Klinik des besonders tüchtigen Chefarztes Dr. Maurice Roux auszukurieren. Dr. Roux weigerte sich vom ersten Tag an, WB wie einen Kranken zu behandeln; vielmehr schickte er ihn lieber auf lange Spaziergänge, begleitet von einem hellwachen Assistenzarzt, mit dem sich der Patient glänzend unterhielt. Der freundliche Maurice Roux lud ihn von Zeit zu Zeit zum Abendessen nach Hause ein: neun lebhafte Kinder, an denen WB Freude hatte, von ihrer Mutter Nicole, einer Frau von Esprit, auf liberale Weise erzogen, obschon sie katholisch war (und ist), gertenschlank, trotz des vielköpfigen Nachwuchses, eine glänzende Köchin und eine Weinkennerin (sie stammte aus Bordeaux).

Bei einem unserer Spaziergänge – meist durch die Salinen – sagte mir WB, es sei nicht sein, es sei der Wunsch von Rut, dass sie sich scheiden ließen. Ich bedauerte die Trennung, denn ich bewunderte sie, und ich hatte sie, wie so viele, ins Herz geschlossen. (Ich wusste nicht, dass sie damals längst an den dänischen Journalisten gebunden war, mit dem sie zusammenlebte, fast bis zum Ende ihrer Tage in einem komfortablen Altenheim in Berlin.) Dann fragte er mich, ob er die Seebacher heiraten solle – die junge, hoch intellektuelle und recht herbe Assistentin im Parteivorstand, die für ihn oft glänzende Reden schrieb. (Ich hörte ihren Namen zum ersten Mal, als ich ihn fragte, wer wohl die bedeutende, gut formulierte Rede zu einem Ereignis des 19. Jahrhunderts – die Revolution 1848 oder das Hambacher Fest – aufgesetzt habe.) Er sprach mit einem gewissen Stolz von ihr. Sie war ihm eine wichtige politische Gesprächspartnerin geworden – während Rut, ganz (fast ganz) der Familie lebend, der Politik den Rücken gekehrt hatte. Seine Frage nach der Heirat war mir nicht angenehm. Ich sagte, dass es Entscheidungen gebe, die ein erwachsener Mensch nur mit sich selber abmachen könne. Hier helfe kein Rat, auch nicht der eines guten Freundes. Das verstand er.

R. und ich gehörten zu den wenigen seines Freundeskreises, die nach der neuen Bindung nicht fortgescheucht wurden. Die beiden wohnten während der Ferien einige Male in unserem damaligen Arbeits- und Gästehäuschen, saßen oft mit uns am Mittags- oder Abendtisch. Die Dame aus der Bremer Vorstadt ließ sich von R. bedienen (was WB nicht angenehm war). Er war gern in unserem Winkel, von dem er in einem Gespräch mit dem Korrespondenten unseres Provinzblattes *Var Matin* sagte, der liebe Gott müsse ihn in einem Augenblick besonders guter Laune geschaffen haben. (Irgendwann kauften sich die beiden, ein Schnäppchen, ein altes Haus in einer kargen, fast wilden Region der Cevennen.)

Brigitte Seebacher tat ihm in mancher Hinsicht gut. Hat seinen Alltag normalisiert, sorgte dafür, dass er wieder Geld in der Tasche hatte, ließ ihn den Müll vor die Tür tragen, kaufte mit ihm ein; bestand darauf, dass er zu Hause nicht rauche (umso mehr im Büro) und es am Abend bei einer Flasche Rotwein beließe. Vor allem: Sie machte es möglich, dass er zu Hause sterben konnte. Als es dem Ende zuging, ließ ich sie wissen, dass ich ihn noch einmal sehen möchte. Verabredeten einen Besuch am Sonntag. Flog am Samstag herauf, rief vom Hotel aus an, um die genaue Zeit abzusprechen. Sagte, dass ich nur kommen wolle, wenn er es wünsche. – Und wenn ich es will, antwortete sie mit Präzision. Anderntags – er war auf, im Hausmantel – ließ sie uns zwanzig Minuten oder eine halbe Stunde allein. Wir konnten Abschied nehmen, ohne zu heftigen Aufwand an Gefühlen, ernst, herzlich, in gefasster Nüchternheit. Er sagte, dass man ihm gottlob die Schmerzen erspare. Dem Ende sah er ohne erkennbare Furcht entgegen. Beim Adieu eine spontane Geste, die ihm zeigte, was er für mich war.

Zur Trauerfeier im Reichstag flogen R. von Nizza und ich – mit Klaus Bölling – aus Klagenfurt (von dem jährlichen Wettbewerb um den Joseph Roth-Preis) herbei. Bemerkten mit Entsetzen, dass Rut nicht eingeladen war. Lauschten umso dankbarer den fairen und taktvollklugen Worten, mit denen Richard von Weizsäcker ihrer gedachte. Erschauderten ein wenig, als die Bundeswehroffiziere, in voller Montur mit Stahlhelm, den Sarg hinaustrugen. Die militärischen Ehren entsprachen seinem Willen, auch im Tod wollte er die völlige Identität des Sozialdemokraten mit dieser Republik demonstrieren: Sie war die Seine. Die Deutschen haben dies verstanden. Kaum je wurde einer der ihren mit solch überwältigender Sympathie gefeiert – aus Anlass des hundertsten Geburtstages. Er ist neben dem Gründerkanzler Konrad Adenauer der Einzige, der im Mythos der deutschen Demokratie seinen Platz hat. (Auch wenn Kanzler Schmidt zurzeit, dank der Präsenz seiner Persönlichkeit im hohen Alter als der bedeutendste gilt. Er selber weiß es besser.)

Uns begleitete Felipe González' Abschiedsruf, die so oft wiederholten Worte »Adios Amigo«, durch den Rest unserer Jahre.

Bilder aus alten und neuen Welten

Die Weltlust und die Lebensneugier waren so rasch nicht gestillt. Das Fernsehen konnte nicht länger das Vehikel des Fernwehs sein. So gern wir dem Handwerk des Filmefertigens gedient hatten, es war an der Zeit, sich wieder ganz auf das andere, ursprüngliche Handwerk, aufs Schreiben zu konzentrieren: Reportagen und Essays für *Geo*, fürs FAZ-Magazin, für die *Weltwoche* in Zürich, die damals ein liberales Blatt von schönem Niveau und noch nicht zur Rechtspostille verkommen war. Und vor allem Bücher, zuerst die Biographie von Georg Forster, dem Weltumsegler und Revolutionär, dessen abenteuerliches und so tragisches Leben Friedrich Sieburg gern noch erzählt hätte (wie er mir sagte). Es kam nicht mehr dazu. Nun besann ich mich auf meinen alten Plan. Ich war frei, der deutschen und englischen und schließlich französischen Existenz des Pastorensohnes aus der Nachbarschaft von Danzig nachzuforschen. Der arme Kerl – er war noch keine vierzig, als er in Paris vereinsamt starb –, war Naturforscher, Literat und Revolutionär. Es lag nahe, seine Spuren bis ans Ende der Welt zu verfolgen. Nach Tahiti, der Liebesinsel (von der die französischen Abenteurer und danach alle romantischen Geister in Europa schwärmten), ins Inselreich von Tonga an der Datumsgrenze, wo mir eine Audienz beim ebenso dicken wie starken und klugen König gewährt wurde, mit dem ich mich vor allem über große Chorwerke unterhielt, die er liebte, zumal die Oratorien von Händel. Dort eine knappe Woche im »Dateline Hotel«, das von einer Gruppe übergroßer und kräftiger Damen geführt wurde, die man – so sagte es der Prospekt im Zimmer – ab 18.00 Uhr zum Drink an der Bar einladen und zu einem Tänzchen auffordern durfte. Traute mich nicht, obwohl ich mich langweilte (hatte die Insel in den ersten zwei Tagen schon zweimal umrundet, was nicht mehr als jeweils zweieinhalb Stunden in Anspruch nahm). Die Gauguin-Geschöpfe im Hotel – sie waren denn doch zu mächtig für mich. Die Männer trugen Wickelröcke, die ich ganz kleidsam fand, kaufte einen, vergaß ihn dann im Schrank. Neuseeland. Nett bis schwelgerisch schön. Grün. Millionen Schafe, deren Mentalität bei diesem und jenem (weißen) Bewohner durchschlug. Fragte mich manchmal, ob die edlen Inseln unbedingt entdeckt werden mussten. Neukaledonien. Unterwegs in der Nordregion, nach der Bay suchend, in der das Expeditionsschiff des Captain Cook gelegen hatte. In der Mittagshitze überkam mich eine lähmende Müdigkeit, Schläfchen im hohen Gras. Als ich aufwachte, saß ein Mann in roten Shorts und gelbem Hemd vor mir. Etwas wunderlich anzusehen mit seinem krausen Bart, der breiten Nase und der niederen Stirn, ein Melanesier reinsten Wassers, einer der Autochthonen, die sich selber »Kanak« nennen. Der Mann lachte mir gutartig zu. Bonjour, sagte er. Sprach, wie sich herausstellte, ein geläufiges Französisch, das er in der Armee gelernt hatte. Woher ich käme, wollte er wissen. Ursprünglich aus Deutschland. Ah, das kenne er. Dort sei alles so sauber, die Leute seien recht freundlich, nur hätten sie niemals Zeit, schauten immerzu auf die Uhr und hasteten davon. Er lag einige Monate im Rheintal am Rande des Schwarzwalds in Garnison. Erzählte ihm, dass ich nicht weit davon aufgewachsen sei. Kleine Welt, sagten wir beide. Von Captain Cook und seinem blutjungen Begleiter Georg Forster hatte er nie etwas gehört. Sollte mich an die Professoren in der Hauptstadt wenden, die wüssten alles. (Viel war es nicht, was Cook und Forster anging.)

Von Neukaledonien ein Jetsprung (von gut zwei Stunden) hinüber zu den Neuen Hebriden (von Captain Cook so getauft), der Inselgruppe, die weit hinter der Welt aus dem Pazifik gewachsen ist. Seit 1980 unter dem Namen Vanuatu ein unabhängiger Staat, zuvor ein französisch-britisches Kondominium. In einer Buchhandlung der Hauptstadt Port Vila suchte ich vergeblich nach einer Beschreibung der Doppelherrschaft (mit jährlich wechselndem Vorsitz): einer Chronik der permanenten Konkurrenz zwischen den Kommissaren der Treuhandmächte und ihrem Anhang, der neidvollen Intrigen im Kampf um die einträglichsten bürokratischen Sinekuren, um die prächtigsten Partys, die schicksten Moden, die schönsten Damen, die begehrenswertesten Junggesellen, ja auch um die Seelen der Melanesier, die von französisch-katholischen und von britisch-protestantischen Missionaren umworben wurden, deren Kinder sich in französischen oder englischen Schulen die Grundbegriffe der westlichen Zivilisation aneignen sollten. Aber auch das: die Flirts zwischen den Fronten, Grenzüberschreitungen der Liebe.

Nein, sagte die Buchhändlerin aus Grenoble, dieses Buch sei leider noch nicht geschrieben worden. Ich könne ja dableiben und es versuchen. Übrigens habe sie einen deutschen Partner, den ich kennenlernen sollte. Sie rief ihn an. Der Landsmann meinte, wir könnten gleich eine Tasse Kaffee zusammen trinken. Fünf Minuten mit dem Taxi. Ein grauhaariger, leger, doch manierlich gekleideter Herr bat mich in sein weiträumiges, helles Haus. Er habe lange in Australien gelebt, sagte er. Sei von dort weggezogen, weil ihm der wachsende Ärger mit den aufsässigen Ureinwohnern, den Aborigines, auf die Nerven gegangen war. Dies hier sei ein ruhiges Plätzchen und nicht teuer, er zahle keine Steuern. Die hiesigen Melanesier seien zwar die Mehrheit, aber sie begegneten den Weißen mit Respekt. In Australien, seufzte er, habe man bei der Kolonisierung den Fehler gemacht, einige der Schwarzen übrig zu lassen. Eine kleine Pause. Dann sagte er: Wie wir mit den Juden ... – Ich sprang auf. Verlor die Beherrschung nicht völlig. Sagte, ich könne ihm leider in seinem Hause keine Prügel anbieten. Meine Frau sei Jüdin und in Auschwitz übrig geblieben. Lief zur Tür. Der Kerl sagte, man werde doch noch ein Spässle machen dürfen. Ich: ihm ins Haus kotzen, das könnte man. Ich hätte Heil Hitler brüllen müssen. Lief eine halbe Stunde bis zur Stadt. Klopfte noch einmal bei der französischen Buchhändlerin an, fragte, ob sie wisse, dass ihr Geschäftspartner ein Nazi der schlimmsten Sorte sei. Davon habe sie nichts bemerkt, beteuerte die freundliche Dame. Glaubte ihr nicht. Was für eine gespenstische Szene am entlegensten Ende des Pazifiks. – Plötzlich die Konfrontation mit jenem Deutschland, das wir ein für alle Mal hinter uns zu haben meinten. Böse kleine Welt.

Fremde Welt. Am nächsten Morgen die Maschine nach Tanna, der flächenmäßig zweitgrößten und einer der südlichsten der Inseln des Archipels, von Captain Cook bei der zweiten Weltumsegelung entdeckt, von Georg Forster in seinem genialen Reisebericht liebevoll beschrieben. Das Flugzeug eine zweimotorige De Havilland, die Passagiere ländliche Leute, die aus der Hauptstadt zu ihren Heimatinseln zurückstrebten, einige schleppten Riesensäcke voller lebender Hühner mit sich; später kam eine Ziege dazu, die fest angebunden wurde. Den jungen französischen Piloten störte das Viehzeug nicht. Er wies mir den Kopilotensitz zu seiner Rechten zu. Sagte ihm scherzend (nicht nur), ich könne die Maschine nicht landen und nicht wassern, wenn er einen Infarkt erleide. Er werde mich vorher einweisen, antwortete er; so schwierig sei das nicht. In der Tat zeigte er mir unterwegs die wichtigsten Handgriffe. Zwei Zwischenlandungen. Schließlich Tanna. Wo er niedergehen werde? Ich sah nichts als Urwald. Er wies auf eine Grasnarbe, schmal, bergaufwärts angelegt. Die Maschine setzte holpernd auf, kam, dank der natürlichen Bremse, rasch zum Stehen.

Das einzige Hotel: ein halbes Dutzend Blockhütten, hoch am Berg. Mondnacht. Trat an die Brüstung vor dem Häuschen. Drei- oder vierhundert Meter steil felsabwärts der Pazifik. Kein stiller Ozean. Mächtige Wellen, hell gleißend, die sich donnernd an den Felswänden brachen. Starrte lange hinunter, dem wilden Zauber hingegeben. Rückzug vor dem Sog der Tiefe auf mein karges Bett. Weiter entfernt von der Zivilisation des Westens war ich nie, dachte ich, niemals weiter fort von den Menschen, die ich liebe, von R. und unserem Haus überm Strand des Mittelmeers, das sich in den Heimweh-Träumen wie ein friedlicher, stiller See ausnahm (was es nicht ist).

Kurze Nacht. Um drei Uhr morgens wartete vor dem Haupthaus ein Jeep, der mich zu der Bucht am anderen Ende der Insel bringen sollte, an der einst Forster an Land gestiegen war, immer wieder versuchend, zu dem lebenden Vulkan hinauf zu wandern, der jede Nacht sein Feuer spie. Doch die Inselkrieger versperrten ihm störrisch den Weg, und er mied jede Gewalt; vielleicht, dachte er, sei dort droben ein heiliger Ort, den Fremde nicht betreten durften. Vermutlich war dies die Erklärung: Man könne sich dem Vulkan nur am Vormittag nähern, sagte mein Fahrer, solange der Wind die glühende Lava an die abgewandte Seite des Berges treibe; gegen Mittag wechsle er die Richtung, dann könne man dem Feuerregen kaum lebend entkommen.

Ein ausgehauener Weg durch den Urwald. Der Jeep stolperte über die mächtigen Wurzeln, die Steinbrocken (es hob mich allemal fast aus dem Sitz), das Mondlicht drang kaum durchs Dach des Laubes. Pries den Chauffeur, der das permanent schlagende Lenkrad sicher festhielt. Schließlich, gegen sieben, im Morgendunst die Bucht, in der die *Resolution* Captain Cooks vor mehr als zwei Jahrhunderten einige Wochen geankert hatte. Am Strand die Einbaumboote der Fischer (wie die zu steuern waren, jedenfalls die kleineren, nämlich mit Hilfe von Gewichtsverlagerungen, hatte ich auf Tahiti, nach hundert Drehungen um mich selber, halbwegs gelernt). In den Holzhütten, ohne Nägel zusammengezimmert und mit Bananenblättern gedeckt, regte sich noch kein Leben. Nur schwarze, halbwilde Schweine wühlten sich durchs Gras. Nichts, dachte ich, hat sich hier seit Georg Forsters Landgängen geändert. Die Bilder eines stillen, von unserer Welt abgekehrten Lebens, die ich wahrnahm – er hatte sie nicht anders gesehen. Mich überkam eine sachte Bewegtheit. Leben, fremdes, doch auch nicht unvertrautes, in völliger Ursprünglichkeit. Ehrfurcht vor diesem Leben – Albert Schweitzers Worte, die mir immer wichtiger wurden.

Weiter über die zerklüfteten Hänge bergaufwärts. Die letzten zweihundert Meter zu Fuß (zu steil für den Jeep). Am schwarzen Rand des Vulkans. Der glühende, brodelnde, speiende Kessel unter mir, immer wieder von Rauchschwaden verhüllt. So hatten sich die Maler des Mittelalters die Hölle gedacht. Der Fahrer hielt sich einen Schritt hinter mir. Ein kleiner Stoß, dann wäre ich spurlos verschwunden gewesen. Nichts wäre geblieben. Nicht ein Knöchelchen. Wir stiegen bergab, ins Leben zurück.

Rückflug: Der junge Pilot, der mich ein paar Tage zuvor hergeflogen hatte, wies mir erneut den Kopilotensitz zu. Fragte ihn, in welche Richtung er starten werde. Er wies mit dem Daumen bergaufwärts. Die beiden Motoren brüllten, als protestierten sie gegen den Missbrauch ihrer äußersten, ihrer letzten Kräfte. Ich presste meine Hände zusammen. Auf der Kuppe hob die Maschine zögernd ab, torkelte eine Weile in den Böen. Über dem offenen Meer fing sie sich. Der junge Pilot tupfte denn doch einen Schweißtropfen von der Stirn. Er deutete auf eine im Wald versteckte Siedlung, die mir entgangen war. Dort, sagte er, dienten die Leute der merkwürdigsten Religion, von der er jemals gehört habe: dem Cargo-Kult. Dem was? – Cargo wie *cargo* (wie Fracht). Er nahm die dicken Ohrmuscheln für einen Augenblick ab und gab sich Mühe, gegen den Motorenlärm anzureden. Die Amerikaner hätten während des Krieges auf Tanna eine kleine Nachschub-Basis installiert (aus jener Zeit stamme auch die Piste), wo sie vor allem Nahrungskonserven für die Truppe lagerten, die sie mit kleineren Schiffen heran- und wieder abtransportierten: Cargo. In den Büchsen alle möglichen Köstlichkeiten des amerikanischen Frühstücks, der Hamburger- und der Würstchen-Küche. Der Chef, ein Sergeant mit dem deutschen Namen Frum, habe die einheimischen Arbeiter meist mit Fleisch- und Wurstkonserven entlohnt, auch mit Schokolade – himmlischer Nahrung. Der gute Mann habe sogar, als die Basis aufgelöst wurde, einen kleinen Vorrat zurückgelassen. Als der zu Ende ging, hätten sich die Leute wie Adam und Eva nach der Vertreibung aus dem Paradies gefühlt. Sie hätten plötzlich verstanden, dass der Sergeant der zurückgekehrte Christus gewesen sei, der leider auch wieder davonging. Zu ihm beteten sie, ihre Kinder und Enkel vor Altären, auf denen die Büchsen stünden. Cargo-Cult. Ich versuchte nachzurechnen, damals, in den achtziger Jahren, konnte der Konserven-Heiland noch leben, gewiss schon im Ruhestand, nicht ahnend, dass ihm in diesem Winkel des Erdkreises eine göttliche Verehrung zuteil geworden war.

Die Landung in Port Vila, der sogenannten Hauptstadt: ein großer Schritt zurück in die Zivilisation. Anderntags, nach zwei oder drei Stunden Jetflug, Nouméa, Neukaledonien. Im Hotel – wir waren in Frankreich – konnte ich unsere Telefonnummer auf der anderen Seite des Erdballs wählen. Kümmerte mich nicht um den Zeitunterschied. R.s mürrische Antwort, noch im Halbschlaf. Ich sei weit fort gewesen, sagte ich. Nun wieder in Neukaledonien, fühlte ich mich fast wie zu Hause. Na, dann komm mal heim, sagte sie mit einer kleinen Stimme. Ich beeile mich, rief ich. Es dauerte noch eine Weile.

Georg Forster ließ ich im Südpazifik zurück. Machte mich für Reportagen auf den Weg, die im FAZ-Magazin erscheinen sollten. Arglos dachte ich, wenn ich mich schon in diesen Gefilden aufhielt, dann konnte es nach Ostasien nicht allzu weit sein. Der Flug von Sydney (Australien) nach Hongkong: zehn Stunden. Narr, der ich bin, mietete ich mir in der damals noch britischen Stadt ein kleines Auto, weil ich das Grenzland zum großen China (The New Territories) nicht in einem Gruppenausflug mit Führer kennenlernen wollte. Linksverkehr, Gedränge auf den Straßen, doch ich blieb heil, das Wägelchen auch. Merkwürdig: In der Regel mied ich Menschenmassen, weil sie mich bedrückten und nervten. Nicht so in Ostasien. Physisches Wohlgefühl, fast überall, weiß der Henker durch welche genetische Botschaft diktiert. Mich störte nur die stereotype Spuckerei der Männer, die ihren Speichel rülpsend von der Zunge schnellen ließen, wo sie gingen und standen (in Singapur verboten). Mit dem Schiff nach Macao, bestaunte dort die reizvolle Mischung von portugiesischen und chinesischen Elementen in der Architektur der alten Quartiere. (Hoffe, die Regenten aus Peking haben nicht daran gerührt.) Fand den alten Seemannsfriedhof. Portugiesische, englische, auch ein paar deutsche Namen. Blumen zwischen den Steinen und auf den eingefallenen Gräbern. Milde Nachmittagssonne. Vier oder fünf alte Männer schlurften herbei, zeigten dem Fremden heiter die großen Vogelkäfige, die sie auf langen Stangen geschultert hatten, setzten sie ab und ermunterten die bunt-schönen Gefangenen schnalzend zum Singen. Ich verstand nichts, kein Wort, das sie sagten, aber aus den Gesten schloss ich, dass sie vergnügt darüber stritten, welches wohl der beste Sänger sei. Schließlich klappten sie die leichten Stühle auf, die sie mitgebracht hatten, und begannen, Karten zu spielen. Alle spielten hier – nein: fast nur Männer –, und die spielten auch auf dem Schiff zurück nach Hongkong wie die Verrückten.

Irgendjemand wies mich darauf hin, dass es an der Grenze von Macao zur mächtigen Volksrepublik Tagesvisa gebe. Die Information traf zu. Eine Grenzbeamtin in schicker Uniformjacke prüfte meinen Pass. Als sie ins Büro lief, sah ich, dass ihr Rock ziemlich zerschlissen und auch nicht sehr sauber war, überdies trug sie keine Strümpfe. Sie stempelte die Einreiseerlaubnis anstandslos in meinen Pass. Kostete fünfzig oder hundert Hongkong-Dollar, mit denen man auch jenseits der Grenze bezahlen konnte. Hinter der Schranke warteten Taxis. Ehe ich einstieg ein Schwarm von Bettlern. Darauf war ich nicht gefasst. Gab eine Handvoll Dollar. Drängte den Fahrer, der Englisch verstand, zur Abfahrt, nannte ein Hotel, über das ich Gutes gehört hatte. An der Straße links und rechts junge Frauen, adrett gekleidet, mit Körben voller Früchte oder Blumen, sie standen in kurzen Abständen, lächelten zaghaft. Nein, sie winkten nicht (das war wohl verboten). Der Fahrer blickte mich fragend an. Nein. Mir fiel auf, dass ein Friseurladen an der Straße mit den Bildern hochblonder Damen lockte.

Das Hotel in der Tat luxuriös, doch sympathisch. Die bedienenden jungen Frauen zeigten die geradesten Beine der Volksrepublik vor (damals noch eher selten). Kaufte eine Zahnbürste, belegte ein freundliches Zimmer für eine Nacht oder zwei (das Visum galt drei Tage). Aß köstlich. Andertags mietete ich ein Auto mit Fahrer, der ein leidliches Englisch sprach, ließ mir von ihm voller Stolz die mächtigen Industrieanlagen und die rasch hochgezogenen Massenwohnblocks im Hinterland von Hongkong zeigen, zumal im alten Kanton (die Elendsquartiere der Wanderarbeiter sah ich nicht). Fragte nach Tempelanlagen, nach historischen Quartieren. Da sei nicht viel geblieben, gestand er. Die Modernisierung in den Küstenregionen schien geographisch ziemlich genau den japanischen Großmacht-Plänen für eine ostasiatische »Wohlstandszone« zu entsprechen. Interessant – aus der Distanz.

Registrierte, dass die Volksrepublik zu groß für mich sei. Wieder in Hongkong beschloss ich, ins kleinere China, nach Taiwan hinüberzufliegen. Erhoffte dort Erfahrungen, die mir im großen und mächtigen China kaum mehr zuteil werden würden. Landete einen Tag vor dem Auszug der Geister am Ende ihrer irdischen Ferien für eine Mondperiode, die einmal im Jahr gewährt wurden. Während ihres Aufenthaltes in unserer Sphäre stifteten sie – die Geister, wie die Hinterbliebenen fürchteten – mehr Unheil als Segen, stets zu bösen Streichen aufgelegt, zumal wenn ihnen von Kind und Kindeskindern nicht genügend Respekt, Aufmerksamkeit und Fürsorge zuteil geworden, wenn der Hausaltar zu lange ohne Blumen und die Schale für den Reis, auf den sie Anspruch hatten, zu oft leer geblieben war. Überall, auch vor den großen Hotels in der Hauptstadt Taipeh, loderten Petroleumflammen in alten Blechfässern, leuchteten Fackeln, brannten Kerzen in den Fenstern – Lichter, die den Geistern helfen sollten, den Rückweg in ihr Schattenreich zu finden, jenseits des Flusses, der das diesseitige und das jenseitige Leben trennt.

Herr Ho, ein gebildeter Führer, an den ich glücklich geraten war, fuhr mich zu einem Tempel auf halber Höhe des Berglands hinter Taipeh, in dem ein gewaltiges Freudenfest zum Abschied der Geister gefeiert wurde. Im Hof des Klosters boten sich alle Schätze der Erde und des Meeres als Opfergaben dar: vier, wenn nicht fünf kapitale Säue, weißhäutig, weil nackt rasiert, auf Spießen langgestreckt, rauchende Stäbchen in den Nüstern, Apfelsinen im Maul, die Ohren mit Goldpapier umwunden, dazu ein halbes Dutzend noch höchst lebendiger, meckernder Zicklein. Den Geistern muss bei ihrem Anblick das Wasser im Munde zusammengelaufen sein. Fische jeglicher Art, kleine Haie dabei (erkennbar an den Flossen), mächtige Thunas, Doraden, Krebse, Hummer, aber auch knallbunte Tropenfische, kurzum das ganze Meeresgetier, dazu fette Frösche und Kröten (nein, keine Schlangen, hier nicht, wohl aber lebende auf den Märkten, die der Länge nach aufgeschlitzt wurden, das Blut mit Schnaps vermengt – eine Garantie der Potenz), dazu alle Früchte des Feldes und der Gärten, Blumen, zarte Gemüse und verlockendes Obst zu farbenfrohen Gebirgen aufgetürmt, stattliche Pyramiden von Bierbüchsen, damit die Geister keinen Durst leiden mussten. Im Hintergrund der Singsang betender Mönche vor den Altären, über allem eine strahlende Septembersonne. Schönheit der Erde.

Am Abend eine Art Pekingoper, für die sich die Sänger in stundenlanger Mühe geschminkt hatten, auch für die Rollen der Frauen, die eindrucksvoller nicht hätten aufgemacht sein können. Es brauchte, nachdem die Aufführung schließlich begonnen hatte, eine gute halbe Stunde konzentrierten Hörens, bis ich einen gewissen Charme in den falsettierenden Stimmen und dem kapriziösen Konzert der zwitschernden Flöten, der näselnden Schalmeien, der scheppernden Zimbeln, der klirrenden Gamben und der donnernden Gongschläge wahrnahm. Die

Handlung hatte ich, wie mir Herr Ho hinterher deutlich machte, völlig missverstanden. Übrigens war ich der einzige westliche Mensch weit und breit, doch auch die Präsenz der Ortsansässigen blieb spärlich; es waren meist alte Leute, die auf den Tribünen hockten, während die Jugend nur durch den groben Rowdy Präsenz zeigte, der mit seinem röhrenden Motorrad zwei-, dreimal zwischen Bühne und Publikum hindurchfegte. (Vielleicht ließ man die aufwendige Darbietung inzwischen sterben, vielleicht auch nicht, da sie ja vor allem der Unterhaltung der Geister dient.)

Ein oder zwei Jahre später, als ich mich zur selben Jahreszeit in Taiwan aufhielt, überredete mich Herr Ho am Abschiedstag der Geister zu einem Ausflug in ein nahegelegenes altes Städtchen an der Mündung eines Flusses. Als die Nacht zu fallen begann, sammelten sich die festlich gewandeten Menschen am Ufer, und sie alle, auch die Kinder, trugen sorgsam gefaltete Papierschiffchen herbei, die mit einer kleinen Kerze und ein paar Reiskörnern (als Wegzehrung für die Geister) beladen waren. Bedächtig wurden die Kerzen entzündet und die Schiffchen zu Wasser gelassen: Abertausend kleine Lichter trieben in der sachten Strömung dem Meer entgegen, von den Zurückbleibenden mit zärtlichen, doch auch erleichtert und fröhlich klingenden Rufen verabschiedet. Man war sie los, den Göttern sei Dank. Ein poetisches Adieu.

Suchte Taiwan vier- oder fünfmal auf. Bemühte mich, die Totenkulte kennenzulernen, neugierig geworden, seit ich in Lukang, einem freundlichen Städtchen an der Küste, in eine Versammlung weiß gekleideter Menschen geraten war, die sich um einen üppig geschmückten Sarg und eine Gruppe betender Mönche in rotbraunen Kutten vereint hatten. Sie reichten dem schwitzenden fremden Mann einen Coca-Cola-Becher. Die Andacht für einen (vermutlich prominenten) Bürger währte noch nicht lange, als sich ein kleiner offener Truck – blendend weiß bemalt (die Farbe der Trauer), doch auch mit bunten, glasig funkelnden Muscheln dekoriert – behutsam ein Stück weit in die Menge drängte. Auf der Plattform ein Harmonium, dem eine weiß verhüllte Dame weiche und wimmernde Akkorde entlockte. Eine andere Dame sprang vom Wagen, hinter ihr drein vier junge Mädchen, alle blendend weiß gewandet. Abrupt brach die Chefin der Truppe in ein Klagegeschrei aus, das durch Mark und Bein fuhr, ihren Schmerz in schneidenden Diskanttönen und orgelndem Bassgebrüll offenbarend, die vier jungen Mädchen taten es ihr nach, sanken wie die Anführerin aufs Pflaster, robbten schreiend dem Sarg entgegen, vom Harmonium mit schrill-orientalischen Klangpeitschen vorangetrieben. Im Tongetöse aber schob sich Takt für Takt prägnanter eine Liedmelodie nach vorn, die ich kannte – bis sie schließlich, als die robbende Truppe am Sarg angelangt war, mit einem majestätischen Fortissimo triumphierte: die Melodie des altbritischen Freundschaftsliedes »Auld Lang Syne«, von dem ich hernach lernte, dass es gewissermaßen der Cantus firmus aller Trauermusik in Taiwan geworden war.

Rascher, mit verebbendem Geschrei, krochen die Damen auf allen vieren zum Auto zurück, erhoben sich, zogen die verdreckten weißen Laken vom Leib; die Chefin trug darunter ein knallgelbes Hosenkleidchen, das ihr gut stand, sie strich das Haar aus der verschwitzten Stirn, lachte dem Fremden zu, kletterte mit ihrem Gefolge auf den Trauertruck und fuhr fröhlich winkend davon.

Spazierte danach über den Hauptfriedhof, der einen großen Hügel hinter der Stadt bedeckte. Registrierte, was nicht weiter erstaunlich war: je höher, umso teurer die Lage, umso freier der Blick (für wen – für die Geister?), umso aufwendiger die Gräber, umso prangender die Mausoleen, von denen manche die Dimension eines Totenpalais beanspruchten. Beobachtete, dass bei den Beisetzungen dicker Rauch aus kleinen Metallöfen quoll. Als sich die Trauergemeinde entfernt hatte, sah ich halb verbrannte Banknoten. In welcher Währung? Nicht der Republik China (wie sich Taiwan nannte und noch immer nennt), nicht der Volksrepublik, nicht von Hongkong. Später lernte ich – bei einem Professor für Volkskunde, der für Hegel schwärmte –, dass es billiges Totengeld war, das von den Leuten in dicken Bündeln gekauft und den lieben Entschlafenen für ihre Wanderung in die Geisterwelt auf den Weg gegeben wurde, damit sie keine Not leiden müssten. Das Geld gelangte via Verbrennung zu den Geistern – wie alle anderen Geschenke, die ihnen das Dasein in ihrem neuen Reich so angenehm wie möglich machen sollten: prächtige Papp-Villen, mit Säulchen verziert, bunte Papp-Möbel oder

Mercedes-Limousinen. Neureiche, ließ ich mir sagen, bestellten für die Beerdigung der Herren sogar Striptease-Damen ans Grab (die nicht verbrannt wurden, auf geheimen Wegen gelangten ihre Vorzüge dennoch nach drüben).

Ahnte nun, dass die fernöstlichen Vorstellungen vom Jenseits eine Fortsetzung irdischen Lebens versprachen, voller Freuden, ohne Leiden – ein Paradies, das sich freilich erst nach harten Heimsuchungen im Purgatorium öffnet, aus denen die Göttin der Gnade Erlösung gewährt. Die katholische Lehre vom Fegefeuer kann den Kindern der Tao-Gottheiten nicht völlig fremd sein. Trotzdem (oder deswegen) fanden die christlichen Missionare hier nur geringen Zulauf. Obgleich die asiatischen Bürger zu moralischer Strenge durchaus fähig sind, verweigerten sie sich dem Sündenbewusstsein der Christenmenschen; die historische Patina und die theologischen Abstraktionen der Kirchen sagten ihnen wenig. (In Thailand rechneten sich nach zweihundertfünfzig Jahren Bekehrungsmühe nur gut dreihunderttausend unter mehr als sechzig Millionen Seelen der Christenheit zu.)

Auch ohne Christentum eigneten sich die Taiwan-Bürger westliche Werte an. In gewisser Weise wurden auch sie Kinder der europäischen und amerikanischen Aufklärung; mit dem wachsenden Wohlstand, den sie mit unbesiegbarem Fleiß und einem ingeniösen Verständnis für die moderne Technik erarbeiteten – der Volksrepublik lange Jahrzehnte um das zwei- bis dreifach höhere Bruttosozialprodukt voraus (je Kopf gerechnet). Mit dem besseren Lebensstandard regte sich das Verlangen nach rechtsstaatlichen und demokratischen Institutionen immer heftiger. Tschiang Kai Scheks ältester Sohn, mit dem Vater und seinem Gefolge (samt Bergen von Gold und Schiffen voller Kunstschätze) vom Festland herübergeflohen, lockerte in der letzten Phase seiner Regentschaft die autoritäre Disziplin und gab Raum für Reformen. Mit dem Wohlstand und der gesünderen Ernährung wuchsen die Menschen auch physisch, mit der Freiheit lernten sie den aufrechten Gang, der keine Legende, sondern eine messbare Realität ist. Die 25 Millionen Taiwan-Chinesen wollen, was immer es koste, ihre Quasi-Unabhängigkeit von der Milliarde ihrer Vettern und Basen auf dem Festland behaupten. Dort haben es, trotz des wirtschaftlichen Fortschritts, das Recht und die Freiheit noch schwer, weil die Parteistrategen davon überzeugt sind, dass ihr Riesenreich nur durch eine diktatorische Aufsicht vor allzu starken dezentralistischen, ja separatistischen Entwicklungen zu bewahren ist. Wie lange können sie die schwierige (und so unsympathische, weil letztlich unmenschliche) Balance behaupten? Wohlstand will Recht. Und das Recht braucht Freiheit. Auf lange Sicht ist das eine nicht ohne das andere zu haben.

Siehe Korea. Verbirgt sich hier eine Erklärung für das koreanische Rätsel (dem ich wiederum für Reportagen im FAZ-Magazin nachspüren durfte), warum die Parteimonarchen und ihre Chefschergen in Nordkorea die Untertanen – mit Ausnahme der Militärs und der Parteielite – aus der Gefangenschaft in der bittersten Armut, ja in einem Hungerdasein, nicht befreien können und wollen, weil dies der Anfang von ihrem Ende wäre? Sklaven mit leeren Mägen sind zu schwach, um zu einer Rebellion fähig zu sein. Wären sie wenigstens halb satt, würden sie die Köpfe heben, die vollgefressenen Herren in ihren Palästen kritisch mustern, leise, dann lauter fragen, wo die Gerechtigkeit bleibe ... und die Folgen wären klar.

Auch die Brüder und Schwestern südlich des 38. Breitengrades hatten zunächst – nach dem entsetzlichen koreanischen Bruderkrieg zu Anfang der fünfziger Jahre – unter der Knute konservativer Autokraten zu kuschen; doch dank der amerikanischen Präsenz und angefeuert vom japanischen Wirtschaftswunder kreierten sie mit unbeirrbarem Fleiß und ihrem erstaunlichen Techniktalent das koreanische Mirakel. Es war der ganze Ehrgeiz der Bürger Südkoreas, es der verhassten Kolonialmacht gleichzutun, die das Land 1945 als eines der ärmsten Länder des Erdkreises zurückgelassen hatte – oder sie zu übertreffen. Trotz der physischen und psychischen Unterdrückung, trotz der versuchten geistigen Gleichschaltung durch die shintoistische Staatsreligion, wussten die Koreaner auch in den Jahren kolonialer Existenz ihre Widerstandskraft mit Hilfe der Botschaft westlicher, zumal christlicher Werte zu stärken. Anders als in allen anderen ost- und südostasiatischen Ländern (ausgenommen die Philippinen) begegneten sie den christlichen Missionaren partiell mit einer hungrigen Glaubensbereitschaft. Bei der Befreiung wiesen sich etwa zwanzig Prozent der Koreaner als katholische oder protestantische Christen aus. Der Zulauf mehrte sich. Zu Anfang des 21. Jahrhunderts betrachteten sich an die vierzig Prozent der Südkoreaner (je zur Hälfte) als Katholiken oder Protestanten. Dies bestimmt ihre Kultur.

Die Bürgerschicht des begabten Volkes bemächtigte sich mit einem wahren Erlösungshunger der Künste des Westens – ob Film oder Theater, Literatur oder Malerei und Musik. Voller Passion legten sie sich ins Zeug, um den Japanern auch hier den Rang abzulaufen, vor allem in der Musik. Kein Orchester in Nordamerika oder Europa ohne koreanische Geigerinnen und Geiger, Bratschisten, Cellisten, Holz- und Blechbläser, fast keine Oper mehr ohne koreanische Solisten. Die beiden Symphonieorchester von Seoul beweisen hohe Qualität. Kammermusik zog in die Bürgerwohnungen ein. Der koreanische Dirigent Myung-Whun Chung (der in Saarbrücken seine Sporen verdient hatte) verhalf den Aufführungen in der Pariser Opéra de la Bastille zu einer Qualität, die endlich – nach Jahren der Nachlässigkeit – einem hohen europäischen Standard entsprach (bis Chung nach zehn Jahren das Opfer einer skandalösen Intrige der französischen Rechten wurde). Seine beiden Schwestern (international respektierte Geigerin die eine, eine angesehene Cellistin die andere) und er, der gelernte Pianist, spielten auf (allzu seltenen) Tourneen die Werke, die Haydn und Mozart und Beethoven und Mendelssohn und Brahms und Dvorak fürs Klaviertrio geschrieben hatten. Mir wurde das Vergnügen zuteil, das Familienensemble – Chung Trio heißt es – auf einer Reise durch Italien zu begleiten. Eines Abends, auf dem Weg vom Konzerthaus zum Hotel – war es in Modena? – stupste mich die Cellistin an. Did you notice, sagte sie, my solo in the slow movement of Beethoven's Geister-Trio? I was up in heaven – and I didn't want to come down ...

Der Bruder Myung-Whun Chung meinte, Asiaten empfänden die Grundstimmungen der Musik nicht anders als Europäer. Vielleicht sähen sie andere Gesichter in den Bildern ihrer Phantasie, das sei aber auch alles. Damit wischte er das stereotype Vorurteil beiseite, Musiker fernöstlicher Herkunft seien nur zur mechanischen Imitation imstande. Japanische wie chinesische wie koreanische Musiker sind in der Tat von der Einsicht bestimmt, dass die technische Meisterschaft eine Voraussetzung der geistigen, der seelischen Formung der klassischen Werke ist. Auf dieser soliden Basis finden sie zu ihren eigenen Interpretationen.

Die Japaner entwickelten schon zuvor eine musikalische Hochkonjunktur – nur an das Tokyo String Quartett oder das Bach Collegium Japan unter der Leitung von Masaaki Suzuki zu denken, dessen durchsichtige Interpretationen (durch kleine, meisterliche Chor- und Instrumental-Ensembles) zum Beispiel der h-moll Messe das Wort vom asiatischen Bach-Wunder bestätigen, und mehr als das: Es öffnete uns die Ohren und die Augen und den Geist für das größere Mirakel, dass die spirituelle Botschaft von Bachs Werken keineswegs an die Präsenz christlichen Glaubens gebunden, sondern wahrhaft universell ist.

In einer der Musikschulen von Seoul gab sich mir eines der Geheimnisse des koreanischen Perfektionismus zu erkennen. Zu den Meisterklassen eines prominenten Violinisten brachten die Schüler stets ihre Mütter mit, die sich scheu in einen Winkel setzten, jede die Partitur des Stückes auf den Knien, das der Sohn oder die Tochter dem Professor vorspielen durfte. Wann immer der Meister korrigierend eingriff, trugen die aufmerksamen Mütter die angemahnte Verbesserung ein. Man ahnt, mit welch unerbittlicher Strenge die Sprösslinge beim häuslichen Üben gedrillt werden.

Die europäische Klassik ist in Korea, in Japan, mehr und mehr auch in China fast tiefer verwurzelt als in den Gesellschaften ihres Ursprungs. Der Untergang des Abendlandes findet nicht statt – es wandert einfach nach Ostasien aus.

Die junge Dame, die mir im Lesesaal der alten Pariser Bibliothèque nationale – diesem Paradies der Büchermenschen – fast Tag für Tag gegenübersaß, von Folianten eingemauert, doch hinter dem Vorhang ihres pechschwarzen Ponys ihr Umfeld genau im Blick, diese scheue junge Frau gab mir, als wir endlich ins Gespräch gefunden hatten, klar zu erkennen, dass sie sich in der Musik Europas ganz zu Hause fühle. Sie studierte Romanistik. Ihr Professor hatte ihr für die Promotion eine altfranzösische Erzählung aus dem 12. Jahrhundert zugeteilt, von der nur ein Dutzend Abschriften existierte. Irgendwann waren wir am Kaffee-Automaten zusammengetroffen. Ich hatte ihr auf den Kopf zu gesagt, dass sie Koreanerin sei. Wieso? Sie werde meist für eine Japanerin, manchmal für eine Chinesin gehalten. Irgendetwas an ihr sei koreanisch, sagte ich (was, das wusste ich nicht).

Wir freundeten uns an. Nach ein paar Wochen nannte sie mich »Papa«. Nun gut, dann sei sie halt meine Tochter. Hye-young. Sie kam im Sommer und zu Weihnachten, das für uns ein christlich-jüdisch-buddhistisches wurde, stets nach La Croix-Valmer. Um sich ganz in die Welt ihres Altfranzosen einzufühlen, studierte sie die Lehren von Thomas von Aquin (der freilich erst im dreizehnten Jahrhundert auf Erden wandelte) – hingerissen von der Schönheit der Gedanken des heiligen Mannes. Sie spielte, wie ich ahnte, mit dem Gedanken an eine Konversion. Sagte ihr, wenn sie Christin werde, erbe sie nicht nur die grandiose Theologie des Thomas, sondern auch die Geschichte des Christentums, und die sei nicht immer eine humane (siehe die Kreuzzüge, die Inquisition oder die Eroberung Südamerikas). Nur durch Zufall erfuhr ich hernach von ihrer Taufe, eine Studienkollegin erwähnte am Telefon, dass sie Patin geworden sei. Fragte Hye-young, warum sie mir das verschwiegen habe. Ach, sie habe es nicht gewagt, mit mir darüber zu reden, weil sie katholisch geworden und ich doch Protestant sei. Einige Monate lang lebte sie dann im Bann einer fanatischen Nonne japanischer Herkunft. Ich fürchtete, sie werde ins Kloster gehen. Dahin kam es nicht. Doch sie entfernte sich, vielleicht ohne es recht wahrzunehmen, von ihrem »Papa«, dem skeptischen Christen, der nicht leugnen konnte, dass er es lieber gesehen hätte, wäre sie Buddhistin geblieben. Sie ist unterdessen in Paris eine begehrte Sprachlehrerin geworden.

Wahlverwandtschaften. Thailand. Die gescheite und hübsche Assistentin des Bürgermeisters von Bangkok – ein fast mönchisch karg lebender Exgeneral (der in seiner Offensive gegen die wuchernde Korruption ein Beispiel geben wollte) –, diese hilfreiche Dame, die mich bei meinen

Recherchen unterstützte, fragte mich beim zweiten oder dritten gemeinsamen Mahl, ob sie mich »Onkel« nennen dürfe. Ja, natürlich, dann sei sie eben meine Nichte (Lung und Lan). Das war keine schiere Geste der Höflichkeit. Ich begriff, dass Freundschaften zwischen männlichen und weiblichen Wesen, zumal wenn sie unterschiedlichen Alters sind, eine gewissermaßen familiäre Ordnung verlangen. Sie nahm die Verwandtschaftspflichten durchaus ernst, holte mich zum Beispiel am Flughafen ab und fuhr mich wieder dorthin zurück. Manchmal trug sie die Uniform eines Captain. Ich lernte, dass Beamte auch mit einem militärischen Dienstgrad versehen werden und gehalten sind, sich einmal in der Woche in Uniform zu zeigen. (Ein probates Instrument, mit dem das Militär, obschon angeblich unpolitisch, der gesamten Verwaltung demonstriert, dass sie letztlich seiner Autorität untersteht.)

Um die Welt der Generalität besser kennenzulernen, bat ich den deutschen Militärattaché in Bangkok, einige der Herren zu einem Aperitif einzuladen. Unter den ernsten Soldaten mit ihren oft so schweren Zügen eine grazile junge Frau, die Tochter eines Militärdiplomaten, der in Paris und in Bonn stationiert war (darum sprach die Schöne neben dem Englischen auch ein artiges Französisch und ein nuanciertes Deutsch). Sie habe einmal für die deutsche Zeitschrift *Geo* gearbeitet, sagte sie, als Dolmetscherin des Chefredakteurs, der eine Thai-Story gefertigt habe. Ob ich den Herrn kennte, der ein berühmter Fotograf sei? Oh ja, den kannte ich sehr wohl. Ob der mein Freund sei, forschte sie. Nein, das nun nicht – doch ein geschätzter Kollege. Sie lächelte. Meine Auskunft auf ihre diskret camouflierte Frage nach meiner erotischen Orientierung schien ihr zu genügen. Ich durfte sie zum Abendessen einladen.

Wir tranken einen Schluck auf den tüchtigen Vertreter der Bundeswehr (immerhin ein Oberstleutnant). Versuchte ihn beim nächsten Aufenthalt in Bangkok in der Botschaft anzurufen. Die Dame in der Zentrale bedauerte, den Herrn gebe es in der Vertretung nicht mehr. Sie stellte mich zu seiner ehemaligen Sekretärin durch. Ob ihr einstiger Chef in die Heimat abberufen worden sei? Nein, sagte die Dame etwas stockend, das nicht. Sei er an eine andere Botschaft versetzt worden? Nein, nein, er sei noch in der Stadt, gehöre aber nicht länger der Botschaft an, wohl auch nicht mehr der Bundeswehr. Wie das? Ach, darüber wolle sie nicht reden, sie könne mir aber seine Telefonnummer geben. Rief ihn an. Er meldete sich mit kraftvoll bayerischer Stimme. Kam zum Hotel, in Zivil, mit heiterer Miene. Ja, er habe seine Familie vor einigen Monaten nach Hause geschickt und lebe mit einer schönen Thaifrau aus edlem Hause zusammen. Liebe, die große Liebe. Und wovon lebten sie? Er habe Glück. Sei Generalvertreter des führenden deutschen Unternehmens für elegante Dessous. Aber könne man damit in Thailand Geschäfte machen? Die Thai-Damen brauchten doch fast alle keine BHs, ihre Brüste seien eher klein und fest von Natur? Er lächelte, darum gehe es nicht; einen BH zu tragen sei in besseren und nicht ganz so feinen Kreisen eine Frage des Prestiges geworden. Weiß nicht, was aus dem Unterwäsche-Krieger geworden ist. Die Welt ist bunt.

Auch die Generalstochter Phaptawan hatte nicht gewusst, wohin der Oberstleutnant geraten war. Lachte. Ich sagte, Thaifrauen würden am Ende jeden Krieger entwaffnen – ausgenommen, leider, die eigenen Generäle. Oder sei ihr Vater Pazifist geworden? Fast, sagte sie. Suchte sie an einem Nachmittag in ihrem schönen, alten Teakhaus auf; fand die stille Allee mit Staatskarossen und Luxus-Limousinen verstellt. Sie deutete über den Zaun, der Nachbar feiere seinen 75. Geburtstag; wir könnten hinübergehen und ihm gratulieren, einfach so. Der Ex-Premierminister Kukrit führe ein offenes Haus, sei ohnedies mehr Künstler als Politiker, pfeife auf Konventionen, obschon mit dem Königshaus verwandt. Ihm gehöre eine Zeitung, für die er selber die Fortsetzungsromane schreibe, auch ein Theater, in dem er selber auftrete. In dem Film »The Ugly American« mit Marlon Brando habe er einen asiatischen Regierungschef – also sich selber gespielt. Übrigens habe sein sehr viel älterer Bruder Ende 1941 beim Einfall der Japaner in Pearl Harbor als Geschäftsträger der Botschaft in Washington gedient. Umgehend hätten die japanischen Militärs in Bangkok eine Marionetten-Regierung installiert und diese gezwungen, den Vereinigten Staaten und Großbritannien eine Kriegserklärung zu schicken. Der Bruder Kukrits in Washington las das Kabel. Statt es im State Department abzuliefern, verbrannte er das Dokument und gründete unverzüglich ein Komitee Freies Thailand. Als die Japaner 1945 kapitulierten, nach Hause geschifft wurden, und amerikanische Marines sich in Bangkok einquartierten, habe der Kommandeur die neue Thai-Regierung aufgefordert, einen Waffenstillstand mit den Siegern zu schließen. Wieso das? Sie hätten doch gar nicht gekämpft, sagte der Premierminister. Das vielleicht nicht, rief der US-General, aber Thailand habe seinem Land den Krieg erklärt, folglich entspreche der offizielle Abschluss eines Waffenstillstands und später eines Friedensvertrags den internationalen Regeln. – Krieg? Thailand habe keinen Krieg gegen Amerika geführt. Es liege in Washington gewiss keine Kriegserklärung vor. – Nein? Der General bat das State Department, ihm das Dokument sofort zukommen zu lassen. Die Archivbediensteten suchten vergebens. Ein Papier dieser Art sei in der Tat niemals übergeben worden. Der General lachte, als er darüber aufgeklärt wurde, dass der Geschäftsträger die Kriegserklärung kurzerhand vernichtet und sie auch niemals mündlich vorgetragen hatte – also war sie völkerrechtlich obsolet.

Thailändische Lebens- und Überlebenskunst. Es wundert nicht weiter, dass sich das Königreich jeder Kolonialisierung zu entziehen vermochte. Einmal landeten die Briten in der Hauptstadt (und wurden bald wieder, mit Hilfe der alarmierten Franzosen, zum Abzug gezwungen). Ein Tempel in Bangkok erinnert an die Episode. Er ist von lebensgroßen Comicfiguren britischer Soldaten und Seeleute des 19. Jahrhunderts umstellt – ich lachte laut, als ich sie sah. In der Tat, die Thais machten sich über die Weltmacht lustig. Sie betrachten die Westmenschen noch immer mit sanfter Ironie.

Übrigens trat, als wir uns zur Geburtstagsparty des Ex-Premiers gesellten, ein berühmtes Transvestiten-Ensemble mit anmutigen Tänzen auf, der Höhepunkt des Festes. Schönere Menschen habe ich mein Lebtag lang nicht gesehen. Der gefeierte Hausherr umarmte sie der Reihe nach strahlend. Man denke sich diese Szene im Bonner Palais Schaumburg.

Die Freundin Phaptawan beherbergte bei sich auch einen französischen Arzt, der in der einen Hälfte des Jahres zu Hause Geld verdiente, in der anderen die Kinder in einer legendären Slum-Schule, die man eines der Wunder von Bangkok nennen darf, medizinisch betreute, abgelöst von einem deutschen Kollegen. Die Direktorin Prateep hatte – obwohl im Slum aufgewachsen – zwei Jahre lang eine Schule besucht, lesen und schreiben gelernt, doch auch von Kindesbeinen an im Hafen schwere Arbeit geleistet. Von früh um sieben bis abends um sieben kratzte sie Rost von den Bordwänden der Frachtschiffe. Als sie zu geschwächt war, ging die Mutter zur Arbeit und Prateep, sechzehn, siebzehn Jahre alt, hütete die Geschwister, auch die Kinder der Nachbarn. Da es leichter war, die Gören im Auge zu behalten, wenn sie gemeinsam beschäftigt wurden, kaufte sie für ein paar Baht Papier und Stifte und eine Tafel plus Kreide, suchte alte Kisten und Kartons zusammen, die als Pulte dienen konnten – und so erschloss sie den Kindern geduldig die Welt der Schrift. Die Eltern waren entzückt, zahlten ihr ein paar Baht mehr, die Zahl der Schüler wuchs. Irgendwo im Slum fand sich ein größerer Raum, den sie nutzen durfte.

Eines Tages stand ein strenger Beamter der Port Authority (die zuständig war) in der Hütte der Eltern und erklärte, die Schule der Tochter sei illegal, denn sie besitze kein Lehrdiplom, der Unterricht sei von nun an verboten. Die Väter und Mütter wurden zornig. Eine Zeitung bekam Wind von der idiotischen Anordnung, schickte einen Reporter, druckte eine lange Story, der Fall erregte Aufsehen, im Stadtrat wurden Fragen gestellt. Angeblich informierte sich auch eine Tochter des Königs. Die Behörde lenkte ein. Prateep durfte wieder unterrichten, doch unter der Bedingung, dass sie eine Abendschule besuchte und so rasch wie möglich ihr Examen ablegte. Das tat sie gern und mit Erfolg. Spenden fanden ihren Weg in den Slum. Immer mehr Eltern und Kinder klopften an. Prateep brauchte Helferinnen und Helfer, die sie dank der Spenden bescheiden entlohnen konnte. Schließlich baute sie, denn die Spenden mehrten sich weiter, zwei einfache Schulhäuser, eines davon ein Kindergarten – das Gelände hatte die Port Authority zur Verfügung gestellt. Prateep zählte zweiundzwanzig Jahre.

Später brauchte man einen dritten, vierten und fünften Komplex, eine Küche, denn für die Schüler gab es nun eine warme Mittagsmahlzeit (für manche der Kinder mag es die einzige des Tages gewesen sein); sie richtete eine Krankenstation ein, engagierte Pflegerinnen und fand Ärzte, die aus freien Stücken und ohne Entlohnung arbeiteten. 1978 wurde Prateep der Ramon-Magsaysay-Preis verliehen (nach dem philippinischen Präsidenten benannt) – die asiatische Entsprechung des Nobelpreises, mit einem ähnlich eindrucksvollen Batzen Geldes versehen. Sie selber bezog ein Lehrerinnengehalt, wohnte weiter im Slum, doch sie brachte es zuwege, dass das Quartier mit fließendem Wasser und einer Kanalisation ausgestattet und die Kanäle gereinigt wurden. Um die Aidswelle aufzuhalten, verteilte sie massenweise sterile Injektionsnadeln und Kondome. Kaufte ein landwirtschaftliches Anwesen, auf dem – nach europäischem und amerikanischem Beispiel – die Süchtigen durch harte Arbeit und strenge Aufsicht von der Droge befreit werden sollten.

Als ich sie besuchte, fand ich im schlichten Arbeitszimmer eine gutaussehende Frau Anfang vierzig (sie kam 1952 zur Welt), betont einfach, doch nicht ohne Schick gekleidet, ruhig, keine Freundin vieler Worte. Über tausend Schüler (die kein Schulgeld bezahlen). Die Hälfte der Kinder, berichtete sie, halte bis zum Abschluss durch, zwanzig Prozent sagten früher adieu, an die dreißig Prozent scheiterten schon im ersten Jahr. Dies bedeutete, dass immerhin Tausende von Kindern dem Analphabetismus und damit der schlimmsten Armut entkommen waren, weil sie die Chance genutzt hatten, eine gute und halbwegs angemessen entlohnte Arbeit zu finden. Prateep gehörte zweifellos zu den starken und bewundernswerten Frauen, die vermutlich, wenn alles gut geht, Thailands Zukunft bestimmen werden. Ich hatte das Glück, manchen dieser ungewöhnlichen Frauen zu begegnen.

Kinder

Kinder. Wer keine hat, dem laufen sie zu, für ein paar Minuten, für ein paar Tage, fürs Leben. Schätzte den mexikanischen Jungen auf zehn oder elf Jahre, vielleicht war er ein wenig älter, Hunger bremst das Wachstum. Er konnte mich nicht hören, konnte mir nichts sagen. Taubstumm. Legte einen schwarzen Bleistift auf den Tisch, lächelte, lief weiter zu den anderen Gästen. Ich schob fünf Dollar unter den Stift, wohl wissend, dass dies zu viel war. Fast erschrocken blickte er auf die Note, eine Frage in seinen Augen. Ich nickte. Er vergrub den Schein tief in seiner verdreckten Tasche. Vermutlich fürchtete er, dass ihm der Bettelboss, der draußen herumlungern mochte, das viele Geld abfordern werde. (Ich fürchtete es auch.) Als ich zum zweiten Mal nickte, nahm er auch den Stift wieder an sich. Dann kramte er ein buntes Bildchen aus der Tasche: Christus mit dem blutenden Herzen, reichte es mir über den Tisch, lächelte, dann lief er davon. Das ist zwanzig Jahre her. Trage das Bildchen noch immer bei mir, damit ich das Lächeln des taubstummen Jungen nicht vergesse. Es ist eine Art Talisman geworden.

Kinder. Calgary, die Viehtreiberstadt des klassischen Western, knapp dreihundert Kilometer nördlich davon Edmonton, die Hauptstadt der kanadischen Provinz Alberta. Von dort rund tausend Kilometer nach Yellowknife am Großen Sklavensee, Zentrum der riesenhaften Northwest Territories. Die eher schäbige Siedlung lebte für kurze Zeit auf, als in den dreißiger Jahren Gold gefunden wurde (wie es der indianische Name versprach). Ein italienisches Restaurant zeugte von besseren Zeiten. Der Ausschank von Bier, Whisky, Wein an Indianer und Inuit (die einst Eskimos hießen) war offiziell verboten, eine Diskriminierung, die sie schützen sollte, denn sie verfügen über keinerlei Resistenz gegenüber der Droge Alkohol. Trotzdem Schnapsleichen an jeder Ecke.

Mit einer alten zweimotorigen Kiste noch einmal fünf Stunden unterwegs zu einem Dorf von Inuit-Fischern und -Jägern an der Beaufortsee. Flug über das unendliche subarktische Flachland, zunächst Büsche, die kleiner und kleiner wurden und schließlich verschwanden. Tundra. Narbiges Gras, der Schnee ein wenig zurückgedrängt, schrundige Erde, Juli, hoher Sommer, der Permafrost kaum angetaut (das mag sich inzwischen geändert haben). Wir konnten in einer soliden Baracke nächtigen, in der für gewöhnlich die Inspekteure der Bundesregierung in Ottawa (die für die Inuit und die Nordterritorien verantwortlich war) untergebracht wurden. Dort wurde auch gekocht. Mit der Hilfe eines Dolmetschers fanden wir eine große Familie – Vater, Mutter und sechs Kinder –, die bereit war, uns vor der Kamera an ihrer Existenz teilnehmen zu lassen. Mir ist vor allem eine kleine Tochter in Erinnerung, sechs oder sieben Jahre alt, die uns vom ersten Gruß an neugierig zusah und uns fortan auf allen Wegen begleitete, voller Freude an den Fremden, denen sie mit der schönsten Zahnlücke der Welt entgegenlachte. Sie wanderte mit, wohin wir auch gingen, meist ihre kleine Hand in die meine gelegt, sie aß mit uns, schwatzte mit uns, obschon sie kaum ein Wort unserer Sprache und wir gar keines der ihren wussten. Wir schienen uns trotzdem zu verstehen. Oft drehten wir bis in den späten Abend, das subarktische Sommerlicht erlaubte es. Die Kleine wäre nicht gewichen, hätte ich sie nicht schließlich energisch an der Tür der Eltern abgeliefert, doch am Morgen, ehe wir den Kaffee getrunken hatten, war sie wieder zur Stelle. Wir hatten einander ins Herz geschlossen. Hätte sie am liebsten auf der Stelle adoptiert (die Eltern hätten es gewiss erlaubt). Rief mich zur Ordnung: Was sollte das Kind in Washington, dessen Bürger so oft in wochen-, in monatelanger Tropenhitze weichgekocht werden? Sie wäre am Heimweh erstickt. Wie lange ist das her? An die vierzig Jahre. Sehe das Inuit-Töchterchen mit der prangenden Zahnlücke oft vor mir und manchmal schaue ich mir ein Foto von ihr an.

San Cristóbal. Von der Dominikanischen Republik wusste ich nichts. Nur, dass ihr die größere Hälfte jener Insel Hispaniola gehört, auf der sich die Haitianer ums Überleben mühen. (Während der Diktatur von Papa Doc, dem finsteren Woodoo-Tyrannen, drehten wir 1960 eine Dokumentation über das hungernde Land und wurden dabei einmal von Mitgliedern der Tonton Macoute festgehalten, den gefürchteten Zivilbütteln mit den großen Sonnenbrillen. Dank R.s unerschrockener Suada und einiger frech zitierter Ministernamen ließen sie uns nach ein paar Stunden ziehen – natürlich nicht ohne ein üppiges Bakschisch zu kassieren.)

Kam einige Jahre danach mit dem Nachtportier meines Hamburger Hotels ins Gespräch, einem freundlichen und melancholischen Mann. Er erzählte, dass er während des Krieges in Santo Domingo gelebt habe. Wie das? Der dominikanische Staatschef Trujillo habe seinen Vertreter bei der Flüchtlingskonferenz 1938 in Evian zu dem Versprechen ermächtigt, sein Land werde an die hunderttausend europäische Flüchtlinge, zumal aus Deutschland und Österreich, aufnehmen. Der schwarze Diktator war der Einzige gewesen, der bei jener historischen Demonstration der verschlossenen Türen den Riegel seines Landes beiseite geschoben habe (keineswegs von schier humanitären Motiven gelenkt, aber darauf kam es nicht an). Es seien realiter nur gut zehntausend Juden gewesen, berichtete der Nachtportier, die der Einladung folgen konnten, und er, damals noch jung, unter den Glücklich-Unglücklichen. Der Diktator Trujillo habe sich von der Einwanderung einen Gewinn an Talenten erhofft, die den Fortschritt in seinem Staat beflügeln sollten. Für mich ein neuer Aspekt der Emigration, ein Kapitel, das ich nicht kannte. Es lohnte eine TV-Dokumentation.

An Ort und Stelle lernte ich, dass die neuen Dominikaner unverzüglich einen Kibbuz gegründet hatten, wie es die zionistische Lehre befahl. Das entsprach – in Trujillos Augen – keiner Notwendigkeit. Lieber sah er Techniker am Werk, Ärzte, Dentisten. Doch er ließ die Träumer gewähren. Da sie nicht die geringste Ahnung von den Bedingungen einer Landwirtschaft auf subtropischer Erde hatten, scheiterten sie bald genug. Die Realisten unter ihnen gründeten eine Genossenschaft, kauften Kühe, schickten sie auf die mageren Weiden, lieferten Milch in die Hauptstadt, frische Butter und einen schlichten Käse. Das Unternehmen florierte. Dennoch, die Mehrzahl der Flüchtlinge suchte nach dem Krieg Einlass in die Vereinigten Staaten. Uns machte es Mühe, zehn Männer zu finden, die es brauchte, um einen Gottesdienst in der kleinen Synagoge von Sosúa zu feiern – für die Kamera. In diesem Städtchen hatte ein tüchtiger Einwanderer aus Österreich eine bescheidene Pension eröffnet, die irgendwann ein Pilot der Lufthansa entdeckte. Lange war die Herberge in Sosúa eine Art Geheimtipp für das fliegende Personal der deutschen Luftlinie; sauber, billig, mitteleuropäische Mahlzeiten, draußen die unendlichen Strände, hübsche Mädchen und Burschen, manche blondschopfig und blauäugig, mit kaffeebraunem Teint und Namen wie Grete oder Hans: Die Flüchtlinge aus Göttingen oder Graz hatten im Segen gewirkt. Schließlich sprach sich das Lob des dominikanischen Urlaubsparadieses herum, zunächst vor allem in deutschen Landen – der Anfang der vehementen Tourismus-Industrie, die als eine späte Bestätigung des Kalküls von Rafael Leónidas Trujillo Molina während der Konferenz von Evian gelten mag.

Dem Diktator wurde nicht lange nach dem Ende des Krieges in Europa die Nachricht von der Ankunft eines späten Einwandererpaares hinterbracht. Er war Oberst in Görings Luftwaffe gewesen, ein drahtiger Mann mit einem geradezu klassisch geschnittenen Elitengesicht, gelernter Lufthansa-Pilot, der zu Anfang der dreißiger Jahre von den sowjetischen Militärfliegern im Rahmen der geheimen Kooperation zwischen Reichswehr und Roter Armee an Jagdmaschinen und an Bombern ausgebildet worden war; seine Frau Jüdin, die er samt zwei Kindern mit gefälschten Papieren im Schwarzwald vor den Gestapo-Häschern versteckt hatte. Nach der Kapitulation ließen die beiden Deutschland unverzüglich hinter sich. Sie schifften sich nach Santo Domingo ein, weil dort Verwandte der Frau lebten, die sich 1939 auf die Insel gerettet hatten. Trujillo bestellte den Ex-Obristen alsbald in seinen Palast, zeigte sich über die Karriere des Deutschen bis ins Detail informiert und erteilte ihm kurzerhand die Weisung, erstens eine dominikanische Luftlinie, zweitens eine dominikanische Luftwaffe zu schaffen; Geld spiele

keine Rolle. Ein eher schwieriger Auftrag. Es galt, junge Männer zu finden, die zunächst eine strenge Ausbildung in den Vereinigten Staaten zu absolvieren und danach zu beweisen hatten, dass sie reif genug seien, die Verantwortung für das Geschick von einem Dutzend oder von hundert Menschenleben zu übernehmen, die mit ihnen in die Lüfte steigen sollten. Dazu die Logistik. Die Administration. Die internationalen Absprachen. Der Kauf von Maschinen (zweiter Hand).
Eine Luftfahrtgesellschaft en miniature gelangte, wenn ich recht weiß, schließlich zum Start. Aus der Luftwaffe wurde nichts, weil die Amerikaner nicht mitspielten. Leider ging die Ehe des Obersten in die Brüche. Sie hatte in den Zeiten tödlicher Gefahr standgehalten, nun zwang die Spannung der Furcht und der Verantwortung die beiden nicht länger zusammen. Im Alltag der fremden Welt lösten sich die Gemeinsamkeiten auf (so war es oft). Die Frau wanderte mit den Kindern weiter in die Vereinigten Staaten. Auch die zweite Frau des Obersten gehörte zu den »jüdisch Versippten« (wie es in der Unsprache jener Epoche hieß); vor dem Krieg war sie aus dem Nazireich in die Niederlande geflohen, siedelte sich mit ihrem holländischen Mann in Indonesien an (damals noch immer zum größeren und besseren Teil eine Kolonie der Niederlande). Im Dezember 1941 Einfall der Japaner, beide gefangen in einem japanischen KZ (auch das eine Art von Hölle). Der Mann überlebte nicht. Sie kehrte nach Deutschland zurück – eine warmherzige und kluge Frau, die eine Schlüsselperson für unsere dominikanische Dokumentation wurde.

Anfang September 1979 fegte ein gewaltiger Hurrikan über die Insel, »David« nannten ihn die Meteorologen; kurz darauf folgte sein böser Zwilling »Frederic« – die beiden schlugen eine Schneise von Tod und Vernichtung, am schlimmsten in der Nachbarschaft der Hauptstadt, zumal in San Cristóbal, der Heimat des Diktators (den freilich die Amerikaner im Jahre 1961 zum Abschuss durch einen Verschwörer-Clan freigeben hatten – ihm gehörte damals etwa ein Drittel aller Vermögenswerte der Republik). Die ersten Berichte nach der Katastrophe schätzten die Zahl der Opfer auf mehr als hunderttausend Obdachlose und zehntausend Tote. Da mir die Menschen dort unten bei den ersten Reportagen ans Herz gewachsen waren und die Insel von Washington aus rasch erreichbar war, setzte ich mich ins Flugzeug, die *Geo*-Redaktion schickte einen Magnum-Fotografen hinterher. Die Mauern der Kirche in San Cristóbal hatten den Orkanen standgehalten, zwei- oder dreitausend Menschen kauerten hier auf den nackten Fliesen. Das Kirchengestühl war beiseite geräumt, um Platz zu schaffen, der Altarraum überfüllt, selbst auf der Kanzel hockten drei oder vier Menschen. Hoch über dem Städtchen der Palacio del Cerro, das Himmelshaus, einst das Geburtstagsgeschenk der Staatspartei an ihren Chef, ein bizarres Betonschloss ganz in Weiß, von einem französischen Architekten entworfen. Trujillo mochte den kalten Palast nicht. Er verbrachte dort keine einzige Nacht, sondern zog das Haus seiner Eltern vor, das erweitert und modernisiert worden war. Nun lagerten im Castillo an die zweitausend Obdachlose, dicht an dicht, allein in einem der geräumigen Bäder (einst mit vergoldeten Wasserhähnen versehen) hausten zwei vielköpfige Familien. Im Hof Hunderte von Kindern, hungrig, man sah es, die meisten mit Fetzen bekleidet, die jeden Tag ausgewaschen wurden. Unter den vielen ein kraus gelocktes Mädchen, sieben oder acht Jahre alt, erschreckend mager, mit großen Augen, die jeden Schritt, jede Bewegung des schweren, rotgesichtigen, sommersprossigen fremden Mannes verfolgten. Sie bettelte nicht wie die anderen, obwohl ihr Magen wohl genauso leer war. (Hunger schmerzt.) Vielmehr schaute sie neugierig in das Heft, in dem der Weiße sich dieses und jenes notierte. Ich fragte sie nach ihrem Namen. Santa, sagte sie. So gern hätte ich ihr ein paar Dollarscheine zugesteckt. Ich wagte es nicht. Sie wäre von den anderen Kindern zerrissen worden. Deprimiert stieg ich in mein zerbeultes Mietauto, winkte ihr zu, fuhr davon. Dem Fotografen, der am nächsten Tag dort oben Bilder machte, trug ich auf, nach ihr zu fragen und ihr möglichst unbemerkt, von seiner Ausrüstung getarnt, die Geldscheine zuzustecken. Der Kerl vergaß meine Bitte.

Flog zurück nach Washington, beschrieb die Orkan-Katastrophe so gut ich es konnte in einem *Geo*-Artikel. Indes, die Kleine, ihre Augen, die dünnen Ärmchen und Beine gingen mir nicht aus dem Sinn. Setzte mich nach zwei Wochen ein anderes Mal in die Maschine nach Santo Domingo, fuhr noch am Tag der Ankunft hinauf zum Palacio del Cerro, fragte die Kinder nach Santa, sie kam, erkannte mich und lächelte; fragte nach ihren Eltern (so weit reichte damals mein Spanisch) – sie nahm meine Hand, führte mich über ein enges, steiles Treppchen nach unten zu einem Verschlag. Ein muffig-feuchtes Kellerverlies, in dem sich die Familie eingerichtet hatte, so gut es ging. Ein großes Bett, immerhin, in dem der Vater, ein Mann Anfang dreißig mit eher indianischen Zügen, die junge Mutter Marta, eine hübsche Frau, nicht älter als vierundzwanzig Jahre, Santa und ihre kleine Schwester Rosalia Platz finden mussten; ein Brüderchen, das gerade durch den Raum zu krabbeln anfing, schlief in einem Pappkarton. Der Vater, verstand ich, war ein kleiner Pachtbauer, die Erde, die er bearbeitete, wurde von der Flut fortgeschwemmt, das Areal unter Schlamm und Geröll begraben, sein Ackergerät fortgerissen, vielleicht bis ins Meer, nicht mehr aufzufinden, das Maultier, mit dem er pflügte, war ersoffen, die halbwegs wetterfeste Hütte, in der sie wohnten, vollkommen zerstört, die Familie konnte sich in letzter Minute in eine Kapelle mit dicken Mauern retten.

Sagte dem Vater, dass ich am nächsten Tag wiederkommen werde, gegen Mittag. Lud das Mietauto am Supermarkt voll mit haltbaren Lebensmitteln: Reis, Nudeln, Zucker, Büchsen- und Trockenmilch, Käse, Butter, Margarine, dicke Würste, luftdicht verpackten Schinken (Fleisch wagte ich nicht mitzunehmen, weil es zu schnell verkommen würde, später lernte ich, dass sich die Leute vom Land darauf verstanden, das frische Fleisch an der Luft zu trocknen). Gottlob akzeptierten die Manager amerikanische Kreditkarten. Fuhr mit einer freundlichen Dolmetscherin, die glänzend Deutsch und Englisch sprach, gegen Mittag zur Familie hinüber, von Santa unten am steinigen und steilen Weg erwartet. Freude über die angeschleppten Schätze. Erfuhr hernach, dass Marta, die Mutter, am Abend auf der offenen Feuerstelle ein riesiges Mahl bereitete, zu dem sie zwei Dutzend Leute einlud, die ihre Essnäpfe mitbrachten. So war es stets bei meinen Visiten: Die Mateo-Familie teilte den Proviant, mit dem ich sie versorgte, mit ihren Nachbarn. Grunderfahrung der so oft von Katastrophen heimgesuchten Dominikaner: ohne Solidarität kein Überleben. (Das galt nicht für die Superreichen, die ihr Geld in Miami oder in Genf gebunkert hatten.) Überdies war – nein, ist –

Marta eine großherzige Frau. Santa ging, das wusste ich, nicht zur Schule (wie damals etwa die Hälfte der dominikanischen Kinder). Zu teuer. Keine Schuhe, kein Kleid, kein Geld für die Schreibhefte und Stifte. Ob die Eltern einverstanden seien, wenn ich eine Schule suchte, wenn möglich eine, in der sie zu essen bekomme, vielleicht sogar schlafen könne? Sie nickten.

In den nächsten Tagen durchkämmte ich mit der wegkundigen und überaus hilfsbereiten Dolmetscherin Evelyn alle Viertel von Santo Domingo, auch viele andere Städtchen, entlegene Winkel, von Adresse zu Adresse hastend, um ein Internat für Santa zu finden. Alle waren belegt und überbelegt, die kirchlichen wie die weltlichen, die teuren und die billigen (die nicht allzu sauber zu sein schienen). Bat alle Menschen, die ich kannte, sich umzuhören, ob irgendwo eine Vakanz sei. Erzählte dem Obristen und seiner Frau von den Mateos, sie versprachen, Ausschau zu halten. Sie empfahlen mich auch an Nidia, die Chefsekretärin einer dominikanisch-deutschen Import- und Exportfirma, eine herzliche, temperamentvolle und zugleich höchst umsichtige Dame, die für uns und für die Familie eine unschätzbare Hilfe wurde.

Doch es war erst wie verhext. Nirgendwo ein freier Internatsplatz. An einem Samstagmorgen belud ich am Mercato nacional noch einmal das Auto, und im Begriff einzusteigen, stand unversehens die Frau des Obersten vor mir. Mein Mann hat Sie noch nicht angerufen? Wir haben ein Mädchen-Internat gefunden, nicht weit von hier, von netten Nonnen geführt, die bereit wären, noch ein Bett in einen der Schlafsäle zu stellen. Die Schule wurde von Zeit zu Zeit mit einer Spende von einer süddeutschen Kirchengemeinde bedacht. Dafür waren die Schwestern dankbar.

Frau W. nahm sich die Zeit, mit mir zur Casa Santa Maria Goretti zu fahren, um mich der Oberin vorzustellen und mir die Schule zu zeigen. Kein Luxusquartier, das nicht, doch die Räume waren sauber, hell, nicht überdekoriert mit Kreuzen, blutenden Herzen, Marien und süß-bunten Heiligen. Carmen, die Sor superiora, war eine freundliche und zugleich energische Dame, was der kräftig entwickelte Oberlippenbart anzeigen mochte. Sie nannte mir einen bescheidenen Monatspreis für das Internat. Ich versprach, wenn ich Santa am Montag brächte, ein Jahr vorauszubezahlen, was sie erstaunt und erfreut zur Kenntnis nahm. Überlegte mit Evelyn auf dem Weg nach San Cristóbal, dass es nützlich sein konnte, den Ortspfarrer aufzusuchen, um ihm von Santa, von der Familie und meinem Schulplan zu berichten. Der ruhige, kluge Herr – nicht viel älter als vierzig, in Spanien zu Hause – sagte sofort, Besseres könnten wir für die Kleine nicht tun, die Schule sei ja die einzig verlässliche Hilfe fürs Leben, die Voraussetzung für einen Beruf, und nur ein Beruf erlaube dem Menschenkind später, dem allgemeinen Elend zu entrinnen. Er sei bereit, mit uns zu kommen, um den Eltern zu erklären, dass sie Santa Cristina – so ihr voller Vorname – ziehen lassen sollten, sie würden es nicht bereuen. Marta verstand sofort. Sie rief, ich solle das Mädchen gleich mitnehmen. (Vermutlich war sie auch froh, eine Esserin weniger füttern zu müssen.) Santa hatte bisher den Vater täglich auf den Markt begleitet, wo er Körbe mit Früchten und Gemüsen schleppte, während die Kleine Abfälle auflas und – mit einem genauen Blick für das Verwendbare – in alten Tüten zur Mutter trug. Diese Arbeit, so Marta, könne auch Rosalia übernehmen, die sei zwar jünger, doch kräftiger als die zarte Schwester. Vielleicht, dachte ich, fänden sich Möglichkeiten, die ganze Familie ein wenig zu unterstützen, über Evelyn, die Dolmetscherin, die sich Daya nannte (noch heute eine ferne Freundin), oder über Nidia, die Säule der dominikanisch-deutschen Wirtschaftsbeziehungen. Fragte Pena Gomez, den haitianisch dunkelhäutigen Sozialisten (ein Freund von WB, damals Bürgermeister von Santo Domingo), ob er nicht einen Job für den Vater habe. Der sah mich nachdenklich an. Er sagte dann, er weigere sich bereits, Maschinen für die Straßenreinigung anzuschaffen, damit nicht tausend Straßenfeger, die mit Besen und Schaufeln unterwegs seien, ihre Arbeit verlören. Er fügte nichts hinzu, und ich hielt meinen Mund.

Der Abschied Santas von der Familie war kurz und schmerzlos. Auf dem Weg sprach sie wenig. Voller Neugier schaute sie vielmehr auf die Landschaft, den Verkehr, die Vororte der Hauptstadt, den stillen, eher gediegen wirkenden Arroyo Hondo, in dem der Obrist und seine Frau eine schöne Villa mit einem prächtigen Garten und scharfen Hunden bewohnten, nur zwei Sprünge vom Internat entfernt – das alles war für

Santa eine neue, fremde Welt. Über San Cristóbal war sie niemals hinausgelangt. Sor Carmen hieß sie mit einem Kuss willkommen, auch die anderen Nonnen sagten, sie freuten sich, und klatschten in die Hände, besonders Sor Giséla, eine große, schlanke, hübsche Frau mit merkwürdig schlenkernden Bewegungen, und die stämmige Sor Francesca mit den bäurisch-groben Zügen (von der ich erst viel später erfuhr, dass sie ein Drachen war, die Kinder schlug und ihnen die Schokolade wegfraß, wenn denn eines eine Tafel geschenkt bekommen hatte; dass sie auch Santa bestahl, wenn ich dies oder das dagelassen hatte). Sagte dem Kind rasch adieu, mit ihren großen Augen folgte sie mir bis zum Auto. Indes, sie winkte nicht. Ich tröstete mich damit, dass Frau W. versprochen hatte, regelmäßig nach Santa zu schauen (und sie hielt Wort).

Flog drei- oder viermal im Jahr von Washington nach Santo Domingo. Schon beim nächsten Besuch sah Santa wohlgenährt aus, sie lächelte, und als ich sie fotografierte, zwinkerte sie in die Kamera. Das hatte sie von den älteren Schulgenossinnen gelernt. (Das Internat beherbergte mehr als achtzig Mädchen zwischen sechs und vierzehn Jahren.) Doch sie verbarg mir auch nicht, dass sie einsam sei. Keines der Kinder war so bettelarm wie sie und ihre Familie. Kaufte mit Evelyns Hilfe ein paar hübsche Kleidchen und bequeme Schuhe. Doch das tröstete Santa nicht über das Alleinsein hinweg. Also fragte ich Sor Carmen, ob sie auch Rosalia, Santas kleinere Schwester, aufnehmen könnte – vorausgesetzt, dass sich die Eltern nicht sperrten. Sie war einverstanden (aus Freundlichkeit, vielleicht auch, weil sie weitere Spenden erhoffte). Und die Eltern waren es auch, zumal ich mit Hilfe des großartigen Priesters, Padre José Maria Arbeloq, für die Familie eine bessere Unterkunft in einem nahen Weiler besorgen konnte. Rosalia, nicht älter als sechs, sieben Jahre, hielt stets große Reden, wenn wir – zusammen mit der stillen Santa – über den Malecon (die Küstenpromenade) spazierten. Prophezeite ihr, sie werde entweder eine Revolutionärin à la Fidel Castro oder eine Advokatin. Sie verstand es nicht, aber sie lachte (und zog es später vor, Anwältin zu werden).

Nelson hatte einen kleinen Bruder bekommen, Alejandro, nicht lange danach folgte Jacqueline (hernach das schönste der Mädchen), dann

Mercedes (ein originelles Kind), schließlich Martin, eine schwere Niederkunft – die Nummer sieben. Der Arzt warnte den Vater, die zarte Marta werde eine weitere Geburt nicht überleben. Sie müsse sterilisiert werden. Der Mann, immerhin ein bisschen aufgeklärt, war einverstanden. Doch ein halbes Jahr später, als ich an die Tür klopfte – Santa und Rosa hatten Ferien –, kroch ein klitzekleines Menschlein durchs Zimmer. Woher das Wesen komme, fragte ich voller Sorge. Santa winkte mich nach draußen. Das Kind, sagte sie, stamme von einer der Geliebten des Vaters, die es nicht haben wollte. So habe sich eben Marta dazu erbarmt, das arme Würmchen großzuziehen. Mit dem Papa redete ich ein ernstes Wort: Er könne natürlich so viele Kinder machen, wie er lustig sei, und ich wisse wohl, dass in der Caribe ein Mann mit jedem lebenden Beweis seiner Potenz im Ansehen seiner Geschlechtsgenossen steige. Aber wir – R. und ich und andere Helfer – fühlten uns nur für Martas Kinder verantwortlich. Das schien er zu begreifen. Der Kleine – Claus (!) genannt – wurde nicht anders behandelt als die sieben Geschwister. Oder doch? Ließen ihn die Geschwister spüren, dass er nicht ganz dazu gehöre? Es wurde nichts Rechtes aus ihm, Claus sitzt, während diese Zeilen geschrieben werden, im Gefängnis (Santa wollte uns am Telefon nicht sagen, was er auf dem Kerbholz habe).

R. hatte ich so viel von den Kindern erzählt, und den Kindern von ihr, dass sie sich eines Tages entschloss, mit mir nach Santo Domingo zu fliegen. Sor Carmen verkündete nach unserer ersten Visite, das müsse gefeiert werden, und arrangierte für den nächsten Nachmittag ein Fest draußen im Hof. Berge von Kuchen, dazu ganze Batterien von Coca Cola und Mineralwasser. Und Musik vom Plattenspieler, 45 U/min.-Scheiben, meist Meringue, die den karibischen Rhythmus bestimmt, die Texte balladesk oder deftig-satirische Kommentare zum Zustand der Politik und der Gesellschaft.

Die Mädchen hatten, wie es sich auf der Inselwelt gehörte, die Musik im Blut. Sie wollten tanzen. Ich ahnte nicht, welche Heimsuchung das für mich werde: das einzige männliche Wesen ringsum. Zuerst, wie es nicht anders sein konnte, durfte ich R. auffordern. (Wir machten, denke ich, keine allzu schlechte Figur.) Dann natürlich Santa, die sich mit der

Flexibilität und Eleganz einer kleinen Balletteuse bewegte. Ein Vergnügen, sie über den Rasen zu schwenken, ein anmutiges Federwesen. Doch ich begann, die Nachmittagshitze zu spüren. Trank Coca Cola und Wasser halbliterweise. Der Schweiß rann, das Haar klebte, das Hemd klitschnass, bald schmerzten auch die Füße. Die jungen Damen kannten kein Erbarmen. Sie fächelten mir Luft zu, wenn ich kurz saß und die Platten gewechselt wurden. Die älteren Mädchen zogen mich vom Stuhl. Auch die Kleinen wollten beweisen, was sie konnten. Immerhin tanzten nun auch einige Mädchen miteinander. Ich hoffte vergebens, das Meine geleistet zu haben. Nichts da. Die Gören bestanden darauf, dass ich die Nonnen bäte. Carmen, die Sor superiora? Ich schaute sie fragend an, doch sie nickte und lachte, und sie tanzte, als treibe sie jeden Abend nichts anderes, tanzte mit fliegenden Röcken, gab mich an die junge Sor Giséla weiter, die nun nur noch Musik zu sein schien, und die Mädchen applaudierten.

Hätte mir nicht träumen lassen, jemals mit Nonnen zu tanzen. Die Caribe erlaubt dies und das. Nicht alles, wie sich erweisen sollte. Bei einem späteren Besuch fand ich einen kleinen Jungen, vielleicht zwei Jahre alt, in der Casa Maria Goretti (der von allen üppig beschmust wurde). Woher der Knabe komme, fragte ich Carmen. Sie lächelte. Der habe eines Morgens vor der Tür gestrampelt und geschrien, weiß der Heiland, von wem er abgelegt worden sei, sie hätten das Kerlchen aufgenommen, was sonst? Ein Jahr später war Carmen nicht zur Stelle. Ob sie auf Besuch, auf Reisen, doch hoffentlich nicht krank sei? Verlegene Blicke. Nein, sie habe das Haus verlassen. Über die Gründe wollte sich niemand äußern. Auch Santa und Rosalia war kein Hinweis zu entlocken – nur vielsagende Blicke. Die Vertreterin gab mir eine Telefonnummer, ich rief an. Wir trafen uns im Café meines Hotels: Carmen in weißem Zivil und schön. Ach, sagte sie, schon der erste Knabe sei in Wahrheit der ihre gewesen, Frucht einer Liebe, die sie überwältigt habe. Dann sei sie ein zweites Mal niedergekommen, das habe sich nicht vertuschen lassen, der Bischof habe verlangt, dass sie die Casa Maria Goretti verlasse, der Orden habe sie ausgestoßen. So sei das Leben. Wovon sie sich und die Kinder ernähre? Sie schneidere, darauf verstehe sie sich, und vielleicht bekomme sie eine Stelle in einer privaten Schule. Schrieb Carmen ein Zeugnis (auf *Geo*-Papier), das der Oberst übersetzte. Vielleicht konnte es ihr nützlich sein. Später berichtete Santa, die liebenswürdige Sor Giséla sei leider aus denselben Gründen ausgeschieden – die beiden wichtigsten Schwestern für sie und Rosalia. Es war an der Zeit, für die beiden eine andere Schule zu suchen.

Als ihr Brüderchen mit dem stolzen Namen Nelson ins Schulalter kam, fragte mich der Vater, warum nur die Mädchen? Hatte der Knabe nicht auch ein Recht, lesen und schreiben zu lernen? Doch, das hatte er, und auch sein Bruder Alejandro. Wir fanden für beide eine gute Unterkunft. Gottlob mehrten sich die Helfer. Die *Geo*-Redakteure hatten meiner Geschichte über das Erdbeben und Santa den Hinweis auf ein Spendenkonto angefügt. Leider war es – die schiere Achtlosigkeit – die meines Girokontos. Ich ahnte es nicht. Erkundigte mich nach zwei Wochen beim Sekretariat, wie viel Geld sich gesammelt habe. Die Auskunft war nicht überwältigend, immerhin 35 000 Mark (wenn ich mich recht erinnere). Voller Freude benachrichtigte ich den Pfarrer in San Cristóbal. Der meinte, er könne den Bischof dazu überreden, eine Summe dazuzulegen, kurzum, er rechnete mit insgesamt 50 000 und überschlug, dass er davon acht kleine Familienhäuschen und ein Gemeinschaftshaus bauen könne. Und wer sollte einziehen? Er überlegte nicht lange: Familien, deren Väter und Mütter sich verpflichteten, ihre Kinder zur Schule zu schicken. Indes, die Spendensumme reduzierte sich über Nacht: 20 000 waren mein eigenes Geld. Brachte es nicht übers Herz, dem Pfarrer zu gestehen, dass aus Hamburg nur 15 000 Mark geschickt werden könnten. Klopfte beim Verlagschef von Gruner und Jahr an, berichtete, fragte, ob er die 20 000 nicht aus der Verlagskasse nachlegen könne? Er zögerte (ich erwähnte es schon). Murmelte etwas von Präzedenzfall. Ich sagte, wir Reporter, die Redakteure, selbst die Verlagschefs lebten letzten Endes von den Geschicken der Menschen, über die wir schrieben, deren Geschichten wir druckten und verkauften. Gelegentlich könnten wir doch etwas zurückgeben. Wenn er sich zu dem Opfer nicht entschließen könne, dann würde ich es halt aus meiner Tasche bezahlen. Er dachte nach, blickte auf und murrte: halbe-halbe. Gut, sagte ich, halbe-

halbe. Er rief die Buchhaltung an. Humanitäre Sonderausgabe. Holte den Scheck ab.

Den Mateos wurde eines der Spendenhäuschen zugewiesen (sie schickten ihre Kinder in der Tat zur Schule, schließlich alle sieben). In Santo Domingo kalkulierten der Ex-Oberst, Nidia, die Dolmetscherin Evelyn und ich eine Summe, die das Schulgeld, die sogenannten Lebenshaltungskosten und ein paar Extra-Ausgaben deckte, Notfälle nicht eingerechnet. Nidia nahm es auf sich, das monatlich überwiesene Geld zu verwalten (später vertrauten wir dies den drei ältesten Geschwistern an). Gottlob beteiligten sich Freunde, zumal mein Literaturagent Rainer Heumann in Zürich, nach seinem Tod die Nachfolgerin Sabine Ibach, dazu einige Jahre lang John Le Carré, der Starautor von Mohrbooks, ein freundlich reservierter Herr, voller Witz, gebildet, doch zugleich eine Inkarnation des britischen *understatement*, und Louise, eine Cousine Heumanns, fast zwergenhaft klein, alert, reich, eine neugierige und darum unermüdlich reisende Dame. Wenn die Kinder zu uns nach Südfrankreich kamen (jeweils zwei oder drei), waren sie auch Gast bei Louise.

Verlässliche Beobachtungen des Pfarrers in San Cristóbal stellten der neuen Schule im Städtchen ein gutes Zeugnis aus. Es lag nahe, ein großes Haus für nicht allzu viel Geld für die ganze Familie zu mieten. Die Kinder kehrten aus den Internaten erleichtert zurück unter ein gemeinsames Dach. Immerhin: Sie hatten zu lernen gelernt, einiges Wissen gesammelt, Ehrgeiz entwickelt, sich Ziele gesetzt. Eines Tages klopfte Louise an die Tür. Am Ende einer Südamerika-Reise war sie in Santo Domingo gelandet. Die Familie gefiel ihr. Prosaisch-praktisch erkundigte sie sich nach den Mietkosten. Dann wollte sie wissen, was der Kaufpreis sei. Der Eigentümer nannte eine für europäische oder auch amerikanische Verhältnisse bescheidene Summe. Louise griff zu, zahlte und überschrieb das Anwesen der Familie. So einfach. Fast ein Märchen.

Die Mateos freuten sich über ihr Glück, indes, sie blieben gelassen. Dankbar waren sie gewiss. So hatte es Gott gefügt. Die Eltern übertrieben es mit der Frömmigkeit nicht. Sah sie nie zur Messe eilen, vor den Mahlzeiten wurde manchmal von den Kindern ein kurzes Gebet gesprochen. Nun all der Segen! Der Herr hat's gegeben, der Herr wird es hoffentlich nicht wieder nehmen, der Name des Herrn sei gelobt. Gott hatte, sie waren davon überzeugt, meine Begegnung mit Santa arrangiert, ihr das sanfte Lächeln geschenkt.

Ich fragte in Washington unsere vietnamesische Freundin Qué Bui, ob sie eine Erklärung dafür habe, wie es angehen mochte, dass ein kleiner Moment genügte, diese Gemeinsamkeit zwischen dem schon halb ergrauten, schweren deutschen Autor und Filmfertiger und dem dominikanischen Kind zu kreieren, in dem sich spanische, afrikanische und indianische Elemente mischten, das einem grundverschiedenen Milieu entstammte, von einer anderen Konfession geprägt, von einer Kultur geformt, die durch die Aufklärung höchstens von fernher berührt war – wie es angehen mochte, dass die beiden plötzlich eine Zusammengehörigkeit erlebten, die sie in gewisser Hinsicht für lange Jahrzehnte, vielleicht fürs Leben aneinander band? Qué lächelte. Für sie sei das ganz einfach, nach ihrem Glauben hätten wir schon einmal miteinander gelebt, sie sei in einer anderen Existenz meine Tochter, meine Schwester, meine Geliebte, vielleicht sogar meine Mutter gewesen. Warum nicht? Das würde meiner Vermutung einer genetischen Urverwandtschaft nicht widersprechen.

R. hatte sie nach den ersten Begegnungen gleichermaßen ins Herz geschlossen. Wenn Santa bei uns war, war sie es, mit der das Mädchen lebte. Mit der blitzintelligenten, temperamentvollen, ja aufbrausenden, robusten und auch wieder sensiblen Rosalia war es ein wenig schwieriger. Auch mit der kühleren, skeptischen, schönen Jacqueline, die früh ein passables Englisch lernte – dank der amerikanischen Filme im Fernsehen.

Eines Tages hatte mich Nidia in Washington angerufen: Santa und Rosalia sollten ihre erste Kommunion feiern. Sie brauchten weiße Kleidchen, für die sie kein Geld hatten, lange Kleidchen. R. und ich seien zur Feier eingeladen – ja, wir müssten kommen. Doch R. hielt sich in Europa oder in Israel auf. Also klapperte ich die Warenhäuser und Fashion Shops in den suburbs von Washington ab. Nirgendwo lange Kleidchen. Die amerikanischen Töchter wollten es damals kurz, nicht gerade weiße Minis, aber fast. Mir fiel schließlich ein Geschäft für Hochzeitsausstattungen ein, in einem schwarzen Viertel, nicht allzu weit vom Weißen

Haus. Dort gab es lange weiße Kleidchen für die Brautjungfern, mit Spitzen drapiert. Santa und Rosalia waren selig. Sie passten. Nur hatte ich nicht an die Schleier gedacht, die keusch übers Haar oder Gesicht geworfen werden sollten, auch nicht an die weißen Handschuhe. Beides ließ sich in Santo Domingo ergänzen. Als der Priester die Formalien erledigte, ergab sich allerdings ein neues Problem, die Eltern hatten weder ihre Ehe, noch die Geburt der Kinder amtlich bestätigen lassen. Jede dieser Prozeduren kostete Geld, teuer vor allem die obligatorische Feier mit den Verwandten, den Nachbarn, den Freunden. Das konnten sie sich nicht leisten.

Doch ohne Taufe keine Kommunion. So wurde am Samstag in einem kurzen Zeremoniell die Aufnahme der beiden Mädchen in die Gemeinschaft der Christen vollzogen. Ich war Pate. Es interessierte niemanden, dass ich Protestant bin. Mit der Erstkommunion am Sonntag avancierten die beiden zu gleichsam erwachsenen Mitgliedern der Gemeinde, nach der obligaten Beichte – was haben sie wohl dem Priester erzählt? – durften sie zum ersten Mal das Abendmahl empfangen. Wie anderswo auf der Welt auch, interessierten sich die kleinen Christinnen in Wahrheit nur für die Kleider der anderen, die kritisch gemustert wurden; und die Jungchristen mit der ersten Krawatte ihres Lebens hatten nur Augen für die Mädchen. Hinterher in der Casa ein festliches Mahl, Geschnatter, Musik. Die Nonnen spendierten sich eine Cola mit Rum (das Nationalgetränk), dem Priester, als er schließlich kam, einen süßen Wein.

In den Ferien bei uns in La Croix putzten sich Santa und Rosalia mit R.s Hilfe kunstvoll heraus, wiegten sich in den Hüften, verdrehten – in vorsichtigem Abstand – den Männern den Kopf, doch zeigten sie sich am Strand empört über die Oben-ohne-Damen, deren totales Dekolleté damals Konjunktur hatte. Nelson erschien mit der Bibel als Schutz vor allen Anfechtungen, doch linste er heimlich, von der Sonnenbrille nicht völlig getarnt, auf die freiliegenden Brüste. Von R. erbat er sich die französische Übersetzung der Frage, ob die Damen gebunden seien, dies betrachtete er als die angemessene Eröffnung eines Flirts. Die Schwestern waren von den Nonnen strikter in katholischer Moral infiltriert worden.

Als R. sie mit ins Kino nahm, um einen jugendfreien Film anzuschauen, der aber gleich mit einer heftigen Kopulation begann, sprang Rosa empört auf. Ehe sie den Saal verließ, hielt sie lauthals eine kräftig gewürzte Predigt, in der sie – gottlob auf Spanisch – das Publikum als ein säuisches, schamloses, verkommenes Pack beschimpfte.

Rosa strebte am Sonntagmorgen zur Messe. R. seufzte, lehnte mein Angebot, die junge Dame in unsere (leider sehr hässliche) Kirche zu begleiten, generös ab; ihr mache das nichts aus, sie wolle hernach auf den Markt (den es bei uns im Dorf immer am Tag des Herrn gibt). Rosa nahm mit kritischem Blick zur Kenntnis, dass R. keine der obligaten Gesten des Ritus mitvollzog, nicht kniete, kein Ave Maria und auch kein Amen mitsprach. (Dafür legte sie ein reichliches Opfer ins Kästchen.) Hinterher fragte Rosa, warum sie sich so seltsam verhalten habe. Sie sei eben keine Christin, sagte R., sondern eine Ebraica – eine Jüdin. Erschrocken schlug Rosa dreimal das Kreuz. (Santa schien ihre Schwester nicht aufgeklärt zu haben.) Und Claudio? Der sei zwar Christ, sagte R., doch ein Protestant, un Luterano, mit anderen Worten, ein Häretiker, ein Ketzer. Wieder bekreuzigte sich Rosa, aber nicht gar so heftig. Sie beruhigte sich. Zu Hause in San Cristóbal fragte sie den Priester, was es damit auf sich habe: Die Hebräer seien das Volk Gottes, referierte er, dem der Heiland entstamme, sie hätten ihn freilich nicht erkannt, sondern zurückgewiesen und verdammt, die Juden hätten viel gelitten, vor allem in Deutschland und vor allem durch die Luteranos, doch wenn R. einen Christen dieser Gattung geheiratet habe, müsse man das respektieren.

Santa, das Urkind, blieb ein Sorgenkind. Ein Studium traute sie sich nicht zu, obschon sie recht gut schrieb, flink dachte, Zusammenhänge rasch begriff, alles andere als maulfaul war. Da sie sich selber gern hübsch machte, meinte sie, Kosmetik und Coiffure seien das Richtige für sie; auf ihrer Anfängerstelle in einem sympathischen Salon erwies sie sich als geschickt, plauderte angeregt, war beliebt, bekam öfter ein nettes Trinkgeld zugesteckt, das sie nicht – wie sonst allzu üblich – der Chefin aushändigen musste. Sie war oft damit beschäftigt, krauses Haar mit Hilfe eines scharfen Mittels zu glätten und, wie man in Amerika sagte, in *good hair* zu verwandeln. Leider reagierte sie auf die Chemikalie mit einer bösen Allergie. Sie musste aufhören, folgte dem Rat von Nidia und eignete sich in einem Kursus einige Bürotechnik an, vor allem lernte sie, mit Computern umzugehen, und sie bewarb sich mit Erfolg für einen – miserabel bezahlten – Job als Sekretärin im Innenministerium.

Am Telefon klagte die Arme mehr und mehr über Kopfschmerzen. Wir rieten ihr dringend, Röntgenaufnahmen machen zu lassen, die wir Neurologen in Frankreich oder Deutschland vorlegen konnten. Es fügte sich, dass im Hospital ein Neurochirurg aus Boston tätig war, der viermal im Jahr für eine Woche nach Santo Domingo kam, um komplizierte Fälle zu untersuchen und notfalls zu operieren (Spezialisten, die sich solche Eingriffe zutrauten, gab es in der Dominikanischen Republik noch nicht). Seine Auskünfte waren düster: Santa habe ein Ödem im Gehirn, das sich ausbreite, doch er könne nicht operieren, jedenfalls nicht ohne die Gefahr, zentrale, lebenswichtige Gefäße zu beschädigen. Ihre einzige Heilungschance war eine besondere Bestrahlung, für die damals erst wenige amerikanische und europäische Kliniken gerüstet waren. Ein Krankenhaus in Miami veranschlagte für die Behandlung allein 25 000 bis 30 000 Dollar, für den Aufenthalt noch einmal 10 000. Das durfte kein Hindernis sein, denn ohne die Bestrahlung war Santa zum Tod verurteilt. Ich hörte mich auch in Europa um. Fand schließlich eine Ärztin im Klinikum von Aachen, deren Spezialgebiet diese Bestrahlung war. Sie entschied nach Ansicht der Bilder, sie könne die Behandlung riskieren, Santa und Rosalia beantragten beim deutschen Konsulat ein Sofort-Visum für eine dringende medizinische Behandlung. Die Aachener Ärztin beschrieb ihrerseits die Dringlichkeit des Falles. Trotzdem wurde den Schwestern beschieden, sie dürften in einer Woche wieder vorsprechen. Aus ihren Pässen war zu ersehen, dass sie bereits viermal in Europa (auch in der Bundesrepublik), dass sie weder untergetaucht, noch als Schwarzarbeiterinnen zugange gewesen waren. Die Beamtin stellte sich stur. Das alles müsse geprüft werden und brauche seine Zeit. Ich erklärte ihr am Telefon mit dem gebotenen Ernst, es gehe um das Leben eines Menschen. – Das möge wohl sein, aber sie habe ihre Vorschriften, zumal im Zeichen des Schengen-Vertrages (der die Grenzen aller Mitgliedstaaten öffnete). – Vorschriften? Das hätte ich zu oft gehört … Würde nicht zögern, sofort das Auswärtige Amt zu alarmieren, man kenne mich dort (das ging mir selten über die Lippen), außerdem würde ich sie verantwortlich machen, wenn sich Santas Zustand wegen der verlorenen Zeit verschlechterte, sie persönlich und nicht das Amt. Das half. Die Mädchen sollten sich anderntags vor Mittag einfinden. Drei Tage später, am Samstag früh um sieben Uhr, wartete ich am Flughafen Köln. Santa im Rollstuhl. Erschrak: Sie schien nur noch Haut und Knochen zu sein, saß in sich zusammengesunken, ein armes Hascherl. Aber sie lächelte tapfer. Es war kalt, Mitte Dezember. Die beiden hatten nur ihre karibischen Fähnchen und dünne Sommermäntel an. In Aachen steckten wir Santa sofort ins Hotelbett und drehten die Heizung auf, bestellten ihr eine heiße Suppe. Im Klinikum konnte sie erst am Montag aufgenommen werden. Ein Warenhaus hatte noch offen. Wir kauften Wintersachen. Rosa hatte einen genauen Blick, wie man das Praktische mit ein bisschen Schick verband. Saßen während des Wochenendes an Santas Bett, aßen im Hotel, schauten fern, fanden sogar ein spanisches Programm, Santa schlief viel.

Am Montag bei der Einweisung in das riesige Klinikum, das wie ein monströser Krake über der Stadt liegt, meldete die Verwaltung, die nicht immer die besten Erfahrungen mit kranken Grenzgängern gemacht hatte (wie die Bürodamen freimütig sagten), man benötige eine Vorauszahlung von zehntausend Mark in bar. Kein Scheck. Keine Kreditkarte. Konnte meine Bank zu einer Blitzüberweisung überreden. Die Summe kam nach einer Stunde an. Erst als das Geld im Kasten klingelte, konnte Santa ihr Zimmer beziehen. (Auch das war Deutschland.)

Zwei freundliche Überraschungen. Die Ärztin, eine ebenso kompetente wie liebenswürdige Dame, sprach Spanisch. Nach drei Tagen Vorbereitung werde Santa zwölf Stunden bestrahlt werden, mit kurzen Pausen. Die andere Überraschung war Santas Bettnachbarin, eine ältere Frau aus einem Eifeldorf – sie kümmerte sich um die Fremde mit einer Herzlichkeit, als sei sie ihr eigenes Enkelkind. Wie sich die beiden verständigten, blieb mir ein Rätsel. (Uns half als Dolmetscherin die junge Kollegin Alena Schröder, die ein Jahr als Austauschschülerin in Costa Rica gelebt hatte.)

Santa konnte nach weiteren drei Tagen das Klinikum verlassen. Das Ergebnis ließ sich erst nach einem Jahr beurteilen. Wenn dann zwei Drittel oder drei Viertel des Ödems verschwunden wären, würde sich auch der Rest auflösen. Geduld. Ein Jahr lang hockte sie bei den Eltern – arbeiten sollte sie nicht –, dann endlich prüfte der Neurologe aus Boston das Resultat. Allen Beteiligten fiel ein Stein vom Herzen: Drei Viertel des Ödems waren weg, fort, ins Nichts gewandert. Santa hatte sich auch physisch erholt, ihr normales Fliegengewicht zurückgewonnen. Sie konnte ihren Beruf wieder aufnehmen.

Die Geschwister machten ihren Weg (bis auf den Halbbruder Claus). Rosalia wurde Anwältin, heiratete einen hohen Offizier, brachte drei Kinder zur Welt und avancierte zur Richterin. Nelson machte sich als TV-Reporter einen Namen, gründete eine Familie, mit der er glücklich zu sein scheint. Sein Bruder Alejandro ist ein höherer Beamter bei der Steuer, länger schon als alle anderen mit eigener Familie. Die schöne Jacqueline, die immer das beste Englisch sprach, wurde Managerin im Hotelgewerbe, ist natürlich auch Ehefrau und Mutter. Die originelle und auf ihre Weise attraktive Mercedes wurde Lehrerin – auch sie verheiratet; Martin, der jüngste, ist Informatik-Ingenieur und noch zu haben.

Wir hatten Glück. Sie alle nutzten ihre Chance, lernten, waren neugierig, verloren die sogenannte Bodenhaftung nicht, wurden nicht hochmütig, bewiesen, welche Talente die ärmsten Kinder entwickeln können, was immer ihre Hautfarbe ist, wenn sie genug zu essen und ein Dach über dem Kopf haben – und zur Schule gehen können. Ohne R.s kluge und warmherzige Sorge für die Kinder hätte nichts, gar nichts gelingen können. Manchmal sagte ich zu ihr, dass diese Erfahrung wichtiger sei als alle unsere Filme und alle unsere Bücher. Sie nickte. Nach fünfundzwanzig Jahren ließen wir es mit den finanziellen Zuwendungen gut sein. Die Älteren halfen, wenn es nötig war, den Jüngeren und den Eltern. So war es verabredet. Alle zusammen sind eine Familie des Mittelstandes.

Und Santa, die Sorgentochter? Eines Tages überraschte sie uns mit der Nachricht, dass sie heiraten werde, sechsunddreißig Jahre alt – für dominikanische Verhältnisse wahrlich ein spätes Mädchen. Jesus hieß der Mann und nach den Fotos zu schließen schleppte er das Dreifache ihres Gewichts durch die Welt. Er hat den Vorteil, US-Bürger zu sein. Die beiden lebten zunächst in Atlanta, er handelte – bis zur Krise – mit Immobilien. Sie zogen nach Florida, zu Jesus' Verwandtschaft. Die nächste Nachricht: Santa wurde schwanger. Alle Ärzte hatten erklärt, sie werde niemals Kinder bekommen können. Nun kriegte sie eins und war überglücklich. Sie leben in einer spanischsprachigen Nachbarschaft. Santa lernte bisher nur wenig Englisch, trotz der Kurse, in die wir sie schickten. Sie machte eine medizinisch-technische Ausbildung, die ihr ohne Englisch in Florida wenig nützt. In Santo Domingo wäre sie ohnehin glücklicher, doch Brice, das Söhnchen, hat in den Vereinigten Staaten die besseren Chancen. Vor zwei Jahren besuchte sie uns mit dem Bürschlein für einige Wochen – ein hübscher Knabe mit einem beträchtlichen Temperament. Wenn er durchs Haus fegte, galt es, alles Wichtige auf dem Schreibtisch in Sicherheit zu bringen. Unten am Strand gab es kein Halten mehr, sowie er Mädchen sah. Er rannte zu ihnen hinüber und redete auf sie ein. Drei Jahre alt und ein perfekter karibischer Macho. Von Santa, der Mama, vergöttert. Vielleicht begegnet er jungen Damen, die ihn an den Ohren ziehen, ohne ihm den Charme zu stehlen. In diesem Jahr kommt er in die Schule.

Dank vor allem meiner Assistentin und unserer Freundin Stephanie Ferri, die dem schwierigen Prozess der Entstehung durch ihre Ermutigung und ihre kluge Spontankritik immer wieder vorangeholfen hat.

Besonderen Dank meiner Traditionslektorin Barbara Hoffmeister, die mir geholfen hat, aus diesen Erinnerungen ein besseres Buch zu machen.

Dank meinem Lebensfreund und einstigen Verleger Michael Naumann für seine Präsenz und seinen Rat.

Personenregister

Abdul-Ilah 281, 284
Achenbach, Ernst 178
Adams, John 504
Adenauer, Konrad 18, 95, 142f., 148, 195ff., 199f., 211, 238, 240ff., 267, 279, 298, 317, 338, 378, 456, 469, 476, 481, 494, 502, 507
Ahlers, Conrad »Conny« 478
Ailes, Roger 406
Ailey, Alvin 444
Albee, Edward 444
Allemann, Fritz René 185ff., 189ff., 193f., 200, 222, 232, 241, 325, 367
Alt, Mathilde 199
Altenberg, Peter 110
Altwegg, Jürg 328
Amendola, Giorgio 495
Andreä, Jacob 30
Andreä, Johann Valentin 30
Angela (Oberstudienrätin) 334
Angelou, Maya 447
Anouilh, Jean 118, 4607
Arbeloq, Padre José Maria 538
Arendt, Hannah 147, 244
Aron, Raymond 496
Astor, Lord Waldorf 193
Atatürk, Kemal 275
Augstein, Franziska 339
Augstein, Jakob 339
Augstein, Rudolf 156f., 337ff., 479, 494, 500
Azcárate, Manuel 497f.

Bach, Johann Sebastian 26, 56f., 82, 111, 307, 354, 431, 441, 522
Badoglio, Pietro 174
Bahr, Egon 217f., 477ff., 485, 490, 500ff.
Ball, George Wildman 504
Baltz, Theo 449
Balzac, Honoré de 60, 449
Bardot, Brigitte 396f.
Barenboim, Daniel 327, 354
Barth, Karl 18
Bartholdi, Frédéric-Auguste 445
Barzel, Rainer 216
Barzini jr., Luigi 387
Baudissin, Wolf Graf von 254
Bauer, Leo 494
Baumeister, Willi 252
Baxter, Pat 411
Bebel, August 419, 476
Becher, Johannes R. 222
Beck (Hauptmann) 83f.
Beck, Ludwig 83
Beer, Fritz 348
Beer-Hofmann, Richard 110
Beethoven, Ludwig van 56f., 111, 521
Begin, Menachem 424
Behnisch, Günter 474
Bellow, Saul 248, 428, 430
Ben-Gurion, David 481
Benedikt XVI. 421f.
Benz, Richard 57
Berben, Iris 13, 26, 331ff.
Berija, Lavrentij 210
Berlinguer, Enrico 495f.
Berlusconi, Silvio 495
Bermann Fischer, Brigitte »Tutti« 458f.
Bermann Fischer, Gottfried »Goffi« 458, 463f.
Bernadotte, Graf Folke 173

551

Berroth, Werner 108
Best, Werner 177f.
Bhagwan Shree Rajneesh (Osho) 282f.
Bihler, Helga 475
Bismarck, Otto von 26, 39, 120, 255, 314, 477
Blickle, Robert 40
Blumenthal, Michael W. »Mike« 138, 326, 358
Blumenthal, Roy (The Roy Bernard Co.) 486
Böckler, Hans 238
Böll, Heinrich 270
Bölling, Klaus 211, 237, 327, 506
Börner, Holger 502
Bondy, François 187, 325, 327f., 447
Bondy, Lillian und Luc 187
Bornemann, Angela 334
Bott, Hans 280
Bouvier, Jaqueline → Kennedy, Jackie
Brahms, Johannes 20, 270, 337, 521
Brando, Marlon 399, 525
Brandt, Lars und Peter 195
Brandt, Matthias 195
Brandt, Rut 195, 243, 418, 470, 482, 501, 506
Brandt, Willy 9, 106, 148, 179, 194ff., 198–202, 211f., 215f., 233, 243, 249f., 261, 267ff., 281, 296, 299, 326, 398–402, 408, 415–420, 453, 456, 467–474, 476f., 480–486, 488–491, 494–506
Brauer, Max 196
Brecht, Bertolt 223, 248, 317
Breker, Arno 51
Brentano, Heinrich von 250
Breschnew, Leonid 470f.
Briand, Aristide 175
Brice (Sohn von Santa Mateo) → Tavera
Broder, Henryk M. 331f.
Bronisch, Detlev 99ff., 153
Bronisch, Ilse 101f.
Bronisch-Holtze, Thora 101
Bronisch-Holtze, Ernst 101
Brühl, Fritz 247
Brüning, Heinrich 120
Bucerius, Gerd 367f., 389, 430

Bullock, Alan 177, 179
Burckhardt, Jacob 187
Bush, George W. 16, 288
Bush, George H. W. 288

Calderón, Pedro 64
Camus, Albert 118, 147, 496
Canaris, Wilhelm 168
Candelario, Nidia 536f., 542f., 546
Carlsson-Augstein, Maria 337, 339f.
Carmen (Oberin) 536, 538–541
Carrillo Solares, Santiago 497
Carter, Amy Lynn 428
Carter, Jimmy 138, 326, 394, 403, 410, 412ff., 417–420, 423ff., 427f., 431
Carter, Lillian Gordy 431
Carter, Rosalynn 427
Carter, Ruth → Stapleton
Castro, Fidel 390
Celan, Paul 462
Chanel, Coco 171
Chayes, Abram 410
Chayes, Antonia »Toni« Handler 410
Cheney, Dick 16
Chopin, Frédéric 270
Christa, Prinzessin von Preußen → Liebes
Christiansen, Sabine 449
Chruschtschow, Nikita 210, 257, 263, 266, 389f.
Chung, Kyung-wha und Myung-wha 521
Chung, Myung-whun 521
Churchill, Winston 19, 142f., 210, 309
Ciano, Gian Galeazzo, Graf von Cortellazzo 228
Cioran, Emil M. 307
Claudel, Paul 118
Claudia (Musikprofessorin) → Eder
Clay, Lucius D. 141
Clemenceau, Georges 10, 26
Clément, Alain 190
Clinton, Bill 427, 447
Clinton, Hillary 340
Connor, Eugene »Bull« 310f.
Cook, James 509, 511f.
Corelli, Arcangelo 56

Cramer, Ernst J. 453 f.
Cranach, Lukas 51
Crinis, Max de 177
Crouch, Becky 439 f.
Crouch, Hondo 437–440
Däubler, Theodor 110
Davies, Jack L. 320 f.
Daya, Evelyn 536 ff., 542
de Gaulle, Charles 143, 267, 389
Deneuve, Catherine 396
Detlev → Bronisch
di Lorenzo, Giovanni 418
DiMaggio, Joe 443
Dirks, Walter 234
Döblin, Alfred 116–119
Dönhoff, Marion Gräfin 139, 193, 267 f., 367
Döpfner, Mathias 500
Dostojewski, Fjodr 109
Dubos, René 21
Duchêne, Yvonne 140 f.
Dulles, Allen Welsh 296, 300 f.
Dulles, John Foster 296 f., 301
Duvalier, François »Papa Doc« 531
Dvorák, Antonin 521

Eastwood, Clint 330
Eban, Abba 482
Ebel, Peter 428
Eder, Claudia 336
Edward VIII. 171
Ehlers, Hermann 186
Ehmke, Horst 467, 478, 498
Eichendorff, Joseph von 31
Eiermann, Egon 469
Eisenhower, Dwight D. 296 ff., 303
Elisabeth → Fisher-Spanjer
Elisabeth II. von England 349
Elten, Jörg Andrees 282 f., 287, 289, 292
Emircan, Fuad 276 ff., 280
Erhard, Ludwig 390, 469, 481
Erler, Fritz 197 f., 249
Esslin, Martin 447
Ewing, Gordon A. 220, 223 f.

Faisal II., König 281, 284
Fassbinder, Rainer Werner 117
Faulkner, William 340
Fellini, Federico 52
Fest, Joachim 229, 332, 457
Feuchtwanger, Lion 44, 317 f.
Feuchtwanger, Marta 44
Figl, Leopold 95
Finck, Werner 319
Fischer, Manfred 430
Fischer, Per 482
Fischer, Samuel 108, 458, 490
Fischer → Bermann Fischer
Fisher-Spanjer, Elisabeth 212 ff., 226
FitzGerald, Frances »Frankie« 447
Flaubert, Gustave 109
Fleck, Eckart und Hanne 328
Fleischmann, Julius »Junkie« 312 f.
Fonda, Henry 396
Fonda, Jane 396 f.
Fontane, Theodor 108
Ford, Gerald 394, 416
Forell, Birger 154
Forschbach, Edmund 240, 275
Forster, Georg 508 f., 511 f., 514
Francesca (Lehrerin aus Bari) → Palumbo
Francesca (Nonne) 538
Franco, Francisco 174, 497
Frank, Anne 355
Frank, Paul »Netzhemdpaule« 484
Frankenberg, Richard von 134
Frantz, Justus 333
Fraser, Lindley 348
Freud, Sigmund 49
Freund, J. Hellmut 459
Fricsay, Ferenc 220
Friedenthal, Richard 348
Friedmann, Anneliese »Sibylle« 114
Friedrich II. von Preußen 57, 120, 336
Friedrichs, Hanns Joachim 348
Frisé, Adolf 117, 157 f.
Frost, Robert Lee 386
Furtwängler, Wilhelm 132

Gabriele P. → Pirling
Gallimard, Anny, Antoine u. Charlotte 490

553

Gallimard (Familie) 24, 109, 490
Gandhi, Indira 343
Garbulenska, Teresa 274
Gaus, Günter 339, 419, 478ff., 499ff.
Gebhardt, Heiko 328
Gehlen, Reinhard 172, 210, 215
Genscher Hans-Dietrich 229, 273, 476
George, Heinrich 64
George, Stefan 60, 110, 355
Gerhardt, Paul 54
Gerhardt, Paul (Redakteur) 154
Gerstenmaier, Eugen 28, 33, 134, 154, 185f., 199, 233, 300f., 457
Giáp, Võ Nguyên 393
Gide, André 108, 166f.
Gillhausen, Rolf 429
Giraudoux, Jean 118
Giséla (Nonne) 538, 540f.
Gitta P. → Petersen
Globke, Hans 235
Gluck, Christoph Willibald 58
Gmeyner, Anna 333
Goebbels, Joseph 44, 51, 61, 85, 138, 140, 178, 186, 248, 449
Göring, Hermann 201, 532
Goes, Albrecht 462
Goethe, Johann Wolfgang von 57, 60, 428, 430
Goldmann, Nahum 235
Goldwater, Barry 393
Gomułka, Władysław 263f.
González, Felipe 497, 507
Goppel, Alfons 422f.
Gorbatschow, Michail 426
Gordimer, Nadine 430
Gorer, Geoffrey 385
Grabert, Horst 478f., 501
Graham, Billy 410
Grass, Günter 65, 71, 117, 419, 482, 499
Greene, Hugh Carleton 143
Greis, Paul 50
Grieneisen (Reporter, eig.: Werner Duffui) 227
Grob, Louise 542
Gromyko, Andrei 488
Grosche, Hildegard 211
Grotewohl, Otto 205f.

Gruber (Wachtmeister) 65ff.
Grubrich-Simitis, Ilse 459
Gruner, Richard 367, 389
Gruson, Sydney 266ff.
Gryphius, Andreas 54
Gütt, Dieter 373
Guillaume, Günter 195, 478, 490f., 493, 501
Gundolf, Elisabeth und Friedrich 355
Habe, Hans 18
Hacker, Monika 333
Händel, Georg Friedrich 56, 336
Härtling, Peter 458, 466
Haffner, Sebastian 195
Hagen, Dr. (Stasi-Mitarbeiter) 180
Hallstein, Walter 241, 252, 372
Hamann, Johann Georg 137
Hamilton, Alexander 505
Hamm, Peter 331
Hansen, Nikolaus 480
Harbig, Rudolf 35
Harpprecht, Christoph 28f., 32ff., 36, 43f., 52, 55f., 60, 74f., 103f., 128, 377
Harpprecht, Dorothea 14, 29–32, 41, 48f., 101f., 471
Harpprecht, Frimut 34, 81, 124, 152, 259, 261, 270, 471
Harpprecht, Hans-Martin 28–33, 35, 261
Harpprecht, Johann Friedrich von 460
Harpprecht, Johannes 29f.
Harpprecht, Lilli 29, 34, 46, 52, 81f., 102, 124, 376, 503
Harpprecht, Volker und Rüdiger 48
Harrisson, Tom Harnett 348
Harry, Deborah »Debbie« 445f.
Hartmann, Bob 213
Hartmann, Hanns 247
Hauptmann, Carl 109
Hauptmann, Gerhart 108f.
Hayden, Thomas »Tom« 396
Haydn, Joseph 59, 67, 336, 521
Heesters, Johannes 123
Hegel, Georg Wilhelm Friedrich 96
Heidegger, Martin 147
Heinemann, Gustav 475, 502

554

Heinrich von Preußen 336
Henckel von Donnersmarck (Familie) 357
Hepp, Ernst A. 135
Heraklit 17
Herdan-Zuckmayer, Alice 460f.
Herodot 111
Hess, Rudolf 40, 61
Heumann, Rainer 479, 542
Heuss, Theodor 189, 278f., 281, 349f.
Heydrich, Reinhard 106, 170, 177f., 227
Heym, Georg 110
Hickman, Jutta 390
Himmler, Heinrich 64, 170, 172f., 178
Hinterholzer, Peter 215
Hitler, Adolf 18, 27f., 39f., 47, 61, 71, 82, 85, 88, 94f., 106, 120, 136ff., 157, 162f., 175, 189, 192, 200, 228, 317, 367, 441
Ho (taiwanesischer Fremdenführer) 516f.
Hoddis, Jakob van 110
Höfer, Werner 245, 247, 264, 330, 352ff., 373
Hölderlin, Friedrich 14, 41, 55, 190
Höpker, Thomas 140, 144, 246, 387, 436
Höpker, Wolfgang 140, 190
Hoffmann, Heinrich (Fotograf) 192
Hoffmann, Johannes 255
Hoffmann, Paul 133
Hofmannsthal, Hugo von 109, 117
Holtzbrinck, Dieter von 465
Holtzbrinck, Georg von 457ff., 465f.
Holtzbrinck, Karin, Monika und Stefan von 465
Holz, Arno 109
Holzamer, Karl 451
Hondo → Crouch
Honecker, Erich 497
Hoover, J. Edgar 298, 391
Humphrey, Hubert H. 393, 504
Hunter, Robert E. 408
Huppert, Isabelle 396
Hussein I., König 285
Hye-young Tcho (koreanische Romanistin) 523

Ibach, Sabine 542
Ilo (Tochter eines Metallwarenunternehmers) → Prinz-Weil
Iris → Berben

Jablonski (Obergefreiter) 70
Jan, Julius von 36, 38–41, 104
Jaspers, Karl 147
Jefferson, Thomas 15, 388, 505
Jelzin, Boris 328
John, Otto 223f.
Johnson, Lady Bird 391
Johnson, Lyndon B. 308, 388, 391ff., 403, 439
Juan Carlos I. 497
Jünger, Ernst 136f.
Jürgens, Curd 330
Jungk, Robert 188
Jutta (Cutterin) → Hickman

Kästner, Erich 334
Kafka, Franz 462
Kaisen, Wilhelm 196
Kaltenbrunner, Ernst 170
Kammerer, Hans 148
Kant, Immanuel 96, 200, 268
Kanyarukiga, Christina (auf K.H. angesetzte Spionin) 491ff.
Kapfinger, Hans 216
Kaplan, Harold »Kapy« 325f.
Kaplan, Leslie 326
Kaplanowa (Schwarzmarkt-Händlerin) 127, 150
Kapp (Professor in Blaubeuren) 110
Karajan, Herbert von 132
Karl Alexander von Württemberg 44
Kayßler, Christine 133
Kemal Atatürk, Mustafa 275
Kempner, Robert 356
Kennedy, Edward »Ted« 388, 406–410, 419
Kennedy, Eunice → Shriver
Kennedy, Jackie 386, 388, 392
Kennedy, John F. 303f., 308, 384, 386ff., 390, 393, 400, 403, 419, 431, 433, 442, 474

555

Kennedy, Joseph 386, 406
Kennedy, Kathleen 442
Kennedy, Robert »Bobby« 388f., 391ff.,
    403, 407, 419, 436
Kessler-Zwillinge 225
Kesting, Hanjo 327f.
Kiesinger, Kurt Georg 199f., 469
Kim Il-sung 427, 462
King, Martin Luther 298, 308–312,
    392f., 410
Kirkland, Lane 504
Kissinger, Henry 393f., 398ff., 408, 427,
    485ff., 495, 504
Klett, Arnulf 82, 104
Klett, Michael 22
Klewitz, Irmengard 248
Klie, Barbara 243f.
Kluncker, Heinz 500
Knopp, Guido 449f.
Knudsen, Sidse Babett 340
Koch, Marianne 330f.
Köhler, Hanns Erich 472
Koeppen, Wolfgang 217
Kohl, Helmut 203, 339, 472
Kopechne, Mary Jo 407
Kraatz, Birgit 436, 494
Kraft, Hannelore 340
Kreisky, Bruno 483
Kukrit Pramoj 525f.

Lasker, Alfons 355–358
Lasker, Anita 354ff., 359–366, 370f.,
    376
Lasker, Edith 355
Lasker, Eduard 356f.
Lasker, Emanuel 357
Lasker, Marianne 355, 358, 365f.
Lasker-Harpprecht, Renate 13ff., 19f.,
    92, 148, 167, 264, 269, 319, 324, 329,
    331f., 347–351, 353–356, 358–366,
    368–374, 376–382, 385, 391, 437,
    452ff., 459, 467, 474, 482, 484f., 502,
    506, 511, 513, 531, 539, 543, 545, 548
Lasker-Schüler, Else 14, 110
Lasky, Melvin »Mel« 223, 313
Latte, Konrad 358ff., 364
Laux, Karl 192

Le Carré, John 542
Lebeck, Robert 428
Leber, Georg 416, 485
Ledig-Rowohlt, Heinrich Maria 146,
    462
Lehndorff-Steinort, Heinrich Graf
    von 268
Leicht, Robert 427
Leipert, Theodor 136
Leonhard, Wolfgang 200f.
Lewis, Flora 267ff.
Liebes, Christa 252f.
Liebes, Peter 250–253
Lietzmann, Sabine 244
Lilje, Hanns 136
Lincoln, Abraham 303, 388, 392, 406,
    438f., 446
Linfert, Carl 248
Lintz, Rita 503
Liszt, Franz 62, 270
Löwenthal, Charlotte 194
Löwenthal, Gerhard 193
Löwenthal, Richard »Rix« 193ff., 200f.,
    210, 222, 249f., 325
Lorch, Wilhelm 190f., 224
Lorraine, Jackie »Jaqui« 403–406
Louis Ferdinand 62
Louise (Cousine Heumanns) → Grob
Luchsinger, Friedrich »Fred« 242
Luckner, Graf Felix 228
Lueken, Verena 340
Lüthy, Herbert 187, 328
Luft, Friedrich 220
Luther, Martin 54, 128, 497

Madison, James 505
Maier, Franz Karl 189
Maier, Reinhold 189
Malamud, Bernard 248
Malraux, André 462
Mann, Erika 464f.
Mann, Golo 464f.
Mann, Katia 463ff.
Mann, Thomas 13, 90, 95, 109, 113, 117,
    387, 452, 463f.
Mao Zedong 295
Marc Aurel 200

Margaret, Princess, Countess of
   Snowdon 349
Marian, Ferdinand 44
Martini, Fritz 145
Martini, Louis 319f.
Marx, Karl 194
Mary (Schwester von J. Lorraine) 403ff.
Masson, Roger 172
Mateo, Alejandro 538, 541, 548
Mateo, Claus 539, 548
Mateo, Jacqueline 538, 543, 548
Mateo, Marta 535ff., 539
Mateo, Martin 539, 548
Mateo, Mercedes 539, 548
Mateo, Nelson 535, 538, 541, 544, 548
Mateo, Rosalia »Rosa« 535, 537–541, 543–548
Mateo, Santa Cristina 534–541, 543–549
Matuschek (Schwarzmarkt-Händler) 124–127
Maugham, William Somerset 231
Maupassant, Guy de 109
May, Karl 40, 53
McCarthy, Joseph 298, 304, 317
McCarthy, Mary Therese 325, 466
McNamara, Robert 491
Mehnert, Frank 138f.
Mehnert, Klaus 135f., 138f., 142, 154, 190
Meir, Golda 340, 482f.
Mende, Erich 242f.
Mendelssohn Bartholdy, Felix 521
Mengele, Josef 42, 354
Merkel, Angela 340
Merseburger, Peter 212, 216, 327, 501
Merseburger, Sabine (geb. Rüdiger) 327
Metzenthin, Margaret 129
Minder, Robert 190
Mitford, Deborah 442
Mitford, Diana 441
Mitford, Jessica Lucy 441f.
Mitford, Nancy und Unity Valkyrie 441
Mitterrand, François 501
Moltke, Freya Gräfin von 329
Moltke, Helmuth James Graf von 185, 329
Momper, Walter 474

Mondale, Walter Frederick »Fritz« 400, 504
Monet, Claude 21
Monika → Hacker 333
Monnet, Jean 143, 197, 252, 504
Monroe, James 505
Monroe, Marilyn 415, 443, 449
Mosley, Sir Oswald Ernald 442
Mozart, Wolfgang Amadeus 56, 58, 111, 336, 354, 521
Müller, Albrecht 475
Müller, Heinrich 170, 174
Müllerburg, Roland 218
Münchinger, Karl 132
Murrow, Edward R. »Ed« 304f.
Musil, Robert 109, 117
Mussolini, Benito 164f., 173, 228, 387

Naggiar, Patricia »Pat« Baxter 395, 442, 445, 451
Nannen, Henri 245, 428ff.
Napoleon Bonaparte 26
Napolitano, Giorgio 495
Nasser, Gamal Abdel 282, 285, 289
Naumann, Michael 326f., 462
Naumann, Werner 178
Nelson, Willie 439f.
Neumann, Franz 201f., 233
Neumann, Robert 17f.
Neurath, Konstantin von 106
Newton, Isaac 26
Nicolson, Sir Harold 193
Nidia (Sekretärin) → Candelario
Niekisch, Ernst 137
Niemöller, Martin 18
Nietzsche, Friedrich 57
Nimitz, Chester William 437
Nixon, Patricia Ryan 398
Nixon, Richard 386, 393f., 398, 400
Nuri as-Said 281, 284ff.

Oates, Frederic James 448
Oates, Joyce Carol 448f.
Obama, Barack 403
Ochsenwadel (Maler, Bildhauer) 64
Ohlendorf, Otto 170
Ollenhauer, Erich 197

557

Osterwald, Hazy 368
Oswald, Lee Harvey 390f.

Palumbo, Francesca 334f.
Pat (Assistentin) → Naggiar
Pawlowski, Karl 154
Peña Gómez, José Francisco 537
Perón, Juan 154
Petersen, Gita 144–152, 162ff., 166, 168f., 171f., 174f., 179, 325
Peymann, Claus 133
Phaptawan Suwannakudt (Generalstochter) 525f.
Pirling, Gabriele 57f., 71f.
Pissarro, Camille 21
Pöhlmann, Gabriele 324
Poelchau, Harald 329, 359
Pompidou, Georges 500
Ponomarjow, Boris 489
Ponto, Erich 133
Porter, Cole 445
Prateep Unsongtham Hata 527f.
Prinz-Weil, Ilselore 131–134, 136
Pückler-Muskau, Hermann Fürst von 139

Qasim, Abd al-Karim 285
Quandt, Siegfried 492
Qué Bui 394f., 543

Raab, Julius 423
Radisch, Iris 340
Rajk, László 264
Rathenau, Walther 477
Ratzinger, Kardinal Joseph 421f.
Rau, Heinrich 205
Reagan, Nancy 426
Reagan, Ronald 16, 424, 426
Reck-Malleczewen, Friedrich Percyval 120
Reich-Ranicki, Marcel 217, 318
Reifenberg, Jan Georg und Renate 327
Reinisch, Leonhard 447
Reinsch, Martha (Haushälterin) 225
Renate (R.) → Lasker-Harpprecht
Reuter, Ernst 196, 202, 249

Riegraf, Oskar 38, 41f.
Rimbaud, Arthur 109
Rinser, Luise 461f.
Roebling, Emily Warren 440
Roebling, Johann »John« August und Washington August 440
Rokossowski, Konstantin 263
Roosevelt, Franklin D. 298, 303, 385, 388, 436
Roosevelt, Theodore 388
Rosenberg, Alfred 61
Rosenstock-Huessy, Eugen 329
Rosenthal, Hans 220
Rossi, Vittorio Giovanni 321
Roux, Maurice 505
Rowohlt, Ernst 146
Ruge, Gerd 248, 327
Runge, Doris 462f.
Rupprecht von Bayern, Kronprinz 121

Sackville-West, Victoria »Vita« 193
Sadat, Anwar as- 424
Saddam Hussein 288, 424
Salomon, Ernst von 234
Sartre, Jean-Paul 118, 147
Schah Mohammad Reza Pahlavi 425
Scheel, Walter 474, 476
Schellenberg, Walter 137, 168, 170, 172–181, 226ff.
Scherz, Alfred 169
Schickele, René 110
Schleicher, Kurt von 136, 138
Schlesinger, James R. 417
Schlumberger, Jean 109
Schmid, Carlo 198f., 469
Schmid, Peter 188
Schmidt, Arno 462
Schmidt, Hannelore »Loki« 419
Schmidt, Helmut 200, 249, 279, 416–420, 424f., 427f., 469, 471f., 476, 478, 498ff., 507
Schmidt, Kitty (Katharina Zammit) 227
Schmitt, Carl 137
Schmückle, Gerd 377
Schnabel, Ernst Georg 372
Schneider, Peter 359

Schnitzler, Arthur 109f.
Schoeller, Monika (geb. von Holtzbrinck) 465
Schoenicke, Werner 458, 465
Scholl-Latour, Peter 135, 256
Schröder, Alena 547
Schröder, Gerhard 476f.
Schröder, Gerhard (CDU) 455
Schröers, Gerd 191, 249
Schubert, Franz 270
Schütz, Eberhard 218f., 237
Schulze-Boysen, Hartmut 475
Schumacher, Kurt 141f., 196f.
Schuman, Robert 143
Schumann, Robert 59, 270, 337, 354, 373
Schwarzenegger, Arnold 401
Schweitzer, Albert 26, 57, 341, 512
Schwemmer (Klassenlehrer) 43, 55f., 65
Seckleman, Gisela und Peter 225
Seebacher, Brigitte 416, 505f.
Seehofer, Horst 423
Segre, Sergio 495f.
Seidel, Ina 361
Selbmann, Friedrich »Fritz« 205
Semjonow, Wladimir Semjonowitsch 204
Shakespeare, William 96
Shatzie → Stieler
Shaw, George Bernard 504
Shriver, Eunice (geb. Kennedy) 400ff.
Shriver, Maria 400
Shriver, Sargent 400f.
Sibylle → Friedmann
Sieburg, Friedrich 187, 243, 373, 457, 508
Sieburg, Winnie 253
Siedler, Wolf Jobst 229, 457f.
Sievers, Susanne 215f.
Simpfendörfer, Wilhelm 189
Sinatra, Frank 390
Skorzeny, Otto 173f.
Slánský, Rudolf 264
Sommer, Theo 503
Speer, Albert 229

Spengler, Oswald 137
Spiegelman, Art 126
Spiel, Hilde 372
Springer, Axel Cäsar 136f., 156, 453ff.
Staden, Bernd von 106, 503ff.
Staden, Wendelgard »Wendy« von (geb. von Neurath) 106, 503, 505
Stalin, Josef 141, 167, 175, 210, 265, 295
Stapleton, Robert Thome 412
Stapleton, Ruth Carter 410ff., 414ff., 418–423, 428–432
Stauffenberg, Claus Schenk Graf von 33, 83, 317
Stauffenberg-Brüder 138f.
Stendhal 60, 140
Stieler, Ruth »Shatzie« 437
Stolz, Otto 249
Strasser, Gregor 136, 138
Strauß, Franz Josef 216, 338, 377, 423, 468, 501
Strauss, Richard 59, 109
Streicher, Julius 43
Stresemann, Gustav 175, 477
Strindberg, August 109
Stülpnagel, Carola von (geb. Tolkmitt) 252, 372
Stülpnagel, Joachim von 250, 372
Suhrkamp, Peter 110
Sulzberger, Arthur Ochs 268
Susanne S. »Johanna« → Sievers, Susanne
Suzuki, Masaaki 522
Swank, Hilary 449

Taufa'ahau Tupou IV. 508
Tavera, Brice 549
Taylor, Elizabeth 396
Thatcher, Margaret 340
Thern, Jürgen 455
Thomas von Aquin 523
Thorak, Josef 51
Thorning-Schmidt, Helle 340
Tito, Josip Broz 167, 201
Tocqueville, Alexis de 200
Tolstoi, Leo 109
Toulouse-Lautrec, Henri de 379, 381
Trakl, Georg 110

Trenet, Charles 369
Trujillo Molina, Rafael Leónidas 358, 531f., 534
Truman, Harry S. 298
Tschiang Kai Schek 519
Tuchatschewski, Michail 175
Tüngel, Richard 193

Uhland, Ludwig 31, 460
Ulbricht, Walter 205f.
Unseld, Siegfried 217, 466
Updike, John 340

Vadim, Roger 397
Verlaine, Paul 109
Vermehren, Isa und Michael 319
Vermehren, Petra 319
Vialon, Friedrich Karl 380f.
Vogel, Bernhard und Hans-Jochen 416
von der Leyen, Ursula 340

Wagner, Richard 58, 348
Wahler, Eugen 29
Walden, Matthias 237
Walker, Patrick Gordon 366f.
Wallace, George Corley
Wallfisch, Benjamin »Ben« 367
Wallfisch, Elizabeth und Josie 367
Wallfisch, Maya und Peter 366
Wallfisch, Raphael 367, 376
Wallfisch, Simon 367
Warburg, Marie 327
Warhol, Andy 414f.
Washington, George 384, 387
Waugh, Evelyn 286, 441
Weber, Max 274
Wechmar, Rüdiger von 478, 484, 488
Wechmar, Susanne »Susi« von (geb. Woldenga) 483

Wege, Lotte 243
Wehner, Herbert »Onkel« 197, 199f., 247, 249, 468, 477, 488, 490, 494, 499, 503f.
Weinstein, Adelbert 282f., 285, 287, 292
Weizsäcker, Richard von 224, 507
Welter, Erich 454–457
Werfel, Franz 109
Werner (Jugendfreund) → Berroth
Wessel, Christa 326
Wessel, Gerhard 181
Westermann, Carmen 452
Westermann, Hans Herbert 452
Westmoreland, William 394
Wheeler, Sir Charles 211, 347, 349
Wilder, Billy 381
Wilhelm II. 10, 121
Wilke, Reinhard 501
Williams, Tennessee 15
Windmöller, Eva 246f., 269–272, 429
Winkler, Heinrich August 138
Winter, Rolf 430
Wirsing, Giselher 137f.
Witsch, Joseph Caspar 248f., 270
Wördemann, Edith 376
Wördemann, Franz 286, 348, 353, 367, 376
Wolf, Edmund 348
Wolf, Markus »Mischa« 216, 491
Woolf, Virginia 193
Wulff, Christian 500

Zahn, Peter von 248, 378, 433
Zehrer, Hans 136f., 143
Ziegler, Adolf 51
Zola, Émile 109
Zuckermann-Brüder 127, 129
Zuckmayer, Carl »Zuck« 133, 330, 460f.
Zwart, Joop 214f.